Hermann Schwengel (Hg.)   Grenzenlose Gesellschaft? Band II/2

Grenzenlose Gesellschaft ?

29. Kongress der Deutschen
Gesellschaft für Soziologie

16. Österreichischer Kongress
für Soziologie

11. Kongress der Schweizerischen
Gesellschaft für Soziologie

Freiburg im Breisgau 1998

Band II / 2
Ad-hoc-Gruppen
Foren

herausgegeben von Hermann Schwengel
unter Mitarbeit von Britta Höpken

Centaurus-Verlagsgesellschaft
Pfaffenweiler 1999

Die Deutsche Bibliothek – CIP-Einheitsaufnahme

Grenzenlose Gesellschaft? :
29. Kongress der Deutschen Gesellschaft für Soziologie ;
16. Österreichischer Kongress für Soziologie ;
11. Kongress der Schweizerischen Gesellschaft für Soziologie ;
Freiburg im Breisgau 1998. –
Pfaffenweiler : Centaurus-Verl.-Ges.
  Bd. 1 im Verlag Leske und Budrich, Opladen
  Bd. 2. / Hrsg. von Hermann Schwengel unter Mitarb. von Britta Höpken
  Teil 2. Ad-hoc-Gruppen, Foren 1999
  ISBN 3-8255-0290-2

Alle Rechte, insbesondere das Recht der Vervielfältigung und Verbreitung sowie der Übersetzung, vorbehalten. Kein Teil des Werkes darf in irgendeiner Form (durch Fotokopie, Mikrofilm oder ein anderes Verfahren) ohne schriftliche Genehmigung des Verlages reproduziert oder unter Verwendung elektronischer Systeme verarbeitet, vervielfältigt oder verbreitet werden.

© *CENTAURUS-Verlagsgesellschaft mit beschränkter Haftung, Pfaffenweiler 1999*

Satz: Britta Höpken
Druck: primotec-printware, Herbolzheim

INHALTSVERZEICHNIS

INHALTSVERZEICHNIS V

AD-HOC-GRUPPEN 1

Anerkennung und Arbeit 1
Stephan Voswinkel: Einleitung 1
Stephan Voswinkel: Anerkennung und Arbeit – ein Problemaufriß am Beispiel
 der Lohnfortzahlung im Krankheitsfall 2
Petra Frerichs: Die Ungleichheit sozialer Anerkennungschancen nach Klasse
 und Geschlecht 6
Hermann Kotthoff: Anerkennung und sozialer Austausch. Die soziale
 Konstruktion von Betriebsbürgerschaft 9
Ursula Holtgrewe: Anerkennungs- und Mißachtungsverhältnisse im Prozeß
 organisationeller Transformation 12
Johanna Hofbauer / Ulli Pastner: Von den „Mädels im Management" und den
 „Damen aus der Reinigung" – über den Widerspruch in der Anerkennung
 von Frauenarbeit 15
Eva Senghaas-Knobloch / Brigitte Nagler: Von der Arbeitskraft zur Berufsrolle?
 Anerkennung als Herausforderung für arbeitskulturelle Entwicklungen im
 Rahmen neuer Managementkonzepte 18
Gabriele Wagner: Moderne Subjekte zwischen Kompetenzsteigerung, Erosion
 und postmoderner Vielfalt – zur berufsbiographischen Aktualisierung von
 Anerkennungsverhältnissen 21

Auguste Comte 1798–1998 24
Karl Heinz Hillmann: Einleitung 24
Martinus Emge: Saint-Simon und Comte 25
Otwin Massing: Die Gesellschaftslehre Comtes als „Modell"? Über Sinn und
 Unsinn von Soziologiegeschichte 28
Hermann Korte: Warum Auguste Comte zurecht als erster Soziologe gilt 30
Werner Fuchs-Heinritz: Durkheims Rezeption von Comte: Neuansatz oder
 Weiterführung? 32
Gertraude Mikl-Horke: Auguste Comte und die Anfänge der Soziologie in
 Österreich 36
Yvonne Bernart: Die Rezeptionsgeschichte Auguste Comtes in Deutschland
 (1859 – 1997) 39
Karine Chaland: Auguste Comtes Theorie der Familie 43

Bernhard Plé: Jenseits des Sichtfeldes der Säkularisierungstheorie – zur
politischen, sozialen und fachgeschichtlichen Wirkung einer
Wissenschaftsreligion in Europa, 1848–1935   46
Gerhard Wagner: Auguste Comte und die Religion der Menschheit   49

**Author meets critics: Michael Mann in der Diskussion über die
„Geschichte der Macht"**   51
Heinrich Haferkamp / Wolfgang Knöbl: Einleitung   51
Hans-Peter Müller: Power above all? - Comment on Michael Mann's project
„The Sources of Social Power, Vol 1+2"   52
Stefan Immerfall: Quellen der Macht und Grenzen historischer Modelle   55
Gertraude Mikl-Horke: Some comments on the 2nd volume of Michael Mann's
„The Sources of Social Power"   57

Begrenzte Sicherheit – Grenzen durch Sicherheit   60
Stefan Hornbostel: Einleitung   60
Alexander Milanés : Begrenzte Sicherheit – Grenzen durch Sicherheit.
   Eine Einführung   61
Aldo Legnaro: Urbane Grenzen und differentielle Sicherheitsmentalitäten   64
Detlef Nogala: „Gated Communities" – und andere neuere Demarkationslinien
   in „entgrenzten Gesellschaften"   66
Margarethe Kusenbach: Die Straßen von Hollywood: Vom Umgang der
   Bevölkerung mit Verbrechen, der Polizei und anderen Ärgernissen   70
Thomas Ohlemacher: Dosierte Irritation – Stabilisierung sozialer Systeme
   durch Grenzüberschreitung?   73
Reinhard Kreissl: European Folk Devils – Die Entstehung europäischer
   Feindbilder   76

**Das Problem der Kompatibilität sozialer, ökologischer und ökonomischer
Konzepte zur (regionalen) Nachhaltigkeit**   79

Teil 1: Grenzen der Nachhaltigkeit   79
Birgit Blättel-Mink (Zusammenfassung): Grenzen der Nachhaltigkeit –
   Ein Streitgespräch   79

Teil 2: Regionale Nachhaltigkeit im internationalen Vergleich   88
Volker Teichert: Einleitung   88
Volker Teichert: Regionale Nachhaltigkeit in Deutschland – zum Stand von
   Literatur, Forschung und Praxis   89

Der Körper und die soziale Konstruktion von Wirklichkeit 93
Michael Meuser: Einleitung 93
Gabriele Klein: Wirklichkeiten des Körpers 94
Hubert Alfons Knoblauch: Verkörpertes Wissen – Die Bedeutung des Körpers
 in der sozialkonstruktivistischen Wissenssoziologie 97
Gerhard Fröhlich: Habitus und Hexis – Die Einverleibung der Praxisstrukturen
 bei Pierre Bourdieu 100
Andreas Hanses: Der Leib als generatives Prinzip sozialen Eigensinns.
 Biographietheoretische Überlegungen zur „Anverleibung" sozialer
 Lebenswelten 103
Michaela Pfadenhauer: Die Markierung von Ungeduld. Der Körper des
 Professionellen beim Aushandeln von Wirklichkeit 106

Die Bedeutung grenzenloser Kommunikation für soziologische Konzepte 110
von Kultur und Gesellschaft
Gernot Saalmann / Ronald Kurt: Einleitung 110
Gernot Saalmann: Kultur im Zeitalter der Digitalisierung – einige
 Vorüberlegungen 111
Ronald Kurt: Zwischen Kulenkampff und Küppersbusch: Alte und neue
 Moderatorentypen 115
Ralf Adelmann / Markus Stauff: Mediale Identitäten 117
Manfred Behr / Uwe Pörksen: Entgrenzung durch globale Visiotype.
 Vorstudie zu einer sozialwissenschaftlichen Bildhermeneutik 120
Dirk vom Lehn: Unmittelbare und Mittelbare Interaktion 123
Manfred Faßler: Netzwerk-Kulturen 126
Britta Schinzel: Veränderte Raum- und Zeitkonzepte durch das Netz 129

Die Bindungen der Globalisierung – Interorganisationsbeziehungen im
regionalen und globalen Wirtschaftsraum 133
Gerhard Fuchs / Gerhard Krauss / Hans-Georg Wolf: Einleitung 133
Gerhard Fuchs / Gerhard Krauss / Hans-Georg Wolf:
 Die Interorganisationsbeziehungen der Globalisierung –
 Interorganisationsbeziehungen im regionalen und globalen Wirtschaftsraum 134
Stefan Immerfall: Innovation und Vertrauen – Möglichkeiten und Grenzen
 nationaler und regionaler Produktionssysteme im globalen Wettbewerb 136
Ulrich Jürgens: Neue Systeme der Produktentstehung im Spannungsfeld von
 Regionalisierung und Internationalisierung 140
Dieter Rehfeld: Globale Standortstrategien im sektoralen Vergleich 144
Joachim Genosko: Regionale Innovationsnetzwerke und Globalisierung 147

Die Vermessung kultureller Unterschiede: USA und Deutschland im Vergleich 150
Jürgen Gerhards: Einleitung 150
Richard Münch: Politische Kultur, Demokratie und politische Regulierung:
  Deutschland und USA im Vergleich 151
Dieter Fuchs: Die demokratische Gesellschaft in den USA und in Deutschland 153
Edeltraud Roller: Politische und ökonomische Gerechtigkeitsvorstellungen in
  Deutschland und in den USA 156
Jürgen Gerhards / Dieter Rucht: Akteure und Deutungsmuster im
  Abtreibungskonflikt: Deutschland und USA im Vergleich 159
Stephen Kalberg: Amerikanische und deutsche politische Kultur der 80er
  Jahre– einige Bemerkungen zu Konvergenz und Divergenz 162

Elektronische Information und Kommunikation in der Soziologie 166
Rudi Schmiede / Heine von Alemann: Einleitung 166
Heine von Alemann: Die neuen Herausforderungen für die wissenschaftliche
  Kommunikation durch das Internet 168
Peter Ohly: Internet Clearinghouses – Konzepte zur fachlichen
  Informationsvermittlung 171
Rudi Schmiede: Der konzeptionelle Rahmen des Global Info-Projekts 174
Jürgen Krause: Inhaltserschließung elektronischer Dokumente in einer
  dezentralen Informationswelt 178
Ralf Schimmer: Der Aufbau verteilter elektronischer Informationssysteme
  durch die wissenschaftlichen Fachgesellschaften 181
Udo Riege: Integriertes Retrieval in verteilten heterogenen Datenbeständen:
  das GESINE-Projekt 184
Rudi Schmiede / Heine von Alemann: Grüdung der Arbeitsgruppe
  „Information und Kommunikation in der Soziologie" (AGIuKSoz) 187

Events und Event-Gemeinschaften 190
Winfried Gebhardt / Michaela Pfadenhauer: Einleitung 190
Winfried Gebhardt: Events und Event-Gemeinschaften. Einführung in die
  Fragestellung der Ad-hoc-Gruppe 191
Ronald Hitzler: „Ein bißchen Spaß muß sein!" Zur Konstruktion moderner
  Erlebniswelten 194
Michaela Pfadenhauer: Sehnsucht nach Gemeinschaft?
  Die Event-Organisatoren der Technoszene und ihr Selbstverständnis 197
Arnold Zingerle: Vom bürgerlichen Weihfestspiel zum Kulturevent.
  Eventisierungstendenzen in der Hochkulturszene 200

Susanne Frank / Silke Roth: Festivalisierung und Partizipation: Entscheidungs-
und Aushandlungsprozesse in der europäischen Kulturstadt Weimar 203
Cornelia Zanger / Frank Sistenich: Eventmarketing: Perspektiven in der
Kommunikationspolitik von Unternehmen, illustriert an den Beispielen
„Adidas Streetball Challenge" und „Langnese Beach Soccer Cup" 205
Michael N. Ebertz: Transzendenz im Augenblick. Über die „Eventisierung"
des Religiösen 209
Franz Liebl: Die Eventisierung von Gemeinschaft. Szene-Entwicklungen und
Szene-Events 211

Evolution und Devolution politischer Institutionen in Europa 215
Maurizio Bach: Einleitung 215
Maurizio Bach: Institutionenwandel und Demokratie im integrierten Europa 216
Birgitta Nedelmann: Prozesse der Institutionalisierung und
Deinstitutionalisierung in der Politik 217
Thomas Bräuninger: Europäische Institutionenpolitik zwischen individueller
und kollektiver Rationalität 220
Rainer Weinert: Die politische Bedeutung der Vorbildfunktion der Deutschen
Bundesbank für die Europäische Zentralbank 224
Stefan Immerfall: Dimensionen sozialpolitischer Entwicklung im europäischen
Binnenmarkt 227

Gesellschaftliche Generationen, familiale Generationen 231
Martin Kohli / Marc Szydlik: Einleitung 231
Martin Kohli / Marc Szydlik: Generationenkonzepte und ihre Verbindungen 232
Gabriele Rosenthal: Zur Konstitution eines historischen
Generationenzusammenhangs 235
Lutz Leisering: Wohlfahrtsstaatliche Generationen 238
Harald Künemund / Andreas Motel: Ältere Menschen und ihre erwachsenen
Kinder – Bilanz und Perspektiven familialer Hilfe- und Transferbeziehungen 240
Kurt Lüscher: Die Ambivalenz von Generationenbeziehungen 243

Grenzen und Grenzüberschreitungen in Liebesbeziehungen 247
Kornelia Hahn / Günter Burkart: Einleitung 247
Gabrielle Varro: The rational and the irrational in the bi-cultural love
relationships 248
Francesco Alberoni: Fusion and unaskable tasks in the love process 252
Anton Sterbling: Anachronistischer Liebescode in der südosteuropäischen
Provinz? Sozialstrukturelle Hintergründe von Liebe, Partnerschaft und Ehe 253
Sasha Weitman: Love and Self-Change 256

Grenzenlose Evaluation? 258
Reinhard Stockmann / Wolfgang Meyer: Einleitung 258
Wolfgang Meyer: Globalisierung und die Evaluation politischer Programme 260
Thomas Widmer: Qualitätsstandards der Evaluation und deren Übertragbarkeit
  auf unterschiedliche Anwendungsfelder 263
Stefan Kuhlmann: Evaluation als Reflexionsmedium in der Forschungs- und
  Innovationspolitik: Möglichkeiten und Grenzen 266
Reinhard Stockmann: Wirkungsevaluation in der
  Entwicklungszusammenarbeit: Notwendige Grenzüberschreitungen 268

Grenzenlose Gesellschaft – Grenzenloser Tourismus? 273
Reinhard Bachleitner / Peter Schimany: Einleitung 273
Peter Schimany: Tourismussoziologie zwischen Entgrenzung und Begrenzung.
  Eine Zwischenbilanz 274
Walter Kiefl / Ursula Klörs: Grenzenlos braucht Grenzen. Ent- und
  Begrenzung im modernen Tourismus 277
Karlheinz Wöhler: Sustainabilisierung des Tourismus – zur Logik einer
  postmodernen Wachstumsstrategie 280
Ueli Gyr: Entgrenzung durch Mundialisierung? Dynamisierungsprozesse im
  massentouristischen Konsumsystem 283
Brigitte Moser-Weithmann: Wandel der Frauenrolle durch Tourismus 286
Adelheid Schrutka-Rechtenstamm: Begrenzt: Interkulturelle Beziehungen im
  Tourismus 289
Ulrike Hess-Meining: Die Grenzüberschreitung des deutschen Kulturtourismus:
  Beschreibungen des Fremden in fünf Jahrzehnten Merian-Heften 292
Reinhard Bachleitner: Flughäfen: Warteorte zu Grenzüberschreitungen von
  Raum, Zeit und Kultur 296

**International und historisch vergleichende Ansätze zur
Transformationstheorie** 299
Willfried Spohn / Volker Kruse : Einleitung 299
Klaus Müller: „Rückkehr nach Europa" – zur kulturellen Codierung der
  Transformationsprozesse in Osteuropa 300
Susanne Dittberner: Kann die spanische Transition Modell und Vorbild für die
  Transformationsprozesse in Osteuropa sein? 303
Uwe Barrelmeyer / Hansjürgen Daheim / Kae-Cherng Yang: Von „sozialen
  Welten kleiner Betriebe". Probleme einer in kulturvergleichender
  Perspektive erfolgenden Erforschung kleiner und mittlerer Unternehmen
  (KMU) in Deutschland und Taiwan 306
Rita Dittrich: Rußland zwischen Tradition und Moderne 309

Susanne Pickel / Gert Pickel: Transitionen postsozialistischer Gesellschaften:
Verschüttete Cleavages oder atomisierte Interessen? 312
Helmut Steiner / Pàl Tamàs: Zur vergleichenden Soziologie der
Intellektuellen in postsozialistischen Gesellschaften 315

**Krise der Arbeitsgesellschaft und bürgerliches Engagement in der
Tätigkeitsgesellschaft** 318
Gerd Mutz: Einleitung 318
Hanns-Georg Brose: „Neue Arbeitsgesellschaft" und Soziale Integration 319
Peter Gross: Jobholder Value und Kontingenzmanagement 321
Rolf Heinze: Freiwilliges Engagement im Strukturwandel 323
Ernst Kistler / Susanne Schäfer-Walkmann / Dorit Sing: Bürgerschaftliches
Engagement als Ersatzarbeitsmarkt? 326
Hartmut Neuendorff: Modernes bürgerschaftliches Engagement 328
Günter Voß: Bürgerarbeit und die Arbeit der Lebensführung 331

Lebenslagen im Alter. Gesellschaftliche Bedingungen und Grenzen 334
Gertrud M. Backes / Wolfgang Clemens: Einleitung 334
François Höpflinger: Lebenslagen im Alter aus der Sicht der Schweiz 335
Klaus R. Schroeter: Die Lebenslagen älterer Menschen im Spannungsfeld
zwischen „Später Freiheit" und „Sozialer Disziplinierung" 338
Aleksej Bukov: Individuelle Ressourcen und individuelle Lebenskontexte
als Prädikatoren sozialer Beteiligung im Alter 342
Gerhard Berger: Der Wandel des Versorgungssystems und seine
Auswirkungen auf die Lebenslage alter Menschen 345

**Moderne Gemeindesoziologie. Ethnographische Zugänge zur sozialen
Konstruktion von Grenzen** 349
Kai Brauer: Einleitung 349
Valentine Meunier: „Die Russen" und die „Katholiken": Nachwirkungen der
innerdeutschen Grenze in Alsleben (Bayern) und Gompertshausen
(Thüringen) 350
Karl-Michael Brunner: Flüchtlinge im Gemeindekontext – zur sozialen
Konstruktion von Grenzen unter Bedingungen „verallgemeinerter Nähe
und Sichtbarkeit" 353
Tsypylma Darieva: Making a community through the media? Postsowjetische
Zuwanderer in Berlin 356
Marie Pipo Búi: Von Boat People und Vertragsarbeitern zu Zigarettenhändlern.
Grenzen vietnamesischer Communities 1989–1998 360

Winfried Moser: Die Rationalität der Xenophoben: Eine Untersuchung über
Entstehung und Tradierung kollektiver Wissensbestände in Kleingrenzdorf 362

Neue Medien in der sozialwissenschaftlichen Lehre 366
Wolfgang Ludwig-Mayerhofer: Einleitung 366
Klaus-Dieter Bock: Multimedia in der soziologischen Grundausbildung 367
Torsten Schwarzkopf: Ein interaktives Lehrprogramm für
sozialwissenschaftliche Forschungsmethoden 370

Nonprofit-Organisationen in entgrenzten Marktgesellschaften 374
Ingo Bode: Einleitung 374
Susanne Angerhausen: Das Ende der Schonzeit: Die „neue"
Legitimationsempfindlichkeit von Wohlfahrtsverbänden 375
Stefan Pabst: Interessenvermittlung im Wandel. Wohlfahrtsverbände und
Staat im Postkorporatismus 378
Ingo Bode: Entscheidende Momente: Nonprofit-Organisationen im
Krankenversicherungswesen zwischen Markt und Solidarität 381
Thomas Wex: Die Modernisierung der Nonprofit-Organisationen und die
Auflösung ihrer Spezifika 384

**Politik des Vergnügens. Zur Diskussion der Populärkultur in den
Cultural Studies** 388
Udo Göttlich / Rainer Winter: Einleitung 388
Ruth Ayaß: Das Vergnügen der Aneignung: Lachen und Gelächter bei der
Fernsehrezeption 389
Ursula Ganz-Blättler: „Knowledge Oblige". Genrewissen als Statussymbol
und Share-Ware 392
Friedrich Krotz: Vergnügen an interaktiven Medien und seine Folgen für
Individuum und Gesellschaft 395
Rainer Winter: Widerspenstige Praktiken – zum Verhältnis von Kultur und
Macht in den Cultural Studies 397

Praxisrelevanz der Sozialwissenschaften 400
Helmut Fehr / Clemens Kraetsch: Einleitung 400
Petra Thinnes: Soziologische Organisationsberatung – neue Wissenschaft-
Praxis-Synergien? 401
Helmut Fehr: Kritik der systemischen Organisationsberatung 404

Professionelles Grenzgängertum: Ethnographie als Brücke zwischen fremden Welten 408
Roland Girtler / Anne Honer / Christoph Maeder: Einleitung 408
Peter Loos: Grenzen ziehen, Grenzen überschreiten – vom Umgang von Migrantenjugendlichen mit den Ethnographen 410
Jo Reichertz / Nobert Schröer: Annäherung an Grenzgänger zwischen den Kulturen – zur Arbeit mit türkischen Co-Interpreten in qualitativer Sozialforschung 413
Olaf Zorzi: Gaijin und Fremdsein in Japan: Ethnographie als professionelle Erfahrung einer modernen Normalität 416
Frank Sistenich / Cornelia Zanger: Marktorientierte Ethnographie: Dem Konsumenten auf der Spur. Grenzgänger untersuchen Grenzgänger 419
Beate Littig: Gemeinsame Nutzung und soziale Aneigung. Ethnographische Studien in einer Wiener Damensauna 422
Ina Dietzsch: Alltägliches „Grenze denken" in ost-westdeutscher Briefkommunikation 425
Margarethe Kusenbach: Der lange Schatten des Holocaust: Überlegungen zum Management kultureller Grenzen in der Feldforschung 428
Helga Patscheider: Die „Motorradlhexen". Grenzen eines elitären Frauenmotorradclubs 432

Sonderveranstaltung zur Softwarepräsentation „Software für die Sozialwissenschaftliche Forschung" 435
Susann Kluge / Diane Opitz: Analyse und Archivierung von Biographie- und Lebensverlaufsdaten mit dem Datenbanksystem „QBiQ" 435

Soziologie als angewandte Aufklärung: weniger als erwartet, aber mehr als zu befürchten war. Die Entwicklung der Nachkriegssoziologie aus der Sicht der Gründerzeit 439
Heinz Sahner: Einleitung 439
M. Rainer Lepsius: Diskussionsbeitrag 440
Heinrich Popitz: Diskussionsbeitrag 442
Ludwig von Friedeburg: Diskussionsbeitrag 445

Soziologie und Philosophie. Rückblick auf dreißig Jahre „Erkenntnis und Interesse" 447
Stefan Müller-Doohm: Einleitung 447
Jürgen Habermas: Einführende Bemerkungen 448
Stefan Müller-Doohm: Wie kritisches Denken zu rechtfertigen sei – Eine vorläufige Skizze 455

Michael Sukale: Sinn, Wert und Interesse 458
Anke Thyen: Gibt es moralische Interessen? 462
André Kieserling: Gesellschaftstheorie als Wissenschaftstheorie 464
Charles Larmore: Habermas und der Pragmatismus, 467

Soziologische Beratung 470
Elisabeth M. Krekel / Jürgen Lehmann: Einleitung 470
Hans J. Pongratz: System- und Subjektperspektive in der Beratung.
  Soziologische Reflexionen zu einem Trainings- und Beratungsprojekt
  in der betrieblichen Ausbildung 471
Annette Vogel: Praxisfelder soziologischer Beratung: Ergebnisse einer
  empirischen Studie 474
Steffen Joas: Vermittlung soziologischer Beratungsqualifikation: Praxisnahe
  Qualifizierung und Einstieg in freiberufliche Beratungstätigkeit als
  Soziologe – eine BDS-Initiative 478
Annette Vogel (Zusammenfassung): Diskussion 481

Theoretische und methodologische Fragen der vergleichenden
Geschlechterforschung in Europa: Arbeitsmarkt und Wohlfahrtsstaat
im Wandel 486
Birgit Pfau-Effinger / Mechthild Veil: Einleitung 486
Mechthild Veil: Der Beitrag vergleichender Sozialpolitikforschung zur
  Weiterentwicklung feministischer Theorien 487
Sonja Drobnič: Theoretical and methodological issues on comparative
  gender research within the life course perspective 490

Tod, Medizin, Gesellschaft 493
Ursula Streckeisen / Klaus Feldmann: Einleitung 493
Ursula Streckeisen: Der Triumph der Wissenschaft über den Tod – Zum
  medizinischen Blick ins Innere von Körper und Zelle 494
Stefanie Gräfe: Das geschenkte Leben: Anmerkungen zum Diskurs um
  Hirntoddefinition und Organtransplantation 497
Klaus Feldmann: Soziales und psychisches Sterben – ein Problem auch für
  das Medizinsystem 500
Markus Zimmermann-Acklin: Wenn Ärzte (auf Verlangen) töten. Mögliche
  Folgen der Aufgabe eines gesellschaftlichen Tabus 503

Volkszählung 2001 507
Heinz Sahner: Einleitung 507
Dieter Gust: Der Datenbedarf aus Sicht der Verwaltung 508

Hans Gerd Siedt: Das Bundesmodell	511
Matthieu Vliegen: Der „Zensus" in den Niederlanden: eine Integration von Register- und Stichprobendaten	514

Wahrnehmung und Beurteilung von Technik: Das Beispiel Gentechnik 518
Michael M. Zwick: Einleitung 518
Jürgen Hampel: Gentechnik und Öffentlichkeit: Der Blick über die Grenzen 519
Uwe Pfenning: Einstellungen zur Gentechnik 522
Michael M. Zwick: Technical risks oder social hazards? Empirische Befunde
  zur Kritik der Gentechnik in der deutschen Öffentlichkeit 525
Gerhard Keck: Wahrnehmung der Gentechnik aus der Sicht von Schülerinnen
  und Schülern 528

Zur Aktualität René Königs – 50 Jahre „Soziologie heute" 531
Heine von Alemann: Einleitung 531
Peter Atteslander: Ist René Königs „Soziologie heute" von gestern? 532
Günther Lüschen: Moralität und die Möglichkeit einer objektiven Soziologie 535
Hansjürgen Daheim: Die Mittelklassen in René Königs
  Gegenwartswissenschaft 538
Heine von Alemann: Die Konzepte ‚Gegenwart' und ‚Wirklichkeit' in René
  Königs „Soziologie heute". Programm der Soziologie und der ‚rationale
  Humanismus' 541

Rahmenprogramm
Dieter Grühn: Praxisprogramme in sozialwissenschaftlichen Studiengängen 545

FOREN

DOKTORANDENFORUM
Grenzenlos promovieren? 547
Johann-Georg Greiner / Bernd Neumeister / Andreas Lösch: Einleitung 547
Arnd Bader: Promovieren als permanente Grenzerfahrung 548
Gerlinde Mauerer: Grenzenlose Verwund(er)ung? Zu Vorbildern und
  Vorstellungen von DissertantInnen 551
Barbara Ossege: Von Zwergen und Riesen 550
Dominik Schrage: Arbeit am Lebenslauf 556
Dierk Spreen: Über einige Schwierigkeiten, einen Titel zu finden 558
Stefanie Wenner: Interdisziplinarität – Überschreitung von Kanonität? 561

FORUM FÜR LEHRE
Studium der Soziologie zwischen „Elfenbeinturm" und entgrenzender Globalisierung — 564
Matthias Riedel: Einleitung — 564
Michael Gemperle: Studienerwerbstätigkeit: ein Schlüssel zu verstärktem Praxisbezug — 565
Dieter Grühn: Praxisprogramme in sozialwissenschaftlichen Studiengängen — 567
Paul Kellermann: Zur Lage soziologischer Lehre in Österreich am Ende des 20. Jahrhunderts — 569

FORUM
Zur Begründung der Nachkriegssoziologie in Deutschland: Kontinuität oder Bruch? — 573
Peter-Ulrich Merz-Benz: Einleitung — 573
Carsten Klingemann: Einführungs-Referat — 574
Michael Fahlbusch: Ergänzende Bemerkungen zum Einführungsreferat von Carsten Klingmann — 576
Rainer Mackensen: Zur Begründung der Nachkriegssoziologie – Kontinuität oder Bruch? — 580

POLITISCHES FORUM
Die Arbeit und ihre Zukunft — 584
Hans O. Hemmer: Einleitung — 584
Richard Münch: Erwerbsarbeit in der globalen Moderne – sinkende oder steigende Bedeutung für die soziale Integration? — 585
Barbara Riedmüller: Integration durch Grundsicherung — 587

VERZEICHNIS DER AUTORINNEN UND AUTOREN — 591

AD-HOC-GRUPPEN
Anerkennung und Arbeit

Organisation:
Ursula Holtgrewe / Stephan Voswinkel / Gabriele Wagner

Einleitung

STEPHAN VOSWINKEL

Mit dem Strukturwandel der Gegenwartsgesellschaften erodieren bzw. verändern sich die Anerkennungsverhältnisse. „Anerkennung" wird für soziologische Analyse relevant als Element sozialer Reziprozität, als Grundlage der Identitätsbildung und des Selbstwertes und als Medium der Moral, verstanden als Achtungskommunikation. Mißachtung stellt eine Entwertung und Entwürdigung von Identitäten und Subjekten dar. Sie löst schamhafte Selbstentwertungen und -beschränkungen der Subjekte, abweichendes Verhalten oder aber einen „Kampf um Anerkennung" (Honneth) aus. Damit sind Anerkennungsverhältnisse auf Verhältnisse sozialer Ungleichheit bezogen.

Anerkennung bewegt sich in einem Spannungsfeld von Gleichheit und Differenz: Anerkennung als gleichwertig/zugehörig und als besonders/unverzichtbar, als Mitglied sowie reziprok zur Leistung, Anerkennung der Gruppe (sozialen Kategorie, Profession) und des Individuums sowie Anerkennung auf Basis von Sympathie und von Rechten. Das Maß an Spannungen zwischen diesen Dimensionen wird durch Geschlecht, Klasse, Ethnie zentral strukturiert.

Welche Veränderungen sich in Zeiten hoher Arbeitslosigkeit, veränderten Erwerbsverhaltens, neuer Rollenjustierungen zwischen den Geschlechtern, des Bedeutungsgewinns von Freizeit usw. für die Anerkennungsverhältnisse ergeben, die in der „Arbeitsgesellschaft" ganz wesentlich auf Arbeit fokussieren, ist eine immer wesentlichere Frage einer Soziologie der Anerkennung. Denn Arbeitsstrukturen, Produktionskonzepte, Qualifikationsstrukturen und Entgeltformen sind immer auch Grundlage und Ausdruck von Anerkennungsbeziehungen. Aber weder „Anerkennung" noch „Mißachtung" sind Funktion oder Zweck von Institutionen der Arbeit wie Unternehmen und Betrieb. Anerkennung bezeichnet somit eine gewissermaßen „systemfremde" Dimension, die als sozialmoralische Kategorie in einem Spannungs- und potentiellen Konfliktverhältnis zur betriebswirtschaftlichen Logik steht.

Das Thema „Anerkennung und Arbeit" umgreift verschiedene Perspektiven:
1. Die Anerkennung *durch* Arbeit: Hier geht es um die Relevanz der (Erwerbs-)Arbeit für die Anerkennungsverhältnisse.
2. Die Anerkennung *der* Arbeit und einzelner Kategorien der Arbeitenden als Produktionsfaktor (Bürgerrechte im Betrieb, Gleichheit von Kapital und Arbeit, Wertschätzung von Berufen, Belegschaftsgruppen usw.).
3. Die Anerkennung *in der* Arbeit, als Person und als Mitglied einer Arbeitsgemeinschaft, und die Anerkennung der spezifischen Leistung. Sie drückt sich aus in der Zuweisung von Autonomie und Verantwortung, in Vertrauen, Hilfsbereitschaft, Rücksichtnahme und in einem „angemessenen" Umgangston. Die folgenden Beiträge sollen einen Anstoß geben, die Bedeutung der sozial-moralischen Kategorie der „Anerkennung" in der Soziologie der Arbeit, insbesondere in Zeiten eines tiefgreifenden Wandels der Arbeitswelt, in unterschiedlichen Perspektiven herauszuarbeiten.

Dr. Ursula Holtgrewe, Dr. Stephan Voswinkel, Universität-Gesamthochschule Duisburg, Fachbereich 1, Fach Soziologie, D-47048 Duisburg

Dipl.-Soz. Gabriele Wagner, Universität Dortmund, Graduiertenkolleg „Geschlechterverhältnis und sozialer Wandel", HDZ, Vogelpothsweg 78, D-44227 Dortmund

Anerkennung und Arbeit – ein Problemaufriß am Beispiel der Lohnfortzahlung im Krankheitsfall

STEPHAN VOSWINKEL

Die Behauptung, Arbeit sei in der modernen Gesellschaft Grundlage von Anerkennung, ist zu unspezifisch. Denn es sind der *Erfolg* im Beruf, der *Reichtum*, der aus Arbeit entsteht, nicht aber die *einfache*, anstrengende, schmutzige, *abhängige* Arbeit (Walzer 1992: 244ff.), die Anerkennung vermitteln. Nötig ist also eine Differenzierung des Begriffs der „Anerkennung".

Bewunderung und Würdigung
Zwei Bedeutungsdimensionen von „Anerkennung" sind zu unterscheiden: „Bewunderung" korrespondiert mit dem Begriff des „Prestiges", „Würdigung" mit dem der „Dankbarkeit" (Simmel 1992: 652ff.). In der Bedeutung von *Bewunderung* heißt Anerkennung

die Höherstellung von Akteuren. In der Bedeutung von *Würdigung* kann Anerkennung als Gegenleistung für einen *Beitrag* verstanden werden. Sie ist dann Element eines sozialen Austauschs, eine moralische Verpflichtung und Erwartung. *Würdigen* kann man auch Arbeiten, die nicht bewundert werden, *bewundern* kann man Erfolge, für die ihre Träger keine Würdigung erfahren. Würdigung kann sogar als Kompensation für fehlende Bewunderung gelten: Es sind gerade Selbstverleugnung und Aufopferung, denen Würdigung gebührt.

Es gibt auch eine Form der Würdigung, die wesentliche Elemente von Anerkennung *nicht* enthält, weil sie den Gewürdigten nicht als gleichberechtigtes Subjekt, nicht als autonomes Wesen behandelt: Eine patriarchalische Form der Würdigung, für die im deutschen Arbeitsrecht der Begriff der „Fürsorge" steht. Sie ist weniger die Honorierung eines Beitrags, sondern die Gegenleistung für Unterordnung und Pflichterfüllung.

Der auf Zugehörigkeit basierende Anerkennungsmodus
In den für das deutsche Modell der Arbeitsbeziehungen lange Zeit charakteristischen Anerkennungsverhältnissen der Arbeit spielte der Modus der Würdigung eine zentrale Rolle. Sie bezieht sich auf die „Zugehörigkeit" zu einem Großunternehmen und findet ihre klassische Basis in seinem betriebszentrierten Arbeitsmarkt. Die Arbeit des Belegschaftsmitglieds findet ihre Würdigung dadurch, daß ihm als Mitglied einer Betriebsgemeinschaft Beschäftigungssicherheit auch im Alter, bei nachlassender Produktivität, in Aussicht gestellt wird.

Die Auseinandersetzung um die Entgeltfortzahlung im Krankheitsfall im Herbst 1996
Der moralische Gehalt dieser von Würdigung geprägten Anerkennungsverhältnisse wird am Beispiel der Auseinandersetzungen in den Betrieben deutlich, die von dem Beschluß vieler Arbeitgeberverbände und Unternehmensleitungen ausgelöst wurden, die Entgeltfortzahlung im Krankheitsfall im Herbst 1996 zu senken (Voswinkel i. E.). Nach der gesetzlichen Kürzung der Entgeltfortzahlung im Krankheitsfalle von 100 % auf 80 % rief Gesamtmetall seine Mitglieder auf, die Neuregelung anzuwenden, ohne abweichende Bestimmungen in Tarifverträgen zu beachten oder Neuverhandlungen abzuwarten. Die Belegschaften der Unternehmen, die dem Rat von Gesamtmetall folgten, reagierten mit wütendem Protest und Arbeitsniederlegungen. *Normative* Basis dieser Empörung war die Tatsache, daß die Entgeltfortzahlung im Krankheitsfall in der (west-)deutschen Arbeitskultur zum Symbol der Anerkennung der Arbeitenden geworden ist, und zwar als Mitglieder einer Organisation, einer Betriebsgemeinschaft. Diese Würdigung des Beitrags des Arbeitnehmers zum Erfolg der Organisation betrifft die Arbeit des *Arbeiters* noch in besonderer Weise. Denn Krankheit wird verstanden als Folge des Verschleisses der Arbeitskraft – im Dienst des Unternehmens. Besonders *körperliche* Arbeit impliziert die Übernahme gesundheitlicher Risiken.

Welche Bedeutung diesem Symbol der Anerkennung beigemessen wurde, macht das Kompromißpaket deutlich, mit dem der Streit zwischen Gewerkschaft und Arbeitgeberverbänden beigelegt wurde. Die volle Entgeltfortzahlung im Krankheitsfall wurde gegen finanzielle Zugeständnisse festgeschrieben. Hierbei waren Vor- und Nachteile des Tauschpakets unter den Beschäftigten ungleich verteilt: Gewinner waren diejenigen, die eine höhere Krankheitswahrscheinlichkeit besitzen, z. B. Ältere, unter belastenden Bedingungen körperlich Arbeitende, Frauen/Mütter. Verlierer waren die Gesünderen, z. B. die Jüngeren, die Angestellten. Daß dieses Kompromißpaket von den Beschäftigten akzeptiert wurde, verweist darauf, wie tief verankert der auf Mitgliedschaft, Zugehörigkeit in Arbeitsorganisationen und auf kollektiver Partizipation basierende Anerkennungsmodus nach wie vor in großen Teilen der Arbeitnehmerschaft ist.

Reputation – ein neuer Anerkennungsmodus?
Aber gleichwohl spricht manches dafür, daß die *Grundlagen* des Anerkennungsmodus *erodieren*. Dezentralisierung von Unternehmen, kurzfristigere Zeithorizonte, Unzuverlässigkeit langfristiger sozialer Austauschbeziehungen zwischen Unternehmen und Beschäftigten, neoliberale Regulierungsmodelle stellen den auf Würdigung basierenden sozialen Austausch in Frage. Wenn Arbeit weniger in einem stabilen organisatorischen Kontext erfolgt, löst sich schließlich der Adressat auf, an den moralische Ansprüche würdigender Anerkennung gerichtet werden könnten.
In flexiblen, überbetrieblichen Beschäftigungskarrieren wird demgegenüber eine andere Form der Anerkennung bedeutsam: die *Reputation*. Bei ihr geht es vor allem um den *Eindruck*, den ein Subjekt bei anderen hinterläßt. Reputation ist eine kompetitive Form der Anerkennung. Man kann sie als Kapital betrachten, in das und mit dem investiert werden kann und muß.
Wer nun im „flexiblen Kapitalismus" (Sennett 1998) vor allem überbetriebliche Karriereperspektiven verfolgen will bzw. verfolgen muß, der muß um den Aufbau einer guten Reputation bemüht sein. Sein Ruf beim früheren Arbeitgeber bzw. Geschäftspartner und in der für ihn relevanten arbeitskulturellen Szene ist entscheidend für seine übetrieblichen Beschäftigungschancen (Meyerson/Weick/Kramer 1996). Reputation aber ist eine Anerkennungsform, die mehr im Anerkennungsmodus der *Bewunderung* zu verorten ist und die weniger moralische Verpflichtungen der *Würdigung* begründet. Anerkennungsverhältnisse, die von Reputation bestimmt sind, motivieren die Menschen zwar, im Interesse ihrer individuellen Reputation kooperativ zu wirken (Misztal 1996: 120ff.; Wilson 1985), doch tun sie dies nicht aufgrund moralischer Commitments, denen Dankbarkeit durch Würdigung gegenüber stünde. Anerkennung als Reputation bedeutet allerdings auch, daß Selbständigkeit und Kompetenz honoriert werden – und die Fähigkeit, diese auch (im Hinblick auf eine weitere Öffentlichkeit) *darzustellen*. In Reputationsverhältnissen wird der Beschäftigte nicht als Belegschaftsmitglied anerkannt, sondern als „Arbeitskraftunternehmer" (Voß/Pongratz 1998).

Fazit
Der Umbruch der Arbeitsbeziehungen ist also auch einer der Anerkennungsmodi. Der Prozeß ist äußerst vielschichtig: *Einerseits* ist der traditionelle Anerkennungsmodus, wie die Auseinandersetzung um die Entgeltfortzahlung im Krankheitsfalle gezeigt hat, moralisch noch stark verankert. *Andererseits* erodieren seine Voraussetzungen. Der Anerkennungsmodus der Reputation ist demgegenüber *einerseits* defizitär im Hinblick auf Erwartungen der Würdigung und als moralische Basis sozialen Austauschs. Aber *andererseits* ist er auch in einer *moralischen* Weise attraktiv: Denn er beinhaltet, daß die Autonomie der Subjekte anerkannt wird. Die Anerkennung ist weniger gebunden an Zugehörigkeit. Menschen, die nicht mehr „nur" „hart arbeiten", die ihre Arbeit nicht als „Dienst" verstehen, sondern selbständiger, kompetenter und verantwortlicher sind, erwarten nicht mehr allein Würdigung. Doch Reputation tendiert dazu, eher den Erfolg als die Bemühung zu honorieren. Die Beachtung kann wichtiger als die Achtung werden. Das ist die Zwiespältigkeit der Entwicklung.

Literatur:
Meyerson, Debra / Weick, Karl E. / Kramer, Roderick M. (1996): Swift Trust and Temporary Groups. In: Roderick M. Kramer / Tom R. Tyler (Hrsg.): Trust in Organizations. Thousand Oaks/London/New Delhi
Misztal, Barbara A. (1996): Trust in Modern Societies. Cambridge
Sennett, Richard (1998): Der flexible Mensch. Die Kultur des neuen Kapitalismus. Berlin
Simmel, Georg (1992): Soziologie. Frankfurt a. M.
Voß, G. Günter / Pongratz, Hans J. (1998): Der Arbeitskraftunternehmer. Eine neue Grundform der Ware Arbeitskraft?. In: Kölner Zeitschrift für Soziologie und Sozialpsychologie 50, H.1.: 131–158
Voswinkel, Stephan (i.E.): Der Globalisierungsdiskurs und die deutschen industriellen Beziehungen: Die Dramaturgie des „Bündnisses für Arbeit". In: Hanns-Georg Brose / Helmut Voelzkow (Hrsg.): Institutioneller Kontext wirtschaftlichen Handelns und Globalisierung. Marburg
Walzer, Michael (1992): Sphären der Gerechtigkeit. Frankfurt a. M./New York
Wilson, Robert (1985): Reputations in games and markets. In: Alvin E. Roth (Hrsg.): Game-theoretic Models of Bargaining. Cambridge et al.: 27–62

Dr. Stephan Voswinkel, Universität-Gesamthochschule Duisburg, Fachbereich 1, Fach Soziologie, Lotharstr. 65, D-47057 Duisburg

Die Ungleichheit sozialer Anerkennungschancen nach Klasse und Geschlecht

PETRA FRERICHS

Von welch grundlegender Bedeutung die Erfahrung sozialer Anerkennung für das psychische Wohlergehen und die personale Integrität von Menschen ist, darauf haben Moralphilosophen wie Bloch (1961) und Sozialwissenschaftler wie Gouldner (1954) und Moore (1982) aufmerksam gemacht. Mit Blick auf die Geschichte der sozialen Kämpfe zeigt Bloch, daß nur materielle Not und politische Abhängigkeit alleine noch nie die entscheidenden Antriebskräfte für Umsturzbewegungen waren. Vielmehr mußte die Erfahrung der sozialen Mißachtung – also vorenthaltene Anerkennung – notwendig hinzukommen. Empirisch fassen lassen sich soziale Anerkennung und Würde nur indirekt – in Formen von Mißachtung und Verletzung der Würde, von Erniedrigung, Kränkung, sozialer Scham (vgl. Honneth 1990: 1043). Solche Verletzungen moralisch implizit bleibender Ansprüche können unter bestimmten Voraussetzungen zur Triebkraft von Handeln und Widerstand werden (dies konnte auch im Rahmen einer eigenen empirischen Studie über „Fraueninteressen im Betrieb" werden; Frerichs/Morschhäuser/ Steinrücke 1989).

Anerkennungstheorien gehen meist auf Hegels Dialektik des Selbstbewußtseins zurück. Während bei Hegel selbst noch Anerkennung und Herrschaft aus einer dialektischen Bewegung als verschiedene Aggregatzustände des Kampfes hervorgehen, gehen verschiedene Rezeptionslinien gleichermaßen auf Hegel zurück, die jeweils eine Seite dieser Bewegung betonen. Habermas (1981) begreift die Spiegelverhältnisse der Anerkennung als Sphäre ideeller Vergesellschaftung und verfolgt dabei explizit die Perspektive der Herrschafts*freiheit*. Der herrschafts*kritischen* Rezeptionslinie gemäß, hier vertreten durch Pierre Bourdieu (1990), basiert die symbolische Gewalt auf Akten der Anerkennung und Verkennung. Als eine dritte Rezeptionslinie sei die feministische Subjekt- und Moraltheorie genannt, vertreten durch J. Benjamin (1990) und Benhabib (1989), die eine radikale Kritik der Anerkennungstheorie formuliert hat. Im Zentrum dieser Kritik steht, daß die Moralphilosophie alle konkrete Lebenstätigkeit ausblendet und damit die Erfahrungen, Arbeiten und Leistungen von Frauen mißachtet.

Die soziale Bewertung von Arbeiten und Leistungen, die als Element der symbolischen Ordnung ebenso in Tarifverträge etwa wie in die mentalen Strukturen der Gesellschaftsmitglieder eingeschrieben ist, basiert auf praktischen Taxinomien, die den realen Unterschieden den Charakter von logischen oder „natürlichen" Klassifikationen verleihen. Solche Taxinomien trennen und vereinigen, sie legitimieren die Hierarchie. Klassifiziert werden die verschiedenen Arbeiten mittels allgemein anerkannter Maße, die in ihrer strukturellen oder symbolischen Gewalt meist verkannt sind. Dieser Logik gemäß gilt die Einkommenshöhe und der materielle Besitz als ökonomisches, die Hierarchieposition und der Reichtum an Beziehungen als soziales, (Schul-)Noten, Zeugnisse, (Bildungs-)Titel als kulturelles und das Prestige oder Renommee als symbolisches Anerkennungsmaß. Diese herrschenden Anerkennungsmaße, die mit Bourdieus erweiterten Verständnis von „Kapital" ebenso korrespondieren wie mit Kreckels „sozialen Kürzeln" als verdinglichte Abstraktionen und Quellen von Lebenschancen (Kreckel 1982), sind ebenso ungleichheitskonstitutiv wie die Aneignungs- und Verfügungsbedingungen über ökonomisches, kulturelles, soziales und symbolisches Kapital bzw. Geld, Zeugnis, Zugehörigkeit und Rang. Eigen ist den Anerkennungsmaßen zudem, daß sie an Öffentlichkeit und Teilhabe am Wirtschafts- und Erwerbssystem gebunden sind und die Privatsphäre von Familie und Sozialisation ignorieren.

Der ursprüngliche Ausschluß der Frauen vom Kampf um die Ehre aufgrund des Isotimieprinzips (Bourdieu 1997) hat Spuren in der Moderne hinterlassen. Bourdieu macht darauf aufmerksam, daß Frauen heute zwar am symbolischen Kampf oder Tausch teilnehmen, aber primär nicht als Subjekte, sondern im Objektstatus. In dieser Funktion leisten sie „Statuserwerbsarbeit" (Laub Coser 1987) für die Familie, d.h. sie nehmen Erziehungsaufgaben wahr, pflegen soziale Kontakte und Beziehungen, suchen Verbündete mit Prestige und sorgen dafür, mit einem bestimmten Stil der Haushaltsführung, der Erziehung, des sich Kleidens und Benehmens das Ansehen der Familie zu erhalten und zu mehren. Das so (re-)produzierte soziale und symbolische Kapital kommt den Frauen aber nicht unmittelbar zugute, sondern der Familie als Ganzes oder ihrem *head*. Allerdings ist der aufs Private verwiesene Status der Frauen in dem Maße zu relativieren und auch klassenspezifisch zu differenzieren, wie sie die magische Grenze der Privatheit überschreiten und nun auch selbst – qua Bildung, Erwerbstätigkeit und öffentlicher Präsenz – als Subjekte am „Kampf um Anerkennung" teilnehmen.

Manches an ungleichen Anerkennungschancen der Geschlechter ist aber auch unter Legitimationsdruck geraten. Was noch vor wenigen Jahrzehnten unhinterfragt den sozialen Normen, Werten und Geschlechterstereotypen entsprach, bedarf heute der Begründung. Daß Frauen weiterhin allein zuständig für die Haus- und Familienarbeit sind, ist ebenso legitimationsbedürftig geworden wie die Unterrepräsentanz von Frauen in Führungspositionen oder die relativ konstante Einkommensdifferenz von Männern und Frauen.

Die Quintessenz, auf welche die „Arbeit der Anerkennung" hinausläuft, lautet nach Habermas (1993), daß das Wertregister der Gesellschaft im Ganzen zur Diskussion steht. Mit Bourdieu und Benhabib geht es um einen symbolischen Kampf, in welchem die stillschweigenden Voraussetzungen der herrschenden Weltsicht praktisch in Frage gestellt werden. So wie die wirkliche Befreiung der Frauen erst dann erreicht ist, wenn sie als Subjekte in die kulturellen Auseinandersetzungen eintreten, ist anerkennungspolitisch anzustreben, daß die alltägliche soziale Mißachtung derer abgebaut wird, die

die „niederen Arbeiten" leisten. Einmal abgesehen von so revolutionären Vorschlägen wie diesen, daß die verachtetste, ungeliebteste, am wenigsten anerkannte Arbeit am höchsten zu bewerten und entlohnen sei (Wiehn 1968), sollte in Diskussionen über die „Zukunft der Arbeit" verstärkt über neue Bewertungskriterien von „Arbeit" und „Tätigkeit", Hand- und Kopfarbeit, Haus- und Erwerbsarbeit nachgedacht werden.

Literatur:
Benhabib, Seyla (1989): Der verallgemeinerte und der konkrete Andere. Ansätze zu einer feministischen Moraltheorie. In: E. List und H. Studer (Hrsg.): Denkverhältnisse. Feminismus und Kritik. Frankfurt a. M.: 454–487
Benjamin, Jessica (1996): Die Fesseln der Liebe. Frankfurt a. M.
Bloch, Ernst (1961): Naturrecht und menschliche Würde. Frankfurt a. M.
Bourdieu, Pierre (1990): Was heißt Sprechen? Die Ökonomie des sprachlichen Tausches. Wien
Bourdieu, Pierre (1997): Die männliche Herrschaft. In: I. Dölling und B. Krais (Hg.): Ein alltägliches Spiel. Geschlechterkonstruktion in der sozialen Praxis. Frankfurt a. M.: 153–217
Frerichs, Petra /Morschhäuser, Martina / Steinrücke, Margareta (1989): Foueninteressen im Betrieb. Opladen
Frerichs, Petra (1997): Klasse und Geschlecht 1. Arbeit, Macht, Anerkennung, Interessen. Opladen
Gouldner, Alwin W. (1954): Wildcat Strike. Yellow Springs/Ohio
Habermas, Jürgen (1993): Anerkennungskämpfe im demokratischen Rechtsstaat (Kommentar zu Charles Taylor: Die Politik der Anerkennung). Frankfurt a. M.
Honneth, Axel (1990): Integrität und Mißachtung. Grundmotive einer Moral der Anerkennung. In: Merkur H. 12: 1043–1054
Kreckel, Reinhard (1982): Class, Status, Power?, in: KZfSS, H. 4: 617–648
Laub Coser, Rose (1987): Machtverlust und Statusgewinn: ein Schritt zur Gleichstellung der Geschlechter. In: KZfSS, Jg. 39, H. 1: 1–14
Moore, Barrington (1982): Ungerechtigkeit. Die sozialen Ursachen von Unterordnung und Widerstand. Frankfurt a. M.
Wiehn, E. (1968): Theorien sozialer Schichtung. München

Dr. Petra Frerichs, Institut zur Erforschung sozialer Chancen, Kuenstr. 1b, D-50733 Köln

Anerkennung und sozialer Austausch
Die soziale Konstruktion von Betriebsbürgerschaft

HERMANN KOTTHOFF

Die dominierenden industriesoziologischen Ansätze schließen die Möglichkeit von Anerkennung im Betrieb aus strukturellen Gründen explizit aus. Die Fabrik als Arena der Kapitalverwertung gilt als ein Ort der Entfremdung. Wenn wir über Anerkennung reden, dann müssen wir uns bewußt sein, daß wir ihr gegen die Tradition unseres Faches einen Platz begründen müssen.

Meine These lautet: Anerkennung der Arbeitnehmer als Betriebsbürger setzt zwei unterschiedliche Prozesse voraus. Auf der einen Seite die schrittweise Ausdehnung von politischen Bürgerrechten auf den Betrieb und damit die Schaffung des Rechtsstatus einer *industrial citizenship*, insbesondere durch Tarifvertrag und Betriebsverfassungsgesetz. Damit dieses Recht aber wirksam wird, braucht es eine vorrechtliche Unterstützung durch ein entsprechendes Milieu sozialmoralischer Gefühlseinstellungen und Gerechtigkeitsvorstellungen, was die frühen Soziologen als Sitte und Konvention bezeichnet haben. Eine Sozialmoral, auf der Anerkennung wächst, hat im Betrieb nur eine Chance, wenn sie nicht individueller Neigung und Zweckmäßigkeitserwägung überlassen bleibt, sondern wenn sie eine Norm ist, die bei Verstoß Sanktionen hervorruft. Und das gelingt nur, wenn der Betrieb offen ist für Einflüsse aus der außerbetrieblichen Lebenswelt. Anerkennung im Betrieb ist demnach identisch mit der Geltung lebensweltlicher Bezüge in der Welt des Geldes und der Arbeit.

Für die Klassiker war die Anerkennungsfrage Ausgangspunkt ihres soziologischen Denkens. Sie war eingekleidet in die Dichotomie von Gemeinschaft und Gesellschaft, Lebenswelt und Systemwelt. Wir alle haben das plastische und harte Diktum M. Webers in Erinnerung: „Wo der Markt seiner Eigengesetzlichkeit überlassen ist, kennt er nur Ansehen der Sache, kein Ansehen der Person, keine Brüderlichkeits- und Pietätspflichten, keine urwüchsigen, von den persönlichen Gemeinschaften getragenen menschlichen Beziehungen." Weber konnte sich nicht vorstellen, daß eine Arbeitswelt „ohne Ansehen der Person", also ohne Anerkennung in der Gemeinschaft, überlebensfähig sein kann. Beschwörend warnt er, daß das System des durchrationalisierten Großbetriebes „das Antlitz des Menschengeschlechts bis zur Unkenntlichkeit verändern (wird)". Noch stärker kreist das Denken Durkheims um die sozialmoralische Begründung von Anerkennung: Der Markt ist amoralisch, ökonomische Beziehungen müssen moralisiert werden.

Die industriesoziologischen Theorien der letzten Jahrzehnte sind im Unterschied zu den Klassikern anerkennungsvergessen. Es lassen sich grob drei Varianten unterscheiden. Die Kontrolltheoretiker haben moralische Ressourcen für den Betrieb abgeschrieben.

Ihre These ist, daß das Management sich durch ein immer perfekteres technisch-organisatorisches System der Kontrolle von der Subjektivität der Arbeiter unabhängig macht. Die Utilitaristen bzw. Rationalisten, die vom Menschenbild des *homo oeconomicus* ausgehen, kommen ebenfalls ohne die Annahme einer sozialmoralischen Integration des Betriebes aus. Die Neo-Durkheimianer halten eine sozialmoralische Fundierung der industriellen Beziehungen zwar für erforderlich, sehen aber keine Chance für ihre Realisierung angesichts der gegebenen ungerechten Herrschafts- und Einkommensstruktur.

Von Adam Smith stammt der Ausspruch: „Nicht vom Wohlwollen des Fleischers oder Bäckers erwarten wir unsere Mahlzeit, sondern davon, daß sie ihr Selbstinteresse verfolgen." Der Japanspezialist R. Doore hält Smith entgegen: „Die Japaner haben seit je darauf insistiert, daß der Fleischer und der Bäcker sowohl wohlwollend als auch selbstinteressiert zu sein hat ... Und zwar nicht deshalb, weil Wohlwollen und Großzügigkeit die beste Politik im eigenen Interesse ist. Nein, sie sagen: Wohlwollen ist eine Pflicht. Basta!"

Eine industriesoziologische Anerkennungstheorie kann viel von A. Gouldner und G. Simmel profitieren. Gouldner hält es mit dem, was die Japaner vom Bäcker erwarten: Reziprozität ist zwar eine Politik im eigenen Interesse, sie ist darüber hinaus aber auch eine moralische Pflicht. Es muß, so Gouldner, eine Reziprozitätsnorm hinzukommen, die er als Norm definiert, „die den anderen moralisch verpflichtet, jenen Dienste zu erweisen, von denen er welche empfangen hat". Er leitet diese Norm aus der Notwendigkeit ab, die zerstörerischen Wirkungen von Machtdifferenzen einzudämmen. Es geht ihm darum, gerade auch den Stärkeren in die moralische Gemeinschaft einzubinden, um der Zersetzung der Gesellschaft durch systemzerstörende Ausbeutung entgegenzuwirken.

Ebenso behauptet G. Simmel, der die Reziprozität unter dem heute altmodisch klingenden Begriff der Dankbarkeit erörtert hat, eine Dankespflicht, und fügt hinzu: „Keiner anderen Verfehlung des Gefühls gegenüber (ist) ein Urteil ohne mildernde Umstände so angebracht wie der Undankbarkeit gegenüber." Um den normativen Charakter zu unterstreichen, bezeichnet er die Dankespflicht als Stellvertreterin des Rechts. Sie habe im vorrechtlichen moralisch-sittlichen Raum einen dem Recht analogen Verpflichtungscharakter, der sich aus der starken Gefühlsverletzung im Falle der Undankbarkeit ablesen lasse. Die Funktion der Reziprozitätspflicht sieht er in der Herstellung von sozialer Dauer. „Würde auf einen Schlag", so Simmel, „jede auf frühere Aktionen hin verbliebene Dankreaktion ausgetilgt, so würde die Gesellschaft, mindestens wie wir sie kennen, auseinanderfallen."

Die entscheidende Frage ist nun, ob und wieweit diese allgemeinen Überlegungen über die Anerkennungspflicht auf den marktwirtschaftlichen Wirtschaftsbetrieb übertragen werden können. Der Betrieb zeichnet sich ja gerade dadurch aus, daß sein primärer Sinn und Zweck nicht Moral, Anerkennung und sozialer Austausch ist. Der Markt stellt die Anerkennung auf die härteste Probe, nämlich im Fall der marktbedingten Beendigung der Zusammengehörigkeit qua Kündigung. Der Betrieb ist keine „urwüchsige, von persönlicher Gemeinschaft und Brüderlichkeit getragene Beziehung". Alles Reden von Anerkennung und Gemeinschaft im Betrieb steht daher in der Klammer dieses Vorbehalts. Andererseits gilt ebenso: Auch wenn der primäre Zweck des Betriebes nicht Anerkennung, sondern Geldvermehrung ist, so ist er doch immer dann, wenn das Geldvermehren zu einer Dauerveranstaltung werden soll, auf Anerkennungsbeziehungen angewiesen, weil, wie ich zu zeigen versucht habe, Dauer ohne Anerkennungspflicht nicht denkbar ist. Erst dann, wenn der Betrieb sich der Welt der Moral und der Anerkennung verschließt, hat er ein Kontrollproblem, das seinen Fortbestand unterminiert. Daher geht es im Betrieb nicht um den Primat von Anerkennungsverhältnissen, sondern um einen Kompromiß, um ein gegenseitiges „Sichaushalten" der beiden prinzipiell widersprüchlichen Welten des Geldes und der Moral. Die Ambivalenz der Behandlung der Arbeitnehmer als Ware und als Nicht-Ware ist nach keiner Seite hin einseitig auflösbar. Das Management steht in einer paradoxen Situation: es muß Anerkennungsbeziehungen zugleich fördern und begrenzen. Nur in dieser prekären Mixtur ist Anerkennung im Betrieb denkbar.

Anerkennung im Betrieb bedeutet demnach vor allem: Toleranz und Großzügigkeit gegenüber den lebensweltlichen Gerechtigkeits- und Fairneßgefühlen der Arbeitnehmer, Akzeptanz der Zugehörigkeit des Arbeitnehmers zu einer außerbetrieblichen *moral community* mit einer eigenen kollektiven Identität.

Aktuelle Beobachtungen in den betrieblichen Anerkennungsbeziehungen: Auf der einen Seite stellen wir seit Jahren eine anerkennungsfreundliche Hervorhebung der *soft factors* wie Unternehmenskultur und *human resource management* fest. Auf der anderen Seite ist ebenso eine zunehmende Ökonomisierung der Arbeitskraft durch Flexibilisierung, Deregulierung, Leistungsverdichtung nicht zu leugnen. Ferner: Ich habe herausgearbeitet, daß betriebliche Anerkennung ihre Quelle in der außerbetrieblichen Lebenswelt hat. Aber gerade diese löst sich mehr und mehr auf. Bedeutet das, daß sich auch Anerkennung im Betrieb auflöst? Oder tritt der Betrieb möglicherweise selbst als Moralentwickler in dieses Vakuum, was manche Unternehmensberater mit *corporate identity* wohl intendieren? Jedoch auch die Grenzen des sozialen Orts Betrieb lösen sich zunehmend auf in Richtung Teleheimarbeit, Selbständigkeit, Leiharbeit usw. Wird sich damit auch Anerkennung umwandeln von einer Moral innerhalb eines Herrschaftsverhältnisses in eine Geschäftsmoral zwischen Kaufleuten? Auf all diese Fragen haben wir heute noch keine Antworten.

PD Dr. Hermann Kotthoff, Institut für Sozialforschung und Sozialwirtschaft e. V., Trillerweg 68, D-66117 Saarbrücken

Anerkennungs- und Mißachtungsverhältnisse im Prozeß organisationeller Transformation

URSULA HOLTGREWE

Organisationeller Wandel und Anerkennung
In Wirtschaftsorganisationen geht es nicht primär um Anerkennung, sondern um Kapitalverwertung. Am ehesten übersetzt sich Anerkennung in die Wertschätzung von Leistungen, aber auch Momente der anderen Anerkennungsformen Liebe und Recht (Honneth 1992) finden sich. „Liebe" übersetzt sich in Organisationen als (auch) affektiv getragene Bindungen und Zugehörigkeiten, „Rechte" bilden die institutionelle Rahmung von Arbeitsverträgen. Im folgenden wird der Einfachheit halber von (Anerkennung der) Leistung gegenüber (Anerkennung der) Zugehörigkeit die Rede sein. Wenn sich Organisationen transformieren und flexibilisieren, Marktelemente implementieren und Hierarchien dezentralisieren, so verändern sich damit auch Anerkennungsverhältnisse. In der klassischen Bürokratie konnte man seine Erwartungen von Anerkennung auf Erfahrungen und Routinen stützen. Auch wenn die Gratifikation aufgeschoben wurde, konnte sie in einer berechenbaren Zukunft erwartet werden. Senioritätsregelungen etwa standen für eine Wertschätzung von Erfahrungswissen.

Aktuell verändern sich Anforderungsprofile von Arbeitsorganisationen an ihre Mitglieder in die Richtung umfassender Verantwortlichkeiten und Bereitschaften. Der Bezug auf organisationelle Routinen wird als Innovationshindernis betrachtet, und Statusrechte und Rücksichtnahmen auf die lebensweltlichen Bindungen und Bedürfnisse der Beschäftigten werden als Flexibilitätshindernisse verbucht. Anerkennung bemißt sich tendenziell am Erfolg, der eintreten kann oder nicht und der nur begrenzt durch die eigene Verausgabung der Arbeitenden zu beeinflussen ist. Die Definition dessen, was eine anerkennungswürdige Leistung ist, und deren Bewertung werden in eine ungewisse Zukunft verlagert, in der sich die Maßstäbe schon wieder verändert haben können. Anerkennung wird also gleichzeitig vermarktlicht und politisiert, weil die Zurechnung von Erfolgen ja wiederum auszuhandeln ist. Neue Anerkennungschancen beziehen sich etwa auf Beiträge zur Flexibilität und Innovativität der Organisation oder zu ihrer strategischen Ausrichtung – mit den skizzierten Ungewißheiten über Erfolg einerseits, dessen Zurechnung andererseits (Moldaschl 1988; Munro 1998).

Wieweit Anerkennungsverhältnisse gegenüber der Betroffenheit durch Reorganisationsprozesse eine eigene Logik entfalten, wird im folgenden exemplarisch untersucht. Wenn sich dabei herausstellt, daß Anerkennungsverhältnisse im Reorganisationsprozeß subjektiv eigensinnig hergestellt und prozessiert werden, so spricht das für einen analytischen Mehrwert, der aus der Kategorie der Anerkennung etwa gegenüber Kategorien der Macht, der Interessen oder der Akteurskompetenz zu ziehen wäre.

Reorganisation und Anerkennungsverhältnisse bei der Telekom

Die Fallbeispiele basieren auf berufsbiographischen Interviews, die wir im Rahmen des DFG-Projekts „Transformation der Beschäftigungsverhältnisse bei der Deutschen Telekom AG" geführt haben (Blutner u. a. 1997).

Der Service bei der Telekom, also die klassischen Fernmeldehandwerker und Monteure, verzeichnen im Zuge der verschiedenen Rationalisierungs- und Reorganisationsprozesse infolge der Privatisierung Mißachtungserfahrungen in mehrfacher Weise. Bei der alten Post bildete der Service einen wohletablierten Anerkennungsraum im Hinblick auf Leistungen, Rechte und Zugehörigkeiten: Es handelte sich um ein Arbeiter-Beschäftigungssegment in einem öffentlichen Infrastrukturunternehmen, in dem man als Beschäftigter auf die eigene technische Kompetenz und die Erfüllung des Auftrags der Daseinsvorsorge stolz sein durfte und die Spielräume mobiler Montagearbeit nutzen konnte. Die Existenz war langfristig gesichert, die Gewerkschaft war stark und der Kreis der Kollegen sozial und nach Geschlecht vergleichsweise homogen. Zudem konnte man sich sowohl von der „gelben" Post als auch von den „Beamten" und Büromenschen distinguieren.

Die Digitalisierung des Telefonnetzes entwertete nun die überkommenen technischen Kompetenzen und hatte weitreichende Rationalisierungseffekte. Mit der Privatisierung werden zudem organisationelle Ressourcen stärker in den Vertrieb gelenkt. Entsprechend liegt im Service ein Schwergewicht des aktuellen Personalabbaus. Beschäftigte, deren Stellen wegfallen, werden in den sogenannten Personalüberhang, also auf einen internen zweiten Arbeitsmarkt, verwiesen und als flexible Reserve in befristeten Projekten eingesetzt. Um wieder einen dauerhaften Arbeitsplatz zu erhalten, müssen sie örtliche Versetzungen oder Tätigkeitswechsel in Kauf nehmen. Im Tausch gegen den Erhalt irgendeines Arbeitsplatzes in der Organisation müssen die Beschäftigten Abstriche bei der Anerkennung ihrer spezifischen Qualifikationen und Beiträge machen.

Die Analyse der berufsbiographischen Erfahrungen von Telekom-Beschäftigten aus der Perspektive der Anerkennungsverhältnisse macht deutlich, daß die überkommenen Zugehörigkeiten und sozialen Tauschbeziehungen nicht umstandslos gekappt werden. Daß die strukturellen oder materiell-technischen Verhandlungsressourcen und Unsicherheitszonen der Fernmeldehandwerker (wie Fachkompetenz und „Unentbehrlichkeit") zur Disposition stehen, führt im praktischen Umgang mit Versetzungen und in deren Deutung durch die Beschäftigten nicht unmittelbar zu einer kompletten Entwertung. Die betrieblichen Akteure im ehedem öffentlichen Unternehmen sind vielmehr übereinstimmend daran interessiert, die symbolische und legitimatorische Ordnung inkrementell zu verändern und dabei an die Stabilisierungsfunktion überkommener Ordnungen anzuknüpfen.

Nur: Bei der Herstellung von Kontinuität wollen sie ungern erwischt werden, denn die geteilte und symbolisch vermittelte Deutung eines Strukturbruchs liefert erst die Grundlage dafür, daß Zumutbarkeits- und Belastungsgrenzen verschoben werden können. Das bedeutet, daß sich die strukturelle und die symbolische und legitimatorische Ebene von Anerkennungsverhältnissen voneinander ablösen.

Fazit: Ausdifferenzierung von Leistung und Zugehörigkeit

Die Erosion der Selbstverständlichkeiten der Anerkennung als Leistungsträger, Kollege und Organisationsmitglied auf Dauer erfordert Deutungsoperationen der Subjekte. Befragte beschreiben und bewerten ihre Arbeit im Anschluß an die überkommenen technischen Kompetenzen, auch wenn sie diese nicht mehr direkt nutzen. Sie verhandeln um Dauerarbeitsplätze auf der Basis überkommener gewerkschaftlicher Stärken. Sie versuchen, ihre Teilhabe an einem technischen Fortschritt zu „retten", der ihre Arbeitsplätze bedroht. Das ist unübersehbar mit schmerzhaften und kränkenden Erfahrungen verbunden.

An die Stelle eines „ganzheitlichen" Ensembles aus selbstverständlichen Zugehörigkeiten, Kompetenzen und Statusrechten treten also individuelle und kollektive Deutungs- und Herstellungsleistungen, in denen Bezüge auf Leistung und auf Zugehörigkeit auseinandertreten. Indem die Fernmeldehandwerker die Anerkennung ihrer Zugehörigkeit bzw. ihrer Leistung ein Stück weit „retten", müssen sie gleichzeitig ihre Ansprüche auf Anerkennung des je anderen Aspekts „opfern". Anerkennungsverhältnisse, in denen Leistung Zugehörigkeit ermöglicht und gleichzeitig Zugehörigkeit Leistung, sind für sie nicht mehr zu haben. Politisches und symbolisches Handeln auf der Basis des Überkommenen bleibt möglich – um den Preis, daß es den Subjekten nicht mehr möglich ist, sich gleichzeitig als geschätzte LeistungsträgerIn und zugehörige Rechts- und StatusträgerIn zu erfahren.

Literatur:
Blutner, Doris / Brose, Hanns-Georg / Holtgrewe, Ursula / Wagner, Gabriele (1997): Transformation der Beschäftigungsverhältnisse bei der Deutschen Telekom AG. Zwischenbericht an die Deutsche Forschungsgemeinschaft. Duisburg
Honneth, Axel (1992): Kampf um Anerkennung. Frankfurt a. M.
Moldaschl, Manfred (1998): Internalisierung des Marktes. In: IfS / INIFES / ISF / SOFI (Hrsg.) 1998: Jahrbuch sozialwissenschaftliche Technikberichterstattung ‚97. Berlin: 197 – 250
Munro, Rolland (1998): Belonging on the Move: Market Rhetoric and the Future as Obligatory Passage. In: the sociological review Jg. 46: 208 – 243

Dr. Ursula Holtgrewe, Universität-Gesamthochschule-Duisburg, Fachbereich 1, Fach Soziologie, D-47048 Duisburg

Von den „Mädels im Management" und den „Damen aus der Reinigung"– über den Widerspruch in der Anerkennung von Frauenarbeit

JOHANNA HOFBAUER / ULLI PASTNER

Innerhalb der symbolischen Ordnung der Geschlechter, die Frauen und Männer in ein hierarchisches Verhältnis bringt, muß weiter differenziert werden. Es gilt, zusätzliche Strukturierungsmomente oder -faktoren ausfindig zu machen, die dazu beitragen, daß Leistungen von Frauen nicht *anerkannt*, sondern systematisch *verkannt* werden. Diese Verkennung ist u. a. an Redeweisen zu ersehen, die heute so nebenbei im medialen Diskurs fallen, als Buchtitel vorkommen oder in Interviews geäußert werden, wie z. B. „die schönste Außenministerin Europas", „Fräulein Doktor", „Frau Landeshauptmann" oder ein ‚"Lady-Boss', der mit ‚Kompetenz und Stöckelschuhen' agiert". Diese Bezeichnungen und Zuschreibungen – spezifisch auch die von uns im Titel genannten „Mädels im Management" und „Damen aus der Reinigung", denen wir im betrieblichen Kontext begegnet sind – dienen uns als Hinweis für eine fortdauernde Grundproblematik: Frauen werden in verschiedenen Tätigkeiten und Machtpositionen zwar durchaus gesellschaftlich wahrgenommen, es wird gesehen und dokumentiert, daß sie in vormals männerdominierten Bereichen oder Hierarchiestufen tätig sind. Doch erhalten sie nur *vordergründige* Anerkennung, der eine *selektive* Wahrnehmung zugrunde liegt und eine systematisch *eingeschränkte* Wertschätzung der Fähigkeiten, Qualifikationen und Leistungen folgt. Es scheint, als müßten Frauen, die in untypische, d. h. mit herrschenden Weiblichkeitsvorstellungen nicht harmonierende „Domänen" kommen und „geschlechtsspezifische Demarkationslinien" (Cockburn 1988) überschreiten, mittels Zusetzung von Titeln, die Weiblichkeit klischeehaft konnotieren (Mädel, Dame, Fräulein, etc.), umgedeutet werden.
Die Autoritätsperson, laut Stellenplan, wird mit einem harmlos wirkenden „Mädel" als Inhaberin einer abhängigen, untergeordneten Position im Geschlechterverhältnis adressiert. Mit einem Wort wird die berufliche Situation neu gerahmt und die Hierarchie der Geschlechter ins Spiel gebracht. Die Anrede als „Dame" beschwört die „Illusion der Verehrung" (Kotthoff 1994) in einem Zusammenhang herauf, in dem üblicherweise professionelle Standards gelten und in welchem, wenn es schon um Anerkennung geht, die Qualität oder auch Mühsal der Tätigkeit u. ä. bewertet wird. Mit der „Dame" aber wird der Code männlicher Rücksichtnahme und weiblicher Schutzbedürftigkeit eingeführt. Von diesem Sprechen sagt Judith Butler (1997: 33), es „*spiegelt* [...] nicht nur ein soziales Herrschaftsverhältnis wider, sondern *inszeniert* diese Herrschaft und wird damit zum Vehikel der Wiederherstellung der gesellschaftlichen Struktur."

Dabei kommt es nicht auf Intentionen an: Die Bezeichnung „Damen aus der Reinigung" kann als Ausdruck von Wertschätzung gemeint sein. In dem betrieblichen Kontext, in dem wir auf diese Formulierung gestoßen sind, war die „Ernennung zur Dame" als Kompensation für einen niedrigen Status oder eine Tätigkeit zu verstehen, die Männer eigenen Aussagen nach nicht leisten könnten oder wollten. Die „Rhetorik der Dame" bringt jedoch die Realität einer physischen und mitunter auch psychischen und emotionalen Arbeitsbelastung zum Verschwinden, die Männer – auch eigenen Aussagen zufolge – im Unterschied zu Frauen nicht ertragen könnten, der aber dennoch keine volle Anerkennung als Arbeit zukommt.

Frauenarbeit wird auch heute noch selektiv wahrgenommen und unterbewertet. Daß sie hart, schmutzig, unterbezahlt, technisch oder mit Macht verbunden sein kann, bleibt weiterhin verkannt. Mit Pia Schmid (1991) ist diese Verkennung auf „Ästhetisierung" zurückzuführen. Arbeit von Frauen wird nicht als Leistung eingestuft, vergleichbar mit den Leistungen von Männern, sondern wird zum Liebesdienst verklärt. Dieser Wechsel des Codes geschieht auch in betrieblicher Interaktion: Wo formal der Code der Sachlichkeit zu gelten hat, wird punktuell und situationsspezifisch – häufig eben nur für die Dauer der Interaktion von Männern und Frauen – in einen sexuellen Code gewechselt. Dies geschieht nicht notwendig einseitig, auch Männer werden in ihrer Geschlechtsrolle angesprochen, jedoch hat es für sie andere Konsequenzen. In der Geschichte wurde die weibliche Geschlechtsrolle als Gegenstück zur Welt der Organisation definiert. Frauen wurde zugeschrieben, „Sexualität zu verkörpern", die Geschichte der Entsexualisierung von Organisationen bedeutete daher ihren Ausschluß (vgl. Burrell 1984; Müller 1993). Angesichts der gegenwärtigen Tendenz zunehmender betrieblicher Inklusion weiblicher Arbeitskräfte werden diese mit einem neuen Hindernis konfrontiert: An die Stelle formaler Zulassungskriterien sind informelle Praktiken getreten (vgl. Heintz/Nadai 1998). Sprachliche Angriffe und die sexualisierende Rahmung von Situationen, die Frauen „als Verunsicherung aus heiterem Himmel" treffen (Müller 1993: 100), können geeignet sein, männliche Herrschaft im Sinne diskursiver Dominanz zu sichern und stellen einen schwer angreifbaren Mechanismus der Reproduktion von geschlechtsspezifischer Ungleichheit dar.

Mit scheinbar harmlosen Anreden und Redeweisen wird in der Interaktion im betrieblichen Alltag so beiläufig und unauffällig die Geschlechterhierarchie reproduziert, daß Frauen sich kaum wehren können – oder, wenn sie es tun, dann um den Preis überempfindlich oder gar hysterisch zu gelten. In der Interaktion mit Frauen am Arbeitsplatz geäußert, ist ein derartiges Sprechen daher als „Sprechakt" (John L. Austin) ernst zu nehmen, der zur gesellschaftlichen Konstitution seiner Adressatinnen in einer riskanten, weil ambivalenten Position beiträgt. Spezifische Formen von Höflichkeit oder Galanterien erzeugen im professionellen Kontext ein zweideutiges Verhältnis. Auch wenn es sich um Äußerungen von Scherzhaftigkeit, Höflichkeit und jovialer Vertraulichkeit handelt – in eine sachlich-funktionale Beziehung gestellt wird daraus eine sexistische Rede, ein „sprachlicher Angriff" (Butler 1997: 13), dessen verletzende Wirkung auf Dekontextualisierung, Desorientierung und Entgrenzung der Situation beruht: „Man kann durch dieses Sprechen ‚auf seinen Platz verwiesen' werden, der aber möglicherweise gar keiner ist" (ebd.; vgl. auch Müller 1993: 100). Die geschlechtsspezifische Diskriminierung ist bei anhaltender Wirkung subtiler geworden. Pierre Bourdieu (1997: 228) spricht von „sanfter, unsichtbarer, unmerklicher Diskriminierung". Es sind nicht unbedingt die großen, mächtigen Worte und Gesten, mit denen Frauen heutzutage ausgeschlossen werden: Lohnarbeit sei schädlich, unweiblich etc. Die männliche Herrschaft setzt sich auch „nicht mehr mit der Evidenz des Selbstverständlichen durch. Heute ist sie etwas, das man verteidigen oder rechtfertigen muß, etwas, wofür man sich verteidigen oder rechtfertigen muß." (ebd.: 226). Es sind also nicht große Worte, sondern Kleinigkeiten, Bemerkungen, Ausdrücke übertriebener Höflichkeit mit ironisierendem Effekt und jene berühmten „Mini-Entscheidungen" in alltäglichen Praktiken (ebd.), die auf Strukturen der Segregation aufliegen, von diesen Strukturen ihre Wirksamkeit beziehen und umgekehrt diese Strukturen immer wieder aktualisieren.

Literatur:
Bourdieu, Pierre (1997): Eine sanfte Gewalt. Pierre Bourdieu im Gespräch mit Irene Dölling und Margareta Steinrücke. In: Irene Dölling / Beate Krais (Hrsg.innen): Ein alltägliches Spiel. Geschlechterkonstruktion in der sozialen Praxis. Frankfurt a. M.: 218 – 230
Burrell, Gibson (1984): Sex and Organizational Analysis. In: Organization Studies, vol 5/2: 97–118
Butler, Judith (1998): Haß spricht. Zur Politik des Performativen. Berlin
Cockburn, Cynthia (1988): Die Herrschaftsmaschine. Geschlechterverhältnisse und technisches Know-how. Berlin/Hamburg
Heintz, Bettina / Nadai, Eva (1998): Geschlecht und Kontext. De-Institutionalisierungsprozesse und geschlechtliche Differenzierung. In: Zeitschrift für Soziologie, Jg. 27, Heft 2: 75–93
Kotthoff, Helga (1994): Geschlecht als Interaktionsritual? Nachwort zu Erving Goffman, Interaktion und Geschlecht. Frankfurt a. M./New York: 159–194
Müller, Ursula (1993): Sexualität, Organisation und Kontrolle. In: Brigitte Aulenbacher / Monika Goldmann (Hrsg.innen): Transformationen im Geschlechterverhältnis. Frankfurt a. M./ New York: 97–115
Schmid, Pia (1990): Warum Frauen nicht arbeiten und was das mit der Arbeit der Männer zu tun hat. Arbeit in der bürgerlichen Geschlechtertheorie. In: Helmut König / Bodo von Greiff / Helmut Schauer (Hrsg.): Leviathan, Sonderheft 11: 258–270

Dr. Johanna Hofbauer, Wirtschaftsuniversität Wien, Institut für Soziologie, Augasse 2-6, A-1090 Wien

Dr. Ulli Pastner, FORBA, Aspernbrückenstr. 4/5, A-1020 Wien

Von der Arbeitskraft zur Berufsrolle? Anerkennung als Herausforderung für arbeitskulturelle Entwicklungen im Rahmen neuer Managementkonzepte

EVA SENGHAAS-KNOBLOCH / BRIGITTE NAGLER

Die (industrie-)soziologische Diskussion richtet sich seit Mitte der 90er Jahre darauf, aktuelle Management- und Organisationskonzepte, deren Grundmerkmale auf einen paradigmatischen Wandel (Deutschmann 1989) hinweisen, kritisch zu beleuchten. Kritisiert wird eine völlig neue Nutzung von Arbeitskraft, wie sie in den posttayloristischen Managementkonzepten vorgesehen ist, der zufolge nun auch Subjektivität ökonomisch verwertet werden solle. Aber auch in dieser Diskussion wird der subjektiven Bedeutung von innerbetrieblichen Strukturen für die einzelnen Arbeitenden wenig Aufmerksamkeit geschenkt, die neuen Anforderungen an inner- und überbetriebliche Kooperation im Rahmen des paradigmatischen Konzeptwandels werden unabhängig von konkreten Erlebnisweisen der Individuen analysiert. Um diese Erlebnisweisen jedoch geht es uns.

Wir beziehen uns dabei auf Befunde unserer empirischen Untersuchungen über die subjektive Bedeutung oder das Erleben tayloristischer und posttayloristischer Arbeitsorganisation. Dabei richten wir unsere Aufmerksamkeit insbesondere auf den Bereich der industriellen Produktion, wo mit Blick auf die Frage von Anerkennungsverhältnissen im Zusammenhang mit neuen Managementkonzepten besondere Veränderungen im Bereich der Produktion stattfinden.

Aus unseren Studien mit Produktionsarbeiterinnen und Produktionsarbeitern in der Elektroindustrie (Volmerg/Senghaas-Knobloch/Leithäuser 1985; 1986) und Automobilindustrie (Senghaas-Knobloch/Nagler/Dohms 1997) möchten wir auf drei Bezugspunkte erlebter Mißachtung hinweisen, denen sich die Arbeitenden unter dem tayloristisch-fordistischen Regime ausgesetzt sahen, bzw. sehen: Mißachtung der leibgebundenen Existenz, Mißachtung der geistigen Kompetenzen und Nichtanerkennung personaler Qualitäten.

Um die Vorenthaltung von Anerkennung und erfahrenen Mißachtungsformen in der industriellen Produktion zu bewältigen oder mit ihnen umgehen zu können, müssen sich Produktionsarbeiterinnen und Produktionsarbeiter verschiedene subjektive Bewältigungsstrategien und Handlungsroutinen aneignen. Die verschiedenen typischen Formen, mit denen erlebte Mißachtung bewältigt wird, bilden daher den Hintergrund für die Herausbildung einer spezifischen Arbeitskultur. Arbeitskultur ist vom Konzept der Unternehmenskultur in der Managementliteratur zu unterscheiden. Unternehmenskultur gilt dort als strategische Größe, mit der erfolgsorientiert von oben gesteuert werden soll, welche Normen und Handlungsorientierungen das betriebliche Handeln bestimmen sollen. Die Arbeitskultur ist dagegen als ein analytischer Begriff zu verstehen. Arbeitskultur bildet sich unvermeidlich in jeder Organisationsstruktur allein durch die Art und Weise heraus, wie die Beschäftigten „lernen", die vorgegebenen formalen Anforderungen auf ihre je spezifische Art im betrieblichen Alltag zu erfüllen. Arbeitskultur ist insofern die Binnenseite von Organisationsstruktur.

Die paradigmatische Veränderung neuerer Managementkonzepte besteht darin, Menschen nicht mehr nur als Rest- und potentielle Störgröße zu begreifen, sondern ihre spezifischen Stärken, eben die „human resources", direkt in den Wertschöpfungsprozeß einzubeziehen. Wie auch immer die Konzepte der Verwertung menschlicher Stärken im einzelnen ausgeprägt sind, sie setzen auf das Mitdenken der Beschäftigten, Kreativität und Übernahme von Mitverantwortung. Fachwissen, Qualifikationen und Kompetenzen, innovative und dispositive Funktionen, bisher den Führungskräften vorbehalten (siehe dazu Kuhn 1997: 197ff.), sollen nun von allen Beschäftigten in den Arbeits- und Produktionsprozeß eingebracht werden. Von neuen Formen der Gruppenarbeit und Selbstorganisation wird kooperative Aufgabenbewältigung erwartet. Mit der Anerkennung personaler Qualitäten auch bei Beschäftigten in der industriellen Produktion verändert sich die soziale Qualität der kollegialen Beziehungen und der Beziehungen zwischen hierarchischen Ebenen.

Die erlebte Anerkennung ihrer Fähigkeit zu denken und die mit ihr verbundenen Anforderungen werden als starker Druck erlebt, umzudenken und umzulernen, vor allem aber als Rehabilitation personaler Qualitäten. Gruppenarbeit, so heißt es in einer Gruppe von Montagewerkern, „fängt im Kopf an". Man *müsse* sie *wollen*. Dann verändere sich auch mit den Handlungsspielräumen der neuen Organisationsformen das Verhältnis der Kollegen in der Produktion zueinander. Wenn bisher bestenfalls partiell und informell gehaltene Kooperationsformen in und zwischen den Gruppen offiziell werden, verändert sich auch die Kommunikation untereinander, sie wird offener, anspruchsvoller, aber – so wird von den Beschäftigen unterstrichen – braucht Zeit.

In posttayloristischen Managementkonzepten wird jetzt auch den Beschäftigten in der industriellen Produktion – im Gegensatz zu der traditionellen Auffassung einer anzuwendenden Arbeitskraft – eine berufliche Rolle zuerkannt, zu der bestimmte Freiheitsspielräume, soziale und fachliche Kompetenzen sowie Verantwortlichkeiten gehören. Damit wird die alte Spaltung zwischen Kopf- und Hand-Arbeiten ansatzweise überwunden. Dies hat Folgen für die Arbeitskultur in der industriellen Produktion. Viele Beschäftigten verändern das Selbstbild ihrer betrieblichen Tätigkeit, die Motivation für ihr betriebliches Handeln und ihre Orientierung im Betrieb. Diese Veränderungen sind selbstverständlich nicht konfliktfrei, sie bringen neue Konflikte mit sich, Konflikte zwischen jenen, die sich von den neuen Anforderungen überfordert oder übervorteilt sehen, und jenen, die stärker die Chance einer befriedigenderen Arbeitssituation betonen, aber vor allem auch Konflikte, die aus einem Mangel an Ressourcen geprägt ist, die zur Entwicklung von Gruppenarbeit unabdingbar sind, insbesondere Zeit zur Gruppenfindung und Unterstützung von seiten der Führungskräfte. Allerdings schaffen sie auch neue Fähigkeiten zur Konfliktaustragung, Konfliktregelung und Konfliktlösung, in denen Bedürfnisse und Wünsche der einzelnen nach Anerkennung und sozialen Beziehungen eine größere Chance zu ihrer Beachtung haben. Sie schaffen die Möglichkeit, Probleme der Anerkennung oder Mißachtung im Betrieb offen zu thematisieren. Zu den ungeplanten Folgen neuer Management- und Organisationskonzepte gehört daher auch das Wachstum eines kritischen Potentials. In diesem Potential liegt zugleich auch die Chance, daß die ökonomische Instrumentalisierung von Subjektivität ihre Grenzen findet.

Literatur:
Deutschmann, Christoph (1989): Reflexive Verwissenschaftlichung und kultureller Imperialismus des Managements. In: Soziale Welt, Jg. 40: 374–396
Kuhn, Thomas (1997): Vom Arbeitnehmer zum Mitunternehmer. Anmerkungen zur Intention, Begründung und Umsetzung eines Transformationsvorhabens. In: Zeitschrift für Personalwesen: 195–220
Senghaas-Knobloch, Eva / Nagler, Brigitte / Dohms, Annette (1997): Zukunft der industriellen Arbeitskultur. Persönliche Sinnansprüche und Gruppenarbeit. Münster (2. Aufl.)
Volmerg, Birgit / Senghaas-Knobloch, Eva / Leithäuser, Thomas (1985): Erlebnisperspektiven und Humanisierungsbarrieren im Industriebetrieb. Frankfurt a. M.
Volmerg, Birgit / Senghaas-Knobloch, Eva / Leithäuser, Thomas (1986): Betriebliche Lebenswelt. Eine Sozialpsychologie industrieller Arbeitsverhältnisse. Opladen

Prof. Dr. Eva Senghaas-Knobloch, Dipl.-Soz. Brigitte Nagler, Universität Bremen,
Forschungszentrum Arbeit und Technik (artec), Postfach 33 04 40, D-28334 Bremen

Moderne Subjekte zwischen Kompetenzsteigerung, Erosion und postmoderner Vielfalt – zur berufsbiographischen Aktualisierung von Anerkennungsverhältnissen

GABRIELE WAGNER

Daß es einen engen Zusammenhang zwischen Arbeit und Identität gibt, ist unbestritten – genauso unbestritten ist, daß dieses Wechselverhältnis einem tiefgreifenden Formwandel unterworfen ist. Dabei wird die Frage breit diskutiert, welche Folgen die Erosion herkömmlicherweise wohldefinierter Mitgliedschaften und erwartungsstabiler Karrierefahrpläne in Erwerbsorganisationen für Prozesse der Identitätsbildung hat. Hier lassen sich, analytisch zugespitzt, drei Positionen unterscheiden, die ein Spektrum zwischen subjektiver Kompetenzsteigerung, Desintegration und postmoderner Diffusion aufspannen.

Den drei Positionen ist gemeinsam, daß sie einen weitreichenden Strukturwandel von Mitgliedschaftsrollen diagnostizieren. Erwartungssichere, präskriptive Rollenskripte lösen sich auf und an ihre Stelle treten fallweise auszuhandelnde und immer wieder neu herzustellende interpersonale Beziehungen. Die kontinuierliche Neubestimmung und Komplexitätssteigerung von Mitgliedschaftssrollen stellt die Subjekte vor die Aufgabe, eine Vielzahl unterdefinierter Rollen zu handhaben, verschiedene Handlungssituationen zu antizipieren, wechselnde Perspektiven konkreter wie auch verallgemeinerter Anderer zu übernehmen und dabei konfligierende Erwartungen reflexiv zu verarbeiten. Damit ist in groben Strichen die Anforderungsseite umrissen. Wie sich Subjekte gegenüber diesen Anforderungen positionieren und welche Folgen sich daraus für Prozesse der Identitätsbildung ergeben, wird höchst unterschiedlich bewertet.

Die erste Position hebt in der Tradition des Pragmatismus darauf ab, daß Prozesse der Neubestimmung von Rollen immer auch Prozesse der Neubestimmung des Selbst sind, weshalb sich das Selbst fortlaufend rekonstruiert. Die Reflexivität des Selbst ist dabei strukturell auf Dauer gestellt, weil sich externe Bestimmungen auflösen und die Führungsschienen für Außenleitung wegbrechen. Die durch Diskontinuität und Inkonsistenz erschlossenen Freiheitsgrade machen den Eigensinn des Subjekts unabweisbar und positionieren es als ein Selbst, das in wechselnden sozialen Konfigurationen und multiplen Perspektiven handelt (Behr 1995). In der Sicht dieser Kompetenzsteigerungsthese ist Anerkennung das Medium, welches das Ringen um individuelle Besonderung unterstützt und dabei gleichzeitig Besonderung und gesellschaftliche Integration miteinander verklammert.

Im Gegensatz zu dieser optimistischen Lesart deutet die zweite Position die fortgesetzte Konfrontation mit sich vervielfältigenden Perspektiven als subjektive Überforderung und Desintegration. Ausgangspunkt ist hier die Beobachtung, daß die Grenze zwischen Arbeit und Leben an Trennschärfe verliert und Prozesse der Vermarktlichung zunehmend das Selbstverhältnis der Subjekte strukturieren. Im Zuge dieser Entdifferenzierung von Arbeit und Leben verliert das Selbst seine personale Identität und damit seine subjektiven Integrationsfähigkeiten an die überschießende Vielzahl inkohärenter Perspektiven. Das solchermaßen identitätsloses Selbst wird zum Objekt wechselnder äußerer Relationierungen. In der Sicht der Desintegrationsthese verengt sich Anerkennung auf differenzlose Marktorientierung und fördert das opportunistische Verhalten außengelenkter Markt-Irrwische (Heller 1985).

Eine dritte, postmoderne Position dreht die Vorzeichen der letztgenannten Lesart quasi spiegelbildlich um – Identitäten sind strukturell in Herrschaftsverhältnisse eingebettet. Diese Herrschaftsverhältnisse vollziehen die Subjekte in Form von Selbstdisziplinierung und Selbstunterwerfung an sich selbst. Aus diesem Grund setzt der Verlust stabiler Identität die Subjekte von Herrschaftsverhältnissen frei und ermöglicht so den kreativen Umgang mit disparaten Perspektiven (Gergen 1991).

Kritisch anzumerken ist m. E. gegenüber allen drei Positionen, daß sie das empirisch offene Verhältnis zwischen organisationsseitiger Strukturierung und subjektiver Verarbeitung auf je eine Variante einengen. Und das nicht zuletzt deshalb, weil unmittelbar von der organisatorischen Anforderungsseite auf eine bestimmte Form der Identitätsbildung kurzgeschlossen wird.

Demgegenüber wird hier ein Zugang gewählt, der die skizzierten Positionen als analytische Grenzfälle liest, die das Spektrum möglicher Varianten theoretisch abstecken – und es ist eine empirisch zu beantwortende Frage, wie und in welcher Kombination sich die Subjekte angesichts der Optionsvervielfältigung zwischen Kompetenzsteigerungen, Desintegration und postmoderner Diffusion positionieren.

Die Ebene, auf der sich das untersuchen läßt, sind berufsbiographische Orientierungsmuster. Diese stiften einen komplexen Sinnverweisungszusammenhang, der von dem höherstufigen Interesse an Anerkennung für das je eigene Leben zusammengehalten und strukturiert wird. Dabei ist der Anspruch auf Anerkennung auf einen Horizont kollektiv geteilter Vorstellungen bezogen (Honneth 1994: 196ff.). Nur vor diesem Hintergrund kann das Subjekt seinen Anspruch auf Anerkennung sozial plausibilisieren und mit Aussicht auf Erfolg erheben. Allerdings geht das Streben nach Anerkennung nicht im Abarbeiten normativ generalisierter Verhaltenserwartungen und kollektiver Deutungen auf: Denn Subjekte können Vorgaben nicht einfach handlungsschematisch vollziehen, weil Handeln konstitutiv auf interpretativen Eigenleistungen beruht. Es sind also die Subjekte, die Anerkennungsverhältnisse erst herstellen, indem sie sich mit der Vielzahl von Anerkennungsforen und -formen auseinandersetzen und sich dieses Material im

Rahmen ihrer Deutungspraxis subjektiv aneignen. Diese Deutungspraxis meint kein „kontemplatives Zur-Kenntnis-Nehmen, sondern die Betroffenheit eines handelnden, also realitätsverändernden Wesens" (Popitz 1992: 116). Insofern übersetzen Anerkennungsverhältnisse intersubjektive Vorstellungen etwa über gute Arbeit oder ein gelingendes Leben in Lebenspraxis. Die solchermaßen übersetzten Konzepte dienen prospektiv als Orientierungspunkte für die eigene Lebensgestaltung und retrospektiv als Bezugsrahmen für Prozesse der Selbstdeutung. Sozial kommunizierte Anerkennung wird also erst in dem je eigensinnig zusammengestellten Anerkennungsportfolio orientierungswirksam. Die Orientierungsfunktion bezieht sich darauf, daß ein Subjekt seine Interessen, Präferenzen, Relevanzen und normativen Bindungen an seinem Anerkennungsportfolio ausrichtet und sie so in einen übergreifenden Zusammenhang einbettet. Die subjektive Aktualisierung von Anerkennung stellt damit ein wesentliches regulatives Element dar, das die subjektive Sicht auf und den Umgang mit Strukturen maßgeblich mit formt.

Literatur:
Behr, Michael (1995): Regressive Gemeinschaft oder zivile Vergemeinschaftung? Ein Konzept zum Verständnis posttraditionaler Formen betrieblicher Sozialintegration. In: Zeitschrift für Soziologie, Jg. 25: 325–344
Gergen, Kenneth J. (1991): The Saturated Self. Dilemmas of Identity in Contemporary Life. New York
Heller, Agnes (1985): The Power of Shame. In: dies.: The Power of Shame. A Rational Perspektive. London: 1–56
Honneth, Axel (1994): Kampf um Anerkennung. Zur moralischen Grammatik sozialer Konflikte. Frankfurt a. M.
Popitz, Heinrich (1992): Phänomene der Macht. Tübingen (2., stark erweiterte Auflage)

Dipl.-Soz. Gabriele Wagner, Universität Dortmund, Graduiertenkolleg
„Geschlechterverhältnis und sozialer Wandel", HDZ, Vogelpothsweg 78,
D-44227 Bochum

Auguste Comte 1798–1998

Organisation: Karl-Heinz Hillmann

Einleitung

KARL-HEINZ HILLMANN

Der vor zweihundert Jahren geborene Philosoph und multidisziplinär ausgerichtete Wissenschaftler Auguste Comte hat nicht nur die Soziologie begründet und diesen Wissenschaftsnamen verbreitet, sondern zugleich wesentlich zur geistigen Fundierung und Stimulierung der modernen Gesellschaft beigetragen. Es gibt kaum einen weiteren Ausspruch, der so treffsicher den programmatischen Kern der Moderne zum Ausdruck bringt wie jener von Comte: „Kurz: Wissenschaft, folglich Voraussicht; Voraussicht, folglich Handeln: so lautet die einfache Formel, die die allgemeine Beziehung zwischen Wissenschaft und praktischem Tun in ihrer allgemeinsten Bedeutung exakt wiedergibt ..." (Cours II, S. 100f.). Die Menschen müssen sich nicht mehr gottgläubig oder schicksalsergeben überkommenen Glaubensvorstellungen, Weltanschauungen, Herrschafts- und Lebensverhältnissen unterwerfen. Vielmehr können sie durch Entfaltung rationaler Erfahrungswissenschaften und durch deren praktische Verwertung die Lebensverhältnisse bewußt gestalten und aktiv verbessern. Im Zuge dieses Wechsels vom Opfer zum Gestalter der Verhältnisse nimmt nach der Auffassung von Comte die Soziologie eine Schlüsselstellung ein. Als Krönung der Wissenschaften kommt ihr die Aufgabe zu, durch die realitätsorientierte Erforschung des sozio-kulturell bestimmten Zusammenlebens der Menschen das Wissen für den Aufbau einer Gesellschaft zur Verfügung zu stellen, die möglichst weitgehend ein glückliches Leben ermöglicht. Trotz der massenhaften Vermehrung der Zahl der Soziologen im 20. Jahrhundert ist diese primäre Herausforderung immer mehr verschlafen worden. Soziologie ist zu einer übermäßig parzellierten, rein empirischen Gegenwartswissenschaft verkümmert, mit geringem Nährwert und entsprechend kümmerlichem Ansehen. Angesichts der Gefährdung der Gesellschaft in Gegenwart und naher Zukunft infolge unzureichend gesteuerter sozio-kultureller Prozesse ist gerade die Soziologie dazu herausgefordert, mit visionären und konstruktiven Anstrengungen beim Entwurf und bei der Realisierung einer zukunftsfähigen und lebenswerten Gesellschaft mitzuwirken.

Prof. Dr. Dr. Karl-Heinz Hillmann, An der Röthen 20, D-97080 Würzburg

Saint-Simon und Comte

MARTINUS EMGE

Der Bezugsrahmen
1. Behandeln wir Autoren, so stoßen wir auf spezifische wissenssoziologische Rahmen. Es ist sinnvoll, als Mutterlauge für die neuzeitliche Soziologie die „Aufklärung", das „siècle des lumières" und die große Französische Revolution anzusehen: markante Durchbruchs- und Krisenmilieus. Sie sind es auch für Saint-Simon und Comte. Nach den revolutionären Turbulenzen brauchte man Analysen und Visionen. Hier bot sich auch soziologisches Forschen zur weiteren Aufklärung über das faktische Handeln in den interdependenten sozialen, wirtschaftlichen und politischen Räumen an.
2. Comte bleibt Herold der „Soziologie" und des „Positivismus", Begriffe, die er einführte. Wenn er an Aufklärung und Revolution anknüpfen wollte, so verdankte er dies wesentlich einer Institution und einem Lehrmeister. Die Institution ist die Pariser „Ecole Polytechnique". Sie machte aus ihrem technischen Geist auf mathematischer und naturwissenschaftlicher Grundlage einen Kult. Ihr ehemaliger Zögling Comte wurde später dort Repetitor und Prüfer. Der Lehrmeister war Comte Henri de Saint-Simon. Der Ex-Oberst, Veteran des amerikanischen Unabhängigkeitskriegs, Sympathisant, Spekulant und Häftling der Revolution, war dann autodidaktischer Sozialwissenschaftler und Publizist geworden. Niemand bestreitet, daß Comte von ihm zahlreiche Ideen übernahm.

Die Zusammenarbeit
Trotz brillanter Einzelarbeiten (z. B. der berühmten „Parabel") war Saint-Simon unfähig, größere Schriften allein fertigzustellen. Geistig wie arbeitstechnisch war er auf Mitarbeiter angewiesen. Besonders galt dies für seine Periodika. So engagierte er 1818 auch den jungen Comte, der für den „Granseigneur Sansculotte" 7 Jahre arbeitete. Comte war zunächst von seinem Chef begeistert und rühmte in Briefen den „achtenswertesten und liebenswertesten Menschen", von dem er „1000 Dinge" gelernt habe, wertvoller als Bücherwissen. Gemeinsam gaben sie mehrere Schriften heraus, die insbesondere das neue Industriezeitalter diagnostizierten, analysierten und glorifizierten.
Allmählich kühlte die Beziehung ab. Der Jüngere wollte selbständig arbeiten und entwickelte Ehrgeiz als Wissenschaftler. Da es Saint-Simon mehr um praktische Wirkung ging, dachten sie an jeweils andere Lesergruppen. Als die Finanzmittel versiegten, kam es zu einem häßlichen Bruch. Comte wütete gegen seinen alten Chef und schwor, sich künftig so zu verhalten, „als ob dieser Mann nie gelebt hätte". Als Autor hat er sich daran gehalten, Saint-Simon niemals zitiert und sogar das von diesem übernommene

„Drei-Stadien-Gesetz" als „große eigene Entdeckung" gerühmt. Saint-Simon bleibt der große Anreger, Comte der fleißige Wissenschaftler. Beide waren psychisch labil, zeitweise in Anstalten und hatten Suizid-Versuche unternommen. Bei aller Bedeutung ihrer Zusammenarbeit darf man Saint-Simon jedoch nicht nur von Comte aus sehen. Vielfältige, geistige Wirkungslinien gingen von ihm aus. Nach seinem Tod bildete sich die frühsozialistisch-utopische Schule und Sekte der „Saint-Simonisten" und Marx und Engels haben seinen Einfluß bezeugt.

Topik für Vergleiche der Konzeptionen

1. Übereinstimmungen und Unterschiede beider Autoren sind noch nicht systematisch geklärt. Grundsätzlich sind immer zu unterscheiden:

a) Die Schriften von Saint-Simon selbst, vor und unabhängig von der Zusammenarbeit mit Comte.

b) Die von beiden gemeinsam verfaßten Schriften, wo die Zuordnung des Gedankenguts schwierig ist.

c) Die Werke Comtes nach dem Zerwürfnis.

d) Die von den Saint-Simonisten nach dem Tod des Meisters herausgegebene sogenannte „Lehre Saint-Simons", eine Sammlung ihrer Vorträge mit teilweise kühnen Weiterbildungen (Bereits beim letzten Werk Saint-Simons, dem „Neuen Christentum" ist fraglich, ob es allein vom Meister stammt).

2. Als Schwerpunkte vergleichender Forschung bieten sich Themenbereiche an, zu denen wir Stichworte geben wollen:

a) Wissenschaftstheoretische Grundlagen und Postulate: Können und sollen sich auch die Sozialwissenschaften an den empirischen Wissenschaften orientieren und mit deren bewährten Methoden arbeiten? Beides wird grundsätzlich bejaht.

b) Die Zukunftsdimension: „Savoir pour prévoir, prévoir pour prévenir!" Hierzu gehören Fortschrittskonzeptionen, die mit dem Entwicklungsgedanken das vorige Jahrhundert als wissenschaftliches und bürgerliches Credo prägen.

c) Die Einsicht, daß ein neues „Industriezeitalter" angebrochen ist. Wie wird und soll es aussehen? „Industrie" ist dabei immer im weiten Sinne jeder produktiven Tätigkeit zu verstehen.

d) Aus der Analyse folgt das Postulat: „Organisation", besser „Reorganisation" der Gesellschaft. Sie muß gemäß den wirklich produktiven Funktionen und ihren Trägern erfolgen, deren Arbeit zu fördern ist. Die „Gesellschaft als Werkstatt", ohne Schmarotzer.

e) Die Analyse von Gesellschaftsstrukturen, insbes. der sozialen Schichtung. „Klasse", Besitz oder Eigentum bleiben von nun an wissenschaftlich und politisch im Visier (die von Saint-Simon konstatierte „Kampflage" zwischen Besitzenden und Besitzlosen wird Engels als „höchst geniale Entdeckung" preisen).

f) Elite-Überlegungen: Wer herrschte, herrscht und sollte jeweils herrschen? Einige üben ja immer größere Macht aus. Dabei geht es nicht nur um die Spitzen von Wirtschaft und Technik, sondern auch um die von Wissenschaft, Kunst und Moral. Wir finden Variationen des alten platonischen „Glasperlenspiels" von den aufeinander angewiesenen Königen und Philosophen.

g) Beide Autoren legen zurecht Wert auf eine starke Sozialmoral als Grundlage jeder Gesellschaft (später ebenso Durkheim). Ist diese mit Religion gleichzusetzen? Comte schuf noch selbst eine Sekte, die bis heute besteht.

Dies wären einige Schwerpunkte für vergleichende Studien. Sie überschneiden sich und die Reihenfolge ist kein Bedeutungsgefälle. Man kann sie besser formulieren und anderes für wichtiger halten.

Ausblick

1. Die „Industrielle Gesellschaft" umspinnt immer dichter den Globus. Das „goldene Zeitalter" ist jedoch nicht eingetreten. Kriege, Religions-, Rassen- und Klassenkämpfe gingen weiter. Sozialmoral und Solidarität vermehrten sich nicht (Kulturpessimisten meinen, sie verminderten sich).
2. Materiell-technische Faktoren erscheinen heute ausschlaggebend. Das „Drei-Stadien-Gesetz" ist aber falsch. Denn handelnsbestimmend lösen sich nicht Denk- und Erkenntnisformen ab, sondern sie wirken in wechselnden Mengenverhältnissen und Moden, zusammen mit Emotionen und Affekten weiter. Alles nicht „Zweckrationale" als „cultural lag" zu vernachlässigen, ist gefährlich.
3. Das Zauberwort „Organisation" zündete und verbindet sich heute mit der ideologisierten „Globalisierung". Dabei bedient man sich aller positiver Wissenschaften, auch soziologischer Sparten.
4. Saint-Simon und Comte gehören leider auch in die Ahnenreihe der negativen Utopien „Brave New World" und „1984". Wie jede positive Wissenschaft wird Soziologie für menschliches Heil und Unheil instrumentalisiert.
5. Soziologie kann aber auch Freiheitsräume für humanes Leben verteidigen. Bei „Menschenwürde" und „Menschenrechten" gerät sie jedoch wieder in metaphysische Gefilde, denen Saint-Simon und Comte entrinnen wollten, aber nicht konnten. Dies bleibt wohl ein Dilemma unserer Wissenschaften vom Menschen.

Prof. Dr. Martinus Emge, Universität Bonn, Seminar für Soziologie,
Adenauerallee 98a, D-53113 Bonn

Die Gesellschaftslehre Comtes als „Modell"?
Über Sinn und Unsinn von Soziologiegeschichte

OTWIN MASSING

Thesen
1. Unter ausbildungspraktischen Gesichtspunkten könnte auf die im Studiengang Soziologie normativ zu vermittelnden – erst recht auf die darin nachweislich vorkommenden – Kenntnisse in Soziologiegeschichte eigentlich ganz verzichtet werden. Unter Gesichtspunkten ihrer möglichen Tauschwertrealisierung erhöhen soziologiegeschichtliche Kenntnisse weder die Marktgängigkeit des universitären „Produkts" des Studienganges „Soziologie" noch die Marktgängigkeit der in dieser Spezialdisziplin ausgebildeten Hochschulabgänger.
2. Wenn eindeutig identifizierbare Verwertungsinteressen an Soziologiegeschichte seitens der Auszubildenden als der primären Wissenskonsumenten nicht auszumachen sind, wenn aber auch seitens der soziologischen Wissensproduzenten als deren primäre Vermittler in dieser Hinsicht weitgehend Desinteresse zu vermelden ist, dann wirken alle einschlägigen Versuche outriert, ja geradezu kontrafaktisch, die dafür plädieren, Kenntnisse in Soziologiegeschichte gehörten im dazugehörigen Fachstudiengang unter allen Umständen vermittelt – immer vorausgesetzt, historisches Wissen über ein Fach oder eine seiner Unterdisziplinen sei gesellschaftlich überhaupt „verwertbar".
3. Zu diesem Befund steht die Beobachtung nur scheinbar in Widerspruch, wonach – wie in allen sonstigen, historisch ausgerichteten Nebenfächern nicht anders -, auch die zu Comte und anderen Autoren vermittelten Kenntnisse (etwa zur Geschichte des Faches im Frankreich des 19. Jahrhunderts, zu Saint-Simon, Durkheim u. a.) i. d. R. solche sind, die aus zweiter, wenn nicht gar aus dritter Hand geschöpft sind. Überhaupt werden Textkenntnisse, die gewissenhaft und gründlich an den Autoren selbst erarbeitet worden wären, den Studierenden von der Universität kaum systematisch beigebracht.
4. Welcher gestandene Soziologe, der auf Modernität seiner wissenschaftlichen Reputation zu achten pflegt, würde sich heute noch – zumal in der entwickelten, zeitgemäßen Perspektive seines Fachs – auf den Impetus einer Soziologie vom Schlage der Comteschen berufen (wollen)?[1] Insoweit kann Auguste Comte tatsächlich als toter Hund gelten; insoweit kann er auch der Vergessenheit anheimfallen. Gerade mal dürfte er für wissenssoziologische Finger- oder sonstwie problemgeschichtlich orientierte Trockenübungen gut sein; sicher kann er auch immer noch – und zwar mit Erfolg – Verwendung finden bei probeweiser Einübung etwa in die Praxis wissenschaftlichen Arbeitens: als Vorlagengeber für Dissertationen, Habilitationen und

ähnlichen binnensystemisch bedingten Referenzbildungen, d. h. für Andockmanöver gewisser soziologischer „Schulen" usw., etwa wenn es gilt, soziologische Universitätskarrieren oder dergleichen zu planen.

5. Comte kann schon deshalb kein Vorbild für eine methodenbewußte, moderne Sozialwissenschaft, erst recht kein „Modell" für eine kritische Soziologie abgeben, weil er mit seiner neuen „physique sociale" bestenfalls gewisse institutionelle Gewißheiten einer postrevolutionären, industriewirtschaftlich sich modernisierenden Gesellschaft zu erschüttern vermocht hat – insofern hat er jeder modernen sozialwissenschaftlichen Analyse immerhin ein Stück weit vorgearbeitet. Hinsichtlich einer Infragestellung der seelischen Arkanbezirke des Menschen – dessen, was die moderne Psychologie analysieren zu können zumindest den Anspruch erhebt – hat er nichts Wesentliches beizusteuern vermocht.

6. Würde jedoch darauf verzichtet, Grundkenntnisse zur jeweiligen Disziplingeschichte – hier der Soziologie – zu vermitteln, dann ähnelte sich die Soziologie als Fach zunehmend mehr den naturwissenschaftlichen Disziplinen an, insbesondere hinsichtlich der ausschließlichen bzw. vorrangigen Vermittlung von technisch-instrumentellem Wissen. Auf diese Weise paßte sie sich erst recht dem allgemeinen Mainstream wissenschaftsplanerischer Opportunitäten an; das Corpus einer soziologiegeschichtlich aggregierten Reflexionskultur würde insgesamt verarmen.

7. Forschungsstrategisch ausgedrückt, dient sozialwissenschaftliche Erkenntnis dem Ziel, menschliches Verhalten zu verstehen, es aber auch kritisch über dessen Entwicklungschancen in Kenntnis zu setzen und somit die Gesellschaft über sich selber als Ganzes aufzuklären. Soll dieses besondere „kulturelle Kapital" (Bourdieu), d. h. all jene Produkte, die immer auch geistige Werte transportieren, nicht leichtsinnig verspielt werden oder sonstwie vor die Hunde gehen, was der Fall wäre, wenn es auf den Status einer ausschließlich nach den Regeln von Angebot und Nachfrage zu taxierenden Konsumware reduziert würde, dann sind vor allem „politische" Durchsetzungsstrategien zu entwickeln (und entschlossen durchzusetzen), die es erlauben, einen leichtfertigen Ausverkauf dieses kulturellen Kapitals zu unterbinden. Anderenfalls dürfte der sich abzeichnende Trend zur Rationalisierung und Standardisierung aller kulturell relevanten Sehweisen deren Vielfalt unweigerlich gefährden. Hingegen läßt sich der Wert von Kultur – überhaupt von kulturellem Wissen – weder in Heller und Pfennig „bemessen", geschweige denn auf der Basis kurzsichtiger Preis-Leistungs-Kalkulationen monetarisieren, wie betriebswirtschaftlich vereinseitigte Krämerseelen sie als Menetekel an die Wand zu malen pflegen. Als um so dringlicher erweist sich das Desiderat, dem kulturellen Surplus einer Gesellschaft in deren Leistungsbilanzen endlich den Rangplatz zuzuweisen, den die Kultur darin verdient.

Anmerkung.

1 Eine gelungene Probe aufs Exempel setzte nicht nur eine genaue Kenntnis sämtlicher Schriften Comtes – inklusive all der widersprüchlichen Traditionen und Einflüsse, die auf ihn eingewirkt haben – voraus, sondern würde jeden Kenner und Verfechter einer positivistischen Philosophie vom Schlage Comtes gleicherma-ßen nötigen, seinen epistemologischen Ansatz, seine soziologischen Theorien und selbst seine politischen Optionen auf den Prüfstand einer methodenkritischen und systematischen Analyse zu stellen. Das heißt, nicht nur umfassende Kenntnisse der damaligen französischen Philosophie, sondern auch Kenntnisse der allgemeinen Wissenschaftsgeschichte zur Zeit der Restauration und der Herrschaft des Bürgerkönigs wären vorauszusetzen. Allenfalls hochgradig spezialisierte Spezialisten könnten noch in der Lage sein, im Überblick zu vermitteln, was alles über Saint-Simon und Quetelet bis hin zu Sismondi, von Newton, Gall, den französischen Mathematikern, Physikern, Biologen und wissenschaftlichen Schädelvermessern bis hin zu Port-Royal, zum Jansenismus wie zur Descartesschen Philosophietradition mit zu vermitteln und mitzubedenken wäre, von den aus Comteschen Einflüssen her resultierenden transnationalen Beziehungen des neuen Faches, über die nationalen Disziplingrenzen hinaus, ganz zu schweigen.

Prof. Dr. Otwin Massing, Universität Hannover, Fachbereich Rechtswissenschaften, Königsworther Platz 1, D-30167 Hannover

Warum Auguste Comte zurecht als erster Soziologe gilt

HERMANN KORTE

Lassen Sie mich noch einmal kurz zusammenfassen, wofür August Comte stand: Erstens war sein Blick auf die Gesellschaft ein langfristiger, d. h., er untersuchte eine Entwicklung. Er hatte zwar als Kind des frühen 19. Jahrhunderts die statische Idee, daß zu seiner Zeit die Entwicklung zu einem guten Ende gekommen sei, aber zunächst ist festzuhalten, daß er für die Untersuchung des gesellschaftlichen Zustandes eine Langfristorientierung wählte, die sich dann z. B. in dem Dreistadiengesetz und im enzyklopädischen Gesetz niederschlägt.

Er entwickelt darüber hinaus eine eigene spezielle Methode, nämlich die der Soziologie, eine sozusagen zur Reife gekommene Geschichtswissenschaft, d. h., er ist auch für eine Autonomie seiner Wissenschaft. Das drückt sich ja im enzyklopädischen Gesetz darin aus, daß die Soziologie an der Spitze ist, wenn auch eben aufbauend auf der langfristigen Entwicklung der Wissenschaften. Schließlich hat er ein vitales Interesse daran, die politischen Verhältnisse seines Landes, die politische Instabilität im nachrevolutionären Frankreich daraufhin zu untersuchen, wie die Menschen in geordneteren Verhältnissen leben könnten. Ihm war relativ klar, und das kommt auch in seinen Schriften immer wieder zum Ausdruck, daß die kritische Rationalität der Neuzeit und die tiefe Schneise, die sie bei ihrer Durchsetzung in der Gesellschaft hinterlassen hatte, insgesamt wenig geeignet war, eine neue, dauerhafte Ordnung zu schaffen, ganz im Gegenteil, sie stand solchen Ideen geradezu diametral entgegen. Aber Comte sah, daß sich eine neue Ordnungsvorstellung noch nicht ohne weiteres ablesen ließ. Der Glaube an den Fortschritt und die „gloire" der neuen Zeit überdeckten dieses Problem. Aber Comte hatte es relativ klar erkannt und wollte eben jene Verbindung von Ordnung und Fortschritt herbeiführen, die er für notwendig hielt, damit Menschen über längere Zeit friedlich und produktiv zusammen arbeiten können.

Nun ist ganz klar, daß die Lösungen, die Comte für dieses Problem hatte, uns nicht überzeugen können. Seine Idee war die einer Führung, eines Geistesordens von etwa 100 Personen, die Elite der positiven Wissenschaftler, man könnte auch sagen, die Avantgarde, eine Art freischwebenden Intelligenz, die die Geschicke der Gesellschaft lenken sollten. Das kann uns heute nicht überzeugen, wenngleich wir zugeben müssen, daß diese Vorstellung einer kleinen Kadergruppe ja eigentlich bis in unsere Tage virulent in den Gesellschaften vorhanden ist, nur jeweils unter anderem Namen.

Wenn wir ganz ehrlich sind, dann müssen wir mit Norbert Elias sagen, daß wir zwar mittlerweile wissen, daß Menschen in der Lage sind, relativ zivilisiert zusammenzuleben, aber daß wir es doch noch nicht so genau wissen, wie wir das in unserem eigenen Leben und in dem Leben mit den anderen Menschen auf Dauer stellen können. Sporadisch schaffen wir es, aber dauerhaft ist es uns noch nicht gelungen. Wir wissen auch, daß es Zusammenhänge gibt zwischen einer besseren Balance, von Selbstkontrolle und Außenkontrolle, aber wir wissen eben noch nicht eine stabile Ordnung, die diese Balance schützt und weiter befördert. Der letzte Satz im letzten Buch von Norbert Elias lautet hierzu: „It should not be beyond the reach of humanity in the thousands of years ahead of us."

Hier ist die Idee, die August Comte hatte, noch richtig lebendig, daß es nämlich darauf ankommt, wie mein Kollege und Freund Dirk Kaesler es in seinem letzten Buch genannt hat, über die gute Gesellschaft nachzudenken. Unsere Beobachtungen, unsere Analysen, unsere klugen Definitionen dessen, was sozial ist, helfen nicht weiter, wenn wir nicht auch für die Formen unseres Zusammenlebens dauerhafte Strukturen vorschlagen können, die eben jene Utopien realisieren, die Norbert Elias am Ende in „Über den Prozeß der Zivilisation" formuliert hat. „Es kommt darauf an, ein dauerhaftes Gleichgewicht zu finden oder gar den Einklang zwischen den gesellschaftlichen Aufgaben, zwischen den gesamten Anforderungen einer sozialen Existenz auf der einen Seite und den persönlichen Neigungen und den Bedürfnissen auf der anderen."

Prof. Dr. Hermann Korte, Universität Hamburg, Institut für Soziologie, Allende-Platz 1, D-20146 Hamburg

Durkheims Rezeption von Comte: Neuansatz oder Weiterführung?

WERNER FUCHS-HEINRITZ

Uns ist fast selbstverständlich, daß mit Durkheim und mit den anderen Großen seiner Zeit (M. Weber, Simmel, Cooley u. a.) die Soziologie als Wissenschaft beginnt. Saint-Simon, Comte und Spencer werden für spekulative Evolutionisten und Geschichtsphilosophen gehalten, ihre Werke gelten als nicht mehr lesenswert. Diese Auffassung soll an Durkheims Rezeption von Comte überprüft werden.

Das Ergebnis vorweggenommen lautet: Im Grundansatz, bei den wichtigen Themen, methodologisch wie methodisch, bei der Stoffauswahl, bis hinein in einzelne Argumente nimmt Durkheim Comte auf und führt seine Gedanken weiter.

a) Den Gedanken, die sozialen Phänomene könnten auf ähnliche Weise erschlossen werden wie die natürlichen, weil die Gesellschaft eine Seinsebene eigener Art sei (das hat man Durkheims Szientismus genannt), führt Durkheim in seiner Eröffnungsvorlesung in Bordeaux 1887/88 auf Comte zurück.

b) Daß keine Wissenschaft auf eine ihr vorausgehende andere zurückgeführt werden kann, sondern daß eine jede (auch die Soziologie) nach ihren eigenen Prinzipien vorgehen muß, darin stimmt Durkheim mit Comtes Verhältnisbestimmung von Soziologie und Biologie überein.

c) Comte hatte die Möglichkeit der Psychologie als Wissenschaft bestritten (durch Kritik an der Introspektion); Durkheim streitet der Psychologie die Möglichkeit ab, das Soziale zu erfassen, mit ähnlichen Argumenten: Introspektion hilft nicht, weil die Gesellschaft nicht von uns gemacht ist bzw. weil wir zwar an der Entstehung von manchen sozialen Phänomenen beteiligt sind, aber ohne die Konsequenzen unseres Handelns zu überblicken.

d) Durkheims Regel, die sozialen Phänomene wie Dinge zu behandeln, ist bei Comte angedeutet: Das Soziale ist unausweichlich, wirkt mit Zwang und ist nicht ohne weiteres verstehbar; es muß deshalb durch Beobachtung „von außen" erschlossen werden.

e) Daß Comte schon das Soziale als ein zusammenhängendes Feld, als System gefaßt hatte („Konsensus", „Solidarität", „System"), um eine getrennte Behandlung von Wirtschaft, Politik, Religion, Kultur zu vermeiden, vermerkt Durkheim in seiner Eröffnungsvorlesung 1887/88 (Durkheim 1981: 33f.).

f) In der Spannung von Individuum/Gesellschaft halten beide die Gesellschaft für sachlogisch vorgeordnet und höherwertig, wenden sich gegen *homo oeconomicus*-Modelle.

g) Durkheims Schrift über die Arbeitsteilung bezieht ihre Grundfrage von Comte her: Wie kann die industrielle Gesellschaft, die für Konsens so wenig geschaffen scheint, durch einen moralischen Konsens stabilisiert werden? Gewiß, die Lösungen beider sind verschieden: Comte will die positive Philosophie (samt Soziologie) als neue Doktrin (i. S. von gesellschaftlich allgemeinem Deutungssystem) erdenken, damit sie die Religion ersetzen möge; diese neue Doktrin braucht nur klug entworfen und dann verbreitet zu werden (im Spätwerk übernimmt diese Reformaufgabe die positive Religion). Durkheim hingegen forscht nach den moralischen Potentialen, die die Vertragsbeziehungen zwischen den Individuen fundieren bzw. die die Arbeitsteilung vernünftiger gestalten könnten (Berufskorporationen, organische Solidarität, Chancengleichheit).

h) Comte wie Durkheim unterscheiden „normal" und „pathologisch" im Sozialen nicht nach absoluten bzw. externen Maßstäben, sondern im Hinblick auf bestimmte historische Horizonte. Comte wie Durkheim erachten das Pathologische, die Abweichung ebenso als sozial wie das Normale. Comte betont, das Pathologische sei eine zeitweise Modifikation des Normalen; Durkheim hält Kriminalität (in bestimmtem Ausmaß) für normal.

i) Durkheim und Comte setzen ähnlich an, um Religion als Gegenstand der Soziologie möglich zu machen. Man könne von der Frage nach der Wahrheit der Offenbarung und des Glaubens usw. absehen, also den Kern von Religion vernachlässigen und stattdessen nach ihren sozialen Leistungen fragen. Comte zufolge sind die religiösen Vorstellungen aus der Lebensführung der frühen Menschheit entstanden, als der Grad der Naturbeherrschung noch gering war. Religion faßt er als Deutungssystem, als Insgesamt des Wissens über die Welt und die Menschen. Auch Durkheim sieht eine Entstehung der Religion aus der Lebensführung (begeisternde Gruppenerfahrung bei den Australiern). Auch für ihn ist Religion ein Deutungssystem, und zwar für jene höhere Macht, die die Menschen erfahren, ohne sie zu verstehen – die Gesellschaft.

Nun darf nicht übergangen werden, daß sich Durkheim vielfach von Comte distanziert. Gegen Comte wendet er ein, daß mit der Begründung der Soziologie diese noch keineswegs abgeschlossen sei. Eine abschließende Erkenntnis wichtiger sozialer Gesetzmäßigkeiten könne man gerade nicht bald erwarten. Comte habe eine „positivistische Metaphysik" vorgelegt (Durkheim 1961: 87), „eine philosophische Meditation über die menschliche Vergesellschaftung im allgemeinen" (Durkheim 1981: 35). Die Soziologie müsse sich aber ganz aus der Philosophie lösen. Die Geschichte der Gesellschaften könne nicht als lineare Entwicklung der Menschheit verstanden werden; sichere Voraussagen über die gesellschaftliche Zukunft seien unmöglich. Comtes Dreistadiengesetz nennt Durkheim einen „summarischen Überblick über die verflossene Geschichte" (Durkheim 1961: 199).

In der Darlegung der vergleichenden Methode ist Durkheim viel klarer als Comte und geradezu modern (er kommt bis an die Vorstellung von Korrelation heran), Comtes historische Methode weist er als geschichtsphilosophisch zurück.

Zusammengefaßt: Im Unterschied zu Comte will Durkheim die Soziologie als empirisch orientierte Einzelwissenschaft etablieren. Er hat weitaus klarere methodologische und methodische Überlegungen. Insofern kann man Tenbruck (1984: 320) zustimmen, daß Durkheim Comtes Soziologie „verwissenschaftlicht, modernisiert und systematisiert" hat. Das aber bedeutet, daß Durkheim gegenüber Comte substantiell keinen Neuansatz der Soziologie vornimmt, sondern „nur" ein deutlich höheres Niveau erreicht. Aber ist denn der Gedanke, mit Durkheim habe die Soziologie erst richtig angefangen, ganz unberechtigt? Nein. Anders als Comte hat Durkheim die Soziologie angemessener im Feld von Reformbestrebungen und Gesellschaftspolitik situiert.

a) Durkheim geht davon aus, daß „die Soziologie in ihrem heutigen Zustand (...) gar nicht in der Lage" sei, bei der Lösung politisch-praktischer Probleme zu helfen (Durkheim 1992: 405). Sie solle deshalb „esoterischen Charakter annehmen", sich aus den „Kämpfen der Parteien" zurückziehen (Durkheim 1961: 222). Comte hingegen will die positive Philosophie systematisieren, damit sie die Religion als kognitiv-moralisches Konsensmedium ersetzen kann. Damit sie das kann, muß die positive Philosophie durch Hinzufügung der Soziologie für alle Gegenstandsbereiche tauglich werden. Für Comte muß die Soziologie also begründet werden, damit die positive Philosophie ebenso universelle Zuständigkeit gewinnt wie die Religion und so als Wertorientierung von allen Menschen angenommen werden kann.

b) Laut Durkheim hat die Soziologie die Aufgabe, die moralischen Potentiale in der industriellen Gesellschaft zu identifizieren, die zu deren Stabilität beitragen können, und zu überlegen, wie die Kraft dieser Potentiale erhalten und vermehrt werden kann. Insofern übernimmt Durkheim Comtes Idee von der Regierung der Gesellschaft durch Industrielle und Bankiers einerseits und Soziologen-Priester andererseits nicht, sondern vertraut auf die orientierende Wirkung der Soziologie in einer liberalen Gesellschaft.

c) Anders als Comte glaubt Durkheim nicht an die Möglichkeit der Soziologie, Vorhersagen zur künftigen gesellschaftlichen Entwicklung zu treffen (weil es keine lineare Entwicklungsrichtung gibt).

Durkheim nimmt der Soziologie Comtes also die autoritären Züge (Regulierung der Gesellschaft durch soziologisches Denken), schreibt ihr aber weiterhin eine wichtige regulative Funktion zu. Insofern gilt uns Durkheim zu Recht als der eigentliche Anfang der Soziologie: Er gibt ihr die Chance, eine Wissenschaft unter anderen zu sein, statt – wie bei Comte – das einzige Mittel, um der Gesellschaft die richtige Zukunft zu öffnen, beläßt ihr aber die Reformaufgabe. Abgeflacht und entschärft hat Durkheim so ein Selbstbild der Soziologie formuliert, das heute die meisten teilen: Eine wirklichkeitsorientierte (und nicht dem Alltagsdenken folgende) Einzelwissenschaft vom Sozialen kann zur Lösung sozialer Probleme und Krisen entscheidend beitragen. Durch diese Bestimmung hat Durkheim also zwar auf Comtes Größenwahn verzichtet, aber doch durchaus keine bescheidene Selbstauffassung der Soziologie vorgelegt.

Literatur:
Durkheim, Emile (1961): Die Regeln der soziologischen Methode. Neuwied
Durkheim, Emile (1981): Einführung in die Sozialwissenschaft. Eröffnungsvorlesung von 1887–1888. In: ders.: Frühe Schriften zur Begründung der Sozialwissenschaft. Darmstadt und Neuwied: 25–52
Durkheim, Emile (1992): Über soziale Arbeitsteilung. Studie über die Organisation höherer Gesellschaften. Frankfurt a. M.
Tenbruck, Friedrich. H. (1984): Die unbewältigten Sozialwissenschaften oder Die Abschaffung des Menschen. Graz/Wien/Köln

Prof. Dr. Werner Fuchs-Heinritz, FernUniversität Hagen, Institut für Soziologie, Postfach 9 40, D-58084 Hagen

Auguste Comte und die Anfänge der Soziologie in Österreich

GERTRAUDE MIKL-HORKE

Die politische und soziale Situation vor 1848 war in der Habsburgermonarchie eine ganz andere als in Frankreich. Während Comtes Soziologie als eine Reaktion auf die soziopolitischen Brüche durch die Revolution, die Napoleonische Zeit, die Reaktion und die Julirevolution verstanden werden kann, war Österreich durch weitgehende Kontinuität und den Metternichschen Polizeistaat gekennzeichnet. Soziale Reflexion konnte nur in anonymen Schriften und subversiven Betätigungen erfolgen. Die Idee der Gesellschaft entstand im Vielvölkerreich der Habsburgermonarchie fast unbemerkt angesichts der Repressionen der staatlichen Kontrollmacht, der Schwäche des Besitzbürgertums und der mangelnden Revolutionserfahrung und manifestierte sich nur in geringem Umfang nach 1848 trotz des langen Wirkens von Lorenz von Stein in Wien. Stein selbst nahm von Auguste Comte keine Notiz, sondern nur von Saint-Simon (Stein 1842). Die 1855 veröffentlichte kurze Abhandlung eines jungen Laibachers: „Enzyklopädische Einleitung in ein System der Gesellschaftswissenschaft" (Costa, 1855) blieb unbekannt, nur Heinrich von Treitschke erwähnt sie (Treitschke 1859). Der Verfasser Ethbin Heinrich Costa nahm auch nicht auf Comte Bezug, sondern war neben der deutschen Gesellschaftswissenschaft vor allem von Montesquieu und Mill beeinflußt. Grundlage seiner Konzeption war das Recht, aber nicht im Sinne des staatlichen Rechts, sondern der allgemeinen Menschenrechte. Für ihn war Gesellschaft der übergeordnete Begriff und Gegenstand, der den Staat als einen Teil mit umfaßt. Costa unterschied sich von Comte, weil er Gesellschaft nicht als Kollektivität auffaßte, sondern ihre Konstitution aus den individuellen Existenzen und den natürlichen Grundrechten des Menschen unterstrich. Gesellschaft als übervölkische, überstaatliche Konzeption, an Menschheit und Individuum gleichermaßen orientiert, entsprach der Situation im Habsburgerreich und dessen Widersprüchen zwischen Einheit und Differenz, zwischen Zentralisation und nationalständischer Repräsentation. Mit Comte verband Costa eine gewisse konservative Ausrichtung, die sich bei ihm aber in der Betonung der individuellen Freiheit manifestierte. Die Gesellschaftswissenschaften sollten wie bei Comte als Grundlage der Politik und der Sozialreform dienen, aber auch darüber hinaus emanzipatorische Bildung ermöglichen.
In den letzten Jahrzehnten des 19. Jahrhunderts verstärkten sich die positivistischen und naturalistischen Einflüsse aus England und Amerika in der österreichischen Sozialwissenschaft (Carl Menger Ernst Mach, etc.). Auch Comte dürfte erst über die Vermittlung durch John St. Mill einem weiteren Kreis sozialwissenschaftlich Interessierter bekannt geworden sein. In der Philosophie finden wir den verallgemeinerten Einfluß Comtes in der Entwicklung positivistischen Denkens, direkt beschäftigte sich mit der „philosophie

positive" der Herbartianer Robert Zimmermann (1885). Man sprach nun mit großer Geläufigkeit von der „Soziologie" (etwa Albert Schäffle), aber die Haltung zu Comte war die der Pietät gegenüber dem Begründer der Wissenschaft, während inhaltliche Auseinandersetzungen mit Comtes Werk nicht stattfanden. Ludwig Gumplowicz, der vielfach als Begründer der österreichischen Soziologie angesehen wird, meinte, man habe seit Comte wohl das Wort Soziologie, aber nicht die Sache (Gumplowicz 1972: 304). Er attestierte Comte Genialität, kritisierte aber die mangelnde Distanz und Objektivität Comtes, der gegen die revolutionäre Metaphysik Frankreichs und die dadurch verursachte Unordnung räsonniert habe. Eine Gemeinsamkeit mit Comte stellt die Annahme der Unfreiheit des menschlichen Willens dar, hingegen kommentierte Gumplowicz die Analogisierung von Biologie und Soziologie sowie das Dreistadiengesetz negativ, da die Akteure vollkommen im Dunkeln blieben. Dem setzte er seine Auffassung von der Geschichte als Naturprozeß entgegen, in dem soziale Gruppen durch ihre Konflikte sowohl die soziale Dynamik wie die Entstehung und Entwicklung der Staaten begründen. Der fundamentale Unterschied in der Auffassung des gesellschaftlichen Lebens und seiner Prinzipien zwischen Comte und Gumplowicz drückte sich in der Orientierung an der Ordnung bei dem einen, am Konflikt der „Rassen" bzw. der Völker bei dem anderen aus. Während der Gesellschaftsbegriff für Comte zentral war und der Staat nach den Erkenntnissen der Soziologie geleitet werden sollte, war für Gumplowicz der Gesellschaftsbegriff eine Leerformel, die er ablehnte. Dem Staat stand Gumplowicz kritisch gegenüber und sah ihn als Resultat des Konflikts der Völker und Gruppen. Die drei Stadien finden sich auch bei Gumplowicz, allerdings nannte er sie theistisch, rationalistisch, naturalistisch. Seine Soziologie zielte auf eine Naturgeschichte der Menschheit, gefaßt in sozialen Gesetzen. Obwohl auch Gumplowicz die Soziologie als Grundlage der Politik sah, nahm er doch eine eher skeptisch-pessimistische Haltung dazu ein, meinte aber auch, daß die Erhebung der Politik zu einer exakten Wissenschaft von Comte angebahnt und von Gustav Ratzenhofer vollendet worden sei (Gumplowicz 1926: 324).

Der Monismus ist neben dem Positivismus ein Aspekt, der einen Großteil der österreichischen Soziologie, insbesondere der Mitglieder der 1906 in Wien gegründeten Soziologischen Gesellschaft, mit Comte verbindet. Über den Monismus gelangte der indirekte Einfluß Comtes auch in die sozialistisch-sozialreformerisch orientierte Soziologie der Jahrhundertwende. Max Adler versuchte eine kritische Explikation der Verbindung von Erkenntnis und sozialer Ordnung, wie sie Comte einfach angenommen hatte. Max Adler selbst wie auch die anderen Soziologen seiner Zeit bezogen sich aber nicht mehr auf Comte. Hingegen finden sich in Thomas Garrigue Masaryks „Die philosophischen und soziologischen Grundlagen des Marxismus" (Wien 1899) relativ viele Bezüge auf Comte in Hinblick auf dessen Einfluß auf Marx' Wendung zum Positivismus. Beide vollführten in gewisser, wenn auch unterschiedlicher Weise eine Art Salto

Mortale in bezug auf die Bestimmung des Zukunftszustandes. Bei Comte geriet er zum Mythos und zur Religion der Menschheit, bei Marx zur klassenlosen Gesellschaft. Masaryk betonte auch die Notwendigkeit der sozialstatischen Analyse für den Sozialismus, dem er große Bedeutung für die moderne Soziologie zuschrieb. Comte hielt er zugute, daß dieser gemäß der Notwendigkeit einer Differenzierung und Spezialisierung der Einzelwissenschaften die Lösung der Soziologie aus der Ökonomie vollzogen habe.

Die Vertreter der Soziologie im Österreich der ersten Jahrzehnte des 20. Jahrhunderts befaßten sich mit Comte nur in lehrbuchhafter Weise, sie diskutierten ihn jedoch nicht oder wenn, dann in kritischer Absicht, wobei ihm immer wieder sein späteres metaphysisches Abdriften vorgeworfen wurde. Von den Vertretern einer analytischen Sozialwissenschaft wurde er auf Grund seiner widersprüchlichen Haltung in bezug auf die Methode kritisiert. So meinte etwa Schumpeter (1915: 73–75), Comte habe auf schmalster empirischer Basis gewagt zu generalisieren und habe schließlich die eigenen Prinzipien über Bord geworfen. Auch der Rechtshistoriker und Soziologe Adolf Menzel betonte kritisch, daß Comte an Stelle der juristischen Metaphysik des 18. Jahrhunderts die historische Konstruktion gesetzt habe, woraus durch seine wissenschaftliche Grundlegung der Politik eine soziale Utopie, die große Ähnlichkeit mit Platons Staat aufwies, resultierte (Menzel 1912: 37/8). Eine letzte Weiterführung einzelner mit Comte zumindest zum Teil in Verbindung zu bringenden Strömungen stellte die „Empirische Soziologie" Otto Neuraths dar, insbesondere dessen vehementes Eintreten für das Prinzip der Einheitswissenschaft einerseits und der Sozialtechnologie andererseits.

In der Zwischenkriegszeit konnte die idealistisch-romantische „Gesellschaftslehre" von Othmar Spann einen beherrschenden Einfluß an der Universität Wien erringen. Die universalistische Gesellschaftslehre stand der Soziologie naturwissenschaftlicher Prägung negativ gegenüber. Der Spann-Schüler Jakob Baxa charakterisierte Comtes Auffassung von der Gesetzmäßigkeit der Gesellschaft als amoralisch auf Grund der Annahme der Unfreiheit des Willens (Baxa 1927: 89-98). Mit der Emigration vieler sozialistischer und jüdischer Intellektueller fand die erste Blüte vielfältiger Soziologieentwicklungen in Österreich und damit auch die Ära der „Soziologie" im Sinne Comtes ihr Ende, ohne jemals wirklich Wurzeln geschlagen zu haben.

Literatur:
Baxa, Jakob (1927): Gesellschaftslehre von Platon bis Friedrich Nietzsche. Leipzig
Costa, Ethbin Heinrich (1855): Enzyklopädische Einführung in ein System der Gesellschaftswissenschaft. Wien
Gumplowicz, Ludwig ([1928] 1972): Soziologische Essays. Soziologie und Politik. Innsbruck
Gumplowicz, Ludwig ([1926] 1973): Geschichte der Staatstheorien. Aalen
Masaryk, Thomas Garrigue (1899): Die philosophischen und soziologischen Grundlagen des Marxismus. Wien

Menzel, Adolf (1912): Naturrecht und Soziologie. Wien/Leipzig
Neurath, Otto (1931): Empirische Soziologie. Wien
Schumpeter, Joseph (1915): Vergangenheit und Zukunft der Sozialwissenschaften. München/Leipzig
Stein, Lorenz von (1842): Der Sozialismus und Kommunismus des heutigen Frankreich. Leipzig
Stein, Lorenz von (1856): System der Staatswissenschaften, Bd. 2: Die Gesellschaftslehre. Stuttgart/Augsburg
Treitschke, Heinrich von ([1859] 1980/1927): Die Gesellschaftswissenschaft. Ein kritischer Versuch. Darmstadt
Zimmermann, Robert (1885): Kant und Comte in ihrem Verhältnis zur Metaphysik. Wien

Univ.-Prof. Dr. Gertraude Mikl-Horke, Wirtschaftsuniversität Wien, Institut für Allgemeine Soziologie und Wirtschaftssoziologie, Augasse 2–6, A-1090 Wien

Die Rezeptionsgeschichte Auguste Comtes in Deutschland (1859–1997)

YVONNE BERNART

Sowohl die Soziologie als auch die Rezeption Comtes in Deutschland war im 19. Jahrhundert hauptsächlich durch den Gegensatz Idealismus-Positivismus geprägt. Comte versuchte mit seinem Positivismus, einen dritten Weg in der Philosophie zu gehen, zwischen Idealismus und Materialismus. Positiv definiert er als reell und nützlich, gewiß und präzise, organisch und relativ. Dieser Positivismusbegriff wurde vielfach weiterentwickelt. Die Auseinandersetzung mit Comte und der Soziologie ist in der zweiten Hälfte des 19. Jahrhunderts qualitativ und quantitativ intensiver als im 20. Jahrhundert nach 1945. Der sog. Positivismusstreit hatte den Charakter eines Paradigmenstreites in der deutschen Soziologie und überlagerte die Comte-Rezeption. Comte wurde bereits zu seinen Lebzeiten in Deutschland in bescheidenem Rahmen rezipiert. Friedrich Buchholz (1768–1843) stand Mitte der 1820er Jahre in Briefkontakt mit Comte und übersetzte seine Schrift von 1822 „Entwurf der wissenschaftlichen Arbeiten zur Reorganisierung der Gesellschaft" in Auszügen (vgl. auch Schäfer 1972). Alexander von Humboldt hörte seine Vorträge. Mitte der 1850er Jahre beschäftigte sich Franz Vorländer (1853), ein Schüler Schleyermachers, mit Comte. Der erste oft rezipierte Beitrag ist der von Twesten (1859). Während in Frankreich Comtes Werk 1877 bereits die vierte Auflage erlebte, besorgte v. Kirchmann erst 1883 die erste deutsche Übersetzung, und

es setzte langsam eine Rezeption Comtes ein (vgl. Brütt 1889). Wichtig für die Entwicklung der Philosophie und das Entstehen der Soziologie war u. a. der seit ca. 1860 neuaufbrechende Neukantianismus eines Lange und Windelband, die Köhnke (1986) als „deutsche Universitätsphilosophie zwischen Idealismus und Positivismus" bezeichnet.
Es lassen sich drei große Richtungen innerhalb der Rezeptionsgeschichte vor 1900 unterscheiden:

1. Die positivistische Schule der Neokantianer, eher durch John St. Mill geprägt, war gegen den Idealismus in der Philosophie gerichtet, jedoch durch Kant und Hegel beeinflußt. Dazu zählten in den siebziger und achtziger Jahren der wohl umstrittene Dühring (1869) oder Laas (1879). Festgehalten wird an der exakten Methode der Naturwissenschaften für die theoretische Erkenntnis. Dühring reiht Comte ein in „die Reihe der Denker ersten Ranges mit einer bedeutenden Erscheinung, (...) und die wir den Namen der (...) Locke, Hume, Kant und Schopenhauer hinzuzufügen keinen Abstand nehmen" (1869: 479ff.). Bemängelt bei Comte wird das Fehlen einer Psychologie und seine atheistische Grundhaltung (so von Brentano 1869). Eine erkennbare Trennung zwischen Neukantianismus und Positivismus hat erst in den 1880er Jahren stattgefunden. Wilhelm Wundt, Begründer der Völkerpsychologie, gilt als ein Kopf des „Leipziger Positivisten- Kränzchens" mit Karl Lamprecht, Friedrich Ratzel u. a., er nannte Comtes Werk eher abwertend „philosophische Sociologie", die „den Fehler begeht, dass sie die verschiedenartigen Aufgaben der Gesellschaftslehre und der Geschichte miteinander vermengt" (1883: 568).
2. Gegen das Fehlen einer Psychologie wendete sich auch die geisteswissenschaftliche Schule von Wilhelm Dilthey. Der Hauptunterschied zwischen Comtes Soziologie und dem Diltheyschen Ansatz ist das Verhältnis zwischen Naturwissenschaften und Geisteswissenschaften.
3. Eine Art Mittlerstellung zwischen der positivistischen und der geisteswissenschaftlichen Richtung nimmt die sog. darwinistische Soziologie ein. Zurückgehend auf Herbert Spencer, besteht sie aus der Analogie der Gesellschaft als biologischer Organismus: So ist der Balte Paul v. Lilienfeld (1873ff., vier Bände) ein Vertreter, der in den 1870er Jahren die menschliche Gesellschaft als realen Organismus ansah, und „Gedanken über die Socialwissenschaft der Zukunft" als Weiterentwicklung Comtes formulierte. Ebenso zu der sozialdarwinistischen Richtung zählt Schäffle (1881) mit seinem „Bau und Leben des sozialen Körpers".

Die Kritik an der atheistischen Grundhaltung des jungen Comte bescherte der Rezeptionsgeschichte einen Comte-Experten wider Willen, den Jesuiten Hermann Gruber (1889, 1891) mit dem ersten deutschsprachigem Werk, das sich gründlich mit Comtes beiden Hauptwerken „Cours de Philosophie positive" und „Système de politique

positive" auseinandersetzt und sie auch darstellt. Ein wichtiger früher, sozialwissenschaftlich denkender und arbeitende Comte-Experte in Deutschland ist Waentig mit seinem 1894 erschienenen Werk „Auguste Comte und seine Bedeutung für die Entwicklung der Sozialwissenschaften", der vorallem die Wichtigkeit Comtes für die Sozialwissenschaften in Frankreich und in Deutschland betonte.
Comte wurde oft als Geschichtsphilosoph, und nicht als Soziologe wahrgenommen. Der erste, der Comte einen „Sociologen" nannte, ist Eucken (1887). Eucken war einer der wenigen Neoidealisten, die eine differenzierte philosophiehistorische Auseinandersetzung mit Comte und Spencer förderten. Eine natürliche Zäsur ist der 100. Geburtstag Comtes 1898. Es erschien ein kleiner Aufsatz von Barth (1898). Von den Klassikern der deutschen Soziologie hat sich Max Weber fast gar nicht mit Comte beschäftigt. Andere, im Entstehen begriffene Wissenschaften beschäftigten sich auch mit Comte und seiner Methodologie: wie die Geschichtswissenschaft und die Nationalökonomie. Comte legte seiner positiven Philosophie die historische Methode zugrunde und es deutet sich auch eine Konkurrenz zwischen Soziologie und modernen Geschichtswissenschaft (Bernheim und Lamprecht, die beide ein positivistisches Wissenschaftsverständnis hatten) an, die die andere jeweils als ihre Hilfswissenschaft ansah. Auf der einen Seite des Methodenstreits in der Nationalökonomie zwischen Induktion und Deduktion standen die „Kathedersozialisten" wie von Schmoller, die sich die von Comte eingeführte *exacte Methode in der Behandlung sociologischer Probleme* aneigneten, auf der anderen Seite Menger, der wollte eine Vertiefung der wirtschaftstheoretischen Fundierung durch die *exacte, deductive Methode*. Der Methodenstreit in der Nationalökonomie erwies sich später als Vorläufer des Positivismusstreites, der die Soziologie im 20. Jahrhundert entscheidend prägte.
Zu Beginn des 20. Jahrhunderts kehrte sich die Entwicklung nach Vierkandts (1926) (ein Schüler Wundts) Aussagen wieder um in einen neuen Idealismus. Othmar Spann setzte den Positivismus mit Empirismus gleich und verurteilte ihn als empirisch-materialistische Denkrichtung scharf. Etwas moderater als Spann will Hans Freyer (1931) in seinem Werk „Einleitung in die Soziologie" in Comtes Geschichtsbild idealistische Tendenzen nachspüren und weist auf den Unterschied zwischen deutscher und französischer Soziologie hin. Auf der anderen, eher dem Positivismus nahestehenden Seite stand René König (1931) als eine Ausnahme (nahestehend in dem Sinn eines späteren „Comte-Experten"). Vermittelnd zwischen der Position wie König und der idealistischen Perspektive von Vierkandt und Spann wirkte hier Leopold v. Wiese (1924: 40) mit seiner Beziehungslehre.

Es gibt wenig deutsche Comte-Experten (so Fuchs-Heinritz 1998). Comtes Werk ist nicht leicht lesbar, sehr umfangreich und nicht vollständig übersetzt. Dies beeinflußt die deutsche Rezeption sicher nicht unwesentlich. Ebenso spielte hierbei das ab 1870 gespannte deutsch-französische Verhältnis eine wichtige Rolle, die sich auch in Zuordnungen wie Positivismus = Westeuropa, Idealismus = Deutschland zeigt.

Literatur:
Barth, P. (1898): Zum 100. Geburtstage Auguste Comte's. In: Vierteljahresschrift für wissenschaftliche Philosophie: 169–189
Brentano, F. (1869): Auguste Comte und die positive Philosophie. In: Chilianeum. Blätter für katholische Wissenschaft, Kunst und Leben, Neue Folge Bd. 2: 15–37
Brütt, M. (1889): Der Positivismus nach seiner ursprünglichen Fassung dargestellt und beurteilt. In: Realgymnasium des Johaneums zu Hamburg. Bericht über das 55. Schuljahr Ostern 1888 bis Ostern 1889. Hamburg: 3–61
Dühring, E. (1869): Kritische Geschichte der Philosophie von ihren Anfängen bis zur Gegenwart. Berlin
Eucken, R. (1887): Zur Würdigung Comte's und des Positivismus. Leipzig
Fuchs-Heinritz, W. (1998): Auguste Comte. Einführung in Leben und Werk. Opladen/Wiesbaden
Gruber, H. (1889): August Comte, der Begründer des Positivismus. Freiburg i. B.
Gruber, H. (1891): Der Positivismus vom Tode August Comte's bis auf unsere Tage (1857–1891). Freiburg i. B.
Kirchfeld, J. H. v. (Übersetzer) (1883): Die positive Philosophie von Auguste Comte im Auszuge von Jules Rig. 2 Bände. Heidelberg
Köhnke, K. C. (1986): Entstehung und Aufstieg des Neukantianismus. Die deutsche Universitätsphilosophie zwischen Idealismus und Positivismus. Frankfurt a. M.
König, R. (1931): Die Naturalistische Ästhetik in Frankreich und ihre Auflösung. Leipzig.
Laas, E. (1879 ff.): Idealismus und Positivismus. 4 Bände. Berlin
Lilienfeld, P. v. (1873 ff.): Die menschliche Gesellschaft als realer Organismus. Mitau
Schäfer, R. (1972): Friedrich Buchholz – ein vergessener Vorläufer der Soziologie. 2 Bände. Göppingen
Schäffle, A. E. F. (1881): Bau und Leben des socialen Körpers. Tübingen
Twesten, K. (1858): Lehre und Schriften August Comte's. In: Preußische Jahrbücher: 279–307
Vierkandt, A. (1926): Die Überwindung des Positivismus in der deutschen Soziologie der Gegenwart. In: Jahrbuch für Soziologie. Eine internationale Sammlung. Frankfurt: 66–90
Vorländer, F. (1853): Die Grundzüge der Wissenschaft der Gesellschaft (sociologie) bei Aug. Comte. In: AMfWL: 937–958
Waentig, H. (1894): Auguste Comte und seine Bedeutung für die Entwicklung der Sozialwissenschaften. Leipzig

Dr. Yvonne Bernart, Mathystr. 18–20/7-7, D-76133 Karlsruhe

Auguste Comtes Theorie der Familie

KARINE CHALAND

Comte, dieser „revolutionäre Gegenrevolutionär" (Petit 1991: 22), verstand sich als Verbinder zwischen Ordnung und Fortschritt, zwischen sozialer Statik und sozialer Dynamik. Wenn auch in Comtes Gedankenwelt die Ordnung das vorherrschende Element ist, so hat Comte diese Verbindung zweier entgegengesetzter Denkmodelle doch in folgender Formulierung festgehalten: „Der Fortschritt ist die Entwicklung der Ordnung" (Comte 1929: 180). Als entschiedener Anti-Individualist bezieht Comte Stellung gegen die Aufklärer und vertritt die Positionen der Konservativen: nannte er doch die Erklärung der Menschenrechte „metaphysische Spinnereien" (Comte 1995: 260) die zu einer „egalitären Anarchie" führten. Im Gegensatz zu den Konservativen allerdings betrachtete er beide Momente, Ordnung und Fortschritt, als notwendig für die Entwicklung der Menschheit. Die Aufklärer haben aus seiner Sicht den Übergang zum Metaphysischen Stadium dadurch erlaubt, daß sie die religiösen Grundsätze der Feudalgesellschaft für nichtig erklärten. Diese Phase, nur eine Übergangsphase in der Menschheitsgeschichte, führt nach Comte zur Positiven Gesellschaft, zur „wahrhaften sozialen Harmonie". Für Comte bedeutet der positive Standpunkt, daß sich der „anarchistische" Zustand der post-revolutionären Gesellschaft weiterentwickelt hin zum Modell der Gemeinschaft. Um einen Comteschen Begriff zu gebrauchen, handelt es sich darum, die Gesellschaft und sogar die ganze Menschheit zu „regenerieren". Nisbet schreibt über dieses positivistische Gesellschaftsprojekt, Comte würde im Grunde lediglich „positivistische Ideen in das Mittelalter versetzen", anders ausgedrückt, fügt Nisbet hinzu, sei der Positivismus eine Art mittelalterliche kommunitaristische Gesellschaft, ohne den Christianismus (Nisbet 1984: 82). Comte hat seine Ideen von der positiven Gesellschaft im „Système de politique positive" festgehalten. Raymond Aron schreibt: „Comte hat in diesem Werk in präzisen Plänen seine Träume artikuliert, seine Träume oder Jedermannsträume, geträumt in diesen Momenten, wo man sich manchmal für Gott hält" (Aron 1967: 93). Wie die Theoretiker der sozialen Ordnung, so räumt auch Comte im Gebäude seiner sozialen Ordnung großes Gewicht der Familie ein: „(...) das politische Sein", schreibt er, „beruht zunächst auf dem häuslichen, dem familiären Sein. Ersteres – das politische Sein – findet in letzterem – dem häuslich-familiärem Sein – die wichtigste Quelle seiner Perfektionierung und sogar die beste Garantie seiner Konsolidierung" (Comte 1929: 182). Hier soll im weiteren auf die generellen Betrachtungen Comtes über die Familie eingegangen werden. Im dritten Kapitel seines „Système de politique positive" – dieses Kapitel ist der „sozialen Statik" gewidmet – stellt Comte seine Theorie der Familie dar. Er betrachtet die Familie als die „grundlegende, die kleinste soziale Einheit", sie gilt ihm als die elementarste und spontanste aller menschlichen Gesellschaftsformen. Comte steht hier im Kontrast zu den Vertragstheoretikern, besonders zu Rousseau, die die Gesellschaft als Konstruktion ansahen. Comte liegt hier in aristotelischer Denktradition, die davon ausgeht, daß die Gesellschaft bereits vor dem Individuum bestanden hat – der Mensch ist von seiner Natur her ein „politisches Tier". Für Comte setzt sich die Gesellschaft nicht aus isolierten Individuen, sondern aus Familien zusammen, die elementarste Form ist das Paar (Comte 1929: 181). Die Familie, die den Einzelmenschen auf die „große Familie" Gesellschaft vorbereitet, beruht auf der Hierarchisierung in Alters- und Geschlechtskategorien, zwei Typen notwendiger sozialer Beziehungen. Comte steht hier dem Denken Aristoteles nahe. Diese hierarchischen, ungleichen sozialen Beziehungen in der Familie sind von daher jeglicher Gesellschaftsform zugrundegelegt. In der Familie vollzieht sich die moralische Entwicklung des Individuums, hier entledigt sich das Individuum seiner „reinen Persönlichkeit" um sich die „wahre Soziabilität" anzueignen. Das Individuum ist von seiner Natur her egoistisch. Erst die soziale Erfahrung in seiner Familie überträgt ihm Soziabilität und läßt seine altruistische Orientierung entstehen. Genauer gesagt ist es für Comte der Einfluß der Frau, der den Menschen zum Sozialwesen macht; als moralisches Zentrum der Familie trägt die Frau wesentlich dazu bei, die ursprünglichen Instinkte zu bändigen. Auch Comte schreibt: „(...) so wie Frauen den Männern in Intelligenz und Raisonnierfähigkeit unterlegen sind, sind sie ihnen doch überlegen in ihrer größeren spontanen Fähigkeit zu Sympathiekraft und Soziabilität" (Comte 1929: 193). Wenn auch der Vergleich mit Rousseau nicht so ganz glücklich scheint, so sind sich die beiden Denker doch in einem Punkt nahe: in der Definition der Rolle der Frau in Familie und Gesellschaft, in der Rollenverteilung zwischen den Geschlechtern, in ihrer Betrachtung über den positiven moralischen Einfluß der Frau auf den Mann. Die eheliche Bindung ist in Comtes Klassifizierung der intrafamiliären Beziehungen die wichtigste. Sie allein geschieht aus freiem Willen. Die „moralische Effektivität" der ehelichen Verbindung besteht darin, daß die Frau (das gefühlsbetonte Geschlecht) in dieser Verbindung Gehorsam erlernt und ihre moralischen Werte walten läßt, während der Mann (das aktive Geschlecht) sich sowohl in seine Befehlsrolle einlebt als auch Liebe zu den ihm Untergeordneten entwickelt. Die geschlechtliche Rollenteilung in der Ehe ist Voraussetzung für das Wirken der moralischen Funktionen der Familie. Die Institution der Ehe ist für Comte nur als monogame Beziehung denkbar; auch ist die Ehe unauflöslich. So vertritt Comte etwa die Auffassung, daß die Ehepartner im Laufe der Zeit immer stärkeren Zusammenhalt entwickeln, was auch dem Ziel der Ehe entspreche: nämlich die ständige Verbesserung der Paarbeziehung. Die übrigen innerfamiliären Beziehungen, zwischen Geschwistern oder Eltern-Kind-Beziehungen, unterliegen für Comte nicht dieser spezifischen Zielsetzung. Wenn Comte auch die Familie als einen auf die Vollendung des Menschen ausgerichteten Ort der Moral und der Soziabilität sieht, so stellt er doch heraus, daß die Familie auch Egoismus hervorrufen kann, denn sie ist der Ort, der „es einem jeden Mitglied ermöglicht, die anderen auszunutzen" (Comte 1929: 211). Die Gesellschaft bewahrt jedoch vor dieser möglichen Fehlentwicklung: sie orientiert die Familie hin zur Entwicklung von Altruismus. Comte stellt noch eine zweite mögliche Fehlentwicklung heraus, nämlich den „kollektiven Egoismus", der, so schreibt er, den „anarchistischen Phrasendreschern" das Wasser auf der Mühle ist. Auch hier muß nach Comte die Gesellschaft beeinflussend auf die Familie wirken und sie zu einer Orientierung auf die Kollektivität hinführen. Zusammenfassend läßt sich sagen, daß Comte die menschliche Familie als eine „Einheit von Beziehungen und Status" sieht. Diese sind nun nicht typisch für die Familie, sondern typisch für alle gesellschaftlichen Formen von Gruppenbeziehungen. Aus dieser Sichtweise heraus kann Comte also von einem „natürlichen Übergang der Familie in die Gesellschaft" sprechen (Comte 1929: 191).

Anmerkung:
Der Text wurde von Jochen Reitnauer übersetzt.

Literatur:
Aristote (1993): Les politiques. Paris. Aristote (1965): Ethique de Nicomaque. Paris
Aron, Raymond ([1967] 1988): Les étapes de la pensée sociologique. Paris
Comte, Auguste ([1852] 1929): Système de politique positive ou Traité de sociologie, Band 2.
   Fontenay-aux-Roses
Comte, Auguste ([1839] 1995): Leçons de sociologie, Paris
Grange, Juliette (1997): L'utopie positive. In: Raison Présente, Nr. 121: 69–93
Nisbet, Robert A. ([1966] 1984): La tradition sociologique. Paris
Petit, Annie (1991): La Révolution occidentale selon Auguste Comte: entre l'histoire et l'utopie.
   In: Revue de Synthèse, Politique et Science, Nr. 1: 21–40

Karine Chaland, Laboratoire de Sociologie de la Culture Européenne, CNRS, UPRES – A 70 43, F-67084 Strasbourg

Jenseits des Sichtfeldes der Säkularisierungstheorie – zur politischen, sozialen und fachgeschichtlichen Wirkung einer Wissenschaftsreligion in Europa, 1848–1935

BERNHARD PLÉ

Auf der empirischen Grundlage des in einem DFG-Projekt von Jürgen Gebhardt und Bernhard Plé nahezu vollständig dokumentierten Mitgliederstandes der in Europa gegründeten Institutionen des sich als „Religion" definierenden Comteschen Positivismus sollen im folgenden einige seiner Vernetzungen mit politischen Institutionen, Stätten von Forschung und Lehre und großräumigen Verbänden in Frankreich, Belgien und Großbritannien im Zeitraum von 1848 bis ca. 1935 dargestellt werden.

1. Die besonderen Institutionen, in denen sich Anhänger Comtes von 1848 an vereinten, hatten in ihren Leitprogrammen oder Statuten eine „Mission" definiert. Die logische Ordnung der Welt zu erkennen, zu bejahen und den Menschen an ihr auszurichten, bedeutete für alle Mitglieder die wissenschaftliche und moralische Basis für das, was sie als „Religion" des Positivismus bezeichneten (siehe Plé 1996). Die Mitglieder der 1848 von Comte gegründeten *Société positiviste* in Paris vertraten jedoch unterschiedliche Auslegungen jener Ordnung. Émile Littré, damals als Mediziner und Philologe tätig, rief die akademisch gebildeten Mitglieder zum Austritt aus der *Société positiviste* auf und sammelte die so entstandene Spaltgruppe nach 1867 um die Redaktion der von ihm geleiteten Halbjahreszeitschrift *La Philosphie positive*. Ihr Ziel war, die von Comte auf deduktivem Wege als *physique sociale* hergeleitete Disziplin operativ werden zu lassen. Die sich von dieser Spaltgruppe distanzierenden Mitglieder der älteren *Société positiviste* erkannten dagegen nach 1857 eine Auslegung des Comteschen Lehrgebäudes an, die der Mathematiker Pierre Laffitte entwickelt hatte. Daß die logische Unterteilung der Welt eine Setzung durch die Akte der „humanité" sei, bildete die Hauptaussage der Glaubenslehre und zugleich das Argument dafür, daß Laffitte und die ihm folgenden Positivisten ihren Auftrag bis Anfang der 1930er Jahre zum „Apostolat" erklärten (Plé 1996: 308–321). In der englischen Arbeiterbewegung engagierte Akademiker fanden in Laffittes Lehre eine Anweisung für einen *scientific faith*. Sie gründeten gegen Ende der 60er Jahre die *London Positivist Society*. Die sich hier ab den 1880er Jahren durchsetzende Lehre stammte von einem in der Londoner Kommunalpolitik tätigen Juristen, Frederic Harrison.
2. Um eine „aufgeklärte Öffentlichkeit" herzustellen, gründeten die Mitglieder der *Société positiviste* eine staatlich anerkannte Anstalt für höhere Bildung. Die 1876 gegründete gemeinnützige Einrichtung diente ihnen zur Veranstaltung und Leitung von Vortragszyklen und Kursen in der *École polytechnique*, dem *Collège de France*

und der *École des Hautes Études Sociales*. Die Unterstützung erhielten sie hierfür vom Ministerpräsidenten Jules Ferry. Seit der Mitte der 80er Jahre vereinten sie in dem von ihnen gegründeten *Cercle des prolétaires positivistes de Paris* sowohl Funktionäre der Facharbeiterverbände als auch hohe Ministerialbeamte des im Handelsministerium eingerichteten *Conseil supérieure du Travail*, um den revolutionären Sozialismus innerhalb der Facharbeiterschaft abzuwehren. Dabei gelang es ihnen, den Vorsitz der im Handelsministerium eingerichteten permanenten Vertretung der Berufsverbände der Facharbeiterschaft von 1885 bis 1920 mit einem zum „Apostel" qualifizierten Mitglied zu besetzen. Durch Empfehlungen von Jules Ferry wurden weitere „Apostel" zu Abteilungsleitern im *Office du travail* ernannt; hier erarbeiteten sie von 1891 bis 1893 – und mit Hilfe der Positivisten in London – die Gesetzesvorlage zur Einrichtung von Schlichtungsinstanzen für Streitfälle zwischen Unternehmern und Arbeiterschaft in der Dritten Republik. Zur offiziellen Anerkennung des Comteschen Positivismus als „Philosophie" der laizistischen Republik kam es bereits am 30. Januar 1892 , als der Minister Léon Bourgeois die Einrichtung des ersten Lehrstuhls für Allgemeine Wissenschaftsgeschichte anordnete und zugleich den „Apostel" Pierre Laffitte zum Inhaber dieses nicht nur in Frankreich neuen, sondern im damaligen Europa einzigartigen Lehrstuhls ernannte (Plé 1996: 366). Der Nachfolger auf diesem Lehrstuhl wurde nach dem Tode des Apostels 1903 ein führendes Mitglied der von Littré gegründeten Institution. Die Weltkonzeption des Positivismus wurde ebenfalls in der Lehre des 1895 gegründeten *Collège libre des Sciences Sociales* in Paris institutionalisiert. Seinem Leitungsorgan gehörten zwei Mitglieder der *Société positiviste* an: Ernest Delbet, der den dort eingerichteten Lehrstuhl mit der Bezeichnung *sociologie positiviste* von 1895 bis 1908 innehatte, und sein Nachfolger auf diesem Lehrstuhl, Maurice Ajam, der von 1909 bis 1935 die Comtesche Soziologie lehrte. Eine dritte Stätte, in der die Weltkonzeption durch die Lehre vermittelt wurde, war die 1849 in Paris gegründete *Société de Biologie*. Sie diente zugleich als Ausweis für die Wissenschaftlichkeit der Ordnungsprinzipien, auf die hin das republikanische Gemeinwesen ausgerichtet werden sollte. Ihr Statut berief sich die Comtesche Hierarchie der Wissenschaften, und ihr Forschungsprogramm übernahm die dort entwickelten biologischen Kategorien. Der Verfasser war ein erklärter Anhänger des Positivismus von Littré. Außerhalb der Stätten von Lehre und Forschung wurde die Weltkonzeption auch von seiten größerer Verbände als verbindlich anerkannt. Seit 1875 definierte der oberste Rat des *Grand Orient de France* den Bildungsauftrag der Freimaurer ganz in dem Sinne, wie ihn die Lehre Littrés formuliert hatte. Noch um 1900 erklärte der oberste Rat unter Berufung auf den „illustre Frère Littré [...], disciple d'Auguste Comte": „La sociologie [...] permettra, en dégageant les formules scientifiques qui devront régir l'entente morale des groupements humains, de donner au sentiment moral des assises définitives et réglera la marche [...] de l'homme vers la réalisation du bonheur commun." (Discours de clôture, prononcé le 21 septembre 1901, Assemblée générale de 1901, Grand Orient de France. Paris 1901). Neben dem *Grand Orient de France* war auch der internationale Dachverband der Freidenkervereinigungen über seinen obersten Rat seit 1898 in einem von Laffitte gegründeten Komitee zur Errichtung und Pflege eines Gedenkstatue für Comte vertreten. Der oberste Rat der Freidenker leitete von da an die belgische Redaktionsstelle der von Laffitte herausgegeben Zeitschrift *Revue positiviste internationale*.

3. Anknüpfungen englischer Verbände an die Religion und an das Weltbild des Positivismus erfolgten ab 1852 von seiten der damals noch kleinräumig organisierten *Secular Societies*. Ein früher Anhänger Comtes hatte bereits 1852 ein *Glaubensbekenntnis* verfaßt und es im gleichen Jahr in die *Leicester Secular Society* eingeführt. An ihm orientierte sich der erste englische Dachverband, der *London Secular Council*, als er 1871 den Beschluß faßte, daß die Mitglieder und Beitrittswilligen ein Glaubensbekenntnis abzulegen hatten: „1. I regard Secularism as the Religion of the Present Life. 2. I regard the Secular as sacred [...]. 3. I beliefe that Science is the available Providence of man ..." (The London Secular Council: Articles of Secular Belief. October 1871). Von hier gingen weitreichende Impulse aus: Jüngere „Säkularisten" traten in den späten 1890er Jahren der *London Positivist Society* bei; einige von ihnen wirkten fortan als berufene Lecturers in den Sonntagsschulen der „Säkularisten", um diese in der positivistischen Glaubenslehre des Londoner Schulhauptes, Frederic Harrison, zu unterrichten. Wie von der Warte der *Secular Societies*, so bot sich auch aus der Sicht der Londoner *Ethical Societies* der Positivismus von Harrison als integrierbare Glaubenslehre an: Eine Mitgliedsgesellschaft der *Union of Ethical Societies* trat 1919 geschlossen der *London Positivist Society* bei und rief von dieser bis gegen Ende der 30er Jahre Lecturers für die Sonntagsschulen des gesamten Dachverbandes ab.

In diesem institutionellen Dreieck von Positivisten, „Säkularisten" und Ethischen Gesellschaften – so sei abschließend bemerkt – entstanden jene Verbände und Soziallehren, die in den 30er Jahren in Großbritannien und den USA als humanistische Religion bekannt wurden und von dort aus erneut Bündnisse mit politischen Führungsgruppen sowie mit Lehr- und Forschungsstätten aufbauten.

Literatur:
Plé, Bernhard (1996): Die „Welt" aus den Wissenschaften. Der Positivismus in Frankreich, England und Italien von 1848 bis ins zweite Jahrzehnt des 20. Jahrhunderts. Eine wissenssoziologische Studie. Stuttgart

PD Dr. Dr. Bernhard Plé, Friedrich-Puchta-Str. 8, D-95444 Bayreuth

Auguste Comte und die Religion der Menschheit

GERHARD WAGNER

Auguste Comte hat ein Werk hinterlassen, das der Soziologiegeschichtsschreibung bis heute Rätsel aufgibt. Das gilt besonders für die im Spätwerk formulierte *Religion de l'Humanité*. Wolf Lepenies artikulierte in seinem FAZ-Artikel zum zweihundertsten Geburtstag Comtes die im Fach vorherrschende Meinung, als er formulierte, diese Religion sei ein abstruses, vom Frühwerk zu trennendes Produkt beruflicher Mißerfolge und biographischer Katastrophen.

Schon in „Die drei Kulturen" hatte Lepenies die Ansicht vertreten, Comtes Spätwerk sei „viel weniger das geplante Ergebnis theoriepolitischer Überlegungen als die unvorhergesehene Folge einer tiefen lebensgeschichtlichen Krise." Nachdem die Vollendung seines „Cours de philosophie positive" nicht die ersehnte Verankerung im akademischen System eingebracht hatte und seine Liebe zu Clotilde de Vaux durch deren frühen Tod unerfüllt blieb, habe sich Comte von der Wissenschaft ab- und der Religion zugewandt, sich vom vernunftbesessenen Saulus zum gläubigen Paulus wandelnd. Insbesondere die Beziehung zu Clotilde sei dafür verantwortlich, daß nicht länger Geist und Verstand, sondern Herz und Gefühl in seinen Schriften walten sollten. Denn durch Clotilde habe er eine „education sentimentale" genossen, die ihn eine das Christentum überchristlichende „Menschheitsreligion" habe stiften lassen.

Die Frage ist, ob man Comte nicht unterschätzt, indem man ihn zu einem Frédéric Moreau der Soziologie stilisiert und ihn mit Nietzsche als einen verkappten Jesuiten begreift, der die Franzosen auf dem Umweg über die Wissenschaft nach Rom führen wollte. Tatsächlich gewinnt man bei der Lektüre seiner Texte eher den Eindruck, daß er ein später Aufklärer war, der die Franzosen auf dem Umweg über die Religion zur Vernunft bringen wollte – und nicht nur sie, sondern die gesamte Menschheit.

Comte in diesem Sinne zu begreifen mag den frappieren, für den sich Vernunft in skeptischem Denken und Aufklärung in Religionskritik erschöpft. So einflußreich Descartes bei der Propagierung des ersten, Voltaire bei der Ausübung des zweiten auch waren, beide Positionen waren längst über sich selbst aufgeklärt worden, als Comte zu publizieren begann. War nicht Descartes' Rationalismus durch Pascals Aufwertung der Sinnlichkeit relativiert worden? Und erlaubte es nicht erst Turgots Rehabilitierung des Christentums gegenüber der Priestertrugstheorie Voltaires, eine kohärente Fortschrittstheorie zu formulieren? Warum sollte Comte also nicht im Gefühl und in der Religion Mittel für die Vollendung des Projekts der Moderne erkennen?

So ist es denn auch unplausibel, Comtes Werk mit Hinweis auf äußere Gegebenheiten auseinanderzudividieren. Weder gibt es einen Bruch zwischen Früh- und Spätwerk, noch bedurfte es Madame de Vaux, um die Liebe als Prinzip zu entdecken, wie das Motto der *Religion de l'Humanité* lautet. Es ist sogar der Überlegung wert, ob nicht Comtes Liebe zu Clotilde ein Selbstversuch war, den Comte anstellte, um ein sich aus den Werken Pascals und Turgots speisendes, dem Gefühl und der Religion eine eigene Funktion beimessendes Theorieprogramm in der Praxis zu testen.

In jedem Fall spielen Pascal und Turgot in Comtes Werk eine größere Rolle als es auf den ersten Blick scheinen mag. Sie liefern die grundlegenden Theoreme, anhand derer Comte die Bedingungen expliziert, die es der Menschheit ermöglichen sollen, zu einer dauerhaften Ordnung fortzuschreiten.

In diesem Beitrag wurde die These vertreten, daß Comtes Werk sehr wohl eine Einheit darstellt. Comte hat über dreißig Jahre hinweg versucht, eine Problemstellung aufzulösen, die er in jungen Jahren formulierte. Das Resultat dieses Versuchs, ja seine logische Konsequenz, ist die *Religion de l'Humanité*. Sie als Obskurantismus abzutun heißt nicht nur Comtes Werk zu verkennen, sondern auch den Kontext, in dem der Begriff der Soziologie geprägt wurde.

Literatur:
Comte, Auguste (1907–1911): Soziologie, 3 Bde. (Übers. des Cours de philosophie positive Bde. 4, 5, u.6). Leipzig
Comte, Auguste (1967): Système de politique ou Traité de sociologie, instituant la Religion de l'Humanité, 4 Bde. Osnabrück
Lepenies, Wolf (1985): Die drei Kulturen. Soziologie zwischen Literatur und Wissenschaft. München
Lepenies, Wolf (1998): Das abgelehnte Meisterwerk. Von der soziologischen Theorie zur sozialen Bewegung. Zum zweihundertsten Geburtstag von Auguste Comte. In: Frankfurter Allgemeine Zeitung, Nr. 14 vom 17. Januar 1998

Dr. Gerhard Wagner, Universität Bielefeld, Fakultät für Soziologie,
Postfach 10 01 31, D-33501 Bielefeld

Author meets critics: Michael Mann in der Diskussion über die „Geschichte der Macht"

Organisation: Heinrich Haferkamp / Wolfgang Knöbl

Einleitung

HEINRICH HAFERKAMP / WOLFGANG KNÖBL

Michael Mann hat mit seinen historisch-soziologischen Studien zur Theorie und Geschichte von Machtbeziehungen einen Beitrag von theoretischer Kreativität wie historisch-empirischer Dichte vorgelegt, von dem vielfältige Anregungen für eine makrosoziologische Theorie des sozialen Wandels ausgehen. Die Diskussionsveranstaltung hatte zum Ziel, einerseits Michael Mann selbst Gelegenheit zur Erläuterung seines spezifischen Erklärungsansatzes zu geben andererseits verschiedene Probleme zu erörtern, die sich einem so weit gespannten Erkenntnisunternehmen stellen. Im Mittelpunkt der Diskussion mit Mann standen dabei die Themen des zweiten Bandes von „The Sources of Social Power: The Rise of Classes and Nation-States, 1760–1914" (deutsche Übersetzung 1998), der die politischen, militärischen, ökonomischen und kulturellen Machtbeziehungen zwischen dem Beginn der Industrialisierung und dem Ausbruch des Ersten Weltkrieges analysiert. Mann legt in seiner Untersuchung einen besonderen Schwerpunkt auf die Entstehung moderner Nationalstaaten, er hebt die Verknüpfung von Staat und Strukturen kapitalistischer Industrialisierung bzw. sozialer Klassenbildung hervor und er verweist insbesondere auf die Dimension internationaler politischer und ökonomischer Machtentfaltung im Modernisierungsprozeß. Dazu gehört die Betonung des militärischen Machtapparates als integralem Bestandteil moderner Staaten, ist es doch gerade Ziel des Autors, soziologische Erklärungen für die Eskalation zwischenstaatlicher Gewalt im 20. Jahrhundert zu liefern. Michael Manns Beitrag kann einerseits gewiß als eine Herausforderung modernisierungstheoretischer Ansätze in der Soziologie gelten, denn in seiner Untersuchung des Modernisierungsprozesses spielen Akteurskonstellationen, diskontinuierliche geschichtliche Entwicklungsverläufe, gesellschaftliche Machtkonflikte und internationale Strukturen eine entscheidende Rolle. Dies sind Aspekte, die in der neomodernisierungstheoretischen Debatte als Desiderate lediglich benannt wurden. Andererseits geht Mann in seiner

Argumentation deutlich über jene soziologischen Analysen hinaus, die sich nur gesellschaftlichen Teilbereichen des sozialen Wandels in der Moderne widmen. Gegen theoretische, empirische und methodologische Einwände in der Diskussion, die sich vor allem auf die Tragfähigkeit seines Machtkonzepts, seine theoretische Herleitung der Industriellen Revolution sowie auf die Strategie des historisch-soziologischen Erklärens im allgemeinen bezogen, machte Michael Mann geltend, daß er seinen spezifischen Beitrag in einer gegenüber Modernisierungs- und Evolutionstheorien „realistischeren" Erklärung des historischen Entwicklungsverlaufs sieht. Sein Ziel ist weniger eine allgemeine Theorie des historischen Prozesses, als vielmehr eine Verknüpfung von historisch-spezifischen Theorien mittlerer Reichweite.

Anmerkung:
Michael Mann sah sich leider nicht in der Lage, seinen Einführungstext für die Veröffentlichung in diesem Band aufzubereiten (d. Red.).

Dipl.-Soz. Heinrich Haferkamp, Universität Potsdam, Wirtschafts- und Sozialwissenschaftliche Fakultät, August-Bebel-Str. 89, D-14482 Potsdam-Babelsberg

Dr. Wolfgang Knöbl, Freie Universität Berlin, John F. Kennedy-Institut für Nordamerikastudien, Lansstr. 5–9, D-14195 Berlin

Power above all? – Comment on Michael Mann's project „The Sources of Social Power, Vol 1+2"

HANS-PETER MÜLLER

As a student of social theory and social change, enthusiastic about this project, my remarks will selectively concentrate upon three areas:

1. The theoretical background of power and the IEMP-model. What are the logic, implications and limitations of such an approach?
2. The structure of the overall argument and the character of major results. How does his developmental history assess the „patterned mess" of human societies and how do his insights modify the conventional narrative of the emergence of modernity, the rise of the West and the power of Europe and the US?
3. What kind of lessons can we draw from his paradigmatic project for future sociology and sociology's future?

Ad 1. I have three questions addressing the approach.
1. *Why power? Why "social" power?* Why the IEMP-model? "Power is the ability to pursue and attain goals through mastery of one's environment." (I: 6) Interested in the logistics and infrastructure of power, Mann distinguishes three social forms (collective-distributive, extensive-intensive, authoritative-diffused) and four sources of power: *ideological* as the need for ultimate meaning in life, be it transcendent or as immanent morale; *economic* as the need to extract from nature; *military* as "the social organization of physical force" (II: 8) and *political* as territorial and central regulation. In short, then: "The struggle to control ideological, economic, military, and political power organizations provides the central drama of social development. Societies are structured primarily by entwined ideological, economic, military, and political power." (II: 9) One cannot but admire the utmost parsimony with which an encyclopedic book on power sets out its major terms. But this parsimony has its cost in ambiguities and hidden assumptions:
a) Mann who like Giddens is interested in conceptualizing agency and structure alike, has no elaborated theory of action, human motivation, let alone links for combining micro- and macro-analysis. There is only power. Power is good (not only constraining, but enabling), important (you better have it) and desirable (the most generalized media of action).
b) Only he or she who has power can make a difference, i. e. is able to act. Power refers to doing (Giddens). History is about actors who can make a difference. The rest is silent, sociologically unimportant because making no difference and therefore is not in the history books and records.
c) Employing such a technical "can do all" power-notion permits one to dispense with a theory of actors and types of agency. From the human being to the empire the message runs as a common thread: power tools are the same for individual and collective actors. In Mann's world we have different actors like classes, elites, nations, armies, churches, emperors, kings, the manor etc. and for all of them ideological, economic, military and political power is the same.
2. *Power instead of society?* Mann's critique of a unitary and totalizing concept of society is as equally convincing as his notion of societies as overlapping power networks. But it is somewhat ironic that he simply seems to replace society by power. Power is the new unitary, totalizing concept: "Power above all!" History is the history of power struggles. This overall uniformity, however, is disrupted by the historical variance in which different sources in varying configurations at different times and in different places combine or play out.
3. *Against instrumentalism*: Throughout his analysis Mann vigorously attacks all instrumental theories of action like neo-classical economy, marxism and rational

choice theory. Focussing exclusively and obsessively on „interest", these approaches systematically fail to address the interplay of the three „i's": Interests, ideas and institutions (Lepsius) and are unable to draw explanatory surplus from the kind of interplay the three i's exhibit. However, Mann's approach is not entirely free from it because he seems to introduce through the backdoor a power-instrumentalism in the form of a hidden image of man which he had thrown out through the front-door in the first place: Man is a power-seeking animal.

Ad 2. Despite these ambiguities the overall argument is discernible and many results are original and novel. Simply, there is no *primacy* in the sense of „one-factor-theories". Typically, all four power resources are entwined in a specific way. What changes is the relative predominance, the „weight" of one power resource vis-à-vis the others. Indeed, the capitalist and industrial revolution heightened the importance of economic resources but only in conjunction with military forces in the 18th and political power in the 19th centuries. After the fall of the Roman Empire, the Christian *ecumene* secured normative pacification in Europe and provided an ideological identity. The ancient empires of the near East maintained their stability by military and political means. There is development, then, but not in an evolutionary or teleological sense; all we can do in terms of assessing the overall pattern is to trace the trajectories of the varying entwined power-configurations and explore how and under what circumstances which path was likely to be chosen and why. No doubt, this is rather abstract and will surely receive more theoretical attention once Mann arrives at his final analytical conclusions.

Ad 3. In conclusion, let me finally pose three questions concerning future sociology and sociology's future:

1. What about a „Grand Theory" in particular, social theory in general? After the questioning of marxism, functionalism and systems theory is *historical sociology* the only candidate here to stay? If so, what theoretical status does it have – middle range or grand range?
2. Is social life basically about power? Is sociality genuinely about „power-might"? What about vital social forces which are not powerful to make a difference?
3. If so, however, what about other sources of social power? What about love or erotic power, sympathy or compassionate power, solidarity or genuine social power and justice or legal/moral power? What about gender and men's and women's power? What about race and the significance of the color-line? All these „powers" are there, play a role if not of world-historical impact, then feeding influential movements like human rights, environment etc.?

Prof. Dr. Hans-Peter Müller, New York University, Center for European Studies, (Max-Weber-Chair), 53 Washington Square South, USA New York NY 10012

Quellen der Macht und Grenzen historischer Modelle

STEFAN IMMERFALL

Wenige Sozialwissenschaftler wagen sich so mutig und ausdauernd wie Michael Mann an die Analyse von 10.000 Jahren menschlicher Erfahrung. In Reichweite und Zielsetzung zeigt sein Bemühen „weberianische" Züge und es wäre sicher lohnend, es mit den wenigen zeitgenössichen Ansätzen von ähnlicher historischer Tiefe zu vergleichen, eines Bendix, Rokkan oder Wallerstein etwa.

An dieser Stelle möchte ich hingegen das Privileg, den Autor leibhaftig hier zu haben, für eine wenige Fragen nutzen. Im Mittelpunkt steht dabei der zweite seines auf vier Bände angelegten Projektes (Mann 1993). Das „lange 19. Jahrhundert – von der Industriellen Revolution bis zum Ausbruch des 1. Weltkrieges" – behandelnd, stellt er den Dreh- und Angelpunkt zur Gegenwart dar. Wie in den Bänden vorher präsentiert und arrangiert Mann bekannte und weniger bekannte Tatsachen und Entwicklungen in einem oft neuartigem Licht. Sein Ansatz, zusammengehalten von den vier Gesichtern und den wechselnden Beziehungsgeflechten der Macht – ideologische, ökonomische, militärische und politische – trägt wesentlich zum Verständnis des Entstehens zweier der wohl folgenreichsten Katalysten sozialen Wandels bei: Klassen und Nationalstaaten.

Meine Anmerkungen beziehen sich nun auf den Beginn und das Ende dieses Zeitfensters, Industrielle Revolution und 1. Weltkrieg. An ihnen lassen sich zwei der Schwierigkeiten verdeutlichen, die die Historische Soziologie regelmäßig heimsuchen und die ich das „Modellproblem" (1.) und das „Problem des angemessenen Komplexitätsniveaus" (2.) nennen möchte.

1. Das „Modellproblem" läßt sich mit Blick auf Manns Ansatz wie folgt spezifizieren: Was wissen wir eigentlich, wenn wir wissen, welche Art der Macht in einer historischen Periode vorgeherrscht hat? Welche Einsichten gewinnen wir, beispielsweise hinsichtlich des Beginns der Industriellen Revolution, wenn wir Manns Darstellung mit anderen, vielleicht stärker analytischen Erklärungen vergleichen?

Hier böte sich der Blick auf die neue ökonomische Soziologie an, namentlich die Transaktionskostenanalyse und die institutionelle Ökonomie. Dieser Ansatz, als dessen hervorragender Vertreter Douglas North zu gelten hat, weist zu Recht auf etwas hin, was bei Michael Manns Darstellung der Industriellen Revolution zu kurz kommt: das tiefe Erstaunen, daß kapitalistische Märkte entstanden sind! Zwar mag Adam Smith mit seiner Aussage, allen Menschen sei eine natürliche Neigung zum Tausch und Handel eigen, recht haben – doch wie entstehen Märkte und die Institutionen, auf deren Grundlage sie operieren? Wie entstehen insbesondere Eigentumsrechte, wenn ihre Einführung mit erheblichen Kosten verbunden ist und ihre Einhaltung dem individuellen Kosten-Nutzen-Kalkül der politisch Herrschenden offenbar widerspricht? Hier schien sich die Wirtschaftswissenschaft mit einem geheimen Funktionalismus behelfen zu müssen, den sie der Soziologie doch – zu Recht – vorwirft: Institutionen entstehen, weil sie Nutzen stiften.

Über den dazu notwendigen Wandel der Präferenzstrukturen, finden wir auch bei Michael Mann wenig. Ein Vergleich Spaniens mit Englands ist dabei wahrscheinlich sehr hilfreich (North 1992). Gerade dieser böte wichtige Lehren für die Gegenwart, denken wir nur an Rußlands Schwierigkeiten, ein funktionierendes Marktsystem zu errichten.

2. Definierbar ist nur das, was keine Geschichte hat, heißt es bei Nietzsche in der Genealogie der Moral. Auch Michael Mann ist zurückhaltend, wenn es um die Explikation von Modellen geht. Er spricht vom Durcheinander, von Zufälligkeiten und Verwicklungen, wenngleich die historische Unordnung durchaus Muster aufweise. Für diese Sichtweise gibt es gute Gründe, und Manns Studien halten wichtige Einsichten über die weichenstellende Kraft nicht-intentionaler Konsequenzen in der Geschichte, die Unterscheidung zwischen Modernisierung und Homogenisierung, den unterschätzten Einfluß militärischer Entscheidungen auf die Entwicklung der Moderne und nicht zuletzt eine gesunde Skepsis gegenüber der vermeintlichen Abdankung des Nationalstaats vor der Globalisierung bereit.

Wie aber kann das historische Chaos modellhaft gefaßt werden? So liefert Mann eine exzellente Diskussion der Ereignisse, die zu jenen tragischen Entscheidungen im August 1914 geführt haben. Aber welche Ratschläge zieht er daraus für die Gegenwart – wie es doch sein eigener Anspruch ist?

Ohne eine Antwort auf diese Frage zu haben, glaube ich, daß die Richtung, in die gearbeitet werden müßte, paradoxerweise nicht weniger sondern mehr abstrakte Modellbildung ist. Hingegen bergen empiriegesättigte Bereichstheorien die Gefahr, Modell und – vergangene oder gegenwärtige – Wirklichkeit nicht streng zu unterscheiden. Ein historisches Makromodell, wie es etwa Stein Rokkan (1975; mit zahlreichen weiteren Literaturhinweisen Immerfall 1992: 37–93) für die europäische Nationalstaatsbildung erarbeitet hat, gibt nicht vor, historische Wirklichkeit zu beschreiben. Es zeichnet bestimmte Zusammenhänge als besonders wichtig aus und macht damit die Theorie, nach der diese Zusammenhänge ausgewählt worden sind, ansatzweise einer Überprüfung zugänglich. So entstehen Wegweiser für historische Analogien.

Vielleicht dürfen wir in den nächsten Arbeiten von Micheal Mann noch auf mehr solcher historischen Analogien hoffen. Der lange erwartete vierte Band böte Anlässe genug.

Literatur:
Immerfall, Stefan (1992): Territorium und Wahlverhalten. Zur Modellierung geopolitischer und geoökonomischer Prozesse. Leverkusen

Mann, Michael (1993): The Sources of Social Powers. Vol.2: The Rice of Classes and Nation-States, 1760.1914. Cambridge
North, Douglass C. (1992): Institutionen, institutioneller Wandel und Wirtschaftsleistung. Tübingen
Rokkan, Stein (1975): Dimensions of State Formation and and Nation-Building. In: C. Tilly (Hrsg.): The Formation of National States in Europe. Princeton: 562–600

PD Dr. Stefan Immerfall, Universität Passau, Lehrstuhl für Soziologie, D-94030 Passau

Some comments on the 2nd volume of Michael Mann's „The Sources of Social Power"

GERTRAUDE MIKL-HORKE

This admirable and impressive work is the second volume of a four-volume project in which Michael Mann combines political and military history with a systematic perspective focussing on power. Mann shows the different paths in the formation of the modern state together with the emergence of nations and classes within the contexts of five countries during the period from 1760 to 1914: Great Britain, France, Germany, the Habsburg Empire and the USA.
Before going into the historical narratives and comparisons, however, the „theory", i. e. the IEMP-model of the four sources of social power, which has been dealt with already in the first volume, is presented in a very concise way, which enhances the comfort of reading the book, but makes the reader prone to skip the narrative parts. In this volume the conceptualization looms larger than in the preceding one, although Mann calls his model „just an analytical point of entry for dealing with mess" (10). Surely history needs theory for its interpretation, but there are two kinds of theory: The one that places single events in a wider context in order to explain them, and the other that draws up a frame into which historical facts have to fit. Although Mann professes to attempt a „historical" explanation (Mann 1988), he chose the second path. The consequence is that the narrative parts just tell the story within the overall frame given by the concepts. This is a study in historical sociology, and „history" as such is not the objective and, therefore, is not defined as problem. But does that mean that the discussion of the historians has to remain completely out of consideration? Mann himself gives at one point a characterization of his theory by calling it „partly institutional, partly functional polymorphous

theory" (88). This results in a theory that seems to be embodied in concepts like „crystallization" or „entwining" which are used profusely. Although Mann stresses his distance to system theory, there is a certain likeness to it, only that the concepts in system theory are purely functional and relational without substantial connotation. Mann's concepts, however, take on varied substantial meanings in the course of the differing historical settings. While Mann tries to show the diverse processes of „entwining" of the four sources of social power: ideological, economic, military and political power, their respective and changing meanings are not explained, although the very content of ideology, for instance, changes considerably in this period of history from religion to public communication, class or national consciousness and party programs. This is not a study of the sources of social power for their own sake, but of their „entwinings". But when social change, for instance, is referred to as coming about through „strategies, impure entwinings and unintended consequences" (18), one still does not know how it works all the same. Explicit theories of social change or of social structure or object theories are not dealt with in the book because of Mann's refusal to see social change as either evolutionary or dialectical. This causes a lack of relating statements about real facts with one another in order to explain analytically, not just understand intuitively. Dialectical or evolutionary processes, moreover, need not be eliminated from the study of history together with the abstention from the respective overall theories of change. Mann expresses a reservation with regard to the concept of society if understood as a system entity. I sympathize with this view as far as the realistic definition is concerned, but „society" is also a theoretical concept and an idea that shaped modern times discursively and politically. This dimension, however, does not enter into Mann's consideration. He identifies society with power: „What we call societies are only loose aggregates of diverse, overlapping, intersecting power networks" (506). But society – or the „real life mess" – is also about routine, ritual, emotion, ideas, etc., and power is only a special perspective or a particular dimension of society, not society as such. Power can be pertinent in many social relations, but Mann, in this volume at least, is clearly concerned „only" with power in connection with the formation of the nation-state and the classes in capitalist society. This is, therefore, not a study that deals with society or power as such, but a study of the power cristallizations of the nation-state and capitalist society.

Mann states that he studies four sources of power that entwine in various ways in different settings and periods, but are on the same level. This, however, cannot be, since power is always set in relation to the state and the classes within it. The political dimension is, therefore, dominant because it is at the same time the purposive perspective of the study. The economy and ideology enter the picture only from the angle of state formation and are not discussed as independent from state and the political-military history. That, however, contradicts the professed equal standing of the four sources of social power. His state-political-military perspective leads Mann to see a declining power significance of ideological power relations and at the same time a change from an emphasis on „transcendent" to „immanent" ideological power. This may be the result of both an illusion of modernity and the special perspective adopted here. In the period under consideration there developed a stress on national and class differences, and the language of ideas turned into a scientific one. This is not equivalent to a decline of ideological power during the period. As I see it, the grip of ideas and ideologies on human minds was rather strengthened and led to a rising tide in ideological atmosphere. Resulting from Mann's political perspective the economy figuring in the book is mainly about state revenues, and economic power boils down to „capitalism and classes", concepts that stem from theoretical discussion rather than historical and comparative „facts". Since Mann is concentrating on the formation of states and their social „crystallizations", he omits the modern enterprise as powerful actor besides nations and classes, as well as consideration of differences in industrial structure, level of incomes, consumption patterns, etc. Mann's focus on the nation-state results also in a rather selective perspective with regard to the Habsburg Empire, the one formation, which surely was not a nation-state. The internal nationalist diversity and its crosscutting class divisions as well as the highly differentiated economic and social situations of the various parts of the monarchy shaped the Habsburg monarchy more than the „struggle over Germany". An important point in the book is its emphasis on the fact that modern capitalism developed as an instrument of the nation-state. However, the reserve holds true as well, i. e. that nation-building, state territorialization and administrative integration furthered the specific economic development of industrial capitalism. Inspite of these critical comments I consider Mann's book a most important contribution to political historical sociology. Mann's work is valuable also because it brings society and state into a close relationship again contrary to the predominantly „stateless" tradition of sociology.

Literatur:

Mann, Michael (1988): European Development: Approaching a Historical Explanation. In: Jean Baechler / John A. Hall / Michael Mann: Europe and the rise of capitalism, Oxford-New York: 6–19

Mann, Michael (1986): The Sources of Social Power, vol. 1: A history of power from the beginning to A.D. 1760. Cambridge

Univ.-Prof. Dr. Gertraude Mikl-Horke, Wirtschaftsuniversität Wien, Institut für Allgemeine Soziologie und Wirtschaftssoziologie, Augasse 2–6, A-1090 Wien

Begrenzte Sicherheit – Grenzen durch Sicherheit

Organisation: Stefan Hornbostel / Alexander Milanés

Einleitung

STEFAN HORNBOSTEL

Diese Ad-hoc-Gruppe entstand aus einem Arbeitsschwerpunkt in der DGS-Sektion „Politische Soziologie". Bereits in der Gründungsphase der Sektion, also bevor das Phänomen Kriminalität sich der massenmedialen Dramatisierung erfreute, stand das Problemfeld „Innere Sicherheit" auf der Tagungsagenda der Sektion und ist fortan auch dort geblieben. Allerdings zeigen bereits die Tagungsthemen eine gewisse Verschiebung der Akzentsetzung: Von der allgemeinen Verunsicherung (Hornbostel 1994) führte der Weg über die Inszenierung von Sicherheit (Hitzler/Peters 1998) hin zur begrenzten Sicherheit.

Diese Entwicklung deutet bereits an, was im Rahmen der folgenden Beiträge thematisiert wird. Es geht ebenso um Grenzziehungen wie um Entgrenzungen. Zum einen handelt es sich dabei um die räumliche wie soziale Ausdifferenzierung von Zonen unterschiedlicher Sicherheit. Wobei neu nicht eigentlich das Phänomen differentieller Sicherheit ist, wohl aber die Distributionsmodalitäten, die die Chancen einer uneingeschränkten Teilhabe am Gut Sicherheit verändern, und die Produktionsmodalitäten, die die bisher dominanten staatlichen Akteure zu einem unter mehreren Produzenten in einem Gefüge schwer durchschaubarer Interdependenzen machen. Zum anderen geht es um das Verschwinden oder auch den Abbau von Grenzen und Begrenzungen, mit Konsequenzen für das Orientierungsvermögen in unübersichtlicher werdenden Räumen, aber auch mit sehr unterschiedlichen Folgen für die Produzenten von Sicherheit, sowohl im Hinblick auf die Bestimmung dessen, was das Produkt Sicherheit ausmacht, als auch im Hinblick auf die notwendigen Wissensformationen.

Ohne Beachtung von Grenzen wurde das Material der folgenden Beiträge gewählt. Sie reichen von lokalen Analysen über internationale Entwicklungen bis hin zu den urbanen Entwicklungen in Nord- und Südamerika.Gewisse Entgrenzungen haben auch in disziplinärer Hinsicht stattgefunden, denn dieser Ad-hoc-Gruppe korrespondiert eine entsprechende in der Politikwissenschaft. Beide Gruppen kooperieren im „Interdisziplinären Arbeitskreis Innere Sicherheit".

Literatur:
Hitzler, Ronald / Peters, Helge (Hrsg.) (1998): Inszenierung: Innere Sicherheit – Daten und Diskurse. Opladen
Hornbostel, Stefan (Hrsg.) (1994): Allgemeine Verunsicherung und Politik der Inneren Sicherheit. Dokumentation Nr. 6 der Arbeitsgruppe der DGS „Soziologie der Politik". Jena

Dr. Stefan Hornbostel, Universität Jena, Institut für Soziologie, Otto-Schott-Str. 41, D-07740 Jena

Alexander Milanés, Universität Dortmund, Fachbereich 14, Lehrstuhl für Allgemeine Soziologie, Postfach, D-44221 Dortmund

Begrenzte Sicherheit – Grenzen durch Sicherheit
Eine Einführung

ALEXANDER MILANÉS

Wir leben, soziohistorisch betrachtet, seit etwa fünfzig Jahren in einer Epoche, in der – möglicherweise zum ersten Mal in der Geschichte der Menschheit – eine individuelle Grund-Sicherheit für nahezu alle Menschen in Mitteleuropa zumindest als politisch wünschbar und erreichbar auf der öffentlichen Agenda steht. Unabhängig davon, ob diese Grund-Sicherheit, im einzelnen bezogen auf die Sicherheit vor Übergriffen gegenüber schützenswerten Gütern der eigenen Person – Besitz, Ehre, Freizügigkeit, Integrität des Körpers – auch tatsächlich anerkannt, gewährleistet und im Versagensfall wiederhergestellt wird, gilt zunächst dieses Postulat. Wir alle gehen bis auf weiteres davon aus, nicht von unserem Tischnachbarn beraubt oder von unserer Kollegin bedroht zu werden, und wir gehen – allerdings bereits weniger selbstverständlich – davon aus, in der Fußgängerzone, im Park und in der U-Bahn sicher zu sein.

Dieser Zustand der Öffentlichkeit, der bürgerlichen Öffentlichkeit genaugenommen, ist soziohistorisch zufällig; zugleich ist er für die Form unseres heutigen Zusammenlebens unabdingbar. In dieser Form der Öffentlichkeit sind praktisch alle darauf angewiesen, sich im öffentlichen Raum bedrohungsfrei bewegen zu können. Die Grenzen der Unverletzlichkeit des Individuums, die jahrhundertelang mit der Zugehörigkeit zu einer sozialen Gruppe bzw. zu einer Gemeinschaft zusammenfielen, sind in der klassischen Moderne zumindest auf dem Papier abgelöst von Stand und Klasse, und sie sind, wiederum nur auf dem Papier, aber hier schon deutlich weniger glaubwürdig, abgelöst von

Klasse und Schicht. Wie so oft im Modernisierungsprozeß ist das ideelle Postulat noch nicht ganz eingeholt und beginnt schon wieder zu verschwinden. Eine „Refeudalisierung" des öffentlichen Raumes, die unabhängig voneinander Clifford Shearing, Hans Magnus Enzensberger und Klaus M. Schmals diagnostizieren, läßt sich insbesondere an der Rückkehr einer informellen Ständeordnung zeigen, was Bekleidungsstile und Alltagsinszenierungen betrifft, wie sie z. B. in einer beliebigen Fußgängerzone einer beliebigen deutschen Großstadt beobachtbar sind. In der „grenzenlosen Gesellschaft" sind die Inszenierungsvarianten der Erscheinungsformen im öffentlichen Raum weder schrankenlos gleich noch grenzenlos verschieden – sie sind vielmehr subtil ausdifferenziert entlang neuer Grenzen, und innerhalb dieser neu begrenzten Räume gelten wiederum differierende Grenzen des guten Geschmacks, des „korrekten" Verhaltens und der Sicherheit. Hier entstehen auch in deutschen Großstädten „differentielle Sicherheitsmentalitäten", und diese sind nicht mehr linear auf ethnische und regionalkulturelle Mentalitätszuschreibungen abbildbar. Was hingegen so abbildbar bleibt, das sind zur Wissensstrukturierung und zur Gewinnung von Handlungssicherheit zum einen unerläßliche, zum anderen aber in den Konsequenzen oftmals fatale Vor-Urteile.

Die Spätmoderne ist gekennzeichnet durch den Verlust der großen, einigenden Verbindlichkeitsinstanz, die allgemeingültige Weltdeutungen bereithält und auch Grenzziehungen ermöglicht, die Gültigkeit über die Person und die Situation hinaus beanspruchen können. Zwei dieser Grenzziehungen sind hier virulent: einmal die zwischen innen und außen (in der Schmidtschen Terminologie: zwischen Freund und Feind) und dann, sozusagen „im Innern", die zwischen richtig und falsch (bzw. zwischen rechtmäßig und unrechtmäßig). Der Verlust einer großen Sinngebungsinstanz bedeutet allerdings nicht – und das wird gern verwechselt – daß nun kein Anspruch auf allgemeingültige Sinngebung erhoben würde, ganz im Gegenteil: Unsere Epoche ist durch eine inflationäre Vielfalt konkurrierender Sinnproduktions- und Sinndeutungsangebote gekennzeichnet, die zum einen ihre je eigenen Sinnprovinzen verteidigen, zum anderen permanente Provokation und Reibfläche für andere Sinnprovinzen darstellen. Solche „kulturalen Partikularismen" evozieren und produzieren neue Formen der Verunsicherung im öffentlichen Raum: Die Verständigungsmöglichkeiten dahingehend, welche Verhaltensformen (und welche implizierten Emissionen wie Lärm, Verunreinigungen etc.) gerade angebracht sind, setzen eine Bereitschaft zum Fremd-Verstehen und zur Toleranz voraus, die aus den Gewißheiten des eigenen Sinnhorizonts nicht mehr ableitbar ist. Wechselseitige Irritation ist die Folge, und Ver-Unsicherung im Wortsinne resultiert aus dieser Irritation, wenn solche Alltagswahrnehmungen als bedrohlich interpretiert werden können. Man kann diese aus der Irritation der Wahrnehmung eines fremd werdenden Alltags resultierenden, existentiellen Verunsicherungen in der Tat auch „Incivilties" nennen, wenn man will.

Eine heraufdämmernde „grenzenlose Gesellschaft" determiniert so neue Erscheinungsformen bekannter sozialer Praktiken, die aus einer mitteleuropäisch-bürgerlichen Perspektive als „kriminell" wahrgenommen werden können, und sie tut dies in verschiedenen Dimensionen, die verschiedene Betrachtungsperspektiven nahelegen.
Die uns selbstverständliche, „bis auf weiteres" friedliche Alltagswelt ist zum einen eine im Modernisierungsprozeß gewordene (bzw. handelnd hervorgebrachte); zum anderen ist diese befriedete Alltagswelt eine fragile und immer wieder herzustellende Rahmenbedingung bürgerlicher Gesellschaften. Der Fortbestand dieser Grund-Sicherheit, die nicht nur, aber vor allem durch die ordnende Hand eines politisch verfaßten Gemeinwesens garantiert ist, ist permanent durch ihren Garanten funktional nachzuweisen. Wenn dies nicht gelingt, bzw. wenn die öffentliche Wahrnehmung vielfältiger Devianz- und Deprivationserscheinungen den Eindruck nahelegt, es gelänge nicht oder nicht mehr hinreichend, dann ist mit Reaktionen derjenigen zumindest zu rechnen, deren Wahrnehmung solcherart irritiert ist.
Irritiert sind damit auch die Garanten dieser Sicherheit. Sie stehen unter Erfolgsdruck, und sie stehen im Lichte der öffentlichen Aufmerksamkeit. Effizienz, Rationalität, Informationsmanagement, Kostenbewußtsein – der Einzug des ökonomisch-organisationswissenschaftlichen Diskurses verändert die Polizei hinsichtlich Ausbildung und Führung, und zugleich verändert sich die Herangehensweise an das „polizeiliche Gegenüber" – *Crime Profiling* meint hier einen Paradigmenwechsel im innerpolizeilichen Wissensmanagement und einen mehr oder weniger tauglichen Versuch, entgrenzte, weil nicht mehr auf soziale Beziehungen zurechenbare Schwerverbrechen aufzuklären.
Daß schließlich die Verfügbarkeit technischer Hilfsmittel dazu führt, daß diese eingesetzt werden, scheint eine Konstante der Modernisierung zu sein; der sensible Bereich innerer Sicherheit macht hier keine Ausnahme. Die zunehmende Zergliederung und „Vergrenzung" des öffentlichen Raumes wird erst durch den Einsatz technischer Hilfsmittel praktikabel.
In Umkehrung der bekannten und politisch-strategisch überstrapazierten Figur der „Sicherheit durch Grenzen" durch soziale Ausgrenzung und nationale Abschottung steht hier die Frage nach den Determinanten der immer wieder neu zu definierenden „Inneren Sicherheit" im Mittelpunkt. Schon in der Begrenztheit als *ex negativo* zu definierendem Gut wird klar, daß „Sicherheit" einem sozialen Kosten-Nutzen-Kalkül unterliegt. Daß (neue) Grenzen durch „Sicherheit" und ihre institutionelle wie situative Implementierung erst entstehen, wird sowohl in fortgeschrittenen Demokratien (wie in den USA am Beispiel der privaten Zusatz-Sicherheit in besseren Wohngegenden) als auch in eher fragilen Übergangs- wie Degenerationsformen (wie in der ehemaligen Sowjetunion oder in afrikanischen Staaten) überdeutlich. Dabei kann nicht genug betont werden, daß hier keine Grenzziehung vollzogen werden soll, nach dem politisch wohlfeilen und zugleich naiven Motto „Sicherheit durch Grenzen", denn dies impliziert eine

Vorab-Unterscheidung zwischen Sicherheit und Unsicherheit. Soziologisch hilfreicher (und auch erkenntnistheoretisch mit weniger Apriori-Gewißheiten befrachtet) ist hier die Betrachtung von „Grenzen durch Sicherheit", also die Abgrenzungen von Räumen und zwischen „Zuständigkeitsbereichen" verschiedener Sicherheit. Verschieden ist Sicherheit hier nicht im Sinne einer qualitativen Skalierung, sondern im Sinne einer am typischen Bedürfnis orientierten lebensweitlichen Relevanz.

Anschrift siehe Einleitung

Urbane Grenzen und differentielle Sicherheitsmentalitäten

ALDO LEGNARO

Ansatzpunkt des Projekts mit dem Titel „Recht und Sicherheit im urbanen Raum" ist es, den eventuellen Zusammenhang zwischen urbanen Grenzen, den Sozialstrukturen und dem sozialen Leben innerhalb dieser Grenzen auf der einen Seite und den subjektiven Verunsicherungsstrukturen durch Kriminalität und durch urbane Irritationen auf der anderen Seite zu untersuchen. Es sollen sozial unterschiedlich strukturierte Gebiete einer Großstadt in Hinsicht darauf verglichen werden, ob unterschiedliche städtische Gebiete auch unterschiedliche Sicherheitsmentalitäten hervorbringen, wobei solche Sicherheitsmentalitäten als Syndrom von Einstellungen und Praktiken im Umgang mit Kriminalität und Verunsicherungen gefasst werden können.
Diese Fragestellung hat mit Grenzen zu tun: Wie nehmen BewohnerInnen das Viertel, in dem sie leben, wahr, innerhalb welcher Grenzen verorten sie es und wie grenzen sie es ab (urbane Eigen- und Fremddefinition). Das hat mit Sicherheitsmentalitäten zu tun; in unterschiedlichen Vierteln existieren im Hinblick auf Kriminalität unterschiedliche „objektive" Risiken, und es existieren mutmaßlich auch unterschiedliche „subjektive" Risiken im Hinblick auf die antizipierte Gefährdung. Ob die daraus resultierenden Sicherheitsmentalitäten dann auch einen unterschiedlichen Charakter haben, ist eine empirisch offene Frage.
In Hamburg haben wir drei Wohnviertel ausgewählt, die sich sehr ausgeprägt unterscheiden. Ausgewählt haben wir sie nach sozialstrukturellen Kriterien, aber sie haben auch alt-etablierte Grenzen. Das ist vor allem deutlich an der sozialen Polarisierung zweier unserer Viertel, nämlich bei Wellingsbüttel und Rothenburgsort. Wellingsbüttel ist ein Viertel der *anciens riches*, eine landschaftlich sehr grüne Gegend am Tal der

Alster. Das Gebiet hat keine natürlichen, sondern nur administrative Grenzen, und die kognitiven Grenzen der Bewohnerschaft fallen oft mit diesen zusammen – das ist wahrscheinlich dann typisch, wenn ein Gebiet keine natürlichen Grenzen hat und es in der Wahrnehmung der BewohnerInnen keine ausgeprägte Identität des Viertels gibt. Durchaus festzustellen sind aber Abgrenzungen sozialer Art gegen umliegende Gebiete und deren Bevölkerung. Und auch Grenzen innerhalb: Die Bewohnerschaft unterscheidet eine 1a und 1b-Lage, die Unterschiede der Wohnqualität und letztlich damit ebenfalls soziale Unterschiede reflektieren.

Unser polar entgegengesetztes Viertel, Rothenburgsort, hat hingegen natürliche Grenzen: Es ist eingeklemmt zwischen die Elbe, eine Bahnlinie und eine autobahnähnliche Schnellstraße. Kraft Nähe zum Hafen ist dies ein altetabliertes Arbeiterviertel, heute ein Viertel, in dem sich soziale Benachteiligungen kumulieren. Zudem ist es eine Art von Hamburger Hinterhof, räumlich zwar zentral, aber geradezu ein Stück aufgegebener Stadt. Für manche der BewohnerInnen scheint daraus eine Art von Inselbewußtsein zu resultieren, das sich mit klaren Abgrenzungen verbindet. Diese sind hier nicht sozial – die meisten BewohnerInnen teilen die soziale Marginalität -, sondern nach Wohndauer definiert: Es gibt die alte Elite und die neu Zugezogenen, wobei die neu Zugezogenen oft nicht freiwillig da sind, sondern von Wohnungsgesellschaften zugewiesen wurden.

Als drittes Viertel haben wir das Schanzenviertel ausgesucht, das medial zum wichtigsten Hamburger Problemviertel stilisiert worden ist. Probleme bilden vor allem: Dealer als Personen, Dealen als ökonomische Aktivität, Junkies, schwarze junge Männer. Sie treffen hier auf ein altetabliertes Wohngebiet mit einer Art von linkem Sonderbewußtsein. Man findet die Verdichtung all dessen, was urbane Problemlagen heutzutage ausmacht, wobei vorab unklar bleibt, inwieweit die Probleme medial konstruiert sind und inwieweit sie tatsächlich einen Leidensdruck der Bevölkerung hervorrufen. Dieses Viertel weist nur kognitive Grenzen auf, diese aber ziemlich deutlich. Solche Grenzen werden festgemacht an der Verteilung von Infrastruktur (Eingrenzung als Szeneviertel) zum anderen an der Abgrenzung gegenüber den „wirklich gefährlichen" Vierteln drumherum, das ist die Selbstverteidigung des Quartiers gegenüber dem medialen Druck von Stereotypisierung.

Inwieweit innerhalb dieser Grenzen differentielle Sicherheitsmentalitäten existieren, ist empirisch fraglich. Schon in den kognitiven Grenzziehungen sind Elemente der Zuschreibung von differentieller Sicherheit angelegt; die Gefährlichkeit wohnt nebenan, nicht im Viertel selbst. Was die Viertel angeht, so ist das Schanzenviertel von vielfältigen internen Grenzen zerklüftet, die sich alle um die Frage ranken: Wie hältst Du's mit dem Dealer? Das ist geradezu konstitutiv für die momentane Verfassung des Viertels. Einerseits wird es mythologisiert als buntes Szeneviertel mit hoher Toleranz, andererseits bildet es ein Viertel beträchtlicher Irritationen: Die einen sind durch Fixer und Dealer genervt, die anderen durch die Präsenz der Polizei. Und der Prozeß des Polizierens hat double bind-Charakter: großangelegte Razzien und strukturiertes Wegsehen (beim Fixen etwa) gleichermaßen. Was in der Fremdstereotypisierung eines der gefährlichsten Viertel Hamburgs bildet, zeigt in der Innenschau eher eine Sozialisierung durch Konflikt (Sennett).

Was dort der schwarze Dealer am Abend bedeutet, ist für Wellingsbüttel der weiße Einbrecher bei Nacht, eine mythologische Figur, deren Kommen permanent erwartet wird. Dennoch findet kaum Sozialisierung durch Erwartungsangst statt (durch Nachbarschaftsinitiativen etc.), sondern es findet Verteidigung gegen den Außenfeind in Eigenverantwortung statt, und man lebt in einer vornehmen „splendid isolation".

In Rothenburgsort gibt es weniger konkrete Feinde, sondern es wabern Feindbilder: „Ausländer", „Jugendliche". Das verstärkt das Binnenklima von aufgegebener Stadt noch, man richtet sich in einer Insellage ein, die wenig Perspektiven verheißt. Die meisten Leute haben das Empfinden von Außensteuerung, und das gilt in ihrem persönlichen Leben wie auch im Leben des Viertels.

Dr. Aldo Legnaro, Zugweg 12, 50677 Köln

„Gated Communities" – und andere neuere Demarkationslinien in „entgrenzten Gesellschaften"

DETLEF NOGALA

Folgt man allein der herrschenden Medienmeinung, verlieren im Zuge des Prozesses der „Globalisierung" Grenzen in ihrer Gestalt als (staatlich) organisierte Zugangsbarrieren zu soziogeographischen Räumen allem Anschein nach zusehends an Bedeutung – Kapital, Waren und Personen wechseln unbehelligter als jemals zuvor ihren Aufenthaltsort bzw. ihren Wirkungskreis. Der Eindruck „sich entgrenzender Gesellschaften" entsteht, die an ihren Schnittstellen gegeneinander permeabler werden. Mobilitäts-, Informations- und Kommunikationstechnologien haben die Grundlage dafür geschaffen, daß Individuen, Gruppen und – denkt man an den Massentourismus – ganze gesellschaftliche Segmente (zumindest temporär) der strikten Bindung an staatliche Territorien und soziale Lokalitäten *im Prinzip* enthoben sind. Zweifellos sind mit dieser Entwicklung *auch* Erfahrungen erhöhter persönlicher Freiheitsgrade verbunden – in diesem Sinne gibt es sie, die „Kinder der Freiheit" (die nicht zuletzt eine technisch evozierte ist). Bei genauerem Hinsehen zeigt sich jedoch, daß die schöne neue „One-

World" in erster Linie für den privilegierteren Teil der Weltbevölkerung eingerichtet ist, und in vielerlei Hinsicht die „neuen Freiheiten" eng an den jeweiligen sozioökonomischen Status geknüpft sind: Nicht nur daß die (traditionellen) Grenzregimes der globalen Wohlstandszonen bezüglich Armutsflüchtlingen und politisch Verfolgten nach wie vor eine nachhaltige Exklusionsfunktion zeitigen – im Verlauf des Prozesses der vermeintlichen Entgrenzung der „globalisierten" Gesellschaften sind neue, innovative Arrangements der Sozialkontrolle auf den Plan getreten, die als funktionales Äquivalent konventioneller Verfahren der Zugangskontrolle und Grenzsicherung angesehen werden müssen.

In diesem Zusammenhang lassen sich drei untereinander verbundene, und hier nur zu Übersichtszwecken separierte, generelle Tendenzen ausmachen:

1. Die Erosion von traditionell nationalstaatlich definierten zugunsten von *hypernational* bzw. *subnational-lokal* angelegten Grenzterritorien,
2. verbunden damit die Akzentverlagerung von (national-)staatlich zentrierten auf *sozioökonomische Demarkationslinien und Exklusionsmuster* sowie
3. die zunehmende allgemeine *Technisierung von Grenzarrangements*.

„Hypernationalisierung" und „Vergemeinschaftlichung" von Grenzterritorien
Insbesondere im Rahmen der EU werden Grenzkontrollen nach herkömmlichen Verfahren abgebaut und gleichzeitig transnational neu arrangiert. Mit der Implementation des Schengener Vertrags und des dazugehörigen Informationsystems (SIS) ist beispielsweise ein neues Grenzregime entstanden, dessen besondere Eigenschaft darin besteht, die Abschottungs- und Filterungsfunktion der Grenze für ein bestimmtes politisch-geographisches Territorium über die einzelnen beteiligten Nationalstaaten hinausgehend zu etablieren (Busch 1995). Berücksichtigt man darüber hinaus die Vielfalt an multilateralen und bilateralen Vereinbarungen zur Kooperation von Sicherheitsbehörden (Polizei, Zoll, Nachrichtendienste etc.) sowie die „Deterritorialisierung" von amtlichen Kontrollhandlungen (z. B. bei der Visaerteilung), dann kann man hier von einer „Hypernationalisierung" des zu *sichernden Territoriums* sprechen. Ähnliche Tendenzen findet mach auch im nordamerikanischen Raum.
Gleichzeitig läßt sich beobachten, daß auf lokaler Ebene und im sozialen Nahraum *grenzähnliche Kontroll- und Sicherheitsarrangements* existieren, die einerseits eine gewisse Tradition besitzen, andererseits neue Ausprägungen erfahren: Zu denken ist hier in erster Linie an das Auftreten von Polizei und kommerziellem Wachpersonal in urbanen öffentlichen und paraprivaten Bereichen, wenn es angesichts von Jugendlichen, Drogenkonsumenten oder Marginalisierten um Auseinandersetzungen über die „bestimmungsgemäße Nutzung" von Territorien und Lokalitäten geht (Beste 1997). Die rapide Zunahme von „gated communities" als sichtbarste Ausprägung befestigter sozialer Enklaven (Blakely/Snyder 1997; Caldeira 1996), die sich ostentativ-praktisch von dem

Rest ihrer (urbanen) sozialen Umwelt abgrenzen, ist ein eher plakatives Beispiel dafür, daß sich neue „Sicherheitsgrenzen" *innerhalb* der Gesellschaften bilden, die in Analogie zur Staatsgrenze ex- bzw. inkludieren, diesmal jedoch nicht nach nationalstaatlichen, sondern nach sozioökonomischen Kriterien.

Verlagerung auf sozioökonomische Exklusionsmuster
Wenn eine wesentliche Funktion der Grenze darin besteht, den Erwünschten vom Unerwünschten und das Unerwünschte vom Erwünschten zu separieren, dann läßt sich in Bezug auf die Grenzregimes westlicher Länder behaupten, daß die Filterfunktion sich zunehmend nach sozioökonomischen Kriterien bestimmt. Zwar ist die nationale bzw. ethnische Zuordnung bei der Risikozumessung (nach wie vor) eine zentrale Kategorie (etwa im Bereich der „Bekämpfung Organisierter Kriminalität"), aber die EU-Außengrenzen im Osten und Süden bzw. die amerikanisch-mexikanische Grenze gelten als ausgesprochene „Armutsgrenzen": sozioökonomische Demarkationslinien, an denen (relative/r) Armut und Reichtum sich scheiden. Auch die lokalen territorialen Grenzziehungen scheinen diesem Prinzip in allererster Linie zu folgen: Die Armen und Deklassierten sollen von bestimmten Orten ferngehalten werden, weil sie als Risiko für das Wohlbefinden und das Eigentumsrecht der Wohlhabenderen angesehen werden. Die schon erwähnten „gated communities" bringen diese Furcht der Bessergestellten vor der Devianz der Unterprivilegierten in Form „gebauter Paranoia" (Flusty 1997) auf den Punkt: Den Genuß eines gemäß eigener Interessen gesicherten Territoriums muß man sich leisten können; die vermeintlichen „Risikoträger" werden dafür faktisch mehr oder weniger brüsk ausgegrenzt (Davis 1990).

Grenzsicherung mittels, Grenzziehung per avancierter Technik
Quer zu diesen Veränderungen findet eine *technische Revolutionierung* von „Grenzkontrollarbeit" als einem spezifischen Handlungsmuster (formalisierter) sozialer Kontrolle statt. Technisierte Zugangskontrollsysteme, die sich einerseits auf die Entdeckung (Detektion) von risikobehafteten Grenztransfers, andererseits auf die Identifikation der „Grenzüberschreiter" selbst richten, sind inzwischen nicht nur an Staatsgrenzen, sondern auch in alltäglichen Transaktionen zum „normalen" Kontrollinstrumentarium avanciert: Maschinenlesbare Ausweise und multifunktionelle Chipkarten, automatisierte Fingerabdrucksysteme und Gesichtserkennung sowie Videoüberwachung von öffentlichen Plätzen und privaten Räumen gehören im anbrechenden 21. Jahrhundert zu den standardisierten „Grenztechnologien", mit denen Menschen konfrontiert sind, die Zugang zu Räumen, Arealen oder Werten suchen (Nogala 1998).

Zwei Thesen lassen sich aus dieser kurzen Skizze herleiten:
a) Das, was Grenze als „soziale Tatsache", als Ort und Gelegenheit sozialer Kontrolle darstellt, hat sich im Verlauf der sog. „Globalisierung" deutlich gewandelt – ihr typisches Funktionsmuster kann nicht mehr allein an den traditionellen nationalstaatlichen Grenzregimes abgelesen werden. Insbesondere die Technisierung der der „Grenzkontrollarbeit" unterliegenden Prozesse ist mit den damit verknüpften Konsequenzen analytisch stärker zu berücksichtigen.

b) Die vermeintlich „entgrenzte Gesellschaft" erweist sich bei näherer Betrachtung als ein Konglomerat diverser „gated communities" (unterschiedlicher Größenordnungen und In-/Exklusionsfunktionen), deren Abgrenzungslinien immer stärker der Logik sozioökonomischer Kriterien folgen.

Es gilt, diese Entwicklung mit den Mitteln der Sozialwissenschaft weiter empirisch zu ergründen und theoretisch zu reflektieren.

Literatur:
Beste, Hubert (1997): Urban Control. In: Detlev Frehsee / Gabi Löschper / Gerlinda Smaus (Hrsg.): Konstruktion der Wirklichkeit durch Kriminalität und Strafe. Baden-Baden: 183–198
Blakely, Eward J. / Snyder, Mary Gail (1997): Fortress America. Washington, D.C.
Busch, Heiner (1995): Grenzenlose Polizei? Münster
Caldeira, Theresa P. R. (1996): Fortified Enclaves. In: Public Culture 8: 303–328
Davis, Mike (1990): City of Quartz. London
Flusty, Steven (1997): Building Paranoia. In: Nan Ellin (Ed.): Architecture of Fear. New York: 47–60
Nogala, Detlef (1998): Social Control Technologies. Dissertation FU Berlin

Dr. Detlef Nogala, Max-Planck-Institut für ausländisches und internationales Strafrecht, Günterstalstraße 73, D-79100 Freiburg

Die Straßen von Hollywood: Vom Umgang der Bevölkerung mit Verbrechen, der Polizei und anderen Ärgernissen

MARGARETHE KUSENBACH

Fast alle wissen irgendetwas über Hollywood. Hollywood steht vor allem für die Klischees von Glamour und Gosse oder von „Sunshine und Noir", wie es Mike Davis einmal ausgedrückt hat. Klischees beiseite – wie verbringen eigentlich die „normalen" Menschen in Hollywood ihren Alltag? Was sind ihre Ängste und Sorgen, wie erfahren sie die Chancen und Gefahren ihrer physischen und sozialen Umwelt? Wie gestalten sich ihre Beziehungen zueinander und zur Polizei? Das etwa waren die Ausgangsfragen des ethnographischen Forschungsprojekts, an dem ich seit über zwei Jahren zusammen mit zwei anderen Soziologen der UCLA arbeite. Für unser Projekt haben wir fünf verschiedene Nachbarschaften in Hollywood ausgesucht, die unterschiedliche Kulturen, Lebensstile und Einkommensklassen abdecken. Wir haben in jedem dieser Viertel etwa dreißig ethnographische Interviews mit Bewohnern durchgeführt, in denen es vor allem darum ging, die Vielfalt ihrer Alltagserfahrungen und -praktiken ans Licht zu bringen. Zum Teil haben wir uns auch mit unseren Informanden angefreundet, sie im Alltag begleitet und ausführlich beobachtet. Außerdem haben wir selbst direkt in (oder sehr nah an) diesen Stadtvierteln gewohnt. Im folgenden möchte ich aus einer dieser Nachbarschaften berichten, in der ich sechs Monate lang intensiv gearbeitet habe.

„Spaulding Square" liegt wie eine Insel in der Mitte von Hollywood und ist von extrem belebten Verkehrsadern, die viel Publikum in die Gegend bringen, umgeben. Es besteht aus acht Häuserblocks mit etwa 160 Einfamilienhäusern, schönen Holzbungalows im „colonial revival" Stil der zwanziger Jahre. Die Mehrheit der Bewohner sind Hauseigentümer. Sie gehören der Mittelschicht, z. T. der oberen Mittelschicht an und arbeiten mehrheitlich in der Unterhaltungsindustrie. Im Vergleich zu umliegenden Vierteln besteht hier eine niedrigere Bevölkerungsdichte, eine höhere Stabilität, mehr Wohlstand und eine größere (weiße) Homogenität. In meinem Vortrag habe ich am Beispiel von Spaulding Square einige Prozesse rund um das Thema der Ad-hoc-Gruppe „Sicherheit und Grenzen" genauer illustriert.

Was heißt eigentlich „Sicherheit durch Grenzen"? Menschen empfinden bestimmte Dinge oder Personen als Bedrohung ihrer Sicherheit und errichten Grenzen zwischen jenen Dingen oder Personen und sich selbst. Das größte Problem in Spaulding war (und ist noch) die in den USA illegale Straßenprostitution auf dem angrenzenden Sunset Boulevard, was auch durch Augenzeugenberichte deutlich belegt wird. Prostitution wird von den Bewohnern Spaulding Squares als massive Belästigung und Bedrohung ihrer Sicherheit betrachtet. Sie fühlen sich z. B. von den umherliegenden gebrauchten

Kondomen oder betrunkenen Freiern, die nachts mit großer Geschwindigkeit um die Blocks herumfahren, extrem gestört und gefährdet. Sie wissen, daß Prostitution vermehrt Drogenhandel und Schlägereien, potentiell auch mehr Einbrecher und Straßenräuber in die Gegend bringt. Vor etwa 10 Jahren wurde es den Bewohnern dieses Viertels zu bunt; drei Hauseigentümer gründeten eine Nachbarschaftsorganisation. Andere kamen schnell hinzu, viele sind seitdem aktiv geworden. Es ist mittlerweile eine sehr gut funktionierende, aktive Organisation, deren zahlreiche Aktivitäten von großen Mehrheiten getragen werden. Die Organisation hat vieles erreicht, z. B. die Errichtung einer kleinen zivilen Polizeistation auf dem Sunset Boulevard und regelmäßige Razzien. Die Organisation war maßgeblich an einer nun in ganz Kalifornien gültigen Gesetzesänderung beteiligt, die es Menschen verbietet, mit dem Ziel der Prostitution auf der Straße zu stehen. Die Organisation hat auch eine bessere Straßenbeleuchtung durchgesetzt, Stopschilder an den Kreuzungen eingerichtet, ein Abbiegeverbot bei Nacht erwirkt und eine Regelung, die nur Anwohnern und deren Gästen das Parken auf der Straße erlaubt.

Die Abwehr der Belästigung und Bedrohung durch Prostitution hat also zu einer Abschottung dieses Wohngebiets nach Außen geführt. Fremden gegenüber wird besonders nachts aggressiv reagiert. Unbekannte Autos bekommen einen Strafzettel oder werden abgeschleppt. Die Polizei wird sofort eingeschaltet, wenn es Ärger mit Obdachlosen oder Verdacht auf Prostitution oder sonstige Verbrechen gibt. In den Augen der Anwohner ist das Viertel durch die Abschottung erheblich sicherer und angenehmer geworden. Diesen historischen Prozeß könnte man als „Sicherheit durch Grenzen" bezeichnen. Die aufgrund der Prostitution errichteten Grenzen halten Gefahren und Belästigungen auf Abstand und erhöhen somit die „innere" Sicherheit.

Wenn man Gruppen und deren Sicherheitspraktiken betrachtet, gibt es immer auch eine *Insider-Outsider*-Konstellation. Die Isolation von *Outsidern*, also die Grenzziehung nach Außen, steht mit der Innendynamik in Zusammenhang. Abgrenzung nach Außen resultiert oft in einer Stärkung der inneren Kohärenz. Wenn die untersuchte Gruppe in sich selbst nicht homogen oder stark vernetzt ist, kann die Abgrenzung nach Außen auch den Abbau existierender innerer Grenzen bewirken, also gleichzeitig eine reale Entgrenzung sein.

Etwa dreißig Prozent der Bewohner von Spaulding Square sind Schwule und Lesben in den mittleren Lebensjahren. Sie leben hier als Singles, Paare oder Familien mit Kindern. Die Schwulen und Lesben sind, anders als früher und in vielen anderen Wohngegenden, völlig in das Nachbarschaftsleben und die Organisation integriert. Sie sitzen im Vorstand, organisieren Veranstaltungen, spenden und sammeln Gelder, genau wie andere auch. Homo- und heterosexuelle Paare gehen zusammen essen, gießen sich gegenseitig die Blumen, bringen ihre Kinder gemeinsam zur Schule, usw. Keiner der homosexuellen Interviewpartnerinnen und -partner hat sich über Diskriminierung innerhalb der Nachbarschaft beklagt, seitdem die Organisation engere Kontakte unter allen gestiftet hat. Eine ähnliche Entgrenzung fand zwischen Mietern und Besitzern, anders gesagt, finanziell stärkeren und schwächeren Anwohnern statt. Die Besitzer haben nun mehr Verständnis dafür, daß die Mieter nicht so viel Geld in ihre Vorgärten und in die Renovierung der Häuser investieren können. Seit einigen Jahren gibt es z. B. einen von Besitzern getragenen Fond, der den ärmeren Bewohnern, d. h. hauptsächlich Mietern, Bäume für deren Abschnitt der öffentlichen Grünfläche vor dem Haus spendet.

Dieser Prozeß der „Entgrenzung durch Sicherheit" kann auch am Beispiel der Hundehaltung veranschaulicht werden. Fast alle Bewohner in Spaulding Square haben Haustiere, etwa die Hälfte besitzt einen oder zwei Hunde. Viele haben sich die Hunde explizit aus Sicherheitsgründen angeschafft. Einige andere haben schon immer Hunde gehabt, freuen sich aber trotzdem über den Sicherheitsfaktor, den Hunde darstellen. Nun müssen Hunde, die eigentlich einen Abwehrmechanismus darstellen, aber auch spazieren geführt werden. Dies widerum fördert die Kontakte innerhalb der Nachbarschaft erheblich und hat einige Personen erst richtig integriert, wie Interviewausschnitte deutlich belegen. Schließlich möchte ich noch einen dritten Prozeß erwähnen, den ich „Sicherheit durch Entgrenzung" nenne. Die Bewohner von Spaulding Square haben erkannt, daß Sicherheit nicht allein durch technische Alarmsysteme gewährleistet wird, sondern daß gute Nachbarschaftsbeziehungen mindestens genauso wichtig sind. Ältere Menschen fühlen sich sicher, weil ihre jüngeren Nachbarn nach ihnen sehen und regelmäßig anrufen. Nachbarn sagen sich gegenseitig Bescheid, wenn sie das Haus verlassen und hinterlassen Telefonnummern, unter denen sie erreichbar sind. Dieses Bewußtsein geht sogar so weit, daß die Bewohner ihre Hecken und Zäune um die Gärten und Vorgärten herum wieder herausreißen. Sie nehmen die Gitter von den Fenstern ob und ziehen die Gardinen nicht mehr zu, weil sie nun der Meinung sind, daß hohe Hecken und Zäune nur Einbrecher schützen und ein leicht einsehbares Haus viel sicherer ist, da die Nachbarn sehen können, was passiert. Besonders diejenigen, die sich aktiv an der Nachbarschaftsorganisation beteiligen, sind vom positiven Effekt der „Sicherheit durch Entgrenzung" überzeugt.

Ich möchte noch einmal den wesentlichen Punkt des Vortrags zusammenfassen. Es ging darum, am Beispiel Spaulding Squares zu zeigen, wie in der Praxis Prozesse der sozialen Grenzziehung und Entgrenzung aus Sicherheitsgründen, sowie deren Effekte, zusammenhängen und, meiner Meinung, nach auch zusammen betrachtet werden müssen. Der Aufbau von Grenzen ist oft mit dem Abbau anderer Grenzen verbunden und umgekehrt. Sicherheit kann durch den Abbau wie durch den Aufbau von Grenzen erreicht werden. Ein zu schematisches und einseitiges Verständnis von „Sicherheit und Grenzen" wird der komplexen sozialen Wirklichkeit nicht gerecht.

Dr. Margarethe Kusenbach, University of California, Los Angeles, Department of Sociology, 264 Haines Hall, USA Los Angeles CA 90095-1551

Dosierte Irritation – Stabilisierung sozialer Systeme durch Grenzüberschreitung?

THOMAS OHLEMACHER

Soziale Systeme können nach Luhmann Interaktionen, Organisationen, gesellschaftliche Funktionssysteme und Gesellschaften als Ganzes darstellen (Luhmann 1984, 1997). Die Umwelt sozialer Systeme wird durch die anderen sozialen Systeme oder aber die „personalen" bzw. „psychischen" Systeme gebildet. Zentrale konstituierende Elemente sind neben Kommunikation die *Erwartungen* als komplexitätsreduzierende Mechanismen. Eine besondere Ausprägung der Erwartung ist das *Vertrauen*: Vertrauen als Mechanismus zur Reduktion von Komplexität erwächst aus der sich stabilisierenden Erwartung, daß spezielle Ereignisse eintreten oder spezifische Funktionen aktuell und auch zukünftig erfüllt werden (Luhmann 1989). Will nun ein soziales System seine Umwelt nicht dauerhaft „irritieren", so müssen Erwartungen erfüllt werden – ansonsten besteht die Gefahr einer starken, vielleicht endgültigen Erosion des Vertrauens als eines komplexitätsreduzierenden Mechanismus.

Eine besondere Aufgabe der Systemstabilisierung besteht somit in der Prävention bzw. der Verarbeitung von „enttäuschten Erwartungen". Eine Erwartung ist die eines regelkonformen Verhaltens anderer personaler Systeme. Gegen Regeln kann jedoch verstoßen werden – dies ist nach Luhmann einer der Gründe für die Ausdifferenzierung des „Rechtssystems" (1984: 440f.). „Enttäuschte Erwartungen" können damit entweder in dem Ereignis einer rechtswidrigen Tat selbst oder aber in einer als ungenügend empfundenen Be- bzw. Verarbeitung durch das Rechtssystem bestehen (vgl. hierzu Kerner 1980: 262f.). Werden Erwartungshaltungen und Vertrauen dauerhaft enttäuscht, kann systemisch (zunächst auf der personalen Ebene) auf zweierlei Weise darauf reagiert werden: *lernwillig* (Luhmann nennt dies kognitiv) oder *lernunwillig* (dies wird als normativ bezeichnet). Die *kognitive* Verarbeitung führt zu einer Adaption der Erwartungshaltung, beispielsweise zu einer Erosion des Vertrauens; die *normative* Art der Verarbeitung hält an der Norm fest, in diesem Falle bleibt das Vertrauen in das bestehende System stabil.

In der vorgestellten empirischen Untersuchung wird eine soziale Konstellation empirisch in den Mittelpunkt gerückt, die eine extreme Gefährdung des Vertrauens in die Funktionsfähigkeit sozialer Systeme untersucht. Es handelt sich um die Herausforderung der Zufriedenheit und des Vertrauens der Bürger und Bürgerinnen (eben der „psychischen Systeme") in die Fähigkeit (vordergründig) der Institutionen der Rechtsdurchsetzung und (weiterreichend) des politischen Systems der Demokratie, mit der Gefährdung durch spezielle Formen von Kriminalität umzugehen: Es handelt sich konkret um die Bedrohung von Geschäftsleuten durch *Schutzgelderpressungen*.

Warum Schutzgelderpessungen? Der öffentliche Diskurs in der Bundesrepublik der neunziger Jahre zur sogenannten „Organisierten Kriminalität" ist (mit-)bestimmt von der Behauptung, diese Kriminalitätsform steige beständig. Von einigen der ihr zugeschriebenen Deliktformen wird behauptet, sie seien bei speziellen Populationsteilen (bei der Schutzgelderpessung: den ausländischen Gastronomen in den Großstädten) omnipräsent. Zudem wird im öffentlichen Diskurs (speziell im sozialen System der Massenmedien) dauerhaft behauptet, die von dieser speziellen Erpressungsform betroffenen Personen seien den Delikten hilflos ausgeliefert. Auch die sozialen Systeme des Rechts und der Politik beschreiben sich als hilflos, weil ihnen für ein wirksames Einschreiten die Hände aufgrund fehlender rechtlicher Grundlagen gebunden seien (für Details vgl. Ohlemacher 1998).

Im Rahmen der vorgestellten Untersuchung wurden im Winter 1995/1996 bundesweit rund 8.000 Gastronomen deutscher und ausländischer Herkunft telefonisch und schriftlich vollständig befragt. Befragt wurden dabei gastronomische Betriebe im weitesten Sinne als eine, laut Kommunikation des massenmedialen und des Rechtssystems, recht stark bedrohte Gruppe. Die Untersuchung konzentrierte sich auf Inhaber und Betreiber deutscher, italienischer, griechischer und türkischer Herkunft.

Die Ergebnisse der empirischen Analyse lassen sich wie folgt zusammenfassen: Die sozialen Systeme des Rechts und der Politik erwiesen sich mit Blick auf das Vertrauen als „stabil" auch unter extremen Bedingungen. Die Struktur des Systems, basierend auf spezifischen Erwartungen bzw. Vertrauen in grundlegende Arrangements, bleibt unverändert (im Sinne einer normativen Reaktionsweise). Lediglich die Institutionen der Rechtsdurchsetzung sind von einem Zufriedenheits- und Vertrauensverlust betroffen (kognitive Reaktion). Die Erwartungen in der Umwelt des Systems sind von daher weniger folgenreich „enttäuscht", als es die massenmediale und politische Kommunikation nahelegen.

Paradigmatisch läßt sich an dem von uns beschriebenen Fall sogar ein Paradoxon aufzeigen: In der *politischen Öffentlichkeit* als einem dem System „Politik" vor- und zugleich nachgelagerten sozialen System werden qua Selbst- und Fremdbeobachtung Deutungsmuster dauerhaft behauptet, die geradezu vorführen, daß das System „Politik" eine seiner Aufgaben (systemtheoretisch formuliert: eine seine „Leistungsrollen") nicht erfüllt. Das System „Politik" forciert, vermittelt durch die Öffentlichkeit, beharrlich Deutungsmuster (Kommunikationen), die seine Leistungs*un*fähigkeit bezeugen. Diese Szenarien der Bedrohung werden durch das System „Politik" beständig mobilisiert, das soziale System der Öffentlichkeit bietet anschlußfähige Kommunikationen. Diese Deutungsmuster fordern heraus, dehnen die Belastungsfähigkeit der Umwelt, führen jedoch nicht zum dauerhaften Verlust des Vertrauens als Mechanismus sozialer Integration – sie produzieren im Gegenteil *gesteigerte Flexibilität* und *größere Elastizität* eben der *Grenzen* des Systems und seiner Mechanismen. In eben diesem Sinne sind

Kommunikationsinhalte wie z. B. die Organisierte Kriminalität systemstabilisierende Szenarien, weil sie das Risiko vielfältiger, weiterer Kontingenz erhöhen, damit Loyalität provozieren, Bekenntnisse herausfordern – und damit wiederum Kontingenzbefürchtungen auf der Ebene der „psychischen Systeme" gleichsam absorbieren (Fuchs 1993: 9). Systembedingte Dysfunktionalitäten werden behauptet, dauerhaft kommuniziert und inszeniert, weil sie – paradoxerweise – die Solidarität der Umwelt des Systems *notwendig* werden lassen, im Sinne einer „Trotzdem"-Strategie (Luhmann 1984: 179). Den *Massenmedien* kommt hierbei eine zentrale Funktion zu, indem sie die „Irritierbarkeit der Gesellschaft" kontinuierlich steigern (Luhmann 1996: 149f.). Dauerhaft behauptete Bedrohung wird somit als Systemaufgabe funktionalisiert; dosierte Dysfunktionalität in Form von Grenzüberschreitungen erscheint als Fortschreibung der „Geschäftsgrundlage" und damit als konstitutives Element des aktuellen Systems. Indem Erwartungen enttäuschbar gehalten, „Enttäuschungsmöglichkeiten" vorweggenommen werden (z.B. indem sie als Normen „stilisiert" werden), können Irritationen, Störungen sogar in „Strukturgewinn" umgeformt werden (1984: 388, 443).

Literatur:
Fuchs, Dieter (1993): Eine Metatheorie des politischen Prozesses. WZB-Discussion Paper FS III. Berlin: 93–202
Kerner, Hans-Jürgen (1980): Kriminalitätseinschätzung und innere Sicherheit. (BKA-Forschungsreihe Band 11) . Wiesbaden
Luhmann, Niklas (1997): Die Gesellschaft der Gesellschaft. 2 Bände. Frankfurt a. M.
Luhmann, Niklas (1996): Die Realität der Massenmedien. Opladen (2., erweiterte Auflage)
Luhmann, Niklas (1989): Vertrauen. Ein Mechanismus der Reduktion sozialer Komplexität. Stuttgart (3., durchgesehene Auflage)
Luhmann, Niklas (1984): Soziale Systeme. Grundriß einer allgemeinen Theorie. Frankfurt a. M.
Ohlemacher, Thomas (1998): Verunsichertes Vertrauen? Gastronomen in Konfrontation mit Schutzgelderpressung und Korruption. Baden-Baden

Dr. Thomas Ohlemacher, Kriminologisches Forschungsinstitut Niedersachsen, Lützerodestr. 9, D-30161 Hannover

European Folk Devils – Die Entstehung europäischer Feindbilder

REINHARD KREISSL

Feindbilder spielen für die Politik Innerer Sicherheit eine wichtige Rolle. Das weiß man seit Mead und Durkheim. Die in ihren alltäglichen Handlungen aufgrund divergierender Interessen auseinanderstrebenden Individuen, erfahren sich als zusammengehörige Gemeinschaft in der Konfrontation mit dem Feind. Der Verbrecher wird bestraft und aus der Gemeinschaft verwiesen, die damit ihre Grenzen markiert und sie symbolisch sichtbar macht.

Hier taucht bereits die Idee einer durch Grenzen markierten Differenz zwischen Innen und Außen auf. Allerdings ist diese Idee nicht ausgearbeitet. Wohin grenzt man aus, wo ist das Außen, und wie verhalten sich Innen und Außen zueinander? Diese Fragen spielen für das theoretische Argument der Klassiker keine zentrale Rolle.

Zieht man gesellschaftsstrukturelle Differenzierungen ein, so lassen sich unterschiedliche Formen der Ausgrenzungen mit je unterschiedlichen Folgen beobachten. In segmentären Gesellschaften schickt man die Außenseiter zunächst in die Wildnis, später spricht man ihnen in stratifizierten Gesellschaften ihre standesspezifischen Rechte ab, und schließlich praktiziert man in funktional differenzierten Gesellschaften Ausschluß durch Einsperren. Mit dieser Variante wandert das Außen in das Innen. Exklusion wird zu einer Form der Inklusion. Das zeigt sich dann an den Versuchen, Gesetzesbrecher zu resozialisieren, sie wieder in die Gesellschaft als vollwertige Mitglieder zurückzuführen.

Alle diese Überlegungen basieren auf der einfachen Vorstellung von „innergesellschaftlichen" Feinden. Aber diese Vorstellung reicht nicht mehr hin, wenn unklar wird, wer noch als Mitglied der Gesellschaft zählt und wer nicht, wer Anspruch auf Inklusion hat und wer nicht, wem die universellen Bürgerrechte zustehen und wem nicht.

Es gibt im Feld der Politik Innerer Sicherheit aber auch noch eine andere semantische Differenz, die nach dem Modell Griechen vs. Barbaren modelliert ist. Hier geht es um Außenseiter, die bereits vorhanden sind, die sozusagen aus einem bereits semantisch markierten Außen kommen. Deren Rolle im Rahmen einer Politik Innerer Sicherheit besteht darin, eine Projektionsfläche bereitzustellen und als latente Bedrohung zu wirken, die entsprechende soziale oder politische Maßnahmen rechtfertigt.

Auf der Ebene gesellschaftlich verfügbarer Feindbilder finden sich hier verschiedene Kandidaten. Wir haben es zu unterschiedlichen Zeiten mit nationalen oder ideologisch bestimmten Stereotypen zu tun. Außen steht, wer sich außerhalb des Territoriums und der Staatsgrenzen oder jenseits der Demarkationslinie, die die Blöcke markiert, befindet. Dort sitzt der Erb- und später der Klassenfeind. Derartige Außenfeinde wiederum können im Inneren reproduziert werden. Das klassische Beispiel in der Geschichte der Bundesrepublik ist hier die Kommunistenverfolgung der fünfziger und frühen 60er Jahre.

Das durch derartige Feindbilder markierte Innen bildeten zunächst Nationalstaaten und dann der hegemoniale Block des Westens in der bipolaren Weltordnung. Beide haben in unserem unmittelbaren Umfeld an Bedeutung verloren. Nationalstaaten eignen sich innerhalb Schengen-Europas nicht mehr für die Produktion von Feindbildern im Rahmen der Inneren Sicherheit und der Ostblock ist als ideologisch aufgeladenes Feindbild – zumindest derzeit – abgewickelt. Damit tauchen folgende Fragen auf: Was ist das neue Außen, was das neue Innen und welche Feindbilder lassen sich konstruieren, um eine Bedrohung der Inneren Sicherheit plausibel zu machen? Läßt sich eine Binnensolidarität mit Hilfe von Feindbildern jenseits von Nationalstaaten und politisch-ideologischen Differenzen inszenieren? Gibt es also einen neuen transnationalen Binnenraum und wovon grenzt er sich mit Hilfe welcher Feindbilder ab. Das bringt mich zu den *European Folkdevils* und der Politik der Inneren Sicherheit.

Das Problem der Politik Innerer Sicherheit in unseren Gesellschaften ist nicht ihre – wie auch immer meßbare – Bedrohung, sondern vielmehr ihre Beschwörung. Die aktuelle Konjunktur Innerer Sicherheit verdankt sich m. E. dementsprechend nicht einer erhöhten Gefährdung, sondern einer doppelten Erosionsbewegung: Einerseits verschwinden die Grenzen traditioneller Binnenräume, andererseits verlieren die dazugehörigen Feindbilder an Kontur. Es wird zunehmend unklar, wer der Feind ist und wo er steht. Hier nun tauchen – zunächst in diffusen Umrissen – jene Stereotypen auf, die ich als European Folkdevils bezeichne. Sie verwenden Elemente traditioneller Feindbilder und rekombinieren sie in neuen Formen. Sie dienen einerseits im Rahmen nationaler Politiken der Inneren Sicherheit zur Konstruktion einer europäischen Perspektive, andererseits liefern sie so etwas wie symbolische Orientierungsmarken in innereuropäischen Auseinandersetzungen über angemessene Maßnahmen der Kontrolle. Mit ihrer Hilfe läßt sich die Frage beantworten: Wovor fürchtet sich Europa, und wie ist es um die Innere Sicherheit Europas bestellt?

Geeignete Kandidaten für die Rollen der Euro-Devils sind: Das organisierte Verbrechen, Asylanten und Migranten und der islamische Fundamentalismus. Jedes dieser Feindbilder läßt sich sowohl als Außenfeind, wie auch als im Inneren reproduzierbare Bedrohung nutzen.

Das organisierte Verbrechen vereinigt Elemente des alten Ost-West-Konflikts mit traditionellen Vorstellungen der Kriminalität. Gefährdet sind hier nicht einzelne Länder, sondern die Festung Europa als Ganzes. Dementsprechend sind staatenübergreifende Maßnahmen vonnöten, die durch eine europäische Polizeibehörde wie Europol koordiniert werden müssen. Asylanten und Migranten gewinnen ebenfalls den Status eines Feindbilds: sowohl diejenigen, die sich in Europa aufhalten, als auch jene – in der

Stilisierung ungeheuer großen – Massen, die noch vor den Toren stehen. Die suggestive Bildlogik der anbrandenden Migrantenströme eignet sich hervorragend zur dramatisierenden Beschwörung von Grenzen. Bedroht sind nicht nur die Länder, die an der Außengrenze von Schengen-Europa liegen, sondern auch alle anderen, da die Freizügigkeit im Binnenraum eine Kontrolle erschwert, wenn die erste Hürde der Außengrenze erst einmal überwunden ist. Der islamische Fundamentalismus tritt in die Fußstapfen des Kommunismus als Inbegriff einer unmenschlichen Weltanschauung und bedrohlichen ideologischen Gefahr, gegen die sich die europäische Kultur zu verteidigen hat. Auch hier wird ein „europäisches Erbe" beschworen, das seine Kontur erst im Kontrast zum Gespenst dieses Fundamentalismus gewinnt.

All diese Feindbilder dienen dazu, neue Grenzen zu ziehen, die einen neuen Binnenraum schaffen. Die Politik der Inneren Sicherheit ist ein für die europäische Integration wesentliches Politikfeld, wichtiger als die Wirtschafts- und Sozialpolitik und politisch wirksame europäische Ideale sind ohne europäische Feindbilder wahrscheinlich nicht zu entwickeln.

Dr. Reinhard Kreissl, Hanse Wissenschaftskolleg, Lehmkuhkenbusch 4, D-27753 Delmenhorst

Das Problem der Kompatibilität sozialer, ökologischer und ökonomischer Konzepte zur (regionalen) Nachhaltigkeit

Teil 1
Organisation: Birgit Blättel-Mink

Grenzen der Nachhaltigkeit – Ein Streitgespräch

ZUSAMMENFASSUNG: BIRGIT BLÄTTEL-MINK

Ausgangspunkt dieser Diskussionsrunde ist die zunehmende Erkenntnis darüber, daß der Prozeß in Richtung nachhaltiger Entwicklung kein fortlaufender ist, sondern immer wieder an „Grenzen" gerät. So zeigt sich beispielsweise in der Wirtschaft, daß Umweltmanagement und ökologische Innovationen bzw. die Integration von Ökonomie und Ökologie so lange Thema sind, wie dies mit der ökonomischen Logik vereinbar ist. Der Schritt von der „end-of-pipe" hin zur integrativen Strategie stellt häufig bereits ein Problem dar, ganz zu schweigen von der Bereitschaft der Unternehmen, Produktverantwortung zu übernehmen. Solange auf Konferenzen, wo es um nachhaltige Entwicklung geht, am Ende die VertreterInnen einzelner Disziplinen oder sozialer Gruppen die Frage auf die spezifische Nachhaltigkeit innerhalb ihrer Disziplin bzw. ihrer Lebenswelt verengen, scheint das Problem der Kompatibilität, im Sinne der Vereinbarkeit von sozialer, ökologischer und ökonomischer Nachhaltigkeit, bei weitem nicht gelöst. Gefragt ist hier nicht nur die Wirtschaft, sondern die Gesellschaft insgesamt.

Um die Kongruenzen zwischen den disziplinären Leitbildern und damit zwischen den spezifischen Vorstellungen über die wünschenswerte Entwicklung von Gesellschaft, Umwelt und Wirtschaft aufzuspüren, um auf den „Kern" nachhaltiger Entwicklung zu treffen oder sich diesem zumindest anzunähern, wurden VertreterInnen der drei hier angesprochenen Disziplinen gebeten, gemeinsam über das Verhältnis von Mensch und Natur zu diskutieren. *Max Tilzer* und *Martina Mund* vertreten die Naturwissenschaften, *Werner Spillmann* und *Hans Diefenbacher* die Ökonomie, *Marlis Buchmann* und *Ortwin Renn* die Soziologie.

In Vorbereitung auf diese Veranstaltung wurden den TeilnehmerInnen Fragen gestellt, deren Beantwortung wiederum allen TeilnehmnerInnen vorgelegt wurde. Dies stellt den gemeinsamen Rahmen für die Diskussion dar. Bevor der Verlauf der Diskussionsveranstaltung wiedergegeben wird, werden die wesentlichen Antworten hierzu zusammenfassend dargestellt.

Eine disziplinenspezifische Definition nachhaltiger Entwicklung wird von den ÖkologInnen im Sinne einer Erhaltung der Nutzungsfunktionen der Ökosphäre gegeben. Kritische Belastungsgrenzen dürfen nicht überschritten werden. Erwähnt wird auch die qualitative Verbesserung menschlicher Lebensbedingungen unter Erhaltung der natürlichen Lebensgrundlagen. Das heißt dann in der Ökonomie, daß die Gesellschaft von den Zinsen und nicht vom Kapitalstock leben sollte. Zum Kapitalstock müssen unabänderlich die natürlichen Ressourcen gerechnet werden, und der Mensch muß als Teil dieser Natur gesehen werden, was bislang in der Neoklassik nicht der Fall ist. Generell nehmen die beiden Ökonomen ihrer Disziplin gegenüber eine deutlich kritische Haltung ein. *Hans Diefenbacher* argumentiert, daß die wissenschaftliche Beschäftigung mit nachhaltiger Entwicklung nur transdisziplinär sein kann. Diskrepanzen zwischen den einzelnen Disziplinen ergeben sich sodann in der Abweichung von der regulativen Idee „starke" Nachhaltigkeit und intergenerationale Gerechtigkeit. Nachhaltige Entwicklung verstehen die VertreterInnen der Soziologie als ein neues gesellschaftliches Leitbild, das ökologische, ökonomische und soziale Entwicklungsdimensionen in der Weise miteinander verknüpft, daß die Befriedigung menschlicher Bedürfnisse in der Gegenwart nicht die Bedürfnisbefriedigung zukünftiger Generationen aufs Spiel setzt (*Buchmann*). *Renn* führt hier den Begriff der Lebensqualität ein und verbindet damit eine menschengerechte, menschenwürdige und dem wirtschaftlichen Standard der jeweiligen Entwicklungsstufe angemessene Lebensführung unter den o. g. Bedingungen.

Dies nimmt die Antwort auf die zweite Frage mehr oder weniger voraus, in der es um die Integration von ökonomischer, ökologischer und sozialer Verträglichkeit von Entwicklung geht. Für *Max Tilzer* stellt der Anspruch, Ökosysteme in nachhaltiger Weise zu nutzen, den Versuch dar, einen Kompromiß zwischen verschiedenen Anforderungen an diese Ökosysteme zu schließen, der die Funktionen auch in Zukunft sicherstellt. Dies entspricht einem multifunktionalen Verständnis von Ökosystemen, was wiederum den Erhalt der natürlichen Vielfalt voraussetzt. Beispiel ist die Diskussion um Integration oder Segregation von Bewirtschaftung und Schutz biologischer Systeme. Ökologie, Soziologie und Ökonomie sind in diese Diskussion einbezogen. Ziel ist die Festlegung von ökologischen und gesellschaftlichen Leitplanken. Von seiten der Ökonomen wird die Forderung nach Gemeinsamkeit laut. *Werner Spillmann* argumentiert, daß aufgrund zahlreicher Divergenzen und Zielkonflikte zwischen den Disziplinen, eine Integration nicht mit der Festlegung einfacher Handlungsregeln möglich ist, sondern nachhaltige Entwicklung als langfristiger politischer, gesellschaftlicher und wirtschaftlicher Lernprozeß verstanden werden muß. Dies impliziert sodann einen weitreichenden Bewußtseins- und Wertewandel, so die Vertreter der Ökonomie. Anders die SoziologInnen, die zum einen danach fragen, welche gesellschaftlichen Leitbilder und Bedingungen die Nutzung von natürlicher Umwelt beeinflussen und zum anderen, wie in der Wechselwirkung zwischen Umwelt und menschlichem Verhalten Prozesse der wirtschaftlichen Naturaneignung und der kulturbestimmten Bewahrung aufeinander bezogen sind.

Bei der dritten Frage geht es um die Akteure nachhaltiger Entwicklung. *Max Tilzer* nennt sämtliche gesellschaftliche Gruppen und problematisiert das Spannungsfeld zwischen einem freien Spiel der Kräfte und staatlicher Regulierung. *Martina Mund* betont die Bedeutung vor allem der wirtschaftlichen Akteure und der umweltpolitisch orientierten Gruppen und Verbände. Spannungen entstehen ihr zufolge bei dem gemeinsamen Versuch, zwischen wirtschaftlichen Zwängen und ökologischen Notwendigkeiten zu lavieren. Auch der Ökonom *Diefenbacher* nennt sämtliche soziale Akteure als relevant für den Prozeß nachhaltiger Entwicklung. *Werner Spillmann* hebt den Prozeß der Globalisierung hervor und schreibt den internationalen Abkommen entscheidende Bedeutung zu. Die Realisierung derartiger Abkommen setzt allerdings voraus, daß die Akteure der nationalen Ebenen handlungsfähig und -bereit sind. *Marlis Buchmann* stimmt mit dieser Sichtweise überein, fügt jedoch die regionale und lokale Ebene als relevante Handlungseinheiten hinzu. *Ortwin Renn* differenziert die Akteure in aktive, d. h. direkt betroffene Personenkreise (Wirtschaft, Politik, Kultur) und in passive Zuschauer, die nur marginal am wirtschaftlichen und politischen Geschehen teilnehmen, aber durch ihre Präferenzen am Markt und in der Politik je nach politischer und sozialer Kultur mehr oder weniger Druck auf die aktiven Kräfte nachhaltiger Entwicklung ausüben.

Da *Tilzer* die Spannung zwischen dem freien Spiel der Kräfte und staatlicher Regulierung sieht, verwundert es nicht, daß er die spezifischen Konflikte im Prozeß komplementärer nachhaltiger Entwicklung dort sieht, wo es mißlingt, einen Kompromiß zwischen unterschiedlichen Anforderungen an die ökologischen Nutzensysteme zu finden. *Mund* betont darüber hinaus das Bevölkerungswachstum als eine der größten Herausforderungen einer nachhaltigen Entwicklung. Hieraus ergeben sich ihr zufolge die Grenzen derselben. *Spillmann* übernimmt diese Sichtweise für die Ökonomie und verweist zudem auf die ungleiche Verteilung des Wohlstands zwischen Nord und Süd, was die Konsensbildung in vielen Fragen enorm erschwert. *Diefenbacher* nennt zudem die mangelnde Berücksichtigung von „Interessen" der nichtmenschlichen Natur und die mangelnde „Repräsentanz" zukünftiger Generationen in heutigen Allokationsentscheidungen als potentielle Konflikte, die zugleich auf mögliche Grenzen nachhaltiger Entwicklung hinweisen. Für die Soziologie drehen sich die Konflikte um die Definition angemessener Kriterien, Indikatoren und Handlungsziele aufgrund der unterschiedlichen Interessen und Wertpräferenzen der Akteure. Zu unterscheiden sind also, so

Renn, konzeptionelle und operative (Mittel, Politikstile etc.) Konflikte. Letztere ergeben sich auch aus der wechselseitigen Verantwortungszuweisung der aktiven und passiven Akteure gegenüber nachhaltiger Entwicklung.

Bei der Frage nach der adäquaten Strategie einer nachhaltigen Entwicklung, also nach der Bedeutung staatlicher Regulierung im Gegensatz zur Selbstorganisation in Netzwerken (Marktkoordination wurde hier weggelassen), setzt die Ökologie auf eine Vielfalt von Strukturen und Strategien, wobei *Tilzer* im Falle mangelnder Kompromißbereitschaft der Akteure staatliche Regulierung einfordert. Damit geht er konform mit sämtlichen DiskussionsteilnehmerInnen, die darauf verweisen, daß staatliche Koordinierung und Netzwerkkoordinierung sich nicht gegenseitig ausschließen, sondern beide notwendig sind, keines für sich jedoch hinreichend. Aus soziologischer Perspektive fordert *Renn* für „besonderes gravierende Fälle" (z. B. Klima) die staatliche Kontrolle, während der Bewußtseinswandel eher durch kooperative Netzwerkformen zu gewährleisten ist.

Was notwendig ist zu tun, soll vor allem die Ökologie angeben, deren Aufgabe es ist, die kritischen Belastungsgrenzen für die Ökosysteme zu definieren. *Martina Mund* sieht die Probleme bei der Lösung dieser Aufgaben vor allem in der Komplexität der Ökosysteme, so daß die Folgen einer Nutzung nicht im vollen Ausmaß abgeschätzt werden können. Für die Soziologie erkennt *Mund* eine Aufgabe in der Übernahme der Vermittlungsfunktion zwischen Ökologie, Ökonomie und Gesellschaft. Der Ökonom *Spillmann* verweist auf die Problematik disziplinenspezifischer Vorgehensweisen und vor allem auf die fachspezifischen Begriffsabgrenzungen. Er benennt die Wissenschaft allgemein als Teil des Problems, weil sie mit ihren Annahmen, Werthaltungen, Modellen technischer Entwicklungen etc. die Entwicklung maßgeblich beeinflußt. Diese Kritik verschärft *Diefenbacher* für die Ökonomie und wiederholt seine Forderung nach Transdisziplinarität. Die beiden VerteterInnen der Soziologie haben ein ziemlich klares Bild von der Rolle ihrer eigenen Disziplin im Prozeß der nachhaltigen Entwicklung, plädieren aber auch beide für eine zumindest interdisziplinäre Vorgehensweise. Themen der Soziologie sind zum einen auf der Mikroebene der Gesellschaft, die Gründe herauszufinden, warum Individuen bereit bzw. nicht bereit sind, sich „nachhaltig" zu verhalten, zum anderen auf der Makroebene der Gesellschaft die Analyse von Institutionen und Strukturen im Hinblick auf nachhaltige Entwicklung und auf einer eher normativen Ebene, Prozesse der Kommunikation zu entwerfen, die eine Reflexion sozialer und individueller Präferenzen ermöglichen und aus dieser Reflexion heraus zu gemeinsamen Handlungen anleiten.

Kontroversen bestehen im Hinblick auf den Zeitpunkt der Kooperation zwischen den Disziplinen. Die Ökologie vertritt eher eine zweistufige Vorgehensweise, wo in einem ersten Schritt, wie *Tilzer* aufzeigt, die einzelnen Disziplinen die Anforderungen der verschiedenen „Spieler" (Interessengruppen bzw. der Ökosphäre selbst) definieren und in einem zweiten Schritt ein interdisziplinäres Wechselspiel einsetzt, mit dem Ziel der Kompromißfindung unter Berücksichtigung der kritischen Belastungsgrenzen von Ökosphäre, Wirtschaft und Gesellschaft. *Renn* fordert über eine additive Zusammenstellung der jeweiligen Ergebnisse hinaus eine gemeinsame indikative Perspektive zur Erklärung und Bewertung des jeweiligen Phänomens im Hinblick auf nachhaltige Entwicklung. *Spillmann* und *Buchmann* verweisen in diesem Zusammenhang auf die Notwendigkeit institutioneller Innovationen zur Durchsetzung und Anerkennung transdisziplinärer Forschungsinhalte.

Für die Diskussionsveranstaltung ergeben sich vor allem drei Problembereiche, die den TeilnehmerInnen als Einstieg dienten:

– Uneinheitlich behandelt werden die Dimensionen nachhaltiger Entwicklung und damit auch die Ebenen. Geht es um intergenerationale und intragenerationale Nachhaltigkeit oder muß eine der beiden Dimensionen ausgeblendet werden? Welche räumlichen und welche zeitlichen Aspekte müssen im Hinblick auf nachhaltige Entwicklung berücksichtigt werden?
– Die Unterscheidung von Inter- und Transdisziplinarität verweist vor allem auf den Zeitpunkt gemeinsamer Forschung – von Anfang an oder erst, nachdem Grundlagen disziplinenspezifisch festgelegt wurden? Hierbei muß der Grundcharakter nachhaltiger Entwicklung im Sinne eines ethischen Postulates berücksichtigt werden.
– Mögliche Konflikte im Prozeß nachhaltiger Entwicklung werden unterschiedlich beurteilt. Wie fragil ist der Prozeß nachhaltiger Entwicklung und wie optimistisch können wir in die Zukunft schauen?

Von ökologischer Seite wird mit Nachdruck die Integration inter- und intragenerationaler Gerechtigkeit für eine nachhaltige Entwicklung gefordert, denn ohne daß ein Ausgleich im Hinblick auf die Ressourcennutzung und Ressourcenschonung zwischen Nord und Süd stattfindet, kann es – so die ökologische Seite – keine intergenerationale Nachhaltigkeit geben. Im Hinblick auf intergenerationale Nachhaltigkeit wirft *Tilzer* die Frage nach den Verursachern ökologischer Ungleichgewichtszustände auf. Selbst wenn wir wissen, welche Effekte die Menschen bewirken, so sind wir über die natürlichen Geschehnisse in der Zeitachse alles andere als sicher. Damit fällt es schwer, so etwas wie nachhaltige Entwicklung zu planen. Was die intragenerationale Gerechtigkeit betrifft, so muß vor allem der Aspekt der kulturellen Eigenheiten berücksichtigt werden. Das Naturbild ist von einer Kultur zur anderen unterschiedlich. Dies verursacht auch differente Haltungen gegenüber dem Schutz natürlicher Ressourcen. *Mund* thematisiert in diesem Zusammenhang das Problem der Abgrenzung zwischen Generationen und ihren Handlungen und deren Effekten auf die Umwelt. So wie eine Generation in die andere übergeht, gehen auch die Effekte ihres Handelns fließend ineinander über. Darüber hinaus haben wir es häufig mit „time-lags" zu tun, d.h. mit Verzögerungen von

Wirkungen. Die Ökonomen betonen vor allem die Notwendigkeit einer verstärkten Auseinandersetzung mit den Idealen intragenerationaler Gerechtigkeit. Eine zu starke Ungleichverteilung in einer Generation wirkt nicht nachhaltig. Arme können sich Umweltschutz nicht leisten. Solidarität ist nicht teilbar. Während *Buchmann* die Frage nach inter- bzw. intragenerationaler Gerechtigkeit nicht thematisiert, sondern gleich auf die Rolle der Soziologie in diesem Prozeß zu sprechen kommt, hebt sich *Renn* dadurch hervor, daß er Kontrapunkte setzt. Ihm zufolge mangelt es an empirischen (historischen) Belegen dafür, daß nur, wenn wir den gesellschaftlichen Reichtum an alle verteilen, ein hohes Maß an Gerechtigkeit für die zukünftigen Generationen möglich ist.

Renn vertritt eine eindeutig anthropozentrische Sichtweise nachhaltiger Entwicklung, in dem er hervorhebt, daß wir mit Nachhaltigkeit all das an natürlichen und umweltbezogenen Faktoren verbinden, was als eine Grundbedingung für wirtschaftliche und soziale Entfaltung zukünftiger Generationen dienen soll. Damit stellt er auch das sogenannte magische Dreieck der Nachhaltigkeit in Frage. Bis dahin jedenfalls ist nachhaltige Entwicklung ein ethisches Postulat, hier erst setzt ihm zufolge Wissenschaft an. Somit wäre intragenerationale Nachhaltigkeit ein anderes ethisches Postulat.

Dies schafft den Übergang zur Frage der Kooperation zwischen den Disziplinen. Daß die Disziplinen zusammen arbeiten sollen, darüber gibt es keinen Dissens. Zuvor müssen jedoch noch einmal die disziplinenspezifischen Aufgaben und Sichtweisen klargestellt bzw. kritisiert werden. Die Ökologie nennt, wie bereits dargestellt, die Analyse kritischer Belastungsgrenzen der Ökosysteme und nimmt eher eine ökozentrische Sichtweise ein, allerdings unter Berücksichtigung der Frage danach, was die Menschen eigentlich wollen, welches Verhältnis sie zur Natur haben, ob sie sich als Bestandteil derselben sehen oder als „Agens", der von außen auf die Ökosysteme wirkt. *Mund* geht noch einen Schritt weiter, wenn sie darauf verweist, daß die Forderungen der Ökologie an eine nachhaltige Entwicklung von der Gesellschaft nicht mehr als belastend und den Wohlstand bedrohend empfunden würden, wenn sich der vielfach diskutierte Wertewandel tatsächlich vollzöge und eine nachhaltige Entwicklung von der Gesellschaft ausdrücklich gewollt würde. Auch hier zeigt sich die außerwissenschaftliche Sichtweise im Hinblick auf die Entstehung des Nachhaltigkeitspostulats. Die beiden Ökonomen kritisieren vor allem ihre eigene Disziplin. Die „mainstream"-Ökonomie vernachlässigt sowohl die Auseinandersetzung mit den Grenzen des Wachstums als auch mit der Verteilungsproblematik. *Spillmann* zufolge hat der technische Fortschritt in der Vergangenheit zu einer immer rascheren Ausbeutung der nicht-erneuerbaren Ressourcen geführt. Diese Argumentation belegt, daß sich die anwesenden Ökonomen darüber einig sind, daß menschliches Wirtschaften die Hauptursache der Umweltproblematik darstellt. Die gibt es allerdings nur, so die konstruktivistische Sichtweise, die typisch ist für die soziologische Herangehensweise an diese Thematik, wenn darüber kommuniziert wird. Entsprechend besteht die Aufgabe der Soziologie darin, den Diskurs zur nachhaltigen

Entwicklung zu analysieren. *Buchmann* spricht hier von der konzeptionellen Arbeit der Soziologie. Soziologie wird ihr zufolge zum institutionalisierten Auge, mit dem die Gesellschaft sich selbst und die Umwelt betrachtet. Die Kommunikation soziologischer Erkennnisse erhöht das Reflexionsvermögen der Gesellschaft. *Renn* plädiert hier für einen moderaten Konstruktivismus, der die Wechselwirkung zwischen menschlichem Handeln und natürlichen Reaktionen darauf in das soziologische Denken einbezieht. Umgekehrt fordert er von der Ökologie eine Modifikation ihres Realismus, der ihr das Zugeständnis ermöglicht, daß das, was erhaltenswert ist, für die zukünftigen Generationen, eine Frage der Wertschätzung durch Menschen ist. Dies umreißt, so *Renn*, die Grenzen der Transdisziplinarität. Während *Buchmann* den problemorientierten Zugang aufgreift, mit der Frage wie ein Problem gelöst werden kann und damit die Soziologie anschlußfähig macht für andere Disziplinen, sieht *Renn* die potentielle Leistung disziplinärer Kooperation, und hier benutzt er den Begriff der Transdisziplinarität, darin, daß gesellschaftlicher Druck erzeugt wird, wenn es gelingt, verschiedene wissenschaftliche Disziplinen oder auch verschiedene Sichtweisen und Perspektiven auf diese Problemorientierung (Wechselwirkung Mensch – Umwelt; Mensch setzt das Ziel (ethisches Postulat); moderater Konstruktivismus und moderater Realismus) hin zu verdichten. Hier entsteht dann ein anderes Problem der wissenschaftlichen Beschäftigung mit nachhaltiger Entwicklung, nämlich die Anknüpfungspunkte an die Alltagswelt und vor allem an die Politik. Dazu muß sich, so die Ökonomen, die Ökonomie ändern. Tut sie dies nicht, so dürfen die Ökologen den Ökonomen nicht das Rechnen in Werteinheiten überlassen und es darf nicht zugelassen werden, daß die Ökonomie zu lange parallel zu den anderen Disziplinen agiert. Sie gewinnt sonst ein irreversibles Eigenleben.

Diese Diskussion zeigt doch sehr gut, wie wichtig der Diskurs über nachhaltige Entwicklung gerade auch für die Wissenschaft ist, führt doch dieser Diskurs dazu, daß die VertreterInnen der einzelnen Disziplinen das Verhältnis von Wissenschaft und Gesellschaft neu überdenken. Klar ist, daß, wenn nachhaltige Entwicklung realisiert werden soll, der Transfer zwischen Wissenschaft und Gesellschaft funktionieren muß. Dafür muß die Gesellschaft nachhaltige Entwicklung wollen, dies wird ihr durch soziologische Analysen erleichtert, durch ökonomisches Denken eher erschwert und die Ökologie kann schließlich „nur" sagen, wann es gefährlich wird. So externalisiert *Tilzer* die Frage danach, welche Entwicklung wünschenswert ist. Konflikte, die vor allem zwischen der Wirtschaft und der Ökologie entstehen könnten, müssen durch staatliche Kontrolle reguliert werden. Auf eine umfassende Regulierungswirkung von Netzwerken setzt kaum jemand der Anwesenden. Worauf zumindest *Renn* und *Diefenbacher* setzen, das ist die regionale bzw. lokale Ebene des Handelns, die eine größere Übersichtlichkeit und Verbindlichkeit der Akteure impliziert.

In der darauffolgenden Frage- und Antwortrunde kristallisieren sich drei dissente Themen heraus, das magische Dreieck der Nachhaltigkeit und damit verbunden die Frage, wenn es Kompatibilität nicht gibt, wo beginnt nachhaltige Entwicklung; die Frage der Kooperation zwischen den Disziplinen und hier vor allem auch die Frage nach der Rolle der Soziologie, und schließlich die Frage danach, wer eigentlich bestimmt, was wünschenswert ist bzw. für wen wir die Natur eigentlich schützen wollen. Dies impliziert die Frage nach unserer eigenen Position im Ökosystem. Zum ersten Punkt konzediert die ökologische Seite, daß viele Aussagen zu Belastungsgrenzen der Ökosphäre bereits sozial überformt sind, daß hier bereits kulturelle Besonderheiten berücksichtigt werden und ein Stückchen weit in Richtung Kompatibilität gegangen wurde. Dennoch wird deutlich, daß die Problematik der Forderung nach ökologischer, ökonomischer und sozialer Nachhaltigkeit darin besteht, gar nicht zu handeln, da immer Konflikte vorhanden sein werden. *Spillmann* zufolge ist es Aufgabe der Wissenschaft, gemeinsam mit anderen Akteuren Schlüsselfragen herauszuarbeiten, die u. U. auf der globalen Ebene andere sind als z.B. auf der regionalen Ebene. Im Zentrum des zweiten Problembereiches steht die Aussage, daß Disziplinenspezifität ein wesentliches Moment unseres Wissenschaftsverständnisses ist und daß auch eher die Konzepte in die (politische) Tat umgesetzt werden, die aus einer Disziplin kommen, was die Gefahr in sich birgt, daß Nicht-Nachhaltigkeit erzeugt wird. Es wird deutlich, daß die Disziplinen selbst noch nicht in ausreichendem Maß definiert haben, was für sie Nachhaltigkeit bedeutet – was im übrigen aufgrund der unterschiedlichen Ansätze auch eher schwierig sein dürfte, aber angegangen werden muß -, dies gilt in Besonderheit für die Soziologie. Hier werden Forderungen laut, wie, es müsse gemessen werden, in welchem Zusammenhang bestimmte Formen der Lebensführung zu nachhaltiger Entwicklung stünden, welche Wertorientierungen denn eigentlich ein nachhaltiges Leben befördern könnten, ob eine Abkoppelung von gesellschaftlichem Status und Ressourcenverbrauch möglich sei. Für die Ökonomie wird „Kontamination" durch andere Disziplinen gefordert, um einen irreversiblen Alleingang der Ökonomie zu verhindern, und zwar zu einem möglichst frühen Zeitpunkt. *Max Tilzer* stellt in Auseinandersetzung mit dem dritten Problembereich die These auf, daß eine nachhaltige Entwicklung, die die Eingriffe des Menschen in die natürliche Umwelt auf ein Minimum reduziert, auch für die Gesellschaft am besten ist, weil sie nicht nur die physische Existenz des Menschen sicherstellt, sondern auch die Qualität des Lebens und dies, darüber sind sich die Anwesenden einig, sollte für alle Menschen auch in Zukunft gelten. Wo kann gemeinsame Forschung stattfinden? Hier verweist *Renn* auf die Möglichkeit der Netzwerkbildung zwischen Disziplinen als ein erster Schritt und in einem zweiten Schritt sodann die Suche nach möglichen Verwendungszusammenhängen.

Am Ende bleibt, noch einmal zu betonen, wie wichtig und gleichzeitig wie schwierig ein Aufeinanderzugehen der einzelnen Disziplinen ist. Des weiteren kann festgestellt werden, daß der Diskurs zur nachhaltigen Entwicklung, als unintendierte Folge, eine neuerliche Reflexion der Wissenschaft über ihre Rolle in der Gesellschaft in die Wege geleitet hat.

Literatur:
Brand, Karl-Werner (Hrsg.) (1997): Nachhaltige Entwicklung. Eine Herausforderung an die Soziologie. Opladen
Brand, Karl-Werner (Hrsg.) (1998): Soziologie und Natur: theoretische Perspektiven. Opladen
Kastenholz, Hans G. / Erdmann, K.-H. / Wolff, M. (Hrsg.) (1996): Nachhaltige Entwicklung. Zukunftschancen für Mensch und Umwelt. Berlin u. a.
Knaus, Anja / Renn, Ortwin (1998): Den Gipfel vor Augen. Unterwegs in eine nachhaltige Zukunft. Marburg

Dr. Birgit Blättel-Mink, Universität Stuttgart, Institut für Sozialwissenschaften, Seidenstr. 36, D-70174 Stuttgart

Teil 2
Regionale Nachhaltigkeit im internationalen Vergleich

Organisation: Volker Teichert

Einleitung

VOLKER TEICHERT

Regionale Nachhaltigkeit ist seit Anfang der 90er Jahre zu einem internationalen politischen Schlüsselbegriff geworden. Die politische Umsetzung dieses Konzepts ist insbesondere in der Lokalen Agenda 21 von Rio formuliert worden. Der allgemeine Konsens, den das Konzept der nachhaltigen Entwicklung darin als regulative Idee findet, löst sich jedoch zum Teil dann auf, wenn die damit angesprochenen Problembereiche in konkrete Ziele und Handlungsaufgaben heruntergebrochen werden. Seit Mitte der 90er Jahre haben in mehreren Städten und Gemeinden sowohl Verwaltungen als auch lokale Akteure einen Lokalen Agenda-Prozeß initiiert. Durch ihn soll ein langfristiger, kommunaler Aktionsplan erstellt werden, aus dem sowohl die wirtschaftliche und soziale Entwicklung als auch die ökologischen Qualitätsziele hervorgehen sollen. In der Ad-hoc-Gruppe „Regionale Nachhaltigkeit im internationalen Vergleich" wurde die Forschungslandschaft in Deutschland, Österreich und der Schweiz vorgestellt, analysiert und reflektiert. Derzeit lassen sich drei verschiedene Diskussionsstränge zur regionalen Nachhaltigkeit unterscheiden: (1.) regionale Indikatorenkonzepte, (2.) regionale Nachhaltigkeitskonzepte am Beispiel einzelner Themenfelder und (3.) Sammlungen von regionalen Nachhaltigkeitsprojekten.

Vor diesem Hintergrund scheint eine sinnvolle Politik zur Stärkung der regionalen Nachhaltigkeit nur im Rahmen einer doppelten Strategie möglich zu sein, nämlich einmal in den Bemühungen um eine Politik zur sozialen, ökologischen und demokratischen (Re-)Regulierung der Wirtschaft auf allen politischen Ebenen – von der lokalen bis zur globalen Ebene. Eine solche Politikstrategie kann im wesentlichen durch die Bildung unterschiedlicher Netzwerke vorangetrieben werden. Das zweite Element der Doppelstrategie besteht in der Entwicklung und der Realisierung von Alternativen im Kleinen, besonders auf lokaler und regionaler Ebene. Es muß letztlich damit begonnen werden, lokal verfügbare Ressourcen – und dazu gehört vor allem die vom industriellen System nicht mehr benötigte Arbeitskraft vieler Menschen – zu nutzen, um so weit wie möglich die Bedürfnisse der Menschen am jeweiligen Ort zu befriedigen, anstelle für weit entfernte Märkte zu produzieren.

Anmerkung:
Der Beitrag von Herrn Teichert ist im Anschluß abgedruckt.

Dr. Volker Teichert, Forschungsstätte der Evangangelischen Studiengemeinschaft, Schmeilweg 5, D-69118 Heidelberg

Regionale Nachhaltigkeit in Deutschland – zum Stand von Literatur, Forschung und Praxis

VOLKER TEICHERT

Der Begriff der nachhaltigen Entwicklung ist zu einem der Leitbegriffe in der öffentlichen Diskussion geworden. In der bundesdeutschen Forschungslandschaft lassen sich gegenwärtig fünf verschiedene Indikatorenkonzepte unterscheiden, mit denen versucht wird, die ökologische, ökonomische und soziale Dimension von nachhaltiger Entwicklung zu erfassen und zu messen. Diese Konzepte werden im folgenden näher vorgestellt:

1. Indikatorensystem zur Messung der Nachhaltigkeit in Baden-Württemberg

In ihrem 1997 vorgelegten Indikatorensystem versuchen Pfister u. a. (1997) die regionale Nachhaltigkeit in Baden-Württemberg zu messen, indem sie zwölf Nachhaltigkeitskategorien aufstellen, denen jeweils zwischen einem und sieben Indikatoren zugeteilt wurden. Insgesamt wurden dreißig Indikatoren erhoben, die von der Menge des Gesamtozons und der Nitrat-Konzentration im Grundwasser über die Stickoxid-Emissionen und das deponierte Abfall- und Restaufkommen bis hin zum biologischen Sauerstoffbedarf in Gewässern und dem Anteil versiegelter Flächen reichen. Die Präsentation der Indikatoren erfolgt in Tabellen und Graphiken, darüber hinaus in Form von „Ampeln" – rot signalisiert, daß für den untersuchten Indikator insgesamt eine nicht nachhaltige Entwicklung konstatiert werden muß, gelb zeigt eine kritische Situation an, grün steht für einen Verlauf der Kurve in Richtung Nachhaltigkeit.

2. Messung von regionalen Disparitäten anhand von Indikatoren

In ihrer Indikatoren-Studie geht es Ziegler (1996) darum, räumliche Ungleichheiten in den deutschen Lebensverhältnissen aufzuzeigen. Sie beschreibt die sozio-ökonomischen Situationen in Deutschland-West und Deutschland-Ost anhand von 41 Indikatoren. Diese beziehen sich auf die Bevölkerungsverteilung und -entwicklung, das Wanderungsverhalten, die Ausbildungssituation, die Nachfrage nach und das Angebot von Arbeitsplätzen und die Arbeitsmarktsituation. Ergänzt wird das Indikatorenmodell durch Daten zur sozialen Situation: (Berufs-)Bildung, Sozialhilfe, Wohnungsmarkt und soziale Infrastruktur. Die Indikatorenanalyse bezieht sich auf vergangenheitsbezogene Regionaldaten, mit denen die sozio-ökonomischen Verhältnisse zu Anfang der 90er Jahre wiedergegeben werden. Die Studie macht deutlich, daß sich die sozio-ökonomischen Verhältnisse in einem Teil der ostdeutschen Regionen durchaus positiv entwickelt haben. „Andererseits brachte die Untersuchung aber auch zutage, daß immer noch ein Großteil der ostdeutschen Gebiete weit davon entfernt ist, den Anschluß an das westdeutsche Wirtschaftsniveau auch nur annähernd zu erreichen." (Ziegler 1996: 88f.)

3. Indikatorenkatalog zur Vorbereitung von Habitat II

Zur Vorbereitung der Habitat II–Konferenz 1996 in Istanbul hatten sich vier westdeutsche Städte (Duisburg, Freiburg, Köln und Wiesbaden) und zwei ostdeutsche Städte (Erfurt und Leipzig) im Auftrag des Bundesministeriums für Raumordnung, Bauwesen und Städtebau (1996) bereit erklärt, ein System von Indikatoren auszufüllen, das sich insgesamt in *sieben Module* unterteilen läßt. *Modul 0* enthält zunächst Hintergrunddaten (u. a. Flächennutzung, Bevölkerung, durchschnittliche Haushaltsgröße), *Modul 1* spiegelt die sozio-ökonomische Entwicklung wider (z. B. Anteil der Sozialhilfehaushalte, Beschäftigtenanteil im informellen Sektor), *Modul 2* gibt Aufschluß über die Infrastruktur (wie etwa Zugang zur Trinkwasserversorgung, täglicher Wasserverbrauch pro Einwohner), Modul 3 informiert über die Verkehrsbeziehungen (u. a. durchschnittliche Wegezeit im Berufsverkehr, Pkw-Dichte), *Modul 4* bildet das kommunale Umweltmanagement ab (wie z. B. Anteil der behandelten Abwassermenge, Abfallentsorgungsstruktur), *Modul 5* soll die Struktur des kommunalen Haushalts und der kommunalen Verwaltung wiedergeben (u. a. Haupteinnahmequellen, Anteil der Personalausgaben an den laufenden Ausgaben) und *Modul 6* zeigt die Wohnverhältnisse auf (etwa Wohnungsneubau pro 1.000 Einwohner, Wohnfläche pro Person, Verhältnis von durchschnittlicher Jahresmiete und mittlerem Haushaltseinkommen).

4. Internationaler Rat für kommunale Umweltinitiativen (ICLEI)

Das Europasekretariat von ICLEI versucht gegenwärtig in verschiedenen deutschen Kommunen ein Demonstrationsvorhaben zur kommunalen Naturhaushaltswirtschaft zu erstellen (vgl. ICLEI 1996; Stadt Heidelberg 1998). In Bielefeld, Dresden, Heidelberg und im Landkreis Nordhausen soll bis Ende 1999 ein Naturhaushalt systematisch bilanziert werden. Wesentliches Element des Naturhaushalts ist die Entwicklung von Umweltindikatoren, anhand derer der kommunale Umweltverbrauch bilanziert werden kann. Zwischen 5 und 30 Indikatoren sollen je nach Größe der Stadt, Verwaltungskapazität und Datenverfügbarkeit in das Indikatorensystem aufgenommen werden. Neue, zusätzliche Umweltindikatoren können ohne weiteres der kommunalen Naturhaushaltswirtschaft hinzugefügt werden, was aber unter Umständen die Vergleichbarkeit zwischen den Kommunen beeinträchtigen dürfte. Im Unterschied zum Finanzhaushalt soll sich der Naturhaushaltsplan an ökologischen Problemfeldern orientieren, die sich nach der jeweiligen Umweltsituation in den beteiligten Kommunen richten.

5. Heidelberger Indikatorensystem

An der Forschungsstätte der Ev. Studiengemeinschaft wurden 1996/97 von Diefenbacher u. a. (1997) die „Zauberscheiben der Nachhaltigkeit" entwickelt, mit denen deutlich gemacht werden soll, daß zwischen der ökonomischen, ökologischen und sozialen Dimension eine gegenseitige Abhängigkeit besteht. Jede der „Zauberscheiben" wurde in sechs unterschiedliche Teil-Ziele untergliedert. Im Umweltbereich wird die ökologische Diskussion durch die sechs Themenfelder – Reduzierung der vorhandenen Abfallmengen, Erhaltung des Bestandes an erneuerbaren Ressourcen, geringe Entnahme von nicht-erneuerbaren Ressourcen, Erhaltung der Ökosysteme und der Artenvielfalt, Verringerung von Luftbelastungen und Verbesserung des betrieblichen und staatlichen Umweltschutzes – zu erfassen versucht. Zu den sechs ökonomischen Handlungsfeldern zählen im einzelnen: gleichmäßige Verteilung von Arbeit, angemessener privater Verbrauch und Ausstattung der Haushalte, möglichst hoher regionaler Selbstversorgungsgrad, ausgeglichene Wirtschaftsstruktur, Preisniveaustabilität und gesunde Struktur der öffentlichen Haushalte. Die gesellschaftliche Realität wird durch die sechs Teil-Ziele – gleichmäßige Einkommens- und Vermögensverteilung, hohes Niveau von Kultur und Ausbildung, ausgewogene Bevölkerungs- und Siedlungsstruktur, sozial- und umweltverträgliche Mobilität, hohes Gesundheitsniveau und hohes Sicherheitsniveau – wiedergegeben. Um diese ausgewählten achtzehn Teil-Ziele auszufüllen, wurden im Mittel jeweils drei Indikatoren gebildet. Diesen 54 Indikatoren wurden nun noch weitere sechs Indikatoren hinzugefügt, die sich auf die Spezifika der betreffenden Region beziehen. Insgesamt ergibt sich damit eine Gesamtzahl von 60 Indikatoren. Die letzten sechs müssen von Fall zu Fall aufgrund einer Analyse der regionalen Besonderheiten jeweils neu konzipiert werden.

Literatur:
Bundesministerium für Raumordnung, Bauwesen und Städtebau (Hrsg.) (1996): Siedlungsentwicklung und Siedlungspolitik. Nationalbericht Deutschland zur Konferenz Habitat II. Bonn
Diefenbacher, Hans / Karcher, Holger / Stahmer, Carsten / Teichert, Volker (1997): Nachhaltige Wirtschaftsentwicklung im regionalen Bereich. Ein System von ökologischen, ökonomischen und sozialen Indikatoren. Heidelberg: Forschungsstätte der Evangelischen Studiengemeinschaft
ICLEI (1996): Demonstrationsvorhaben Kommunale Naturhaushaltswirtschaft. Das Steuerungsinstrument für die zukunftsbeständige Entwicklung der Städte. Freiburg: unveröffentlichtes Manuskript
Pfister, Gerhard / Knaus, Anja / Renn, Ortwin (1997): Nachhaltige Entwicklung in Baden-Württemberg. Stuttgart: Akademie für Technikfolgenabschätzung in Baden-Württemberg
Stadt Heidelberg (Hrsg.) (1998): Modell „Naturhaushaltsplan Heidelberg". Basiskonzept 1998/99. Heidelberg: unveröffentlichtes Manuskript
Ziegler, Astrid (1996): Neue regionale Disparitäten im vereinten Deutschland. Düsseldorf: Hans-Böckler-Stiftung

Dr. Volker Teichert, Forschungsstätte der Evangelischen Studiengemeinschaft, Schmeilweg 5, D-69118 Heidelberg

Der Körper und die soziale Konstruktion von Wirklichkeit

Organisation: Michael Meuser

Einleitung

MICHAEL MEUSER

In den achtziger Jahren ist zunächst in den USA, dann auch hierzulande eine Vernachlässigung der emotionalen Dimension sozialen Handelns durch die soziologische Theorie und Forschung moniert worden. In den neunziger Jahren wird in vergleichbarer Weise die Abwesenheit des Körpers in der Soziologie kritisiert. Von „Leibvergessenheit" (Elisabeth List) und „theoretischer Prüderie" (Hans Joas) ist die Rede. Die weitgehende Abstinenz der Soziologie gegenüber der leiblichen Dimension sozialen Handelns läßt sich auf – mindestens – zwei Gründe zurückführen. Erstens hat der die modernen Wissenschaften prägende cartesianische Dualismus sicherlich nicht unerheblich dazu beigetragen, die nicht-kognitiven Dimensionen des Handelns aus dem Themenbereich einer Wissenschaft auszugrenzen, die ihren Gegenstand als sinnhaft konstituiert betrachtet. Ein zweiter Grund mag sein, daß es für die Entwicklung des Faches wichtig gewesen ist, sich von organizistischen und biologischen Modellen menschlichen Handelns abzugrenzen. Der Devise folgend, Soziales durch Soziales zu erklären, war es vermutlich naheliegender, sich den Institutionen zuzuwenden als eine Soziologie des Körpers zu versuchen, die sich notgedrungen mit der doppelten Gegebenheit des Körpers befassen muß: als Objekt kultureller Formung und als Erfahrungsdimension, die den Menschen immer wieder an seine Kreatürlichkeit erinnert.
Die Folge der bezeichneten soziologischen Abstinenz ist, daß die Analyse der körperlichen wie auch der emotionalen Dimension des Handelns, die häufig an andere Wissenschaften (Psychologie, Biologie, Anthropologie) verwiesen wird, mithin keinen systematischen Ort in der Soziologie hat. Im Zuge der in jüngster Zeit zunehmenden Aufmerksamkeit für theatrale Formen der Inszenierung von sozialen Zugehörigkeiten, Lebensstilen, Befindlichkeiten und Identitäten wird diese Leerstelle allmählich als Herausforderung für die Soziologie wahrgenommen.
Gegenwartsdiagnostische Analysen der „somatischen Gesellschaft" (Bryan Turner) oder der „Inszenierungsgesellschaft" (Herbert Willems) bedürfen der Fundierung in einer soziologischen Handlungstheorie, die ihren kognitivistischen Bias überwindet

und sich der Frage stellt, inwieweit und in welcher Weise Wirklichkeitskonstruktionen dadurch zustande kommen und Bestand haben, daß sie in Körperpraxen fundiert und in körperlichen Routinen abgesichert sind.
Die nachfolgenden Beiträge zeigen zum einen, an welche Traditionen und Ansätze in der soziologischen Theoriebildung eine Soziologie des Körpers anknüpfen kann, zum anderen, in welcher Weise die körperliche Dimension sozialen Handelns empirischer Forschung zugänglich ist.

PD Dr. Michael Meuser, Mommsenstr. 20, D-50935 Köln

Wirklichkeiten des Körpers

GABRIELE KLEIN

Der Vortrag beschäftigte sich mit der leiblichen Einschreibung von „Wirklichkeit". Dabei standen vor allem zwei Fragen im Vordergrund:

1. Wie erklären soziologische Ansätze die leibliche Gebundenheit sozialer Konstruktion?
2. Wie vollzieht sich die leibliche Aneignung von Wirklichkeit?

Diese beiden Fragen lenkten den Verlauf des Vortrages, in dessen erstem Teil mit Norbert Elias und Pierre Bourdieu zwei Vertreter jener Theoriemodelle diskutiert wurden, die sich der Überwindung des Mikro-Makrodualismus verschrieben – und geleitet von diesem Anspruch – die soziologische Konstruktion des Körpers gedacht haben. Im zweiten Teil wurde Mimesis als ergänzendes und erweiterndes Konzept für die Beschreibung leiblicher Aneignungsprozesse vorgestellt.

Soziologische Konstruktionen leiblicher Wirklichkeiten
Elias und Bourdieu verwenden dieselben oder zumindest sehr ähnliche Begriffe zur Umschreibung des Körpers, setzen sie aber unterschiedlich ein.

- Elias psychologisiert die Begriffe, die er zur Umschreibung des Körpers benutzt (z. B. Affekte, Scham/Peinlichkeit, Habitus, Verinnerlichung). Er setzt sie ein, um Tendenzen zu beschreiben (z. B. Affekte, Selbst), und diese laufen zumeist in Richtung Kontrolle und Beherrschung. Bourdieu hingegen benutzt Begriffe funktional, d. h. sie beschreiben die Bedeutung, die sie im Kampf um soziale Positionierung haben (z. B. Geschmack/Ekel, Distinktion, Habitus).

- Während Elias die Grenzziehungen zwischen Individuum und Gesellschaft auf der Ebene der Wahrnehmungen und der Empfindungen thematisiert (Umbau des Affekthaushaltes, Anstieg der Scham- und Peinlichkeitsschwellen), deutet Bourdieu seine Begriffe strategisch, d. h. als Mittel im Kampf um Abgrenzung.
- Elias hat keinen Körper- oder Leibbegriff, die „Physiostruktur" wird nicht thematisiert. In Bourdieus Denkmodell hingegen kommt den Begriffen Körper und Leib ein zentraler Stellenwert zu: der Begriff Körper beschreibt einen Sozialtypus und meint die äußere Form oder Physiologie, die Bourdieu als durchweg sozial konstruiert ansieht, der Leibbegriff hingegen ist phänomenologisch orientiert und eher eine individuelle Kategorie.
- Entsprechend der Fokussierung der Verhaltens- und Psychoebenen beschreibt Elias Prozesse der Verinnerlichung, für Bourdieu hingegen sind Prozesse der Einverleibung/ Inkorporierung zentrale Bausteine seiner Theorie, über die er die soziale Wirksamkeit des klassenspezifischen Habitus erst erklären kann.
- Elias erklärt Prozesse der Verinnerlichung behaviouristisch, Bourdieu sozialisatorisch.

Beide Theorien erklären nicht, wie „äußere Wirklichkeit" zu leiblicher Wirklichkeit wird, wie sich also Wirklichkeit in die Körper einschreibt.

Leibliche Aneignung von Wirklichkeit

Wenn sozial erworbenes Wissen sich in den, so Elias, „Selbstzwangapparaturen" oder, so Bourdieu, in dem leiblich gebundenen Habitus niederschlägt, dann stellt sich die Frage, wie „Leibwissen" entsteht, bzw. wie „äußere Wirklichkeit" zu leiblicher Wirklichkeit wird. Aneignung von Wirklichkeit, so die zentrale These des Vortrages, ist ein Konstruktionsprozeß und als solcher ein ästhetischer, sinnenhafter Vorgang und Mimesis das Konzept, mit dem sich diese sinnenhafte Aneignungsvorgänge beschreiben lassen. Das vorgestellte Konzept von Mimesis konzentrierte sich auf folgende Aspekte: Wirklichkeit wird angeeignet, indem die Menschen sie sinnenhaft wahrnehmen, sie innerlich abbilden und dann im Zusammenhang mit der eigenen Bilderwelt neu bedeuten. Aneignung ist demnach ein mimetisches Nachschaffen, das über die Annäherung von Leib und „äußerer" Wirklichkeit erfolgt. Es ist ein Prozeß der Produktion und der Neugestaltung, der sich zwischen Innen und Außen, zwischen Leib und Wirklichkeit abspielt. Mimesis legt die Grundlage für eine Vermittlung zwischen den Eindrücken der Innenwelt und der Außenwelt und für deren Ausdruck und Darstellung. Sie umfaßt die Fähigkeit, sich in die „Wirklichkeit" einzufühlen und sie sinnlich-sinnvoll darzustellen. In diesem Prozeß gelangt „Wirklichkeit" in die „leibliche Welt" der Menschen, wie zugleich „Wirklichkeit" neu konstruiert wird.

Wenn man mimetische Aneignung als eine Neukonstruktion von Wirklichkeit auf der Ebene des Leibes versteht, dann, so die Argumentationslinie des Vortrages, bietet sich Mimesis als Konzept an, das Elias Modell der Selbstzwangapparatur und auch Bourdieus Theorem der leiblichen Verankerung des Habitus ergänzt und weiterführt. Nach Bourdieu prägt der Habitus die Handlungsweisen im sozialen Feld. Da der Habitus leiblich gebunden ist, wird es zudem möglich, den Vorgang zu verstehen, wie leibliche Erfahrung sich körperlich darstellt und nach „außen" getragen wird. Auch dieser nach „außen" gerichtete Prozeß läßt sich als ein mimetischer Akt verstehen, als ein sich Angleichen der inneren Erfahrung an die äußere Realität.

Literatur:
Bourdieu, Pierre (1983): Rede und Antwort. Frankfurt a. M.
Bourdieu, Pierre (1985): Sozialer Raum und „Klassen". Frankfurt a. M.
Bourdieu, Pierre (1987): Die feinen Unterschiede. Kritik der gesellschaftlichen Urteilskraft. Frankfurt a. M.
Bourdieu, Pierre (1993): Sozialer Sinn. Kritik der theoretischen Vernunft. Frankfurt a. M.
Bourdieu, Pierre (1993): Soziologische Fragen. Frankfurt a. M.
Bourdieu, Pierre (1993): Satz und Gegensatz. Über die Verantwortung des Intellektuellen. Frankfurt a. M.
Bourdieu, Pierre (1997): Der Tote packt den Lebenden. Schriften zu Politik und Kultur 2, hrsg. von Margareta Steinrücke, Hamburg
Bourdieu, Pierre / Loic J.D. Wacquant (1996): Reflexive Anthropologie. Frankfurt a. M.
Elias, Norbert (1976): Über den Prozeß der Zivilisation, 2 Bde. Frankfurt a. M.
Elias, Norbert (1977): Grundlegung einer Theorie sozialer Prozesse. In: Zeitschrift für Soziologie, 6. Jg., 1977: 127–149
Elias, Norbert (1992): Figuration. In: Bernhard Schäfers (Hrsg.): Grundbegriffe der Soziologie. München /Wien/Zürich: 88–91
Gebauer, Gunter/ Wulf, Christoph (1992): Mimesis. Kultur – Kunst – Gesellschaft. Hamburg
Gebauer, Gunter/ Wulf, Christoph (Hrsg.) (1993): Praxis und Ästhetik. Neue Perspektiven im Denken Pierre Bourdieus. Frankfurt a.M.
Gebauer, Gunter/ Wulf, Christoph: Spiel Ritual Geste. Hamburg 1998
Wulf, Christoph (1989): Mimesis. In: Gunter Gebauer / Dietmar Kamper / u. a. (Hrsg.): Historische Anthropologie. Zum Problem der Humanwissenschaften heute oder Versuche einer Neubegründung. Hamburg: 83–125
Wulf, Christoph (1996): Mimesis und Ritual. In: Frithjof Hager / Hermann Schwengel (Hrsg.): Wer inszeniert das Leben? Modelle zukünftiger Vergesellschaftung. Frankfurt a.M.: 209–219

PD Dr. Gabriele Klein, Universität Hamburg, Institut für Soziologie, Allende-Platz 1,III, D-20146 Hamburg

Verkörpertes Wissen – Die Bedeutung des Körpers in der sozialkonstruktivistischen Wissenssoziologie

HUBERT ALFONS KNOBLAUCH

Heute hat man vielfach den Eindruck, als sei das Thema „Körper" erst in jüngerer Zeit wieder auf die wissenschaftliche Agenda gesetzt worden. Allerdings hat schon die klassische Soziologie das entwickelt, was als „implizite Körpersoziologie" bezeichnet wird. Doch die Entwicklungsstränge auch einer expliziten Soziologie des Körpers sind länger, als manche glauben: Neben den Arbeiten von Georg Simmel, der oft als einsamer Prediger in der Wüste einer körperlosen Soziologie angesehen wird, sollte man Robert Hertz nicht vergessen. In den 1920er und 1930ern arbeitete Marcel Mauss zum Thema, 1939 erschien Elias' „Zivilisationsprozeß". Die Serie bricht keineswegs ab, wird aber eher in der Anthropologie weitergeführt. Neben den Arbeiten Plessners muß erwähnt werden: ie 1941 erscheinende faszinierende Arbeit von Efron über die Gesten-Kultur jüdischer und italienisch-stämmiger Amerikaner, die berühmte FotoStudie von Gregory Bateson und Margaret Mead (1942), der systematische Vergleich von Körperhaltungen La Barres (1947). In den 1950ern beschäftigen sich Kluckhohn, Hall und Hewes mit einem interkulturellen Vergleich von Körperfertigkeiten. Ihnen folgen erst dann Birdwhistell, Goffman, Foucault, Douglas, Bourdieu u. a. Ausdrücklich sollte man darauf hinweisen, daß es sich zum guten Teil um Arbeiten handelt, die sich mit dem Zusammenhang von Körper und Kommunikation beschäftigen.

Die gegenwärtige soziologische Beschäftigung mit dem Körper ist sehr stark vom Sozialkonstruktivismus geprägt. Dabei kann man – stark vereinfacht – zwei wesentliche Positionen unterscheiden. (Für eine genauere Differenzierung vgl. Knoblauch 1999.) Die erste Position (man könnte hier auch vom „soziologistischen Konstruktivismus" reden) betrachtet den Körper als etwas, das nur im Diskurs existiert – oder in der Kommunikation. Der Körper ist nur insofern Gegenstand der Soziologie, als er in der Sozialwelt thematisiert wird. Der Körper führt keine Existenz außerhalb der Diskurse oder „Kommunikationen", die über ihn geführt werden. Nicht nur folgt das Soziale eigenen Regeln; es wird auch nicht systematisch von anderen Systemen – etwa dem Organismus – beeinflußt.

Der soziale Konstruktivismus dagegen vertritt dagegen die Auffassung, daß die gesellschaftliche Konstruktion wie die durch Institutionalisierung verfestigten Konstrukte auf dem Handeln einzelner basieren und deswegen in einem systematischen Zusammenhang mit dem Bewußtsein stehen (der unter dem Begriff der Lebenswelt thematisiert wird). Die Konstruktionsprozesse des Sozialen sind also nicht nur systematisch mit den

Konstitutionsprozessen des Bewußtseins verknüpft. Sie stehen auch in einem mehr oder weniger eindeutigen Zusammenhang mit dem Körper bzw. – als vom Bewußtsein erfahrener Körper – mit dem Leib.

Mit dieser Auffassung steht der soziale Konstruktivismus in einem deutlichen Widerspruch zum soziologistischen Konstruktivismus. Beide aber sind sich mehr oder weniger einig darüber, daß diese gesellschaftliche Konstruktion durch Kommunikation bzw. kommunikatives Handeln geschieht. Was also läge näher, als sich die Frage mit Blick auf die Kommunikation näher zu betrachten?

So sehr die Kommunikation auch theoretisch ins Rampenlicht der Soziologie gerückt ist, so sehr wurde die körperliche Kommunikation vernachlässigt. Lediglich am Rande findet man den unglücklichen Begriff der „nonverbalen Kommunikation" erwähnt. Dagegen zeigte gerade die schon erwähnte Forschung im Bereich der Körpersoziologie und -anthropologie, daß die körperliche Kommunikation keineswegs der verbalen weder einfach unter- oder beigeordnet ist. Ganz davon abgesehen, daß sie kaum mit dem sprachlichen Zeichensystem vergleichbar ist, kann sie zwar unterstützend wirken, sie kann aber auch der Sprache entgegenwirken oder eigenständige Bedeutungen setzen. Der Körper kommuniziert auf sehr unterschiedliche Weisen, wobei sich auch die verschiedenen „Kanäle" keineswegs immer unterscheiden lassen, sondern oftmals zusammenwirken. Face-to-face-Kommunikation, das zeigte schon Goffman, ist immer körperliche Kommunikation.

Was den für unsere Zwecke bedeutsame Zusammenhang zwischen organischen Vorgängen und kommunikativen Handlungen angeht, zeigt es sich, daß einige körperliche Reaktionen willentlich wenig beeinflußbar sind: Die Röte, die uns ins Gesicht schießt, ist kaum zu beherrschen. Auch manche Gesten sind keineswegs frei erfunden. Ohne hier die schlichte These vom nackten Affen vertreten zu wollen, kann kaum bestritten werden, daß gerade im Bereich der körperlichen Kommunikation – also der Ausprägung von Kommunikation, die Menschen meistens und vorwiegend betrieben und betreiben – keineswegs nur sozial generierte Mechanismen am Werke sind. Vielmehr sind unwillkürliche, organisch bedingte Reaktionen an dieser Kommunikation beteiligt – und gehen auch in die soziale Kommunikation ein.

Wie dieses „Eingehen" vonstatten geht, läßt sich mittels einer phänomenologischen begründeten Vorstellung der Verkörperung von Wissen aufzeigen, die wir als Habitualisierung bezeichnen können. Wie in der Bourdieuschen Theorie bezieht sich auch im Soziakonstruktivismus die Habitualisierung auf körperliche Fertigkeiten, die zuweilen als geradezu unbewußt erscheinen. Während jedoch Bourdieu diese Praxis einem gleichsam gesellschaftlich Unbewußten zuschreibt, versucht der Sozialkonstruktivismus, die Habitualisierung des Körperlichen aus den Tätigkeiten des Bewußtseins abzuleiten. In aller Kürze kann hier nur auf die entsprechenden Prozesse hingewiesen werden: Die Verkörperung des Wissens setzt zum einen die Fähigkeit zur Typisierung voraus, also die Fähigkeit zur Fokussierung bestimmter Merkmale der Erfahrung oder Handlungssituation (vgl. dazu auch Knoblauch 1995: 24ff). Zum zweiten impliziert diese Fähigkeit das, was wir als Routinisierung bezeichnen können: Das „Einspielen" von Gewohnheitshandlungen, die uns vom Nachdenken darüber entlasten und uns für andere, darüber gelagerte Tätigkeiten freisetzen. Zum dritten liegt diesem Prozeß die Sedimentierung zugrunde: die Fähigkeit zur „monothetischen" Erfassung „polythetisch" konstituierter Erfahrungen und Handlungen. Der Prozeß der Habitualisierung (der Typisierung, Monothetisierung und Sedimentierung impliziert) ist natürlich auch an kommunikativen Handlungen beteiligt. Noch mehr: Die Face-to-face-Kommunikation ist geradezu die Schnittstelle, die Körper, Bewußtsein und Soziales vermittelt.

Herkömmlich werden die Prozesse der Vermittlung an dieser Schnittstelle nach Art eines Elaborationsmodells gefaßt. So gehen etwa Harré, Clarke und De Carlo (1985) davon aus, daß die biologische Seite des Menschen unvollständig sei und einer sozial konstruierten Ordnung bedürfe, die verschiedene Formen annehmen kann. Zerfällt in diesem Modell der Körper gleichsam in natürliche und soziale Schichten, vertritt Douglas (1986: 99) – unter ausdrücklichen Bezug auf den Sozialkonstruktivismus – eine der bisherigen Argumentation angemessenere Vorstellung: Handelnde sind demnach nicht einfach in zwei Körper aufgespalten; sie bestehen vielmehr aus der Interaktion, aus dem „ständigen Austausch" „zwischen dem sozialen und dem physischen Körpererlebnis". Dabei wird der Körper und besonders seine Ausdrucksmittel von der Gesellschaft so kontrolliert, daß er tatsächlich als Ausdruck der Gesellschaft angesehen werden kann. Zugleich aber ist der Körper keineswegs nur gleichsam ein Medium der gesellschaftlichen Kommunikation. Wie auch Frank (oder Goffman) feststellt, ist der Körper eben auch eine (z. T. nicht-soziale) Quelle der Kommunikation, um den große Bereiche der sozialen Organisation kreisen.

Literatur:
Douglas, Mary (1986): Ritual, Tabu und Körpersymbolik. Frankfurt
Harré, Rom / Clarke, David / De Carlo, Nicola (1985): Motives and Mechanisms. London
Knoblauch, Hubert (1995): Kommunikationskultur. Berlin/New York
Knoblauch, Hubert (1999): Zwischen System und Subjekt? In: Ronald Hitzler / Jo Reichertz / Norbert Schröer (Hrsg.): Hermeneutische Wissenssoziologie. Konstanz

PD Dr. Hubert Alfons Knoblauch, King's College, Campden Hill Road, GB London W8 7AH

Habitus und Hexis – Die Einverleibung der Praxisstrukturen bei Pierre Bourdieu

GERHARD FRÖHLICH

1. Die Konzepte Pierre Bourdieus, von ihm selbst meist bloß beiläufg expliziert und inkonsistent verwendet, werden oft oberflächlich rezipiert und – da projektionsoffen – höchst idiosynkratisch verwendet. Dies gilt auch für „Habitus", „Hexis" und „Inkorporierung". Der Begriff der „Hexis" (griech.) bzw. des „Habitus" (lat.) ist aristotelisch-thomistischer Herkunft, bedeutetet (erworbene) Haltung, Habe, Gehabe und wird in unterschiedlichsten theoretischen Traditionen verwendet. „Habitus" ist eigentlich bloß das lateinische Äquivalent zum griechischen Wort „Hexis", Bourdieu gebraucht beide jedoch höchst unterschiedlich: „Habitus" steht für *die „innere" generative Tiefenstruktur (Tiefenformel)*, welche nur in Interaktion mit einem Feld aktualisiert und daher nicht als solche beobachtet werden könne. Insofern ist der „Habitus" mit dem Genotypus der Biologie oder dem Betriebssystem eines Computers vergleichbar. Nur der „sprachliche Habitus" umfaßt, nicht konsistent, auch Wahrnehmbares. „Hexis" bleibt bei Bourdieu dem äußerlich wahrnehmbaren Ensemble dauerhaft erworbener Körperhaltungen und -bewegungen vorbehalten.

2. Der „Habitus" ist Produkt wie Produzent von Praktiken: Wiederholte Erfahrungen kondensieren sich in den Körpern als Wahrnehmungs-, Denk- und Handlungsschemata und bleiben so aktiv präsent. Bourdieus Schlüsselkonzept der *Inkorporierung* bzw. *Einverleibung* der Praxisstrukturen wird in der Literatur oft merkwürdig körperlos (miß-)verstanden. Bourdieu hingegen faßt die Verinnerlichungsprozesse konsequent und konkret als Einbau kollektiver Schemata und Dispositionen in die Menschenkörper, als „eingefleischte" kreative Gewohnheiten. Bei der Nachahmung der Handlungen – d. h.: der „Hexis" – anderer (Mimesis) wird die Motorik unmittelbar angesprochen; „ohne im Bewußtsein thematisiert oder erklärt werden zu müssen" (Bourdieu 1979: 190), werden Schemata über praktische Handlungen übernommen: „In allen Gesellschaften zeigen die Kinder für die Gesten und Positionen, die in ihren Augen den richtigen Erwachsenen ausmachen, außerordentliche Aufmerksamkeit: also für ein bestimmtes Gehen, eine spezifische Kopfhaltung, ein Verziehen des Gesichts, für die jeweiligen Arten, sich zu setzen, mit Instrumenten umzugehen"; diese Gesten und Haltungen sind verbunden mit „einem jeweiligen Ton der Stimme, einer Redeweise" und einem „spezifischen Bewußtseinsinhalt" (ebd.).

3. Die Einverleibung praktischer Schemata ist immer mit der Verinnerlichung *von Zeit- und Raumstrukturen* verbunden: „Zeitpunkt und vor allem Tempo der Praktiken beherrschen heißt, sich in Gestalt des Rhythmus von Gebärden oder Sprache ein ganzes

Verhältnis zur Dauer auf den Leib zu schreiben, das als konstitutiv für die Person ... erlebt wird" (Bourdieu 1987a: 141). Häuser, Räume, Möbel vermitteln Ordnungsprinzipien – nicht zuletzt über erzwungene, begünstigte, behinderte Körperbewegungen. Die Objektwelt wird „mit dem ganzen Leib in den und durch die Bewegungen und Ortsveränderungen gelesen" (ebd.: 142). Auch in hochindustrialisierten Gesellschaften trägt das materielle Erbe, der Familienbesitz, zur Weitergabe von Werten, Tugenden und Kompetenzen bei. Die gesellschaftlichen Verhältnisse zwingen sich „vermittels zutiefst unbewußter körperlicher Empfindungen und Erfahrungen" auf (Bourdieu 1987b: 137): mit dem „beruhigenden und diskreten Gleiten über den beigefarbenen Teppichboden ebenso wie dem kalten, nüchternen Kontakt mit grellfarbenem Linoleum, dem durchdringenden, scharfbeißenden Geruch von Putzmitteln wie dem unmerklichen Duft von Parfum" (ebd.: 137). Die in Dingen und Personen objektivierten gesellschaftlichen Verhältnisse werden „unmerklich inkorporiert" und bilden unsere jeweilige dauerhafte Beziehung zur Welt und zu den anderen aus, „um am Ende in Intoleranzschwellen gegenüber natürlicher und sozialer Umwelt, gegenüber Lärm, Enge, physischer wie verbaler Gewalt sich niederzuschlagen" (ebd.: 138). Das Ensemble solcherart dauerhaft erworbener Körperhaltungen und -bewegungen – „Hexis" – ist eine Grunddimension des sozialen Orientierungssinnes: „Das eigene Verhältnis zur sozialen Welt und der Stellenwert, den man sich in ihr zuschreibt, kommt niemals klarer zur Darstellung als darüber, in welchem Ausmaß man sich berechtigt fühlt, Raum und Zeit des anderen zu okkupieren" (ebd.: 739).

4. Auch die soziale Konstruktion der Geschlechter wird nach Auffassung Bourdieus primär über Haltungen und Bewegungen der geschlechtlich klassifizierten Körper gebildet wie vermittelt. Der Gegensatz zwischen dem „Männlichen" und „Weiblichen" realisiert sich in Kabylien (Nordalgerien) im Gegensatz zwischen dem Geraden und dem Krummen, in den kulturellen Stereotypen des Gehens, Blickens, Essens und Arbeitens: So müsse ein kabylischer „Mann der Ehre" gemessen, aber zügig ausschreiten, die Frau hingegen unsicher-zögerlich wirken. Der Mannhafte müsse jedem die Stirn bieten und ins Gesicht blicken, die gesittete Frau hingegen leicht vornübergeneigt gehen, mit niedergeschlagenen Augen. Der Mann von Ehre dürfe weder zu hastig und gierig, noch zu langsam und genußvoll essen, jedoch „mit vollen Backen", hingegen Frauen nur geziert, bescheiden, zurückhaltend. Bei der Ernte schüttelt der gerade, d. h. hochgereckte Mann die Oliven mit der Stange vom Baum, die Frau sammelt sie gebückt auf. Bourdieu verallgemeinert das Gegensatzpaar gerade/krumm als Grundlage der meisten Zeichen von Achtung oder Verachtung, einer *Gymnastik der Herrschaft*: „Einerseits neigt oder senkt man Kopf und Stirn als Zeichen der Verwirrung oder Unterwerfung, schlägt man ... die Augen nieder, ... verbeugt sich, wirft sich zu Füßen, ... ; andererseits blickt man dagegen von oben herab ... , ... trägt den Kopf hoch, sieht den Dingen ins Gesicht (widersteht ihnen also), ist obenauf." (Bourdieu 1987a: 133)

5. Körperhaltungen und Gefühle entsprechen einander. Bourdieu geht dezidiert von der *Induktorfunktion* körperlicher Haltungen und Bewegungen aus: „bestimmte Haltungen oder Stellungen annehmen bedeutet ... , die Empfindungen oder Gefühle, die sie zum Ausdruck bringen, zu indizieren oder zu verstärken. So erklärt sich in allen totalitären Regimen der herausragende Platz kollektiver Körperpraktiken, die durch ihre Symbolisierung des Sozialen dazu beitragen, es zu somatisieren" (Bourdieu 1992: 206f.). Die Hexis ist sohin die „Schnittstelle" zwischen Habitus und Feld: Durch wiederholtes mimetisches „Lesen" der Körper, Dinge, Räume wird die Motorik angesprochen, werden Haltungen und Bewegungen eingenommen und Handlungen automatisiert. Gefühle, Denkmuster, Einstellungen werden induziert, verstärkt oder gedämpft, werden zu permanenten Neigungen und Geneigtheiten. In einer Art Analogiebildung sedimentieren sich so relativ kohärente Schemata, Erzeugungsprinzipien, generative Formeln – die Habitus – als zu Fleisch und Blut gewordene Hypothesen über die (jeweils erfahrene wie erlebbare) Welt: „Die körperliche Hexis ... ist eine ständige unauslöschliche Gedächtnisstütze, in der sich auf sichtbare und fühlbare Weise all die möglichen Gedanken und Handlungen, all die praktischen Möglichkeiten und Unmöglichkeiten eingeschrieben finden, die einen Habitus definieren" (Bourdieu 1997: 187).

Literatur:
Pierre Bourdieu (1979): Entwurf einer Theorie der Praxis. Frankfurt a. M.
Pierre Bourdieu (1987a): Sozialer Sinn. Frankfurt a. M.
Pierre Bourdieu (1987b): Die feinen Unterschiede. Frankfurt a. M.
Pierre Bourdieu (1992): Programm für eine Soziologie des Sports. In: ders.: Rede und Antwort. Frankfurt a. M.: 193–207
Pierre Bourdieu (1997): Die männliche Herrschaft. In: Irene Dölling / Beate Krais (Hrsg.): Ein alltägliches Spiel. Frankfurt a.M.: 153–217

Prof. Dr. Gerhard Fröhlich, Universität Linz, Institut für Philosophie und Wissenschaftstheorie, Altenbergerstr. 69, A-4040 Linz-Auhof

Der Leib als generatives Prinzip sozialen Eigensinns
Biographietheoretische Überlegungen zur „Anverleibung" sozialer Lebenswelten

ANDREAS HANSES

Von einigen Ausnahmen abgesehen, sind der „Körper" und noch stärker der Leib für die Soziologie unattraktive Fremde geblieben. Dabei belegen die Studien von Michel Foucault, Norbert Elias, Pierre Bourdieu und anderen sehr eindrücklich, wie weitreichend unser „Leibsein" und „Körperhaben" durch die sozialen Rahmungen vorstrukturiert sind. Der Körper wie der Leib werden somit zum Ort *sozialer* „Einverleibungen".
„Was der Leib gelernt hat, das besitzt man nicht wie ein wiederbetrachtbares Wissen, sondern das ist man" (Bourdieu 1997: 135). Diese Aussage Pierre Bourdieus pointiert sehr deutlich den engen Zusammenhang von sozialen Praxisformen und eigener Leibwerdung. Mit diesem Blickwinkel läßt der Leib seine Bestimmung als eine anthropologische Konstante oder als Ausdruck subjektiven Erlebens weit hinter sich. Er wird zum konstitutiven Medium geschichtlicher Prozesse. In diesem Sinne kommt ihm die Funktion eines einverleibten Substrats gesellschaftlicher Strukturierung und damit rekursiver Stabilisierung sozialer Ordnung zu.
Genau dieser Aspekt der (Vor-)Strukturiertheit unseres Leiberlebens durch habituelle Bedingtheiten, sozial vordefiniertes Körperwissen und professionelle Überformungen scheint die genuine Aufgabe und Kompetenz soziologischer Leibanalysen zu sein. Damit ist allerdings auch eine mögliche Dominanz von der Geprägtheit des Leibes gesetzt. Verbleibt der Leib unter dieser Perspektive als inkarnierter Speicher sozialer Erfahrungen, der bei aller Eigendynamik die vorgegebenen Organisationsmuster lediglich stabilisiert? Um an eine zentrale Idee von Maurice Merleau-Ponty zum Leib, dem Begriff der Ambiguität, des ewigen Sowohl-als-auch leiblichen Seins anzuknüpfen (vgl. Waldenfels 1986), könnte gesagt werden, daß das „Sowohl" des Leibes in der These von der gesellschaftlichen Strukturiertheit eine erste Begriffsbestimmung erfahren hat. Die Frage bleibt allerdings, wie denn das „Als-auch" leiblicher Praxis zu beschreiben wäre.
Anhand eigener biographischer Studien mit epilepsieerkrankten Menschen konnte aufgezeigt werden, daß der Leib sich keineswegs ausschließlich als vorstrukturiertes Eigenerleben präsentiert, sondern in einem nicht unwesentlichen Maße selbst bedeutendes Strukturpotential besitzt (vgl. Hanses 1996, 1998). Entlang der biographischen Analysen zeigte sich, daß insbesondere in sogenannten „Gesundungsgeschichten" sich der eigentliche initiatorische Prozeß zur lebensgeschichtlichen Stabilisierung, autonomen Lebensführung und klinischen Gesundung im Kontext zugespitzter Lebenssituationen ergab.

Es zeigte sich deutlich, daß die Zuspitzung in einer Lebenskrise, Potentialität wie Notwendigkeit zur Neusetzung biographischer Ausrichtungen beinhalten kann. Diese krisenhaften biographischen Verdichtungen sind in ihrem verändernden Potentialen nicht in erster Linie als kognitive Leistungen eines Subjekts zu beschreiben. Die Krisen werden in den Erzählungen nicht nur dramatisch geschildert, sondern in der damaligen Situation und zum Teil auch im Moment des Erzählens selbst dramatisch *erlebt*. Der Leib tritt hier auf den Plan, indem er plötzlich und zum Teil als befremdlich oder bedrohlich wahrgenommen aus seiner Selbstverborgenheit heraustritt. Das Gewahrwerden des Leibes bietet in der Krise die Möglichkeit, die Organisiertheit tradierter und, bei Epilepsieerkrankten, fremdbestimmter Wissenskontexte des Körpers zu durchbrechen. Passive Leiberfahrungen werden an dieser Stelle nicht über das sozial ausgehandelte Körperwissen vorstrukturiert, sondern das Leiberleben tritt in einem solchen Maße in den Vordergrund, daß neue Selbst- und Weltsichten möglich werden oder sogar möglich werden müssen.

Der Leib erweist sich unter diesen Beobachtungen nicht als einseitig strukturiertes Medium sozialer Praxis, sondern im Sinne einer Ambiguität strukturiert er selbst in einem gewissen Sinne lebensgeschichtliche und soziale Konstruktionen. Es soll an dieser Stelle die These vom *Leib als generatives Prinzip biographischen Eigensinns* gewagt werden. Wenn wir diese Aussage dahingehend zuspitzen, daß der Leib als erzeugendes Prinzip von Geschichte, zumindest von Lebensgeschichte, zu begreifen ist, dann würde die Frage virulent, ob damit der Leib nicht zum anthropologischen Opponenten einer geschichts- und gesellschaftsorientierten Soziologie postuliert wird.

Die biographischen Analysen zeigen dann sehr überzeugend, daß eine Anthropologisierung des Leibes nicht haltbar ist:

1. Daß der Leib nicht als eigenständiger Impulsgeber biographischer Neusetzungen fungieren kann, wird sehr schnell offensichtlich, wenn wir der Tatsache Rechnung tragen, daß eben keineswegs jede leibliche Krise zu biographischen Konsolidierungen oder Gesundungsprozessen führen. Die Alltagsrealität und viele Beobachtungen aus dem klinischen Kontext machen deutlich, daß Krisen sich nutzlos erschöpfen können und sich allenfalls in Verlaufskurven und Krankenkarrieren chronifizieren. Die hohe lebensgeschichtliche Relevanz der hier angesprochenen Biographien liegt gerade darin begründet, daß das angstmachende Leiberleben vom Protagonisten als biographisch bedrohlich ratifiziert wird. Die Krise des Leibes wird deshalb so „existentiell" erfahren, weil sie gleichzeitig zur Infragestellung der gesamten biographischen „Disposition" wird. Die Leiberfahrungen sind somit kein ontologisches Erstes, sondern werden von den biographischen und lebensweltlichen Konstruktionen des Subjekts gleichermaßen mit vorstrukturiert.

2. Weiterhin zeigt sich, daß die lebensgeschichtlichen Veränderungen, die sich mit diesen krisenhaften Umbrüchen ergeben, so gewichtig sie auch für die einzelnen Personen sind, keineswegs „neue Menschen" entstehen lassen. Die lebensgeschichtlichen Veränderungen gelingen deshalb, da an alte Ressourcen und biographische Muster unter einer neuen Perspektive angeknüpft werden kann. Biographische Innovationen und die Konstanz generativer Muster sozialer Praxisformen geben sich die Hand. Der Leib als generatives Prinzip biographischen Eigensinns ist somit nicht jenseits der Macht und der Hartnäckigkeit sozialer Strukturierung zu diskutieren.

Dennoch ist mit der Einbindung des Leibes in die konkreten biographischen und damit auch immer in die geschichtlichen Dimensionen unsere Existenz das Provozierende der hier entwickelten These von dem *strukturierenden Element des Leibes* nicht gemindert. Zumindest in der biographischen Dimension hat sie große Reichweite für die Autobiographen wie für eine Theorie der Biographie. Eine Auseinandersetzung der Soziologie mit dem Thema des Leibes, wird sich immer wieder um diese Ambiguität des Leibes bemühen müssen, wenn sie nicht eine (soziologische) Vereinseitigung des Konzeptes Leib riskieren will. Der Aspekt der „Einverleibung" von sozialer Welt sollte durch die Gegenlesart einer „Anverleibung" von Welt sinnvoll ergänzt werden. Neben Theorien über die Kontinuität generativer Muster sozialer Praxis erscheint zumindestens aus der Perspektive biographischer Forschung eine soziologische Theorie der Krise, des Umbruchs, eben der Herausbildung biographischen und sozialen Eigensinns bedeutend zu sein.

Literatur:
Bourdieu, Pierre (1997): Sozialer Sinn. Kritik der theoretischen Vernunft. Frankfurt a. M.
Hanses, Andreas (1996): Epilepsie als biographische Konstruktion. Eine Analyse von Erkrankungsprozessen anfallserkrankter Menschen anhand erzählter Lebensgeschichten. Bremen
Hanses, Andreas (1998): Das Leiberleben als notwendige biographische Ressource in der Krankheitsbewältigung. Biographieanalytische Betrachtungen über die „Leiblichkeit" bei Menschen mit Epilepsien. In: Peter Alheit / Bettina Dausien / Wolfram Fischer-Rosenthal / Andreas Hanses / Annelie Keil (Hrsg.): Biographie und Leib. Gießen (im Druck)
Waldenfels, Bernhard (1986): Das Problem der Leiblichkeit bei Merleau-Ponty. In: Hilarion Petzold (Hrsg.): Leiblichkeit. Philosophische, gesellschaftliche und therapeutische Perspektiven. Paderborn: 149–172

Dr. Andreas Hanses, Universität Bremen, Institut für angewandte Biographie- und Lebensweltforschung (IBL), Postfach 33 04 40, D-28334 Bremen

Die Markierung von Ungeduld
Der Körper des Professionellen beim Aushandeln von Wirklichkeit

MICHAELA PFADENHAUER

Ungeduld ist eine alltägliche Begleiterscheinung sozialen Miteinanders. Wir gehen, wenn wir Zeichen von Ungeduld verspüren, gemeinhin davon aus, daß Ungeduld ein Gefühlszustand ist, der ein – im Eliasschen (1969) Sinne – zivilisatorisches Grundgebot tangiert, nämlich geduldig zu bleiben. Ungeduld appräsentiert sich über den *Körper*, d. h. bestimmte leibliche Ausdrucksformen und Bewegungen werden als „Anzeichen" von Ungeduld erfaßt. Allen Beobachtungen zufolge wird Ungeduld wesentlich *non-verbal*, d. h. mit nicht-sprachlichen Mitteln wie Gestik, Mimik, Körperhaltung und -bewegung angezeigt, selten dagegen verbalisiert.

Appräsentationen von Ungeduld sind – im Anschluß an die phänomenologisch orientierte Wissenssoziologie (vgl. Schütz/Luckmann 1979: 139ff.) – als „Fertigkeiten" zu begreifen, d. h. als körperliche Fähigkeiten, die man gewohnheitsmäßig beherrscht. Fertigkeiten sind Teil des Routinewissens, d. h. wesentlich nicht-explizites Wissen, das „beiläufig" angewandt werden kann und von einer ständigen, aber marginalen Relevanz ist. Dem (selbst nicht mehr rekonstruierbaren) Lernprozeß in bezug auf Ungeduld liegt offenkundig ein Disziplinierungsvorgang zugrunde: Es geht wesentlich um die Beherrschung von Ungeduld, d. h. wir lernen anhand von Bestätigungen und Berichtigungen, in kontrollierter Form mit Ungeduldsappräsentationen umzugehen. Man könnte in diesem Zusammenhang in Anlehnung an Marcel Mauss (1975) auch von „Körpertechnik" reden, insbesondere wenn man unterstellt, daß die Ausprägung von Ungeduldsappräsentationen kulturell variiert.

Indem wir lernen, über Appräsentationen von Ungeduld zu verfügen, lernen wir auch das *Markieren* von Ungeduld. Das heißt: Wir erwerben die Fähigkeit, Ungeduld (weitgehend) unabhängig von unserem Gemützszustand anzuzeigen. Formen des Umgangs mit Appräsentationen von Ungeduld entsprechen in etwa dem, was in Schützscher Tradition „Fähigkeiten" genannt wird (vgl. Schütz/Luckmann 1979: 154ff.). Sie bilden den Übergang zum expliziten Wissen, das nicht mehr nur beiläufig-gewohnheitsmäßig, sondern „intentional" angewendet werden kann. Bei der Markierung von Ungeduld greifen wir auf Ungeduldsappräsentationen zurück. Wir verfügen über eine Art von Kulturkapital, das in bestimmten Situationen eingebracht werden kann. Bei der Markierung von Ungeduld greifen wir auf Ungeduldsappräsentationen zurück. Wir verfügen über eine Art von Kulturkapital, das in bestimmten Situationen eingebracht werden kann.

Ungeduld gilt – im Gegensatz zu Geduld – als sozial problematisch, unangenehm, undiszipliniert, insofern „in Ungeduld ausbrechen" als *un*kontrollierter Vorgang des Verlusts von Körperbeherrschung interpretiert wird. Erving Goffman zufolge fällt ein

Akteur, der sichtbar ungeduldig wird, aus seiner bislang in der Begegnung mit anderen innegehabten Rolle heraus. Goffman beschreibt verschiedene Arten des Umgangs mit derlei „Ausfälligkeiten": Der Zwischenfall wird entweder ignoriert, d. h. behandelt, als ob er nicht stattgefunden hätte; oder er ermutigt andere Interaktionsteilnehmer, ebenfalls ausfällig zu werden; oder aber er führt dazu, daß die Interaktionsteilnehmer die Situation um denjenigen, der den Zwischenfall produziert hat, neu definieren, d. h. ihn nicht mehr bloß als Teilnehmer behandeln, sondern als „Objekt der Aufmerksamkeit". Damit wird die Struktur der Begegnung tangiert.

Wenn wir bei einem Ausbruch von Ungeduld einen *kontrollierten* Umgang mit Ungeduldapräsentationen unterstellen, dann kann dieser Ausbruch durchaus strategisch darauf abzielen, auf sozial zwar problematische, aber wirkungsvolle Weise eine Neudefinition der Situation den eigenen Vorstellungen entsprechend durchzusetzen. Die Markierung von Ungeduld mittels körperlicher Ungeduldsapräsentationen ist also eine (probate) Maßnahme zur Situationsdefinition bzw. der Körper ein (wirkungsvolles) „Instrument" zum Aushandeln von Wirklichkeit.

Im Hinblick auf bestimmte biographische Problemstellungen lernen (manche) Menschen, die habituelle Fähigkeit der Markierung von Ungeduld pragmatisch einzusetzen. Dies läßt sich nicht nur, aber insbesondere in solchen Berufen beobachten, bei denen der berufliche Alltag wesentlich durch die Interaktion mit konkreten Anderen geprägt ist (z. B. in pädagogischen und Pflegeberufen, aber auch in Verkaufsberufen). In der Regel findet hier eine „Sekundärsozialisation" in und durch die beruflichen Tätigkeiten in einer spezifischen Organisation statt. Entwickelt wird dabei, in der Überlagerung individuell-idiosynkratischer und organisationsidiosynkratischer Handlungsroutinen (neben vielem anderen) auch ein Handlungsmuster „Ungeduld anzeigen (bzw. verbergen)". Allerdings ist dieses Handlungsmuster typischerweise eher konkret, d. h. auf die hier spezifisch auftretenden Handlungsprobleme ausgerichtet, als abstrakt, d. h. an allgemeinen Problemlösungsmöglichkeiten orientiert.

Es ist zu vermuten, daß bei individuellen Professionalisierungsprozessen, d. h. bei der Aneignung professioneller Kompetenz im Rahmen einer langwährenden Ausbildung, in der Regel beiläufig neben vielem anderen ein von konkreten Belangen abstrahiertes Handlungsmuster „Ungeduld anzeigen (bzw. verbergen)" erlernt wird. Die Annahme lautet also, daß Professionelle, deren beruflicher Alltag im wesentlichen durch den Umgang mit Klienten geprägt ist, typischerweise über ein Instrumentarium *reflektierter* Markierung von Ungeduld verfügen, und daß Professionelle dieses Instrumentarium handlungsstrategisch in Situationen einsetzen (können), in denen Situationsdefinitionen interaktiv erzeugt werden, d.h. in denen Wirklichkeit ausgehandelt wird. Teilnehmende Beobachtungen in Face-to-face-Interaktionen zwischen Professionellen und Klienten haben folgenden Katalog von nonverbalen Ungeduldspräsentationen ergeben:

- auf und ab laufen
- von einem Fuß auf den anderen treten
- heftiges Kopfnicken während der Rede des anderen
- heftiges Kopfschütteln während der Rede des anderen
- die Rede des anderen unterbrechen
- mit den Fingern auf eine Unterlage trommeln
- den anderen länger als üblich direkt ansehen
- den Blick vom Gesprächspartner abwenden (sich anderen Personen im Raum oder einem Gegenstand, z. B. den Unterlagen vor sich auf dem Tisch, zuwenden
- auf die Uhr schauen
- sich mit der Körperansicht vom anderen abwenden
- das Ende des Gesprächs anzeigen, indem man aufsteht, zur Tür geht, die Hand auf die Klinke legt, die Tür öffnet usw.

Bereits diese erste, unsystematische Auflistung macht deutlich, daß es kaum ein eindeutiges körperliches Anzeichen für Ungeduld gibt. Es geht also – wenn wir sprachliche Äußerungen aller Art ausschließen – um mimische und gestische Zeichen, um Körperhaltung und Körperbewegungen, bei denen es sich, abhängig vom jeweiligen Kontext, auch um Ungeduldsäußerungen handeln kann.

Empirisch läßt sich zeigen, daß Professionelle unter bestimmten Umständen tatsächlich auf das Instrumentarium der Markierung von Ungeduld zugreifen, um ihre je eigene Situationsdefinition gegen konkurrierende Alternativen durchzusetzen. Die kontrolliert eskalierende Markierung von Ungeduld stellt eine Möglichkeit des Professionellen dar, seine (je eigene) Situationsdefinition gegen sozusagen „konkurrierende Alternativen" eines Interaktionspartners durchzusetzen. Die Markierung von Ungeduld ist also ein körperliches Instrumentarium zur nicht-expliziten Bewältigung von Krisensituationen, dann nämlich, wenn der Expertenstatus des Professionellen durch den Widerstand des Klienten, seine Situationsdefinition zu akzeptieren, gefährdet wird. Je nach gewählter Ausdrucksform von Ungeduld bewegt sich der Professionelle damit zwischen schlichter Unaufmerksamkeit und kaum noch kaschierter Unhöflichkeit – jedoch bis zuletzt darum bemüht, das Gebot des „face solving" nicht zu verletzen, das Goffman (1955) als grundlegend für die Interaktionsordnung angesehen hat.

Literatur:
Elias, Norbert (1969): Über den Prozeß der Zivilisation. 2 Bände. Frankfurt a.M.
Goffman, Erving (1955): On Face-Work. An Analysis of Elements in Social Interaction. In: Psychiatry, 18, H. 3: 213–231 (deutsch: Techniken der Imagepflege. In: ders: Interaktionsrituale. Frankfurt: 10–53

Goffman, Erving (1973): Interaktion: Spaß am Spiel, Rollendistanz. München
Mauss, Marcel (1975): Soziologie und Anthropologie. Band 2. München/Wien
Schütz, Alfred / Luckmann, Thomas (1979): Strukturen der Lebenswelt. Band 1. Frankfurt a.M.

Dipl.-Pol. Michaela Pfadenhauer, Universität Dortmund, Fachbereich 14, Lehrstuhl für allgemeins Soziologie, D-44221 Dortmund

Die Bedeutung grenzenloser Kommunikation für soziologische Konzepte von Kultur und Gesellschaft

Organisation: Gernot Saalmann / Ronald Kurt

Einleitung

GERNOT SAALMANN / RONALD KURT

Angesichts der rasanten Entwicklungen in der Kommunikationstechnologie und ihrer globalen Implementierung schien es interessant zu sein, der Frage nachzugehen, welche Veränderungen dies in den Bereichen Kultur und Gesellschaft nach sich zieht und ob dadurch eine Modifikation soziologischer Begriffe erforderlich werden könnte. Diese Problematik tritt besonders deutlich hervor angesichts der Aspekte von Räumlichkeit und Zeitlichkeit, die in den Begriffen „Kultur" und „Gesellschaft" enthalten sind, aber unter den veränderten Bedingungen nicht in gleichem Maße selbstverständlich plausibel sind wie noch bis vor kurzer Zeit. Wo befindet sich beispielsweise die räumliche Grenze einer Kultur oder Subkultur unter der Voraussetzung weltumspannender Kommunikation?
Lassen sich Vergesellschaftungsprozesse in virtuellen Räumen und in virtueller Interaktion mit einem Begriff beschreiben, der von raumzeitlicher Anwesenheit der Akteure ausgeht? Welche Folgen haben virtuelle Mobilität und die Geschwindigkeit der Datenübertragung für die Kategorie eines „sozialen Bewußtseins"?
Diese und ähnliche Fragen werden sich wohl nur beantworten lassen, wenn zunächst die Veränderungen auf der „Sachebene" beschrieben werden. Auf Grund der derzeitigen Forschungsvorhaben der Referenten, die für diese Aufgabe gewonnen werden konnten, ergab sich eine Konzentration auf zwei Untersuchungsfelder und somit auch eine thematische Zweiteilung der Sitzung. Zunächst stand das Fernsehen im Mittelpunkt der Analysen, später Computer und Internet.

Da, wie stets, die Zeit für Diskussionen knapp war, konnte auf die Implikationen der beschriebenen Veränderungen für die Begrifflichkeit kaum eingegangen werden. In den einzelnen Referaten finden sich jedoch so viele interessante Hinweise, daß der/die geneigte LeserIn in die Lage gesetzt sein sollte, für sich selbst entsprechende Überlegungen anzustellen.

Gernot Saalmann, Krozingerstr. 78, D-79114 Freiburg

Dr. Ronald Kurt, Universität Konstanz, Sozialwissenschaftliche Fakultät, D-78457 Konstanz

Kultur im Zeitalter der Digitalisierung – einige Vorüberlegungen

GERNOT SAALMANN

Mit dem Begriff Digitalisierung lassen sich ohne Zweifel einige der wichtigsten Veränderungen der letzten Jahre beschreiben. Dies betrifft auf der einen Seite die Technikentwicklung, auf der anderen die immer weitergehende Durchsetzung eines Verfahrens in den Bereichen von Informationsverarbeitung und Kommunikation. Den ersten Prozeß kann man mit den Stichworten Computer, CD-Player, Digital Audio Tape, Digitalfernsehen, Digital Camera und CD-Brenner umreißen, den zweiten mit EDV, Software, Digital Recording, Desktop Publishing etc. Während Digitalisierung im Sinne der technologischen Entwicklung direkte Auswirkungen auf die materielle Kultur hat, treten die weiteren Folgen der Anwendung digitaler Technologie erst längerfristig zu Tage. Dennoch hat sich in den letzten Jahren unbestreitbar die Arbeitswelt durch den Einsatz von Computern gravierend verändert. Gleiches kann derzeit am Beispiel der Musikbranche beobachtet werden. Die digitale Aufnahmetechnik hat ein ganz anderes Klangbild etabliert, und speziell im Bereich der Rockmusik hat sich der Sound verändert. Als Reaktion darauf haben sich mittlerweile Teilgruppen herausgebildet, die explizit analoge Studiotechnik kultivieren. Ihnen gegenüber stehen diejenigen, die begeistert die neuen Möglichkeiten der Klangerzeugung und des Sampling nutzen.

Im folgenden möchte ich einige skizzenhafte Überlegungen dazu anstellen, welche Veränderungen die Nutzung des Computers als Mittel der grenzenlosen Kommunikation nach sich zieht, und welche Folgen dies für die Kultur haben könnte. Dazu soll zuerst an einige Charakteristika computergestützter Kommunikation erinnert werden (1.) und darauf die Erklärungskraft zweier Begriffe von Kultur beleuchtet werden (2.).

1. Die Charakteristika computervermittelter Kommunikation treten hervor, wenn man sie mit mündlicher und schriftlicher Kommunikation vergleicht. Die Übertragungsgeschwindigkeit der Einzelsignale ist bei der Computer-Kommmunikation extrem hoch, während sie bei mündlicher Kommunikation nur hoch und bei schriftlicher Kommunikation deutlich niedriger ist. Die Reichweite mündlicher Kommunikation ist sowohl im räumlichen als auch zeitlichen Sinn gering, bei schriftlicher Kommunikation deutlich größer. Computer-Kommunikation hat eine räumlich sehr große Reichweite, ihre zeitliche kann sehr unterschiedlich sein. Die Unterschiede bezüglich weiterer, für die Kommunikation besonders wichtiger Gesichtspunkte lassen sich aus einer tabellarischen Übersicht besser ablesen. Es zeigt sich deutlich, daß die Kommunikation mittels des Computers ein größeres Möglichkeitsspektrum für ihre konkrete Ausgestaltung besitzt. Die Eigenschaften der älteren Kommunikationsformen werden nicht einfach addiert, sondern sie stellen Optionen dar, die je unterschiedlich verwirklicht und kombiniert werden können.

	Mündliche Kom.	Schriftliche Kom.	Computer-Kom.
Sozialität	angesichtiger Partner	ohne Partner	mit oder ohne Partner
Kontextualität	gemeinsamer situativer Kontext	losgelöst von Kontext	versch. sit. Kontexte oder losgelöst
Kommunikativer Anschluß	direkt, Antwort meist sofort	verzögert, Antwort später	direkt oder verzögert
Sprachniveau	meist alltagssprachlich, logische Inkonsistenzen möglich	hochsprachlich, log. stringenter	alltags- oder hochsprachlich

Die rasante Ausweitung computergestützter Kommunikation über das Internet in den letzten Jahren hat zu interessanten Analysen geführt, auf welche Weise die Möglichkeiten des Mediums genutzt werden. Stefan Münkler und Alexander Rösler weisen darauf hin, daß die Unübersichtlichkeit des Netzes durch die Konstruktion als Einheit bewältigt wird. Unter dem Begriff Cyberspace werde das Internet mythisiert und verklärt. Dieser Begriff aus der Science Fiction Literatur eignet sich hervorragend als Metapher, um die Folgen der neuen Kommunikationstechnologie zu beschreiben:
„In der Welt des Cyberspace sind Zeit *und* Raum aus den Fugen, ist ihre kategoriale Abgrenzung durcheinandergeraten. Räumliche Distanzen schrumpfen auf die Zeiten der Datenübertragung, und diese werden dank fortschreitender Technologie dereinst die Schwelle der Wahrnehmbarkeit unterschreiten. Die Auflösung des Raums in dimensionslose Zeit macht den Cyberspace zu einem ortlosen Ort zeitloser Bewegung – zu einem Nicht-Ort gewissermaßen, zum U-Topos." (Münkler/Rösler 1997: 7).

Mit Recht betonen die Autoren, es sei notwendig, bei der Einschätzung des Phänomens Internet blinde Euphorie und radikale Skepsis zu vermeiden. Ein Beispiel für eine derartige Ausgewogenheit und Sorgfalt bietet die Arbeit von Sherry Turkle. Sie untersucht eine Sonderform computervermittelter Kommunikation als Ort der Konstruktion und Rekonstruktion von Identität und geht davon aus, daß durch virtuelle Interaktion Bereiche, die für die Ausbildung und Veränderung von Identität wichtig sind, in völlig neuer Weise erfahren und bedacht werden. Dies hat auch dazu geführt, daß im Diskurs darüber sowohl Personen als auch Objekte rekonfiguriert wurden: Maschinen als psychologische Objekte, Menschen als lebende Maschinen (Turkle 1998: 35). Die Eigenheiten und Möglichkeiten der neuen Medientechnologie haben also nicht nur einen direkten Einfluß auf die Ausgestaltung der Kommunikation, sondern auch auf die Kommunikationsteilnehmer (ihre Identität) selbst.

Der Bedeutung von „Informationsaustausch" und medialer Kommunikation in der heutigen Gesellschaft Rechnung tragend, spricht Turkle im Anschluß an Jean Baudrillard von der Verschiebung „von einer Kultur der Berechnung zu einer Kultur der Simulation" (Turkle 1998: 26 u. 28). Damit ist das Grundprinzip der Erzeugung und Strukturierung von Kultur benannt. Eine interessante Frage bleibt jedoch, wie die Auswirkungen digitalisierter Kommunikation auf konkrete Elemente der Kultur diskutiert werden.

2. Welche Folgen der computergestützten, grenzenlosen Kommunikation man für Kultur sieht/sehen kann, hängt wesentlich davon ab, was man unter Kultur versteht. Das wird allerdings selten explizit gemacht, was dazu führt, daß in der Diskussion zwei verschiedene Kulturbegriffe nebeneinander verwendet werden können. Dabei handelt es sich um den humanistischen Kulturbegriff, der auf den Bereich des Geistigen sowie Kunst und Ästhetik eingeschränkt ist und eng mit dem Begriff der Bildung korreliert, und den weit gefaßten anthropologischen Kulturbegriff, der die gesamte menschliche Lebensweise umfaßt.[1]

Der humanistische Kulturbegriff eignet sich hervorragend für wertende Kulturkritik. So kann beispielsweise leicht über das angebliche Verschwinden des Buches als Zeichen kulturellen Niedergangs lamentiert werden, wenn die neuen Informationsmedien schon per Definition nicht zur Kultur gerechnet werden können.

An zwei Punkten wird die Unangemessenheit dieses Begriffs von Kultur besonders deutlich: Im digitalen Zeitalter nimmt die Bearbeitbarkeit und Veränderbarkeit vieler Kunstwerke zu. Die Grenzen zwischen Künstler und Rezipient verwischen sich immer mehr, der kreative Prozeß ist potentiell unabschließbar. Dies zeigt sich auch bei der Aneignung von Elementen aus der „Hochkultur" und ihrer Neukombination in der „Populärkultur", in Subkulturen oder in kulturellen Milieus, die unter den neuen technischen Gegebenheiten ganz anders möglich ist.

Auch Befürworter eines humanistischen Kulturbegriffs sprechen von „Kulturen" in der Mehrzahl. Es ist jedoch nicht einsichtig, nach welchen Kriterien diese sinnvoll abgegrenzt werden könnten, wenn schon in der eigenen Kultur das humanistische Bildungsgut extrem ungleich verteilt ist und in neuester Zeit Expertenwissen weltweit verknüpft wird.

Am anthropologischen Kulturbegriff kann man zu Recht bemängeln, daß er bis zur Unschärfe erweitert ist. Deshalb empfiehlt es sich, zwischen dem Allgemeinmenschlichen und den konkreten Ausformungen raum-zeitlicher Kulturen zu unterscheiden. Hier war es bislang sinnvoll, von einzelnen, abgrenzbaren Kulturen zu sprechen. Auch dies wird jedoch problematisch, insofern mit den neuen Kommunikationsmedien Grenzen überschritten werden können und die Raumbindung weitgehend aufgehoben ist. Wenn man jedoch Einzelkulturen nicht als statische Einheiten begreift, sondern eher als Momentaufnahmen in einem kulturellen Prozeß, kann man noch immer sinnvoll von einer Pluralität von Kulturen sprechen. Dieser Prozeß läßt sich als Ergebnis kultureller Praxis begreifen, die noch näher bestimmt werden kann. Ein wichtiges Element dieser Praxis ist die Schöpfung und Deutung von Symbolen. Als symbolische Praxis lassen sich die kulturellen Aspekte grenzenloser Kommunikation gut analysieren. Auch die allgemeine anthropologische Definition von Kultur als „erlernte, soziale Lebensweise" wird von den neuen Kommunikationsformen kaum berührt, denn ob dieses Leben in realen oder virtuellen Räumen stattfindet, ist für seine Konzeption als Kultur ohne Belang. Diese Differenz scheint eher bedeutsam für die Analyse sozialer Formen. Der humanistische Begriff von Kultur jedoch kann das Leben in virtuellen Räumen nicht erfassen, weshalb man den anthropologischen Kulturbegriff favorisieren sollte.

Anmerkungen:
1 Ausführlicher zu den Verwendungweisen des Wortes Kultur siehe: Gernot Saalmann (1999): Fremdes Verstehen. Die Problematik des Fremdverstehens aus der Sicht einer „metadisziplinären" Kulturanthropologie. Diss. Freiburg, Kap. 1, Abschnitt 2a.

Literatur:
Münkler, Stefan / Alexander Rösler (1997): Vorwort zu: dies. (Hrsg.): Mythos Internet. Frankfurt: 7–12
Turkle, Sherry (1998): Leben im Netz. Reinbek

Gernot Saalmann, Krozingerstr. 78, D-79114 Freiburg

Zwischen Kulenkampff und Küppersbusch: Alte und neue Moderatorentypen

RONALD KURT

Im menschlichen Aufeinanderbezogensein – also in der Sphäre des Sozialen – gibt es keine Kommunikation ohne Grenzen. Grenzenlose Kommunikation ist ein Widerspruch in sich, weil jede Art der Kommunikation bestimmte Handlungsmöglichkeiten ein- und bestimmte andere ausschließt. Was ist „in" und was ist „out"? Mit dieser Differenz definieren die Individuen der Gesellschaft den sinnhaften Horizont ihres Kommunizierens. Lebendig ist das Soziale freilich nur, wenn die Grenzen überschritten werden, wenn kollektiv geteilte Ordnungsvorstellungen aufs Spiel gesetzt werden. Derartige Spiele mit Grenzen finden sich auch da, wo man sie zunächst nicht vermutet: im „grenzenlosen Medium Fernsehen". Zum Beispiel bei Hans Joachim Kulenkampff und Friedrich Küppersbusch.

Grenzen: Grenzerfahrungen sind mitunter äußerst ambivalente Wahrnehmungen. Sie pendeln zwischen „Bis hierhin und nicht weiter!" und „Wie kann ich die Grenze überschreiten?". Drei Beispiele:

Mauern sind materiale Grenzen. Aber so widerständig Mauern sich auch zeigen mögen, letztlich kann jede Mauer überwunden beziehungsweise zum Einsturz gebracht werden.

Fremdbewußtsein ist eine Grenze anderer Art, soll heißen: das Bewußtsein Anderer ist nicht einzusehen. Auf die Unerfahrbarkeit des alter ego antwortet ego mit Zeicheninterpretationen, das heißt mit dem Versuch zu verstehen.

Die äußerste Grenze ist der *Tod*. Es ist weder möglich hinter das Leben zu sehen, noch ist es möglich sich seinen eigenen Tod vorzustellen. Auf diese Grenze antworten Gesellschaften mit religiösen Konzepten: Himmel oder Hölle, Nirwana oder Wiedergeburt ... Grenzziehungen und Grenzüberschreitungen sind unser täglich Brot. Und weil es uns so wichtig ist, erfinden wir uns sogar noch jede Menge Spiele, in denen es genau darum geht. Fußball ist ein solches Spiel. Freud und Leid, Ruhm und Schande, Geld und Arbeitsplatzverlust hängen einzig und allein von dem Moment ab, in dem der Ball über die Torlinie getreten wird.

Wie im Fußball, so im Fernsehtalk: die Kommunikation muß Grenzlinien überschreiten; tut sie das nicht, entfällt der Unterhaltungswert. Der Grund für den Zwang zur Grenzüberschreitung basiert auf der radikalen Künstlichkeit der Studiosituation, in der Fernsehtalks normalerweise produziert werden. Im Fernsehstudio herrscht eine Wirklichkeit eigener Art: Tische, Stühle, Wände, Menschen – alles wird so zugerichtet, daß es in der Kameraperspektive gut aussieht. Alles wird künstlich hergestellt – vor und für die Kameras (und Mikrophone). Nichts erinnert an im Alltag übliche

Gesprächssituationen – und genau diese sollen ja im Fernsehtalk inszeniert werden. Wie gelingt es den Medienprofis Kulenkampff und Küppersbusch, ihre Gäste dazu zu bewegen, sich in einer absolut künstlichen Atmosphäre natürlich zu geben? Der Gast ist in einer fremden, unvertrauten Welt und er weiß, daß er in erster Linie nicht für sich, sondern für andere ist. Kamera- und Menschenaugen sind auf ihn gerichtet. Sie machen sich Bilder von ihm. In einer solchen Situation werden die meisten Menschen zunächst einmal zurückhaltend reagieren. Die Seele geht in Deckung, verbirgt und kontrolliert sich. Sie wird versuchen, Distanz zu halten, um möglichst wenig preiszugeben. Sinn des Spiels ist es, den Gast aus dieser Haltung herauszuholen. Spontan soll er sein und authentisch. Die Mauer, hinter der sich der Gast verbirgt, soll zum Einsturz gebracht werden und Verborgenes zum Vorschein bringen.

Zwei Moderatoren, zwei Methoden: Der Herzspezialist Hans Joachim Kulenkampff und der Gehirnchirurg Friedrich Küppersbusch
Hans Joachim Kulenkampff, am 14.8.98 siebenundsiebzigjährig gestorben, wird 1921 in Bremen geboren. Er wächst in einer Kaufmannsfamilie auf, wird zunächst Theaterschauspieler, dann „zufällig" Quizmaster. Bis 1987 macht er „EWG", zwischen 1985 und 1990 „Nachtgedanken". 1997 versucht er eine Rückkehr auf die Fernsehbühne mit dem Quiz „Zwischen Gestern und Morgen".
Aus einer dieser 1997 aufgezeichneten Quizsendungen möchte ich eine für Kulenkampff typische Gesprächssituation interpretieren:
Kulenkampffs Kandidaten sitzen auf komfortablen Wohnzimmersesseln. Die Kulissen sind entsprechend. Kulenkampff, von seinen Gästen zunächst weit entfernt, geht auf eine seiner Kandidatinnen zu, reicht ihr die Hand – so als ob er sie zum Tanz auffordern wolle – und führt sie im Gleichschritt zur Bühnenmitte. Dort angekommen nimmt Kulenkampff seine Kandidatin, eine 15jährige Schülerin namens Lena, sehr genau in den Blick. Er beugt sich zu ihr hin und fragt: „Lena, was treiben Sie denn so?" Lena versucht auszuweichen. Sie bleibt wortlos, verschränkt die Arme und macht einen Schritt zur Seite. Ihr Widerstand ist nur von kurzer Dauer. Nach einigen verbalen und körperlichen Streicheleinheiten hat er es geschafft. Lena lächelt, erzählt bereitwillig aus ihrem Privatleben und schmiegt sich sachte an den galanten Kulenkampff. Mit handfestem Charme hat er die Kommunikation über die Linie gebracht – und das Publikum kann „Seele" sehen.
Friedrich Küppersbusch, geboren 1961 in Velbert, Studium der Journalistik (ohne Abschluß), Volontariat beim WDR. 1990–96 Moderator des Politik-Magazins ZAK. Bis Ende 1997 moderiert er „Privatfernsehen".
Eine Szene aus dem Politmagazin ZAK. Zu Gast ist der SPD-Politiker Wolfgang Clement. Das Gespräch wird mit einem Film eröffnet, in dem der Schauspieler Hans Jörg Felmy als Pilot zu sehen ist. Am Ende der Einspielung wird der Schauspieler Felmy mit Hilfe einer Überblendung in den Politiker Clement verwandelt. Fernsehtechnik

macht's möglich: Politiker gleich Schauspieler? Die Worte, die den Bildern folgen, sind nicht minder provokant. Der konfrontative Stil der Kommunikation spiegelt sich auch im Hintergrundbild, das eine guerillaartige Straßenkampfszene zeigt. Dazu paßt, was Küppersbusch tut: Er versucht seinen Gast aus der Deckung zu locken, verwickelt ihn in kleinere Wortgefechte, stürmt voran und spart dabei nicht mit verbaler Munition. Küppersbusch gestattet seinen Gästen keine konventionelle Gegenwehr. Er zwingt sie zu freiem Denken, zu intellektuellem Gefecht ohne Schablonen und vorgefertigte Standardantworten. Das Publikum kann dabei den freigelegten „Geist" bei der Arbeit sehen.

Kulenkampffs und Küppersbuschs Spiele mit Grenzen entdecken Verdecktes: Gefühle und Gedanken, die massenmedial erfaßte Menschen normalerweise nicht zeigen würden.

Dr. Ronald Kurt, Radolfzeller Str. 24, D-78467 Konstanz

Mediale Identitäten

RALF ADELMANN / MARKUS STAUFF

Eine der Problemstellungen, die der Ad-hoc-Gruppe „Die Bedeutung grenzenloser Kommunikation für soziologische Konzepte von Kultur und Gesellschaft" zugrunde liegen, fragt danach (so die Ausschreibung), „[...] inwiefern die Veränderungen in den Bereichen Kultur und Gesellschaft, die sich in Folge der neuen Medientechnologien ergeben, auch eine Änderung in der soziologischen Begrifflichkeit erfordern." – Als Medienwissenschaftler freuen wir uns selbstverständlich, daß Gegenständen unserer Disziplin, den Medientechnologien, eine zentrale und fast ursächliche Rolle für gesellschaftliche Veränderungen zugesprochen wird. Allerdings drängt sich aus der Perspektive der jungen Disziplin Medienwissenschaft die Umkehrung dieser Problemstellung auf: Sind angesichts der gegenwärtigen soziokulturellen Veränderungen die gängigen Vorstellungen und Konzeptionen von Medientechnologien noch angemessen? Während einerseits die offensichtliche Durchdringung aller Lebensbereiche mit Medientechnologien die Vorstellung nahelegt, daß sämtliche kulturelle und gesellschaftliche Prozesse von den Medien nicht nur beeinflußt, sondern möglicherweise sogar „umgewälzt" werden, so bleiben doch andererseits die Erklärungsmuster über Relevanz und Funktionsweise der Medien meist pauschal und simplifizierend. Besonders die soziologische Globalisierungsdebatte beruft sich auf *die* Medien als Hintergrund oder

Antriebsmechanismus gesellschaftlicher Transformationen, ohne dies näher zu präzisieren. Am Beispiel der (Re-)Produktion kultureller Identitäten wollen wir aufzeigen, wie der Stellenwert der Medientechnologien zwar enorm, ihre genaue Funktionsweise aber weitgehend diffus erscheint.

Eine erste Schwierigkeit bei der Bestimmung des Stellenwertes von Medien resultiert schlicht aus der Tatsache, daß soziokulturelle Strukturen und Medientechnologien sich in wechselseitiger Durchdringung entwickeln. Die Herausbildung der Nationalstaaten wurde u. a. durch den Buchdruck vorangetrieben und die nationalstaatliche Organisation der Gesellschaften prägt ganz entscheidend die Funktionsweise von Medien. Trotz der Präsenz US-amerikanischer Sendungsformate in der Frühzeit des Fernsehens in der BRD blieb dessen gesamte Organisationsform (z. B. die Werbezeiten, Programmstrukturen und Themen der Nachrichtensendungen) durch nationale Gesetzgebung und Traditionen bestimmt. Im Umkehrschluß wurde dem Fernsehen ein entscheidender Einfluß auf die nationale Politik und Kultur und somit die Integration der Bürger in den Nationalstaat zugesprochen.

Mit der Einführung des dualen Systems in den 80er Jahren entstanden erste Zweifel bezüglich des integrativen Potentials von Fernsehen. Die zunehmende Orientierung der Produktionen an spezifischen Zielpublika und die Herausbildung (sub-)kultureller Milieus, die sich nicht zuletzt durch ihre jeweilige Mediennutzung unterscheiden, stellt den unmittelbaren Zusammenhang von Medienstruktur und Nationalstaat in Frage. Überhaupt scheinen sich mit der Globalisierung die Kommunikationsstrukturen von den vorgegebenen geographischen und politischen Einheiten zu lösen. Diese richtige Beobachtung führt häufig zur falschen Annahme, daß die technische Struktur eines Mediums – und damit eine dem Medium immanente Logik – sich durchsetze und unmittelbar auf soziokulturelle Prozesse einwirke. Im Gegensatz zu dieser Argumentationsfigur wollen wir aufzeigen, daß die Effekte von Medien zum einen erst in der Wechselwirkung mit nicht-medialen Faktoren entstehen und zum anderen keinesfalls auf Rezeption und Aneignung zu beschränken sind.

Die technische und institutionelle Komplexität der sogenannten neuen Medien erfordert die Herausbildung von Hierarchien und Ordnungsmustern, um sie für Produktion und Rezeption überhaupt handhabbar zu machen. Unterschiedliche Nutzungsformen, inhaltliche und thematische Strukturierungen und institutionell-organisatorische Varianten resultieren jedoch nicht aus der technischen Struktur des Mediums selbst, sondern aus dem Zusammenspiel des Mediums mit Alltagsstrukturen, mit anderen Medien, mit (durch diese) schon etablierten Themenstrukturen und selbstverständlich auch mit ökonomischen Strukturen, die den Zugang zu Medien entscheidend prägen. In der angloamerikanischen Kultur- und Medienwissenschaft ist wiederholt aufgezeigt worden, daß die globalisierte technische und institutionelle Struktur der Medien zwar entscheidenden Einfluß auf die Prozesse kultureller Identitätsbildung hat, daß die konkrete Art und Weise dieses Einflusses aber zugleich von nicht-medialen Faktoren abhängig ist. So prägen beispielsweise Migrationsprozesse, die wiederum von politischen und ökonomischen Faktoren bestimmt werden, die konkrete Ausformung von Kommunikationsstrukturen und Mediennutzung. Satellitenfernsehen, Telefon, verschickte Videokassetten und Internetkommunikation erhalten ihre Relevanz immer erst durch die freiwillige oder erzwungene Streuung kultureller Praktiken und der je spezifischen Mediennutzung. Die technische Struktur der Medien muß deshalb als ein soziokultureller Strukturierungsfaktor verstanden werden, der erst in Überschneidung und wechselseitiger Stabilisierung mit anderen Strukturierungsfaktoren – wie etwa politischen und ökonomischen Prozessen sowie Migrationsbewegungen – eine je spezifische Transformation kultureller Identitäten bewirkt.

Da Medien nicht eine substantielle Wirkung an sich entfalten, die durch die technische Struktur vorgegeben ist, entwickeln sie eine vielfältige Produktivität in unterschiedlichen gesellschaftlichen Praxisbereichen. Dies gilt gerade deshalb, weil auch die „neuen Medien" Massenmedien sind: Diese setzen eine gesellschaftsdurchdringende Infrastruktur voraus, ihre Nutzung wird umso sinnvoller und notwendiger, je mehr Menschen sie nutzen, und nicht zuletzt sind sie Medien, die in anderen, „älteren" Medien zu einem wichtigen Thema werden. Medien sind Symbole der Gesellschaft, sie konzentrieren Ängste und Hoffnungen und werden zum Gegenstand von Pädagogik und Politik, die durch die Regulierung des Mediums zugleich hoffen, auch die Individuen zu regulieren. Familien ohne Internetanschluß, leben deshalb ebenfalls in einer Gesellschaft, die anders aussehen würde, wenn es kein Internet gäbe und auch wer Fernsehen nicht rezipiert, ist von gesellschaftlichen Transformationen, die ohne Fernsehen nicht denkbar wären, betroffen.

Wenn Medien einerseits nur in Verzahnung mit anderen gesellschaftlichen Strukturen und Praxisbereichen ihre Funktionsweise entfalten, wenn sie aber andererseits ihre Effekte – unabhängig vom konkreten Apparat und „Angebot" – in die verschiedensten gesellschaftlichen Praxisbereiche hineinstreuen, so können Medien nicht mehr als konsistente Gegenstände analysiert werden. Insbesondere stoßen hier die herkömmlichen Methoden empirischer Rezeptionsforschung an ihre Grenzen. Deshalb schlagen wir das Modell einer „erweiterten Empirie" vor, um diese Streuungen der medialen „Gegenstände" zu erfassen. In erster Linie heißt dies, technische, organisatorische, inhaltliche Aspekte der Medien gleichermaßen in eine Empirie einzubeziehen und dabei weder dem Medium als distinktem Gegenstand (Apparat und „Angebot") noch dem Prozeß der Rezeption Priorität vor intertextuellen und intermedialen Verflechtungen einzuräumen. Paratexte wie Fernsehzeitschriften, Fanzines oder die „ran-Datenbank" können ebenso Aufschluß über die Funktionsweisen von Fernsehen geben, wie die Technologie und

Verbreitung von Satelliten oder die Rechtssprechung zur Installation von Empfangsanlagen an Miethäusern; erst indem man die Spuren zwischen *verschiedenen* Texten, Medien und Praktiken verfolgt, ist eine „Annäherung" an *ein* Medium möglich. In der Perspektive einer solchermaßen „erweiterten Empirie" wird auch die Unterscheidung von Rezeption und Produktion hinfällig: Nicht nur die Quote ist gleichermaßen ein Dokument von Rezeption wie ein Faktor der Produktion; vielmehr finden sich zahllose Produkte, die als Materialisierungen in einer medialen Zirkulation fungieren. Ein Beispiel sind etwa die literarischen Auseinandersetzung mit Fernseherlebnissen. Don DeLillos Buch „White Noise" thematisiert Fernsehen, ähnlich wie Rainald Goetz' „Festung", Kempowskis „Bloomsday" u. v. a. und ist damit zugleich Augenzeugendokument von Fernsehrezeption wie Ausgangspunkt für die Produktion von Fernsehen. Denn die veröffentlichten Rezeptionen produzieren Vorstellungen über Fernsehen und seine Rezeption; machen ein Medium mithin wieder zu einem scheinbar handhabbaren und diskutierbaren Gegenstand. – Wenn also der Stellenwert *der* Medien für die Transformation kultureller Identitäten zur Diskussion steht, so ist es notwendig, die scheinbare Evidenz der Medien aufzulösen und ihre vielfältige Streuung und ihre soziokulturelle Konstitution mit zu verfolgen.

Ralf Adelmann, Markus Stauff, Universität Bochum, Institut für Film- und Fernsehwissenschaft, Universitätsstr. 150, D-44801 Bochum

Entgrenzung durch globale Visiotype
Vorstudie zu einer sozialwissenschaftlichen Bildhermeneutik

MANFRED BEHR / UWE PÖRKSEN

Zur grenzenlosen Gesellschaft, die im von seinen Stadttoren befreiten Freiburg diskutiert wird, gehört auch die visuelle Zeichenwelt, von der eine entgrenzende Wirkung ausgeht. Hier soll nur von einer Klasse dieser Zeichen die Rede sein; ich nenne sie „Visiotype" Das „Visiotyp", analog zu Stereotyp gebildet, wird verstanden als standardisierter visueller Zugriff auf die Wirklichkeit.
Ich (*U. Pörksen*) denke hier weniger an genormte Kommunikationssysteme, die insofern „grenzenlos" sind, als sie, international verständlich und vereinbart, der grenzüberschreitenden Verständigung dienen: Die Piktogramme auf dem Flughafen, Verkehrszeichen, Formen der Datenverarbeitung wie die Wetterkarte oder die Kurve.

Gemeint ist hier vor allem das Visiotyp als ein von einem Nimbus umgebenes globales Zeichen von universeller Wirkmacht: Die noch nicht sehr alte exponentielle „Weltbevölkerungskurve", der „Blaue Planet", die „Doppel-Helix". Es handelt sich um erdumspannende Schlüsselbilder, von denen in einem noch gründlicheren Sinn eine entgrenzende Wirkung ausgeht: Es sind Bewegungsbegriffe mit einem vorherrschenden Zukunftsaspekt, Entwicklungsbilder, die einen Handlungsdruck erzeugen. Scheinbar beschreibend, eröffnen sie einen Handlungsraum und wirken sich aus als Handlungsanweisung. Das gilt nicht nur für das Drohbild der exponentiell wachsenden Bevölkerung, für das Bild des erkrankten und betreuungsbedürftigen Blauen Planeten, es gilt auch für die Helix, das Bildkürzel der Verebung und Evolution, die aufsteigende „Spirale des Lebens".
Die entgrenzende Wirkung dieser visuellen Schlüsselbilder wird verstärkt, wenn man mit ihnen globale Gleichungen bildet, optische Schlußketten wie: Die Weltbevölkerungskurve (Kurve) erzeugt Hunger (Bild hungernder Menschen) und dieser erzwingt Gentechnik (Doppel-Helix mit Strahlenkranz). Eine solche schlichte Algebra mit globalen Rechengrößen ist so üblich wie absurd. Auch die Umkehrung – Gentechnik sorgt für Armut und Hunger und führt zur Geburtensteigerung – ließe sich beweisen. Diese häufig umkehrbaren Gleichungen mit globalen Variablen erzeugen die Bewegung, die sie zu beschreiben vorgeben. Die sich beschleunigende Entwicklung der Weltgesellschaft ist das Resultat in ihr vorherrschender Begriffe, in ihr durchgesetzter Formen der Wahrnehmung. Dies ist der Aspekt, welcher in diesem Beitrag über das Zeicheninventar der Grenzenlosigkeit hervorgehoben werden soll.
Zum Sozialen gehört eine Grenze, die dem Sozialen entstammt. Die hier zitierten Rechengrößen haben kein soziales Eigenmaß, sie entstammen dem naturwissenschaftlichen Bereich und ihre Bewegung ist unendlich, sie schwemmen herkömmliche soziale Normen weg, setzen aber keine neuen, da sie weder ein soziales Eigenmaß noch überhaupt einen Sozialindex haben. Dabei organisieren und normieren sie unsere Existenz. Man denke zum Beispiel an die Entwicklung des Verkehrs oder die des Todes unter Hightech-Bedingungen.
Die Visiotype bringen, als global durchgesetzte Handlungskonzepte, eine Laborsituation hervor. In Manfred Behr fand ich einen mediensoziologischen Gesprächspartner über dieses Thema.

Mein (*M. Behr*) Abschnitt des Vortrages bildet einen gerafften Ausschnitt aus einem Arbeitszusammenhang zur Wahrnehmung von Bildern zwischen Sprachanalogie und autonomer visueller Begrifflichkeit. (Die begleitende Argumentation durch Bilder kann hier leider nicht reproduziert werden). Die komplexe Analyse im „Weltmarkt der Bilder" (Uwe Pörksen) gab mir den Anstoß zu der Frage, ob den entgrenzten, global wirkmächtigen Bildern (Visiotype) eine spezifische Art von Rationalität innewohnt. Deren

Erfassung ließe prognostizieren, welche Bilder warum „das Zeug" haben, als „Visiotyp" in das imaginäre Museum des Gegenwartsbewußtseins einzugehen; zugleich wüchse die Chance und Kompetenz zur Herstellung aufklärerischer Gegenbilder.
Der viertelstündige Vortrag zeichnet im Blick auf mediale Vermarktung in den semantischen Dimensionen Intension und Extension die spezifische *Mythisierung* von Bildbedeutungen nach, die sie zu Visiotypen qualifiziert.
Dabei meint *Intension* eines Begriffes den Begriffs*inhalt*, *Extension* die Klasse der Dinge, die mit diesem Begriff bezeichnet werden kann, also die potentiellen Referenten. Es mag verwundern, Extension auf Bilder, und ich beziehe mich hier zunächst auf Abbilder (Ikone), übertragen zu wollen – scheint doch der Bildumfang mit dem, *was zu sehen ist*, deckungsgleich. Wir wenden aber auf die Bildwahrnehmung vorbewußt „extensionale Gebrauchsregeln" an: das Foto des Schäferhundes im Lexikon meint fraglos nicht Hasso, sondern *den* deutschen Schäferhund – die Objekt*klasse*. Anhand der Spezifika der jeweils bezeichenbaren Tatbestände/Sachverhalte qualifiziert R. Keller (Keller 1995: 86–93) nach Extensionen vier sprachliche Begriffstypen. Sprache *konvergiert* mentale Entitäten auf Ipsitäten (sehr präzise analysiert in Coseriu 1975: 253–290). Bildbedeutung ist reziprok dazu *divergent*: Wir erweitern interpretierend das konkrete Gezeigte zum Gemeinten. Dem „Fregeschen Begriff" (Terminologie angelehnt an Keller) entspräche etwa das definitorische Paßbild, Bildern mit unscharfen Rändern als *visuellen Begriffen* etwa die Werbe"heroen", die sich zum Betrachter als Identifikationsangebote hin öffnen. Unter *Intension* von Bildern verstehe ich im gegebenen Zusammenhang Typen exemplarisch verdichtender Sinnstiftung: z. B. die Bauernschuhe Van Goghs als prototypisierende Zeichen eines unter Mühsal hingebrachten Lebens, Brancusis „Vogel im Raum" als abstrahierende Verallgemeinerung der Gestalt hin zur „Vogelhaftigkeit": der Flugfähigkeit. Hermeneutische Extensionsregeln, die wir der Bildrezeption als Wahrnehmungsfilter vorschalten, begünstigen – etwa in der Gegenwartskunst – je spezifische Chancen der Bedeutungserzeugung.
Bildwahrnehmung geschieht in der nur scheinbar amorphen „Bilderflut" von Mediengesellschaften nicht isoliert. Ich nenne ihre Verläufe „visuelle Diskurse". Jedes Bild erklärt andere zu seiner Vorgeschichte. Die Masse der schwarzafrikanischen Kinder, die am LKW der Hilfsorganisation auf ihre Blechnäpfe schlagen, erklärt die exponentielle Wachstumskurve der Weltbevölkerung zu ihrer Vorgeschichte. Sie proklamiert die „grüne Revolution" oder die Gentechnik als ihre „Nachgeschichte": man könnte dies „visuelle Algorithmen" (wenn x, dann y) nennen. Sie sind im Sinne der auch im postmodernen Umfeld nicht veralteten Analyse Roland Barthes insofern mythisierend, als sie Geschichte in Natur verwandeln: sie eliminieren (wie von Uwe Pörksen entwickelt) die soziale Flankierung aus dem Blickfeld. Mythisierungen entspringen visuellen Diskursen und verfestigen sie rückwirkend. Sie erzeugen hermeneutische „Aberrationen" der Bedeutungen (Intension), zu denen Bilder auch fähig wären, in schon eingezäunte

Bedeutungsbezirke. Auf systemischer Ebene zeigt sich, daß die habitualisierte Anwendung spezifischer Extensionsregeln auf bestimmte Bildsorten diese dazu qualifiziert, dem Magnetismus bestimmter visueller Diskurstypen zu erliegen und „adaequate" Formen *mythisch-intensionaler Bedeutung* auszuprägen. Die wechselseitigen Bezüge der Ebenen visueller Begriffsbildung (Extension, Intension, mythisierende Diskurse) wurden an Diskursbeispielen (Bilderfolgen) wie der „Asylantenflut" und der gentechnischen Reproduktion verknüpft.

Literatur:
Coseriu, Eugenio (1975): Determinierung und Umfeld. Zwei Probleme einer Linguisitik des Sprechens. In: Eugenio Coseriu: Sprachtheorie und allgemeine Sprachwissenschaft. 5 Studien. München: 253–290
Keller, Rudi (1995): Zeichentheorie. Zu einer Theorie semiotischen Wissens. Tübingen/Basel
Pörksen, Uwe (1997): Weltmarkt der Bilder. Eine Philosophie der Visiotype. Stuttgart

Manfred Behr, Haarenufer 11, D-26122 Oldenburg

Prof. Dr. Uwe Pörksen, Universität Freiburg, Deutsches Seminar I,
D-79085 Freiburg

Unmittelbare und Mittelbare Interaktion

DIRK VOM LEHN

1. Einleitung

Der vorliegende Beitrag gibt einen kurzen Überblick über Forschungsstudien, die sich (u. a.) damit beschäftigen, wie technische Artefakte (z. B. Computer, Ausstellungsstücke) in die soziale Organisation von Handlungen einbezogen werden. Die vorgestellten Studien schließen an die sogenannten „workplace studies" (z. B. Knoblauch 1996) an und sind aus der Ethnomethodologie und Konversationsanalyse hervorgegangen. Die Analyse der Daten (vorwiegend Beobachtungen und Audio-/Videoaufzeichnungen) zielt darauf, die sequentielle Organisation und lokale Produktion von Handlungen aufzudecken (z. B. Eberle 1997).
Im folgenden werden zunächst zwei Studien vorgestellt, die sich der sozialen Organisation von Handlungen in Situationen zuwenden, in denen sich die Interaktionsteilnehmer in der gleichen lokalen Umgebung befinden (Museum und Kontrollraum;

Abschnitt 2). Anschließend werden Beobachtungen aus zwei Studien wiedergegeben, die Probleme der Koordination von Handlungen aufzeigen, die durch Technik vermittelt werden („Media Space" und „Virtual Reality"; Abschnitt 3).

2. Unmittelbare Interaktion

Schaut man sich das Design von Artefakten (z. B. Computer, Ausstellungsstücke) an, so kann man sich des Eindrucks nicht erwehren, daß sie häufig entworfen werden, als ob Individuen sie unabhängig von anderen Akteuren, die sich zur gleichen Zeit in der gleichen lokalen Umgebung aufhalten, benutzen würden. In Ausstellungsräumen ebenso wie in Kontrollräumen werden diese Artefakte jedoch in Handlungszusammenhänge einbezogen, die (u. a.) dadurch gekennzeichnet sind, daß die Vollbringung einzelner Handlungen den „bloßen Sinnen" („naked senses") (z. B. Goffman 1972: 63) kopräsenter Akteure zugänglich ist. Wir wollen in diesen Kontexten von „unmittelbarer Interaktion" sprechen.

2.1. Soziale Organisation von Handlungen in Ausstellungen

In den Ausstellungsräumen von Museen und Galerien werden ausgewählte Artefakte aufgestellt, in deren Umgebung Museumsbesucher miteinander interagieren und Handlungen in bezug auf Ausstellungsstücke vollbringen. Es gehört zur Normalität der Situation in Ausstellungsräumen, daß sich mehrere Besucher zur gleichen Zeit in der gleichen lokalen Umgebung (z. B. in der Umgebung eines Ausstellungsstücks) befinden, so daß ihre Handlungen von anderen wahrgenommen werden können.

Anhand von Videofilmen kann gezeigt werden, wie Besucher ihre Handlungen in „sozialen Situationen" (Goffman 1972: 63) miteinander koordinieren, dabei auf Ausstellungsstücke Bezug nehmen und wie der Museumsbesuch so lokal und Zug-um-Zug produziert wird. Beispielsweise kann beobachtet werden, wie sich Besucher wechselseitig beobachten, Handlungsfolgen voneinander kopieren oder wie sie durch verbale Äußerungen und Körperausdruck miteinander aushandeln, wie Handlungen in der Umgebung eines Ausstellungsstückes organisiert werden (vom Lehn et al. in Vorb.).

2.2. Interakion im Kontrollraum einer Untergrundbahnlinie

Kontrollräume – wie auch andere Arbeitsumgebungen – werden häufig als ein Arrangement von individuellen Arbeitsplätzen entworfen. Heath und Luff (z.B. 1993) haben in einer Reihe von Studien, die in den Kontrollräumen einer Untergrundbahnlinien durchgeführt wurden, gezeigt, wie die scheinbar individuelle Ausführung von Arbeiten kooperativ organisiert wird. Insbesondere subtile Handlungspraktiken, wie das „versteckte Monitoring'" (159ff.) und das „Sichtbarmachen von Tätigkeiten" (168ff.), machen in derartigen Umgebungen die Aufgabenkoordination erst möglich. In Kontrollräumen konnte unter anderem beobachtet werden, wie Akteure „versteckt" (surreptitious) Telefongespräche mithören, Handlungen aus dem Augenwinkel beobachten oder eigene Handlungen so ausführen, daß sie für Mitarbeiter sichtbar oder hörbar sind (z.B. das Heben der Stimme am Telefon).

3. Mittelbare Interaktion

In den vergangenen Jahren sind verschiedene Arten von Technologie entwickelt worden, die die Zusammenarbeit von Individuen oder Gruppen, die sich an räumlich getrennten Orten aufhalten, ermöglichen sollen. In diesem Abschnitt sollen anhand von zwei Beispielen Probleme aufgezeigt werden, die hinsichtlich der sozialen Organisation von Handlungen durch die technische Vermittlung entstehen.

3.1. Media Space

Moderne Videotechnik ermöglicht es mehreren Akteuren, die sich an unterschiedlichen Orten befinden, ihre Handlungen miteinander zu koordinieren. Trotzdem haben verschiedene Studien (z. B. Heath/Luff 1992) gezeigt, wie die Vermittlung von Handlungen durch Videotechnik den „natürlichen" Ablauf von Interaktion unterbricht. Dies liegt vor allem daran, daß die Interaktionsteilnehmer das Verhalten der anderen Akteure nicht unauffällig beobachten können. Häufig müssen daher gewisse Handlungen, die „natürlicherweise" unauffällig und beiläufig vollbracht würden, theatralisch übertrieben werden, um überhaupt von anderen bemerkt werden zu können.

3.2. Virtual Reality

Das „Virtual Reality"-System MASSIVE wurde entwickelt, um einige der Probleme video-vermittelter Interaktion aufzufangen. Indem ein „virtueller Raum" erzeugt wird, in dem die Systembenutzer vermittels „virtueller Doppelgänger" (Avatars) miteinander interagieren können, soll sozusagen eine soziale Situation unter den Bedingung von Kopräsenz im „virtuellen Raum" geschaffen werden (Benford et al. 1995).
Hindmarsh et al. (1998) haben jedoch gezeigt, daß Benutzer des Systems nur eine eingeschränkte Sicht in die virtuelle Welt haben, und daß ihnen daraus offenbar Schwierigkeiten erwachsen sich vorzustellen, was die anderen Akteure sehen. Um trotzdem ihre Handlungen in bezug aufeinander und in bezug auf Objekte im „virtuellen Raum" miteinander koordinieren zu können, versuchen sie die „Reziprozität der Perspektiven" mittels vermehrter sprachlicher Kommunikation herzustellen (Hindmarsh et al. 1998).

4. Zusammenfassung

Dieser Beitrag hat anhand von ausgewählten Forschungsstudien beispielhaft gezeigt, wie individuelle Handlungen in Situationen von Kopräsenz kooperativ ausgeführt werden. Diese Studien haben herausgearbeitet, wie neue Technologien, die die Kooperation zwischen Akteuren, die sich an unterschiedlichen Orten befinden, ermöglichen sollen, den „natürlichen" Handlungsablauf der Interaktion unterbrechen. Erst indem Details von „natürlichen" Handlungsabläufen in Kontexten mittelbarer und unmittelbarer Interaktion herausgearbeitet werden, und indem aufgezeigt wird, welche Probleme für Akteure in technisch vermittelten Kontexten bei der Praxis ihrer Handlungen entstehen, können Vorschläge entwickelt werden, um das Design der Technik an den „natürlichen" Handlungsablauf anzupassen. Natürlich konnte dieser Beitrag nur einige wenige Beobachtungen und Befunde aus derzeit laufenden Studien präsentieren. Um einen vollständigen Überblick über die Forschung in diesen Bereichen zu gewinnen, sei hier auf die Original-Literatur verwiesen.

Literatur:
Benford, S. D. / Bowers, J. M. / Fahlén, L. E. / Greenhalgh, C. M. / Snowdon, D. N. (1995): User Embodiment in Collaborative Virtual Environments, Proc. CHI 1995
Eberle, T. S. (1997): Ethnomethodologische Konversationsanalyse. In: R. Hitzler / A. Honer (Hrsg.): Sozialwissenschaftliche Hermeneutik. Opladen: 245–279
Goffman, E. (1972): The Neglected Situation. In: P. P. Giglioli (Hrsg.): Language and Social Context. Middlesex 1972: 61–66 (urspr. 1964)
Heath, C. / Luff, P. (1992): Media Space and Communicative Asymmetries: Preliminary Observations of Video-Mediated Interaction. In Human-Computer Interaction Vol.7: 315–346
Heath, C. / Luff, P. (1993): Kooperation, Kontrolle, Krisenmanagement: Multimedia-Technologie in der Londoner „Underground". In: I. Wagner (Hrsg.): Kooperative Medien. Informationstechnische Gestaltung moderner Organisationen. Frankfurt/New York: 153–190
Hindmarsh, J. / Fraser, M. / Heath, C. / Benford, S. / Greenhalgh, C. (1998): Fragmented Interaction: Establishing Mutual Orientation in Virtual Environments. Proc. CSCW 1998
Knoblauch, H. (1996): Arbeit als Interaktion. Informationsgesellschaft, Post-Fordismus und Kommunikationsarbeit. In: Soziale Welt, Vol.3: 344–362
vom Lehn, D. / Heath, C. / Hindmarsh, J. (in Vorb.): Exhibiting Interaction. Video and the Study of Visitor Behaviour

Dr. Dirk vom Lehn, King's College, The Management Centre, Work, Interaction & Technology Research Group, Campden Hill Road, GB London W8 7AH

Netzwerk-Kulturen

MANFRED FASSLER

1. Niklas Luhmann begann sein Buch über „Massenmedien" mit dem Satz: „Was wir über unsere Gesellschaft, ja über die Welt, in der wir leben, wissen, wissen wir durch die Massenmedien" (1996: 9). Man kann diesen Satz fortsetzen: „Wie wir Welt erfahren, ja über Welt und uns nachdenken, liegt daran, in welcher Weise wir mit medialen

Räumen interagieren". Der Schritt weg von der Kultur-Industrie-Rhetorik hat lange gedauert. Der nächste notwendige Schritt sollte nicht so lange dauern, der Schritt in Richtung der Beobachtung, Beschreibung und Bewertung der elektronischen, programmiert virtuellen und *global verteilten und verteilt genutzten Massen-Individual-Medien*, genannt Computer-Netzwerke.

Anthony Giddens versucht in „The Consequences of Modernity" die *Medienevolution* mit dem Kompositum „phantasmorganic" zu beschreiben. Orte würden durchdrungen und geformt von weit entfernt liegenden sozialen Einflüssen. Die sichtbare Form eines Ortes verberge die entfernten Verbindungen. Giddens Position ist ein wichtiger Hinweis darauf, daß die gegenwärtige Zusammensetzung von intersubjektiven, transkulturellen Räumen auch geprägt wird durch die medial „hereingeholten" Kommunikationsumgebungen. Der Reichtum und die Reichweiten der intersubjektiven Raumkulturen sind ohne globale Wirtschafts- und Medienräume heute nicht mehr denkbar. Ohne diese Reichweiten gelängen die Zeitordnungen der Gegenwart nicht. Allerdings: Ohne die menschliche Erreichbarkeit wären diese Reichweiten Abfall, Brachlandschaft, Investitionsruine.

2. Es entstehen postgeographische Räume, die eine der Landschaft, dem Territorium, der geographischen Stadt vergleichbare Orientierungs-, Konstitutions- und Identitätsfunktion erfüllen. Es sind *verteilte Ereignisfelder*, deren Merkmal, auch wenn sich dies nicht direkt zeigt, eine unhintergehbare (lokal-globale) Zeitgenossenschaft ist, ganz gleich, wo man sich zusammensetzt. Und diese postgeographischen Räume werden zusehends zu Bedeutungsräumen. Ihre Grundlage bilden die reichen Fähigkeiten des Menschen,

– abstrakt, zeichenhaft zu denken,
– selbstreflexiv zu handeln,
– komplexe Abstands- und Näheordnungen zu entwickeln und
– dingliche, figurale, künstliche Realität zu entwerfen und zu formen.

Es geht schon lange nicht mehr um treuhänderische (intergenerationelle) Verwaltung von Überlieferung oder eine ex post–Definition von Kultur. Eher geht es um den neuzeitlichen Pakt von Ferne und Nähe, an dessen heutigem vorläufigen Ende die mediale Neuerzeugung der Globalität und Lokalität stehen. Reichte es G. F. Hegel, die Entstehung der Moderne mit Schießpulver und Buchdruck zu vermählen, so sind wir heute gezwungen, die Fragen an die Wechselverhältnisse von Fernen und Nähen zu richten, an die Fern-Anwesenheit und Fern-Gegenwart, an polychrone Situationen.

Das erreichte Niveau der Medienevolution läßt sich an *vier Parallelmustern* der Entwicklung skizzieren. Sie sind nicht als lineare Beerbungen zu verstehen, sondern als Aufschichtungen, deren Komponenten in dynamischen Wechselwirkungen stehen. Dies schließt die Dominanz der (technologischen & medialen) Reichweiten mit ein. Diese Entwicklungen sind:

– einfache Systeme werden durch komplexe und (programmiert-)künstliche Systeme erweitert
– geographische Orientierung wird durch sozio-/bio-/photo-/telegraphische und schließlich um infographische Räume erweitert
– Angesichtigkeit wird von religiösen, militärischen, wirtschaftlichen und kulturstrategischen Reichweiten und derzeit von global verteilten medialen Reichweiten überlagert
– personale Nähe erfährt in struktureller und architektonisch-urbaner Dichte ihre Erweiterung und diese wird durch Teledichte (Telegraphie, Telegramm, Television, Telephon, Radio, Computernetze) neu zusammengesetzt

3. Der radikale Wechsel von Orten zu Netzwerken, von ansässigen Sozialitäten zu nicht-ansässigen Sozietäten leitet den Verlust der symbolischen und faktischen Ortsbezogenheit für bestimmte Bereiche der Kommunikation und Kultur ein. Bislang ungeübte, ungewohnte und unbekannte Raum-Zeit-Beziehungen entstehen. In ihnen trifft individuelles Nutzerverhalten direkt auf die programmierten Potentiale globaler Kommunikation.

Die programmierten Verbindungen zwischen elektronischen Speichern, Computern, die Übersetzungs-(Compiler-)Software, die zwischen Maschinencode und Oberfläche das Schaltungsgeschäft regeln usw., werden im Moment ihrer Nutzung (und nur in diesem Moment) medial gekoppelt mit den Wahrnehmungs-, Differenzierungs-, Reflexions- und Medienfähigkeiten des Individuums. Technologie, Kompetenz, programmierte Selektionsmaschinen und Nutzungsabsichten bilden einen *abstraktkonkreten sozialen* Raum, eine off-line/on-line-Umgebung, die von jedem Nutzer/jeder Nutzerin dialogische oder interaktive „Beteiligung" verlangt.

Identitätschancen im informationellen Raum sind darauf verwiesen, diesen Raum als einen Kontext der Orientierung erst zu erzeugen. Insofern wird die rationale, affektive, emotionale oder funktionale Selbstzuschreibung, die wir als Identität zu verstehen gelernt haben, eingefaßt in eine Systematik von elektronischen Pseudonymen, anonymen Nachrichten und heteronomen (von anderen fernbestimmten) Umgebungsanteilen. Nun kann man einwenden, daß dies „schon immer so war". Setzt man ein sehr allgemeines Bild von Mensch-Umwelt-Differenz an, stimmt das auch. Was die Lage zur Zeit aber kennzeichnet, ist die Verschiebung der sozialen Inszenierungsbedingungen von jenen verabredeten und „hart" gemachten institutionellen „frames" zu wachsenden

Ansprüchen an die einzelmenschlichen Integrationsleistungen. Kommunikationstheoretisch läßt sich dies als eine Verlagerung der Anpassungsmuster von Massenmedien zu Massen-Individual-Medien benennen. Es bilden sich offene Kommunikationssysteme, die nicht aus untergeordneten Technikanteilen (Computer, Programm, Server, Stecker, Monitor...) abgeleitet werden können – eben neue audiovisuelle, speicher- und prozessortechnologisch geprägte audiovisuelle, kommunikative und tradierende Stile. Eine globale mediale Ära der Entstehungs- und Erhaltungsbedingungen von Kulturen und Zivilisation ist eröffnet.

Literatur:
Luhmann, Niklas (1996): Die Realität der Massenmedien. Opladen

Prof. Dr. Manfred Faßler, Hochschule für angewandte Kunst in Wien, Lehrkanzel für Kommunikationstheorie, Postgasse 6, A-1010 Wien

Veränderte Raum- und Zeitkonzepte durch das Netz

BRITTA SCHINZEL

Variabilität der Raumzeit
Raumzeit, sie ist nicht nur relativistisch veränderlich aufgrund von Einsteins oder diskret nach Hawkings Theorien, sondern auch dehnbar im individuellen Erleben, im individuellen oder kollektiven Gedächtnis, mehr noch im Kontext sozialer Gefüge. Einen beträchtlichen Einfluß auf die raumzeitlichen Veränderungen der Kommunikation, der Organisationen, der Arbeit haben die neuen Möglichkeiten, die die Informationstechnik mit Computer, Netzen und Medienintegration bietet. Der Computer ist als Bewältigungsinstrument raumzeitlicher Komplexität und als Mittel für Virtualisierungen zum Zeichen eines postindustriellen oder postmodernen Zeitalters geworden.
Die Entwicklung der Computertechnologie ist bedingt durch raumzeitliche Veränderungen zunächst der Hardware: Das Tempo von Entwicklung und Verbilligung, die Verkleinerung und Beschleunigung der Chips erlaubt die Entwicklung umfangreicherer Softwaresysteme, die z.B. eine stärkere Integration von Arbeitsschritten, eine Vertiefung und Ausweitung der Anwendungen, die Erschließung neuer Anwendungsfelder nach sich ziehen: eine zunächst abstrakte oder virtuelle räumliche Ausbreitung. Abstraktion und die durch sie mögliche Uniformität der Methode der Formalisierung sind dabei

neben den unbegrenzten Vervielfältigungseigenschaften von Software Mittel zur Beschränkung des Entwicklungsaufwandes. Konsequenz ist die Diffusion der Computer in immer weitere Bereiche (Schinzel 1996).

Beschleunigungen
Die neue Technik bietet für Arbeit, Organisationen, Verwaltungen und für die Wirtschaft Möglichkeiten zur Steigerung der Effizienz, Rationalisierung, Erhöhung der Integration, Ausweitung und Beschleunigung der Kommunikation sowie für raschere wirtschaftliche Abläufe. Doch erscheinen die Mittel zur Zeiteinsparung gerade wieder als Verursacher von Zeitknappheit, einmal weil durch sie ermöglichte kompliziertere Kommunikations-, Dokumentations- und Organisationsprozesse alsbald zur (gängigen oder gesetzlichen) Norm erhoben werden, womit eine Dynamisierung und Beschleunigung unserer Lebenswelt in Gang gesetzt wird, zum anderen, weil die mittels eben des gleichen Mechanismus ständig sich erneuernder Technik selbst Ressourcen bindet, indem stets neue Lern- und Anpassungsprozesse notwendig werden, drittens da die so gewonnenen Rationalisierungen Arbeit freisetzen, die von ihren zeitweiligen Besitzern nur durch Flexibilisierung, Umschulung und Mobilität wieder errungen werden kann.

Zeitbewußtsein und soziale Rhythmen
Welche sozialen Bedingungen die Diffusion der Kommunikations-, Informations- und Zeiteinsparungsmaschinen ermöglichen, beschreibt beispielsweise Hörning (1996): Mit dem Grad der sozialen Integration und wachsender Komplexität steigen die Ansprüche an Synchronisation und sind gleichzeitig schwerer zu erfüllen, womit es zu einer stärkeren Stratifizierung, d. h. zu einer Hierarchie von Zeitpräferenzen kommt. Den immer komplexer werdenden Tempo- und Terminierungsproblemen der hochtechnisierten Gesellschaften versucht man mit den immer komplizierteren Kommunikations-, Informations- und Zeiteinsparungsmaschinen zu begegnen.

G. Winker (1998) beschreibt als Folge der informationstechnischen Neuerungen im Arbeitsbereich die globale raum-zeitliche Entkoppelung der Erwerbsarbeitsprozesse. Konsequenz für die Arbeitswelt ist das Sinken des Erwerbsarbeitsvolumens und die Dezentralisierung von Arbeitsabläufen. Die so hervorgerufene Deregulierung bringt den Zwang zur Flexibilisierung und mit dieser wieder eine Entwertung der Erfahrung und der Seniorität. Verbunden mit einer räumlichen und damit auch zeitlichen Flexibilisierung von Arbeitsabläufen ist eine Steigerung der Verantwortung der Beschäftigten. Schichtarbeit läuft heute mit dem Tageslicht über den gesamten Globus, besonders virtualisierte Arbeit wie Programmieren, und bringt so neue Konkurrenzen in den qualifizierten Arbeitsmarkt.

Beschleunigungen und Dynamisierung verändern als Folge auch das Zeitbewußtsein, insbesondere die Rolle der Gegenwart im Handeln und Erleben der Menschen. (z. B. Paetau 1997).

Globalisierung, Differenzierung und Spezialisierung

Die Globalisierung und mit ihr die Verfügbarkeit von Informationen aus aller Welt überschreitet (z.B. nach Becker 1997) die informationsverarbeitenden Kapazitäten des Menschen. Deshalb werden Selektionen auf andere Weise vorgenommen: Über Themen, für die Menschen sich jeweils interessieren. An die Stelle der lokalen Grenzen treten also Spezialisierungen, um die potentielle Überfülle der Informationen zu reduzieren.

Virtualität

Wesentliche Teile des Handels werden direkt im Netz plaziert, so Geschäfte, Unterschriften, Rechtssicherungen, Wahlen, etc. Mit den Handlungen verbundene Objekte sind teilweise virtualisierbar, so Geld, Informationen, Bücher, Zeitungen. Manche Dienstleistungen, wie Übersetzungen, editorische Arbeit werden dadurch über das Netz zugänglich. Wir finden so raumzeitliche Transformationen, die eine Veränderung der zugrunde liegenden Dinglichkeit der in den Rechner verlegten Gebilde und Vorgänge, ihre Entkörperlichung, Virtualisierung zur Folge haben.

Wenn der soziale Raum als Netzwerk von Kommunikationen angesehen wird, so unterscheiden sich reale und virtuelle Räume allerdings nur durch den Einschub des Mediums Computer(-netzwerk) in die Kommunikationen. Setzen wir mit Luhmann Kommunikationen (= Information, Mitteilung, Verstehen) als Basiselemente sozialen Geschehens, so ist Raumzeit v. a. bei Virtualsierung an die elektronischen Wege der Mitteilung geknüpft. Virtuelle Zeichen und Bilder werden nun in anderer Weise zusammengestellt, dekontextualisiert und im Verstehen rekontextualisiert. Neue Anschlußmöglichkeiten ermöglichen eine „Pluralisierung der Wirklichkeiten", zwischen denen Akteure sich bewegen können. Soziale Systembildung bedarf aber immer auch der realen Welt, so daß sich „realer" und virtueller Raum über die kommunizierende handelnde Person verknüpfen. Doch die Anschlüsse im virtuellen Raum sind nun weniger kausal verknüpft, sondern durch räumliche Nachbarschaft bedingt, zufällig, metonymisch (Pflüger 1996). Anstelle des Denkens in eher syntagmatischen ähnlichkeitsgetriebenen Analogien und Metaphern, die durch lineare Texte nahegelegt werden, treten beim Klicken im Netz eher zufällige Nachbarschaftsbeziehungen durch das paradigmatische Wesen etwa von html-Links auf. Das Klicken und Zappen im Internet ist ein metonymischer Vorgang, der die Anschlußfähigkeit vor so etwas wie Adäquatheit oder Vollständigkeit stellt. Computerspiele weisen analog eher räumliche denn logische oder analoge Strukturen auf. Orte eher denn Vorgänge stellen die Grundelemente der Spielstruktur dar. Bei den Abenteuerspielen mit Raumschiffen oder in virtuellen Körpern wird zudem das Virtuelle nicht nur beobachtet, sondern im Rollenspiel im Raum auch bereits selbst verkörpert.

Literatur:
Becker, Barbara / Paetau, Michel (Hrsg.) (1997): Virtualisierung des Sozialen. Frankfurt a. M.
Hörning, Karl H. et al. (1996): Vom Wellenreiter zum Spieler. Neue Konturen im Wechselspiel von Technik und Zeit; Soziale Welt, Heft 1
Pflüger Jörg-Martin (1996): private communication
Schinzel, Britta (Hrsg.) (1996): Schnittstellen. Zum Verhältnis zwischen Informatik und Gesellschaft. Wiesbaden
Winker, Gabriele (1998): Virtuelle Unordnung im Geschlechterverhältnis, Vortrag

Prof. Dr. Britta Schinzel, Institut für Informatik und Gesellschaft, Friedrichstr. 50, D-79098 Freiburg

Die Bindungen der Globalisierung
Interorganisationsbeziehungen im regionalen und globalen Wirtschaftsraum

Organisation:
Gerhard Fuchs / Gerhard Krauss / Hans-Georg Wolf

Einleitung

GERHARD FUCHS / GERHARD KRAUSS / HANS-GEORG WOLF

Wirtschaftliches Handeln ist in soziale Zusammenhänge eingebettet, es spielt sich innerhalb starker und schwacher interorganisationaler Bindungen ab. Für Teile der industrie- und regionalsoziologischen Literatur steht fest, daß vertrauensgestützte Bindungen zwischen Firmen und unterstützenden Institutionen auf der Ebene kleiner, kulturell geschlossener Regionen den Firmen und ihrer Region wirtschaftlichen Erfolg ermöglichen. Der schärfer werdende globale Wirtschaftswettbewerb läßt jedoch an den dauerhaften Vorteilen einer starken regionalen Vernetzung zweifeln. Werden in Zeiten der Globalisierung regionale Bindungen gegenüber weltweiten Verflechtungen bedeutungslos? Entwertet das Aufkommen hochflexibler, virtueller Organisationsformen und globaler Unternehmenskooperationen die Beziehungen auf regionaler Ebene? Oder ist überregionaler wirtschaftlicher Erfolg erst auf der Grundlage entwickelter regionaler Bindungen denkbar? Lassen sich besonders erfolgversprechende Kombinationen von regionalen und globalen Bindungen identifizieren? Diese Fragen standen im Mittelpunkt der Diskussion der Ad-hoc-Gruppe. Die Beiträge zeigten, daß die Entwicklung regionaler Wirtschaften nur angemessen untersucht werden kann, wenn die Einbindung der Wirtschaftsakteure in regionale und globale Beziehungen in ihrem wechselseitigen Zusammenhang erfaßt wird. Granovetters Frage nach der Stärke verschiedener „ties" (Bindungen) muß für regionale Wirtschaften unter den gegenwärtigen Bedingungen des Wirtschaftens aber sehr differenziert beantwortet werden.

Dr. Gerhard Fuchs, Dr. Gerhard Krauss, Dr. Hans-Georg Wolf, Akademie für Technikfolgenabschätzung in Baden-Württemberg, Industriestr. 5, D-70565 Stuttgart

Die Interorganisationsbeziehungen der Globalisierung – Interorganisationsbeziehungen im regionalen und globalen Wirtschaftsraum

GERHARD FUCHS / GERHARD KRAUSS / HANS-GEORG WOLF

Das spannungsreiche Verhältnis zwischen regionalen und globalen Interorganisationsbeziehungen ist ein hochrelevanter, aktueller Forschungsgegenstand. Auf der einen Seite verweist eine reichhaltige Literatur über regionale Netzwerke, regionale Innovationssysteme und „lernende Regionen" auf die bedeutende Rolle, die interorganisatorische Bindungen auf regionaler Ebene für das wirtschaftliche Handeln spielen. Auf der anderen Seite lassen Untersuchungen zur Globalisierung der Märkte, zur wachsenden Bedeutung globaler Unternehmenskooperationen und zum Aufkommen hochflexibler, virtueller Organisationsformen an den Vorteilen einer starken regionalen Vernetzung zweifeln. Immer deutlicher zeichnet sich ab, daß die Entwicklung regionaler Wirtschaften nur angemessen untersucht werden kann, wenn die Einbindung der Wirtschaftsakteure in regionale und globale Beziehungen in ihrem wechselseitigen Zusammenhang erfaßt wird. Granovetters Frage nach der Stärke verschiedener „ties" muß für regionale Wirtschaften unter den gegenwärtigen Bedingungen des Wirtschaftens beantwortet werden. Antworten auf diese Frage gaben die in diesem Band dokumentierten Beiträge zur Ad-hoc-Gruppe „Die Bindungen der Globalisierung". Wir geben hier einen einführenden Überblick zur Ad-hoc-Gruppe.[1]

Die Diskussion um die Rolle und Wettbewerbsfähigkeit regionaler Ökonomien ist eng mit der Diskussion um Innovationen und Innovationsfähigkeit verknüpft. Werner Rammert (1997) hat einen neuen Innovationstypus entworfen, der seiner Ansicht nach die über den Markt bzw. die Organisation gesteuerte Innovation ablösen wird. Er spricht von einer post-schumpeterianischen Innovationsweise, einer heterogen verteilten, nicht örtlich gebundenen und interaktiv vernetzten Innovation. Innovationsnetzwerke werden zu den treibenden Akteuren in diesem Innovationsmodell. Weitere wichtige Charakteristika der Innovation im Netz sind die globale Verteiltheit der Handlungen, die Heterogenität der beteiligten Akteure, die Polyrhythmik der Verläufe, die Aufhebung der Ortsgebundenheit von Innovationsabläufen und die abnehmende Rolle des Staates bzw. öffentlicher Akteure für den Innovationsprozeß.

Ein derartiges Innovationsmodell kann allerdings lediglich als ein Fluchtpunkt betrachtet werden. Die Beiträge zum Workshop zeigten, daß einige Charakteristika des Rammertschen Innovationsmodells differenziert betrachtet werden müssen.

Innovation und Wirtschaften ist in vielen Fällen weiterhin „örtlich" gebunden
Diese These wurde von den Beiträgen zum Workshop in eindrucksvoller Weise belegt (vgl. u. a. den Beitrag von *Genosko*). Allerdings ist es schwieriger denn je, die Bedeutung des regionalen oder lokalen Moments präzise zu bestimmen (vgl. den Beitrag von *Jürgens*). Unzweifelhaft scheint es aber zu sein, daß die These von der globalen Verteiltheit der Handlungen übersieht, daß ein großer Teil der wirtschaftlichen Handlungen nach wie vor regional abgewickelt wird, teilweise nur randständig von Globalisierung betroffen ist und daß gerade bei hochwertigen Dienstleistungen Nähefaktoren, regionale Clusterbildung, Urbanität eine große Rolle spielen (vgl. u. a. den Beitrag von *Läpple**). Damit soll keine Gegenthese zu den gängigen Globalisierungsvorstellungen entworfen werden. Allerdings muß einer genaueren Analyse unterzogen werden, welche Branchen, welche Produkte auf welche Weise von Globalisierung betroffen sind und wie konkret das Verhältnis von Ein- und Entbettung in den jeweiligen Fällen aussieht (vgl. für die Produktentwicklung in der Autoproduktion den Beitrag von *Jürgens* und allgemein *Rehfeld*). Innovationsnetzwerke als zentrale Akteure sind von hoher Instabilität geprägt. Wie weit trägt die Vernetzung heterogener Akteure, was sind die Erfolgsbedingungen für Netzwerke? Angesichts der Euphorie über Netzwerke werden oftmals die Volatilität von Netzwerken und die Schwierigkeiten, die mit dem Management von Netzwerkstrukturen verbunden sind, unterschätzt (vgl. Fuchs/Wolf 1996). Die Überlegenheit des Koordinationsmechanismus „Netzwerk" muß sich in der Praxis noch erweisen.

Vertrauen als neuer Regelungsmechanismus ist per se nicht vielversprechender als der Markt oder der Staat
Ähnliches läßt sich zu der Bedeutung von Vertrauen sagen. Vertrauen soll die Antwort auf die Frage sein, was Netzwerke und virtuelle Organisationen zusammenhält und zu handlungsfähigen Einheiten macht, wenn es keine eindeutigen hierarchischen Strukturen gibt, aber trotzdem Kooperation und ein Ausrichten auf gemeinsame Ziele als erstrebenswert betrachtet werden. Zwar ist die Berufung auf die Bedeutung von Vertrauen für das Funktionieren von Netzwerken zur Routine geworden, empirische Untersuchungen oder Bestätigungen sind aber eher Mangelware (vgl. *Immerfall*).

Die an den Staat herangetragene Forderung, „nur" als Moderator und Vermittler tätig zu sein, macht das Leben für den Staat nicht leichter, sondern eher noch voraussetzungsvoller
Der Staat sieht sich nach Rammert in die „bloße" Rolle des Vermittlers gedrängt. Die Diskussion auf dem Workshop zeigte, daß es sich hierbei, um eine sehr voraussetzungsvolle und anspruchsvolle Aufgabe handelt. Vom Staat und den ihn repräsentierenden Akteuren werden Qualifikationen gefordert, die dort nur selten zu finden sind. Der Staat begibt sich auf ein höchst unsicheres und ungesichertes Terrain, auf dem Erfolg weniger denn je gesichert werden kann. Darüber hinaus machten verschiedene Beiträge

deutlich, daß auch traditionelle Politikinstrumente für die Politik in der Region weiterhin von Bedeutung bleiben und daß insbesondere in Krisenregionen eine gesellschaftspolitische Weiterung des Handlungs- und Zielspektrums von Politik eingefordert wird (vgl. die Beiträge von *Iwer/Rehberg** und *Dörre**).

Anmerkungen:
* Diese Beiträge lagen der Redaktion nicht vor.
1. Ausführliche und überarbeitete Versionen der Beiträge werden in einer Buchpublikation veröffentlicht, die in Vorbereitung ist.

Literatur:
Fuchs, Gerhard / Wolf, Hans-Georg (1997): Regional Economies, Interactive Television and Interorganizational Networks: a Case Study of an Innovation Network in Baden-Wuerttemberg. In: European Planning Studies 5: 619–636
Rammert, Werner (1997): Innovation im Netz. Neue Zeiten für technische Innovationen: heterogen verteilt und interaktiv vernetzt. In: Soziale Welt 48: 397–416

Anschrift siehe Einleitung

Innovation und Vertrauen – Möglichkeiten und Grenzen nationaler und regionaler Produktionssysteme im globalen Wettbewerb

STEFAN IMMERFALL

Zuviel Vertrauen in Vertrauen

„Wenn Du einen Freund haben willst, kauf Dir einen Hund", sagt Gecko, der M&A-Spezialist in dem Film „Wallstreet". Doch „Chainsaw Al" (Dunlop), der Pate für die Filmfigur stand, ist out – und wurde jüngst selbst gefeuert. In der Managementliteratur macht sich die Kategorie des „sozialen Vertrauens", des pfleglichen Umgangs mit der Ressource Mensch breit. Dieses Vertrauen in Vertrauen im Zeitalter der Globalisierung erscheint paradox.

Vertrauen und Arbeitskontrakt

Die erste und heiligste Annahme der Wirtschaftswissenschaften ist, daß die Allokation knapper Ressourcen am besten über den Preismechanismus erfolgt. Warum aber gibt es denn überhaupt das Lohnarbeitsverhältnis, welches innerhalb von Firmen die Koordination der Produktionsfaktoren zu einem erheblichen Teil durch Autorität und nicht über den Preis regelt?

Im Arbeitskontrakt stimmt eine Partei gegen Bezahlung zu, so die berühmte Definition von Ronald Coase, der sich mit dieser Frage erstmals systematisch auseinandersetzte, innerhalb „gewisser Grenzen" den Anordnungen der Unternehmer zu gehorchen (Coase [1937] 1996: 93). Der Grund dafür sind zum einen die Kosten des Preismechanismus. Coase führt aber eine weitere Begründung für den Arbeitsvertrag an: die genauen Anforderungen könnten nicht im voraus gewußt werden. Beide Seiten – Arbeitgeber wie Arbeitnehmer – könnten versucht sein, die vertraglich festgelegten Grenzen zu ihrem Vorteil zu testen.

Vertrauen vermag dieses Gerangel zu entschärfen. Die Bedeutung von Vertrauen im Arbeitsverhältnis besteht also darin, seine Grenzen nicht ständig testen zu wollen. Damit erst werden die Transaktionskostenvorteile, die der Arbeitsvertrag bietet, ausgeschöpft. Heute komme aber hinzu, so das Argument derjenigen, die auf Vertrauen als Produktivitätsressource abstellen, daß die Arbeitsabläufe komplizierter und beweglicher würden. Das notwendige Wissen sei immer weniger in den Maschinen und Produktionsabläufen objektivierbar (Drucker 1994). Direkte Kontrolle werde daher kontraproduktiv.

Dieses Argument übersieht freilich, daß ohne die entsprechende „hardware" – das biotechnologische Labor, der Reutersbildschirm, die squawk box – das Wissen dieser Arbeitnehmer ebenso wertlos ist wie früher die Fertigkeiten des Zigarrenrollers ohne seinen Rohstoff.

Vertrauen in der Region

Ein zweites Argument bezieht sich auf das Verhältnis zwischen Firmen. Dabei kommt den Wirtschaftsregionen die Rolle eines „Vertrauensreservoirs" zu. Während sich nationale Steuerungsstrategien als unzulänglich und globale Lösungen als unwahrscheinlich erwiesen, wüchsen Regionen zu zentralen Brenn- und Knotenpunkten in einer weltweiten Kommunikationsgesellschaft (Heidenreich 1997). Solche „lernenden Regionen" (Florida 1995) zeichneten sich durch dichte lokale Interaktionen, durch um Kooperation ergänzte Konkurrenz und durch Langfristigkeit der Geschäftsbeziehung aus. Diese Sichtweise unterschätzt die lokalen Auswirkungen externer Entwicklungen und überschätzt die Möglichkeiten endogener Regionalentwicklung. Arbeiten, die die Dynamik industrieller Distrikte oder Beispiele kooperativer Produktentwicklung untersucht haben (Staber 1997; Oliver/Blakeborough 1998; Fuchs/Wolf 1998), fallen dementsprechend ernüchternd aus.

Vertrauen und Innovationen

Aus dieser Diskussion inner- und zwischenbetrieblichen Vertrauens lassen sich drei Schlußfolgerungen ziehen: Erstens ist es abwegig, von einem „neuen arbeitsorganisatorischen Paradigma" zu sprechen, das auf Kooperation, Konsens und Kommunikation beruht (Schienstock 1990). Die bewunderten Entwicklungsmodelle werden häufig nach einem idealisierten Bild erfolgreicher High-Tech-Metropolen modelliert. Deren Übertragbarkeit und Dauerhaftigkeit ist fraglich. Zudem tauchen die strukturellen Probleme der „Gewinner-Regionen" (Ronneberger 1995), aber auch die der einzelnen Beschäftigungsgruppen nur am Rande auf. Dies sollte gerade Soziologen und Soziologinnen hellhörig machen. Dessenungeachtet trifft es zweitens zu, daß Wirtschafts- und Arbeitsbeziehungen ein Mindestmaß an Vertrauen benötigen. Vertrauen stellt eine Innovations- und Produktivitätsressource dar. Das ist für die Wirtschaftssoziologie kein überraschender Befund (Immerfall 1996). Im Gegensatz zur neoklassischen Theorie, die der Anonymität der Wirtschaftssubjekte zur Grundlage hat, nimmt die Soziologie des Marktes soziale Beziehungen als ihren Ausgangspunkt.

Die Frage ist nur – und das ist das dritte Ergebnis oder eher eine offene Frage: Wie genau beeinflussen soziale Beziehungen ökonomischen Erfolg oder Mißerfolg? Ist der Zusammenhang im allgemeinen positiv linear, kurvilinear oder vielleicht sogar negativ (Kern 1997; Immerfall/Franz 1998)?

Eine der wenigen Untersuchungen zum quantitativen Zusammenhang von Vertrauen und ökonomischer Performanz stammt von Brian Uzzi (1996). Im Ergebnis zeigte sich zwar, daß Eingebundenheit die Überlebenschance der Firmen erhöht. Als „eingebunden" wurden solche Netzwerkbeziehungen charakterisiert, die durch Vertrauen und Langfristigkeit gekennzeichnet waren. Uzzis Daten zeigten jedoch auch, daß der positive Effekt einen Schwellenwert erreicht, nach dem er sich in sein Gegenteil verkehrt.

Schluß

Vertrauen ist – immer schon und in Grenzen – nützlich. Welche Grenzen aber? Sozialwissenschaftler geben hierauf tendenziell unterschiedliche Antworten (vgl. Immerfall 1998). Wirtschaftssoziologen sind schnell bei der Hand mit dem Hinweis auf Vertrauen als einem grundlegenden Mechanismus zur Koordination von Erwartungen und Handlungen zwischen sozialen Akteuren. Sie weisen damit auf eine wirtschaftswissenschaftliche Schwachstelle hin, da faktisch zu beobachtende Kooperationen sich häufig ökonomisch – aus dem Eigennutz der beteiligten Akteure – nicht begründen lassen. Doch ist nicht nur der Prozeß der Entstehung und der Reproduktion personalen und institutionellen Vertrauens bislang unbefriedigt aufgehellt worden. Auch wissen wir wenig über die Kontextbedingungen leistungsseitig positiver und negativer Wirkungen.

Literatur:
Coase, Ronald ([1937] 1996): The nature of the firm. In: L. Putterman / R. S. Kroszner (Hrsg.): The Economic Nature of the Firm. A Reader. Cambridge: 89–104
Drucker, Peter F. (1994): The age of social transformation. In: The Atlantic Monthly November: 53–80
Fuchs, Gerhard / Wolf, Hans-Georg (Hrsg.) (1998): Holding down the global? The role of regional governance in the development of new multimedia clusters. Paper presented to 10th Annual Conference of the Society for the Advancement of Socio-Economics, Vienna, July 1998: 13–16
Heidenreich, Martin (1997): Wirtschaftsregionen im weltweiten Innovationswettbewerb. In: Kölner Zeitschrift für Soziologie und Sozialpsychologie 49, 3: 500–527
Immerfall, Stefan (1996): Das Kapital des Vertrauens. Über soziale Grundlagen wirtschaftlicher Wettbewerbsfähigkeit. In: Gegenwartskunde 44, 4: 485–495
Immerfall, Stefan (1999): Soziales Kapital: Was es ist und was man (nicht) tun kann. In: Karl Giebeler (Hrsg.): Wertaneignung als Drahtseilakt. Stuttgart (im Druck)
Immerfall, Stefan / Franz, Peter (1998): Deutschland in der Bewährungsprobe. Stärken und Schwächen des deutschen Standortprofils im weltweiten Strukturwandel. Opladen
Kern, Horst (1997): Vertrauensverlust und blindes Vertrauen: Integrationsprobleme im ökonomischen Handel. In: S. Hradil (Hrsg.): Verhandlungen des 28. Kongresses der DGS in Dresden 1996. Frankfurt a. M./New York: 271–293
Oliver, Nick / Blakeborough, Michelle (1998): Innovation networks: the view from inside. In: J. Michie / J.G. Smith (Hrsg.): Globalization, Growth, and Governance. Creating an Innovative Economy. Oxford: 146–160
Ronneberger, Klaus (1995): Von High-Tech-Regionen lernen? In: Jahrbuch sozialwissenschaftliche Technikberichterstattung 1995: 19–78
Schienstock, Gerd (1990): Konsens – Legitimation – Solidarität: auf dem Weg zu einem neuen arbeitsorganisatorischen Paradigma? In: B. Scheuringer (Hrsg.): Wertorientierung und Zweckrationalität. Friedrich Fuerstenberg zum 60. Geburtstag. Opladen: 179–193
Staber, Udo (1997): An ecological perspective on entrepreneurship in industrial districts. In: Entrepreneurship and Regional Development 9: 45–64
Uzzi, Brian (1996): The sources and consequencens of embeddedness for the economic performance of organizations: The network effect. In: American Sociological Review 61, 4: 674–698

PD Dr. Stefan Immerfall, Universität Passau, Lehrstuhl für Soziologie,
D-94030 Passau

Neue Systeme der Produktentstehung im Spannungsfeld von Regionalisierung und Internationalisierung

ULRICH JÜRGENS

Wirkungszusammenhänge der Restrukturierung, Regionalisierung und Internationalisierung

Die neunziger Jahre sind das Jahrzehnt der industriellen Restrukturierung. Die Protagonisten sind das Management der multinationalen Konzerne. Deren Management folgt in seinen Strategien weltweit nahezu einheitlichen Konzepten. Und diese Strategien sind in bezug auf Marktchancen und Ressourcennutzung zunehmend global ausgerichtet. So das Ausgangsszenario.

Bestehende funktionale, räumliche, soziale Beziehungen und Bindungen werden in dieser Phase umfassend und radikal in Frage gestellt, gelockert, aufgelöst. Damit geht aber keineswegs ein genereller Bedeutungsverlust von „Bindungen" einher. Die neuen Managementkonzepte zielen im Gegenteil in vieler Hinsicht auf verstärkte Bindungen, auf Integration und Überbrückung von funktionalen, räumlichen und sozialen „Schnittstellen". Im vorliegenden Beitrag wird dies für die Restrukturierung der Systeme der Produktentstehung (PE) und im Hinblick auf die räumlichen Bindungen untersucht.

Räumliche Bindungen werden als Anhaltspunkt für „Regionalisierung" genommen, ohne näher auf Abgrenzungen zwischen lokalen, regionalen und nationalen Aspekten einzugehen. Die Untersuchung konzentriert sich auf die Automobilindustrie, deren Entwicklung als exemplarisch angesehen werden kann. Ziel ist es, die Komplexität der Wirkungszusammenhänge im Hinblick auf das Spannungsfeld Regionalisierung – Internationalisierung aufzuzeigen und zu modellieren. Dabei geht es vor allem darum, das gesamte System der Produktentstehung zu erfassen und nicht nur die Veränderungen bei den Fokal-Herstellern.

Grundzüge der Restrukturierung der PE-Systeme und ihre Auswirkungen bezüglich Regionalisierung und Internationalisierung

Im folgenden sollen die einzelnen Maßnahmenbereiche kurz dargestellt und auf Implikationen unter dem Gesichtspunkt Internationalisierung oder Regionalisierung hin diskutiert werden:

1. Prozeßintegration – Colocation versus IuK

Das Streben nach Prozeßintegration, nach Abläufen möglichst ohne Schnittstellen verleiht dem Faktor „räumliche Nähe" ein deutlich größeres Gewicht. Hier gibt es Parallelen zu der Einführung von Just-in-time-Prinzipien in den Prozeßketten der Produktion.

Der starke Druck auf räumliche Zusammenlegung der wesentlichen Prozeßparteien, mit in der Folge der Gründung von integrierten Entwicklungszentren und der Einrichtung von Satelliten-/Liaison-Büros der Zulieferer haben in den 1990ern einen deutlichen Regionalisierungseffekt, der den bestehenden Standortregionen der Entwicklungszentralen zugute kommt (vgl. Gerybadze et al. 1997).

Als intervenierender Faktor kommt mit zunehmender Bedeutung aber die technologische Entwicklung im Bereich der Informations- und Kommunikations-(IuK-)Technologien zur Geltung. „The Death of Distance" als Ergebnis der Kommunikationsrevolution bedeute, so Cairncross (1997), daß Transaktionskosten über räumliche Distanzen gegen Null tendierten. In der Tat experimentieren viele Automobilhersteller derzeit mit den Möglichkeiten, global verteilte Entwicklungsstandorte zu nutzen, um „rund um die Uhr" entwickeln zu können und damit entsprechende Zeitvorteile zu erhalten. Betrachtet man die Schwierigkeiten, die schon jetzt über Abteilungsgrenzen hinweg am gleichen Standort mit der Arbeits-Priorisierung, Standardisierung und selbst der technischen Kompatibilität von Systemen existiert, so erscheinen diese Voraussetzungen für den Entwicklungsalltag als noch unwahrscheinlich.

2. Projektorganisation, Produktmanagement, Organisationssegmentierung

Die klassischen Organisationsschemata befinden sich im Umbruch, und die Entwicklungsorganisation ist im besonderen Maße davon betroffen. An die Stelle allround zuständiger fachlicher Funktionseinheiten treten Projektorganisation und Produktmanagement. Ein starkes Produktmanagement (heavy weight product manager) ist, wie Clark und Fujimoto in ihrer Untersuchung gezeigt haben, ein wesentlicher Faktor für die besondere Leistungsfähigkeit japanischer PE-Systeme (Clark/Fujimoto 1991). Es war Chrysler, das zuerst einen Schritt weitergegangen ist und die fachlichen Funktionseinheiten im Bereich Entwicklung und Produktionsplanung nach Produktlinien segmentiert hat und eigenständige Plattformorganisationen geschaffen hat. Die Plattformorganisation Chryslers gab aber wesentliche Anstöße für die Reorganisation von General Motors, Ford und Volkswagen, in denen aufgrund der Vorgeschichte von Mergers & Acquisitions und der gegebenen Internationalisierungsstruktur die Voraussetzungen ganz anders waren. Eine Reorganisation der PE-Systeme mußte in diesen Unternehmen dem Umstand Rechnung tragen, daß innerhalb der weltweiten Konzernstrukturen bereits mehrere Entwicklungszentren existierten. Der Grundgedanke der Plattformorganisation wurde hier mit dem Konzept der Benennung globaler Kompetenzzentren umgesetzt. Die Übertragung eines solchen globalen Mandats im Sinne von Bartlett/Ghoshal (1989) an bestimmte Zentren bedeutet naturgemäß den Verlust der entsprechenden Entwicklungsperspektive an anderen Standorten. Insgesamt geht mit der Schaffung der Kompetenzzentren ein Regionalisierungsprozeß einher, der sich aus der Konzentration, Zentralisierung und Integration der Funktionen tendenziell an jeweils einem globalen Standort ergibt.

3. Zulieferer

Zuliefererhierarchien und -netzwerke spielen in den neuen Systemen der Produktentstehung eine zentrale Rolle. Im folgenden soll die Entwicklungsdynamik im Hinblick auf einen Typ von Zulieferern – Serienzulieferer angesprochen werden.

Die bewährte Position als Entwicklungs- und Wertschöpfungspartner für die Endhersteller stellt in den neuen Systemen der Produktentstehung hohe Anforderungen. Neben dem Aufbau eigener Systemkompetenz (Profilierung der Kernkompetenz), der Restrukturierung und Integration der eigenen Prozeßkette mit der Errichtung eigener integrierter Entwicklungszentren stellt sich an die Zulieferer die Anforderung, an den wichtigen Entwicklungszentralen der Endhersteller vertreten zu sein und über die Dauer von Entwicklungsprojekten vor Ort in den Simultaneous-engineering-Teams der Endhersteller mitzuarbeiten. Hinzu kommt für diese Unternehmen, daß sie ihre Produktion und produktionsnahen Dienstleistungen regional ausdifferenzieren und vermehrt an den Montagestandorten der Endhersteller Satellitenwerke für die Just-in-time-Belieferung errichten. Technologieentwicklung in integrierten globalen Kompetenzzentren, eine Vielzahl dezentraler und oft herstellerspezifischer technischer Zentren und segmentierte, hersteller- und montageortspezifische Fertigungslinien in einer Vielzahl von Betriebsstätten vor Ort sind miteinander zu vereinbaren.

Schluß

Als Ergebnis der Untersuchung läßt sich festhalten, daß aus der Restrukturierung der Produktentstehungssysteme keine eindeutige Tendenz im Hinblick auf Regionalisierung oder Internationalisierung festzustellen ist. Tendenzen zur Bestärkung und Neukonstituierung regionaler Bindungen laufen parallel mit Tendenzen zur Internationalisierung. Die letzteren ergeben sich dabei häufig erst über Wirkungsketten, die sich in Verflechtung mit anderen Einflußfaktoren ergeben. Das Zieldreieck des „mehr – schneller – kostengünstiger" der PE-Umstrukturierung bewirkt die polare Konstellation von einerseits Strukturen und Abläufen der Prozeßintegration und andererseits Strukturen und Abläufen des Outsourcing. Die ersteren führen zur Stärkung und Erneuerung räumlicher Bindungen zumeist an den existierenden Standortregionen, die letzteren über indirekte Wirkungszusammenhänge – qua Akquisition lokaler Zulieferer durch multinationale Zulieferkonzerne, deren Zentralen häufig im Ausland liegen – zur Funktionsausdünnung bisheriger regionaler Zentren. Zwar erzwingen die Erfordernisse der Prozeßintegration zur Lokalisierung von Liaisonfunktionen und von resident engineers an den Entwicklungsstandorten und tragen damit räumlichen Bindungen Rechnung. Räumliche Bindungen sind für sie aber nun kontingenter geworden.

Literatur:
Bartlett, C.H. / Ghoshal, S. (1989): Managing across Borders. The Multinational Solution. London
Cairncross, F. (1997): The Death of Distance. How the Communications Revolution Will Change our Lives. Boston, Mass.
Clark, K.B. / Fujimoto, T. (1991): Automobilentwicklung mit System. Strategie, Organisation und Management in Europa, Japan und USA. Frankfurt/New York
Gerybadze, A. / Meyer-Krahmer, F./Reger, G. (1997): Globales Management von Forschung und Innovation. Stuttgart
Jürgens, U. (1997): Restructuring Product Development and Production Networks: Learning from Experiences in Different Industries and Countries, paper presented at the international conference on „Restructuring Product Development and Production Networks" at the Wissenschaftszentrum Berlin für Sozialforschung, März 1997
Womack, J.P. et al. (1991): Die zweite Revolution in der Autoindustrie. Konsequenzen aus der weltweiten Studie aus dem Massachusetts Institute of Technology. Frankfurt/New York

Prof. Dr. Ulrich Jürgens, Wissenschaftszentrum Berlin für Sozialforschung, Reichpietschufer 50, D-10785 Berlin

Globale Standortstrategien im sektoralen Vergleich

DIETER REHFELD

Globalisierung wird als Phase in einem langfristigen sozialen Prozeß verstanden, der grundlegend von einem Spannungsverhältnis zwischen der Dominanz von Marktkräften (Liberalisierung, Deregulierung, Privatisierung) einerseits, der gesellschaftlichen (sozialen, ökologischen, kulturellen) Begrenzung einer ungezügelten Marktentwicklung andererseits bestimmt wird. Die Dominanz eines dieser Trends heißt nicht, daß es allein in die eine Richtung geht. Deregulierung usw. und Reregulierung stellen sich über kurz oder lang immer als zwei Seiten ein und derselben Entwicklung heraus.

Diese Bedeutung der Reregulierung der jüngsten Globalisierungsphase wird in der Diskussion erheblich unterschätzt. Privatisierung, Liberalisierung und Deregulierung öffnen zwar einen einst staatlich dominierten Raum für private Aktivitäten, die Erschließung oder Strukturierung dieses Raumes ist aber so lange mit erheblichen Risiken verbunden, wie keine weitergehenden Rahmenbedingungen gesetzt werden. Globalisierung findet also bereits in einem Kontext statt, der durch eine Vielzahl von Akteuren konturiert ist. Diese Konturen sind sowohl Voraussetzungen wie auch begrenzende Faktoren für Unternehmensstrategien. Innerhalb dieser Konturen sind die Unternehmen dann als eigentliche Akteure zu verstehen, die diesen politisch geöffneten Raum strukturieren.

Vor diesem Hintergrund werden idealtypisch vier globale Standortstrategien von Unternehmen unterschieden (siehe Übersicht). Der Vergleich dieser Strategien macht deutlich, daß es sich bei globalen Standortstrategien um eine sektoral, funktional und räumliche differenzierte Entwicklung handelt. Da derartige Idealtypen in der Praxis in dieser reinen Form selten anzutreffen sind, werden in der folgenden Argumentation die Rahmenbedingungen für die praktische Konkretisierung erörtert.

Zunächst wird argumentiert, daß es auf der jeweiligen sektoralen Ebene zu einer spezifischen Bündelung der vier globalen Standortstrategien kommt. Für diese Annahme sprechen die für die Produkte spezifischen Martkbedingungen (Konsumgewohnheiten, strategische Relevanz des Produktes, damit verbundene local-content-Auflagen), die technisch-stofflichen Voraussetzungen (etwa Bedingungen für die Effizienz von Kuppelproduktionen oder die Fragmentierung des Produktionsprozesses) und nicht zuletzt – angesichts der zunehmenden Vernetzung der Produktion – die für eine sektorale Zusammenarbeit notwendige Kohärenz in Form von Standards, Normen, Konventionen usw. Diese sektoral spezifischen Differenzierungen werden am Beispiel der Standortstrategien von Konzernen aus unterschiedlichen Produktionsketten (Automobilindustrie, Chemische Industrie, Medienwirtschaft) plausibel gemacht.

Weiterhin wird gezeigt, daß diese sektoralen Besonderheiten von Spannungsfeldern auf der organisatorischen Ebene überlagert werden. So steht eine rein kostenorientierte Standortstrategie immer vor dem Problem eines konsequenten Zeit- und Qualitätsmanagments. Die organisatorischen Grenzen einer rein kostenorientierten Strategie werden mit dem verbreiteten Wandel von der standardisierten zur flexiblen Massenproduktion besonders deutlich. Die marktorientierte Standortstrategie entspricht in vieler Hinsicht dem Produktionskonzept der flexiblen Massenproduktion. Hierbei stellt sich vor allem die Frage, wie das optimale Verhältnis zwischen Standardisierung und Flexibilisierung auszusehen hat.

Die organisatorischen Spannungsfelder stellen sich bei den auf Innovation und dauerhafte Kundennähe ausgerichteten Strategie als Spannung zwischen der notwendigen Einbindung in einen regionalen Kontext und der Konzernintegration dar. Die einzelnen Standorte neigen u. a. dazu, sich zu verselbständigen, und eine Integration der vorhandenen Kompetenzen auf Konzernebene ist äußerst schwierig.

Schließlich wird darauf hingewiesen, daß die funktionale und sektorale Differenzierung von generellen Faktoren der Globalisierung überlagert wird, deren generalisierende Wirkung noch nicht geklärt ist. So ist noch immer offen, welche Bedeutung die Herausbildung weltweiter Unternehmensnetzwerke für Unternehmensstrategien hat, welche begrenzenden und verändernden Kontextbedingungen hieraus resultieren. Weltweiter Austausch von Organisations- bzw. Strategiekonzepten und die Kompetenz für deren Umsetzung innerhalb der Regionen hängen hierbei offenbar eng zusammen. Globalisierung, so läßt sich als Fazit festhalten, kann eben nicht als reine geographische Ausdehnung des Aktionsraums von Unternehmen verstanden werden, sondern nur in Zusammenhang mit der umfassenden Reorganisation des Zusammenspiels unterschiedlicher Funktionsräume von Unternehmen bei gleichzeitiger Reorganisation und Vernetzung von Produktionsketten

Übersicht 1: Globale Standortstrategien im Vergleich

Strategischer Fokus	Typisches Produkt	Standortstruktur	Standorttyp/ Rechtsform	Unternehmens-einbindung	regionale Einbindung	Zentrales Organisations-problem
Produktionskosten	Weltweit homogenes Standardprodukt, standardisierte Komponenten (standardisierte Massenproduktion) (z.B. Halbleiter)	International	Weltfabrik Zweigwerk (Verlängerte Werkbank)	Hierarchisch, arbeitsteilig	marginal (Kathedrale in der Wüste)	Qualitäts- und Zeitmanagement
Marktnähe	Regional angepaßtes Standardprodukt (flexible Massenproduktion) (z.B. PKW)	Global Lokalisiert (Glokal)	Produktionskomplex mit Anwendungs-forschung Zweiguntemehmen	Hierarchisch mit partiellen Freiheitsgraden	selektiv, der Konzerneinbindung nachgeordnet	Qualitäts- und Zeitmanagement Flexibilisierungs-/ Standardisierungs-optimum
Innovationen	auf den regionalen Leitmarkt ausgerichtetes Produkt (flexible Spezialisierung) (z.B. Musik(CD/Video), Pharmazie/Biotechno-logie)	Global	Technologie-/Forschungsunter-nehmen (z.T. Strategische Allianz)	Netzwerkartig	ausgeprägt (Einbindung in Milieu)	Integration, Innovations-management
dauerhafte Kundennähe	auf regionalen Markt ausgerichtetes Produkt (z.B. Handel, Ver- und Entsorgung)	Multilokal	Betriebergesellschaft Joint venture	Formell	ausgeprägt (langfristige Anbieter/Kunden-Beziehung)	Identität Erfahrungstransfer

Dr. Dieter Rehfeld, Wissenschaftszentrum Nordrhein-Westfalen, Institut für Arbeit und Technik, Munscheidstr. 14, D-45886 Gelsenkirchen

Regionale Innovationsnetzwerke und Globalisierung

JOACHIM GENOSKO

Vorbemerkungen

Graphentheoretisch betrachtet, wird ein Netzwerk durch eine Menge von Kanten und Knoten abgebildet (Schwarze 1996: 175). „Regional" ist ein solches Netzwerk dann, wenn zumindest ein Teil dieser Knoten und Kanten innerhalb einer subnationalen Raumeinheit angesiedelt ist. Die Knoten von Innovationsnetzwerken sind üblicherweise innovierende Unternehmen, Forschungseinrichtungen, Technologietransferstellen, produktionsnahe Dienstleister, staatliche Akteure etc., Kanten sind verschiedenartige, innovationsfördernde Beziehungen zwischen diesen Knoten (Tödtling-Schönhofer/Tödtling 1994: 8).

Eine weitere fruchtbare Differenzierung läßt sich im Anschluß an Granovetter (1973) zwischen *strong-ties-* und *weak-ties-*Netzwerken treffen. Der Vorteil von *weak-ties-*Netzwerken besteht vor allem darin, daß sie Abschottungstendenzen und damit „strukturelle Löcher" (Burt 1992) vermeiden.

*Weak-ties-*Netzwerke sind tendenziell von informeller Struktur und deshalb besonders gut geeignet „tacit knowledge" (Polyani 1966, Rosenberg 1982) zu transportieren (Senker/Faulkner 1996). Zwar müssen regionale Innovationsnetzwerke nicht unbedingt *weak-ties-*Netzwerke sein, aber theoretische Überlegungen wie empirische Befunde (Biehler et al. 1998) sprechen dafür, daß räumlich offene *weak-ties-*Netzwerke, präterpropter höhere Erfolgswahrscheinlichkeiten ausweisen.

Noch schwieriger als der „Netzwerk"-Begriff ist der Begriff der „Globalisierung" zu fassen. An dieser Stelle genüge die einfache Definition, Globalisierung stehe „letztlich für den Sachverhalt, daß die Märkte für Güter, Geld und Arbeitskräfte die Grenzen der Nationalstaaten zunehmend überwinden" (Voelzkow 1998: 9). Insbesondere die globale Konkurrenz um Geld für Direktinvestitionen setzt die (regionalen) Standorte unter Druck.

Regionale Innovationsnetzwerke als Instrumente des internationalen Standortwettbewerbs

Regionale Innovationsnetzwerke lassen sich als Versuche von Regionen verstehen, dem internationalen und interregionalen Standortwettbewerb bzw. (regionalen) wirtschaftlichen Krisen stand zu halten. Sie sind in diesem Kontext deshalb vorteilhaft, weil sie die „Unsicherheit" über die Unternehmensumwelt abbauen, eine „Risikoteilung" ermöglichen, „Lernkurveneffekte" erzeugen und suboptimale Wettbewerbsszenarios zwischen innovierenden Unternehmen vermeiden. Allgemein gesprochen, erlauben Innovationsnetzwerke die Transaktionskosten „zurückzufahren" und den spieltheoretischen

Kooperationsvorteil auszunutzen (Richter/Furubotn 1996; Tirole 1990; Mody 1993; Chesnais 1996). Diese Aussagen gelten besonders für regionale Innovationsnetzwerke, weil räumliche Nähe Reputations- und Vertrauensgenerierung leichter bewerkstelligen dürfte. Im übrigen ist bei ihnen Defektion im spieltheoretischen Sinne leichter beobachtbar und damit sanktionierbar.

Regionale Innovationsnetzwerke: Eine Kritik

Ein Kritikpunkt an regionalen Innovationsnetzwerken besteht im Einbezug kleiner und mittlere Unternehmen (KMU). Zum einen können für KMU Netzwerkinvestitionen sehr schnell zu einem „lock in"-Effekt (Hart 1987) führen. Er ergibt sich im wesentlichen daraus, daß partnerspezifische Investitionen nur innerhalb einer Kooperation von Wert sind, mit Beendigung der Kooperation jedoch „versinken" (Richter/Furubotn 1996: 247). Zum anderen sind selbst erfolgreiche Innovationsnetzwerke nicht für die „Ewigkeit" geschaffen. Es kann beispielsweise aufgrund des technologischen Wandels zweckmäßig sein, sich einem neuen Netzwerk anzuschließen (Bergman/Maier/Tödtling 1991: 295). Dies fällt üblicherweise großen Unternehmen wegen ihrer (geographisch) weitreichenderen Verbindungen leichter als KMU.

Selbst wenn man Innovationsnetzwerke als wünschenswert ansieht, gibt es Kosten und Schwierigkeiten, die sie zerfallen lassen können. Diese Kosten und Risiken reichen von „existenzgefährdenden" Fehleinschätzungen über spezifische Kooperationsrisiken bis hin zu unterschiedlichen Kooperationsfähigkeiten von Netzwerk-Mitgliedern (Camagni 1993: 6–10).

„Networking" als Regionalpolitik

Für eine Bewertung regionaler Innovationsnetzwerke als Instrument einer „neuen" Regionalpolitik in einer sich zunehmend globalisierenden Weltwirtschaft, sind folgende Punkte festzuhalten:
- Regionale Innovationsnetzwerke bringen zweifellos Nutzen- und Kostenvorteile für die beteiligten Akteure; insofern können sie eine Stütze für Regionen sein, die im internationalen und -regionalen Standortwettbewerb stehen.
- Regionale Innovationsnetzwerke sind sehr fragile Gebilde, die durch die Globalisierung eher noch fragiler werden.
- Die regionale Implementierung von „Networking" stößt auf ungeklärte theoretische Fragen und auf empirische Probleme, die u. a. mit den ungeklärten theoretischen Fragen zusammenhängen.
- Die Bildung und Gestaltung von regionalen Innovationsnetzwerken braucht Zeit, die möglicherweise bei einer weiteren Beschleunigung der Globalisierung den regionalen Akteuren nicht in ausreichendem Maße zur Verfügung steht.
- „Networking" ist ein strategischer, kein taktischer Ansatz einer „neuen" Regionalpolitik, der eher für Zentren denn für die Peripherie von Relevanz sein dürfte.

Literatur:
Bergman, E. / Maier, G. / Tödtling, F. (1991): Reconsidering Regions. In: dies. (Hrsg.). Regions Reconsidered: Economic Networks, Innovation and Local Development in Industrialized Countries. London und New York: 283–302
Biehler, H. / Genosko, J. / Sargl, M. / Sträter, D. (1998): Regionale Netzwerke und regionaler Arbeitsmarkt: kumulative Prozesse zirkulärer Verursachung? Diskussionsbeitrag der Wirtschaftswissenschaftlichen Fakultät Ingolstadt, Nr. 100. Ingolstadt
Burt, R.S. (1992): Structural Holes. The Social Structure of Competition. Cambridge (MA)
Camagni, R. (1993): Inter-Firm Industrial Networks. The Costs and Benefits of Cooperative Behaviour. In: Journal of Industry Studies 1: 1–74
Chesnais, F. (1996): Technological Agreements, Networks and Selected Issues in Economic Theory. In: R. Coombs et al. (Hrsg.): Technological Collaboration. The Dynamics of Cooperation in Industrial Innovation. Cheltenham und Brookfield: 18–33
Granovetter, M. (1973): The Strength of Weak Ties. In: American Journal of Sociology 78: 1360–1380
Hart, O.D. (1987): Incomplete Contracts. In: J. Eatwell. / N. Milgate / P. Newman. (Hrsg.): The New Palgrave: A Dictionary of Economics. Band 2. London: 752–759
Mody, A. (1993): Learning Through Allliances. In: Journal of Economic Behaviour and Organization 20: 151–170
Polyani, M. (1966): The Tacit Dimension. London
Richter, R. / Furubotn, E. (1996): Neue Institutionenökonomik: Eine Einführung und kritische Würdigung. Tübingen
Rosenberg, N. (1982): Inside the Black Box. Technology and Economics. Cambridge (MA)
Schwarze, J. (1996): Mathematik für Wirtschaftswissenschaftler. Bd. 3. 10. Aufl. Herne/Berlin
Senker, J. / Faulkner, W. (1996): Networks, Tacit Knowledge and Innovation. In: R. Coombs et al. (Hrsg.): Technolgical Collaboration. The Dynamics of Cooperation in Industrial Innovation. Cheltenham/Brookfield: 76–97
Tirole, J. (1990): The Theory of Industrial Organization. Cambridge/London
Tödtling-Schönhofer, H. / Tödtling, F. (1994): Regionale Netzwerke in der Greater Boston Region. Österreichisches Institut für Raumplanung. Wien
Voelzkow, H. (1998): Gibt es einen Bedeutungszuwachs der Region im Zeitalter der Globalisierung? In: R.G. Heinze / H. Minssen (Hrsg.). Regionale Netzwerke – Realität oder Fiktion? Diskussionspapiere der Fakultät für Sozialwissenschaft. Bochum

Prof. Dr. Joachim Genosko, Auf der Schanz 49, D-85049 Ingolstadt

Die Vermessung kultureller Unterschiede: USA und Deutschland im Vergleich

Organisation: Jürgen Gerhards

Einleitung

JÜRGEN GERHARDS

Deutschland und die USA gehören zur Familie der okzidentalen Gesellschaften, die durch eine vermeintlich ähnliche Kultur gekennzeichnet sind und sich gegenüber anderen Weltkulturen abgrenzen. Neben den Gemeinsamkeiten gibt es kulturelle Unterschiede, die in der Literatur seit Alexis de Tocqueville – hier im Verhältnis USA und Frankreich – immer wieder betont und skizziert wurden. Die Entwicklung der komparativen Sozialforschung macht es möglich, die häufig eher spekulativ herausgearbeiteten Unterschiede auf empirische Füße zu stellen und systematischer zu fragen, welche kulturellen Merkmale die beiden Gesellschaften denn auch in der Gegenwart noch unterscheiden. Es gibt mehrere Autoren, die in unterschiedlichen Projekten in jüngster Zeit darum bemüht waren und sind, verschiedene Aspekte von Kulturunterschieden zwischen Deutschland und den USA empirisch herauszuarbeiten. Einige dieser Autoren haben die Ergebnisse ihrer Bemühungen in der Ad-hoc-Gruppe vorgestellt.

Unter Kultur sollen dabei die das Handeln von Menschen einer Gesellschaft leitenden zentralen Werte- und Deutungsmuster verstanden werden. Die Leitfrage der Beiträge der Veranstaltung lautete: Was sind die Besonderheiten der US-amerikanischen Kultur im Vergleich zu der der Bundesrepublik und wie kann man die Unterschiede beschreiben und ihre Entstehung erklären. Die meisten der Beiträge werden in überarbeiteter Form zusammen mit anderen Aufsätzen in einem Band publiziert werden.

Literatur:
Gerhards, Jürgen (1999) (Hrsg.): Die Vermessung kultureller Unterschiede: USA und Deutschland im Vergleich. Opladen

Prof. Dr. Jürgen Gerhards, Universität Leipzig, Institut für Kulturwissenschaften, Augustusplatz 9, D-04109 Leipzig

Politische Kultur, Demokratie und politische Regulierung: Deutschland und USA im Vergleich

RICHARD MÜNCH

Aus dem Kontext eines von 1994 bis 1998 durchgeführten DFG-Forschungsprojektes über die Politik der Luftreinhaltung in Großbritannien, Frankreich, Deutschland und den USA, 1970–1996, sollen im Vergleich zwischen Deutschland und den USA spezifische Strukturprobleme demokratischer Gesellschaftsgestaltung vor den ökologischen Herausforderungen des globalen Zeitalters herausgearbeitet werden. Die Analyse konzentriert sich dabei auf vier Strukturkomponenten der politischen Praxis: Netzwerke, institutionelle Regeln, professionelle Gemeinschaften und politische Kultur, insbesondere auf die in der politischen Kultur überlieferte politische Philosophie.

Im deutschen Synthesenetzwerk werden die Verhandlungen des *Policy*-Prozesses vorrangig in Ausschüssen der Fachkompetenz von Fachleuten geführt. Konflikte werden als Kampf um die Koordination subjektiver Rechte durch objektives Recht ausgetragen. Synthesebildung geschieht durch die Subsumtion des Partikularen unter das Allgemeine in allgemeinen Gesetzen. Den Rahmen bildet die neokorporatistische Zusammenarbeit von Staat und Großverbänden. Das Netzwerk ist in folgenden Kontext von Professionen, institutionellen Regeln und politischer Kultur eingebettet: Ein objektivistischer Professionalismus orientiert sich am „Stand der Technik". Die institutionellen Regeln stellen Sachlichkeit und fachliche Kompetenz in den Vordergrund. Die politische Kultur ist durch die Idee einer rechtsstaatlich fixierten Konsensdemokratie gekennzeichnet.

Dieses Modell der Konfliktbewältigung und politischen Gesellschaftsgestaltung hat in der Vergangenheit insoweit gut funktioniert, als sich das Expertenwissen noch kohärent darstellen konnte, die einbezogenen großen Verbände noch für die ganze Gesellschaft zu sprechen vermochten, das Programm der Wohlstandssteigerung Konflikte entschärft hat und die Öffentlichkeit noch von dem Oligopol der überregionalen Tages- und Wochenpresse sowie vom Monopol der öffentlich-rechtlichen Rundfunkanstalten repräsentiert wurde. Alle diese konfliktreduzierenden Faktoren haben jedoch inzwischen an Trägfähigkeit verloren, so daß die Anforderungen an die Konfliktverarbeitung und Zukunftsgestaltung größer geworden sind. Den Anfang haben die ökologischen Konflikte gemacht, die Fortsetzung der schwindenden Kraft zur Konfliktbewältigung und Zukunftsgestaltung zeigt sich in der Standortdebatte. Es ist deshalb anzunehmen, daß unter den neuen gesellschaftlichen Bedingungen die Schattenseiten des Synthesemodells mehr als bisher zum Vorschein kommen. Sie zeigen sich im krampfhaften Festhalten an der Versachlichung von Konflikten mittels wissenschaftlicher Expertise, obwohl die Kohärenz des wissenschaftlichen Wissens nicht mehr gegeben ist und die Öffentlichkeit durch „Aufklärung" wegen des Widerstreits der Gutachten eher verunsichert als beruhigt wird. Die „Sachzwänge" werden politisiert, ohne daß es ein Bewußtsein für die zur Bewältigung der neuen Konflikte erforderlichen Verfahren gibt. Die neokorporatistischen Strukturen blockieren den Wandel, das Wohlstandsprogramm wird ökologisch in Frage gestellt und verliert in der neuen Weltwirtschaft seine sozialintegrative Kraft, die neue durchkommerzialisierte Medienlandschaft ergreift jeden Grashalm, aus dem sich eine Geschichte machen läßt, die zur Erhitzung der Gemüter beiträgt.

Die Verhandlungen im Wettbewerbsnetzwerk der USA nehmen die Form eines Marathons der Interessenabstimmung in einer Vielzahl von Arenen an. Die Konfliktaustragung stellt sich als ein Bargaining um die kleinsten Vorteile dar. Synthesebildung erfolgt durch das immer wieder neue Abstecken des Spielraums von Interessen. Den Rahmen bildet der Pluralismus zivilgesellschaftlicher Vereinigungen. Der weitere Kontext des Netzwerks stellt sich wie folgt dar: Der pluralistische Professionalismus ist auf empirische Evidenz und praktische Effizienz ausgerichtet. Die institutionellen Regeln betonen Chancengleichheit und Öffentlichkeit. Die politische Kultur zeichnet sich durch die Idee einer pluralistischen Wettbewerbsdemokratie aus.

Konflikte werden in der politischen Praxis der USA in unzählige Einzelkämpfe zerlegt, bei denen von den ersten Initiativen im Kongreß bis zur gerichtlichen Auseinandersetzung um die winzigsten Vorteile gekämpft wird. In diesem System der unzähligen Einzelkämpfe gehen aber auch leicht die großen Fragen der Zukunftsgestaltung unter. Sie können kaum in den Blick genommen werden, und wenn sie einmal gestellt werden, passiert es leicht, daß sie von der Maschinerie der Durchsetzung von Einzelinteressen zermalmt werden. Nur in außergewöhnlichen historischen Situationen kann ein Präsident mit der dafür nötigen Fortune die Öffentlichkeit für die Durchführung umfassender Reformprogramme gewinnen und mit ihrer Unterstützung im Rücken die partikularen Interessen in ihre Schranken weisen.

Was wir auf absehbare Zukunft voraussehen können, ist die grundlegende Transformation der Nationalstaaten durch ihre Einbettung in ein Mehrebenensystem, das von der lokalen Gemeinde über die Region und die Nation bis zur Europäischen Union und zu globalen Regimen reicht. Der Nationalstaat ist nur noch eine Ebene in diesem vielschichtigen System. Wegen der wachsenden Pluralität von Ebenen, Identitäten und Interessen wird sich die Politik überall und auf allen Ebenen auf das Modell der von den USA entwickelten pluralistischen Wettbewerbsdemokratie zubewegen.

Prof. Dr. Richard Münch, Universität Bamberg, Lehrstuhl für Soziologie II, Feldkirchstr. 21, D-96045 Bamberg

Die demokratische Gesellschaft in den USA und in Deutschland

DIETER FUCHS

Der Bestand und die Qualität einer Demokratie hängen maßgeblich davon ab, daß die demokratische Gemeinschaft (demos) und die demokratischen Institutionen (kratos) zueinander kongruent sind. Das ist zumindest die plausible Grundannahme des Paradigmas der Politischen Kultur (Fuchs 1998; Rohrschneider 1999). In diesem Paradigma wird das Kongruenzpostulat aber lediglich auf die Politische Kultur bezogen und dabei vor allem auf die Relation der Bürger zum demokratischen System (Almond 1980). Unter dem Gesichtspunkt der Bestandserhaltung mag dies zwar ausreichend sein, nicht aber, wenn man zusätzlich die Qualität der Demokratie als Bezugspunkt errichtet. Dann wird neben der Bereitschaft der Bürger, sich politisch zu beteiligen auch die Art und Weise relevant, wie sich die Bürger zueinander in Beziehung setzen. Mit dem Begriff der demokratischen Gemeinschaft ist also beides gemeint: Die Relation der Bürger zur Politik und die der Bürger zueinander. Eine dritte Dimension besteht in der Abgrenzung gegenüber anderen außerhalb der eigenen Gemeinschaft (Exklusion/Inklusion).

Entsprechend der demokratietheoretischen Diskussion der letzten Jahre gehen wir davon aus, daß es nicht nur eine demokratische Gemeinschaft gibt, sondern mehrere. Sofern sie demokratische Gemeinschaften sind, müssen sie natürlich ein Minimum an Gemeinsamkeiten aufweisen. Ihre Unterschiede ergeben sich vor allem durch die relative Position, die sie auf dem Kontinuum zwischen Individualismus und Kollektivismus einnehmen (Chapman/Shapiro 1993). Etwas anders gewendet geht es also um die relative Priorität von Individuum oder Gemeinschaft bzw. von Freiheit oder Gleichheit. Je nach Prioritätensetzung können unterschiedliche Modelle von Demokratie postuliert werden (Fuchs 1997). Dem individualistischen Pol am nächsten liegt das libertäre Modell und dem kollektivistischen Pol am nächsten liegen das kommunitaristische und das sozialistische Modell. Das liberale (bzw. in der europäischen Terminologie das sozialliberale) Modell nimmt eine mittlere Position ein. Der wesentliche Unterschied zwischen dem kommunitaristischen und dem sozialistischen Modell liegt darin, wie sich der Vorrang der Gemeinschaft konstituieren soll: Im ersten Fall über gemeinsam geteilte ethische Vorstellungen und im zweiten Falle über staatliche Umverteilungen und Marktinterventionen. Auch das liberale Modell sieht staatliche Umverteilungen vor, diese sind aber auf die Versorgung mit sogenannten Grundgütern beschränkt, und im Konfliktfalle wird der Freiheit der unbedingte Vorrang vor der Gleichheit gegeben.

Was sind die Erwartungen hinsichtlich des empirischen Vergleichs der demokratischen Gemeinschaften der USA und Deutschlands bzw. welches der normativen Modelle der Demokratie wird in dort jeweils bevorzugt? Für die Herausbildung und Stabilisierung einer demokratischen Gemeinschaft sind vor allem zwei Faktoren maßgeblich. Erstens eine gemeinsame Geschichte und zweitens die Sozialisation und die Erfahrungen der Bürger innerhalb der institutionellen Struktur ihrer Gesellschaft (Fuchs 1998). Für die Entstehung und Entwicklung der USA waren immer zwei grundlegende Wertorientierungen bedeutsam. Erstens, die Betonung der individuellen Freiheit, zu der die Prinzipien der Selbstverantwortung und des Wettbewerbs gehören. Zweitens, die Skepsis gegenüber einem umfassenden Zentralstaat. Vor diesem Hintergrund nehmen wir im Falle der USA eine relative Präferenz ihrer Bürger für das libertäre Modell der Demokratie an. Demgegenüber war die Geschichte Deutschlands zumindest seit der deutschen Einheit im letzten Jahrhundert von einer etatistischen Orientierung und einer starken sozialstaatlichen Komponente geprägt. Wir gehen davon aus, daß diese Orientierungen durch die unterschiedlichen Gesellschaftsordnungen, die nach dem Zweiten Weltkrieg in beiden Teilen Deutschlands eingerichtet wurden, in unterschiedliche Richtungen modifiziert wurden. Die Sozialisation und die Erfahrungen der Bürger im Westen, die sich in dem institutionellen Rahmen einer liberalen Demokratie und einer Marktwirtschaft vollzogen, müßten eine relative Präferenz für das liberale (sozialliberale) Modell der Demokratie bewirkt haben. Der Staatssozialismus der DDR konnte unmittelbar an die etatistische und sozialstaatliche Tradition anknüpfen und diese im Kontext der sozialistischen Ideologie reinterpretieren sowie institutionell entsprechend umsetzen. Das hat zwar letztlich nicht zu einer Unterstützung des Staatssozialismus der DDR durch ihre Bürger geführt, wohl aber zu einer relativen Präferenz für das sozialistische Modell der Demokratie, die auch nach der deutschen Einigung virulent geblieben ist (Fuchs 1998). Die empirische Analyse stützt sich auf den letzten World Values Survey, der 1995–97 erhoben wurde. In der Tabelle 1 sind die Merkmalsausprägungen von Einstellungen aufgeführt, die relevante Dimensionen der demokratischen Gemeinschaft erfassen.

Tabelle 1: Merkmale der demokratischen Gemeinschaft

	USA	ABL	NBL
Bürger – Politik			
Priorität der Demokratie vor der Autokratie	sehr stark	sehr stark	sehr stark
Priorität des Privateigentums vor dem Staatseigentum	sehr stark	stark	mittel
Priorität der Selbstverantwortung vor der Staatsverantwortung	sehr stark	mittel	schwach
Bürger – Bürger			
Solidarität mit den Armen	schwach	mittel	sehr stark
Konformität mit Legalitätsnormen im öffentlichen Bereich	sehr stark	schwach	mittel
Toleranz gegenüber abweichendem Verhalten im sozialen Bereich	sehr schwach	mittel	schwach
Bürger – Andere			
Inklusivität gegenüber Arbeitsimmigranten	sehr schwach	sehr schwach	sehr schwach
Demokratische Grundwerte			
Priorität der Freiheit vor der Gleichheit	stark	stark	schwach

Die theoretischen Erwartungen werden durch diese Daten weitgehend bestätigt. Die kontrastierenden Gemeinschaften sind die der USA und der neuen Bundesländer (NBL). Während in den USA bspw. die Selbstverantwortung eine eindeutige Priorität vor der Staatsverantwortung hat, ist diese in den NBL eher schwach ausgeprägt. Demgegenüber läßt sich in den NBL eine starke Solidarität mit den Armen feststellen, die wiederum in den USA sehr schwach ist. Zu diesem Muster paßt auch, daß in den USA unter den demokratischen Basiswerten der Freiheit ein eindeutiger Vorrang vor der Gleichheit gegeben wird, während die Bürger der NBL eher die Gleichheit präferieren. Die alten Bundesländer (ABL) nehmen zwischen diesen kontrastierenden Gemeinschaften eine mittlere Position ein. Insgesamt kann man nach diesen Daten die Annahme aufrechterhalten, daß in den NBL eher ein sozialistisches Modell der Demokratie, in den ABL ein sozialliberales Modell und in den USA ein libertäres Modell bevorzugt wird. In den USA handelt es sich offensichtlich aber um ein libertäres Modell einer bestimmten Variante. Eine starke Selbstverantwortungs- und Wettbewerbsorientierung verbindet sich mit einer sehr restriktiven Haltung gegenüber abweichendem Verhalten jeder Art, sei es im öffentlichen oder im sozialen Bereich. Das libertäre bezieht sich demnach vor allem auf Wirtschaft und Politik, während im sozialen Bereich eher eine (religiös fundierte) kommunitaristische Tendenz festzustellen ist.

Literatur:
Almond, Gabriel A. (1980): The Intellectual History of the Civic Culture Concept. In: Gabriel A. Almond / Sidney Verba (Hrsg.): The Civic Culture Revisited. Boston: 1–36
Chapman, John W./Shapiro, Ian (1993): Democratic Community. New York
Fuchs, Dieter (1997): Welche Demokratie wollen die Deutschen? In: Oscar W. Gabriel (Hrsg.): Politische Einstellungen und politisches Verhalten im Transformationsprozess. Opladen: 81–110
Fuchs, Dieter (1998): The Political Culture of Unified Germany, Diskussionspapier FS III 98–204, Wissenschaftszentrum Berlin für Sozialforschung

PD Dr. Dieter Fuchs, Wissenschaftszentrum Berlin für Sozialforschung, Reichpietschufer 50, D-10785 Berlin

Politische und ökonomische Gerechtigkeitsvorstellungen in Deutschland und in den USA

EDELTRAUD ROLLER

Problemstellung

Sowohl der Bestand als auch die Funktionsfähigkeit der institutionellen Arrangements moderner Gesellschaften hängen maßgeblich davon ab, daß die Bürger von deren Legitimität überzeugt sind. Eine Voraussetzung für diese Legitimitätsüberzeugung besteht darin, daß die Bürger den normativen Prinzipien zustimmen, auf deren Grundlage die Institutionen legitimiert werden können (Fuchs 1997). Als wichtigstes normatives Prinzip von Institutionen gilt die Gerechtigkeit. Der Marktwirtschaft und dem Wohlfahrtsstaat, die zu den Basisinstitutionen moderner Gesellschaften zählen, liegen unterschiedliche Gerechtigkeitsnormen zugrunde. Bei der Marktwirtschaft ist es vor allem das Leistungsprinzip, d. h. Güter werden proportional zum individuellen Beitrag verteilt. Beim Wohlfahrtsstaat sind es das Bedürfnis- und Gleichheitsprinzip, d. h. Güter werden so verteilt, daß entweder die Bedürfnisse aller gleich befriedigt werden oder daß jeder denselben Anteil bekommt. Für das Funktionieren und den Fortbestand beider Institutionen ist also entscheidend, daß die Bürger diese unterschiedlichen Gerechtigkeitsnormen in dem jeweiligen gesellschaftlichen Bereich akzeptieren und anwenden.
Ein Problem dieser bereichsspezifischen Anwendung unterschiedlicher Gerechtigkeitsnormen besteht darin, daß es in beiden Fällen um die Verteilung derselben Güter, insbesondere des Einkommens geht. Diese Güter werden zuerst durch den Markt verteilt und anschließend vom (Wohlfahrts-)Staat umverteilt. Deshalb besteht die Möglichkeit, daß die Grenzen zwischen diesen unterschiedlichen bereichsspezifischen Gerechtigkeitsnormen „verschwimmen" (Hochschild 1981). Das kann zum einen bedeuten, daß das Leistungsprinzip nicht nur als Verteilungsnorm des Marktes, sondern auch als die des Wohlfahrtsstaats befürwortet wird, und zum anderen, daß Bedürfnis- und Gleichheitsprinzip nicht nur als Verteilungsnormen des Wohlfahrtsstaats, sondern auch als die der Marktwirtschaft präferiert werden.
Für die empirische Analyse ist die Hypothese forschungsleitend, daß in Deutschland und den USA unterschiedliche Formen dieser Ausweitungen bereichsspezifischer Gerechtigkeitsprinzipien dominieren. In den USA, die einen restriktiven „liberalen" Wohlfahrtsstaat ausgebildet haben (Esping-Andersen 1990), müßte eher eine Ausweitung des Leistungsprinzips in den Wohlfahrtsstaat vorliegen. In Deutschland mit seinem umfassenderen „konservativen" Wohlfahrtsstaat müßte eher eine Ausweitung der Bedürfnis- und Gleichheitsprinzipien in die Marktwirtschaft existieren. Diese Form

der Ausweitung müßte bei den Bürgern der Neuen Bundesländer, die in einem sozialistischen System aufgewachsen sind und sich in einer schlechteren sozio-ökonomischen Lage befinden, stärker ausgeprägt sein als bei denen der alten Länder.

Ergebnisse

Zur Überprüfung dieser Hypothese werden repräsentative Bevölkerungsumfragen herangezogen, die Anfang der 90er Jahre in Deutschland und den USA durchgeführt worden sind (International Social Survey Programme 1990, 1992).

Tabelle 1: Zustimmung zu Gerechtigkeitsprinzipien (in Prozent)

	USA	Alte Länder	Neue Länder
Wichtigkeit für Verdienst			
- Harte Arbeit	99	95	97
- Gute Arbeit	100	99	100
- Um eine Familie zu ernähren	83	92	87
- Ob Kinder zu versorgen sind	70	93	89
Befürwortung staatlicher Verantwortung			
- Gesundheitliche Versorgung für Kranke	89	95	99
- Lebensstandard für alte Menschen	88	95	99
- Finanzielle Unterstützung für Studenten aus einkommensschwachen Familien	88	86	96
- Angemessene Wohnungen für die, die es sich nicht leisten können	74	80	94
- Lebensstandard für Arbeitslose	53	78	94
- Arbeitsplätze	44	74	95
- Abbau der Einkommensunterschiede	44	64	84

Die Gerechtigkeitsnormen für die *Marktwirtschaft* werden mit einem Indikator erhoben, der danach fragt, wie wichtig Leistungs- (harte Arbeit, gute Arbeit) und Bedürfniskriterien (Familie ernähren, Kinder versorgen) für den Verdienst sein sollen. In Deutschland und den USA werden Leistungskriterien von den Bürgern universell als Verteilungsnormen präferiert (Tab. 1). Entgegen der Erwartung werden nicht nur in Deutschland, sondern auch in den USA zusätzlich Bedürfnisprinzipien von der überwiegenden Mehrheit der Bürger für wichtig erachtet. Der Unterschied zwischen beiden Ländern besteht darin, daß die Präferenz für „bereichsfremde" Gerechtigkeitsnormen in den USA etwas geringer ausgeprägt ist als in Deutschland.

Beim *Wohlfahrtsstaat* manifestieren sich Gerechtigkeitsnormen unter anderem bei der Frage, ob der Staat überhaupt eine Zuständigkeit übernehmen und in die Verteilung verschiedener Güter eingreifen soll. Damit wird festgelegt, welche Güter nicht alleine vom Markt auf der Grundlage des Leistungsprinzips, sondern zusätzlich auch vom Staat auf der Basis von Bedürfnis- und Gleichheitsprinzip verteilt werden sollen. Die empirische Analyse basiert auf einem Indikator, der für verschiedene Güterverteilungen danach fragt, ob der Staat eine Verantwortung übernehmen soll oder nicht. Bei sechs der sieben abgefragten Güterverteilungen sind die Unterschiede den Erwartungen entsprechend. Die Höhe der Zustimmung zur staatlichen Verantwortung ist in den USA am geringsten, sie ist am stärksten in den Neuen Bundesländern, und die Alten Bundesländer liegen in der Mitte (Tab. 1). In derselben Reihenfolge nimmt *innerhalb* der Länder die Variation zwischen den verschiedenen Güterverteilungen ab. In den USA lassen sich deutlich zwei Gruppen von Gütern identifizieren, solche mit sehr hoher und solche mit niedriger normativer Staatsverantwortung. Während sich die erste Gruppe dadurch auszeichnet, daß Staatseingriffe keine Verletzung des Leistungsprinzips bedeuten (z. B. Kranke, Alte), kollidiert bei der zweiten Gruppe der Staatseingriff mit dem Leistungsprinzip (z. B. Arbeitslose). Konturen dieses Musters lassen sich ebenfalls noch in den Alten Bundesländern auffinden, in den neuen ist es verschwunden. Die überwiegende Mehrheit der Ostdeutschen präferiert bei allen Güterverteilungen staatliche Eingriffe.

Zusammenfassung und Schlußfolgerungen

Die empirische Analyse konnte zeigen, daß in bezug auf die Marktwirtschaft und den Wohlfahrtsstaat die Grenzen zwischen den unterschiedlichen Gerechtigkeitsprinzipien verschwimmen. Entgegen der Erwartung unterscheiden sich hinsichtlich der *Marktwirtschaft* Deutschland und die USA nur wenig. In beiden Ländern präferieren die Bürger auch die Berücksichtigung des wohlfahrtsstaatlichen Bedürfnisprinzips. Die Legitimität einer reinen Marktwirtschaft ist also nicht nur in Deutschland, sondern auch in den USA nicht sehr ausgeprägt. Deutlicher und im Sinne der Erwartung sind die Länderunterschiede in bezug auf den *Wohlfahrtsstaat*. Während in den USA die Grenzen des Bedürfnis- und Gleichheitsprinzips gegenüber dem konkurrierenden Leistungsprinzip relativ eng gezogen sind, ist dies in Deutschland – insbesondere in Ostdeutschland – weniger der Fall. Letztlich bilden sich in diesen unterschiedlichen Grenzziehungen die unterschiedlichen nationalen Wohlfahrtsstaatsmodelle ab, in denen die Bürger aufgewachsen sind. In den neuen Ländern läßt sich unter anderem aus diesem Grund nur eine begrenzte Legitimität des bundesrepublikanischen Sozialstaats feststellen (Roller 1997).

Literatur:
Esping-Andersen, Gösta (1990): The Three Worlds of Welfare Capitalism. Cambridge
Fuchs, Dieter (1997): Wohin geht der Wandel der demokratischen Institutionen in Deutschland? In: Gerhard Göhler (Hrsg.): Institutionenwandel. Sonderheft 16 des Leviathan, Opladen: 253–284

Hochschild, Jennifer L. (1981): What's Fair? Cambridge, Mass.
Roller, Edeltraud (1997): Sozialpolitische Orientierungen nach der deutschen Vereinigung. In: Oscar W. Gabriel (Hrsg.): Politische Orientierungen und Verhaltensweisen im vereinigten Deutschland. Opladen: 115–146

Dr. Edeltraud Roller, Wissenschaftszentrum Berlin für Sozialforschung, Reichpietschufer 50, D-10785 Berlin

Akteure und Deutungsmuster im Abtreibungskonflikt: Deutschland und USA im Vergleich

JÜRGEN GERHARDS / DIETER RUCHT

Fragestellung

Akteure, die die Deutung von politisch kontroversen Themen beeinflussen wollen, werden vor allem versuchen, die Massenmedien zu beeinflussen, weil die Medien die Öffentlichkeitsarena darstellen, die von den meisten Bürger wahrgenommen wird. Die Einflußnahme auf die mediale Kommunikation bestimmt sich zum einen durch die Häufigkeit, mit der die Akteure in den Medien zu Wort kommen und zitiert werden („standing"), zum anderen durch die Häufigkeit, mit der sie ihre Deutungsmuster eines Themas in den Medien plazieren können („framing"). Wir sind in einem ländervergleichenden, empirischen Projekt der Frage nachgegangen, welche Unterschiede es im „standing" und „framing" in der öffentlichen Debatte über Abtreibungen zwischen Deutschland und USA gibt und wie man diese Unterschiede erklären kann.

Methode

Grundlage der Untersuchung bildet zum einen eine systematische Inhaltsanalyse der vier Tageszeitungen New York Times, Los Angeles Times, Süddeutsche Zeitung und Frankfurter Allgemeine Zeitung über den Zeitraum 1970 bis 1994. Die Codiereinheit bilden die Aussagen von Akteuren in Zeitungsartikeln. Das „standing" von Akteuren messen wir durch die Häufigkeit, mit der Akteure in den Medien zitiert werden. Das „framing" messen wir durch eine Klassifikation der Argumente, die Akteure benutzen, um das Thema Abtreibung zu interpretieren. Die systematische Inhaltsanalyse wurde ergänzt durch eine weitgehend standardisierte Befragung der an der Abtreibungsdebatte beteiligten kollektiven Akteure, mit deren Hilfe wir die Ressourcen, Präferenzen und Kontaktnetze der einzelnen Akteure rekonstruieren.

Ergebnisse
Im Hinblick auf das „standing" der Akteure zeigt sich, daß in Deutschland staatliche Akteure (vor allem die Legislative) und Parteien deutlich stärker in den Medien repräsentiert sind als in den USA, während umgekehrt in den USA Akteure der Zivilgesellschaft (Interessengruppen, soziale Bewegungen und individuelle Sprecher) ein höheres „standing" erreichen als in Deutschland. Der Abtreibungsdiskurs in Deutschland ist ein staatszentrierter Diskurs, in den USA ein von der Zivilgesellschaft dominierter Diskurs. Wir erklären diese Länderunterschiede im „standing" durch ein Zusammenspiel von drei verschiedenen Faktoren: Zum einen zeigt sich, daß die zivilgesellschaftlichen Akteure und vor allem die sozialen Bewegungen in den USA über mehr Ressourcen für Medienarbeit verfügen und eine intensivere und professionellere Medienarbeit betreiben als die zivilgesellschaftlichen Akteure in Deutschland. Zum zweiten unterscheiden sich die Journalisten, die die „gatekeeper" zur medialen Arena sind, in ihren Aktivitäten in den beiden Länder. Journalisten in den USA kontaktieren von sich aus häufiger die zivilgesellschaftlichen Akteure als die deutschen Journalisten. Schließlich spiegelt sich in dem unterschiedlichen „standing" von staatlichen und zivilgesellschaftlichen Akteuren in den Medien auch der Unterschied in der institutionellen Struktur der beiden politischen Systeme: Die Entscheidungsbefugnisse der bundesstaatlichen Akteure (vor allem der Legislativen) im Abtreibungsfall sind in Deutschland höher als in den USA. Die höhere Machtausstattung der staatlichen Akteure in Deutschland verschafft ihnen und ihren öffentlichen Aussagen einen höheren Nachrichtenwert und dies erklärt mit ihr höheres „standing" in den Medien.

Zur Bestimmung der „framing"-Unterschiede zwischen den beiden Ländern haben wir acht verschiedene Deutungsmuster unterschieden, die selbst wiederum in verschiedene Teilrahmen differenziert sind. Das Thema Abtreibung kann recht unterschiedlich gedeutet und in verschiedene Deutungsmuster eingepaßt werden. Man kann die Abtreibungsfrage z. B. als Frage sozialer Gerechtigkeit zwischen verschiedenen Schichten interpretieren; man kann Abtreibungen aber auch zur zentralen Frage weiblicher Selbstbestimmung erklären oder aber auf die Frage beziehen, ob dem Staat überhaupt das Recht zusteht, die private Entscheidungssituation gesetzlich zu regeln. Je nach Deutungsmuster erhält das Thema eine andere Bedeutung und eine andere Überzeugungsqualität. Die Unterschiede in der Verwendung von Deutungsmustern in den beiden Ländern sind insofern schwer zu beschreiben, weil dies eine genaue Deskription der verschiedenen Deutungsmuster voraussetzen würde, wofür hier nicht der Raum zur Verfügung steht. Deshalb konzentrieren wir uns im folgenden auf die Darstellung nur eines, wenn auch wesentlichen Unterschieds in der Deutung des Abtreibungsthemas in den beiden Ländern.

Der wichtigste Deutungsrahmen in der Bundesrepublik bildet der „frame", der die Abtreibungsfrage darauf bezieht, ob es sich bei dem Fötus um Leben handelt. Der wichtigste Deutungsrahmen in den USA ist hingegen das Deutungsmuster, das das Abtreibungsthema als Frage nach den Rechten des Staates in der Regulierung der Privatsphäre behandelt. Wir vermuten, daß sich die Tatsache, daß in den beiden Ländern unterschiedliche Deutungsmuster die jeweilig dominanten Rahmen darstellen, mit Rekurs auf eine historisch unterschiedlich strukturierte politische Kultur verstehen läßt. In der Werteordnung der Bundesrepublik hat das Prinzip „Schutz des Lebens" eine Sonderstellung inne. Die zentrale Stellung dieses Werts wird unterstrichen durch die Tatsache, daß er an vorderster Stelle des Grundgesetzes definiert wird. Es gibt in der Bundesrepublik – im Unterschied zu den USA, wo in den meisten Einzelstaaten die Todesstrafe legalisiert ist – keine Ausnahmebestimmung, die es erlaubt, gegen Artikel 2 des Grundgesetzes zu verstoßen. Diese in der Verfassung zum Ausdruck kommende Wichtigkeit des Lebensschutzes ist vorstrukturiert durch die historischen Erfahrungen der NS-Zeit und die Interpretation dieser Erfahrungen nach 1945. Der Nationalsozialismus hatte gegen den Schutz des ungeborenen Lebens durch eine rassistisch motivierte Abtreibungsregelung und gegen das existierende Leben durch Massenvernichtungen massiv verstoßen. Bei der Gründung der Bundesrepublik diente der Nationalsozialismus als Kontrastbezug für die Legitimierung der neuen politischen Ordnung. Die historischen Erfahrungen und die Deutung dieser Erfahrungen für die Identitätskonstruktion der Bundesrepublik hat eine gesteigerte Sensibilität für mögliche Verletzungen menschlichen Lebens erzeugt. Diese generalisierte kulturelle Disposition macht die Verbindung der Abtreibungsfrage mit dem Wert des Lebensschutzes in Deutschland überdurchschnittlich resonanzfähig.

Auch für die Tatsache, daß das Deutungsmuster „Privatheit versus staatliche Aufgaben" in den USA das wichtigste Deutungsmuster der Abtreibungsfrage darstellt, spielen kulturell-geschichtliche Voraussetzungen eine bedeutsame Rolle. Das konstruierte Selbstverständnis der amerikanischen Gesellschaft betont seit der Auswanderung der Puritaner aus England das Prinzip der Freiheit und Selbstbestimmung in Abgrenzung und Abwehrhaltung gegenüber staatlichen Regulierungen. Die historische Erfahrung einer staatlichen Verfolgung von Religiosität wird im Gründungsmythos der USA stilisiert und begründet das Credo für eine Sicherung der Selbstorganisation der Menschen und eine skeptische Grundhaltung gegenüber einer staatlichen Regulierung. Diese Grundidee ist eine strukturierende Idee der amerikanischen Kultur bis heute. Im Unterschied dazu ist die Abwehrhaltung gegenüber staatlichen Eingriffen in Deutschland weit geringer ausgeprägt, das Schutzbedürfnis der Privatsphäre gegenüber dem Staat schwächer. Diese unterschiedlichen kulturellen Voraussetzungen in Deutschland und den USA machen eine Plazierung des Abtreibungsthemas in dem Deutungsrahmen „Privatsphäre versus Staat" in den USA resonanzfähiger als in Deutschland. Die kulturelle

Gelegenheitsstruktur ist in beiden Ländern unterschiedlich und dies führt in der Folge zu einem anderen Deutungsverhalten der Akteure des Abtreibungsthemas in Deutschland und in den USA.

Literatur:
Gerhards, Jürgen / Neidhardt, Friedhelm / Rucht, Dieter (1998): Zwischen Diskurs und Palaver: Strukturen öffentlicher Meinungsbildung am Beispiel des Abtreibungsdiskurses in der Bundesrepublik. Opladen
Ferree, Myra Marx / Gamson, William A. / Gerhards, Jürgen / Rucht, Dieter (2000): Collective Actors and the Public Sphere: Abortion Discourse in the U.S. and Germany

Prof. Dr. Jürgen Gerhards, Universität Leipzig, Institut für Kulturwissenschaften, Augustusplatz 9, D-4109 Leipzig

PD Dr. Dieter Rucht, University of Kent, Darwin College, Department of Sociology, GB Canterbury CT2 7NY

Amerikanische und deutsche politische Kultur der 80er Jahre – einige Bemerkungen zu Konvergenz und Divergenz

STEPHEN KALBERG

Bestimmte Schwächen und Stärken kennzeichneten die politische Kultur der USA in den 80er Jahren. Da „politisch-ethisches" Handeln in der amerikanischen Gesellschaft in Form eines anhaltenden Spannungsverhältnisses zwischen einem „civic"-orientierten, individuellen Ethos und öffentlichen Idealen einerseits und der Zweckrationalität, die den politischen und wirtschaftlichen Beziehungen zugrundelag, andererseits, weit verbreitet war – somit also stets unabhängig vom Staat und seinen Aufgaben existierte – konnte weder ein umfassender Wohlfahrtsstaat noch eine „gemischte" Wirtschaftsordnung jemals eindeutige Legitimation erlangen. Durch die Konstellation „schlanker Staat/Selbstverantwortlichkeit" war es nicht möglich, die Bürger vor den vielfältigen Belastungen zu schützen, die eine fortschreitende Industrialisierung mit sich bringt, so daß sich soziale Probleme in einem Maße entwickeln konnten, das in allen anderen industrialisierten Ländern unvorstellbar wäre.

Die amerikanische politische Kultur in den 80er Jahren wies auch einige Stärken auf. Ihre einzigartige Konfiguration – eine starke Betonung individueller Rechte und Selbstverantwortlichkeit sowie die begrenzte Befugnis des Staates, vermischt mit politisch-ethischem Handeln, welches sich an den öffentlichen Idealen von universalem fairem Verhalten, Gerechtigkeit, Chancengleichheit und sozialem Vertrauen orientierte – machte einen lebhaften und allgegenwärtigen Bürgeraktivismus möglich. Das unterscheidende Merkmal war eine gut ausgeprägte Fähigkeit, Widersprüche zwischen der empirischen Realität und den öffentlichen Idealen zu erkennen und darauf zu reagieren, anstatt sich auf Wahlen, politische Parteien oder den Staat zu verlassen. So war beispielsweise die Diskrepanz zwischen Idealen universaler Gleichheit und der gemeinsamen Erfahrung von Ungleichheit und Diskriminierung Anstoß genug für die Entstehung einer Reihe von sozialen Bewegungen (Frauenbewegung, Bewegung der Homosexuellen, usw.) so wie es früher bei der Bürgerrechtsbewegung der Fall war.

Diese Komponente der amerikanischen politischen Kultur – der weitverbreitete Aktivismus und die Fähigkeit, politisch-ethisches Handeln immer wieder neu zu beleben und sich somit praktisch selbst gegen bürgerliche Gleichgültigkeit zu impfen – enthielt in ihrem Kern ein potentiell gefährliches Element, welches gerade in der deutschen Konfiguration abwesend war. Die Tragweite und der starke Einfluß öffentlicher Ideale enthielt die Möglichkeit, daß jegliches Handeln in ihrem Sinne rasch in moralische „Reinigungskampagnen" ausartete. Das Eintreten dieser Möglichkeit schien aufgrund des Nebeneinanders zweier miteinander verknüpfter Faktoren recht wahrscheinlich, nämlich wegen der Betonung der Verpflichtung des Individuums, über ein breites Spektrum von Aktivitäten im öffentlichen Bereich hinweg ethisch zu handeln sowie wegen eines dauerhaften Erbes des asketischen Protestantismus, welches systematisch die Schaffung eines moralischen Allgemeinwohls auf Erden anstrebte.

Zusätzlich muß noch ein weiterer einflußreicher Faktor dieses Problems angeführt werden: Die ungewöhnliche Fähigkeit der amerikanischen Konfiguration, eine Reihe von öffentlichen Idealen auf ein Podest zu stellen und die Bürger zu mutiger Selbstverantwortlichkeit, ja gar zu Fanatismus aufzurufen, um von ihnen geweckte Hoffnungen zu erfüllen, rührte unter anderem auch daher, daß andere stabile Grundlagen sozialer Einheit, wie etwa gemeinsame ethnische Zugehörigkeit, Religion oder Geschichte nicht vorhanden waren. Im direkten Gegensatz zu Deutschland akzentuierte der Verzicht der amerikanischen politischen Kultur auf alle gezielte Bemühungen, dem Staat eine bedeutende Integrationsfähigkeit zu verleihen, diese Gefahr noch deutlicher.

Darin liegt sowohl das zentrale Dilemma Amerikas als auch seine Einzigartigkeit. Andauernde moralische Kampagnen alleine beleben das politisch-ethische Handeln in seinem Kern und sind somit unentbehrlich, solange auf eigenen Vorteil bedachte Kalkulationen in den Bereichen Politik und Wirtschaft unter Kontrolle gehalten werden müssen. Gleichzeitig könnten solche Kreuzzüge eine direkte Bedrohung der persönlichen

Freiheiten darstellen, die in den Vereinigten Staaten besonders wertgeschätzt werden. Mit großer Regelmäßigkeit auftretende moralische Kampagnen nehmen gewöhnlich relativ harmlose Formen an (z. B. für Menschenrechte und gegen Ungleichheit, Diskriminierung, Kriminalität, Alkohol, Drogen, Korruption, Rauchen, Pornographie, Prostitution, eine aufgeblasene Regierung, usw.), obwohl sie zu richtiggehenden Kreuzzügen „gegen jegliches Böse" werden können, deren Verfechter zeitweise davon ausgehen, daß US-amerikanische Ideale und Werte auch für andere Kulturen verbindlich sind (die McCarthy-Ära, der Kalte Krieg, der Vietnamkrieg und eine missionarische Außenpolitik).

Dynamische moralische Kampagnen, die in den 80er Jahren größtenteils von der konservativen Seite des Parteienspektrums ausgingen, belebten politisch-ethisches Handeln immer wieder neu. Während jedoch die Aufrechterhaltung dieser sehr delikaten Balance zwischen moralischer Erneuerung und persönlichen Freiheiten eine ernsthafte Herausforderung an die amerikanische politische Kultur darstellt – ihre weitverbreitete und ausschließlich auf Werten beruhende Solidarität wird immer eine vergleichsweise große soziale Unordnung mit sich bringen – würde jegliche Verringerung des dieser Balance zugrundeliegenden Spannungsverhältnisses letzten Endes außerordentlich störend wirken. Die Grundlage der für Amerika charakteristischen Eigenschaften: Energie, Dynamik und Offenheit – die der Förderung wissenschaftlicher, kultureller und wirtschaftlicher Innovationen dienen und in Abständen eine gemäßigte Kritik und dann die allmähliche Reform des Status quo sowie die Assimilierung großen Minoritäten ermöglichen – wäre dann bedroht.

Die in der Bundesrepublik vergleichsweise größere Ausrichtung politisch-ethischen Handelns auf den Staat brachte in den 80er Jahren ebenfalls bestimmte Stärken und Schwächen mit sich. Als Resultat des über das gesamte politische Spektrum hinweg fortbestehenden Konsens, daß soziale Verantwortung und soziale Gerechtigkeit gefördert werden müssen, erlangte der Staat die unbestrittene Legitimierung, gegen die sozialen Probleme der modernen Gesellschaft vorzugehen. In weitaus größerem Ausmaß als in den Vereinigten Staaten verteilte der Staat Vermögen und Einkommen durch entsprechende Besteuerung um und richtete allgemein eine ganze Palette von großzügigen Sozialprogrammen ein. Anders als der amerikanische Staat gewann der deutsche Staat, ebenso wie die politischen Parteien, eine Aura von Wohlwollen, und zwar in dem Maße, in dem sie die Lenkung der Wirtschaft und der Sozialpolitik erfolgreich meisterten. Aber gerade die Fähigkeit der deutschen politischen Kultur, die vollständige Mobilisierung der staatlichen Gewalt gegen soziale Störungen zu ermöglichen, barg eine potentielle Gefahr. Die starke Orientierung auf den Staat hin und die hohen Erwartungen an ihn und die Hauptparteien erzeugten eine Dynamik von aggressiver Kritik und sogar Zynismus, sobald deren Leistung als inadäquat erachtet wurde. Die Verwundbarkeit der Bonner Regierung in dieser Beziehung wurde in den 80er Jahren deutlich. Die bürgerliche Aktivität ist nun in eine spezielle Richtung gelenkt, nämlich hin zu lokalen und regionalen Verbänden. Initiativen in der Bundesrepublik, die sowohl in pragmatischen als auch in ethischen Überlegungen verwurzelt und weniger vom amerikanischen Element der moralischen Erneuerung durchsetzt waren, wiesen die alte „passive Demokratie" zurück.

Literatur:
Detlef Junker (1999) (Hrsg.): Germany and the US in the Era of the Cold War, 1945–1990. Oldenbourg/Cambridge

Prof. Dr. Stephen Kalberg, Boston University, Department of Sociology, 96–100 Cummington Street, USA Boston Mass. 02215

Elektronische Information und Kommunikation in der Soziologie

Organisation: Rudi Schmiede / Heine von Alemann

Einleitung

RUDI SCHMIEDE / HEINE VON ALEMANN

Die Veranstalter dieser Ad-hoc-Gruppe „Elektronische Information und Kommunikation in der Soziologie", *Heine von Alemann* (Köln) und *Rudi Schmiede* (Darmstadt), haben zur dieser Sitzung eingeladen, weil sie es an der Zeit finden, daß unser Fach Soziologie sich auf seinem Fachkongreß mit einem wichtigen und an Gewicht zunehmendem Bereich der infrastrukturellen Voraussetzungen von Forschung und Lehre beschäftigt: Die elektronisch gestützte Fachinformation und -kommunikation (ELFIKOM) hat in den Naturwissenschaften und der Medizin, aber auch in weiten Bereichen der Ingenieurwissenschaften, rapide an Bedeutung gewonnen. Die Geistes- und Sozialwissenschaften stehen dieser Entwicklung bislang weitgehend passiv gegenüber. Diese Haltung hängt nicht nur mit den eingefahrenen (oft national beschränkten) Bahnen in Forschung und Lehre zusammen, sondern läuft auch Gefahr, den naturwissenschaftlich-technischen Disziplinen die Gestaltung der künftigen Landschaft der ELFIKOM zu überlassen. Die Veranstalter sind jedoch der Ansicht, daß es spezifische sozialwissenschaftliche Probleme und Formen von Information, Wissen und Kommunikation gibt, die wir als Fach selbst organisieren sollten. So weist z. B. die soziologische Praxis eine eigene Umgangsweise mit dem Verhältnis von Faktendatenbanken, Indikatorensystemen, Auswertungsverfahren und theoretischen Interpretationen auf. Die Soziologie hat durchaus einen eigenen und produktiven Beitrag zur weiteren Entwicklung der ELFIKOM zu leisten; sie muß sich nur dessen bewußt werden und Mut und Bereitschaft zur Aktivität finden. Dies ist eine Aufgabe, die sich nicht einfach an Infrastruktureinrichtungen delegieren läßt, sondern die das Fach insgesamt betreffen. Die Gestaltung von Fachinformation und -kommunikation berührt die gesamte Arbeitsweise, aber auch die nationale und internationale Offenheit der Disziplin; die Sicht nach vorne, in die (nahe) Zukunft und über die Grenzen der derzeitigen institutionellen und nationalen Bezüge hinweg ist gefordert.

Wir haben uns bemüht, Ihnen in dieser Veranstaltung eine Übersicht über Aktivitäten in der Soziologie zu bieten, die in die Richtung des gerade formulierten Appells gehen. *Heine von Alemann* wird einige allgemeine Überlegungen zu ELFIKOM vortragen. *Rudi Schmiede* wird einen Überblick über das BMBF-Förderprojekt GLOBAL INFO geben. Jürgen Krause, Direktor des IZ Sozialwissenschaften in Bonn, trägt eine Analyse der aktuellen Problemstellungen im Bereich der elektronischen IuK bei. *Harald Schimmer* wird in einem Vortrag zwei ursprünglich geplante – und wegen Krankheit des Referenten zusammengelegte – Themen behandeln: Zum einen die Geschichte der IuK-Initiative der wissenschaftlichen Fachgesellschaften, zum anderen die Entwicklung der internationalen Metadaten-Initiative, die in Gestalt der Festlegungen des „Dublin Core" mittlerweile internationale Wirkungskraft gewonnen hat. Im weiteren Verlauf werden *Peter Ohly* vom IZ Sozialwissenschaften den dortigen Ansatz zu einem „Clearinghouse" der Soziologie und *Lorenz Gräf** vom Zentralarchiv für empirische Sozialforschung (ZA) einen Ansatz zum Aufbau einer fachgebietsbezogenen Informations- und Kommunikationsbasis im Bereich der Internet-Forschung vorstellen.

Wir möchten gerne im abschließenden Teil der Veranstaltung zu einer Debatte über die Gründung und die Organisation einer ständigen Arbeitsgruppe „Information und Kommunikation in der Soziologie" gelangen, in der künftige Aufgaben und Aktivitäten in diesem Bereich in der Soziologie zur Diskussion gestellt werden.

Anmerkung:
* Dieser Beitrag lag der Redaktion nicht vor.

Prof. Dr. Rudi Schmiede, Technische Universität Darmstadt, Institut für Soziologie, Fachbereich 2, Residenzschloß, D-64283 Darmstadt

Dr. Heine von Alemann, Universität zu Köln, Forschungsinstitut für Soziologie, Lindenburger Allee 15, D-50931 Köln

Die neuen Herausforderungen für die wissenschaftliche Kommunikation durch das Internet

HEINE VON ALEMANN

Elemente der wissenschaftlichen Kommunikation

Wissenschaftliche Kommunikation ist an konkrete Medien gebunden. Folgende Medien können unterschieden werden: a) Fachzeitschriften, b) Sammelbände, c) Lehrbücher, d) Monographien, e) Lexika und Handbücher, f) Quellen- und Nachschlagewerke, g) Fachliche Informationsdienste. Jedes einzelne Medium hat spezifische Probleme und befindet sich in einer permanenten Weiterentwicklung; keines dieser Medien wird in Zukunft von der Digitalisierung ausgenommen werden. Manche dieser Einzelelemente sind gut erforscht, andere dagegen kaum. So konzentriert sich die Forschung über das wissenschaftliche Kommunikationssystem auf die Rolle der Fachzeitschriften. Über andere Medien wird hingegen kaum geforscht.

Das herkömmliche Kommunikationssystem ist auf den Buchdruck zugeschnitten. Daneben war wissenschaftliche Kommunikation aber seit den Anfängen durch informellere Medien gekennzeichnet, in der Frühform durch Korrespondenz, den Versand von Memoranden und Berichten sowie durch vervielfältige Materialien. Diese graue Literatur ist immer nur sehr unvollständig erfaßt und erforscht worden, ihre Einzelmedien sind vielfältig und wandeln sich zeitabhängig. Diese Medien haben keine große Sichtbarkeit erlangt, weil sie keine Dauerhaftigkeit besitzen. Meine These ist, daß viele Funktionen der grauen Literatur durch elektronische Medien ersetzt werden, daß der Buchdruck aber Elemente aufweist, in denen er den digitalen Medien überlegen ist.

Ein wichtiges Element des Buchdrucks besteht darin, daß gedruckte Texte eine Permanenz und Dauerhaftigkeit erhalten, so daß man sie als festgestellte Kommunikation bezeichnen kann. Dies setzt voraus, daß der Text eine Form erhält, die durch Lektorat, Redakteure und anderes Fachpersonal kontrolliert wird. Ein Text wird dadurch invariant gestellt; dies ist die Voraussetzung dafür, daß sich andere auf diesen Text beziehen, ihn zitieren können. Diese Invariantstellung macht wissenschaftliche Kommunikation zu einem formalen Kommunikationsmedium, das bisweilen recht schwerfällig ist. Aber die Verbreitung der Texte ist dadurch enorm erleichtert worden.

Wissenschaftliches Wissen verlangt nach Kodifizierung: Der festgestellte Text kommt diesem Bedürfnis entgegen. Allerdings ist wissenschaftliches Wissen auch im Fluß, wird durch Forschung überprüft und mithin relativiert, so daß Wissenschaft auch durch die Erneuerung des Wissensbestandes gekennzeichnet ist. Lehrbücher müssen daher aktualisiert werden, jährliche Neuauflagen der wichtigen Lehrbücher sind daher in vielen Disziplinen die Folge.

Ein weiteres Element der Digitalisierung ist jener der „retrograden" oder „retrospektiven Digitalisierung". Es geht darum, in den nächsten Jahrzehnten alle aufbewahrenswerten und nutzbaren Texte zu digitalisieren und sie als Textdateien zugänglich zu machen. Dies wird eine große Archivierungsaufgabe sein, die im übrigen bereits allenthalben im Gange ist. Die „Dead Sociologists Society" ist ein Beispiel, ebenso die Georg Simmel Homepage.

Neudefinition der Publikationskette
Die Digitalisierung von Publikationen macht es erforderlich, über die sog. Publikationskette neu nachzudenken.

Die ursprüngliche Idee ist recht einfach – die Publikationskette besteht aus den drei Stationen bzw. Akteurgruppen: Autor, Redaktion/Lektorat/Verlag, Leser, mit den Elementen: Erstellen, Bearbeiten und Nutzen von Kommunikationseinheiten. Daraus ist nun ein komplexes Modell des workflow zu entwickeln, bei dem vor allem mehrfache Schnittstellenprobleme zu bedenken und zu koordinieren sind. Es entsteht ein Bedarf nach Autorenrichtlinien, die seitens der Bearbeiter, meist wohl der Verlage, definiert werden. Heute ist es noch so, daß sowohl Autoren als auch Redaktionen, Verlage, Druckereien und auch die Leser jeweils computergestützt arbeiten, aber bei jeder Gruppe andere Programme eingesetzt werden.

Eine der großen Leistungen innerhalb des Internet und hier insbesondere des WWW-Konsortiums besteht in der Definition und Durchsetzung von Standards. Die Erfolgsgeschichte von HTML ist ein Beispiel; obwohl diese Plattform im Vergleich zum Buchdruck bisher eher primitiv ausgefallen ist. Die Erweiterung zu XML (Extensible Markup Language) ist konzeptionell abgeschlossen, jetzt fragt sich, ob die Diffusion ähnlich schnell erfolgen wird wie im Fall von HTML.

Interessengruppen im wissenschaftlichen Kommunikationsprozeß
Als die wichtigsten Interessengruppen kann man im wissenschaftlichen Kommunikationsprozeß die a) Autoren, b) wissenschaftlichen Vereinigungen, c) Verlage, d) Bibliotheken, f) Fachwissenschaftler und g) allgemeinen Nutzer identifizieren.

Das Verhältnis zwischen diesen Gruppen ist nicht spannungsfrei, selbst wenn sie vielfach dazu gezwungen sind, eng zu kooperieren. Insbesondere Bibliotheken und große Verlage sind gegenwärtig in ein starkes Spannungsverhältnis zueinander geraten, weil die großen Wissenschaftsverlage ihren Gesamtbestand wissenschaftlicher Fachzeitschriften auf CD-ROM anbieten und versuchen, Gesamtabonnements durchzusetzen. Als Gegenreaktion bilden die Bibliotheken Konsortien, weil die Abonnementkosten die Finanzkraft einzelner Institute übersteigen.

Ein anderer Konflikt bahnt sich zwischen Fachgesellschaften und Verlagen an. Die allgemeine Kostensteigerung bei den Abonnements der Fachzeitschriften führt in einer Reihe von naturwissenschaftlichen Fächern dazu, daß die Gesellschaften elektronische

Zeitschriften gründen, die wesentlich kostengünstiger zu erstellen sind als herkömmliche Zeitschriften. Die Fachgesellschaften sind Träger der Fachkompetenz bei der Auswahl der Herausgeber und des Review-Vorgangs, so daß es naheliegt, auch den technischen Vorgang der Herstellung der Zeitschriften auf Internet-Servern zu übernehmen. Diese Konfliktlinie kann die Kommunikationslandschaft erheblich verändern. Eine Internet-Offensive der Soziologie ist nötig

In den Sozialwissenschaften wurden elektronische Medien frühzeitig für Datenverarbeitung und Datenanalyse verwendet, so daß die Soziologie hier teilweise eine Vorreiterrolle gegenüber anderen Disziplinen übernehmen konnte. Bei der neueren Informationsverarbeitung und ihrer Nutzung, insbesondere bei der Internet-Anwendung, scheint die Soziologie nur eine Mitläuferrolle einzunehmen. Innovationen sind im Informationsangebot der Soziologie kaum auszumachen. Neben der Informatik sind hier vor allem naturwissenschaftliche Disziplinen deutlich weiter als die Soziologie. Insbesondere erscheint die Soziologie nicht als öffentlichkeitsorientiert, sondern sie verbreitet ihr Wissensangebot direkt an die Politik, an Großorganisationen und allenfalls eine eingeschränkte Fach- und Expertenöffentlichkeit.

Es ist die These dieses Beitrags, daß die Soziologie erst dann wieder die Rolle einer öffentlichen Wissenschaft einnehmen wird, wenn sie die elektronischen Medien der Information und Kommunikation (IuK) stärker zu nutzen versteht, wenn sie mithin die Internet-Möglichkeiten stärker nutzt.

In einer „Informationsgesellschaft" werden intelligent aufbereitete Daten benötigt, die sich nicht an nur Experten und Wissenschaftler wenden, sondern die für eine breite Öffentlichkeit verständlich sein müssen. Neben die avancierten Datenauswertungsmethoden müssen daher für die Öffentlichkeit aufbereitete Daten treten. Es handelt sich dabei um eine fachübergreifende Veränderung: Wenn die Soziologie nicht selbst ein Angebot schafft, wird dies von anderer Seite – und fachlich weniger kompetent – angeboten werden, womit die Disziplin eine wichtige Einflußzone verliert.

Anschrift siehe Einleitung

Internet Clearinghouses – Konzepte zur fachlichen Informationsvermittlung

PETER OHLY

Einführung

Ein Standardwerkzeug zur Orientierung im Internet ist die Benutzung einer Suchmaschine (wie z. B. AltaVista < http://altavista.digital.com/ >), die regelmäßig die im Internet vertretenen Server und Informationen untersucht und dem Benutzer anhand dieser Informationssammlung die gewünschten Internetadressen anlistet. Suchmaschinen sind trotz – oder gerade wegen – ihrer natürlichsprachlichen Ranking-Algorithmen nur wenig für Suchen nach Fachgebieten geeignet. Um eine bessere Auffindbarkeit der WWW-Seiten zu erreichen, empfiehlt AltaVista den Autoren der WWW-Seiten die explizite Aufführung von „description" und „keywords" als Metatags. Eine neue Option bei AltaVista zur Verbesserung der Suche ist mit ‚Refine' gegeben, wobei besonders häufige Wörter im Suchergebnis zum expliziten Ein- oder Ausschluß angeboten werden – auf Wunsch sogar als Ko-Okkurenz-Grafik von Wortclustern (siehe Abb. 1).

Abb. 1: Ausschnitt aus einem Suchergebnis in AltaVista zur Freitextsuche

Abbildung 1: <+social sciences+clearing*> unter Einbezug der Refine-Option (durchgeführt am 22.12.98)

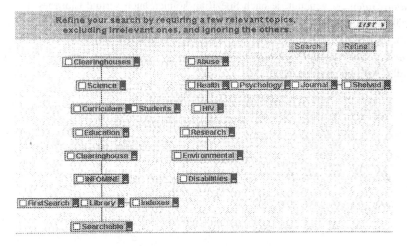

Browsing

Weiter sei auf Kataloge, die explizit systematische Zugänge zu Wissenschaftsgebieten anbieten, hingewiesen. Bewußt nach bibliothekarischen Grundsätzen angelegt ist der Katalog BUBL LINK („Bulletin Board for Libraries" bzw. „Information Service to the Academic and Research Community in the UK" <http://link.bubl.ac.uk/socialsciences/>). BUBL vergibt zu den nachgewiesen WWW-Informationen einen Code nach der Dewey Decimal Classification (DDC), die als solches systematisch („browsing"), aber auch nach Alphabet, durchgeblättert werden kann. Den Vorteilen der systematischen und kompetenten Darstellung von WWW-Angeboten stehen die Nachteile der zahlenmäßig geringen und wenig spezifischen Erschließung gegenüber. Ähnliche Versuche – allerdings nur mit enumerativer Systematik aber mit expliziten formalen Unterscheidungen (Institutionen, Zeitschriften etc.) gibt es bei Yahoo! Deutschland:
<http://www.yahoo.de/Geistes_und_Sozialwissenschaft/Soziologie/>,
web.de: <http://web.de/Wissenschaft/Geisteswissenschaften/Sozialwissenschaften/> und DINO: <http://www.dino-online.de/seiten/go14r.htm>.
Anscheinend übernehmen sie aktiv gemeldete Nachweise weitgehend ohne Selektion und mit nur wenigen redaktionellen Änderungen. Sie sind ein brauchbarer Einstieg für Laien aber weniger für Fachwissenschaftler geeignet.

Clearing

Noch stärker mit fachwissenschaftlichem Qualitätsbewußtsein verbunden sind sogenannte Clearinghouses (z. T. auch *Subject-specific Guides* oder *Subject Based Information Gateways* genannt; je nach Spezifität können auch Virtual Libraries darunter gezählt werden). Als eines der ersten gilt das *Clearinghouse for Subject Oriented Ressource Guides*, das inzwischen als *Argus Clearinghouse* <http://www.clearinghouse.net/cgi-bin/chadmin/viewcat/Social_Sciences___Social_Issues?kywd++> weitergeführt wird (siehe Abb.2).

Abb. 2: Beschreibung der Informationsquelle *Internet Crossroads in the SocialSciences* im *Argus Clearinghouse* (bewertet im Oktober 1997)

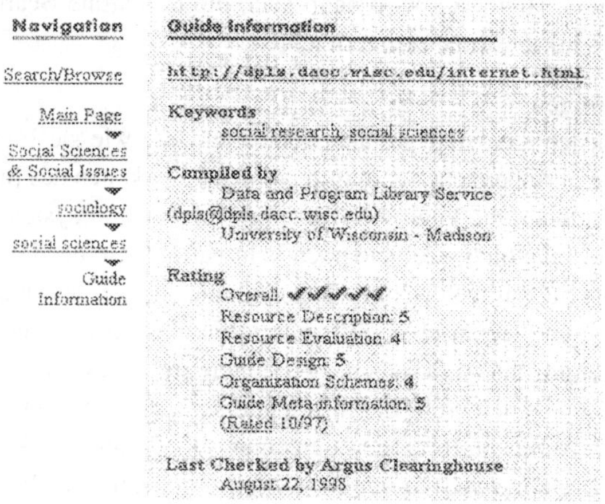

```
Navigation            Guide Information

Search/Browse         http://dpls.dacc.wisc.edu/internet.html

    Main Page         Keywords
       ▼                  social research, social sciences
  Social Sciences
  & Social Issues     Compiled by
       ▼                  Data and Program Library Service
    sociology             (dpls@dpls.dacc.wisc.edu)
       ▼                  University of Wisconsin - Madison
  social sciences
                      Rating
      Guide               Overall: ✓✓✓✓
   Information            Resource Description: 5
                          Resource Evaluation: 4
                          Guide Design: 5
                          Organization Schemes: 4
                          Guide Meta-information: 5
                          (Rated 10/97)

                      Last Checked by Argus Clearinghouse
                          August 22, 1998
```

Die im *Argus Clearinghouse* aufgenommenen Quellen werden von Experten eingestuft. Mit vergleichbarem Anspruch (Spezialisierung, Auswahl, Bewertung) tritt die *WWW Virtual Library* (WWWVL <http://www.clas.ufl.edu/users/gthursby/socsci/ index.htm>) auf. Der Vorzug dieses Systems liegt darin, daß fachliche Aspekte in den Vordergrund treten, dagegen sind die einzelnen Gebiete in ihrer Ausarbeitung in keiner Weise vergleichbar; sie sind in der Regel isoliert entstandene Systeme.

Explizit von einem Wissenschaftsgebiet aus und primär auf Originalquellen bezogen geht die Informationssammlung *Social Science Information Gateway* (SOSIG <http://sosig.esrc.bris.ac.uk/>) bei der Zusammenstellung „hochwertiger" WWW-Informationen vor.

Der GESIS SocioGuide
Mit dem *GESIS SocioGuide* <http://www.bonn.iz-soz.de/navigation/socsci/index.htm> wird dem Sozialwissenschaftler im deutschsprachigen Raum ein Verweissystem hinsichtlich zweier Hauptregionen angeboten: *Quellen in Deutschland und der westlichen Welt* und *Quellen in Osteuropa*. Innerhalb dieser werden dann wieder nähere regionale Einschränkungen, wie Germany, Austria, Switzerland, other Western Europe, Non-Europe, bzw. die einzelnen osteuropäischen Länder gleichzeitig mit einem inhaltlichen (Soziologie, Politikwissenschaft etc.) oder institutionellen (Universitäten, Forschungseinheiten etc.) Zugang ermöglicht. Zusätzlich werden mit der *GESIS SocioGuide* Homepage noch weitere ausgewählte Informationsarten für spezielle Benutzergruppen

angeboten (so Bibliotheken, Datenquellen, Methoden und Software, Schulen/Theoretiker/Konzepte u. a.). Unmittelbar vor dem Einsatz ist eine Datenbank-basierte Lösung für den SocioGuide. Hierdurch wird dann auch die dezentrale Bearbeitung und Zuspeicherung von Link-Informationen erleichtert.

Schlußbetrachtungen
Weiter zu berücksichtigen sind gestalterische Elemente wie sie HTML-Dokumente bieten, die gerade in Anbetracht der multimedialen Fähigkeiten des Internet einen entscheidenden Einfluß auf die Funktionalität eines Informationssystems haben können. Derzeit gibt es für inhaltliche Gebiete noch kein zufriedenstellendes visuelles Repertoire, das als echte Suchhilfe gewertet werden könnte. Wegen der vielfältigen Angebote, Benutzerkreise und technischen Hilfsmittel, die alle am Internet uneingeschränkt beteiligt sind, kommt übergeordneten Aktivitäten zur Selektion, Systematisierung, Kanalisierung und Wertsteigerung der Informationen im Internet besondere Bedeutung zu. (weitere WWW-Beispiele zu den einzelnen Gliederungspunkten werden unter <http://www.bonn.iz-soz.de/wiss-org/oh-bm-KfS.htm> bereitgestellt).

Peter Ohly, Informationszentrum Sozialwissenschaften, Lennéstraße 30, D-53113 Bonn

Der konzeptionelle Rahmen des Global Info-Projekts

RUDI SCHMIEDE

Die elektronische Fachinformation und Kommunikation (ELFIKOM) hat sich in den letzten Jahren, befördert durch das rasche Wachstum des Internet und vor allem seines WWW-Teils, rapide ausgebreitet. Während diese Entwicklung in den Geistes- und Sozialwissenschaften noch in den Anfängen steht, sind der nationale und internationale elektronische Dokument-, Volltext- oder Faktennachweis, die weltweite Recherche, die rasche Kommunikation, die Verteilung von Information und Kommunikation durch Mailing, die elektronische Publikation und die elektronisch unterstützte Kooperation in den Ingenieurwissenschaften, aber erst recht in der Medizin und den Naturwissenschaften schon weit verbreitet. Diese Entwicklung führte 1995 zur Gründung der IuK-Kommission der wissenschaftlichen Fachgesellschaften in Deutschland. 1997 entstand als neuer Fokus für große integrierte wissenschaftliche Informationssysteme das BMBF-Förderprogramm GLOBAL INFO. Zielsetzung der gemeinsamen Initiative ist die Förderung verteilter, durch dezentrale Angebote ergänzter Informationsstrukturen im Sinne eines möglichst vollständigen, klar strukturierten und kostengünstigen Informationsangebots in den Wissenschaften effizienter Suchmöglichkeiten bei einfachem und nutzerorientiertem Zugriff auf möglichst viele fachlich einschlägige Informationen der Einhaltung bzw. Nutzung weltweiter Standards und Verfahren dieser Ziele innerhalb der einzelnen Fachkulturen und gemeinsam nach außen hin. Der ideale Bezugspunkt von GLOBAL INFO sollte der einzelne praktizierende oder angehende Wissenschaftler sein, der von seinem Arbeitsplatz aus – ob alleine oder in einer Arbeitsgruppe – einerseits möglichst fachspezifische, aber auch fachübergreifende und weitgehend erschlossene Zugänge zu den einzelnen Bereichen seiner inhaltlichen Beschäftigung mit den Fragen seiner Wissenschaft finden will, der auf der anderen Seite einen Beitrag zu dieser Wissenschaft – sei es in Lehre oder Forschung oder Publikation – leisten und dafür optimale Publikationsbedingungen vorfinden möchte. Diese Verbesserung und teilweise Neukonstitution der wissenschaftlichen Arbeitsbedingungen ist der Fokus der Arbeiten innerhalb von GLOBAL INFO.

Das Programm ist auf die Dauer von sechs Jahren (1998 bis 2003) angelegt und sieht für diesen Zeitraum ein Volumen von rund 60 Millionen Mark vor. Ziel des BMBF ist es, neben den im Programmtitel erwähnten Disziplinen Naturwissenschaft und Technik auch diejenigen geistes- und sozialwissenschaftlichen Fächer in die Förderung einzuschließen, die an der Mitarbeit und dem Beitritt zur IuK-Kooperationsvereinbarung interessiert sind. Das Programm soll nach dem Ausschreibungstext dem einzelnen Wissenschaftler den „optimalen Zugang zu den weltweit vorhandenen elektronischen und multimedialen Volltext-, Literaturhinweis-, Fakten- und Softwareinformationen" ermöglichen, „Stichwort ist die ‚digitale Bibliothek'". Das Programm legt besonderen Wert auf die Zusammenführung und Zusammenarbeit aller am Prozeß der Bereitstellung von Information und Dokumenten beteiligten Akteure und unterscheidet dabei die Produzenten (d. h. die Autoren, die durch die Fachgesellschaften oder die Fachverlage vertreten sind), die Distributeure (zu denen Fachverlage, Fachbuchhandlungen, Fachinformationseinrichtungen und wissenschaftliche Bibliotheken rechnen) sowie die Konsumenten (d. h. die Leser und Nutzer, die durch die Fachgesellschaften bzw. die Vertreter von Fachbereichen vertreten sind). Bedingung der Förderung von Projekten durch das BMBF ist, daß die Produzenten, Distributeure und Konsumenten in den einzelnen Projekten zusammenwirken. In dem als Projektrat fungierenden GLOBAL INFO CONSORTIUM, dessen Sprecher der Verfasser ist, wurden gemeinsame Grundsätze und inhaltliche Schwerpunkte für die Ausgestaltung von GLOBAL INFO formuliert. Die Schwerpunkte umschreiben die wichtigsten Teilbereiche für die Entwicklung integrierter wissenschaftlicher Informationssysteme, also von künftigen *Digital libraries*:

Schwerpunkt I: Ergänzung und Bearbeitung von Inhalten: Dokumenttypen, Verfahren und Werkzeuge für elektronisches Publizieren, Transfer, Speicherung (einschließlich Langzeitarchivierung elektronischer Dokumente), Konvertierung und Indexierung
Schwerpunkt II: Vernetzung von Lehr- und Lernmaterialien (einschließlich sich Verändernder dynamischer Dokumente)
Schwerpunkt III: Formale Beschreibung, Identifikation und Retrieval, Metadaten, Vernetzung
Schwerpunkt IV: Nutzung von Inhalten: Alerting, Awareness, Informationsverbünde, Informationsvermittlung, Evaluierung von Ergebnissen, Oberflächen, intelligente Agenten, Passwortproblematik
Schwerpunkt V: Wirtschaftlichkeitsmodelle, Billing (micro-billing) und Abrechnung, Statistik

Diese Schwerpunkte mit ihrer inhaltlichen Aufteilung stellen weder eine prinzipiell inhaltlich begründete Abgrenzung unterschiedlicher Gegenstands- und Arbeitsbereiche von GLOBAL INFO noch die Vordefinition von irgendwie festgelegten Finanzbudgets dar, noch sind sie mit künftigen Projekten („ Sonderfördermaßnahmen") identisch; sondern sie dienen einer pragmatischen Gliederung und Organisation der zu leistenden Arbeit. Die Grenzen sind daher fließend, Überlappungen und Querverbindungen nicht nur nicht zu vermeiden, sondern erwünscht. Über Projekte wird nicht nach dem Kriterium ihrer Schwerpunktzugehörigkeit entschieden, sondern nach den Maßstäben ihres kooperativen, innovativen und schwerpunktverbindenden Gehalts sowie ihres für GLOBAL INFO insgesamt wegweisenden Charakters.

Das GLOBAL INFO CONSORTIUM hat arbeitsteilig auch die Koordination und Leitung der Projektgenerierung und -koordination innerhalb der Schwerpunkte übernommen, um unnötige overhead-Ebenen und -Kosten zu vermeiden, um aber auch die optimale Koordination der Aktivitäten zwischen dem Leitungsgremium, das für die Gesamtausrichtung des Förderprogramms zuständig ist, und der Arbeit in den einzelnen Schwerpunkten zu sichern. Die Projektleitung im Sinne der operativen Alltagsarbeit liegt bei dem Sprecher zusammen mit der bei der Gesellschaft Deutscher Chemiker (GDCh) in Frankfurt a. M. angesiedelten Geschäftsstelle. Ein Grundprinzip der Organisation von GLOBAL INFO ist es, daß das Programm nicht top-down verordnet und organisiert ist, sondern daß bottom-up die Produktivität und Kreativität der einzelnen Wissenschaftler, der Fachkulturen und ihrer unkonventionellen interdisziplinären Zusammenarbeit gefördert und für die weitere Entwicklung nutzbar gemacht werden sollen. Das GLOBAL INFO CONSORTIUM hat deswegen eine Organisationsstruktur vereinbart, in der zwei Mitglieder des GIC, jeweils eines aus den Fachgesellschaften und eines vonseiten der Distributeure, als Zweierteam in Zusammenarbeit mit Sprecher und Geschäftsstelle die Schwerpunkte koordinieren; eines der beiden Mitglieder wird durch die Schwerpunkte als verantwortliche Ansprechperson bestimmt.

Gegenwärtig liegt eine erste Generation aus den Schwerpunkten entstandener, in der Mehrzahl relativ umfangreicher Anträge auf Sonderfördermaßnahmen vor; sie gleichen eher Projektverbünden als Einzelprojekten. Diese Anträge werden zunächst vom GLOBAL INFO CONSORTIUM im Hinblick auf ihre Kompatibilität mit und ihren Beitrag zum Gesamtprogramm geprüft. Sie werden dann einem Begutachtungsverfahren durch externe in- und ausländische Gutachter unterzogen. Anschließend spricht das GLOBAL INFO CONSORTIUM Empfehlungen an das BMBF aus, welche Projekte gefördert werden sollten. Die letzte Entscheidung hat das Ministerium. Einziges derzeit schon laufendes Projekt innerhalb von GLOBAL INFO ist „Interdoc", ein Ameliorations- und Evaluationsprojekt zu dem System „Medoc", das in den vergangenen Jahren als *Digital-library*-Angebot im Bereich der Informatik entwickelt worden ist; es soll auf seine Verwendbarkeit in anderen Disziplinen, u. a. in der Physik, den Erziehungswissenschaften und der Soziologie, hin überprüft werden. In den ersten Monaten des Jahres 1999 sollten jedoch weitere Projekte beginnen.

Die Soziologie ist bislang in dem Programm und seinen Schwerpunkten leider nur spärlich vertreten. Es sollte jedoch das deutlich werden, was in anderen Disziplinen schon die Alltagsarbeit charakterisiert: Die Informations- und Kommunikationsinfrastruktur in den Fächern und mehr noch die neuartigen Formen der Aufbewahrung, Aufbereitung und Strukturierung von Wissen werden die zukünftige Arbeit von Wissenschaftlern prägen und bestimmen, was möglich und was nicht möglich ist. Auch in den Wissenschaften findet eine „Globalisierung" statt; ihr Ausdruck ist – ähnlich wie in der Wirtschaft – der weltweite „Echtzeit"-Zugang zu einschlägigen Information und Wissensbasen. Unser Fach sollte sich an der Gestaltung dieser Zukunft beteiligen, diese nicht den Naturwissenschaften und der Informatik alleine überlassen. Die Vergewisserung über die IuK-Infrastrukturen des eigenen Fachs und ihre künftige Entwicklung sollte uns eigene Anstrengungen wert sein. Sie können in GLOBAL INFO ihren Platz finden.

Prof. Dr. Rudi Schmiede, Technische Universität Darmstadt, Institut für Soziologie, Fachbereich 2, Residenzschloß, D-64283 Darmstadt

Inhaltserschließung elektronischer Dokumente in einer dezentralen Informationswelt

JÜRGEN KRAUSE

Benutzer informationeller Dienste stehen bereits heute einem hochgradig dezentralisierten und heterogenen Dokumentenraum gegenüber, eine Tendenz, die sich in den nächsten zehn Jahren noch verstärken wird. Neben die traditionellen Anbieter von Informationen, die Verlage, die Bibliotheken und die Informationsservicestellen sind verstärkt die Wissenschaftler selbst getreten, die in allen Bereichen über das WWW eigenständige Dienste unterschiedlichster Abdeckung, Relevanz und Erschließungsverfahren entwickeln. Generell können überall auf der Welt Gruppen auftreten, die zu Spezialgebieten Informationen sammeln. Eine Folge hiervon sind die unterschiedlichsten Konsistenzbrüche:

- Relevante, qualitätskontrollierte Dokumente stehen neben irrelevanten und eventuell nachweislich falschen. Kein Gutachtersystem sorgt für eine Trennung von Ballast und potentiell erwünschter Information.
- Ein Deskriptor A kann in einem solchem System die unterschiedlichsten Bedeutungen annehmen. Dies zeigt sich z.B. heute schon beim Vergleich von Deskriptoren aus Bibliothekskatalogen mit denen aus den Datenbanken des IZ. Ein Deskriptor A, der aus einem hochrelevanten, mit viel Aufwand intellektuell und qualitativ hochwertig erschlossenem Bestand der sozialwissenschaftlichen Fachinformation ermittelt wurde, kann nicht mit dem Term A gleichgesetzt werden, den eine automatische Indexierung aus einem Randgebiet liefert. Der Benutzer wird trotz solcher Probleme einheitlich auf die verschiedenen Informationsquellen zugreifen wollen, gleich nach welchen Verfahren sie erschlossen oder in welchem System sie angeboten werden. Er hält auch in der Welt dezentralisierter, inhomogener Dokumentenbestände die Forderung aufrecht, möglichst nur die relevanten Dokumente und möglichst alle relevanten, die seinem Informationsbedürfnis entsprechen, nachgewiesen zu bekommen.

Wie läßt sich dies bewerkstelligen?
Kaum jemand vertritt heute noch die Meinung, der Dokumentenraum ließe sich organisatorisch wieder auf einige wenige Mitspieler reduzieren oder über ein hierarchisch organisiertes Modell der Kooperation gestalten. Ganz im Gegenteil setzen die heutigen Leitvorstellungen (siehe BMBF 1996 und GLOBALINFO 1998) auf eine noch weitergehende Verteilung bei der Dokumenterstellung, -erschließung und -verteilung, wodurch sich die Tendenzen zur Inhomogenität auch in den Sozialwissenschaften weiter verstärken.

Standards und Normierung bei dezentraler Organisation

Bemühungen, die Homogenität und Konsistenz in der heutigen dezentralen Informationswelt wiederherzustellen, setzen technologisch auf die Schaffung geeigneter Informationssysteme, die mit verteilten Informationsquellen effizient umgehen können und konzeptionell auf Absprachen zur Einhaltung von Normierungen und Standards. Beides ist fraglos wichtig und eine Voraussetzung für übergreifende Suchprozesse in einer täglich dezentraler und polyzentrischer werdenden Informationswelt. Für beide Bereiche gibt es klare konzeptuelle Vorstellungen und Instrumente. Man versucht damit, die verloren gegangene Homogenität und Konsistenz (z. B. der Inhaltserschließung bei Literaturdaten) durch freiwillige Absprachen aller am Informationsprozeß Beteiligten zurückzugewinnen. Dies kann jedoch nur sehr beschränkt gelingen. Überall auf der Welt können Gruppen auftreten, die zu Spezialgebieten Informationen sammeln. Das obige Kooperationsmodell durch Normierung würde verlangen, daß die zuständige Informationsservicestelle mit diesen Anbietern Kontakt aufnimmt und sie überzeugt, bestimmte Normen der Dokument- und Inhaltserschließung einzuhalten. Das mag im Einzelfall funktionieren, jedoch nie als generelle Strategie. Es wird immer eine Fülle von Angeboten geben, die sich vorgegebenen Leitvorstellungen nicht unterordnen lassen. Früher lehnten die zentralen Informationsservicestellen Dokumente ab, die nicht bestimmte Regeln der Erschließung einhielten, wodurch der Benutzer (idealiter) immer einem homogenisierten Bestand an Dokumenten gegenüberstand. Darauf ist die gesamte informationswissenschaftliche Methodik, einschließlich der Verwaltungsstruktur der Zentren, ausgerichtet. Diese Ausgangssituation ist in einem System weltweiter Vernetzung jedoch nicht mehr gegeben.

Auf diese Veränderung müssen auch die sozialwissenschaftlichen Infrastruktureinrichtungen reagieren. Es sind inhaltliche und auch organisatorische Konzepte zu entwickeln, die mit dieser statt gegen diese Deregulation arbeiten.

Schalenmodell der Inhaltserschließung

Ein Schalenmodell der Informationserschließung scheint diesen Grundüberlegungen – zumindest für den Bereich der Forschungsprojekt- und Literaturdokumente (einschließlich textuelle Internetquellen) – gerecht zu werden. Es wurde 1996 erstmals am Beispiel der Inhaltserschließungsmaßnahmen des IZ diskutiert (cf. Krause 1996) und 1998 auch als generelle Basis der Inhaltserschließung für das GLOBALINFO-Programm des BMBF akzeptiert. Generell läßt das Schalenmodell verschiedene Niveaus der Inhaltserschließung und der Relevanz von Informationsquellen zu, die durch intelligente Transferkomponenten aufeinander bezogen werden. Das Beispiel eines solchen Modells für sozialwissenschaftliche Projektnachweise enthält Krause (1998).

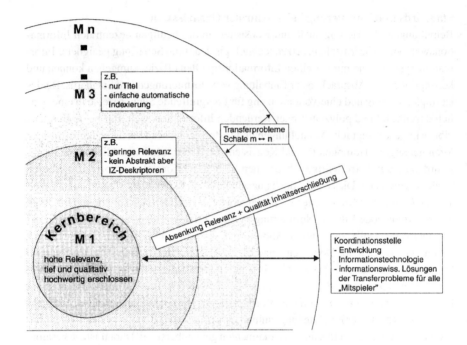

Wie viele Schalen angesetzt werden und welche Merkmale sie definieren, richtet sich nach den national und international existierenden Informationsquellen, auf die zugegriffen werden soll und nach den sich beteiligenden Gruppen. Wichtig ist nur, daß eine Zuordnung von erschlossenen Informationsquellen nach den Prinzipien der Relevanz und Erschließungstiefe bzw. -variation erfolgt.

Am Schalenmodell können sich prinzipiell alle Mitspieler der Fachwissenschaften beteiligen, ob sie viel oder wenig erschließen, ob sie regelmäßig liefern können oder nur schwerpunktmäßig und projektbezogen arbeiten.

Gegenüber dem Idealmodell einer durchgehend konsistenten Erschließung sinkt auch unter besten Bedingungen die Konsistenz der Dokumentengrundlage und damit die Recherchequalität. Gegenüber einem realistischen Szenario gleicht der quantitative Zuwachs die Konsistenzbrüche jedoch aus.

Literatur:
BMBF (1996): Information als Rohstoff für Innovation. Programm der Bundesregierung 1996–2000. BMBF Bonn
Global-Info (1998): Globale Elektronische und Multimediale Informationssysteme für Naturwissenschaft und Technik; Förderprogramm des BMBF. Internet: *http://www.global-info.org/*

Krause, Jürgen (1996): Informationserschließung und -bereitstellung zwischen Deregulation, Kommerzialisierung und weltweiter Vernetzung. („Schalenmodell"). Bonn: Informationszentrum Sozialwissenschaften, IZ-Arbeitsbericht, Nr. 6
Krause, Jürgen (1998): Polyzentrische Informationsversorgung in einer dezentralisierten Informationswelt. Nachrichten für Dokumentation Nr. 49: 345–351

Prof. Dr. Jürgen Krause, Universität Koblenz-Landau, Institut für Informatik und Informationszentrum Sozialwissenschaften (IZ), Lennéstr. 30, D-53113 Bonn

Der Aufbau verteilter elektronischer Informationssysteme durch die wissenschaftlichen Fachgesellschaften

RALF SCHIMMER

Dieses Papier beschäftigt sich mit den Aufbau moderner Informationssysteme und zeigt auf, wie die wissenschaftlichen Fachgesellschaften in Deutschland derzeit auf diesbezügliche Entwicklungen reagieren und welche Möglichkeiten dabei auch für die Soziologie bestehen.

Die Informationsgesellschaft als konkrete Realität

Die Informationsgesellschaft ist nicht nur ein Gegenstand vielschichtiger soziologischer Forschungsarbeit, sondern wird durch immer neue Produktions-, Distributions- und Akzessionsformen von Information in zunehmendem Maße zu einer konkreten Realität. Das gesamte Gefüge der Informationsvermittlung befindet sich in einem grundlegenden Umbruch, der durch den Siegeszug des World Wide Web gewiß nicht ausgelöst, wohl aber noch einmal beschleunigt wurde. Von den neuen Chancen künden denn auch die unterschiedlichsten Grundsatzpapiere und Förderprogramme aller maßgeblichen Einrichtungen. So heißt es beispielsweise in einer Stellungnahme der Hochschulrektorenkonferenz vom Juli 1996: „In der ‚Informationsgesellschaft' werden sich Methoden und Techniken der Erzeugung, Verbreitung und Vermittlung von Wissen grundlegend ändern." Auf Grundlage solcher und ähnlicher Bestandsaufnahmen werden immer mehr Förderprogramme, egal ob bei der DFG, im BMBF, im DFN-Verein oder auf Länderebene, aufgelegt, mit deren Hilfe die Übergänge ins digitale Zeitalter geprobt und entsprechende Infrastrukturmaßnahmen eingeleitet werden.

Neue Rollen und Aufgaben auch für die Wissenschaften

Von dieser Entwicklung sind natürlich auch die Wissenschaftler als Gruppe maßgeblicher Produzenten von Informationen betroffen, und zwar in stetig zunehmendem Maße. In der veränderten Umgebung elektronischer Netze gibt es nicht mehr nur die klassischen Informationsanbieter wie Bibliotheken, Verlage und Fachinformationszentren, sondern die einzelnen Wissenschaftler, die Fachbereiche und die Fachgesellschaften werden immer mehr auch zu Distributeuren und Direktanbieter ihrer eigenen Erzeugnisse. Einige der wissenschaftlichen Fachgesellschaften in der Bundesrepublik haben das strategische Potential dieser Entwicklungen für die Wissenschaften erkannt, diese Tendenzen als Chance begriffen und sich seit Mai 1995 zu einer gemeinsamen Initiative zur elektronischen Information und Kommunikation (IuK) zusammengeschlossen, um den Aufbau neuer Informationsstrukturen gezielt mitzubestimmen und voranzutreiben (vgl. *http://elfikom.physik.uni-oldenburg.de/IuK/*). Dieser Zusammenschluß umfaßt gegenwärtig die Deutsche Gesellschaft für Erziehungswissenschaft (DGfE), die Deutsche Gesellschaft für Psychologie (DGPs), die Deutsche Gesellschaft für Soziologie (DGS), die Deutsche Mathematiker-Vereinigung (DMV), Deutsche Physikalische Gesellschaft (DPG), Gesellschaft deutscher Chemiker (GDCH), die Gesellschaft für Informatik (GI), die Gesellschaft für Didaktik der Mathematik (GDM) (assoziiert), die Informationstechnische Gesellschaft (ITG) im Verband Deutscher Elektrotechniker und der Verband deutscher Biologen (VdBiol).

Die IuK-Initiative und ihr Statut

Die Ziele der IuK-Initiative sind in einem gemeinsamen Kooperationsvertrag (*http://elfikom.physik.uni-oldenburg.de/IuK/Koop_Vereinb/Koop_Vereinb.html*) festgelegt. Festgehalten ist hier zunächst der Beschluß, beim Aufbau elektronischer Informations- und Kommunikationsinfrastrukturen (kurz: IuK-Strukturen) in ihren Wissenschaften gemeinsam vorzugehen und die Aktivitäten auf diesem Gebiet zu koordinieren und aufeinander abzustimmen. Weiterhin enthalten ist ein dezidiertes Bekenntnis zur strategischen Bedeutung der elektronischen Information und Kommunikation für die Wissenschaften. So heißt es im Kooperationsvertrag: „Die IuK-Landschaft allgemein und insbesondere in den Wissenschaften durchläuft gegenwärtig einen tiefgreifenden Wandel. Die wissenschaftlichen Fachgesellschaften wollen die damit verbundenen Chancen nutzen, auch international die Entwicklung mitzubestimmen und voranzutreiben." Zu dieser Bestandsaufnahme gehört auch noch die Einschätzung, daß neue IuK-Strukturen im akademischen Bereich nur „verteilt" zu organisieren seien. So soll das gegenwärtige, vornehmlich zentral organisierte elektronische Informationsangebot durch dezentrale Informationen ergänzt und bereichert werden. Insgesamt zielen die Maßnahmen darauf ab, „daß die Konzeption einer verteilten IuK-Struktur nicht nur eine Ausweitung der Anzahl der angebotenen Informationen beinhaltet. Vielmehr kommt es auch darauf an, neue Informationsstrukturen zu konzipieren und zu entwickeln, die effizientes Suchen sowie einen einfachen und kostengünstigen Zugriff auf die gewünschten Informationen erlauben."

Aktivitäten im Rahmen der IuK-Initiative

Auf Grundlage dieser Kooperationsvereinbarung ist es im Rahmen der IuK-Initiative seit 1995 zu vielfältigen Aktivitäten gekommen. So gibt es eine ganze Reihe von festen Arbeitskreisen (derzeit zu elektronischen Zeitschriften, zu Online-Dissertationen, zu Metadaten und Klassifikation sowie zu Copyright-Fragen), die Themen von allgemeinem Interesse behandeln und Informationen zwischen den einzelnen Fachgesellschaften austauschen. Daneben werden von den Arbeitskreisen regelmäßig kleinere themenbezogene Workshops veranstaltet sowie ein jährlicher IuK-Gesamtworkshop, der jeweils einem übergeordneten Thema gewidmet ist. So stand der Workshop 1998 unter dem Motto „Integrierte wissenschaftliche Informationssysteme", und für 1999 ist das Thema „Dynamic Documents" vorgesehen. Dienen die genannten Arbeitskreise und Veranstaltungen der Kommunikation und dem Erfahrungsaustausch, so wird die eigentliche Aufbauarbeit in den informationsspezifischen Projekten geleistet, die derzeit von den einzelnen Fachgesellschaften unter dem Dach der IuK-Initiative vorangetrieben werden. Hierbei sind vor allem zu nennen: das bereits abgeschlossene MeDoc-Projekt der Gesellschaft für Informatik, das den Aufbau einer elektronischen Informatik-Bibliothek zum Ziel hatte (vgl. *http://medoc.informatik.tu-muenchen.de/*); das EPRINT-Projekt (Electronic Print Server for Research Information on Natural Science and Technology) der Deutschen Physikalischen Gesellschaft, bei dem es um eine Vernetzung von Brokern für fachliche Dokumente geht (vgl. *http://www.eprint.de/*); der Deutsche Bildungsserver der Deutschen Gesellschaft für Erziehungswissenschaft, der als zentraler Einstiegspunkt für alle Kommunikations- und Informationsdienste im Bereich des deutschen Bildungswesens dient (vgl. *http://dbs.schule.de/*) sowie das Math-Net-Projekt der Deutschen Mathematiker-Vereinigung, auf das im folgenden exemplarisch noch etwas näher eingegangen werden soll.

Das Math-Net-Projekt als Beispiel einer IuK-Infrastrukturmaßnahme

Das Math-Net ist ein Informationsdienst für die Mathematik im Internet, an dem die mathematischen Fachbereiche von acht deutschen Universitäten unter Federführung des Konrad-Zuse-Zentrums für Informationstechnik in Berlin beteiligt sind (vgl. *http://www.math-net.de/*). Ziel des Projekts ist der Aufbau eines nutzergesteuerten, nutzerorientierten und qualitativ hochwertigen elektronischen Informations- und Kommunikationssystems für die Mathematik. Basis des Systems sind die lokalen elektronischen Informationsangebote der Fachbereiche (Publikationen, Materialien zur Lehre, Materialien zur Forschung, mathematische Software und Daten sowie Angaben zu Infrastruktur und Serviceangebot). Dieses Informationsangebot wurde gesichtet, strukturiert und aufbereitet (durch eine standardisierte Math-Seite als „secondary homepage" der Fachbereiche sowie durch den Einsatz von Metadaten nach dem Dublin-CoreSchema) und dann über ein zentrales Nachweissystem suchbar gemacht. Dazu wurden im Projekt auch eine Reihe von wichtigen Software-Werkzeugen entwickelt, die anderen Initiativen zur Nachnutzung zur Verfügung stehen. Insgesamt ist zu konstatieren, daß im Math-Net-Projekt große organisatorische, konzeptionelle und technische Erfahrungen beim Aufbau eines verteilten Informationssystems gesammelt wurden. Damit gehört das Math-Net gewiß zu den erfolgreicheren Projekten.

Lehren für die Soziologie
Durch die Aktivitäten unter dem Dach der IuK-Initiative im allgemeinen und durch eindrucksvolle Projekte wie das Math-Net im besonderen ist der Boden bereitet für diesbezügliche Aktivitäten auch von seiten der deutschen Soziologie. Gerade das Math-Net ist extrem innovativ und als Prototyp eines Informationssystems der Fachgesellschaften sicherlich stilbildend für nachfolgende Projekte. Es beschreibt nicht nur den Möglichkeitshorizont für eine vergleichbare Initiative in der Soziologie, sondern stellt auch organisatorische Erfahrungen und technische Werkzeuge zur Verfügung, auf die sich aufbauen läßt. Die Möglichkeiten sind also vorhanden und sollten im Interesse der Verbesserung des wissenschaftlichen Informationsangebots in der Soziologie auch genutzt werden.

Dr. Ralf Schimmer, Niedersächsische Staats- und Universitätsbibliothek,
Platz der Göttinger Sieben 1, D-37073 Göttingen

Integriertes Retrieval in verteilten heterogenen Datenbeständen: das GESINE-Projekt

UDO RIEGE

Der sich derzeit vollziehende tiefgreifende Wandel in der Informationstechnologie verändert sukzessive Erwartungshaltungen und Problemlösungsverhalten der informationssuchenden Wissenschaftler. Erwartet werden benutzerfreundliche Arbeits- und Rechercheumgebungen, die idealerweise einen gleichzeitigen Zugriff auf verschiedene Datenquellen, ein hostübergreifendes Anfragenmanagement und eine Wichtung der Anfrageergebnisse ermöglichen.

Im Rahmen des Projekts GESINE (die Datenbestände der GESIS[1] integrierendes sozialwissenschaftliches Informationssystem) des IZ wird eine übergreifende Arbeits- und Rechercheumgebung entwickelt, die prototypisch Text- und Fakteninformationen aus den heterogenen Datenquellen der Mitgliedsinstitute in integrierter und benutzerfreundlicher Form unter einer einheitlichen graphischen Oberfläche zur Verfügung stellt.

Die technisch-konzeptionelle Grundlage für das System bildet die Entwicklung eines relationalen Datenmodells auf der Basis einer verteilten Datenhaltung. Für die Datenbestände des IZ (Datenbanken SOLIS und FORIS), das GESIS-Clearinghouse und die ALLBUS-Bibliographie wurde bereits ein solches Datenmodell definiert und in einer ORACLE-Datenbank implementiert.

Die Qualität von Rechercheergebnissen hängt wesentlich von den für die Daten verwendeten Inhaltserschließungs- bzw. den Retrievalmethoden ab. Seit langem konkurrieren hier computerlinguistische und statistische Verfahren, ohne daß gesicherte Erkenntnisse darüber bestehen, welche Verfahren für welche Domäne, Textsorte oder Informationsbedürfnisse am besten geeignet sind. Bei Deskriptorensystemen mit Boolescher Algebra als Abfrageoperatoren bspw. sind exakte Anfragen mit exakten aber nicht strukturierten Ergebnismengen möglich. Statistische Verfahren hingegen sind in der Lage, differenzierte Relationen zwischen den Dokumenten herzustellen, arbeiten bei spezifischen Informationswünschen aber ungenau.

Die Integration von strukturierten und unstrukturierten Datenbeständen ist erst seit kurzem Gegenstand der informationswissenschaftlichen Forschung. Ein allgemeingültiges Retrievalmodell für Texte und Daten liegt bisher noch nicht vor – auch nicht für die besonderen Gegebenheiten in den Sozialwissenschaften. Die Grundlagen dafür müssen somit aus der Domäne und den Zielrichtungen des Anwendungsbereichs gewonnen werden. Eine Aufgabe im Projekt ist deshalb die Evaluation verschiedener Inhaltserschließungs- bzw. Retrievalmethoden und die Entwicklung eines domänenadäquaten Recherchemodells. Es wird u. a. der Frage nachgegangen, ob nicht gerade die Kombination verschiedener Verfahren bzw. deren kontextsensitiver Einsatz je nach Benutzerprofil, Informationsbedürfnis und Textsorte einen Qualitätsgewinn bei den Rechercheergebnissen bringt.

Als eine Komponente eines integrativen Rechercheverfahrens für GESINE bieten sich quantitativ-statistische Retrievalmodelle an, die Textbestände automatisch indexieren und über Ranking-Funktionalität in der Ergebnisdarstellung verfügen. In diesem Zusammenhang wurde in ausführlichen Retrievaltests die intellektuelle Verschlagwortung der IZ-Datenbestände mit deren automatischer Indexierung auf der Basis des Systems freeWAISsf verglichen. Weitere vergleichende Test werden mit FULCRUM durchgeführt. Es zeichnet sich ab, daß eine Mehrfachindexierung zu einer effektiven Leistungssteigerung bei der Recherche führen kann (siehe Frisch/Kluck 1998).

Mögliche Einsatzgebiete für eine automatische Indexierung sind das GESIS-Clearinghouse und Datenbestände, die sich im Zusammenhang mit der Realisierung des „Schalenmodells" (polyzentrisches Grundmodell der Informationsversorgung, siehe Krause 1996) ergeben.

Ein grundlegendes Problem bei der Suche in Datenbeständen ist die Behandlung der Vagheit von Informationsanfragen, bspw. wenn der Benutzer zu einem bestimmten Objekt seiner Ergebnismenge ein thematisch ähnliches Objekt finden möchte oder Überblicksliteratur zu seinem Thema sucht. Um den Benutzer hier effektiv unterstützen zu können, werden Mehrwertkomponenten in GESINE eingebunden, die inhaltliche und strukturelle Beziehungen zwischen Informationsobjekten identifizieren und somit zur Informationsverdichtung beitragen können. Anknüpfungspunkte hierfür liefert das Projekt AKCESS (Assistance by Knowledge-Based Context Evaluation in Social Science Retrieval), in dem für einige Bereiche bereits Lösungsansätze entwickelt und erfolgreich getestet wurden (siehe Mutschke 1996).

Ein Prototyp von GESINE wird 1999 in einem GESIS-weiten Benutzertest evaluiert.

Anmerkung:
1 GESIS ist die Gesellschaft sozialwissenschaftlicher Infrastruktureinrichtungen e.V. mit den Mitgliedsinstituten Informationszentrum Sozialwissenschaften (IZ) in Bonn, Zentralarchiv für empirische Sozialforschung an der Universität zu Köln (ZA) und dem Zentrum für Umfragen, Methoden und Analysen (ZUMA) in Mannheim.

Literatur:
Frisch, Elisabeth / Kluck, Michael (1998): Pretest zum Projekt German Indexing and Retrieval Testdatabase (GIRT) unter Anwendung der Retrievalsysteme Messenger und freeWAISsf, IZ-Arbeitsvericht 10. Bonn
Krause, Jürgen (1996): Informationserschließung und -bereitstellung zwischen Deregulation, Kommerzialisierung und weltweiter Vernetzung – Schalenmodell, IZ-Arbeitsbericht 6. Bonn
Mutschke, Peter (1996): Uncertainty and Actor-oriented Information Retrieval in µ-AKCESS; an Approach based on Fuzzy Set Theory. In: Hans-Hermann Bock / Wolfgang Polasek (Hrsg.): Data Analysis and Information Systems. Frankfurt a.M.: 126–138

Dr. Udo Riege, Informationszentrum Sozialwissenschaften, Lennéstr. 30, D-53113 Bonn

Gründung der Arbeitsgruppe „Information und Kommunikation in der Soziologie" (AGIuKSoz)

RUDI SCHMIEDE / HEINE VON ALEMANN

Im Anschluß an die Vorträge und die Diskussion wurde von Heine von Alemann der Vorschlag zur Gründung einer „Arbeitsgruppe Information und Kommunikation in der Soziologie", der schon anläßlich des IuK-Workshops der wissenschaftlichen Fachgesellschaften im März 1998 in Hamburg unter den dortigen Teilnehmern aus der Soziologie besprochen wurde, vorgetragen und begründet. Zu diesem TOP war auch Beate Krais als zuständiges Vorstandsmitglied anwesend. Sinn einer solchen Arbeitsgruppe soll sein, sich arbeitsteilig um die verschiedenen Entwicklungen im IuK-Bereich zu kümmern, sie auf ihre Bedeutung für die Sozialwissenschaften abzuklopfen und ggf. zu beeinflussen, d. h. die Interessen der Soziologie nach außen zu vertreten, innerhalb der Soziologie eine Öffentlichkeit für IuK-Fragen zu schaffen und dazu den Aufbau einer sinnvollen und von den Instituten getragenen IuK-Infrastruktur zu initiieren und zu begleiten. Auf den im Frühjahr ans Netz gegangenen DGS-Server, der an der TU Darmstadt aufgebaut wurde und ausgebaut wird, wurde besonders hingewiesen. Ebenso hingewiesen wurde auf die im Rahmen der Aktivitäten der IuK-Kommission eingerichtete, von Schmiede moderierte, IuK-DGS-Mailliste, die sich für eine fachspezifische IuK-Kommunikation anbietet.
(Hinweise zum Subskribieren unter *http://www.ifs.tu-darmstadt.de/m-list.htm*).

Frau Krais wies darauf hin, daß die DGS die Organisation der wissenschaftlichen Fachinteressen, nicht aber des Fachs als Ganzem und seiner Institutionen ist; deshalb solle die Gruppe sich genau überlegen, ob sie sich als Gruppe der DGS (mit dadurch eingeschränkten Handlungsmöglichkeiten) oder als selbständig agierende Arbeitsgruppe von Fachkollegen und -kolleginnen organisieren wolle. Schmiede ergänzte, daß in der IuK-Kommission der wissenschaftlichen Fachgesellschaften, der die DGS angehört, sowohl die Fachgesellschaften direkt vertreten sind (die DGS gegenwärtig durch Krause und Schmiede) als auch die Fachbereiche bzw. Institute durch von ihnen entsandte Vertreter repräsentiert werden; dies lege eine Parallelität beider Linien nahe. Man kam überein, ein Treffen von an der Arbeitsgruppe Interessierten einzuberufen, um über Aufgabenstellung, Organisationsform und Arbeitsweise der Gruppe zu diskutieren und zu beschließen.

Die konstituierende Sitzung der „Arbeitsgruppe Information und Kommunikation in der Soziologie" hat inzwischen am Freitag, dem 15.10.1998, an der Technischen Universität Darmstatt stattgefunden. Dort wurde der folgende Text diskutiert und angenommen.

**Sinn und Aufgabenstellung der „Arbeitsgruppe IuK in der Soziologie"
(AGIuKSoz)**

Die AGIuKSoz vereint die Sozialwissenschaftler, die konzeptionell und praktisch an der Einführung und Weiterentwicklung einer Informations- und Kommunikationsinfrastruktur (wiss. Fachinformation) in der Soziologie interessiert bzw. beteiligt sind. Sie agiert im inhaltlichen Kontext der fachübergreifenden Zusammenarbeit in der IuK-Initiative der wissenschaftlichen Fachgesellschaften.

1. Die AGIuKSoz beteiligt sich an der fachinternen wie fachübergreifenden Realisierung dieser Zielsetzungen und fördert im Sinne der IuK-Initiative
– verteilte, durch dezentrale Angebote ergänzte Informationsstrukturen in den einzelnen Disziplinen mit dem Ziel eines möglichst vollständigen, klar strukturierten und kostengünstigen Informationsangebots;
– effiziente Informations- und Suchmöglichkeiten vom einzelnen Wissenschaftlerarbeitsplatz aus;
– die Einhaltung bzw. Nutzung weltweiter Standards und Verfahren;
– die Schaffung einer Infrastruktur von Fachinformationsbeauftragten in den Fachbereichen bzw. Instituten und ihre Kooperation über die Fachgrenzen hinweg.

2. Die AGIuKSoz setzt es sich zum Ziel,
– die Entwicklungen im Bereich der Fachinformation und der IuK-Techniken zu beobachten, soweit möglich die Interessen der Sozialwissenschaften geltend zu machen und umgekehrt diese Entwicklungen in der Soziologie bekannt und nutzbar zu machen;
– die sozialen Dimensionen der Entstehung und Verbreitung einer IuK-Infrastruktur in den Wissenschaften und die damit verbundenen Veränderungen der wissenschaftlichen Arbeitsbedingungen selbst zum Gegenstand der Forschung zu machen;
– die Etablierung einer leistungsfähigen organisatorischen und technischen IuK- Infrastruktur in den sozialwissenschaftlichen Fachbereichen und Instituten voranzutreiben;
– dazu ggfs. Forschungs- und Entwicklungsprojekte ähnlich denen in weiter vorangeschrittenen Fachgesellschaften zu fördern
– ein Netzwerk von lokalen Fachinformationsbeauftragten als Ansprech- und Kooperationspartnern aufzubauen.

3. In der AGIuKSoz können alle an der Sache interessierten Soziologinnen und Soziologen mitarbeiten; sie strebt keinen Sektionsstatus in der DGS an. Sie konstituiert sich als prinzipiell offenes Netzwerk von Personen; repräsentiert wird sie durch einen Koordinator der anstehenden Aktivitäten und eine dafür stellvertretende Person. Die AGIuKSoz strebt eine enge Zusammenarbeit und Abstimmung mit dem

DGS-Vorstand an sowie zum Vorstand des BDS. Die enge Verbindung zur DGS ist vor allem durch die vom DGS-Vorstand benannten Informationsbeauftragten in der IuK-Kommission zu sichern.

Von den anwesenden Interessenten wurden Rudi Schmiede und Heine von Alemann als Sprecher der AGIuKSoz gewählt.

Anschriften siehe Einleitung

Events und Event-Gemeinschaften

Organisation:
Winfried Gebhardt / Michaela Pfadenhauer

Einleitung

WINFRIED GEBHARDT / MICHAELA PFADENHAUER

Ein neuer Begriff erobert das „globale Dorf": der oder das Event. Events scheinen sich zu den spezifischen Vergemeinschaftungsformen „grenzenloser Gesellschaften" zu entwickeln. Sie zielen auf ein internationales Publikum. Die Veranstaltungsorte wechseln zwischen einzelnen Ländern. Ihre (in der Regel professionellen) Veranstalter verstehen sich als „multi-nationale" Unternehmen, als „global players". Und sie sind von ihren Inhalten und ästhetischen Ausdrucksmitteln kultursynkretistisch angelegt. Events nehmen an Zahl und Bedeutung zu. Sie prägen zunehmend die ökonomische, soziale und kulturelle Wirklichkeit moderner Gesellschaften. Marktforscher und Werbestrategen propagieren das Konzept des Eventmarketing als Verkaufsveranstaltungen der Zukunft, deren primäres Ziel nicht im direkten Verkauf, sondern in der Herstellung emotioneller Bindung an das zu verkaufende Produkt besteht. Tourismus- und Freizeitmanager planen Kultur- und Freizeitevents, die möglichst viele unterschiedliche Erlebnismöglichkeiten zu einem beeindruckenden Ganzen synthetisieren. Szeneorganisatoren veranstalten special-events, die an außergewöhnlichen Orten das „einmalige Erlebnis" eines alle Sinne ansprechenden „Gesamtkunstwerks" offerieren. Kirchen und Glaubensgemeinschaften organisieren Massenveranstaltungen, die die traditionalen Formen des Gottesdienstes sprengen, indem sie die Erfahrungsmöglichkeiten des „Göttlichen" bewußt multiplizieren. Regierungen und Parteien wandeln Werbe- und Wahlveranstaltungen zu „politischen events" um, in denen die politische Botschaft zugunsten eines Werbens um Sympathie mit Hilfe unpolitischer Unterhaltungsprogramme in den Hintergrund tritt.

Events – so könnte ein vorläufiger Definitionsversuch lauten – sind bis ins Detail geplante, in der Regel aus kommerziellen Interessen organisierte Veranstaltungen, deren primäres Ziel die Herstellung eines alle Teilnehmer umfassenden „Wir-Gefühls" ist. Dieses Ziel soll erreicht werden durch die Vernetzung unterschiedlichster interaktiver Unterhaltungsangebote, durch die Verschmelzung multinationaler Kulturelemente in allein nach ästhetischen Kriterien konstruierten Spektakeln, so daß der Eindruck eines

„totalen Erlebnisses" entsteht. Als solche kommen sie dem nahe, was Zygmunt Bauman, Michel Maffesoli und Ronald Hitzler als „ästhetische", „imaginierte" oder „posttraditionale" Gemeinschaften bezeichnet haben. Ziel der Ad-hoc-Gruppe „Event-Gemeinschaften" ist es, dieses „neue Phänomen" begrifflich und theoretisch zu fassen sowie im Rahmen übergreifender soziologischer Theorieangebote auf seine Kulturbedeutung zu befragen. Im Mittelpunkt steht dabei – als erster Schritt – eine Beschreibung einzelner typischer Events und ihrer jeweiligen Merkmale. In einem zweiten Schritt soll versucht werden, die so gewonnenen Ergebnisse zu systematisieren und mit Hilfe historischer Vergleiche und unter Heranziehung neuerer sozialwissenschaftlicher Interpretationsansätze erste Bausteine für eine soziologische Theorie des Events zu erarbeiten.

Prof. Dr. Winfried Gebhardt, Universität Koblenz-Landau, Institut für Soziologie, Rheinau 1, D-56075 Koblenz

Dipl.-Pol. Michaela Pfadenhauer, Universität Dortmund, Fachbereich 14, Lehrstuhl für Allgemeine Soziologie, D-44221 Dortmund

Events und Event-Gemeinschaften
Einführung in die Fragestellung der Ad-hoc-Gruppe

WINFRIED GEBHARDT

Ein Gespenst geht um in der sich verwestlichenden Welt, das Gespenst des Events. Niemand, der ohne Scheuklappen durch das Leben geht, kann sich ihm entziehen. Events sind allgegenwärtig, und sie treten uns in den unterschiedlichsten Verkleidungen gegenüber. Gleich ob es um die simple Verkaufspräsentation eines Automobilgiganten geht oder um eine sensationelle Theaterpremiere vor ausgesuchtem Publikum, um eine gigantische Monsterparty oder um das Treffen von New-Age-Begeisterten auf einer Esoterik-Messe, die Organisatoren dieser Veranstaltungen verwenden mit schöner Regelmäßigkeit den Eventbegriff, um das Besondere ihrer Veranstaltungen herauszustreichen. Schaut man aber etwas genauer hin auf das, was heutzutage alles als Event bezeichnet wird, so steht man ziemlich ratlos vor der Frage, was das eigentlich ist, ein Event.

In einem ersten Zugriff lassen sich Events als etwas Außergewöhnliches beschreiben, als etwas, das man nicht jeden Tag erlebt, als etwas, das die alltäglichen Erfahrungen sprengt und übersteigt. So richtig diese Aussage auch ist, sie reicht aber bei weitem nicht aus, um den Begriff hinreichend zu füllen. Was ist das also genau, ein Event? Bei einem Event, so meinte kürzlich Mark Siemons in der Frankfurter Allgemeinen Zeitung, handele es sich „um die planmäßige Erzeugung eines einzigartigen Erlebnisses, das dem träge und entfremdet zwischen glatten Oberflächen dahingleitenden Leben die zum weiteren Arbeiten und Konsumieren nötige Vitalität verschaffen soll, eine schockartige Injektion von Wahrheit und Bedeutung gewißermaßen". Ein Event stehe daher, so fuhr er fort, „im Schnittpunkt aller möglichen Existenzbereiche, die sonst getrennt sind: Industrie, Medien, Politik, Kunst". Siemons Definition weist – obwohl sich in ihr deskriptive und normative Aussagen vermischen – auf einige der wesentlichen Kennzeichen eines Events hin. Diese lassen sich, ohne jeden Anspruch auf Vollständigkeit, wie folgt benennen:

1. Events sind „planmäßig erzeugte" Ereignisse. Sie werden in der Regel – entweder aus kommerziellen oder weltanschaulichen Interessen – von Betrieben, Verbänden, Vereinen, Kirchen, Agenturen oder anderen Organisationen veranstaltet, von einer professionellen Organisationselite vorbereitet und perfekt, unter Einsatz modernster technischer Hilfsmittel „nach der Uhr" durchgeführt und oftmals von einer ebenfalls professionellen Reflektionselite mit „Sinn" und „Bedeutung" versehen. Nichts, weder der Ablauf noch der zu vermittelnde Sinn, darf außer Kontrolle geraten beziehungsweise uminterpretiert werden. Individuelle Gestaltungsspielräume, wenn überhaupt eingeplant, existieren nur innerhalb exakt definierter räumlicher und zeitlicher Grenzen.
2. Events werden als „einzigartige Erlebnisse" geplant und so – jedenfalls in der Regel – auch erlebt. Sollte dies nicht der Fall sein, gelten sie als gescheitert. Einzigartig sind sie vor allem deshalb, weil zwischen ihnen bemerkbare zeitliche Abstände liegen. Ein Event durchbricht die Routinen und Zwänge des Alltags, er verspricht ein außeralltägliches Erlebnis, auf das man mit Freude und Spannung wartet, auf das man hinlebt. Einzigartig sind Events aber auch, weil die in ihnen angebotenen Stimuli dem Gesetz des „Immer-mehr-und-immer-größer" unterliegen. Ein Event, der nur das Gleiche bietet wie ein Vorgänger, ist von vorneherein zum Scheitern verurteilt, weshalb auch die Veranstalter von Events deren „Einzigartigkeit" mit allen Mitteln herausstellen und aggressiv vermarkten. Der Event drängt zur ständigen Überbietung der einmal erlebten Reize. Kann der Veranstalter diese nicht schaffen, reagiert der Besucher entweder mit Verweigerung oder er schafft sie sich selbst. In beiden Fällen aber wird der meistens sorgfältig geplante Ablauf der Veranstaltung empfindlich

gestört und das kommerzielle oder weltanschauliche Anliegen der Veranstalter in Frage gestellt. Das bedeutet in letzter Konsequenz, daß Events eine Eigendynamik innewohnt, die ihrer Planbarkeit Grenzen setzt.
3. Events bedienen sich der Formsprache eines kulturellen und ästhetischen Synkretismus. Zum einen vernetzen sie unterschiedlichste ästhetische Ausdrucksformen wie Musik, Tanz, bildende Kunst, Lichtgestaltung etc. zu einem „einheitlichen Ganzen". Sie greifen damit die auf Richard Wagner zurückgehende, romantische Idee des Gesamtkunstwerkes auf und bringen sie in modernisierter Form wieder zum Blühen. Zum anderen vermischen sie – meistens wahllos – ganz unterschiedliche kulturelle Traditionsbestände, wobei gerne auf „fremde", exotische Einsprengsel zurückgegriffen wird. Diese versprechen nicht nur einen ganz besonderen „Kick", sondern sollen auch den von vielen Eventorganisatoren gepflegten Anspruch einlösen, Vorreiter einer neuen globalen Kultur zu sein. Mit diesen Mitteln der Vernetzung, der Verfremdung und der Kontextverschiebung unterschiedlichster kultureller und ästhetischer Ausdrucksformen soll ein alle Sinne des Menschen ansprechendes und in diesem Sinne „totales Erlebnis" geschaffen werden, ein aufreizendes, anrührendes und über den Moment hinaus in guter Erinnerung bleibendes, kontrapunktisches „Lifestyle-Gesamtkunstwerk" in Szene gesetzt werden.
4. Events stehen „im Schnittpunkt aller möglichen Existenzbereiche". Sie beanspruchen, die partikularisierte und in Routinen und Zwängen gefangene Wirklichkeit des alltäglichen Lebens für einen in der Regel exakt definierten, ästhetisch und emotional verdichteten Zeitraum aufzuheben, um den Teilnehmern die metaphysische Erfahrung „des Ganzen des Seins" zu gestatten. Wie stark dieser Anspruch ausgeprägt und wie explizit er formuliert wird, hängt davon ab, ob neben einer Organisationselite auch noch eine „sinnvermittelnde", den Event mit einer spezifischen Weltanschauungs-Botschaft aufladende Reflektionselite vorhanden ist. Doch unabhängig vom Grad des „weltanschaulichen Mehrwerts" eines Events, soll er als „Kraftquelle" erlebt werden, die dem in den Bahnen der Routine gefangenen Leben Vitalität einhaucht und kreative Impulse für den entfremdeten Alltag setzt. Insbesondere solche Events, die dem Umfeld der noch dem bürgerlichen Kunstverständnis verhafteten Hochkulturszene entstammen, vertreten offensiv diesen „emanzipatorischen" Anspruch.
5. Events vermitteln das Gefühl von exklusiver Gemeinschaft und Zusammengehörigkeit. Nicht umsonst arbeiten viele Organisatoren von Events mit den Prinzipien der persönlichen Einladung oder der Errichtung von zugangsbegrenzenden Hemmschwellen, garantieren diese doch die Exklusivität der Veranstaltung. Events sind deshalb die sozialen Orte, an denen die Mitglieder von postmodernen Gesellungsformen, wie es beispielsweise Szenen sind, wenigstens partikulär und für den Moment zum Bewußtsein ihrer selbst finden. Hier finden sie Gelegenheit, durch

Betonung der eigenen Besonderheit und durch – weitgehend über ästhetische Stilmittel laufende – Abgrenzung gegen andere, Zugehörigkeit zu erfahren und ich-stabilisierende Identität zu entwickeln.

Soweit ein erster Versuch, das Phänomen des Events begrifflich zu fassen. Die Frage bleibt, ob Events wirklich etwas Neues darstellen, wie ihre Organisatoren so gerne behaupten. Skepsis stellt sich hier vor allem ein, wenn man die Gegenwart verläßt und in die Geschichte zurückblickt. Denn auch in der Vergangenheit finden wir Veranstaltungen genug, auf die die oben genannten Definitionsmerkmale zutreffen, nur wurden solche Veranstaltungen nicht als Events, sondern als Feste oder als Feiern bezeichnet. Was also sind Events wirklich? Die Frage muß vorerst noch offen bleiben.

Prof. Dr. Winfried Gebhardt, Universität Koblenz-Landau, Institut für Soziologie, Rheinau 1, D-56075 Koblenz

„Ein bißchen Spaß muß sein!"
Zur Konstruktion moderner Erlebniswelten

RONALD HITZLER

1. Was Spaß macht, ist immer und unabweisbar Ansichtssache. D. h.: Der Spaß, den man hat – oder auch nur sucht – hängt ab von Standpunkt, Blickwinkel und Perspektive des erlebenden Subjekts, von dessen (biographisch gewachsenen) Motivationsstrukturen und jeweiligem Relevanzsystem, kurz: vom situativen Insgesamt seines Erlebens. Manche thematischen Ausschnitte aus dem Insgesamt des subjektiven Erlebens erscheinen als im Bewußtseinsstrom „außergewöhnlich" herausgehoben – zum Beispiel dadurch, daß man *seinen* „Spaß" hat. Die Korrelate dieser „außergewöhnlichen" Ausschnitte des Erlebens, dieser Bewußtseinsenklaven, bezeichnen wir als „Erlebniswelten".

Diese Erlebniswelten betreten wir manchmal schlicht durch Einschlafen (und bewohnen dann die Traumwelt). Manchmal betreten wir sie durch Phantasieren. Und sehr oft werden wir durch Kommunikationsangebote (z. B. Klatsch und Trasch) oder durch „zufällige" äußere Reize in sie hineingelockt (oder auch hineingezwungen). Insbesondere in Gesellschaften wie der unseren stehen kulturell aber auch mannigfaltige „Vehikel" zum Konsum bereit, die dezidiert dazu dienen, uns in „außergewöhnliche" Bewußtseinsenklaven, in Erlebniswelten zu befördern: legalisierte und nicht-legalisierte Drogen;

technische Medien wie Bücher, Videofilme, Fernsehen, Radio, Schallplatten bzw. CDs, Computerspiele, usw.; und eben auch soziale Veranstaltungen wie Kinos, Spielhallen, Nachtclubs, Gottesdienste, Kunstausstellungen, Sportwettkämpfe, Modeschauen, Volksfeste und dergleichen.

Prinzipiell bezeichnen wir *alle* „außergewöhnlichen" Bewußtseinsenklaven, deren Rahmenbedingungen von anderen mit der Intention vorproduziert und/oder bereitgestellt werden, vom erlebenden Subjekt benutzt, also im weitesten Sinne konsumiert zu werden, als *„kulturelle* Erlebniswelten". Im Kontext dieser Überlegungen konzentriere ich mich jedoch auf solche „kulturellen Erlebniswelten", die durch jenen spezifischen Typus sozialer Veranstaltungen evoziert werden, den wir als „Events" bezeichnen. „Events" sollen heißen: Aus unserem spät-, post- bzw. reflexiv-modernen Alltag herausgehobene, raum-zeitlich verdichtete, performativ-interaktive Ereignisse mit hoher Anziehungskraft für relativ viele Menschen. Diese Anziehungskraft resultiert wesentlich aus dem „Versprechen" eines hohen, teilnehmerspezifisch vorangelegten, typischerweise verschiedene Kulturformen übergreifenden Spaß-Erlebens. D. h., Events sind vor-produzierte Gelegenheiten zur massenhaften Selbst-Inszenierung der Individuen auf der Suche nach einem (besonders interessanten) „eigenen Leben".

Symptomatisch für das Event-Erleben erscheint eine zwar punktuell fokussierte, aber gleichwohl relativ nachhaltige emotionale und/oder mentale Involviertheit in das interaktive Gesamtgeschehen angesichts eines wie auch immer gearteten performativen Anlasses. Gerhard Schulze (1993: 20) etwa spricht von Erfahrungserwartungen wie „Ekstase, Spannung, Entspannung, sich wohlfühlen, Gemütlichkeit, sich ausagieren". Ich würde noch genereller sagen, daß es um den Wunsch nach dem geht, was Psychologen als „Eu-Stress" bezeichnen – wobei die konkreten Eu-Stress-Faktoren allerdings sehr breit streuen. Events bieten den Teilnehmern somit typischerweise außergewöhnliche Chancen, sich sozusagen wie in einem Kollektiv-Vehikel aus Lebens-Routinen heraustransportieren zu lassen und zeitweilig an symbolisch vermittelten, mehrkanaligen Sinnenfreuden zu partizipieren.

2. Vor dem Hintergrund vielfältiger, mit generellen Modernisierungsprozessen einhergehenden Entzauberungserfahrungen erscheinen Events mithin als *die* transzendenzgesättigten Teilnahme-Optionen und sinnstiftenden Kommunikationsressourcen am Übergang in eine „andere" Moderne, die, Zygmunt Bauman (1995) zufolge, unter anderem eben dadurch gekennzeichnet ist, daß gemeinsames Handeln nicht mehr geteilten Interessen folgt, sondern diese Interessen vielmehr erzeugt.

Daß vor diesem kulturellen Hintergrund Freizeitangebote aller Art erlebenswerte Ereignisse darstellen bzw. zumindest beinhalten müssen, wenn sie sich auf dem „Markt" multipler Optionen in spät-, post- oder reflexivmodernen Gesellschaften überhaupt behaupten sollen, das ist – spätestens seit Gerhard Schulzes Deklaration der „Erlebnis-

gesellschaft" (Schulze 1992) – eine sozialwissenschaftlich triviale Einsicht. Erlebenswerte Ereignisse haben aber zwei Dimensionen: eine qualitative und eine quantitative bzw. eine der Intensivierung und eine der Extensivierung.
Zielt ein Ereignis-Angebot stark auf Erlebnis-Intensivierung ab, reagieren die Nutzer des Angebots mit einer starken Bindung an dieses Angebot. Daraus resultiert, sozusagen beiläufig, jedoch auch die Tendenz zur quantitativen *Einschränkung* des potentiellen Nutzerkreises. Club-Leben bzw. Club-Kultur z. B. hat für die, die – warum auch immer – daran partizipieren, typischerweise einen starken Erlebniswert. Dieser starke Erlebniswert basiert jedoch wesentlich auch auf dem Bewußtsein von Distinktion, also darauf, daß „die Vielen" draußen vor der Tür, auch vor der mentalen und emotionalen Tür bleiben. Es gilt (mehr oder weniger): Rein kommt, wer drin ist.
Zielt ein Ereignis-Angebot stark auf Erlebnis-Extensivierung ab, nehmen die Nutzer des Angebots dieses eher beiläufig wahr, bzw. sie nehmen es sozusagen „mit", sofern es situativ in ihr je eigenes Relevanzschema paßt. Daraus resultiert zwar einerseits die Tendenz zur quantitativen Ausweitung des potentiellen Nutzerkreises, andererseits aber „verflacht" sozusagen der Erlebniswert der jeweiligen Ereignis-Teilnahme. Die Super-Party an jedem Wochenende in jedem Nest z. B. konterkariert sich gleichsam selber. Denn woran alle mehr oder weniger jederzeit partizipieren können, das verliert eben seine punktuelle und individuelle Besonderheit. Es gilt (wiederum mehr oder weniger): Wo jeder ist, ist keiner mehr „zu Hause".

3. Damit stellt sich dem organisatorischen Kern einer Szene die Frage, ob und wie es gelingt, erlebenswerte Ereignisse anzubieten, die sowohl die Außeralltäglichkeit der Teilnahme und damit die relative Besonderheit des Teilnehmers als auch die mentale und emotionale Zugänglichkeit des in Frage stehenden Events auch für den Gelegenheitsteilnehmer hinlänglich gewährleisten. Das ist natürlich ein Dilemma, das unter den gegebenen kulturellen Bedingungen wahrscheinlich für jede Art von Event-Produzenten – zumindest auf Dauer – unlösbar ist.
Wenn es aber zutrifft, daß *keine*, auch keine noch so „professionelle" Organisation den von ihr je produzierten bzw. produzierbaren Event-Typus mehr dauerhaft *und* massenhaft „bindend" institutionalisieren kann, dann folgt daraus, daß in Zukunft die einzige kulturelle Stabilität in Gesellschaften wie der unseren im Wechsel prinzipiell instabiler Trends bzw. Moden bestehen dürfte – und für den die Angebote konsumierenden Akteur damit typischerweise in einem lebenslänglichen mentalen Kulturtourismus, der sich – generalisiert ausgedrückt – tatsächlich an nichts anderem orientiert, orientieren *kann*, als daran, daß auf jeden Fall ein bißchen Spaß (dabei) sein muß – allerdings eben immer *der* Spaß, den *er* haben will.

Literatur:
Bauman, Zygmunt (1995): Ansichten der Postmoderne. Hamburg/Berlin
Schulze, Gerhard (1992): Die Erlebnisgesellschaft. Frankfurt a. M./ New York
Schulze, Gerhard (1993): Vom Versorgungs- zum Erlebniskonsum. Produktentwicklung und Marketing im kulturellen Wandel. In: GDI-impuls, H.3: 15–29

Prof. Dr. Ronald Hitzler, Universität Dortmund, Lehrstuhl für Allgemeine Soziologie, Fachbereich 14, D-44221 Dortmund

Sehnsucht nach Gemeinschaft? Die Event-Organisatoren der Technoszene und ihr Selbstverständnis

MICHAELA PFADENHAUER

Events stellen *vor-produzierte* Gelegenheiten dar zur massenhaften Selbst-Inszenierung der „Technoiden". Sie sind der Rahmen – und möglicherweise sogar die Bedingung – für eine neue Form von Vergemeinschaftung, die wir als „posttraditional" zu bezeichnen vorschlagen (Hitzler/Pfadenhauer 1998a). Das wesentliche strukturelle Unterscheidungsmerkmal solcher posttraditionaler gegenüber traditionalen Gemeinschaften ist u. E., daß die Individuen dabei aufgrund kontingenter biographischer Entscheidungen freiwillig und temporär an einem sozialen Kollektiv partizipieren, das sich eben aufgrund irgendwelcher vororganisierter Rahmenbedingungen überhaupt erst konstituiert. Aufgrund der essentiellen Relevanz der organisierten Vor-Strukturierung und Rahmenproduktion von Events bilden die Event-Organisatoren bzw. die von uns sogenannte „Organisations-Elite" eine zentrale Akteursgruppe innerhalb der Techno-Szene. Der Begriff der Organisations-*Elite* bezeichnet die – mit bestimmten relativen Privilegien ausgestatteten – „Erbringer" bestimmter, für die Entwicklung und Perpetuierung von Szenen notwendiger bzw. unabdingbarer „Leistungen", insbesondere eben der Organisation (Planung, Koordinierung, Durchführung) von Events.
Die zwar heterogene, aber hochgradig vernetzte Organisationselite in der Techno-Szene managed inzwischen fast die gesamte Infrastruktur der Techno-Szene (vgl. Hitzler/ Pfadenhauer 1998b) und stellt eben das *Personal*, das für die Planung, Koordinierung, Durchführung und Finanzierung von Techno-Events unabdingbar ist. Bei diesem Personal handelt es sich zum größten Teil um langjährige Szenegänger, die ihr ursprüngliches Freizeitvergnügen zur Grundlage ihrer Ressourcenbeschaffung gemacht haben. Ihrem expliziten Selbstverständnis zufolge richtet sich ihr Bestreben nicht nur darauf, aus

Profitinteresse eine organisatorisch-technisch perfekte Veranstaltung „auf die Beine zu stellen", sondern tatsächlich ein Event zu „produzieren", das allen zahlenden Gästen ebenso wie den nicht-zahlenden VIPs – und idealerweise auch ihnen selber – ein Maximum an Spaß-Erleben ermöglicht. Dieser Spaß auf Techno-Events beruht u. a. symptomatisch auf der subjektiven Erfahrung eines jeden, Teil einer Vielzahl, einer Masse von „Gleichgesinnten" zu sein, die diesen Event *in situ* konstituieren. Wenn und insofern das Gelingen eines Events wesentlich mit der Entstehung dieses „Wir-Gefühls" zusammenhängt, dann liegt es – allein schon aus betriebswirtschaftlichem Kalkül – nahe, daß Event-Organisatoren intendiertermaßen Maßnahmen ergreifen, die einer *Gemeinschaftsbildung* förderlich sind, wie sich an folgenden Beispielen zeigen läßt:

1. Den Abschluß der Berliner Loveparade bildet die als „Kundgebung" titulierte Party an der Berliner Siegessäule. Im Gegensatz zu den vielen zwar mobilen, im Hinblick auf die Masse der Teilnehmer aber dennoch lokalen Kleinpartys, die im Verlauf der Parade auf den und um die einzelnen Lastwagen herum gefeiert werden, findet dergestalt ein groß angelegtes, gemeinsames Fest der vielen, aus Anlaß der Loveparade nach Berlin angereisten Teilnehmer statt. Diese „Kundgebung" dient zwar mit der „Ansprache" des Loveparade-Initiators Dr. Motte dem Zweck, dem Spektakel den Charakter einer (politischen) Demonstration zu verleihen. Den Aussagen der Teilnehmer zufolge manifestiert sich hier aber vor allem jenes „unbeschreibliche" „We-are-one-family"-Gefühl (vgl. Hitzler/Pfadenhauer 1998b). D. h. hier vergewissern sich die Hunderttausende der bis dahin allein oder in Grüppchen umherziehenden Technoiden sozusagen interaktiv der Existenz ihrer Techno-Gemeinschaft. Es handelt sich hier um den exemplarischen Fall einer intendierten *Global-Vergemeinschaftung*.
2. Die Mayday, das größte Techno-Hallen-Event mit ca. 20.000 Teilnehmern, steht jedes Jahr unter einem bestimmten Motto, zu dem vom DJ-Team „Members of Mayday" jeweils eigens eine sogenannte „Hymne" produziert wird. Während ihres „Auftritts" zur besten Auflegezeit, also zwischen zwei und drei Uhr nachts wird die vorher und nachher komplett freigehaltene DJ-Bühne in der Haupthalle für eine nach bestimmten Kriterien ausgewählte und streng kontrollierte Personengruppe freigegeben: Zugelassen sind die Maday-Veranstalter, Künstlerbetreuer, VIPs sowie spezifisch ausgewählte „party people". Gerade die Zugangsbeschränkung in Kombination mit dem „erhebenden" Gefühl, hier und jetzt – vor einem gigantischen Publikum – jemand „Besonderer" zu sein, „schweißt" die ca. 50 Personen auf der Bühne zu einer situativen *Teil*-Gemeinschaft im Rahmen des Events zusammen. Symbolisch über die Hymne vermittelt manifestiert sich aber auch für die Tanzenden vor der Bühne das heraushebende Gefühl, tatsächlich „Members of Mayday" und damit Teil einer Zigtausende umfassenden Event-Gemeinschaft zu sein. Die Vis-à-vis-Anordnung von Bühne und Publikumsraum ermöglicht im gegenseitigen Aufeinander-zu-tanzen eine Art „Face-to-face-Interaktion". Damit wird zwar die

Trennung von „oben" und „unten" nicht aufgehoben, es entsteht aber dennoch der Eindruck, gemeinsam an einer „großen Sache" mitzuwirken. Es handelt sich hier um den exemplarischen Fall einer *differenzierten* Global-Vergemeinschaftung.

3. Das mitunter höchst komplexe VIP-Karten-System stellt für den Szene-Insider einen Gradmesser für die Zugehörigkeit zum sogenannten Kern der Szene dar. Das VIP-Prinzip ist funktional begründet, d. h. es wird als Voraussetzung für einen reibungslosen Ablauf der Veranstaltung betrachtet, was jedoch durch die Handhabung konterkariert wird, da die Verleihung des – aufgrund der hiermit verknüpften Privilegien – begehrten VIP-Status nicht auf der Basis von erbrachten bzw. konkret zu erbringenden relevanten Leistungen erfolgt, sondern wesentlich auf der Basis von (erfolgreicher) Inszenierung, solche Leistungen zu erbringen bzw. erbracht zu haben. Das VIP-System schließt im Grunde nur eine Personengruppe kategorisch aus: die „ganz normalen" Event-Teilnehmer. Es bildet die Grundlage für exklusive Teil-Gemeinschaften im Rahmen des Events, denen ausgewiesene Räumlichkeiten vorbehalten sind, zu denen der Zugang relativ streng kontrolliert wird. Es handelt sich hierbei um den exemplarischen Fall einer exklusiven Partial-Vergemeinschaftung innerhalb des Events.

Hinter diesen Fallbeispielen verbirgt sich eine *dilemmatische* Problemstellung für Event-Organisatoren, die zumindest auf Dauer wohl unlösbar ist. Denn sie stehen unter einem doppelten Handlungsdruck: Sie müssen mit ihren Events einerseits ein großes Publikum ansprechen, andererseits das Angebot auch für langjährige Szenemitglieder attraktiv halten, die (wie sie selbst) zum großen Teil der Szene-Elite angehören. Aus diesem Grund sind ihre Maßnahmen zur Herstellung von Gemeinschaft widersprüchlich. Während Maßnahmen zur Global-Vergemeinschaftung immer auch Protest seitens der Szene-Elite hervorruft, denn: „Wo jeder ist, ist keiner mehr zu Hause", widerspricht die strukturell gesicherte Exklusivität der VIP-Lounges, die ihrerseits die Bedingung für die Entstehung von Partial-Gemeinschaften im Rahmen des Events darstellen, offenkundig der Idee einer allumfassenden „unity".

Literatur:
Hitzler, Ronald / Pfadenhauer, Michaela (1998a): Eine posttraditionale Gemeinschaft. Integration und Distinktion in der Techno-Szene. In: Frank Hillebrandt / Georg Kneer / Klaus Kraemer (Hrsg.): Verlust der Sicherheit? Opladen: 83–102
Hitzler, Ronald / Pfadenhauer, Michaela (1998b): „Let your body take control!" Zur ethnographischen Kulturanalyse der Techno-Szene. In: Ralf Bohnsack / Winfried Marotzki (Hrsg.): Biographieforschung und Kulturanalyse. Opladen: 75–92

Dipl.-Pol. Michaela Pfadenhauer, Universität Dortmund, Fachbereich 14, Lehrstuhl für Allgemeine Soziologie, D-44221 Dortmund

Vom bürgerlichen Weihfestspiel zum Kulturevent
Eventisierungstendenzen in der Hochkulturszene

ARNOLD ZINGERLE

Ist das Konzept „Szene" auch geeignet, postmoderne Erlebnis- (bzw. Event-) Gemeinschaften zu charakterisieren, so wirft es ebenso Licht auf Phänomene aus völlig heterogenen Kontexten wie die Bayreuther Wagner-Festspiele. Zwar ist der dort vermittelte Gegenstand wegen der mit der Musik verknüpften Sinnbezüge nicht frei von bestimmten Affinitäten zur *Postmoderne* (die sich ergeben aus der zeitgemäßen Übersetzbarkeit der Wagnerschen Anti-Moderne), aber soweit Bayreuth sozial und kulturell nach wie vor primär *bürgerliches* Gepräge trägt, ja „Hochkulturszene" (G. Schulze) *par excellence* darstellt, gehört es (mitsamt den von ihm stets ausgelösten internen Gegendynamiken) der *Moderne* an. Gleichwohl lassen sich im Vergleich mit den postmodernen Sozial- und Erlebnisformen einige seiner Charakteristiken schärfer herausarbeiten. Wenn für letztere der Vergesellschaftungstypus „Szene" in einer ganz bestimmten Bedeutung charakteristisch ist – als Struktur nämlich, die in der sequentiellen Verknüpfung einer imaginierten und einer in „Events" aktualisierten Realitätssphäre existiert, so trifft dies zweifellos auch auf die Sozialform der Bayreuther Festspiele zu. Eine 1996 durchgeführte und 1998 publizierte empirisch-kultursoziologische Studie (Gebhardt/Zingerle 1998) zeigt Bayreuth als Mittelpunkt einer hochgradig vernetzten, freilich intern auch sehr differenzierten Wagnerszene. Ihr entspricht bei den beteiligten Individuen ein charakteristischer Rhythmus: die Abfolge von a) langfristig angelegten, rationalen *Handlungen* (einerseits organisierte Kartenbeschaffung, andererseits intellektuelle Auseinandersetzung mit Stoffen, Themen, Texten, musikalischen Strukturen, Inszenierungen) und b) intensiven, zeitlich relativ umgrenzten, oft extrem gefühlsakzentuierten *Erlebnissen*. Der institutionalisierte Rahmen dieses Erlebnisses sowie das Erlebnis selbst vermitteln der Szene in Bayreuth mehr als anderswo ein exklusives *Wir-Gefühl*, weil der „Event" trotz relativ geringer finanzieller Aufwendungen außerordentlich hohe Handlungskosten (Organisationsaufwand und Wartezeiten für die Karten, Vorbereitung anhand von Texten usw.) erfordert sowie bestimmte kommunikative und performative Kompetenzen voraussetzt (dazu gehört vor allem ein Wissen um die seit den Bayreuther Anfängen tradierten kultischen Verhaltensanforderungen – z. B. vor Beginn der Aufführung nicht zu applaudieren – sowie um die Inhalte des überlokalen, stetig fortgesetzten Diskurses über die Wagnerinszenierungen in aller Welt). Im Gegensatz allerdings zu mancher postmodernen Eventgemeinschaft – etwa in der Technoszene – ist das emotionale *Wir-Gefühl* hier weder ein bewußt von den Organisatoren anvisierter Effekt, noch stellt es sich über diejenigen Interaktionen her, die mit dem Hauptinhalt des Events gegeben sind. Gerade das Erlebnis der emotional im höchsten Grade Erfaßten ist gleichsam musik- und bühnenunmittelbar, individualistisch, und in der Bewertung von Orchester-, Gesangs- und Inszenierungsleistungen sind die Bayreuth-Besucher wie eh und je zerstritten, dabei z. T. auch bestimmten Wagnerianer-Untergruppen affiliiert. Zeigt sich jedoch bei ihnen schon bei gelegentlicher Verletzung der festspielspezifischen Verhaltenstabus bei aller Differenz ein – eher evaluativ als emotional gefärbtes – Wir-Gefühl, so ist dieses mehr noch bei vielen Anlässen in der *Abgrenzung nach außen* festzustellen: so gegenüber den „bloß Vergnügen suchenden" Salzburg-Liebhabern oder den als unterhalb des eigenen Niveaus empfundenen Besuchern der beiden Aufführungen, die in Bayreuth regelmäßig Gewerkschaftsangehörigen vorbehalten sind (Resultat eines finanziellen Deals mit dem Bayerischen Rundfunk aus der Nachkriegszeit).

Nur auf den ersten Blick sind Techno-Events mit den Bayreuther Festspielen nicht vergleichbar. Eine *dreifache* Gemeinsamkeit fällt ins Auge. Auf beiden Seiten handelt es sich – *erstens* – nicht bloß um Suche nach „Abwechslung" vom Alltag, sondern (bei den Bayreuth-Besuchern jedenfalls in ihren typischsten Ausprägungen) um das temporäre *Eintauchen in eine vom Alltag völlig differierende Welt* (wobei Techno diese Differenz lediglich äußerlich augenfälliger macht). *Zweitens* beansprucht der Event die Teilnehmer in beiden Fällen über einen Zeitraum tendenziell *ganz*, mit allen Sinnen, was strukturell einen besonderen Umgang mit dem Umgrenzen von Orten und Zeiten voraussetzt (an anderen Orten kann eine Wagner-Oper gleichsam en passant konsumiert werden, Bayreuth dagegen erfordert einen langgezogenen, von kontemplativen Praktiken begleiteten Introitus, der zur Zelebration des Kults hinführt u. s. f.). *Drittens* sind in beiden Fällen die Teilnehmer am Event stark *monothematisch* orientiert („nichts anderes als Wagner" – oder eben Techno). An dieser Stelle ist eine Differenzierung zum Event-Begriff angebracht. In organisationsstrategischen Diskussionen (etwa bei Intendanten) über die derzeit allerorts angesagte „Eventisierung" von Opernfestivals bedeutet „Event" nicht Monothematik, sondern heterothematische Kombination: Die Events bestehen geradezu in der Vermittlung heterogener „mehrkanaliger" Sinneseindrücke durch „Erlebnispackages", deren Komponenten bislang auseinandergehaltenen Handlungskontexten entstammen (exemplarisch: das cross-over von Fußballmeisterschaft und Galatenören).

Gegen Eventisierung in diesem Sinne sperrt sich Bayreuth außer wegen seiner Monothematik auch deshalb, weil eine Vielzahl seiner Traditionen in einer Kultstätte zur Wagnerpflege kulminieren, die von allem anderen abzusehen gebietet. Die oben zitierte Studie hat ergeben, daß das Publikum selbst diese Traditionen stützt und spiegelt; zu den stärksten Motiven, Wagners Opern in Bayreuth und nicht anderswo erleben zu wollen, zählt, daß man sich hier besser als anderswo auf das Werk Wagners und nur auf dieses *konzentrieren* kann. Daran ändern auch neuerdings an der Peripherie der Bayreuther Festspiele auftauchende Versuche, Wagner in „Erlebnispackages" (so: mit

Kulinarischem garnierte Wagnerfragmente, kombiniert mit Golf etc.) einzubeziehen, nichts. Diese Exklusivität und Konzentration war von Anfang an Wagners Programm für Bayreuth, dadurch sollte es sich von anderen Aufführungsstätten unterscheiden. Indem die Festspielleitungen seither diesem Grundsatz stets folgten, ist es Wagner tatsächlich gelungen, über die Jahrzehnte hinweg „sein" Publikum zu gestalten und zu sozialisieren – ein Publikum, das der „Weihestätte" seiner Werke vollkommen eingepaßt ist (das reicht hinein bis in die Festpielhaus-Architektur, vgl. auch Sennett 1983: 238).

Dennoch sind in Bayreuth Dispositionen zur Eventgemeinschaft im erstgenannten Sinne unverkennbar. Trotz der Säkularisierung von Wagners ursprünglichem Ideal einer Kunstreligion, die Erlösung durch Musik wollte, trotz der mittlerweile am „Grünen Hügel" vorherrschenden Pluralisierung der Wagnerdeutungen, die den Inszenierungen zugrunde liegen, ist der Bayreuther Hochkulturszene etwas Einheitsstiftendes geblieben; sie ist sowohl Fokus der Sinn- und Selbstfindung an einem „auratischen" Ort, wie auch der institutionalisierte Rahmen, innerhalb dessen Jahr für Jahr ein Segment des Niveaumilieus, eine aus diesem sich heraushebende „Gemeinde" ihre Werte, ihre Standards und – sich selbst feiert.

Literatur:
Sennett, Richard (1983): Verfall und Ende des öffentlichen Lebens. Die Tyrannei der Intimität. Frankfurt a.M.
Gebhardt, Winfried / Zingerle, Arnold (1998): Pilgerfahrt ins Ich. Die Bayreuther Richard Wagner-Festspiele und ihr Publikum. Eine kultursoziologische Studie. Konstanz

Prof. Dr. Arnold Zingerle, Universität Bayreuth, Lehrstuhl für Allgemeine Soziologie, Geschwister-Scholl-Platz 3, D-95440 Bayreuth

Festivalisierung und Partizipation: Entscheidungs- und Aushandlungsprozesse in der europäischen Kulturstadt Weimar

SUSANNE FRANK / SILKE ROTH

Aus Anlaß des bevorstehenden Großereignisses *Weimar – Kulturstadt Europas 1999* beschäftigen wir uns mit dem Spannungsverhältnis von *Festivalisierung* als neuem Typus der Stadtpolitik und dem Anspruch der Bürgerinnen und Bürger auf *Partizipation* an diesem politischen Prozeß. Als Fallbeispiel dient uns die Kontroverse um die Gestaltung des Weimarer Rollplatzes.[1]

Als „Festivalisierung" wird die seit den 80er Jahren anhaltende politische Strategie der Städte bezeichnet, sich gezielt als Veranstaltungsorte großer Feste oder „Events" in Szene zu setzen. Ihr Kennzeichen ist die räumliche, zeitliche und inhaltliche Bündelung der stadtpolitischen Maßnahmen und Energien auf ein Ziel: auf das große Projekt hin. Mit der Organisation und Durchführung des Ereignisses werden typischerweise eigens zu diesem Zweck gegründete Sonderorganisationen beauftragt. Diese stehen außerhalb des politisch-administrativen Systems der Stadt und werden mit umfassenden Vollmachten ausgestattet (Häußermann/Siebel 1993).

Nach Häußermann/Siebel „unterläuft" das festivalisierte Politikmodell „die Regeln demokratischer Konsensbildung" (1993: 30). Einer machtvollen, elitären Führungsgruppe stehen die aus den Entscheidungsprozessen ausgeschlossenen Bürger gegenüber, die es populistisch zu begeistern, aber nicht zu beteiligen gilt. Intermediäre politische Instanzen werden geschwächt (ebd.). Diese Tendenz zur Entdemokratisierung lokaler Politik konterkariert aber zugleich das – in Häußermanns und Siebels Analyse entscheidende – Ziel der Festivalisierung der Stadtpolitik, nämlich die Stärkung der Identifikation der Bürgerinnen und Bürger mit ihrer einzigartigen Stadt und deren Repräsentanten. In diesem Sinne sprechen wir von der Absicht, Politik und Verwaltung, Bürgerinnen und Bürger zu einer einzigen „Eventgemeinschaft" zusammenzuschmelzen. In der Weimarer politischen Praxis hat sich nun tatsächlich eine Eventgemeinschaft formiert, nämlich die der Weimarer Einwohner – allerdings *gegen* die kulturellen und politischen Repräsentanten des Kulturstadtereignisses: gegen die mit der Organisation des Ereignisses beauftragte Kulturstadt GmbH und den in Passivität erstarrten Stadtrat gleichermaßen.

Ende November 1997 verkündet die Kulturstadt GmbH, daß der international renommierte französische Skulpteur und Konzeptkünstler Daniel Buren den etwas abseits des touristischen Zentrums gelegenen Rollplatz zu einem modernen, dreidimensional angelegten Kunstwerk umgestalten werde. Der erste Entwurf wird von allen städtischen Gremien und von Gastronomen am Rollplatz zunächst begrüßt. Kurze Zeit später berichtet die Lokalpresse über die Gründung von Bürgerinitiativen und Initiierung von

Unterschriftensammlungen gegen das Projekt. Um Druck auf den Stadtrat auszuüben, der die Umwidmung des Platzes genehmigen muß, werden innerhalb von kürzester Zeit mehrere Bürgerinitiativen gegründet, über hundert Leserbriefe geschrieben, 14.000 Unterschriften gesammelt, zahlreiche kleinere und einige große Diskussionsrunden organisiert, ein Internet-Forum eingerichtet u. v. m. Unter dem Eindruck des machtvoll artikulierten Bürgerwillens lehnt der Stadtrat Ende April 1998 das Rollplatz-Projekt ab.

Wir analysieren die Auseinandersetzungen um den Rollplatz als einen Prozeß lokaler Vergemeinschaftung im Hinblick auf die Konstruktion und Verteidigung lokaler Identität und das Einklagen von Partizipation. Auffällig ist, daß der bis dahin wenig beachtete und bis heute als Parkplatz genutzte Rollplatz plötzlich und unerwartet zum Herzen der Stadt und damit zum Inbegriff lokaler Identität erklärt wird. Durch diese symbolische Umdeutung und Aneignung kann das Buren-Projekt zum Angriff auf die lokale Identität der Weimarer Bevölkerung insgesamt stilisiert werden. Im Widerstand gegen dessen Umgestaltung bricht sich das lange schwelende Unbehagen der Weimarer Bevölkerung Bahn, ihrer Stadt im und durch den Kulturstadt-Prozeß immer stärker entfremdet zu werden. Weder mit dem neuen, modernen Image, das der Klassiker-Stadt aufoktroyiert werden soll, noch mit dem als anmaßend und ausschließend empfundenen Politikstil können sich weite Teile der Bevölkerung identifizieren. Das Rollplatzvorhaben stellt einen tiefen Eingriff in das Stadtbild dar und wird als vollendete Tatsache präsentiert. Dieses Vorgehen bestätigt die Weimarer in ihrer Einschätzung, daß es sich bei dem bevorstehenden Großereignis am wenigsten auf sie selber als Bürgerinnen und Bürger der Stadt ankomme. Im erfolgreichen Widerstand gegen das Rollplatz-Vorhaben kulminiert also die Empörung über Form und Inhalt einer eventisierten Kulturstadtpolitik.

Unsere Ergebnisse legen nahe, Häußermanns und Siebels These von der tendenziellen Aushöhlung demokratischer Prozesse durch Festivalisierung zu erweitern. Wie das Weimarer Beispiel zeigt, kann Festivalisierung unter bestimmten Umständen auch politisierend wirken bzw. politische Partizipation initiieren: Dann nämlich, wenn die Festivalisierung als Verletzung lokaler Identität bzw. der Gemeinschaft der Bürger wahrgenommen und skandalisiert wird.

Mit dieser Feststellung wollen wir allerdings nicht sagen, daß die Inhalte solcher Politisierung unbedingt demokratisch sein müssen. Wie alle Identitäts- und Gemeinschaftskonstruktionen, so sind auch die von der Weimarer Bevölkerung im Zug der Rollplatz-Debatte artikulierten Ansprüche hochgradig ambivalent und enthalten unleugbar auch reaktionäre Züge.

Anmerkung:
1. Die Analyse beruht auf einem Forschungsprojekt, das an der Bauhaus-Universität Weimar unter der Leitung von Prof. Dr. Dieter Hassenpflug durchgeführt wird. Im Projekt arbeiten weiterhin Anke Beinert und Markus Schulz.

Literatur:
Häußermann, Hartmut / Siebel, Walter (1993) Die Politik der Festivalisierung und die Festivalisierung der Politik. In: Dies. (Hrsg.) Festivalisierung der Stadtpolitik. Stadtentwicklung durch große Projekte. Opladen: 7–31

Dr. Silke Roth, Susanne Frank (M.A.), Fakultät Architektur, Stadt- und Regionalplanung, Bauhaus-Universität Weimar, Bauhausstr. 11, D-99421 Weimar

Eventmarketing: Perspektiven in der Kommunikationspolitik von Unternehmen, illustriert an den Beispielen „Adidas Streetball Challenge" und „Langnese Beach Soccer Cup"

CORNELIA ZANGER / FRANK SISTENICH

Problemstellung

Events haben sich innerhalb kürzester Zeit als neues, ergänzendes Instrument im Rahmen der Unternehmenskommunikation etabliert. Sie unterstützen Kontaktaufbau, Aktivierung der Zielgruppe, Kundendialog und fördern hohen Bekanntheitsgrad und positives Image. Es scheint, als habe der Markt angesichts des zunehmenden Versagens der Instrumente massenmedialer Kommunikation gerade auf dieses innovative Instrument gewartet, das dialogische Kommunikation und aktives Erleben für den Konsumenten verspricht (vgl. Zanger/Sistenich 1999, auch 1998). Doch wie sind erfolgreiche Marketing-Events als Bestandteil einer integrierten Marketingkommunikation zu implementieren? Das ist eine der Grundfragen, vor der Eventveranstalter stehen. Ein theoriegeleitet entwickelter Implementierungsansatz soll im folgenden kurz vorgestellt und am Beispiel eines Preisträgers des Event-Award „EvA 1998" diskutiert werden.

Herleitung des Implementierungsansatzes
Ein Implementierungsansatz für Marketing-Events muß zwei Forderungen Rechnung tragen. Zum einen baut er auf dem bisherigen erlebnisorientierten Kommunikationskonzept des Unternehmens auf, indem massenmedial kommunizierten Botschaftsinhalte aufgegriffen werden. Zum anderen sollen durch das innovative Konzept neue Wege zur Zielgruppe eröffnet und beschritten werden. Das kann durch aktive Einbeziehung der Eventteilnehmer in die Erlebniswelt der Marke bzw. des Unternehmens erreicht werden. Eine dialogische Kommunikation mit den Teilnehmern, die Interaktionen einschließt, findet statt. Doch das reicht nicht aus, Marketing-Events bieten neben dem unmittelbaren Erreichen der exklusiven Teilzielgruppe der Eventteilnehmer Potentiale zur Ansprache der Zielgruppe in ihrer ganzen Breite über das Angebot von eventbezogenen Produkten und die massenmediale Publikation des Marketing-Events an (vgl. auch Zanger/Sistenich 1996a: 237). Diese Anforderungen setzt der in Abbildung 1 dokumentierte Ansatz zur strategiegeleiteten Implementierung von Marketing-Events um, der insbesondere für Public Events, die sich an breite Zielgruppen von Endkonsumenten richten, entwickelt wurde:

Abb. 1: Implementierungsansatz für Marketing-Events

Implementierung der *Beach Soccer Cup'* der Firma Langnese-Iglo
Mit den *Langnese Beach Soccer Cup'* 1997 und 1998 setzte die Firma Langnese-Iglo das Kommunikationsinstrument Marketing-Event ein, um die Langnese Markenwelt für den Konsumenten aktiv erlebbar zu machen. Ausgangspunkt war das Ziel, das Low-Involvement-Produkt „Eis" durch die glaubwürdige Verknüpfung mit einer Sportart emotional aufzuladen. Langnese initiierte eine eigene nationale Beach Soccer Eventserie, die sich aufgrund der besonderen Beach Atmosphäre von anderen Freizeit-Fußballevents abhebt.

Eine breite *Zielgruppe* wird über die Verbindung des traditionell starken Fußballinteresses mit einer temporeichen Lifestyle-Sportart erreicht. Im Fokus steht die Altersgruppe von 14 bis 21 Jahren. Beach Soccer ist, aus Brasilien kommend, als aktionsreiche, schnelle Fußballvariante in den 90er Jahren weltweit zum *Trendsport* geworden.

Mit Beach Soccer werden „Sommer, Sonne, Sand und Strand" ebenso assoziiert wie „Sport und Spaß," Eigenschaften, die zentral die *Langnese-Markenwelt* konstituieren. Gemeinsam mit dem DFB entwickelten die Agenturen TAS und PREVENT für Langnese-Iglo das *Event-Konzept* einschließlich eines Regelwerkes für den *Langnese Beach Soccer Cup*. Im Jahr 1997 nahmen an den Einzelturnieren und dem Amateurfinale in Travemünde 307 Teams mit je vier Feldspielern, einem Torwart und drei Auswechselspielern teil. Es wurden 80.000 Besucher gezählt. 350 Teams und 120.000 Besucher waren die Bilanz des Jahres 1998.

Um das *Interesse* der Jugendlichen bereits frühzeitig zu wecken, werden verschiedene Kommunikationsinstrumente eingesetzt. Das reicht von massenmedialer Ankündigung über Presse und Internet bis zu Promotion und P.O.S. Aktionen. Die Kooperation mit dem lokalen Sportfachhandel stellte sicher, daß sich die Teams bundesweit unproblematisch anmelden konnten.

Die *Durchführung* der aufwendig initiierten Events beginnt mit der Platzauswahl und dem Platzaufbau. Dazu werden Beach Soccer Equipment-Boxen zur Verfügung gestellt. Fußballstars geben professionelle Unterstützung und kommen zu Interviews und Autogrammstunden. Südamerikanische Musik und entsprechendes Catering geben den Rahmen für eine am brasilianischen Strandleben orientierte Erlebniswelt ab.

Als *Materialisierung der Langnese-Markenwelt* konnten die Eventteilnehmer T-Shirts, Sonnenblenden, Luftballons, Poster, CD´s und Soccer-Pässe erhalten. Die massenmediale *Publikumsplattform* wurde über Gewinnspiele, eine Hotline, Mailings und das Internet sowie über regionale und nationale Berichterstattung in TV, Hörfunk und Printmedien erreicht.

Qualitative Kontrolle des Implementierungserfolgs

Großes Potential zur Erklärung des Erfolgs von Marketing-Events versprechen qualitative Forschungsmethoden (vgl. Zanger 1998, auch Zanger/Sistenich 1996b). Mit Teilnehmern der *Langnese Beach Soccer Cup'* wurden Tiefeninterviews und Gruppendiskussionen durchgeführt, um die Wirkungen der Events auf die Entwicklung und Verfestigung der Erlebnisprofile der Marke Langnese zu ermitteln. Dabei konnte festgestellt werden, daß die Marke Langnese bei den Eventteilnehmern zwar bereits vor dem Beach Soccer Cup eine hohe Bekanntheit aufwies, es aber keine ausgeprägte Präferenz für eine bestimmte Eismarke gab. Während des Cup' wurde die Markenpräsenz sehr deutlich wahrgenommen und eine bessere Markenidentifikation („...ich achte dann auch automatisch mehr auf das Langnese-Zeichen ...") erreicht. Beach Soccer wurde als neu und trendig im Vergleich zum traditionellen Fußball bewertet. Die *Langnese-*

Beach-Soccer-Welt empfanden die befragten Eventteilnehmer als sonnig (trotz z. T. trüben Wetters), sportlich, aktuell, spaßig, total abwechslungsreich und einfach anders. Die Alltagsrollen wurden abgelegt („...hier kann ich mich austoben..") und das Angebot zum aktiven Erleben bereitwillig angenommen. Positive Emotionen wie Gemeinschaftsgefühl und Zusammengehörigkeit, Leistungswille und Ehrgeiz ohne Erfolgsstreß, Freiheitsgefühl, Spaß und letztlich positive Selbstwertgefühle führten bei den Eventteilnehmern zu einer deutlich positiven emotionalen Aufladung der Marke Langnese. Es konnte zudem bereits bei der ersten Wiederholungsveranstaltung 1998 festgestellt werden, daß sich ein Teil der Akteure als „harter Kern" herauszubilden scheint, die bereits im ersten Durchführungsjahr mit von der Partie waren, sich wiedererkannt haben, über die Marke Langnese und die Trendsportart zu regelmäßigen Kontakten auch außerhalb des Events gefunden haben und die Nachfolgeveranstaltungen kaum abwarten können.

Literatur:

Zanger, Cornelia / Sistenich, Frank (1996a): Eventmarketing. Bestandsaufnahme, Standortbestimmung und ausgewählte theoretische Ansätze zur Erklärung eines innovativen Kommunikationsinstruments. In: Marketing ZfP, 18. Jg., Heft 4, 1996: 233–242

Zanger, Cornelia / Sistenich, Frank (1996b): Qualitative Marktforschung. Struktur, Methoden und Anwendungsräume des hermeneutischen Ansatzes. In: WiSt-Wirtschaftswissenschaftliches Studium, Heft 7, 1996: 351–354

Zanger, Cornelia / Sistenich, Frank (1998): Theoretische Ansätze zur Begründung des Kommunikationserfolgs von Eventmarketing – illustriert an einem Fallbeispiel. In: O. Nickel (Hrsg.): Eventmarketing. Grundlagen und Erfolgsbeispiele. München 1998: 39–60

Zanger, Cornelia (1998): Eventmarketing. Ist der Erfolg kontrollierbar?. In: absatzwirtschaft, Heft 8. 1998: 76–81

Zanger, Cornelia / Sistenich, Frank (1999): Eventmarketing und Eventcontrolling. Stuttgart

Prof. Dr. Cornelia Zanger, Dipl.-Kfm. Frank Sistenich, Technische Universität Chemnitz, Fakultät für Wirtschaftswissenschaften, Reichenhainerstr. 39, D-09107 Chemnitz

Transzendenz im Augenblick
Über die „Eventisierung" des Religiösen

MICHAEL N. EBERTZ

Zentralthese ist, daß der oder das Event eine Sozial- und Kommunikationsform darstellt, die sich auch im religiösen Feld und vor allem in der römisch-katholischen Kirche etabliert. Dies wird am Beispiel der sogenannten Weltjugendtage demonstriert, die sich einfügen in die lange Serie der – von Paul VI. begonnenen und von Johannes Paul II. multiplizierten und auch qualitativ veränderten – Papstreisen, bezüglich derer Hans-Georg Soeffner, einer der schärfsten Kritiker des päpstlichen Bodenkusses, die These vertritt, daß sich „der Heilige (Vater) als Reisender" in Konkurrenz zur „bunten V.I.P.-Wandertruppe" begibt und sich ihm deren Besuchsarrangement aufdrängt. Folgende Merkmale können als typisch für die Weltjugendtage gelten:

1. Sie werden an international wechselnden, als kulturbedeutsam ausgezeichneten und als religiös und profan qualifizierten Orten, häufig in Weltmetropolen durchgeführt. Der II. Weltjugendtag (1987) fand in Buenos Aires (Argentinien) statt; der XII. (1997) in Paris. Rom wird im Jahr 2000 der Schauplatz des nächsten zentralen Weltjugendtreffens sein, das auch im nächsten Jahrhundert fortgesetzt werden soll.
2. Die Weltjugendtage sind – passagere – Massenveranstaltungen und gerade als Veranstaltungen mit einer besonderen Breitenwirkung, also mit der Interaktion und Kumulation einer großen Zahl von Menschen intendiert, die sich
3. aus einem international gemischten – jugendlichen – Publikum, also auch einander Fremder, zusammensetzen.
4. Die Weltjugendtage werden von der Kommission der römischen Kurie zentral gesteuert. Als gewissermaßen päpstliche „Hilfstruppen" (Max Weber) fungieren einige der sogenannten Neuen Geistlichen Gemeinschaften, die wie Papst und Kurie „gobal players" sind (z. B. die „Fokular-Bewegung"; die „Legionäre Christi"; die Gemeinschaft „Emmanuel"), sowie die sogenannte „JUGEND 2000 international", eine militante Aktionsgemeinschaft katholisch-fundamentalistischer Jugendverbände.
5. Typisch für die zentralen Weltjugendtage ist auch – neben dem Auftritt des Papstes – die Heranziehung von international bekannter religiöser wie profaner Jet-set-Prominenz, woran bereits der kultursynkretistische Zug dieser katholischen Events erkennbar wird. Zur Prominenz zählen an herausragender Stelle auch Bischöfe, also die zentralen Träger des katholisch-kirchlichen Amtscharismas. So haben z. B. allein in Denver 1993 19 Kardinäle und 450 Bischöfe teilgenommen. Die Kumulation und öffentliche Darstellung von episkopalem Amtscharisma ist ein altes Muster der

Inszenierung der römisch-katholischen Kirche in asymmetrisch polarisierten repräsentativen Veranstaltungen, ein öffentliches Eindrucksmanagement, was z. B. anläßlich des II. Vatikanischen Konzils selbst bei kommunistischen Pressebeobachtern sozusagen „Konversionszuckungen" auslöste.

6. Typisch ist auch die – synkretistische und zugleich als abwechslungsreich geplante – Mischung unterschiedlicher Kommunikations- und Erlebnismöglichkeiten, und zwar auf den Weltjugendtreffen selbst, aber auch in den Vorbereitungs- und Nachbereitungsetappen. Mischung gilt einerseits für die spezifisch religiöse Kommunikation, die andererseits in eine Vielfalt religiös unspezifischer vielfältiger Momente eingebettet wird und sich zu einem Nebeneinander von gemeinhin auch unverträglichen Elementen zu einer eigentümlichen Gesamterscheinung verdichtet. Gemischt werden Elemente von Fest und Feier, von profanem Fest und religiöser Feier von profaner Feier und religiösem Fest, von traditioneller Volksmission, Wallfahrt und Happening. Im Vergleich etwa zu Kirchen- oder Katholikentagen scheint die Dimension der intellektuellen und der gesellschaftspolitischen Auseinandersetzung kaum besetzt bzw. nicht besonders ausgeprägt zu sein. Der integrative Mittelpunkt dieser Weltjugendtage ist ein spezifisch religiöser, nämlich die Gottesverehrung und Gottesbekehrung. Gemischt werden auch Elemente der katholisch-großkirchlichen Tradition – private Geständnisse in der Beichte – und der freikirchlichen Tradition, zu der öffentliche Bekenntnisse, etwa durch das sogenannte Zeugnisgeben, oder die Bekehrungs-, Bekenntnis- oder Entscheidungstaufe zählen. Diese nimmt der Papst selbst vor und zeichnet sie mit seiner Ansprache aus. Zu den kommunikativen und integrativen Momenten gehört deshalb konstitutiv der Auftritt des Papstes, wie er etwa von Bergmann, Luckmann und Soeffner anläßlich anderer Papstreisen – auch kulturkritisch – beschrieben wurde.

7. Die Events der Weltjugendtage gewinnen durch die zeitliche, sachliche, soziale und räumliche Herausgehobenheit aus den Routinen des Alltags, durch die „Vernetzung unterschiedlichster interaktiver Unterhaltungsangebote" und durch die „Verschmelzung multinationaler Kulturelemente" (Gebhardt) sowie durch ihre amtscharismatische Kumulation und papstcharismatische Pointierung den Charakter des totalen, außeralltäglichen Erlebnisses, wie es auch in – massenmedial verbreiteten – rekonstruktiven Kommunikationen von Teilnehmern zum Ausdruck kommt: Es dominieren dabei Kategorien vom Typ des Erlebens, darunter der kollektiven Ekstase, von gemeinschaftlicher „Begeisterung".

Im Event hat der römische Katholizismus eine Sozialgestalt für sich entdeckt bzw. wiederentdeckt und offensiv entfaltet, die in der Vielfalt religiöser Erscheinungsformen außerhalb wie auch innerhalb der Kirchen – wie diese Vielfalt selbst – noch gar nicht ausreichend beschrieben und interpretiert wird. Dieser hier skizzierte Fall der Eventisierung des Katholischen steht auch dafür, daß – entgegen gängigen Klischees – die verfaßten Konfessionskirchen auf die Moderne nicht bloß durch Abschottung von, sondern auch durch „Kompromisse" mit der modernen Welt reagieren. Die Anschlußfähigkeit dieser Sozial- und Kulturform des Weltjugendtagsevents mit den alltäglichen Strukturen der katholischen Kirche vor Ort, also insbesondere der Kirchengemeinden, ist allerdings ein innerkirchlich ungelöstes Problem und dürfte zur „Autonomisierung" des religiösen Events beitragen, also dazu, daß sich der religiöse Event zu einer eigentümlichen, ja geradezu eigensinnigen Sozialform des Religiösen verselbständigt – auch und gerade innerhalb des Kommunikations- und Handlungszusammenhangs der katholischen Kirche, einer „complexio oppositorum", in der sich mehre, auch gegenläufige Sozialformen überlagern, durchdringen und herausfordern (vgl. Ebertz 1998).

Literatur:
Ebertz, Michael N. (1998): Erosion der Gnadenanstalt? Zum Wandel der Sozialgestalt von Kirche. Frankfurt

Prof. Dr. Michael N. Ebertz, Breisgaustraße 10, 79312 Emmendingen

Die Eventisierung von Gemeinschaft
Szene-Entwicklungen und Szene-Events

FRANZ LIEBL

Unberechenbare Konsumenten und die Eventisierung des Marketing

Je länger die Diskussion um Kundenorientierung andauert, desto deutlicher wird, daß Kunden ein immer weniger berechenbares Verhalten an den Tag legen und zum „unmanageable consumer" werden. Komplexe Verfahren der Marktsegmentierung anhand sozio-demographischer und psychographischer Variablen sind in den 90er Jahren zusehends wirkungslos geworden. „Multioptionale Konsumenten", „gespaltenes Käuferverhalten" oder „Fragmentierung der Märkte" lauten die Diagnosen. Konsummuster werden immer schwerer erkennbar im Nebeneinander scheinbar unvereinbarer Trends, was Zielgruppen als abstrakte, statistisch ermittelte Profile obsolet werden läßt. Im Konsumgüterbereich greift daher eine neue Form von Marketing-Instrumenten Platz, nämlich das sogenannte Event-Marketing. Dieser Trend zur „Eventisierung" herrscht vor, seitdem Markenführung zu einem zentralen Thema im Marketing geworden ist. Event-Marketing – genauer: das Marketing mittels Events – gilt nunmehr als wirkungsvolle Form, um aktuellen und potentiellen Kunden eine Markenwelt bzw. Produktwelt zu kommunizieren. Die These: Indem Events als außergewöhnliche, erlebnis- und partizipationsintensive Veranstaltungsformen viele Sinne ansprechen, bleiben sie dem Teilnehmer besonders gut im Gedächtnis haften. So erhofft man sich bessere Werbewirkungen als durch konventionelle Formen der Kommunikation wie Print- oder TV-Werbung. Jedoch gibt es bislang kaum Instrumente, um den tatsächlichen ökonomischen Effekt von Events zu messen. Hinzu kommt, daß traditionelle Kriterien des Werbeerfolgs wie Erinnerbarkeit oder Sympathie letztlich nur Erfolgsvermutungen darstellen.

Jenseits praxisorientierter Leitfäden zur Organisation von Events existieren erste Ansätze, den Event und seine Choreographie theoretisch zu beschreiben. Sie argumentieren dabei vorwiegend auf der Ebene des Individuums. So beschreibt Boltz (1994) den Prozeß der Enkulturation einer Marken- und Produktwelt, wie man ihn von neuen Technologien her kennt. Analog trägt ein Event dazu bei, Markenwelten in den individuellen Mikrokosmos einzubetten und zum Bestandteil des Alltagslebens zu machen. Dabei wird implizit das Vorhandensein einer definierten Zielgruppe unterstellt.

An dieser Stelle setzt ein weiterer Ansatz aus dem Marketing an, der Anfang der 90er Jahre erstmals von Gerd Gerken propagiert wurde. Er verwirft das Konzept des Zielgruppenprofils bzw. Zielgruppenmarketings und setzt den Dialog mit einzelnen Szenen dagegen. Sein Argument lautet grob gesagt, daß Szenen und Social Networks große Vorteile gegenüber dem statistischen Konstrukt Zielgruppe besäßen. Diese Vorteile resultieren vor allem daraus, daß es sich hierbei um konkret vorfindbare soziale Zusammenhänge handelt, mit denen Unternehmen auch kommunizieren könnten. Unternehmen könnten diese Kommunikation nutzen und gestalten, sich in einen gemeinsamen Evolutionsprozeß mit den Szenen begeben und mit ihnen an der Generierung von Bedarf arbeiten. Kundenorientierung in diesem Sinne bedeutet also nicht nur, sich am Kunden zu orientieren, sondern auch, den Kunden zu orientieren bzw. gemeinsam mit dem Kunden Orientierungsangebote zu entwickeln. Im Zuge des erlebnisorientierten Marketings erfreut sich dieses Konzept vor allem im jugendnahen Bereich großer Beliebtheit; Szene-Marketing und trendorientiertes Marketing werden dort eng miteinander verquickt. Auch in diesem Fall dominieren Fragen der Umsetzung die Literatur.

Ästhetische Gemeinschaften: Die Verszenung der Gesellschaft
Die heute in der Marketingtheorie verfügbaren theoretischen Grundlagen zum Verständnis von Szenen lassen sich im wesentlichen auf die Studie von Schulze zurückführen. Diese Gesellungsformen lassen sich auffassen als Netzwerke von Personen, die bestimmte Formen der kollektiven Selbststilisierung teilen und diese Gemeinsamkeiten kommunikativ oder interaktiv stabilisieren. Nach Schulze lassen sich Szenen verstehen als „Netzwerke lokaler Publika", deren Merkmal die partielle Identität von Personen, von Orten und von Inhalten bzw. Themen ist. Es sind Gesellungen, die auf ähnlichen Lebenszielen und ästhetischen Ausdrucksformen gründen. Der Szene-Begriff ist daher

in Abweichung vom herkömmlichen Sprachgebrauch als allgemein anwendbar anzusehen. Szenen beschränken sich demnach keineswegs auf Jugendkulturen; es läßt sich vielmehr beobachten, daß selbst Überreste klassischer Gesellungsformen „schleichender Verszenung" unterliegen. Insgesamt läßt sich feststellen, daß Subjektivierungs- und Pluralisierungsprozesse nicht nur die bisher dominierenden Klassen- und Schichtstrukturen zunehmend auflösen, sie transformieren auch die klassischen Gesellungsformen wie Familie oder Verein.

Szenen und ihre Events: Die Eventisierung von Gemeinschaft
Welche Rolle spielen nun Events für eine Szene? Events, wie sie z. B. Hitzler (in diesem Band) und Gebhardt (1998) beschreiben, lassen sich als die typischen Fest- und Feierformen von Szenen ansehen. Sie dienen der Aufrechterhaltung und Stabilisierung der Gesellung und ihrer Identität. Bezogen auf ebendiese Funktion für die Szene läßt sich das Ziel eines Event folgendermaßen fassen: Ein höchstmöglicher Grad an Mobilisierung innerhalb der Szene soll mit einem hohen Grad an Sichtbarkeit nach außen einhergehen. Events sind also nicht nur wichtige Kommunikationsgelegenheiten für eine Szene, sondern besitzen auch ein wesentliches konstituierendes Moment. Solche Events werden in der Regel von zentralen Figuren aus der Szene selbst organisiert. Wir haben es hier also nicht mit Vehikeln zum Transport von Markenwelten zu tun, sondern mit eigenständigen Produkten bzw. Dienstleistungen, die ihrerseits des Marketings bedürfen. Für weitere Untersuchungen sind daher Szene-Events und Marketing-Events zunächst analytisch zu trennen. Hier setzt das Forschungsprojekt an, das Hitzler, Gebhardt und der Autor derzeit konzipieren. Es ist die Grundthese des Projekts, daß es lohnend erscheint, Szene-Events und ihre spezifischen Erfolgsfaktoren sowie ihre Rolle für die jeweilige Szenen zu untersuchen, um sodann die Erkenntnisse auf Marketing-Events zu transferieren. Unserer Meinung nach kann ein Verständnis für die Erfolgsfaktoren von Marketing-Events in erster Linie über diesen Weg erzielt werden. Da für Events nicht nur individuelles Spaßhaben, sondern vor allem kollektive Interaktion kennzeichnend ist, vermuten wir die zentralen Erfolgsfaktoren eher auf der Meso- denn auf der Mikro-Ebene. Dies gilt insbesondere, als hierdurch die konzeptionelle Lücke geschlossen wird, die zwischen Event-Marketing und Szene-Marketing derzeit existiert. Mit anderen Worten, anders als bisher in der Marketingwissenschaft üblich, kann Event-Marketing grundsätzlich im Kontext einer definierten Szene unter Berücksichtigung ihrer Struktur und ihres Entwicklungsprozesses zielführend implementiert werden. Event-Marketing bedarf der Szenen als vorgeschalteter, quasi natürlicher Segmentierung.

Die Forschungsfragen: Szene-Entwicklungen und Szene-Events
Insgesamt sollen sechs nach spezifischen Kriterien ausgewählte Szenen empirisch untersucht werden. Sie unterscheiden sich nach Altersstruktur, weltanschaulichem Anspruch, kommerzieller Orientierung usw. Die folgenden Aspekte von Szenen spielen im Rahmen der Studie eine zentrale Rolle:

1. Der Entwicklungsstand der jeweiligen Szene; besondere Aufmerksamkeit muß dabei den relevanten Beschreibungsmerkmalen und der „Topographie" von Szenen gelten.
2. Die Entwicklungsgeschichte der jeweiligen Szene, die signifikanten Breakpoints in der Entwicklung von Szenen sowie die Einschätzung der zukünftigen Entwicklung.
3. Das Selbstverständnis der Szene aus der Sicht ihrer „Motoren" sowie die Mechanismen der Trendsetzung bzw. Trendrezeption.
4. Die Organisationsstruktur der Szene, die typischen Handlungsweisen und Organisationsformen sowie die Herausbildung von Szene-Eliten.
5. Die Strategien, Instrumente und Kunstformen, die eingesetzt werden, um die betreffende Szene zu stabilisieren bzw. auszuweiten; die „Produktion" von „Wir-Gefühl" und die typischen Ablaufmuster erfolgreicher Veranstaltungen.

Literatur:
Boltz, D.-M. (1994): Konstruktion von Erlebniswelten: Kommunikations- und Marketingstrategien bei Camel und Greenpeace. Berlin
Gebhardt, W. (1998): Was ist das eigentlich, ein Event? – Viele Fragen, wenige Antworten; Vortrag auf der Tagung „Events: Produktion und Konstruktion jugendkultureller Erlebniswelten", Dortmund, 29./30. April 1998

Prof. Dr. Franz Liebl, Universität Witten-Herdecke, Lehrstuhl für Allgemeine und Quantitative Betriebswirtschaftslehre, Alfred-Herrhausen-Str. 50, D-58448 Witten

Evolution und Devolution politischer Institutionen in Europa

Organisation: Maurizio Bach / Rainer Weinert

Einleitung

MAURIZIO BACH

Ein tiefgreifender Wandel von politischen Institutionen ist kennzeichnend für viele dramatische Ereignisse der jüngsten Vergangenheit in Europa. Die spektakulären Entwicklungen im Zusammenhang der deutschen Wiedervereinigung, des Systemwechsels in Osteuropa und der europäischen Einigung nach Maastricht sind dafür exemplarisch. Aber auch die politischen Ordnungen der meisten westeuropäischen stehen vor gewaltigen Herausforderungen: Im Zuge der fortschreitenden Europäisierung und Globalisierung ändern sich die grundlegenden Rahmenbedingungen für politisches und wirtschaftliches Handeln. Die europäische Einigung ist dabei von herausragender Bedeutung. Mit der Europäischen Union hat sich eine neue institutionelle Bezugs- und Gestaltungsebene öffentlicher Politik etabliert. Die Dynamik des Einigungsprozesses stellt bereits jetzt die bestehenden politischen Institutionen der demokratischen Nationalstaaten in Frage. Die zu erwartende zunehmende Politisierung der europäischen Integration im Zuge der Verwirklichung der Währungsunion und der Osterweiterung wird den Systemkonflikt mit den nationalen politischen Ordnungen voraussichtlich noch verschärfen.

Damit rückt die Entwicklung der europäischen Einigung die politischen Institutionen und ihre soziale Dynamik als Analyseeinheiten in das Zentrum der sozialwissenschaftlichen Aufmerksamkeit. Es stellt sich die Frage, was die soziologische Institutionentheorie zur Analyse des europäischen Integrationsprozesses beitragen kann. Umgekehrt wäre aber auch zu klären, vor welchen theoretisch-konzeptionellen Herausforderungen sich die soziologische Institutionenforschung, angesichts der besonderen Entwicklungsdynamik des supranationalen Integrationsprojekts gestellt sieht. So erscheint es z. B. zweifelhaft, ob sich die Grundlagen und Wirkungen der europäischen Institutionenpolitik noch in den herkömmlichen Konzepten des nationalen Integrationsmodells und der staatlichen politischen Ordnungsbildung fassen lassen. Die Herausforderung der europäischen Integration verleiht daher einer Grundfrage der Makrosoziologie erneut Aktualität: Welches sind die institutionellen Voraussetzungen und Mechanismen des Auf- und Umbaus politischer und gesellschaftlicher Ordnungen in der modernen Gesellschaft? Gleichzeitig zeigen die skizzierten Entwicklungen die Grenzen der herkömmlichen Theorien des sozialen Wandels und der Modernisierung auf, soweit sie auf die Berücksichtigung institutioneller Dimensionen verzichten.

PD Dr. Maurizio Bach, Universität Heidelberg, Institut für Soziologie, Sandgasse 9, D-69117 Heidelberg

PD Dr. Rainer Weinert, Freie Universität Berlin, Institut für Soziologie, Babelsbergerstr. 14–16, D-10715 Berlin

Institutionenwandel und Demokratie im integrierten Europa

MAURIZIO BACH

Der Auf- und Ausbau der Europäischen Gemeinschaft/Europäischen Union steht exemplarisch für bewußte Institutionenpolitik und für die Konstituierung eines korporativen Akteurs auf übernationaler Ebene. Zwar setzt die neue Institutionenkonstellation im politischen und sozialen Raum des integrierten Europas die nationale Gesellschaftsintegration und ihre selbstreferentielle politische Verfaßtheit voraus; gleichzeitig geraten die alten Ordnungsstrukturen aber zunehmend unter Reform- und Legitimationsdruck. Die europäische Systembildung fügt sich so zu einem Gesamtbild des Institutionenwandels in Europa, der die binnennationalen Ordnungen nicht unberührt läßt: Auf der Ebene der politisch-administrativen Systeme leistet die institutionelle Differenzierung einem Trend Vorschub, der sich mit „Entstaatlichung" umschreiben läßt und den willentlichen Souveränitätsverzicht bzw. faktischen Souveränitätsverlust der Mitgliedsländer betrifft. Die Tendenz des „Regierens jenseits des Staates" erstreckt sich darüber hinaus auf den Funktionsverlust der bürokratisch-hierarchischen Koordination in den Regulierungsbereichen der EG/EU mit ihren speziellen expertokratischen Rationalitätskriterien. Von den demokratisch nur unzureichend legitimierten europäischen Maßnahmen werden, direkt oder indirekt, immer weitere Kreise der Bürger als Adressaten betroffen, bei gleichzeitig abnehmenden Einfluß- und Kontrollmöglichkeiten der legitimierten politischen Eliten und Institutionen. Es etabliert sich eine post-parlamentarische

Kollektivregierung, deren demokratiedefizitäre Systemeigenschaften unerwartete Legitimationsprobleme für die öffentliche Politik und das Recht in den Mitgliedsländern aufwerfen.

Mit dem supranationalen Europa ist ein neuer politisch-sozialer Raum entstanden, jenseits des bisher für die europäische Moderne prägenden und vertrauten makrosozialen Bezugsrahmens der Nation. Die den europäischen Raum beherrschende neuartige Konstellation von Institutionen zeigt eine innovative Entwicklungsrichtung für politische Ordnungsbildung auf. Diese könnte in nicht allzu ferner Zukunft das Kapitel der Nationalstaaten endgültig schließen und damit das Laboratorium der Geschichte für politisch-institutionelle Experimente jenseits des steuernden Staates, der kulturell homogenen Nation und der bewährten demokratischen Traditionen öffnen.

Anschrift siehe Einleitung

Prozesse der Institutionalisierung und Deinstitutionalisierung in der Politik

BIRGITTA NEDELMANN

In der derzeit polarisierten Debatte in der Soziologie kommt der soziologischen Institutionenanalyse die prominente Aufgabe zu, zwischen den beiden extremen Standpunkten von Individualisierung einerseits und Globalisierung andererseits zu vermitteln. Fünf noch ungelöste allgemeine Probleme soziologischer Institutionenanalyse werden im ersten Teil umrissen. Der zweite Teil bezieht sich auf die spezifischere soziologische Analyse empirischer Probleme, die auf den Begriff Internationalisierung politischer Institutionen gebracht werden (Ruggie 1998). Hierzu werden wiederum fünf empirische Probleme zur Diskussion gestellt.

Allgemeine Probleme soziologischer Institutionenanalyse
1. **Wechselwirkung zwischen Institution und Individuum**: Institutionalisierte Individuen sind nicht – wie konventionelle Institutionentheorien behaupten – handlungsohnmächtige, sondern handlungsmächtige Individuen. Ihre mehrfache institutionelle Einbindung verleiht ihnen Ressourcen in Form von Handlungskompetenzen und -chancen. Diese setzen vor allem politische Akteure ein, um innerhalb von und zwischen Institutionen verändernd, korrigierend oder kontrollierend einzugreifen.

2. Reproduktionsmechanismen: Gerade für die Analyse politischer Institutionen ist es bedeutsam, zu ermitteln, durch welche sozialen Mechanismen sie reproduziert werden, ob durch Routine (enacting) oder strategisches Handeln (acting) (Jepperson 1991). Die Art ihrer Reproduktion hängt mit ihrer Stabilität bzw. Instabilität eng zusammen. Was insbesondere die institutionelle Innovation betrifft, ist die Frage mit zu bedenken, wie die Reproduzierbarkeit einer Institution selbst institutionalisiert werden kann, so daß sie auch dann noch aufrechterhalten wird, wenn ihre Reproduktion nicht durch individuelle Rationalitätskalküle sichergestellt werden kann (vgl. das Wahlparadoxon).

3. Werte, Leitideen, Institutionen: Das dritte Problem betrifft die Beziehung zwischen Werten, Leitideen und Institutionen. Nach Rehberg, Lepsius, Weinert u. a. sind Institutionen an sogenannte Leitideen geknüpft, die spezifische Handlungskontexte und Rationalitätskriterien ausdifferenzieren und individuelles Handeln anleiten. Dieser Ausgangspunkt wirft eine Reihe von Folgefragen auf. Wie können Leitideen objektiv ermittelt werden, worin haben sie ihren Ursprung, wie verändern und differenzieren sie sich im Laufe des Institutionenbestandes? Wie verhält es sich mit hoch institutionalisierten Gebilden, die ohne expliziten Bezug auf eine Leitidee reproduziert werden und Eigenwert besitzen?

4. Ambivalenz und Institutionen: Institutionen sind ambivalente soziale Gebilde. Nach Jepperson gründen sie auf „freedom within constraint". Institutionalisierte Handlungsmuster eröffnen Handlungsspielraum innerhalb ihrer Grenzen. Diese Spannung zwischen begrenzter Handlungsfreiheit und verhandelbarem Zwang zu thematisieren, gehört zu den zentralen Aufgaben soziologischer Institutionenanalyse allgemein, politischer Institutionenanalyse im besonderen. Zentrales Merkmal politischer Institutionen ist der Kampf um die Ausnutzung der von Institutionen zugelassenen Handlungsspielräume und -grenzen. In diesem Sinne bedeutet Politik von und in Institutionen Flexibilitätsmanagement (Nedelmann 1995: 21–35).

5. Institutionelle Dynamik: Soziologische Institutionenanalyse ist als dynamische und relationale Analyse zu verstehen. Institutionen sind in bezug auf andere Institutionen und innerhalb angebbarer Kontexte zu betrachten. Es ist nach ihrer Dynamik und Wechselwirkung mit anderen institutionellen Veränderungen zu fragen und alternativen Prozeßverläufen nachzugehen. Institutionenpolitik heißt, geplanten Einfluß auf die Richtung institutioneller Entwicklung zu nehmen.

Die Behandlung dieses fünften Problemkreises leitet unmittelbar zu dem empirischen Problem der Internationalisierung politischer Institutionen über.

Internationalisierung politischer Institutionen

Dieser Begriff erfaßt die Bildung neuer Institutionen auf transnationaler Ebene ebenso wie die Expansion herkömmlicher nationalstaatlicher Institutionen auf die europäische und internationale Ebene. Im Laufe derartiger Veränderungsprozesse werden klassische

Merkmale sozialen Wandels tangiert, die Form, das Tempo, der Raum, die Entwicklungskriterien sowie Richtung und Ziel der Institutionenentwicklung. Entsprechend lassen sich fünf Probleme ermitteln, die mit der Internationalisierung politischer Institutionen einhergehen.

1. **Institutionelle Entkopplung**: Das erste betrifft die Verlängerung der institutionellen Beziehungsstruktur in vertikaler Hinsicht und hat die zunehmende Lockerung zwischen institutioneller Beziehungen zur Folge. Das klassische Modell der Durkheimschen Interessenvermittlung wird mit zunehmender institutioneller Entkoppelung auf den Kopf gestellt. Die „Push"-Energie institutioneller Vermittlung kommt nicht von „unten", von den Gruppen in der Sozialstruktur, sondern von „oben", von den Funktionseliten und „personal peer groups" der supranationalen Regime. Zu diesem Problem der „top-bottom"-Interessenvermittlung kommt ein zweites Problem, das sich ebenfalls in Anlehnung an Durkheim als „Adressatenanomie" bezeichnen läßt.
2. **Synchronisierung der unterschiedlichen Entwicklungstempi**: Das zweite Problem bezieht sich auf die Frage, wie die unterschiedlichen Geschwindigkeiten, in denen die einzelnen Teilprozesse auf nationaler und transnationaler Ebene ablaufen, synchronisiert werden können. Klassische Denkfiguren wie die von Marx und Ogburn erweisen sich als nützlich, um die Frage zu behandeln, welchen Nutzen politische Institutionen aus institutioneller Ungleichzeitigkeit und Unangepaßtheit ziehen können.
3. **Entzerrung institutioneller Arenen**: Territoriale Entzerrung („unbundling", Ruggie) stellt politische Institutionen vor das Problem, adäquate öffentliche Arenen zur Darstellung und zum Diskurs supra- und transnationaler Politik zu finden sowie eine Beziehung zwischen diesen herzustellen. Im Zuge der Internationalisierung politischer Institutionen wird die Überschaubarkeit öffentlich geführter politischer Diskurse immer geringer. Internationale Politik wird mit mehreren Zungen, auf multiplen öffentlichen (und geheimen) Arenen betrieben, deren Vermittlung untereinander nicht immer hinreichend institutionalisiert ist.

Institutionelle Entkoppelung, Ungleichzeitigkeit und Entzerrung institutioneller Arenen erschweren es, die Internationalisierung politischer Institutionen als Gesamtprozeß zu erkennen. Er entzieht sich in dem Ausmaß dem empirischen Zugriff, wie er ebenenspezifisch expandiert, zeitlich variiert und sich räumlich zerstreut. Die beiden letzten noch zu erwähnenden Merkmale verstärken diesen Effekt.

4. **Kriterienmix institutioneller Internationalisierung**: „Multiperspektivische" Kriterien greifen im Zuge der Internationalisierung von Institutionen um sich. Kriterien der Entscheidungseffizienz und -implementation, des internationalen (noch keineswegs etablierten) Rechts und entterritorialisierter Marktrationalität treten mit herkömmlichen Kriterien nationalstaatlicher Demokratie in verschärfte Konkurrenz

und bestreiten den Anspruch der letzteren auf Priorität und Dominanz. Internationaler Institutionenkampf ist Kampf um die Durchsetzung verbindlicher Kriterien institutioneller Entwicklung. Diese Debatte knüpft u. a. an Institutionentheoretiker wie Jon Elster, Bo Rothstein (1998: 123) an, die sich mit der Frage beschäftigen, wie politische Institutionen gestaltet werden müssen, damit sie das Kriterium der „politischen Rationalität" erfüllen können.

5. **Zieloffenheit politischer Internationalisierung**: Das fünfte Problem bezieht sich auf die Beobachtung, wonach internationale Einrichtungen typischerweise diffuse Zielvorgaben haben. Es knüpft damit an das allgemeine Problem (1.3.) der Beziehung zwischen Werten, Leitideen und Institutionen an. Zieloffene und kriteriendiffuse internationale Institutionen werden in der Weltöffentlichkeit oft als leistungsdefizitäre, schwach legitimierte und ressourcenfordernde Institutionen bloßgestellt. Ihr Zusammentreffen mit kompetenzgeschwächten, traditionell legitimierten nationalen Institutionen führt zu einem institutionellen Gesamtproblem, das dringend weiterer theoretischer und empirischer Erforschung bedarf.

Literatur:
Nedelmann, Birgitta (1995): Gegensätze und Dynamik politischer Institutionen. In: dies. (Hrsg.): Politische Institutionen im Wandel. Opladen: 15–40
Rothstein, Bo (1998): Just Institutions Matter. Cambridge
Ruggie, John Gerard (1998): Constructing the World Polity. London

Prof. Dr. Birgitta Nedelmann, Universität Mainz, Institut für Soziologie,
Colonel-Kleinmann-Weg 2 (SB II), D-55099 Mainz

Europäische Institutionenpolitik zwischen individueller und kollektiver Rationalität

THOMAS BRÄUNINGER

Betrachtet man die Verfahrensvorgaben, welche die Verträge zur Gründung und Vertiefung der Europäischen Gemeinschaften für die Gesetzgebung vorsehen, so sind zwei Dinge augenfällig. Zum einen existieren eine Vielzahl verschiedener Entscheidungsregeln. Der Ministerrat (MR) entscheidet im Standardverfahren unter Einstimmigkeit, qualifizierter oder einfacher Mehrheit, das Europäische Parlament (EP) besitzt im

Zusammenarbeits- und im Mitentscheidungsverfahren wesentliche Mitspracherechte, während es im Standardverfahren lediglich beratende Funktion ausübt. Zum anderen ändert sich die Häufigkeit der Nennung bestimmter Entscheidungsregeln, vergleicht man die konstitutionellen Vorgaben vor und nach den Vertragsreformen durch die Einheitliche Europäische Akte und den Vertrag über die Europäische Union. Zwei Entwicklungen sind besonders bemerkenswert, nämlich die stufenweise Integration des EP sowie die Abnahme der Verfahrensartikel, die Einstimmigkeit unter den Mitgliedsstaaten für die europäische (EU)-Gesetzgebung voraussetzen. Die Gründe für diese institutionenpolitischen Entscheidungen der Mitgliedstaaten sollen im Wunsch nach Abbau des sogenannten Demokratiedefizits bzw. Erhaltung der Handlungsfähigkeit des Organgefüges liegen, die durch das Erfordernis konsensueller Einigung unter immer mehr Staaten als gefährdet erachtet wird.

Nicht unumstritten ist gleichwohl, ob diese institutionenpolitischen Entscheidungen neben einer theoretischen auch eine faktische Bedeutung für die EU-Gesetzgebung besitzen. Auch sind die Erhöhung von Handlungsfähigkeit und Demokratisierung hehre Ziele; fraglich ist gleichwohl, ob die Mitgliedstaaten als die „Herren der Verträge" ein Interesse an diesem Institutionenwandel haben. In den Mittelpunkt des folgenden Beitrags stelle ich deshalb empirische Befunde zu diesen Fragen und diskutiere zunächst die Wirkungen unterschiedlicher Entscheidungsregeln auf den Gesetzgebungsprozeß und im Anschluß daran mögliche Gründe für die Einrichtung bestimmter Regeln.

Die Wirkungen von Entscheidungsregeln wurden auf der theoretischen Ebene intensiv untersucht. Nach diesen Ergebnissen engt etwa die Einstimmigkeitsregel im MR den EU-Handlungsspielraum ein, da die Konsenserzielung zeitaufwendig ist und Entscheidungen durch das Veto einzelner Mitglieder verhindert werden können. Entsprechend soll die Integration des EP in den Gesetzgebungsprozeß zu einer geringeren Handlungsfähigkeit führen, da ein weiteres Organ über Mitsprache und mitunter Vetorecht verfügt. Zur empirischen Überprüfung dieser Überlegungen soll hier die Dauer des Gesetzgebungsverfahrens, das heißt der Zeitraum zwischen Einbringung einer Initiative durch die Kommission und ihrer Verabschiedung, als Maß für die Handlungsfähigkeit der EU-Gesetzgebungsorgane betrachtet werden.

Evolution und Devolution politischer Institutionen

Abbildung 1: Verabschiedungswahrscheinlichkeit von EU-Gesetzgebungsinitiativen

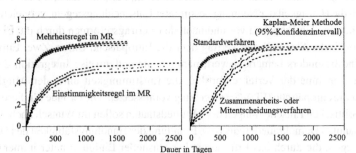

Abbildung 1 zeigt Verabschiedungswahrscheinlichkeiten einer Ereignisanalyse von 5701 Vorschlägen für Verordnungen, Richtlinien und Beschlüsse, welche die Kommission zwischen 1984 und 1996 initiierte. Ein Jahr nach ihrer Einbringung sind etwa Vorschläge, zu deren Verabschiedung MR-Mehrheitsentscheide möglich sind, mit einer Wahrscheinlichkeit von 0,7 verabschiedet, während die Verabschiedungswahrscheinlichkeit einstimmiger Initiativen gerade 0,4 beträgt. Ein ähnlich klares Bild ergibt sich für die Unterscheidung zwischen Initiativen, für welche eine EP-Beteiligung nicht vorgesehen bzw. notwendig ist. Nach diesen Ergebnissen erhöht die Anwendung der Mehrheitsregel im MR die Handlungsfähigkeit der Gesetzgebungsorgane, während die Beteiligung des EP einen negativen Effekt hat (König 1997).

Kann die Verfolgung der beiden kollektiven Ziele, Erhöhung der Handlungsfähigkeit und Demokratisierung, auch aus der individuellen Perspektive der Mitgliedstaaten als den EU-Vertragspartnern erklärt werden? Schließlich müssen nicht alle Staaten ein Interesse an einer höheren Handlungsfähigkeit besitzen. Befürwortet eine Mehrheit von Mitgliedstaaten eine Veränderung des Status quo, dann werden diejenigen Staaten einen geringen Gestaltungsspielraum anstreben, deren Politikvorstellungen mit dem Status quo übereinstimmen. Welche Regeln für die Entscheidungsfindung in diesen Fällen eingerichtet werden und wie die Mitgliedstaaten den Trade-off zwischen individueller und kollektiver Rationalität lösen, sollte demnach sowohl von den Wirkungen dieser Regeln als auch von den (unterschiedlichen) Politikvorstellungen der Vertragspartner abhängen. Ich analysiere entsprechend die Wahl von Entscheidungsregeln unter der Annahme, daß die Mitgliedstaaten die Einrichtung solcher Regeln anstreben, welche ihnen zukünftig die Durchsetzung ihrer nationalen inhaltlichen Politikvorstellungen ermöglichen. Ob die Einrichtung von formalen Regeln dieser Rationalität folgt, soll am Beispiel der Amsterdamer Regierungskonferenz untersucht werden. Dazu werden Äußerungen der Delegierten zu 35 inhaltlichen Themen ausgewertet, für die der Amsterdamer Vertragsentwurf eine EU-Gesetzgebung vorsieht. Mittels eines Erwartungswert-Modells leite ich die Präferenzen der Unterzeichner über alternative Entscheidungsregeln aus den erwarteten Wirkungen von Regeln, den erwarteten Vorstellungen zu Politikthemen und der jeweiligen Lage des Status quo ab (Bräuninger/König 1999). Mit dieser Ableitung der „Regelpräferenzen" wird für jedes inhaltliche Thema des Vertragsentwurfs prognostiziert, welche Staaten Einstimmigkeit und welche Mehrheitsentscheid im MR präferieren bzw. für oder gegen eine EP-Beteiligung an der Gesetzgebung sind.

Tabelle 1: Mitgliedstaatliche Präferenzen über Entscheidungsregeln*

		Regel nach Vertrag von Amsterdam		Regel nach Vertrag von Amsterdam		
		Einstimm. (n=10)	Mehrheit (n=25)		ohne EP (n=12)	mit EP (n=23)
abgeleitete Regelpräferenzen	Einstimm.	7,6	3,0	ohne EP	6,6	3,1
	Mehrheit	7,4	12,0	mit EP	8,4	11,9

* Durchschnittliche Anzahl an Staaten mit entsprechender Präferenz

Nach Tabelle 1 findet sich unsere Erwartung mit Einschränkungen bestätigt. Zur Verankerung einer Mehrheitsregel bedurfte es zwar keines konstitutionellen Konsenses der 15 Mitgliedstaaten, wie dies aus vertragstheoretischer Sicht anzunehmen wäre, jedoch einer qualifizierten Mehrheit von durchschnittlich 12,0 Staaten, während die Einstimmigkeitsregel, als „intergouvernementale Rückfalloption", auch bei geringeren Mehrheiten (7,6) einzurichten war. Auch zur Einbindung des EP bedarf es nach den Schätzungen der Regelpräferenzen einer Befürwortung von durchschnittlich etwa 12 Mitgliedstaaten, während eine Minderheit von nur 6,6 Staaten eine EP-Beteiligung an der Gesetzgebung verhindern kann. Von besonderer Bedeutung ist jedoch, daß die Politikvorstellungen der Staaten hier *überhaupt* eine Rolle spielen. Mit anderen Worten, die erwartete Verwirklichung nationaler, das heißt „partikularer" Interessen einer großen Mehrheit von Mitgliedstaaten erscheint als Bedingung für eine Demokratisierung der EU-Entscheidungsprozesse durch eine Integration des EP.

Die obigen Ausführungen zeigen erstens, daß formale Vorgaben der Entscheidungsfindung durchaus einen wesentlichen Einfluß auf Dauer und Spielraum der EU-Gesetzgebung und mithin deren Effektivität haben. Zweitens weisen die Ergebnisse darauf hin, daß die Mitgliedstaaten mit der Einrichtung solcher Vorgaben in erster Linie versuchen, die zukünftige Durchsetzung ihrer individuellen inhaltlichen Politikvorstellungen zu sichern. So liegt die Erhöhung der EU-Handlungsfähigkeit durch MR-Mehrheitsentscheid im Interesse der meisten Staaten. Dies gilt aber auch für die Beteiligung des EP.

Offen bleibt, welche Relevanz der Leitidee der Demokratie gegenüber der Rationalität „legitimer" Nationalinteressen bei konstitutionellen Entscheidungen überhaupt zukommt bzw. welche Vorstellungen die Mitgliedstaaten mit dieser Leitidee verbinden.

Anmerkung:
1 Der Beitrag berichtet über Arbeiten des Verfassers mit Thomas König (MZES).

Literatur:
Bräuninger, Thomas / Thomas König (1999): Die Einrichtung von Abstimmungsregeln zur Nutzung globaler Gemeinschaftsgüter. Das Beispiel der Meeresbodenbehörde. In: Karl-Ernst Schenk / Dieter Schmidtchen / Manfred E. Streit / Viktor Vanberg (Hrsg.): Jahrbuch für Neue Politische Ökonomie, Bd. 18. Tübingen (im Erscheinen)
König, Thomas (1997): Europa auf dem Weg zum Mehrheitssystem. Gründe und Konsequenzen nationaler und parlamentarischer Integration. Opladen

Thomas Bräuninger, Universität Mannheim, Mannheimer Zentrum für Europäische Sozialforschung, L 7/1, D-68131 Mannheim

Die politische Bedeutung der Vorbildfunktion der Deutschen Bundesbank für die Europäische Zentralbank

RAINER WEINERT

Geld- und Währungspolitik sind in hoch entwickelten Geldökonomien von grundlegender Bedeutung für die Funktionsfähigkeit der ökonomischen und der politischen Ordnung. Schlüsselinstitutionen in der Geld- und Währungspolitik sind die Zentralbanken: Sie sind politische Institutionen, die mit ihrer Diskontpolitik Wirtschaftspolitik *katexochen* betreiben.

Wir knüpfen an die neueren Theorien politische Institutionen an, in denen diese als gesellschaftliche Regelungsmuster bzw. Sozialregulatoren (Rehberg 1990) gefaßt werden. Nach der Differenzierung von Nedelmann (in diesem Band) geht es hier um den Komplex des Verhältnisses von Werten, Leitideen und Institutionen.

Nach der berühmten Feststellung von Adam Smith erfüllt Geld im Kapitalismus zwei Funktionen, es vermittelt den Tausch und mißt den Wert (Smith 1974: 347). Aus dieser knappen Feststellung ergaben sich prinzipielle Konsequenzen des für den Privatkapitalismus typischen Geldgebrauches. Im Zuge dieser Entwicklung differenzierte sich die

Geldpolitik als eigenständiger Geltungskontext heraus, der durch die Leitidee der Geldwertstabilität legitimiert und durch die Zinssteuerung als Handlungsmaxime operationalisiert wurde. Der für den Privatkapitalismus typische Geldgebrauch und die damit verbundene Institutionalisierung von Geldwertstabilität ist einerseits funktionales Erfordernis von gewinnorientiertem Wirtschaften, historisch war dies allerdings immer prekär, viele Ökonomien waren häufig mehr Zettel- als Geldökonomien (also ohne Deckung der Zettel), so daß die Sicherung von Geldwertstabilität unabdingbar war, um die Rechenhaftigkeit privatwirtschaftlicher Tätigkeit zu stabilisieren. Die Repräsentations- und Geltungschance von Zentralbanken liegt in der frühzeitig als notwendig empfundenen Sicherstellungsfunktion von Zahlungsfähigkeit: Hierin liegt die *raison d'être* für Zentralbanken.

Bezieht man diesen Kontext auf die Errichtung der Europäischen Zentralbank, so ist zunächst festzuhalten, daß die Leitidee, die in der EWG institutionalisiert wurde, die der Wohlfahrtssteigerung durch die Vergrößerung des Marktes war (Lepsius 1995: 400). Auch die Herstellung des Binnenmarktes bezieht sich auf den Wertbezug allgemeiner Wohlfahrtserhöhung. Die Etablierung der Europäischen Zentralbank folgte zunächst nur der bisherigen Logik der Wohlfahrtssteigerung: Die europäische Zentralbank soll nicht nur Zentralbank sein, sondern zusätzlich Motor einer beschleunigten Integration. Damit wird Geldwertstabilität mit anderen Leitideen verkettet. Diese funktionale Verknüpfung sektoraler Leitideen und deren Einbettung in den übergeordneten Prozeß dynamischer EU-Integration, führt zur Begrenzung des Geltungsanspruchs sektoraler Leitideen – und damit auch der Geldwertstabilität.

Aus verschiedenen Vorläuferdokumenten kam mit dem Vertrag von Maastricht ein neuer Vertrag über die Europäische Union zustande. In dieser Entwicklung verbinden sich verschiedene systematische und kontingente Entwicklungen, die zu der enormen Dynamisierung des Integrationsprozesses geführt haben.

a) 1985 übernahm Jaques Delors das Amt des Präsidenten der Kommission, mit dessen Initiativen eine neue Dynamisierung des europäischen Integrationsprozesses eingeleitet wurde (Bach 1995).

b) Europaweit existierte eine Unzufriedenheit mit dem Europäischen Währungssystem (EWS), insbesondere in Frankreich, Italien und die kleineren Mitgliedsstaaten. Geplant als ein symmetrisches System von Wechselkursen, kristallisierte sich schnell ein asymmetrisches Leitwährungssystem unter der Vorherrschaft der D-Mark und institutionell: der Bundesbank heraus. Die Bundesrepublik nahm eine Hegemonialrolle ein und fungierte für die anderen EWS-Länder hinsichtlich Wachstum und Preisstabilität als regulierende Instanz (Herr/Voy 1989: 140). In einer solchen asymmetrischen Struktur werden die Anpassungslasten dem Defizitland aufgebürdet, nicht dem Überschußland. Die Bundesrepublik agierte in den 70er Jahren von allen EWS-Ländern am restriktivsten und transformierte deshalb den EWS in einen

DM-Block. Als Ausweg bot sich eine Einbindung der deutschen Wirtschaftspolitik in europäische Institutionalisierungsprozesse an, in dem das Primat der Bundesbank zugunsten eines gemeinsamen politischen Steuerungsprozesses gebrochen werden konnte. Die Bundesbank hat sich gegen derartige Beschneidungen nationaler Wirtschafts- und Geldpolitik bis zum Dezember 1989 erfolgreich gewehrt.

c) Die Situation änderte sich beinahe schlagartig durch die Kontingenz des Zusammenbruchs der sozialistischen Länder und der Herstellung der deutschen Einheit. Die Dynamisierung des Integrationsprozesses in seiner gegenwärtigen Form ist eine unmittelbare Folge der deutschen Einheit. Vor allem der französische Staatspräsident Mitterand drängte auf eine schnelle Realisierung einer einheitlichen europäischen Währung. „And this is ironic, since in December 1989 Chancellor Kohl obtained support for German unification from EC partners, and in particular from France, in exchange for his own support for EMU." (Giovannini 1995: 291) Insofern war es erst die deutsche Einheit, die der europäischen Währungsunion den letzten und entscheidenden „powerful blow" (Giovannini) versetzte.

6. Partialdramatisierungen der Umsetzung des Vertragswerks von Maastricht führten nicht zum Infragestellen des gesamten Vertragswerks. Das Besondere in diesem Vorgang liegt in der Partialdramatisierung der Schlußphase der Entscheidungsfindung zur EWWU. Daß es dazu kommen konnte, scheint m. E. zwei Ursachen zu haben: Mit der EWWU, der EZB und der Einführung einer europaweiten Einheitswährung wurde in der europäischen Integration ein qualitativer Sprung vollzogen, der symbolische Partialdramatisierungen unter dem Aspekt nationaler Legitimationsgewinnung für den Gesamtprozeß immer wieder notwendig erscheinen läßt. Trifft diese These zu, dann haben wir mit dem Sprung zur EWWU auch die Phase des Fehlens einer breiten und kontroversen Diskussion über die europäische Integration hinter uns gelassen. Die Institutionalisierung der Leitidee Geldwertstabilität wird über kurz oder lang zur Institutionalisierung von Beschäftigungssicherung und Sozialpolitik führen, so daß heftige politische Auseinandersetzungen über die grundsätzliche Ausrichtung dieser Institutionalisierungsprozesse wie deren Ausgestaltung zu- und nicht abnehmen werden. Damit setzt eine echte (Gehlen) Politisierung der europäischen Integration ein.

Literatur:
Bach, Maurizio (1995): Ist die europäische Vereinigung irreversibel? In: Birgitta Nedelmann (Hrsg.): Politische Institutionen im Wandel. Sonderheft der Kölner Zeitschrift für Soziologie und Sozialpsychologie Nr. 35. Opladen: 368–391
Giovannini, Alberto (1995): Is EMU falling apart? In: Alberto Giovannini: The Money Debate in Europe. Cambridge/Mass.: 287–298
Herr, Hansjörg / Voy, Klaus (1989): Währungskonkurrenz und Deregulierung der Weltwirtschaft. Marburg

Lepsius, M. Rainer (1995): Institutionenanalyse und Institutionenpolitik. In: Birgitta Nedelmann (Hrsg.): Politische Institutionen im Wandel. Sonderheft der Kölner Zeitschrift für Soziologie und Sozialpsychologie Nr. 35. Opladen: 392–403
Rehberg, Karl-Siegbert (1990): Eine Grundlagentheorie der Institution: Arnold Gehlen. In: Gerhard Göhler / Kurt Lenk / Rainer Schmalz-Bruns (Hrsg.): Die Rationalität politischer Institutionen. Baden-Baden: 115–144
Smith, Adam (1974): Der Wohlstand der Nationen. München

PD Dr. Rainer Weinert, Freie Universität Berlin, Institut für Soziologie, Babelsbergerstr. 14–16, D-10715 Berlin

Dimensionen sozialpolitischer Entwicklung im europäischen Binnenmarkt

STEFAN IMMERFALL

Den europäischen Wohlfahrtsstaat gibt es nicht. Dennoch läßt sich im großflächigen Vergleich von einem europäischen Wohlfahrtsstaat, genauer gesagt, von einem westeuropäischen Wohlfahrtsstaat sprechen und zwar nicht nur, weil der Wohlfahrtsstaat eine genuin europäische Erfindung darstellt. Die europäischen Sozialausgaben sind höher als in anderen, vergleichbaren Industriegesellschaften, sie sind zudem auf kollektive Risikoabsicherung ausgerichtet. Überdies unterscheidet sich die Einstellung der Europäer zu sozialer Ungleichheit und der Rolle des Staates deutlich von der der Japaner oder der Amerikaner.

Eine neue Gemeinsamkeit schiebt sich aber jetzt in den Vordergrund: seine Krise. Das betrifft erstens die vermeintliche Abkehr der Öffentlichkeit vom Wohlfahrtsstaat, zweitens sozio-demographische Wandlungsprozesse und die vielbeschworene Globalisierung, drittens schließlich die europäische Integration.

1. Waren die 60er Jahre durch die sozio-kulturelle Revolution gekennzeichnet, so die 80er durch eine politisch-ökonomische. Beide Revolutionen, so scheint es, entziehen dem Wohlfahrtsstaat Zustimmung. Die den Wertewandel begleitende Individualisierung richtet sich gegen bürokratisch vereinheitlichende, kollektive Sicherungssysteme. Die neoliberale Revolution Reagans und Thatchers und das wiedererlangte Deutungsmonopol der Marktliberalen lassen den Wohlfahrtsstaat als Bürde für die ökonomische Performanz erscheinen.

Ein Blick auf die einschlägigen Umfrageergebnisse in den verschiedenen westeuropäischen Ländern und über die letzten Jahrzehnte hinweg zeigt jedoch, daß der Wohlfahrtsstaat mit erheblicher und im Kern ungebrochener Zustimmung rechnen kann. Die breite Öffentlichkeit betrachtet den Wohlfahrtstaat als unverzichtbar für den gesellschaftlichen Ausgleich und den sozialen Frieden, wenngleich sie einzelnen Programmen, insbesondere Umverteilungsprogrammen und Programmen für Minderheiten, durchaus skeptisch gegenübersteht.

2. Der Wohlfahrtsstaat stellt ein kollektives Gut dar und unterliegt als solches der gesamten Palette der Kollektivgutproblematik. Nationale Sicherungssysteme vermögen sie zu entschärfen. Nicht nur werden Sozialbeiträge zwangserhoben, mit geringen Möglichkeit, ihnen auszuweichen. Auch sinkt der Beitrags-Widerstand, wenn man benevolente Auswirkungen erwartet und keinen systematischen Mißbrauch vermutet. So wissen wir aus der Public-Choice-Theorie, daß die Exklusion von wohlfahrtsstaatlichen Leistungen die Kollektivierung sozialer Risiken erleichtert (Breuer 1996). Der Nationalstaat stellt gewissermaßen einen solchen „Sozialversicherungsclub" dar.

Nun ist aber leicht zu sehen, daß Globalisierung und sozio-demographischer Wandel die nationalstaatlichen Grundlagen wohlfahrtsstaatlicher Solidarität unterhöhlen kann. Die Palette rentabler Kapitalanlagen wächst, gleichzeitig sinkt die Autonomie nationaler Steuer- und Steuerungssysteme. Der zweite demographische Übergang und die Probleme der Erwerbsarbeit bringen weitere Belastungen für die intra- und inter-generationale Solidarität. Dies alles erhöht den Anreiz, Steuern und Sozialabgaben auszuweichen.

Diese Entwicklungen sind nicht von der Hand zu weisen. Doch stellen sie keine starren Grenzen dar. Zunächst ist daran zu erinnern, daß die Geschichte des Wohlfahrtsstaates stets konfliktreich war. Eine „goldenes Zeitalter" des Wohlfahrtsstaates hat es nie gegeben. Das Entstehen diverser rechtspopulistischer Parteien deutet zwar auf wachsende Gegensätze zwischen verschiedenen Erwerbsklassen und Generationen hin (Betz/Immerfall 1998:). Doch ist in Westeuropa – im Gegensatz zu den USA – das wählerwirksame Ressentiment gegen Wohlfahrtsempfänger von mäßiger politischer Bedeutung. Und schließlich ist es abwegig, Globalisierung nur oder hauptsächlich als wohlfahrtsstaatsbedrohendes Monster zu deuten. Viele der entsprechenden Konvergenzprognosen beruhen auf empirisch und theoretisch fragwürdigen Annahmen (Immerfall 1998).

3. Eine letzte Hoffnung für die Gegner des europäischen Wohlfahrtsstaates bzw. Befürchtung für seine Anhänger (Genschel 1998), stellt die europäische Sozialpolitik, oder besser gesagt die Abwesenheit einer solchen Politik dar. Die Frage ist, ob die Europäische Union – *nolens volens* – den wohlfahrtsstaatlichen Kapitalismus durch seine angelsächsische Variante im Zuge des Binnenmarktprojektes ersetzen

wird. Dieses Ergebnis kann sich entweder durch Aushöhlung oder durch Nicht-Entscheidung einstellen: Das Erosionsargument behauptet, daß der europäische Wirtschaftsraum Sozialdumping begünstigt. Länder mit niedrigen Sozialstandards werden profitieren und andere zur Deregulierung ihrer Märkte zwingen (Altvater/ Mahnkopf 1993). Die gemeinsame Währung mit ihrem gemeinsamen Kapitalmarkt, in dem die Investoren ihr Portfolio ohne Währungsrisiken verändern können, wird den Shareholdergedanken auf Kosten des kontinentalen Stakeholderkapitalismus zusätzlich fördern.

Für die zweite Projektion spricht die Beobachtung, daß in Fragen der Sozialpolitik „Europa" nicht nur wenig zu sagen hat, sondern dieser Bereich auch durch hohe Hürden der Einstimmigkeitsregeln verbaut ist (Streeck 1998). Verschiedene, oft miteinander im Widerspruch stehende Gründe (Marks 1997), haben dazu geführt daß nationale Regierungen bei ökonomischen Entscheidungen beträchtliche Teile ihrer Souveränität auf eine europäische Ebene delegiert haben. Also können sie auch an ihrer eigenständigen Sozialpolitik immer weniger festhalten. Eine solche stößt sich vielfach mit den Prinzipien des freien Marktzuganges, wie sie in den entsprechenden Verträgen festgehalten und durch die Entscheidungen des Europäischen Gerichtshofs verteidigt werden.

Diese Argumente erklären, warum ein *modéle européen de société* (Jacques Delors) aus einem Guß kaum wahrscheinlich ist. Sie stimmen aber nur zum Teil mit einer Reihe empirischer Beobachtungen überein. Die EU-Sozialpolitik hat in den 90er Jahren beträchtlich an Dynamik gewonnen (Platzer 1997; Schmid/Niketta 1998). Sogar Ansätze eines sozialpolitischen Korporatismus sind zu erkennen (Falkner 1998). Den meisten europäischen Eliten scheint bewußt, daß Marktöffnung und Markteffizienz nicht zu haben sind, ohne in der Öffentlichkeit ein Gefühl für soziale Fairneß zu erwecken. Dazu muß es nicht nötig sein, personale Umverteilungsfragen aus der nationalstaatlichen Ebene herauszulösen. Umverteilungen über Schichten hinweg haben in der kontinentaleuropäischen Form des Wohlfahrtsstaates ohnehin eine geringe Rolle gespielt, und es sei die Prognose gewagt, daß es in Zukunft noch mehr darauf ankommen wird, Lebenschancen über Lebensläufe hinweg zu stabilisieren. So bieten sich auch dem europäischen Wohlfahrtsstaat neue Gelegenheiten, trotz aller Schwierigkeiten, in denen er steckt.

Literatur:
Altvater, Elmar / Mahnkopf, Birgit (1993): Gewerkschaften vor der europäischen Herausforderung. Tarifpolitik nach Mauer und Maastricht. Münster
Betz, Hans-Georg / Immerfall, Stefan (Hrsg.) (1998): The New Politics of the Right: Neo-Populist Parties and Movements in Established Democracies. New York
Breuer, Michael (1996): Social insurance as a club. Analysis and implications for European social policy. Universität Bremen: ZeS-Arbeitspapier Nr. 3/96

Falkner, Gerda (1998): EU Social Europe in the 1990s: Towards a Corporatist Policy Community. London / New York
Genschel, Philipp (1998): Markt und Staat in Europa. In: Politische Vierteljahresschrift 39, 1: 55–79
Immerfall, Stefan (1999): The state of the european welfare state: three cheers for the defendant. In: Peter Herrmann (Hrsg.): The Global Welfare State (im Druck)
Immerfall, Stefan (eds.) (1998): Territoriality in the Globalizing Society: One Place or None? Berlin / Heidelberg
Marks, Gary (1997): A third lends: Comparing European integration and state building. In: J. Klausen / L. A. Tilly (Hrsg.): European Integration in Social and Historical Perspective. 1850 to the Present. Boston: 23–43
Platzer, Hans-Wolfgang (Hrsg.) (1997): Sozialstaatliche Entwicklungen in Europa und die Sozialpolitik der Europäischen Union. Die soziale Dimension im EU-Reformprozeß. Baden-Baden
Schmid, Josef / Niketta, Reiner (Hrsg.) (1998): Wohlfahrtsstaat: Krise und Reform im Vergleich. Marburg
Soysal, Yasemin (1994): Limits of Citizenship: Migrants and Postnational Membership in Europe. Chicago
Streeck, Wolfgang (Hrsg.) (1998): Internationale Wirtschaft, nationale Demokratie. Herausforderungen für die Demokratietheorie. Frankfurt / New York

PD Dr. Stefan Immerfall, Universität Passau, Lehrstuhl für Soziologie,
D-94030 Passau

Gesellschaftliche Generationen, familiale Generationen

Organisation: Martin Kohli / Marc Szydlik

Einleitung

MARTIN KOHLI / MARC SZYDLIK

Das Generationenthema ist ebenso populär wie kontrovers. Dies läßt sich am Zeitungskiosk genauso feststellen wie an den Inhaltsverzeichnissen der soziologischen Fachzeitschriften. Die Popularität des Themas zeigt sich nicht zuletzt an der Generationenetikettierungswut, von der Journalisten und Soziologen derzeit ergriffen sind. Die Bandbreite reicht von den 68er-, 78er-, 89er-, 97er- und 13th-Generationen über die Schlaffi-, Cyber-, Techno- Golf- und Tamagotchi-Generationen bis hin zu den Generationen X, Y, XXL, D, e und @. Wie kontrovers das Thema ist, wird daran deutlich, daß von der einen Seite ein „Krieg der Generationen" heraufbeschworen wird, während andernorts von einer „neuen Solidarität zwischen den Generationen" die Rede ist.
Mit der Ad-hoc-Gruppe „Gesellschaftliche Generationen, familiale Generationen" geht es uns darum, die große Bandbreite des Generationenthemas zu dokumentieren und gleichzeitig eine Schneise in das Dickicht der verwirrenden Vielfalt an Konzepten und Thesen zu schlagen.
In einem ersten Schritt offerieren *wir selber* hierzu einige konzeptionelle Überlegungen, wobei wir die Unterscheidung zwischen gesellschaftlichen und familialen Generationen begründen und Verbindungen zwischen ihnen aufzeigen. *Gabriele Rosenthal* widmet sich der Frage nach dem Wann und Wie der Herausbildung gesellschaftlicher Generationen. Sie argumentiert, daß sich Generationen nicht notwendigerweise in der Jugendphase konstituieren und daß dabei auch kein generelles typisches Muster festzustellen ist. *Leopold Rosenmayr* beschreibt die Generationenkonflikte im afrikanischen Entwicklungsprozeß, wobei die Zusammenhänge zwischen politischen und familialen Generationenverhältnissen in besonderer Weise zum Tragen kommen. *Lutz Leisering* rückt ökonomische Generationen in den Blickpunkt. Er stellt heraus, daß der Sozialstaat Generationen mit spezifischen Begünstigungen und Belastungen erzeugt.
Hieran schließt der Beitrag von *Harald Künemund* und *Andreas Motel* an. Sie können zeigen, daß der sogenannte „Generationenvertrag", also das wohlfahrtsstaatliche Umverteilungsarrangement zwischen gesellschaftlichen Generationen, spezifische Auswirkungen auf die Leistungen im familialen Generationenverhältnis hat.

Kurt Lüscher argumentiert schließlich gegen eine einseitige Idealisierung oder Problematisierung von familialen Generationenbeziehungen. Er schlägt stattdessen vor, sie unter der Perspektive der Ambivalenz zu betrachten, und weist auf unterschiedliche Umgehensweisen damit hin.

Prof. Dr. Martin Kohli, Dr. Marc Szydlik, Freie Universität Berlin, Institut für Soziologie, Babelsberger Straße 14–16, D-10715 Berlin

Generationenkonzepte und ihre Verbindungen

MARTIN KOHLI / MARC SZYDLIK

Als Einführung in eine Veranstaltung mit dem Titel „Gesellschaftliche Generationen, familiale Generationen" macht es Sinn, zunächst vorzustellen, was wir unter diesen Konzepten verstehen. In einem zweiten Teil möchten wir dann auf die Verbindungen zwischen ihnen eingehen.

1. Familiale Generationen sind (zunächst) auf der Mikroebene angesiedelt und bezeichnen die Glieder der Abstammungslinien (lineage): Enkel, Kinder, Eltern, Großeltern usw. Sie stellen Generationen im ursprünglichen Sinne dar - also im Sinne von „Erzeugung". Empirisch werden familiale Generationenbeziehungen zumeist in Dyaden oder Triaden ausgedrückt. Dyaden repräsentieren zwei, Triaden drei Mitglieder familialer Generationen. Die Beziehungen zwischen Eltern und Kindern stellen somit Dyaden dar, die zwischen Enkeln, Eltern und Großeltern sind Triaden.
Die Schwierigkeit bei Generationenkonzepten und der Dissens darüber liegt weniger bei den familialen als vielmehr bei den gesellschaftlichen Generationen, die sich unterschiedlich gliedern lassen. Prinzipiell sind diese Generationen auf der Makroebene angesiedelt. Sie umfassen zumeist Personen, die in einem Zeitraum von wenigen Jahren geboren wurden. Wir schlagen vor, drei Arten von gesellschaftlichen Generationen voneinander zu unterscheiden, nämlich politische, kulturelle und ökonomische Generationen.
Wenn Karl Mannheim in seiner einflußreichen Studie aus dem Jahre 1928 von Generationen spricht, bezieht er sich auf politische Generationen. Dabei unterscheidet er zwischen Generationslagerung, Generationszusammenhang und Generationseinheit. Mannheims formalsoziologischer Ansatz ist auch heute noch von großem Nutzen, wenn es darum geht, politische Generationen zu identifizieren bzw. zwischen bloßen Kohorten

und politischen Generationen zu unterscheiden. Wenn man beispielsweise seine Begrifflichkeit auf die westdeutsche 68er-Generation überträgt, kann man den zwischen 1940 und 1950 geborenen Westdeutschen eine gemeinsame Generationslagerung zusprechen, wohingegen der Generationszusammenhang im Kern die damals mehr oder weniger Aktiven (überwiegend Studierende) umfaßt. Generationseinheiten stellen einerseits die politisch linken, systemkritischen Gruppen der außerparlamentarischen Opposition dar, andererseits aber auch konservative Kräfte wie der RCDS.

Kulturelle Generationen umfassen Kohorten, die sich u. a. durch spezifische (Lebens)-Einstellungen und Lebensstile charakterisieren lassen. Auf den ersten Blick wäre die Mehrheit der in Medien und Wissenschaft propagierten Generationenetiketten (wie zum Beispiel die sogenannten Single-, Spaß-, Mutter-Beymer-, Cyber-, Techno-, Raver- und Tamagotchi-Generationen) solchen kulturellen Generationen zuzurechnen. Allerdings ist einige Skepsis angebracht, hierbei tatsächlich von Generationen zu sprechen. Es stellt sich die Frage, inwiefern Kohorten (oder auch nur Altersgruppen) mit ähnlichen sozio-kulturellen Merkmalen den Stempel „Generation" verdienen, wenn sie in der öffentlichen Arena nicht als kollektiver Akteur auftreten und auch kein spezifisches gemeinsames Generationsbewußtsein entwickelt haben. Dazu kommt der Einwand, daß viele der Generationenetiketten lediglich auf sehr kurzfristige Merkmale, fast möchte man sagen: Moden bezogen sind. Im Gegensatz dazu zeichnen sich gesellschaftliche Generationen dadurch aus, daß sich die spezifischen Gemeinsamkeiten einer bestimmten Kohorte signifikant von denen vorheriger und nachfolgender Kohorten unterscheiden – wobei diese Spezifika nicht nach kurzer Zeit abgelegt werden, sondern das gesamte Leben dieser Kohorte prägen – und auf dieser Grundlage ein gemeinsames Bewußtsein oder sogar eine kollektive Mobilisierung entsteht.

Ökonomische Generationen schließlich manifestieren sich weniger über politische oder sozio-kulturelle Gemeinsamkeiten, sondern ergeben sich vorrangig aus Kohorten mit spezifischen ökonomischen Chancen und Risiken. Die Lebenschancen dieser Generationsmitglieder werden durch spezifische strukturelle Bedingungen beeinflußt – sei es auf dem Arbeitsmarkt, sei es durch den Staat, sei es durch die Familie. Diese Bedingungen können von den Generationen selbst generiert worden sein, sie können aber auch auf externe Ursachen zurückgehen. So ist z. B. der Eintrittszeitpunkt in den Arbeitsmarkt eine bedeutsame Determinante für Berufsverläufe. Es ergeben sich dann – wie Richard Easterlin gezeigt hat – unterschiedliche Chancen und Risiken, und zwar je nach konjunktureller Phase, je nach Arbeitskräfteüberschuß oder -mangel (Stichwort Babyboomer) sowie je nach spezifischer Wirtschaftsverfassung. Mitglieder geburtenstarker Jahrgänge sind einer größeren Konkurrenz um die zur Verfügung stehenden Bildungs- und Arbeitsplätze ausgesetzt als Mitglieder geburtenschwacher Jahrgänge.

2. Der Zusammenhang von ökonomischen und familialen Generationen wird deutlich, wenn man sich die Folgen von staatlichen Umverteilungsregimes vor Augen hält. Es wird oft argumentiert, die Verlagerung von bislang der Familie zugeschriebenen Aufgaben zum Staat – etwa durch die Renten- und neuerdings durch die Pflegeversicherung – habe die Familie geschwächt: Je mehr vom Staat geregelt und geleistet werde, desto weniger könne sich die Familie als eigenständiges System behaupten. Im Gegensatz dazu kann man jedoch die These aufstellen, daß der öffentliche Generationenvertrag die innerfamilialen Bindungen tatsächlich fördert. Durch die öffentlichen Transfers wird die Familie entlastet, wodurch die familialen Generationenbeziehungen konfliktärmer und stabiler werden; zugleich werden damit Ressourcen bereitgestellt, die von der Familie zu neuen Leistungen genutzt werden können.

Der Zusammenhang zwischen familialen und politischen Generationen kann in beide Richtungen gehen. Es stellt sich z. B. die Frage, inwiefern politische Generationenkonflikte auch (oder primär) familiale sind. Es gibt Ansätze, die die 68er-Generation in diesem Sinne als im Kern familialen Generationenkonflikt interpretieren – eine Erklärung, die für die Soziologie allerdings leicht den Geruch der Psychologisierung bekommt und ihr deshalb suspekt ist. Und umgekehrt: Inwiefern sind familiale Generationenkonflikte auch (oder primär) politische? Hier ist in Deutschland insbesondere die Forschung über die familiale Thematisierung der nationalsozialistischen Vergangenheit einschlägig.

Der spezifische „Zeitgeist", den die „68er" einerseits mitgeprägt haben und dem sie andererseits selbst unterworfen waren, hat entscheidend zur Ausbildung ihrer Weltsichten und Verhaltensweisen beigetragen. Damit werden auf gesamtgesellschaftlicher Ebene ausgetragene Konflikte durchaus in offene Auseinandersetzungen oder unausgesprochene Entfremdungen zwischen Eltern und Kindern überführt. Es ist denkbar, daß es hier eher um Verbindungen zwischen familialen und kulturellen als zwischen familialen und politischen Generationen geht – nämlich insofern, als die Konflikte sich eher um den freieren Lebensstil der Kinder denn um die belastete Vergangenheit der Eltern dreh(t)en.

Der Zusammenhang zwischen politischen und ökonomischen Generationen schließlich läßt sich durch die zuweilen vorgebrachte These verdeutlichen, die 68er-Bewegung sei im Kern ein Kampf um bessere Erwerbschancen und dami0t ein Wohlfahrtskonflikt (mit für die 68er erfolgreichem Ausgang) gewesen. Auch wenn man dieser These nicht zustimmt, kann man Anzeichen dafür finden, daß der politische Generationenkonflikt sich zunehmend zu einem Verteilungskonflikt zwischen Wohlfahrtsgenerationen (etwa um sozialstaatliche Leistungen) wandelt. Ein solcher ökonomischer Generationenkonflikt kann umgekehrt auch zu neuen politischen Konfliktformen führen, etwa zur Entstehung von altersbezogenen Bewegungen und Parteien.

Prof. Dr. Martin Kohli, Dr. Marc Szydlik, Freie Universität Berlin, Institut für
Soziologie, Babelsberger Straße 14–16, D-10715 Berlin

Zur Konstitution eines historischen Generationenzusammenhangs

GABRIELE ROSENTHAL

„Dem theoretischen Konzept Karl Mannheims zufolge konstituiert sich eine Generation dann, wenn junge Menschen zwischen 17 und 25 Jahre ein gesellschaftlich bedeutsames Ereignis erleben" schreibt Horst-Alfred Heinrich (1996: 69). In diesem Zitat wird ein für heute typisches verkürztes Verständnis des Mannheimschen Generationskonzept deutlich. Diese Definition der Konstitution eines Generationszusammenhangs beinhaltet folgendes:

1. Eine Beschränkung auf die Jugendphase als prägend für eine Generation,
2. die Beschränkung auf ein gesellschaftlich bedeutsames Ereignis und nicht auf das Wie des Erlebens eines bzw. mehrerer Ereignisse oder auch historischer Phasen,
3. die Konzentration auf das Ereignis statt auf seine Verarbeitung, d. h. auf die nachträglichen Reinterpretationen bis hin zu einer aufgrund von Reinterpretationsprozessen nachträglich gewonnenen Bedeutsamkeit eines historischen Ereignisses bzw. einer Phase.
4. Des weiteren fehlt in dieser Definition die Bedeutsamkeit der Interaktion mit anderen historischen oder auch familialen und gesellschaftlichen Generationen bei der Konstitution einer Generation.

Die in der Literatur fast durchgängig geteilte Ansicht, für die Bildung eines Generationszusammenhangs seien die formativen Jahre während der Jugend entscheidend, hat methodisch zur Folge, daß damit eine empirisch geerdete Konzeptionsentwicklung vermieden werden kann. Indem bei den einzelnen Jahrgängen überprüft wird, welche bedeutsamen historischen Großereignisse sie während der Jugendphase erlebt haben, können Generationen am Schreibtisch entworfen werden. So findet man immer wieder Generationskonzepte, bei denen entsprechend der historischen Großereignisse während der Jugendphase Generationen benannt werden. Henk A. Becker (1989) z. B. entwirft eine Vorkriegsgeneration, unter die er die recht divergenten lebensgeschichtlichen Verläufe der ab 1910 Geborenen bis hin zu den jüngsten Jahrgängen der in der Hitlerjugend sozialisierten 1930 Geborenen subsumiert, die alle ihre formativen Jahre in der Wirtschaftskrise der dreißiger Jahre erlebt haben sollen. Die methodischen Implikationen einer Konzentration auf die Ereignisse unter Ausblendung des „Wie des Erlebens" wird sehr augenfällig bei der empirischen Untersuchung von Horst-Alfred Heinrich. Er fragte seine Interviewpartner nach den zwei persönlich bedeutendsten zeithistorischen Ereignissen und kommt zu dem empirischen Ergebnis, daß durch alle Jahrgänge hinweg gehäuft das Kriegsende 1945 genannt wird. Der Autor folgert daraus, „daß gesamtgesellschaftlich erlittene traumatisierende Erfahrungen generationsübergreifend wahrgenommen werden" und dies „die Aussagekraft der Theorie einschränkt" (1996: 69).

Der Abgrenzung von derartigen vereinfachenden Konzeptionen sei nun Genüge getan. In Anlehnung an Karl Mannheim und vor allem ausgehend von den Ergebnissen meiner empirischen Analysen (Rosenthal 1997) möchte ich folgende Annahmen zur Bildung historischer Generationszusammenhänge formulieren:

1. Nicht immer kommt es zur Bildung eines Generationszusammenhangs.
2. Die Lebensphase, in der konstitutive Erlebnisse gemacht werden, kann von der frühen Kindheit bis ins spätere Erwachsenenalter reichen. So sind die Angehörigen der Geburtsjahrgänge 1939–1945, die Generation der Kriegskinder, insbesondere durch ihre Erlebnisse während der frühen Kindheit im Zweiten Weltkrieg (Abwesenheit der Väter, Parentifizierung durch die Mütter und traumatische Kindheitserlebnisse während des Krieges) als Generation konstituiert. Für ihre Eltern hingegen, die Weimarer Jugendgeneration (ca. die Jahrgänge 1906–1920) war die historische Konstellation während des jungen und mittleren Erwachsenenalters, d. h. ihre Lebenssituation im Krieg, generationsbildend und weniger die Phasen davor. Ob und wann, in welcher Lebensphase sich also eine Generation konstituiert, ist je nach historischer Phase unterschiedlich.
3. Das „Wie des Erlebens" ist für die Bildung eines Generationszusammenhangs entscheidend – oder, in der Formulierung Karl Mannheims, daß das Erleben von „derselben Art der Bewußtseinsschichtung" aus erfolgt. Das Erleben von Situationen ist davon abhängig, in welcher sequentiellen Gestalt von Erlebnissen und zu welchem Zeitpunkt im Lebenslauf sie auftreten. So mag der Zusammenbruch des Nationalsozialismus 1945 zwar für die Angehörigen der unterschiedlichsten Jahrgänge von erheblicher Signifikanz sein, dennoch unterscheidet sich die Bedeutung dieses historischen Ereignisses für einen 17jährigen Hitlerjungen wohl ganz erheblich von der Bedeutung für eine 45jährige Frau und Mutter, deren Mann in Gefangenschaft ist.
4. Für eine Generation konstitutiv sind nicht nur gemeinsam prägende Erlebnisse oder Lebensphasen während des Erlebens, sondern auch deren Reinterpretationen, die jederzeit im Lebenslauf erfolgen bzw. durch bestimmte spätere Ereignisse und Phasen ausgelöst werden können.

5. Erleben und Reinterpretationsprozesse vollziehen sich in der Interaktion mit anderen – und dies heißt auch mit Angehörigen anderer Generationen. Die ältere Generation als Generation tritt dabei der jüngeren Generation nicht einfach gegenüber, vielmehr finden Reinterpretationsprozesse in der Interaktion mit der jüngeren Generation statt, in der interaktiv ausgehandelt wird, welche Abschnitte des Lebens der älteren Generation für den intergenerationellen Dialog von Relevanz sind, welche nicht und wie darüber gesprochen wird. Dies kann dazu führen, daß die Generation sich als Generation eben nicht nur durch ihre gemeinsam prägenden Erfahrungen konstituiert, sondern daß die Erfahrungen erst im Nachhinein durch den intergenerationellen Dialog bedeutsam werden.
6. Der Dialog in der Familie und die Abfolge historischer Generationen in der Familie ist sehr entscheidend für die Konstitution der Generationen und ist dabei von Generation zu Generation unterschiedlich. Bei den Angehörigen der Jahrgänge 1930–1939 zeigt sich die Bedeutsamkeit der Interaktion zwischen den Generationen ganz besonders (Rosenthal 1998).

Zusammenfassend: Die konstitutiven Faktoren bei der Bildung von Generationszusammenhängen unterscheiden sich von Generation zu Generation. So können wir weder von einer bestimmten generationsbildenden Phase im Leben einer Generation ausgehen, noch von einer generellen Bedeutung der Eltern- oder Großelterngeneration. Mag sich bei einer Generation insbesondere das innerfamiliale Beziehungsfeld zwischen den Generationen generationsbildend ausprägen, so können es bei einer anderen Generation außerfamiliale Erfahrungen sein, wie z. B. das Erleben eines Krieges als Soldat oder als Zivilistin. Dies nun erfordert eine empirisch geerdete Konzeption von Generationen.

Literatur:
Rosenthal, Gabriele (1997): Zur interaktionellen Konstitution von Generationen. Generationenabfolgen in Familien von 1890–1970 in Deutschland. In: J. Mansel / G. Rosenthal / A. Tölke (Hrsg.): Generationen-Beziehungen, Austausch und Tradierung. Opladen: 57–73
Rosenthal, Gabriele (1998): Die Kinder des „Dritten Reiches": Sozialisiert im familialen Rechtfertigungsdialog. In: Hamburger Institut für Sozialforschung (Hrsg.): Besucher einer Ausstellung. Hamburg: 116–140
Heinrich, Horst-Alfred (1996): Zeithistorische Ereignisse als Kristallisationspunkte von Generationen. Replikation eines Meßinstrumentes. In: Zuma Nachrichten, 39. Jg.: 69– 94
Becker, Henk A. (1989): Generationen, Handlungsspielräume und Generationpolitik. In: Weymann, A. (Hrsg.): Handlungsspielräume. Stuttgart: 76–89

PD Dr. Gabriele Rosenthal, Boddinstr. 10, D-12053 Berlin

Wohlfahrtsstaatliche Generationen

LUTZ LEISERING

Der Sozialstaat als neue Determinante von Generationenlagen
Einschneidende wirtschaftliche Ereignisse prägen die Gestalt einer Generation. Wir sprechen von der „Wirtschaftswundergeneration" oder, so Glen Elder in seiner bahnbrechenden Studie von 1974 für die USA, von den „children of the great depression". Auch politisch-kulturelle Konstellationen können Generationen konstituieren, so im Fall der „skeptischen Generation" (Schelsky) und der „68er" (Bude 1995). Auch Karl Mannheims Generationenbegriff richtete sich wesentlich auf ideelle und kulturelle Aspekte, auf das, was er (1928) den „Generationsstil" nannte. Von den „Kindern der großen Rentenreform 1957" wird dagegen nicht gesprochen, obwohl die Folgen dieser Reform für die Lebensperspektive der Menschen nicht weniger einschneidend waren und sind. Mit dieser Reform wurde die jahrhundertealte Verknüpfung von Alter und sozialem Abstieg in Deutschland erstmals durchbrochen. Generell gibt es keine geläufigen Charakterisierungen von Generationen, die sich an wohlfahrtsstaatlichen Ereignissen und Wirkungen festmachen. In den 80ern und 90ern, so die These meines Beitrags, dringen jedoch Vorstellungen „wohlfahrtsstaatlicher Generationen" in den politischen Diskurs der Bundesrepublik Deutschland ein. Wohlfahrtsstaatlich geschaffene Lebensbedingungen und Handlungsorientierungen sind zu einem maßgeblichen Teil der Mannheimschen „Generationenlagerung", der einer Generation gemeinsamen historisch-sozialen Wirklichkeit, geworden.

Zur sozialen Konstruktion einer sozialstaatlichen Verlierergeneration
Der Sozialstaat wurde erst in den 60er Jahren zu einem selbstverständlichen Teil der gesellschaftlichen Wirklichkeit des jungen Nachkriegsdeutschlands, mit gesicherten institutionellen Grundlagen und weitreichender Akzeptanz. In der Mitte der 90er Jahre ist dies fraglich geworden. Insoweit könnte man die durch den Sozialstaat der 60er, 70er und 80er Jahre materiell wie kulturell geprägte Generation als „sozialstaatliche Generation" bezeichnen. Es war eine Gewinnergeneration, insofern als in diesem Zeitraum im großen und ganzen alle gesellschaftlichen Gruppen vom Sozialstaat profitierten. Diese Generation hat den ihr folgenden Generationen eine immense Staatsverschuldung hinterlassen, die wesentlich als Erblast des Sozialstaats gedeutet wird. Diese werden dadurch zu Verlierergenerationen, die mit Sozialstaatlichkeit nicht primär eine Ausweitung sozialer Teilhabemöglichkeiten verbinden, sondern den Kampf mit fiskalischen Engpässen und mit dem Leistungsabbau. Hierzu trägt auch der demographische Wandel bei, der dazu führt, daß junge Menschen steigende Beiträge zahlen müssen, aber für später nur mit einer mageren Rente rechnen, was sie als ungerecht empfinden. Hieraus

folgern einige Politiker, daß die Beiträge der Jungen zu senken seien, wobei eine Schlechterstellung der Rentner in Kauf genommen wird. In der 1997 verabschiedeten Rentenreform '99 war eine (durch die neue Regierung 1998 suspendierte) Senkung des Rentenniveaus auf 64 % im Jahre 2030 vorgesehen. Selbst die SPD verspricht, wenn man genau hinhört, nur eine eingeschränkte Rücknahme dieser Maßnahme. Die Definition der heute jungen Menschen als (benachteiligte) sozialstaatliche Generation durch sie selbst und durch Politiker fungierte dabei als Vehikel, um die Rücknahme einer der großen sozialpolitischen Grundsatzentscheidungen der Nachkriegszeit, die Gleichstellung alter Menschen durch Renten auf Lohnersatzniveau, zu rechtfertigen (Leisering 1996). Die davon im Alter selbst betroffene heute junge Generation setzt darauf, dies durch private Vorsorge auszugleichen.

Kohortendifferenzen im Sozialstaat werden also als soziale Ungleichheit und Ungerechtigkeit interpretiert, teilweise sogar als latenter oder offener Kampf zwischen Verlierer- und Gewinnergenerationen: In der sozialwissenschaftlichen Literatur gibt es Versuche, die Benachteiligung der nachwachsenden Kohorten in der Rentenversicherung den derzeit älteren (Gewinner-)Kohorten kausal zuzurechnen, also als Ergebnis einer Handlungsstrategie zu deuten. So werden politische Sanktionen gegen die „Tätergenerationen" begründet (von Nell-Breuning 1981, Dinkel 1986, Thomson 1989; s. Leisering 1992). Wenn z. B., wie in der BRD in den letzten Jahrzehnten geschehen, die Erwerbsquote verheirateter Frauen zunimmt, die durchschnittliche Kinderzahl aber abnimmt, so senken diese Kohorten in ihren mittleren Jahren ihre Beitrags- und Erziehungsbelastung bei gleichzeitiger Erhöhung ihrer Rentenansprüche im Alter gegenüber einer dann dünner besetzten Schicht von Beitragszahlern. Dinkel (1986: 192, 211) spricht hier von „intergenerationaler Lastverschiebung" mit der Konnotation von Intentionalität.

Generationenwechsel im Sozialstaat – Legitimationskrise oder Innovationschance?

Erst die langanhaltende Entwicklung des Sozialstaats in der über 50jährigen Friedensperiode nach dem 2. Weltkrieg hat dazu geführt, daß unterschiedliche Kohorten unterschiedliche Erfahrungen mit dem Sozialstaat machen konnten und daß dies bewußt wurde. Damit ist der Sozialstaat als neues Element der Formierung und Differenzierung von Generationen hervorgetreten und verschärft das von Mannheim sogenannte „Problem der Generationen". Inwieweit das teilweise Selbstverständnis der heute jungen Generation als demographisch, fiskalisch und ökonomisch benachteiligte Sozialstaatsgeneration zu einer tiefergehenden Legitimationskrise des Sozialstaats führt, ist eine offene Frage. Die Infragestellung der überkommenen Institutionen könnte auch eine Innovationschance sein, ein Anstoß, die Ziele und Strukturen des Sozialstaats zu überdenken und den Vorstellungen einer Generation anzupassen, für die die tradierten sozialpolitischen Überzeugungen sozialdemokratischer wie sozialkonservativer Provenienz an Verbindlichkeit verloren haben.

Literatur:
Bude, Heinz (1995): Das Altern einer Generation. Die Jahrgänge 1938 bis 1948. Frankfurt
Dinkel, Reiner (1986): Intergenerationale Verteilungswirkungen umlagefinanzierter Rentenversicherungssysteme. In: Deutsche Rentenversicherung: 174–212
Elder, Glen (1974): Children of the Great Depression. Chicago
Leisering, Lutz (1992): Sozialstaat und demographischer Wandel, Frankfurt
Leisering, Lutz (1996): Alternde Bevölkerung – veraltender Sozialstaat? Demographischer Wandel als „Politik". In: Aus Politik und Zeitgeschichte, Beilage zur Wochenzeitung Das Parlament, B 35/96, 23.8.1996: 13–22
Mannheim, Karl (1928): Das Problem der Generationen. Abgedruckt in: Heinz Maus / Friedrich Fürstenberg (Hrsg. 1970): Wissenssoziologie, Darmstadt: 509–565
Nell-Breuning, Oswald von (1981): Drei Generationen in Solidarität. Rückbesinnung auf den echten Schreiber-Plan. In: ders. / Cornelius Fetsch (Hrsg.): Drei Generationen in Solidarität. Köln: 27–53
Thomson, David (1989): The Welfare State and Generation Conflict: Winners and Losers. In: Paul Johnson u. a. (Hrsg.): Workers versus Pensioners, Intergenerational Justice in an Ageing World. Manchester/New York: 33–51

PD Dr. Lutz Leisering, Universität Bremen, Sonderforschungsbereich 186, Postfach 33 04 40, D-28334 Bremen

Ältere Menschen und ihre erwachsenen Kinder – Bilanz und Perspektiven familialer Hilfe- und Transferbeziehungen

HARALD KÜNEMUND / ANDREAS MOTEL

Die demographischen Veränderungen – vor allem die steigende Zahl der Älteren, ihr steigender Anteil an der Bevölkerung und die Zunahme der durchschnittlichen Lebenserwartung – werden oft als Argument für einen Ab- oder Umbau des Wohlfahrtsstaates herangezogen: Immer mehr Leistungsempfängern stünden immer weniger Beitragszahler gegenüber, so daß das gegenwärtige Niveau wohlfahrtsstaatlicher Transfers in Zukunft nicht zu halten sei. Entsprechend müsse das Leistungsniveau reduziert werden, um die Lohnnebenkosten nicht weiter in die Höhe zu treiben und weitere Eskalationen zu vermeiden.
Der „Generationenvertrag" wird in diesem Zusammenhang meist einseitig – nämlich mit alleinigem Blick auf die öffentlichen Transferleistungen *an* die Älteren – problematisiert. Weitgehend unberücksichtigt aber bleiben die Leistungen der Älteren selbst.

Die wohlfahrtsstaatliche Umverteilung von den Erwerbstätigen zu den Rentnern und Pensionären schafft Freiräume und stellt Ressourcen bereit, die z. B. durch ehrenamtliche Tätigkeiten, Pflege, (Enkel-)Kinderbetreuung, informelle Unterstützungsleistungen und private finanzielle Transfers auch den Jüngeren wieder zugute kommen. Wir haben an anderer Stelle bereits gezeigt, daß der Gegenwert der Leistungen, die die 60–85jährigen in den Tätigkeitsfeldern Pflege, Ehrenamt und Enkelkinderbetreuung erbringen, ungefähr 80 Milliarden DM pro Jahr beträgt, was rund 20 Prozent der jährlichen Zahlungen aller gesetzlichen Altersversorgungssysteme entspricht (Künemund 1998). An dieser Stelle gehen wir auf die finanziellen Transfers und instrumentellen Unterstützungsleistungen im Haushaltskontext ein, die von Personen im Ruhestand für ihre Kinder erbracht werden bzw. die Personen im Ruhestand von ihren Kindern erhalten. Die Datengrundlage bildet der Alters-Survey[1], eine repräsentative Befragung von knapp 5.000 40–85jährigen in der Bundesrepublik (Dittmann-Kohli et al. 1995). Wir beschränken uns auf jene Personen mit Kindern, die zum Zeitpunkt der Befragung 55 bis 85 Jahre alt waren und sich in der nachberuflichen Lebensphase befanden, d. h. die überwiegend als Empfänger von Leistungen des öffentlichen Generationenvertrags gelten können.

Rund 27 Prozent der Ruheständler gaben in den letzten zwölf Monaten vor der Befragung Geld- und Sachleistungen an ihre erwachsenen Kinder. Die materiellen Transfers der Kinder an die Älteren fallen dagegen kaum ins Gewicht – nur drei Prozent der Ruheständler erhalten private Geld- oder Sachleistungen von ihren Kindern. Der Sozialstaat ist insofern sehr erfolgreich – die Kinder müssen nur in Ausnahmefällen ihre Eltern finanziell unterstützen, und die Älteren können im Gegenteil aus ihren laufenden Einkünften oder ihrem Ersparten den Kindern unter die Arme greifen.

Ganz anders sieht es bei den instrumentellen Hilfen aus – hier sind die Ruheständler überwiegend in der Empfängerposition: 22 Prozent erhalten solche Leistungen von den Kindern, nur zehn Prozent unterstützen ihre Kinder bei Arbeiten im Haushaltskontext. Fassen wir beide Unterstützungsformen zusammen und bilanzieren diese, so erweisen sich die Ruheständler in den privaten Generationenbeziehungen dennoch vor allem als Geber – nur zwölf Prozent von ihnen erhalten ausschließlich Transfers oder Hilfen von den Kindern, aber 22 Prozent unterstützen ihre erwachsenen Kinder finanziell oder instrumentell ohne entsprechende Gegenleistungen. Weitere elf Prozent der Älteren tauschen solche Leistungen mit ihren Kindern. Lediglich bei den über 80jährigen übersteigt der Anteil der Empfänger jenen der Geber, vor allem aufgrund des höheren Anteils Hilfe- und Pflegebedürftiger.

Multivariate Analysen der Bestimmungsgründe und Motive solcher Unterstützungsleistungen zeigen auf Seiten der materiellen Transfers eine starke Bedeutung der wirtschaftlichen Ressourcen der Geber und der Bedarfslagen der Empfänger, auf Seiten der instrumentellen Unterstützungen Bedarf auf Grund subjektiv schlechter Gesundheit oder Alleinleben im Alter. Grundsätzlich aber spielen auch Reziprozität sowie die Zuneigung eine große, eigenständige Rolle, während eine normative Hilfeverpflichtung lediglich einen Einfluß auf die Vergabe von materiellen Transfers, nicht aber auf die Vergabe instrumenteller Unterstützungen hat. Unsere Berechnungen zeigen also, daß den Vergaben überwiegend eine Mischung von ökonomischen und sozialen Voraussetzungen und Motiven zugrunde liegt, sie aber nicht allein z. B. altruistisch motiviert sind. Wir ziehen daher aus unseren Analysen folgenden Schlußfolgerungen:

- Die Älteren sind nicht nur passive Empfänger von sozialstaatlichen und privaten Transfers, sondern sie treten auch häufig als Unterstützungsleistende innerhalb der Familie auf.
- Ausschlaggebend für die intergenerationellen familialen Unterstützungsleistungen sind Kombinationen von Motiven, nicht allein Altruismus oder normative Verpflichtungen. Insofern kann der Ausbau wohlfahrtsstaatlicher Leistungen kaum zu einer Verdrängung familialer Solidarität geführt haben (ausführlich: Künemund/Rein 1999): Im Gegenteil gehen wohlfahrtsstaatliche Unterstützungsleistungen für die Älteren eher mit einer Verbesserung der intergenerationellen familialen Beziehungen einher.
- Die relative gute Absicherung der Älteren durch den Wohlfahrtsstaat befreit die Kinder weitgehend von der Notwendigkeit, ihre alten Eltern finanziell zu unterstützen. Wir können also im Gegensatz zu den Verfechtern eines schlankeren Sozialstaats, die sich von Kürzungen im Bereich der wohlfahrtstaatlichen Versorgung der Älteren und einer Rückverlagerung der Verantwortung in die Familien Vorteile gerade für die Jüngeren versprechen, vermuten, daß (1.) die familialen intergenerationellen Beziehungen unter solchen Kürzungen leiden, (2.) die Älteren weniger Vergaben an die Kinder leisten und sie (3.) im Gegenzug weniger instrumentelle Unterstützung von ihren Kindern erhalten würden, während (4.) ihre ökonomische Bedürftigkeit wachsen würde und sie ggf. finanzieller Unterstützung durch die Kinder bedürften.
- Wir konnten an dieser Stelle nicht im Detail auf die konkreten Verteilungswirkungen privater Transfers eingehen. Aufgrund eigener weitergehender Analysen (Motel/ Szydlik 1999) nehmen wir aber begründet an, daß von einer Absenkung des Sicherungsniveaus im Alter insbesondere Kinder und Eltern in schlechteren ökonomischen Positionen betroffen wären, während die finanziell Bessergestellten weiter auf die Effekte der Austauscherwartungen bzw. Reziprozität und auf weniger belastete Familienbeziehungen bauen könnten; d. h. die sozialen Ungleichheiten würden nicht nur unter den Ruheständlern tendenziell zunehmen – auch die Kindergeneration wäre hiervon betroffen.

Anmerkung:
1 Der Alters-Survey wurde unter der Leitung von Martin Kohli und Freya Dittmann-Kohli von der Forschungsgruppe Altern und Lebenslauf (Berlin) und der Forschungsgruppe Psychogerontologie (Nijmegen) in Kooperation mit infas-Sozialforschung (Bonn) durchgeführt und mit Mitteln des Bundesministeriums für Familie, Senioren, Frauen und Jugend gefördert.

Literatur:
Dittmann-Kohli, Freya / Kohli, Martin / Künemund, Harald (1995): Lebenszusammenhänge, Selbstkonzepte und Lebensentwürfe. Die Konzeption des Deutschen Alters-Survey. Forschungsgruppe Altern und Lebenslauf (FALL), Forschungsbericht 47. Berlin: Freie Universität
Künemund, Harald (1998): „Produktive" Tätigkeiten in der zweiten Lebenshälfte. In: Martin Kohli / Harald Künemund (Hrsg.): Die zweite Lebenshälfte – Gesellschaftliche Lage und Partizipation. Ergebnisse des Alters-Survey, Band I. Berlin: Freie Universität: 325–374
Künemund, Harald / Rein, Martin (1999): There is more to receiving than needing: Theoretical arguments and empirical explorations of crowding in and crowding out. In: Ageing and Society, 19: 93–121
Motel, Andreas / Szydlik, Marc (1999): Private Transfers zwischen den Generationen. Erscheint in: Zeitschrift für Soziologie, Jg. 28: 3–22

Dr. Harald Künemund, Andreas Motel, Freie Universität Berlin,
Institut für Soziologie, Forschungsgruppe Altern und Lebenslauf (FALL),
Babelsberger Str. 14–16, D-10715 Berlin

Die Ambivalenz von Generationenbeziehungen

KURT LÜSCHER

Einleitung

Im Zentrum meines Vortrages steht der Vorschlag, Generationenbeziehungen unter der Annahme zu analysieren, daß sie Ambivalenzen implizieren und generieren. Diese Einsicht ist nicht neu, sondern gehört in einer allgemeinen Form zu den alten Weisheiten der Menschen. Doch in der sozialwissenschaftlichen Forschung ist sie eher implizit als explizit enthalten. Darauf zurückzugreifen scheint mir ein Beitrag zu sein, um der Forderung zu genügen, die in verschiedenen neuen Forschungssichten erhoben ist, etwa von Lye (1996): „The most pressing need for future research is the development of new theoretical formulations."

Eine kritische Sichtung der Literatur (vgl. Lüscher/Pillemer 1998) zeigt, daß in der neueren Generationenforschung überwiegend das Konzept der *Solidarität* verwendet worden ist. Es stellt die Funktion der Integration durch Generationenbeziehungen ins Zentrum und weist dementsprechend eine Tendenz zur präskriptiven Idealisierung dieser Beziehungen auf. Parallel dazu gibt es aber auch eine Forschung, welche auf Konflikte, Spannungen und sogar Mißhandlungen in den Generationenbeziehungen hinweist. Mittels des Konzeptes der Ambivalenz ist es möglich, die scheinbar widersprüchlichen Forschungsbefunde in einen größeren Rahmen zu stellen, indem gezeigt wird, daß die für die Beziehungen als inhärent angenommenen Ambivalenzen auf je unterschiedliche Weise gestaltet werden können.

Prämissen

a) **Generationen**: Ausgehend von der Etymologie des Begriffes der Generation – die auf „Folge" und „Erneuerung" verweist – und von den damit angesprochenen anthropologischen Sachverhalten wird vorgeschlagen, für die Analyse familialer Generationenbeziehungen *zwei Dimensionen* zu berücksichtigen, eine *subjektiv* interpersonelle und eine *institutionelle*. Ferner sind die fundamentalen Gemeinsamkeiten und die Unterschiede zu bedenken, die zwischen den Generationen im Hinblick auf praktische Erfahrungen und Handlungen bestehen. Diese komplexe zeitliche Struktur wird durch das Diktum der „Gleichzeitigkeit des Ungleichzeitigen" angesprochen. Unter allgemeinen theoretischen Gesichtspunkten gibt es somit grundlegende Aspekte, die auf *potentielle* Ambivalenzen hinweisen.

b) **Ambivalenz**: Der Begriff der Ambivalenz dient in der gehobenen *Umgangssprache* dazu, um Zwiespältigkeiten, innere Konflikte, namentlich auf der Ebene der Gefühle, zu bezeichnen. Die Anfänge einer präzisen, analytischen Umschreibung finden sich in der *Psychiatrie* und gehen auf Bleuler (1911) zurück. Freud griff das Konzept auf und verwertet es mindestens in dreierlei Hinsicht, nämlich zur Kennzeichnung der Eltern-Kind-Beziehungen, zur Beschreibung der Beziehungen zwischen Therapeut und Patient sowie im Rahmen seiner kulturkritischen Analysen. Mitte der 60er Jahre setzte eine *soziologische* Rezeption ein, namentlich in einem Kreis um Merton, Barber und Coser. Schließlich wurde in den 90er Jahren das Konzept erneut aufgegriffen, so im deutschen Sprachraum durch Luthe/Wiedemann (1997), ferner mit besonderem Nachdruck im *Postmodernismus* (z. B. Baumann 1995). Ebenfalls unter allgemeinen gesellschaftstheoretischen Gesichtspunkten sind die Analysen der ambivalenten Struktur der Kategorie des Geschlechts im *Feminismus* wichtig. Aktuell hat schließlich Smelser (1998) das Postulat der Ambivalenz demjenigen von „rational choice" gegenübergestellt.

Vor dem Hintergrund dieser Literatur schlage ich für die soziologische Analyse folgende *Definition* vor: Von Ambivalenzen soll in sozialwissenschaftlichen Analysen die Rede sein, wenn Polaritäten des Fühlens, des Denkens, des Handelns, ferner Widersprüche in sozialen Beziehungen und Strukturen sowie in den sich daraus ergebenden personalen und gesellschaftlichen Entwicklungen als prinzipiell unauflösbar interpretiert werden.

Die Ambivalenz von Generationenbeziehungen
Auf der Basis der skizzierten konzeptuellen Überlegungen sowie einer Analyse der Literatur stelle ich ein Modell zur Analyse von Generationenbeziehungen vor. Es ist gekennzeichnet durch eine Unterscheidung zwischen der *institutionellen* und der *subjektiven* Dimension. In den Feldern, welche die Polaritäten dieser Dimensionen kennzeichnen, lassen sich Typen des Umgangs mit Ambivalenz unterscheiden.

Im Rahmen von Sekundäranalysen eines Projektes über Generationenbeziehungen unter Erwachsenen nach einer Scheidung wird gezeigt, daß sich in Bezug auf konkrete alltägliche Aufgaben unterschiedliche typische „Deutungsmuster" unterscheiden lassen. Diese lassen sich zu „Handlungsmaximen zusammenfassen. Auf dieser Basis wiederum können Thesen über Grundmuster der „gesellschaftlichen Beziehungslogik" postuliert werden. Schematisch ergibt sich folgendes Bild (für eine ausführliche Darstellung siehe Lüscher/Pajung-Bilger 1998):

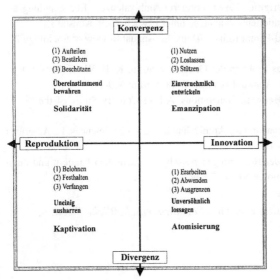

Lesehilfe: Die Antworten der Befragten über die Gestaltung der Generationenbeziehungen bezüglich finanzieller Transfers lassen sich dem Bedeutungsmuster „Aufteilen", „Nutzen", „Erarbeiten", „Belohnen" zuordnen. – Die Bedeutungsmuster zu den Bereichen (1) Transfers, (2) neue Partnerschaft und (3) Unterstützung geschiedener Väter lassen sich in der Maxime „Übereinstimmend bewahren" zusammenfassen. – Diese Maxime wird der gesellschaftlichen Beziehungslogik „Solidarität" zugeordnet.

Literatur:
Attias-Donfut, Claudine (1995): Le double circuit des transmissions. In: C. Attias-Donfut (Hrsg.): Les solidarités entre générations. Paris: 41–81
Bauman, Zygmunt (1995): Moderne und Ambivalenz. Frankfurt
Bengtson, Vern L. / Harootyan, R. A. (1994): Intergenerational Linkages: Hidden Connections in American Society. New York
Bleuler, E. (1911): Dementia Praecox oder die Gruppe der Schizophrenien. Leipzig
Coenen-Huther, Josette / Kellerhals, Jean / von Allmen, Malik (1994): Les réseaux de solidarité dans la famille. Lausanne
Cohler, Bertram J. / Grunebaum, Henry U. (1981): Mothers, Grandmothers, and Daughters. Personality and Childcare in Three-Generation Families. New York
Finch, Janet / Mason, Jennifer (1993): Negotiating Family Responsibilities. London
Hajda, J. (1968): Ambivalence and Social Relations. In: Sociological Focus Nr. 2: 21–28
Kohli, Martin et al. (1997): Generationenkonstellationen, Haushaltstrukturen und Wohnentfernungen. In: R. Becker (Hrsg.) : Generationen und sozialer Wandel. Opladen: 157–175
Lüscher, Kurt (1996): Solidarische Beziehungen: Das „neue" Problem der Generationen. In: K. Gabriel / A. Herlth / K. P. Strohmeier (Hrsg.): Modernität und Solidarität. Festschrift für Franz-Xaver Kaufmann. Freiburg: 59–77
Lüscher, Kurt / Pillemer, Karl (1998): Intergenerational Ambivalence: A New Approach to the Study of Parent-Child Relations in Later Life. In: Journal of Marriage and the Family Nr. 60: 413–425
Lüscher, Kurt / Pajung-Bilger, Brigitte (1998): Forcierte Ambivalenzen. Ehescheidung als Herausforderung an die Generationenbeziehungen unter Erwachsenen. Konstanz
Lye, Diane N. (1996): Adult Child-Parent Relationships. In: Annual Review of Sociology 22: 79–102
Mannheim, Karl (1928/1964): Das Problem der Generationen. In: K. H. Wolff (Hrsg.): Karl Mannheim. Wissenssoziologie. Auswahl aus dem Werk. Berlin: 509–565
Rein, Martin (1994): Solidarity Between Generations. A Five-Country Study of the Social Process of Aging. Wien
Smelser, Neil J. (1998): The Rational and the Ambivalent in the Social Sciences. In: American Sociological Review Nr. 63: 1–16
Szydlik, Marc (1995): Die Enge der Beziehungen zwischen erwachsenen Kindern und ihren Eltern. In: Zeitschrift für Soziologie Nr. 24: 75–94

Prof. Dr. Kurt Lüscher, Universität Konstanz, Sozialwissenschaftliche Fakultät, Fach D 33, D-78457 Konstanz

Grenzen und Grenzüberschreitungen in Liebesbeziehungen

Organisation: Kornelia Hahn / Günter Burkart

Einleitung

KORNELIA HAHN / GÜNTER BURKART

Das Thema dieser Ad-hoc-Gruppe fokussiert die Problematik der Grenzziehungen und Grenzüberschreitungen in Liebesbeziehungen. Dies kann unter verschiedenen Blickwinkeln geschehen:
In einer sozialstrukturellen Perspektive kann man die These formulieren, daß Intimität grenzenlos wird. Richard Sennett schrieb dazu: „Die Welt intimer Empfindungen verliert alle Grenzen; sie wird nicht mehr von einer öffentlichen Welt begrenzt, die eine Art Gegengewicht zur Intimität darstellen würde." (1983: 19) Dadurch verlieren Liebesbeziehungen als ehemals Bereich des Privaten par excellence ihre Abgrenzung gegenüber der öffentlichen Sphäre und werden zunehmend mit den dort geltenden Erwartungen wie Marktförmigkeit oder Gerechtigkeit konfrontiert.
Trotz aller Wandlungs- oder auch Auflösungstendenzen innerhalb von Intimbeziehungen sind dennoch soziale und kulturelle Grenzen von Paarbindungen noch beobachtbar. Empirische Evidenzen in bezug auf Homogamie und Heterogamie zeigen, daß diese bestimmten Mustern folgen, wobei offensichtlich alte Barrieren wie etwa Religion und ethnische Zugehörigkeit abgebaut, dafür aber neue, wie etwa Bildung, verstärkt worden sind. Darüber hinaus scheitern Liebesbeziehungen an den Grenzen zwischen sozialen Klassen und Milieus und kommen damit auch unter einem Liebesideal der frei wählbaren Bindung gar nicht erst zustande.
Kommt es aber auf der Interaktionsebene zur Konstitution des Beziehungstyps „Liebesbeziehung", ist ein Spiel mit normativen Grenzen und der Grenzüberschreitung des Normativen unter den Akteuren Voraussetzung. Erving Goffman wies darauf hin, daß das Werbeverhalten eine wohlgeordnete Aggression gegen die etablierte Ordnung der Geschlechter umfasse (1983: 176). Der Vorgang des „Sichverliebens" kann darüber hinaus als Konversion, Übergang oder auch Statuspassage aufgefaßt werden, der mit einer Transzendenz des Alltags, d.h. auch der Alltagserfahrung und der alltäglichen Sinnwahrnehmung, einhergeht. Diese Veränderung der Beziehung zur empirischen Welt ist mit religiösen Vorstellungen vergleichbar, wobei der Vergleich auch auf die Dimensionen Mystik, Passion und Leiden ausgedehnt werden kann: Die Liebe ist ebenso

wenig begründbar wie der Glaube an eine Gottheit, sondern verdankt sich – nach Simmel – der Gnade unberechenbarer Mächte (1983: 20f.). Eine These in diesem Zusammenhang ist auch: Wenn Religion und Sozialismus als Utopien abgedankt haben – eignet sich dann vielleicht die Liebe? Diese Aspekte verweisen gleichwohl auch auf Paradoxien und Spannungen, deren kulturelle Einbindungen und soziale Konsequenzen in den Referaten ausgelotet werden soll.

Nicht zuletzt wollten wir die Grenzüberschreitung auch im Sinne eines transnationalen und multikulturellen Diskussionsrahmens interpretieren.

Literatur:
Goffman, Erving (1983): Wir alle spielen Theater. München/Zürich
Sennett, Richard (1983): Verfall und Ende des öffentlichen Lebens: Die Tyrannei der Intimität. Frankfurt
Simmel, Georg (1983): Philosophische Kultur. Über das Abenteuer, die Geschlechter und die Krise der Moderne. Gesammelte Essais. Berlin

Dr. Kornelia Hahn, Universität Bonn, Seminar für Soziologie, Adenauerallee 98a, D-53113 Bonn

Prof. Dr. Günter Burkart, Pädagogische Hochschule Freiburg, Institut für Sozialwissenschaften, Kunzenweg 21, D-79117 Freiburg

The rational and the irrational in the bi-cultural love relationships

GABRIELLE VARRO

Does (ir)rationality plays a greater or lesser role than in other relationships? Do we agree that bi-cultural love relationships are a distinct category in the first place?
Leaving love relationships per se aside (a subject far too vast), I will mention some of the relevant literature in French bearing specifically on bi-cultural love relationships. I will then consider some new data from recent interviews. These will hopefully give us some new insights into an old problem.
What does the literature say? Authors writing about love and transfiguration consider only Man, Woman, Couples. In the Rougemont (1939) classic, there is no reference to anything specific, and Tristan and Isolde's origins hardly matter: courtly love knows

no boundaries, no horizon except death. Love transcends all, and books that deal with Love and Passion are above such differences that make up what we call „a mixed couple".

The social scientist – demographer – who in France first systematized the question of mate selection (Girard 1964), studied a large sample of the population in 1959 and confronted his results with earlier American studies. The main consequence was that homogamy was established as the norm, and heterogamy and mixed marriage as the exceptions. Differences in social classes, professional occupations, educational levels, age, etc. (heterogamy) may or may not disrupt otherwise „ordinary" couples, but it is taken for granted that certain parameters, such as different religions, nationalities, etc., will produce specific (and problematic) relationships. Both heterogamy and mixed marriage are commonly interpreted as difficult for the individuals involved (and their children), but there is an important objective social difference between the two: the possibility of exerting political control over marriages involving citizens and foreigners, especially those who happen to be in the immigrant category (IAF 1986), doubtless explains the greater attention afforded „mixed" couples by social scientists and the media today. „A mixed marriage is one in which one spouse is French, the other a foreigner" (INSEE 1994: 32). The number of these statistically exceptional couples is growing: „In spite of the overall drop in the number of marriages in France, the number of unions including a foreign spouse has risen, especially between 1988 and 1991 ... from 8 % to 14.5 % ...".

Several sociologists, social-psychologists and psychoanalysts have written about love and sex, but since their scope also has been largely universal, bi-cultural or mixed situations apparently are thought not to differ significantly from others, except when legislation reflects a totalitarian or racist régime (Hendrickx et al. 1994). Even barring extreme situations of apartheid, however, mixed couples have often been socially set apart. Two novels illustrate this: in „Agar" by Memmi (1955), a Jewish Tunisian and his Catholic Alsacian wife *internalized* the notion of forbidden spouse to such a point that they destroyed their own love and marriage. „Elise ou la vraie vie" by Etcherelli (1967) is about a French woman and an Algerian factory worker, during the Algerian war in France. The obstacle there was *external*, not personal feelings of guilt, but the powerfully racist social and political forces surrounding them. It is quite clear in both cases that what made the relationship „impossible" were severe psychological, sociological or political factors. What's more, the symbolic value placed on national, religious, social and cultural and other group affiliations and loyalties („identities"), irrational by definition, aggravates these factors, and keeps couples on the defensive (Philippe et al. 1998).

All attempts at explaining *why* people choose a foreign – „forbidden" – spouse prove that bi-cultural love relationships are indeed perceived by some as a distinct phenomenon. The question of rationality frequently arises concerning mixed couples, when

their entourage is sceptical: „How can they possibly think they will make a go of it?" Yet, being a mixed couple can also become an excellent alibi, a way of rationalizing when things go wrong, even if the reasons given are purely imaginary: „because he's German", „because she's French", etc. (Varro / Gebauer 1997).
How do individuals today analyze bi-cultural love relationships? I recently interviewed two young people on this subject. Christine B., 26, French, presently living alone, spoke about her relationship with a German boy when she was 18. She began by saying „One is more irrational at that age", which shows that having an affair with a foreigner is automatically seen as irrational. It was also „very romantic": they met in Budapest in 1990 through a student association, „it was like a fairy tale, a never-ending party". Also, the fact that „he was far away – but not too far" reassured her, made her feel free. She claims she was the one to end the relationship, because she felt it would be difficult to reconcile it with her psychotherapy (!). They have stayed in touch, but after several years of waiting, he has found another girlfriend (German). Christine aspires to someone „very different" from herself, so as to keep the excitement of perpetual discovery alive.
Simon, age 28, aspires to the opposite, i. e. to settling into one clearly-defined, chosen identity: himself „mixed" (born in England, raised in Beyrouth, of a Lebanese Jewish father and British Catholic mother), he holds a British passport and has been living in Paris since the age of 11. Simon says: „I am French" (he hasn't claimed French citizenship yet because of compulsory military service, but now intends to). He speaks French and English, lost his Arabic at age 9 when the family moved to England. Being „mixed" is the unmarked, normal situation for Simon, who thinks that being able to choose one's identity is a privilege: „since I'm at the junction of several cultures, choosing one in particular wasn't too difficult". According to him, deciding on his „French side" probably also dictated his choice of mate. He has been living with his French girl-friend in Paris for over ten years. She is, as he puts it, „franco-française", well-rooted in her native Normandy, with all the necessary trimmings: traditions, regional attachments, etc. Her love for him validates his decision and *allows him to carry it through*.
This example shows that love is not only „irrational", anchored in our childhoods, as psychoanalysts would have us believe, but also quite „rational", future-oriented, enabling us to change, become richer, perhaps fulfill some secret desire (Alberoni 1996). Christine and Simon's interviews also open up onto two important points: (1.) new insights on how personal identities develop and (2.) how some bi-cultural love relationships could be „explained".
1) In Simon's case, we see that wanting to be part of a particular country or culture, i. e. aspiring to a specific national identity (assimilation), can still today become an important personal objective, an authentically dynamic motivation that may also find

expression in the choice of partner. Is this choice then rational or irrational? Does the fact it satisfies his personal aspiration mean he loves her less? No, it means he loves her more!

2) Christine said: „I'm very nostalgic for someone very different from me who could be open enough to share their differences". I suggest the following interpretation: the curiosity and awareness about that other person and vice-versa, means they become very attentive to one another, certainly an ingredient of love. Love often stems from a need for attention, from the desire to be all-important to someone.

Clearly, the main variable when deciding if a love-choice is rational or irrational is always the *point of view*: Depending on where one is standing, certain bi-cultural love relationships will or will not differ from „ordinary" ones. They will or will not appear exceptional, exotic, shocking or unreasonable. However, it is precisely such judgments that, when worded, create the social categories and form the pronunciamentos which then will shape people's lives, for better or for worse.

Literatur:
Alberoni, Francesco (1996–1997): „Je t'aime". Tout sur la passion amoureuse. Paris
Etcherelli, Claire (1967): Elise, ou la vraie vie. Paris
Girard, Alain (1964/1981): Le choix du conjoint. Paris
Hendrickx, John / Schreuder, Osmund / Ultee, Wouter (1994): Die Konfessionelle Mischehe in Deutschland (1901–1986) und des Niederlanden (1914–1986). In: Kölner Zeitschrift für Soziologie und Sozialpsychologie Nr. 46, 4: 619–645
IAF (1986, 1991, 1994): Mein Partner oder meine Partnerin kommt aus einem anderen Land. Ein Wegweiser für die Selbsthilfe. Frankfurt
INSEE (1994): Les étrangers en France. Paris
Memmi, Albert (1955/1984): Agar. Paris
Philippe, Claudine / Varro, Gabrielle / Neyrand, Gérard (Hrsg.) (1998): Liberté, Egalité, Mixité... conjugales. Une sociologie du „couple mixte". Paris
Rougemont, Denis de (1939/1972): L'amour et l'occident. Paris
Varro, Gabrielle / Gebauer, Gunter (Hrsg.) (1997): Zwei Kulturen – eine Familie. Paare aus verschiedenen Kulturen und ihre Kinder, am Beispiel Frankreichs und Deutschlands. Opladen

Gabrielle Varro, Centre Nationale de la Recherche, 64 Bd. Diderot, F-75012 Paris

Fusion and unaskable tasks in the love process

FRANCESCO ALBERONI

Fusions and unaskable tasks are key terms used by Alberoni in his theorizations on the love experience. They are first singled out in his seminal work „Falling in Love" (1979), and are then further discussed in later publications.

The first part of the talk will centre on the meaning Alberoni attributes to the term „fusion". He uses it to encapsulate that moment of the falling in love process when two individuals, different and distinct from each other, each with an unmistakeable identity, fall in love to the point in which they desire not only to be part of the other's body, but they also experience a level of togetherness in which all the defects and imperfections of the other are embraced and even indulged in.

The appreciation the lovers feel from each other increases their own sense of identity, which forms that state of mind Alberoni terms as „individuation". In a certain sense, as will be explained during the talk, it exists in a point-counter-point relationship with fusion.

The talk then goes on to discuss the significance of „unaskable tasks", which form part of the scheme of tests involved in falling in love. For when we fall in love we also feel reluctant to commit ourselves to someone else, and therefore we construct a series of tests we subject our loved one to. Both partners are involved in this play and replay of adjustment, aiming at establishing what both can desire. Plans are continually being created, revisited and revised. But certain points arise which cannot be modified or denied. For were this to happen, love itself would lose all meaning. These points are, in fact, as the talk will explain, the „unaskable tasks".

Prof. Dr. Francesco Alberoni, Istituto di Scienze Umane, Via Filippo da Liscate 1.2, I-20143 Milano

Anachronistischer Liebescode in der südosteuropäischen Provinz? Sozialstrukturelle Hintergründe von Liebe, Partnerschaft und Ehe

ANTON STERBLING

Ausgangspunkt der Überlegungen ist die sozialwissenschaftliche Beobachtung, daß die Liebe – wie vieles im menschlichen Leben, das zunächst „natürlich" erscheint -, doch tiefgreifend kulturell durchdrungen und überformt ist, d. h. mithin einer subtilen symbolischen Codierung mit zum Teil sehr komplizierten kulturspezifischen Bedeutungszuschreibungen unterliegt (Luhmann 1982). Vor diesem allgemeinen Hintergrund läßt sich die Frage aufwerfen, ob in der südosteuropäischen Provinz weiterhin ein Liebescode kursiert und Geltung besitzt, der aus der westlichen Betrachtungsperspektive, nicht zuletzt wegen seiner betont geschlechtsdifferenzierten Ausprägung, seiner naivromantischen, aber auch seiner männlichkeitsfixierten Elemente und seines noch weitgehend konventionellen Charakters, gleichsam befremdlich und anachronistisch wirkt. Diese Frage kann in den übergreifenden modernisierungs- und globalisierungstheoretischen Diskussionszusammenhang um die „Enttraditionalisierungsthese" gestellt werden (Giddens 1993, 1995; Sterbling 1997a). Sie zwingt aber auch zu einer etwas genaueren Ausleuchtung der sozialstrukturellen Gegebenheiten und Entwicklungstendenzen südosteuropäischer Gesellschaften in den zurückliegenden Jahrzehnten. Aus dem Gesamtzusammenhang meiner im Vortrag entwickelten Ausführungen, die sich auf all diese eben angedeuteten Problemaspekte bezogen, möchte ich mich in dieser Kurzfassung ausschließlich auf den letztgenannten Gesichtspunkt beziehen.

Auf Ehe und Partnerschaft und ebenso auf die Gestaltungsmöglichkeiten und -freiheiten von Liebesbeziehungen wie auch auf die direkten und symbolisch vermittelten Ausdrucksmöglichkeiten von Gefühlen haben nicht nur kulturelle Faktoren, sondern natürlich auch gesellschaftsstrukturelle Gegebenheiten und Restriktionen einen weitreichenden Einfluß. Dazu einige Anmerkungen: Zuerst sei daran erinnert, daß die südosteuropäischen Gesellschaften bis Anfang der fünfziger Jahre unseres Jahrhunderts noch weitgehend ländlich-agrargesellschaftlich strukturiert waren. Im Jahre 1950 waren in Albanien, Bulgarien, Jugoslawien und Rumänien noch über 70 Prozent der Beschäftigten in der Landwirtschaft tätig, in Ungarn etwa 50 Prozent (Sterbling 1996). Ähnlich hoch lag der Anteil der ländlichen Bevölkerung. In den folgenden Jahrzehnten setzten wirtschaftliche und sozialstrukturelle Veränderungsprozesse ein, die mit einer forcierten Industrialisierung, Urbanisierung, Bildungsexpansion und räumlichen und sozialen Mobilität einhergingen. Dennoch stellen sich die südosteuropäischen Gesellschaften im gesamten Zeitraum seit den fünfziger Jahren bis heute als „Übergangsgesellschaften" dar, in denen sich ländlich-traditionale Strukturelemente und Wertmuster in einem durchaus beachtlichen Maße erhalten haben. Wenn zum Beispiel der

Anteil der im primären Sektor beschäftigten Erwerbsbevölkerung in den achtziger Jahren in Albanien noch bei etwa 50 Prozent und in Rumänien bei etwa 30 Prozent lag und in Rumänien sodann bis Mitte der neunziger Jahre wieder auf über 35 Prozent anstieg, ist dies sicherlich ein sehr aussagefähiger Indikator. Neben den Mechanismen der mit der sozialistischen Modernisierung zum Tragen kommenden meritokratisch-funktionalen Differenzierung und politisch-ideologischen Ausschließung blieb in den südosteuropäischen Gesellschaften das Strukturprinzip der traditionalen Schließung, insbesondere auf ethnischer oder werttraditionaler soziokultureller Grundlage, vor allem in der „Provinz", im ländlichen Raum, in einem erheblichen Maße strukturprägend (Sterbling 1993).

Die angesprochenen Modernisierungsvorgänge: Industrialisierung, Urbanisierung und Bildungsexpansion wie auch die rasche Einbeziehung der Frauen in mehr oder weniger moderne Positionen des staatlichen Beschäftigungssystems haben sich zweifellos auch verändernd auf die Familien- und Partnerschaftsbeziehungen und auf die Gestaltungsmöglichkeiten und -freiheiten von Liebesbeziehungen jenseits rigider traditionaler sozialer Kontrollen ausgewirkt. Dennoch blieben dabei bestimmte traditional-bäuerlich oder kleinbürgerlich geprägte soziokulturelle Wertmuster und Leitvorstellungen, wenn zum Teil auch modifiziert und an die neuen äußeren Lebensbedingungen angepaßt, nachhaltig wirksam. Dies gilt insbesondere für die südosteuropäische Provinz, die ohnehin nur allmählich, oberflächlich und partiell von den Modernisierungsprozessen erfaßt wurde. Wenn man zum Beispiel feststellen kann, daß die Rate der interethnischen Ehen im „Vielvölkerstaat" Jugoslawien vor dem Zerfall des Bundesstaates bei etwa 10 Prozent lag, so ist das wohl ein wichtiger Indikator der fortbestehenden Wirksamkeit traditionaler sozialer Barrieren und Wertmuster, die entsprechenden ethnischen Schließungsprozessen zu Grunde liegen. Natürlich nicht nur in Jugoslawien, sondern auch in anderen südosteuropäischen Staaten, haben ethnisch-traditionale Wertmuster – auch und nicht zuletzt im Hinblick auf Liebes-, Partnerschafts- und Ehebeziehungen – ihre Relevanz mehr oder weniger ungebrochen beibehalten.

Der Niedergang der kommunistischen Herrschaft und die damit eingetretenen wirtschaftlichen Umbrüche und sozialstrukturellen Verwerfungen haben die Bedeutung traditionaler Wertmuster keineswegs gemindert. Diese haben vielmehr – nicht nur durch die Aufwertung und Politisierung ethnisch-nationaler Gegensätze, sondern auch in anderen Hinsichten, zum Beispiel im Hinblick auf das religiöse Leben und die davon beeinflußten sozialmoralischen Orientierungen – eine zum Teil deutliche Bedeutungssteigerung erfahren (Sterbling 1997b).

Was die Auswirkungen auf die Ehe- und Partnerschaftsbeziehungen betrifft, entstand eine komplizierte und eher ambivalent zu beurteilende Situation. Einerseits sind viele Frauen mit der wachsenden Arbeitslosigkeit in die „traditionelle" Hausfrauenrolle zurückgedrängt worden. Andererseits setzen die verschlechterten materiellen Lebensbedingungen und die massive Armutsbedrohung vieler Bevölkerungsgruppen das traditionale oder kleinbürgerliche Verständnis der Ehe- und Partnerschaftsbeziehungen einem hohen Bewährungsdruck aus, wobei nicht selten den Frauen eine wichtige Rolle im alltäglichen Lebenskampf und in den Überlebens- oder auch Erfolgsstrategien der Familien zufällt. Ob dies letztlich zu mehr Emanzipation und Partnerschaft oder eher zu einer stärkeren patriarchalischen Traditionsbindung der Ehe- und Partnerschaftsbeziehungen in der südosteuropäischen Provinz führt, läßt sich im Augenblick schlecht abschätzen (Deimel 1995). Die prekäre materielle Situation ebenso wie die neuen sozialen Spaltungen haben natürlich auch die Liebesbeziehungen und das Liebesleben insgesamt stark beeinflußt. Sie stellen die Liebe teilweise vor harte Bewährungsproben, unterwerfen sie aber auch nicht selten fragwürdigen Zweckbindungen.

Was die letzten Jahre, und insbesondere die Jahre nach dem politischen Umbruch in Südosteuropa, noch gebracht haben, ist ein gewachsener westlicher Einfluß, der nicht zuletzt über audiovisuelle Massenmedien vermittelt ist und sich insbesondere auf Konsummuster und Lebensstile auswirkt. Dieser Einfluß ist indes nicht nur in vielen Hinsichten und bei großen Bevölkerungsgruppen recht oberflächlich geblieben, sondern er ist gleichzeitig auf weit verbreitete Zurückhaltung, Ablehnung oder kritischen Widerstand gestoßen. Dies kann man auch, und nicht zuletzt, an der verbreiteten Ablehnung oberflächlicher „westlicher" Erscheinungsformen des Liebeslebens und am Festhalten an einem eigenen, als echt und „authentisch" empfundenen Liebescode erkennen.

Literatur:
Deimel, Johanna (1995): Die Stellung der Frau in Bulgarien. In: Südosteuropa: 148–168
Giddens, Anthony (1993): Wandel der Intimität. Sexualität, Liebe und Erotik in modernen Gesellschaften. Frankfurt a.M.
Giddens, Anthony (1995): Konsequenzen der Moderne. Frankfurt a.M.
Luhmann, Niklas (1992): Liebe als Passion. Zur Codierung von Intimität. Frankfurt a.M.
Sterbling, Anton (1993): Strukturfragen und Modernisierungsprobleme südosteuropäischer Gesellschaften. Hamburg
Sterbling, Anton (1996): Die Sozialstruktur südosteuropäischer Gesellschaften und die Grenzen klassentheoretischer Analysekategorien. In: Berliner Journal für Soziologie: 488–499
Sterbling, Anton (1997a): Widersprüchliche Moderne und die Widerspenstigkeit der Traditionalität. Hamburg
Sterbling, Anton (1997b): Kontinuität und Wandel in Rumänien und Südosteuropa. Historischsoziologische Analysen. München

Prof. Dr. Anton Sterbling, Fachhochschule für Polizei Sachsen, Fachbereich Gesellschaftswissenschaften, Friedensstr. 134, D-02929 Rothenburg/OL

Love and Self-Change

SASHA WEITMAN

The experiences of falling-in-love and of being-in-love entail an overwhelming attraction to the other in person (not just to whatever s/he has to offer), accompanied by a desire to „become one" with this particular person. In our era (of high individualization), the formation of this love-produced couple (hereafter LP couple) is often accompanied by identity crises, some of which are sometimes resolved by profound self-changes in one or both lovers. These changes, and the re/arrangements any particular couple will hammer out as a result, are basically indeterminable in advance, least of all by „objective observers". The following questions are treated in this lecture.

1. What makes individuals feel so irresistibly attracted to one another, and impels them to want to form a permanent couple?
2. Why, on forming such a couple, do individuals some-times undertake to change significantly (hereafter self-change)?
3. Why are such self-changes basically indeterminate, hence unpredictable in advance?

1. The impetus for the „urge to merge" comes from the euphoric experiences lovers have had with and through one another, experiences such as alterity, charisma, acceptance, membership, ontological security, vitality, self-confidence, renewed hope, and the like. The euphoria of such experiences, in turn, stems from the fact that, aware of it or not, lovers come to each other as arrays of pent-up longings for just such experiences. Lovers want to permanently unite with one another because, at the time, they believe they are unlikely to ever again meet up with someone else with whom their craving for these extraordinary experiences will find such fulfillment. Forming a bond with the one who is the source of these experiences is their attempt to take permanent possession of this source, whatever the risks, and to never ever let go of it.
2. The phenomenon of becoming-one with the other – that is the phenomenon of solidarity – consists of the internalization of the other into our own self. Inevitably, however, we soon realize that what we have internalized is not the other as-such, but an imaginary construct of the other, and a self-designed, self-serving construct at that. The more we become actually acquainted with the other, the more we come to realize that s/he is significantly different from what we had thought and, moreover, that s/he is moved by wants, hopes and projects of his/her own, some of which are squarely at odds with our own wants, hopes and projects. Under specifiable conditions, this realization is liable to precipitate us into a profound personal crisis and to produce

in us a spontaneous predisposition to change, even to undertake a major shakeup and reconfiguration of our self, social and psychological, in order to safeguard the relationship.
3. Significantly, these self-changes are virtually unknowable in advance, all the more so when both parties, not just one of them, want to remain united. This indetermination is accounted for by (at least) three explanations.

The first is inspired from Alberoni's nascent state theory, and centers on the immanent radical potential of individuals in LP couples. This incipient radicalism predisposes them, in times of crisis, to do „any-thing" in order to save the relationship with the other, including (as in a revolution or in a religious conversion experience) to disavow the extant self and its relationships, to undertake self-reconstruction „from zero", and to experiment with new, unprecedented arrangements with the other.

The second explanation revolves around the uncompromising, passionate nature of the desires (and aversions) at work in LP couples, and is loosely inspired from Lacan's desire-driven conception of the self (as I understand it).

As for the third explanation, it highlights the fact that when two lovers decide to form a couple, they enter in effect what is, to each of them, a terra incognita, since they necessarily know very little about one another, and sometimes about their own selves as well, so that whatever self-changes they will undertake cannot possibly be known to them in advance, neither to themselves nor to anyone else, including to sociologists.

Prof. Dr. Sasha Weitman, Tel-Aviv University, Sociology-Anthropoloy Department, IL-69978 Tel-Aviv, e-mail: sashaw@spirit.tau.ac.il

Grenzenlose Evaluation?

Organisation: Reinhard Stockmann / Wolfgang Meyer

Einleitung

REINHARD STOCKMANN / WOLFGANG MEYER

Das Thema des Soziologentags lautet „Grenzenlose Gesellschaft" und knüpft damit an die Diskussion um die Folgen vielschichtiger Globalisierungsprozesse für die Struktur und die Entwicklungschancen nationaler Gesellschaften an. Es werden nicht nur die zu erwartenden und teilweise bereits beobachtbaren Veränderungen in den Wirtschafts- und Sozialstrukturen noch immer national definierter Gesellschaften behandelt, sondern auch die Auswirkungen auf einzelne nationalstaatliche Politiken, die solche Prozesse steuernd zu beeinflussen versuchen. Dabei werden sich nicht nur die Zahl und Bedeutung staatlicher wie nicht-staatlicher institutioneller Akteure verändern, sondern auch die Organisations- und Partizipationsformen, Handlungsspielräume, Einflußmöglichkeiten und Steuerungspotentiale.

Dies wird auch Konsequenzen haben für die Planung, Durchführung und Wirkungsmöglichkeiten sozialer und politischer Interventionsprogramme. Damit wird die sozialwissenschaftliche Evaluationsforschung vor neue theoretische und methodische Herausforderungen gestellt. Darauf ist diese Disziplin in Deutschland jedoch nur schlecht vorbereitet. Anders als z.B. in den USA, wo sich die Evaluationsforschung zu einer eigenständigen Profession mit mehreren Berufsverbänden, Fachzeitschriften, universitären, zumeist postgraduierten Ausbildungsgängen und einem Netz von universitären und privatwirtschaftlichen Institutionen herausgebildet hat, ist in Deutschland keine vergleichbare Entwicklung zu beobachten. Während die Evaluationsforschung in den USA seit Ende der 80er Jahre zum stärksten Wachstumssektor innerhalb der Sozialwissenschaften avanciert ist und in keinem sozialwissenschaftlichen Bereich mehr Mitarbeiter tätig sind, ist die Evaluationsforschung in Deutschland fachlich zersplittert und weist nur eine geringe interdisziplinäre Kommunikation und Zusammenarbeit auf. Erste Professionalisierungsschritte sind zwar zu erkennen: Am 5. September 1997 fand in Braunschweig ein Kongreß zur Gründung einer Deutschen Evaluationsgesellschaft statt. Doch dies kann nur ein Anfang sein, um dem vorhandenen Bedarf und den neuen Herausforderungen gerecht zu werden.

1. Dies ist nur möglich, wenn sich die sozialwissenschaftliche Evaluationsforschung professionalisiert. Hierzu gehören eine Reihe von „Grenzüberschreitungen":
2. Die fachliche Zersplitterung muß einem Fächergrenzen überwindenden Dialog weichen.
3. Es müssen gemeinsame professionelle Evaluationsstandards entwickelt, akzeptiert, verbreitet und kontrolliert werden.
4. Es gilt, die Kluft zwischen sozialwissenschaftlicher Grundlagenforschung und anwendungsorientierter Evaluationsforschung zu überwinden.
5. Theorie und Methodik der Evaluationsforschung müssen weiterentwickelt und den spezifischen Problemen der politischen Praxis angepaßt und angemessen umgesetzt werden.
6. Es müssen geeignete Organisationsformen zur Verbreitung des Wissens über Evaluationsforschung und zur Schulung von Personal gefunden werden.
7. Entsprechend den transnationalen Herausforderungen müssen nationale Grenzen überschritten und die Evaluationsforschung muß konzeptionell und methodisch an die Bedingungen interkulturell vergleichender Untersuchungen angepaßt und weiterentwickelt werden.

Während durch die Gründung einer europäischen und verschiedener nationaler Evaluationsgesellschaften in jüngster Zeit bedeutende Schritte hinsichtlich der Institutionalisierung der Evaluationsforschung erfolgten, wurden die deutschsprachigen soziologischen Gesellschaften und ihre Sektionen bzw. Arbeitsgruppen bisher noch nicht als Diskussionsforen wahrgenommen. Der heutige Workshop soll dazu einen Beitrag leisten dieses Defizit abzubauen und einen Dialog zu eröffnen. Wissenschaftliche Diskussion über Fächergrenzen hinweg ist eine Voraussetzung zur Professionalisierung der Evaluationsforschung.

Prof. Dr. Reinhard Stockmann, Dr. Wolfgang Meyer, Universität des Saarlandes, Fachrichtung Soziologie, Postfach 15 11 50, D-66041 Saarbrücken

Globalisierung und die Evaluation politischer Programme

WOLFGANG MEYER

Das Ziel der Ad-hoc-Gruppe „Grenzenlose Evaluation?" ist die Verbindung der theoretisch orientierten und im Zentrum dieses Soziologie-Kongresses stehenden Globalisierungsdebatte mit der anwendungsbezogenen Evaluationsforschung. Als Ausgangspunkt möchte ich beide Forschungsrichtungen mittels zweier Thesen in einen direkten Zusammenhang stellen.

Durch die Einbindung zusätzlicher Akteure, Räume, Informationsmedien etc. verstärkt Globalisierung erstens den Druck auf die politischen Akteure, ihre Entscheidungen weniger nach ideologischen Vorgaben als nach rationalen Kriterien zu treffen. Aus dem Wettbewerb der Ideen und Interessen gesellschaftlicher Teilgruppen und deren politischer Vertreter wird immer stärker ein Wettbewerb der praktisch umsetzbaren Lösungen, die im nationalen und internationalen Kontext mit einer zunehmenden Zahl von Beteiligten unabhängig von deren politischer Gesinnung abgestimmt werden müssen. Globalisierung führt nach dieser These im Sinne von Max Weber zu einer weiteren Rationalisierung von Politik.

Eine solche Politik benötigt immer weniger „Gefälligkeitsgutachten" zur Rechtfertigung bereits getroffener politischer Entscheidungen und festgelegter Positionen, sie erfordert vielmehr an möglichst objektiven und konsensfähigen Kriterien orientierte Informationen und Empfehlungen. Globalisierung verstärkt somit zweitens den Druck auf die Gutachter politischer Programme und Projekte, ihre Expertisen weniger an den Wünschen der unmittelbaren Auftraggeber, denn an wissenschaftlichen Standards auszurichten. Als Ergebnis führt nach dieser zweiten These Globalisierung zu einer Professionalisierung der Evaluationsforschung.

Zur Verdeutlichung der Thesen möchte ich zunächst das Schlagwort „Globalisierung" etwas stärker in den Kontext aktueller Forschungsarbeiten einordnen.

Was ist Globalisierung? In einem 1997 erschienen Buch mit diesem Titel beschränkt Beck den Globalisierungsbegriff auf „Prozesse, in deren Folge die Nationalstaaten und ihre Souveränität durch transnationale Akteure, ihre Machtchancen, Orientierungen, Identitäten und Netzwerke unterlaufen und querverbunden werden" (Beck 1997: 28f.).

Auf zwei verschiedene Dimensionen des Souveränitätsverlustes der Nationalstaaten soll hier kurz eingegangen werden.

De-Nationalisierung: Hiermit ist die zunehmende Verlagerung politischer Entscheidungsmacht von der nationalen sowohl auf die internationale als auch auf die lokale Ebene innerhalb des politischen Systems zu verstehen. Cerny (1998) führt dies auf den Verlust der Fähigkeit des Nationalstaats zur Bereitstellung spezifischer Kollektivgüter wie z. B. Humankapital oder Infrastruktur zurück. Aus dem Wachstumsprozeß der Wirtschaft leitet er den Bedeutungsgewinn transnationaler und aus dem Differenzierungsprozeß von Waren und Gütern die Aufwertung lokaler Politikebenen ab. Entgrenzung der Politik: Hierunter ist die allmähliche Auflösung der institutionalisierten Abgrenzungen des politischen Systems gegenüber anderen, bisher ebenfalls weitgehend autonom agierenden sozialen Systemen (z. B. die Ökonomie) zu verstehen. Die Formel „Politik wird zu Nicht-Politik und Nicht-Politik wird zu Politik" ist für Beck (1986) die logische Konsequenz seiner Theorie der Weltrisikogesellschaft: Die mit den steigenden technischen Möglichkeiten verbundenen Gefahren können immer weniger auf bestimmte Regionen, Bereiche, Personengruppen etc. begrenzt werden, sie werden zu globalen Risiken. Durch die öffentliche Wahrnehmung und die Herausbildung von Interessengruppen zum Schutz vor diesen Risiken werden Entscheidungen, die zuvor dem politischen System institutionell entzogen waren, politisiert. Gleichzeitig sind aber die neu entstandenen Interessengruppen selbst nicht Teil des politischen Systems und können durch dieses nur bedingt beeinflußt werden.

Für die Evaluation der Wirkung politischer Programme und Projekte würden De-Nationalisierung und Entgrenzung der Politik tiefgreifende Konsequenzen ergeben. In Untersuchungsdesigns müßten nicht-nationale Politikebenen und nicht-politische Akteure stärker berücksichtigt werden. Umgekehrt können aber auch die Evaluationsergebnisse zur Überprüfung der Globalisierungsthesen verwendet werden, indem sie die beschriebenen Tendenzen bestätigen oder widerlegen.

Die zentrale Frage für diese Ad-hoc-Gruppe muß also lauten: Welchen Beitrag kann die Evaluationsforschung für die Globalisierungsdebatte leisten? Ich möchte hierzu zwei Anknüpfungspunkte aufzeigen.

Nachhaltige Wirkung politischer Maßnahmen: Für die wissenschaftliche Bewertung politischer Programme und Projekte muß ein theoretisch fundiertes Kausalmodell entworfen werden, welches die Zusammenhänge zwischen den gesellschaftlichen Rahmenbedingungen, den einzelnen Organisationselementen der Projektträger und den feststellbaren Effekten konkretisiert und empirisch prüfbar macht. Im Zentrum steht dabei nach Stockmann (1992) sowohl die interne Nachhaltigkeit der während der Laufzeit geschaffenen und auf Dauer angelegten Strukturen („what is left behind") als auch die externe Nachhaltigkeit der Innovationen, den erwünschten und unerwünschten, andauernden und sich weiterentwickelnden Wirkungen des Projekts („what is set in motion"). Die These des Bedeutungsverlusts des Nationalstaats kann damit in die empirisch beantwortbare Frage transformiert werden, ob es den politischen Projekten nationaler Institutionen noch gelingt, neue, nachhaltige Strukturen zu implementieren oder bestehende so weit zu reformieren, daß diese selbständig im Sinne der Zielerreichung wirksame Problemlösungen entwickeln können.

Phasenmodell politischer Maßnahmen: Die Analyse des Verlaufs politischer Programme und Projekte erfordert ein anderes Grundverständnis sozialer Prozesse als es in den bisherigen Globalisierungsthesen verwendet wurde. Deren Prozeßannahmen leiden an den Mängeln der zugrunde liegenden allgemeinen Entwicklungstheorien. Sie unterstellen einen imaginären zielgerichteten Ablaufplan und geben kaum Anleitungen, wie die postulierten Prozesse durch menschliches Eingreifen sinnvoll gesteuert werden könnten. Globalisierung wird zum unvermeidbaren Schicksal, von dem alle, unabhängig von politischen Entscheidungen, sozio-kulturellen oder nationalen Rahmenbedingungen und den Unterschieden einzelner Politikfelder, gleichermaßen betroffen sind. Wenn man wie Stockmann (1995) den Verlaufsprozeß politischer Maßnahmen im Sinne der Lebensverlaufsforschung als kausal über die Zeit verknüpfte Phasen begreift, so nimmt man zugleich einen offenen Ausgang in Abhängigkeit von politischen Entscheidungen, organisatorischen Rahmenbedingungen und sozio-kulturellen Umweltbedingungen an. Eine solche Sichtweise läßt beispielsweise die Möglichkeit offen, daß der Nationalstaat sich ohne Verlust der Steuerungskompetenz an die neuen globalen Rahmenbedingungen adaptieren kann und fragt primär nach Faktoren, die dieses ermöglichen oder verhindern. Gleichzeitig modifiziert dies auch die eingangs formulierten Thesen: Globalisierung muß nicht zwangsläufig zu Rationalisierung von Politik und zur Professionalisierung der Evaluation führen. Im Gegenteil kann aufgrund gegebener Machtstrukturen sogar von einer sehr starken Persistenz „alter" Verhaltensweisen selbst bei offen ersichtlich negativen Wirkungen ausgegangen werden. Es ist keineswegs gesichert, daß sich Politik und Evaluationsforschung erfolgreich den Herausforderungen der Globalisierung stellen werden. Und es ist ebenfalls nicht gesichert, daß die praktische Politik den Prozeß der Globalisierung in der von Theoretikern beschriebenen Form fördern wird. Eine wissenschaftlich orientierte Evaluationsforschung hat hier die Chance, sowohl den politischen Akteuren konkrete Handlungsmöglichkeiten aufzuzeigen, als auch der soziologischen Forschung wertvolle Erkenntnisbeiträge zu liefern.

Literatur:
Beck, Ulrich (1986): Risikogesellschaft. Auf dem Weg in eine andere Moderne. Frankfurt
Beck, Ulrich (1997): Was ist Globalisierung? Irrtümer des Globalismus – Anworten auf Globalisierung. Frankfurt
Cerny, Philip G. (1998): Globalisierung und die neue Logik kollektiven Handelns. In: Ulrich Beck (Hrsg.): Politik der Globalisierung. Frankfurt: 263–296
Stockmann, Reinhard (1992): Ein Analyse- und Erhebungsinstrumentarium zur Erfassung der Nachhaltigkeit von Entwicklungsprojekten. In: C. Reichert et al. (Hrsg.): Empirische Sozialforschung über Entwicklungsländer. Methodenprobleme und Praxisbezug. Saarbrücken
Stockmann, Reinhard (1995): Die Wirksamkeit von Entwicklungshilfe. Eine Evaluation der Nachhaltigkeit von Programmen und Projekten der Berufsbildung. Opladen

Anschrift siehe Einleitung

Qualitätsstandards der Evaluation und deren Übertragbarkeit auf unterschiedliche Anwendungsfelder

THOMAS WIDMER

In den letzten Jahren haben *Evaluationsstandards*, worunter qualitätsorientierte Leitlinien zur Konzipierung, Durchführung und Bewertung von Evaluationen zu verstehen sind, die auf eine Professionalisierung der Evaluation abzielen, eine wachsende Bedeutung erlangt. Neben einer Reihe anderer Qualitätsstandards (vgl. Beywl/Widmer 1999) stehen dabei besonders „The Program Evaluation Standards" im Vordergrund, die vom „Joint Committee on Standards for Educational Evaluation" im Jahre 1994 in zweiter Auflage veröffentlicht worden sind (Joint Committee 1994). Inzwischen besteht auch eine Übertragung des amerikanischen Textes in die deutsche Sprache (Joint Committee 1999). Diese Standards sind in der US-amerikanischen Evaluation in Bildung/Erziehung etabliert und geniessen auch ausserhalb dieses Bereichs immer breitere Beachtung.

Die Standards umfassen insgesamt dreissig Einzelstandards, die in normativen Aussagen qualitative Ansprüche an Evaluationen formulieren. Die Einzelstandards sind den vier thematischen Gruppen Nützlichkeit, Durchführbarkeit, Korrektheit und Genauigkeit zugeordnet. Die sieben *Nützlichkeitsstandards* sollen sicherstellen, dass sich die Evaluation auf die bestehenden Informationsbedürfnisse ausrichtet. Die drei *Standards zur Durchführbarkeit* sollen gewährleisten, dass Evaluationen realistisch, gut durchdacht, diplomatisch und kostenbewusst erfolgen. Die *Standards zur Korrektheit* beziehen sich auf die rechtliche und ethische Verantwortung wie auch auf die Berücksichtigung des Wohlergehens der durch die Evaluation betroffenen Menschen. Die *Genauigkeitsstandards* sodann rekurrieren auf Kriterien einer fachlich angemessenen, transparenten, systematischen und methodisch fundierten Ausgestaltung von Evaluationen. Die Standards thematisieren somit das Spannungsfeld zwischen Praxis, Wissenschaft und Öffentlichkeit, in dem die Evaluation zu verorten ist. Sie muss den unterschiedlichen Ansprüchen, die von den drei genannten Systemen an sie gerichtet werden, genügen können. Die Standards formulieren diese – durchaus auch gegensätzlichen – Ansprüche, welche die Durchführung von wissenschaftlich fundierten, praxisrelevanten, fairen und praktischen Evaluationen so anspruchsvoll gestalten. Damit stellen die Evaluationsstandards auch eine Definition der Evaluation als *wissenschaftliche Dienstleistung* dar.

Die Frage stellt sich nun, inwiefern die Evaluation ausserhalb der USA und ausserhalb des Bildungssektors aus diesen Standards Nutzen ziehen kann.

Tabelle: Anwendungsfelder der „Standards"

	Bildung und Erziehung	Andere Themengebiete
USA	Entstehungskontext (A)	Anwendungskontext (B)
Andere Staaten	Anwendungskontext (C)	Anwendungskontext (D)

Wie in der Tabelle dargelegt, ist also erstens zu klären, inwiefern die Standards ausserhalb von Bildung und Erziehung in anderen Sachgebieten eingesetzt werden können (Übertragung von A auf B). Zweitens ist zu fragen, ob sich die Standards auch ausserhalb der USA in anderen Regionen und Ländern bewähren können (Übertragung von A auf C). Drittens – und das steht hier im Zentrum – ist die Übertragbarkeit vom Entstehungskontext A auf den Anwendungskontext D zu prüfen. Es wird also die Frage nach der intersektoriellen und interkulturellen Übertragbarkeit der Standards diskutiert.

Grundlage zu den nachfolgenden Überlegungen bilden die Erfahrungen aus zwei, im Rahmen des Nationalen Forschungsprogramms „Wirksamkeit staatlicher Massnahmen" (NFP 27) durch den Schweizerischen Nationalfonds (SNF) geförderten Forschungsprojekten (vgl. Widmer 1996a-h und Widmer et al. 1996). Darin wurden die oben erläuterten Standards zur Bewertung von 15 Schweizer *Evaluationsstudien* eingesetzt. Bei der Selektion der 15 Evaluationen wurde speziell darauf geachtet, eine möglichst vielfältige Auswahl inhaltlicher, methodischer und institutioneller Art zu erreichen. Thematisch befassen sich die evaluierten Studien unter anderem mit der Umwelt-, Verkehrs- Energie-, Agrar-, Sozial-, Wohnungs- und Kulturpolitik, aber auch mit der Gemeinwesenarbeit, dem Submissionswesen, der Wirtschaftsförderung sowie mit der Aussenpolitik. Es handelt sich dabei sowohl um breit angelegte als auch um eng fokussierte Studien. Eingesetzt wurden in den untersuchten Studien qualitative wie quantitative Methoden. Die Evaluationen sind auf allen drei föderalen Ebenen (Bund, Kantone, Gemeinden) des politischen Systems einzuordnen. Neben ausgesprochen kleinen Projekten finden sich darunter auch sehr umfangreiche Studien.

Die Anwendung der Standards erfolgte in den beiden genannten Studien als ex-post *Meta-Evaluation* (Evaluation von Evaluationen) in der Form detaillierter, vergleichender, qualitativer Fallstudien. Diese umfassen zum einen eine Deskription der Evaluation mit ihrem Entstehungsprozess und zum andern eine Bewertung der Evaluation anhand der genannten Standards. Durch diese Meta-Evaluationen konnte einerseits die hier zentral interessierende Frage nach der interkulturellen und intersektoriellen Übertragbarkeit der Standards, andererseits aber auch jene nach der aktuellen Qualität der schweizerischen Evaluationspraxis bearbeitet werden. Die zweite Frage kann – kurz zusammengefasst – wie folgt beantwortet werden: Die Qualität der untersuchten

Evaluationen ist vor allem in den Bereichen der Nützlichkeit, der Durchführbarkeit und der Korrektheit hoch. Dagegen haben sich im Rahmen der Meta-Evaluationen bei der Genauigkeit doch einige Schwächen und Mängel gezeigt.

Doch nun zurück zur hier primär interessierenden Frage nach der Übertragbarkeit der Standards: Aufgrund der *Erkenntnisse* aus den einzelnen Fallstudien, aus der vergleichenden Analyse wie auch aus einer netzwerkanalytischen Betrachtung, in der die Beziehungen unter den einzelnen Standards untersucht wurden, kann gezeigt werden, dass sich die Standards grundsätzlich auch für Evaluationen ausserhalb des US–Bildungssektors eignen. Dieses Resultat der zwei Meta-Evaluationen wird gestützt durch Erfahrungen aus anderen Anwendungen der Standards (vgl. Widmer/Beywl 1999).

Zwar wies die empirische Anwendung darauf hin, dass in einigen wenigen Aspekten leichte Anpassungen der Standards als sinnvoll erscheinen. Dies stellt jedoch die generelle Anwendbarkeit der Standards keineswegs in Frage; besonders deshalb nicht, weil auch im angestammten Entstehungskontext der Standards entsprechende Anpassungen in der konkreten Anwendungssituation vorgesehen sind (Joint Committee 1994).

Literatur:
Beywl, Wolfgang / Widmer, Thomas (1999): Die Standards im Vergleich mit weiteren Qualitätsnormen. In: Joint Committee on Standards for Educational Evaluation (Hrsg.): Handbuch der Evaluationsstandards. Opladen (im Erscheinen)
Joint Committee on Standards for Educational Evaluation (Hrsg.) (1994): The Program Evaluation Standards. 2nd Ed. Thousand Oaks
Joint Committee on Standards for Educational Evaluation (Hrsg.) (1999): Handbuch der Evaluationsstandards. Opladen (im Erscheinen)
Widmer, Thomas (1996a): Meta-Evaluation: Kriterien zur Bewertung von Evaluationen. Bern/Stuttgart/Wien
Widmer, Thomas (1996b-h): Fallstudien zur Meta-Evaluation, 7 Bände, Reihe „Schlussberichte" NFP 27. Bern
Widmer, Thomas / Beywl, Wolfgang (1999): Zur Übertragbarkeit der Evaluationsstandards. In: Joint Committee on Standards for Educational Evaluation (Hrsg.): Handbuch der Evaluationsstandards. Opladen (im Erscheinen)
Widmer, Thomas / Rothmayr, Christine / Serdült, Uwe (1996): Kurz und gut? Qualität und Effizienz von Kurzevaluationen. Chur/Zürich

Dr. Thomas Widmer, Universität Zürich, Institut für Politikwissenschaft, Karl-Schmid-Strasse 4, CH-8006 Zürich

Evaluation als Reflexionsmedium in der Forschungs- und Innovationspolitik: Möglichkeiten und Grenzen

STEFAN KUHLMANN

Forschung und Technologie stehen immer im Spannungsfeld unterschiedlicher wissenschaftlicher, ökonomischer und gesellschaftlicher Interessen. Auch die Verantwortlichen für Forschungs- und Technologiepolitik können dem nicht entkommen, weder in nationalen noch in supranationalen Arenen. Wenn hier allerdings die Unterschiedlichkeit der Interessen konkurrierender (organisierter) Akteure bewußt thematisiert, transparent gemacht und debattiert werden kann, dann kann dies – unter bestimmten Umständen – die Effektivität politischer Initiativen sogar steigern. Dies ist die These des Beitrags (ausführlich hierzu Kuhlmann 1998). Den Hintergrund für die These bilden Veränderungen im Innovationssystem und in der forschungspolitischen Arena.

Innovationssystem im Wandel

Die Modalitäten der Wissensproduktion in Forschung und Technologie verändern sich: Die klassischen Grenzziehungen zwischen Grundlagenforschung, anwendungsorientierter Forschung, Technikentwicklung und marktfähiger Innovation verschwinden zugunsten beschleunigter Iterationen sowie zunehmender Verflechtung von Erkenntnisproduktion und Technikanwendung. Interdisziplinäre Kooperation gewinnt an Bedeutung, neue disziplinäre Cluster entstehen und alte verschwinden. Insgesamt werden die Wissensproduktion, die „soft side of innovation" und die Lernfähigkeit der Akteure zum kritischen Faktor (Lundvall/Borrás 1998). All dies korrespondiert mit einer verstärkten (auch internationalen) Vernetzung und Selbstorganisation von Forschungsinstitutionen.

Forschungspolitik in unübersichtlichem Feld

Die forschungspolitische Arena ist in den vergangenen zwei Jahrzehnten deutlich gewachsen. Neben nationale Regierungen traten, eigenständig operierend, regionale und transnationale politisch-administrative Institutionen, die teils miteinander kooperieren, teils aber auch um knappe Mittel und Einfluß konkurrieren. Zugleich müssen nationale Politikmacher erleben, wie multinationale Unternehmen ihre Innovationsprojekte weltweit betreiben und dabei förderpolitische Angebote nach Bedarf nutzen, unabhängig vom Ort der späteren Verwendung der Innovationsergebnisse. Der nationalen Politik verbleiben zwar Handlungsräume, doch sie ist zu deutlichen Änderungen ihres Designs gezwungen.

Politische Moderation gefragt
Hierarchische Steuerungsversuche haben in dieser unübersichtlichen Umwelt kaum eine Chance. Die Europäische Union etwa ist kein hierarchisches Entscheidungssystem, sondern ein multidimensionales, vernetztes Verhandlungssystem; ihre Forschungs- und Technologiepolitik muß in einem komplexen Institutionen- und Akteursgeflecht formuliert und umgesetzt werden. Angesichts der konkurrierenden Rationalitäten und Problemwahrnehmungen drohen etablierte und erprobte Konsensmechanismen in nationalen oder lokalen politischen Arenen zu versagen; Akteure vertreten nicht allein unterschiedliche Interessen, sondern betten diese auch in voneinander völlig abweichende Wirklichkeitsinterpretationen und entsprechende institutionelle Strukturen (*frames*) ein: Unter solchen Bedingungen können politische Konflikte leicht in eine Sackgasse geraten, sie werden zu „intractable policy controversies" (Schön/Rein 1994). Der Entscheidungsapparat der Forschungs- und Innovationspolitik gerät in eine prekäre Lage: Er sieht sich gleichzeitig wachsenden Anforderungen und abnehmenden Spielräumen gegenüber. Gefragt sind daher transparente Informationsangebote an alle beteiligten Akteure, in Kombination mit eher „weichen", flexiblen Instrumenten der politischen Willensbildung.
Können hier Evaluationsverfahren, konzipiert als „Moderationsmedium", zum *reframing*, im Sinne einer reflexiven Neuorientierung institutionell präformierter Akteurperspektiven beitragen? Wenn sie dies zu leisten vermögen, dann können Evaluationsverfahren als Element politischer Modernisierung gelten.
Theoretisch und im Rahmen empirischer Analysen konkreter Anwendungsfälle läßt sich zeigen, welchen Stellenwert analytische Verfahren der Bewertung staatlicher Programme und sonstiger Interventionen bei der „Politikmoderation" in administrativen und korporatistischen Verhandlungssystemen einnehmen können (Kuhlmann 1998). Als „Politikmoderation" wird in diesem Zusammenhang die zielgerichtete Vorbereitung und Beeinflussung (nicht unidirektionale Steuerung!) forschungs- und technologiepolitischer Gestaltungs- und Entscheidungsprozesse durch politisch-administrative Akteure bezeichnet. Dabei stehen „Evaluationsverfahren" im Mittelpunkt, wie sie in den USA seit den sechziger Jahren, in Deutschland seit den achtziger Jahren zunehmend vom politisch-administrativen System initiiert wurden. Sie entstanden im amerikanischen Kontext der Verwissenschaftlichung des Politik-Machens, die zunächst in den Feldern der Sozial-, Bildungs- und Wirtschaftspolitik Verbreitung fand und die später auch im Bereich der Forschungs- und Technologiepolitik Wurzeln faßte (kritische Diskussion bei Guba/Lincoln 1989).
Die Verwendung von Evaluationsverfahren als Moderationsmedium, das die divergierende Wirklichkeitswahrnehmungen politischer Akteure nicht leugnet, sondern unterschiedliche Interessen bewußt als konkurrierende Erfolgskriterien thematisiert, kann eine „reflexive Wende" gegenüber älteren, naiv rationalistischen Konzepten politischer

Gestaltungsinitiativen einleiten. Umwälzende Richtungsänderungen in der Forschungs- und Technologiepolitik lassen sich auf diese Weise kaum herbeiführen (dies kann letztlich nur in der Sphäre der *Polity* geschehen), doch die Implementation solcher Richtungsänderungen wird durch Moderation erleichtert: Sie stimuliert die Lernfähigkeit der Akteure.

Literatur:
Guba, E.G. / Lincoln, Y.S. (1989): Fourth Generation Evaluation, Newbury Park et al.
Kuhlmann, S. (1998): Politikmoderation. Evaluationsverfahren in der Forschungs- und Technologiepolitik. Baden-Baden
Lundvall, B.-Å. / Borrás, S. (1998): The globalising learning economy: Implications for innovation polic., Luxembourg (Office for Official Publications of the European Communities) (Targeted Socio-Economic Research)
Schön, D. / Rein, M. (1994): Frame Reflection. Toward the Resolution of Intractable Policy Controversies. New York

Dr. rer. pol. habil. Stefan Kuhlmann, Fraunhofer-Institut für Systemtechnik und Innovationsforschung (ISI), D-76139 Karlsruhe

Wirkungsevaluation in der Entwicklungszusammenarbeit: Notwendige Grenzüberschreitungen

REINHARD STOCKMANN

Die Entwicklungszusammenarbeit (EZ) gehört zu den am meisten evaluierten Politikfeldern. Bereits mit Beginn der EZ wurde die Evaluation in den für die Steuerung und Durchführung verantwortlichen Organisationen fest institutionalisiert. Allerdings gibt es kaum ein Politikfeld in dem die Meinungen über die Wirksamkeit der durchgeführten Interventionsmaßnahmen so weit auseinander klaffen. Während die deutschen Entwicklungshilfeorganisationen – staatliche wie nicht-staatliche – stolz verkünden, daß drei Viertel und mehr ihrer abgeschlossenen Projekte entwicklungspolitisch erfolgreich sind, lassen Fundamentalkritiker der EZ keine Zweifel daran, daß Entwicklungshilfe bestenfalls Unsinn ist.

Im folgenden soll gezeigt werden, daß die gegensätzlichen Befunde vor allem eine Folge der zahlreichen Defizite in der Wirkungsevaluation dieses Politikfeldes sind.

Hier sollen vor allem die konzeptionellen und methodischen Mängel dieser Wirkungsevaluationen thematisiert werden.
Dabei konzentriert sich der Beitrag auf die Analyse von Projekt- und Programmanalysen verschiedener Geberorganisationen. Daneben gibt es jedoch noch andere Evaluationsversuche, um die Wirksamkeit der EZ zu bestimmen. Am bekanntesten sind individualistische Mikrobetrachtungen (z. B. von Journalisten und „abgefallenen" Entwicklungsexperten), die jedoch zumeist nur willkürlich ausgewählte Schlaglichter der EZ darstellen, die keiner fundierten Prüfung standhalten. Das Gegenstück hierzu bilden Untersuchungen, die makrobezogene Entwicklungsdaten verwenden, um internationale Regressionsanalysen durchzuführen. Doch auch diese, teilweise sehr aufwendigen Untersuchungen, bringen keine Klärung, da sich der Effekt der öffentlichen Kapitalhilfe nicht aus dem Strom des gesamten Nettokapitalimports herauslösen läßt (vgl. Agarwal u. a. 1984: 2).
Hinzu kommt, daß das Wirkungspotential der EZ in den meisten Ländern viel zu gering ist, um auf der gesellschaftlichen Ebene meßbare Wirkungen hervorzurufen.
Obwohl in den letzten Jahrzehnten tausende von Projekt- und Programmevaluationen durchgeführt wurden, liegen nur wenige aussagefähige Studien zur Wirksamkeit oder Nachhaltigkeit der EZ vor.
Hierfür sind im wesentlichen eine Dominanz der Planungs- und Implementationsperspektive[1] sowie das Vorherrschen von *Input-* und *Output-*Betrachtungen und *Soll-Ist-*Vergleichen bei den Geberorganisationen verantwortlich.
Außerdem stehen für solche Untersuchungen nur geringe Budgetmittel[2] zur Verfügung und die verwendeten Evaluationskonzepte und Methoden weisen erhebliche Mängel auf.
Nur dieser letzte Punkt wird in diesem Kurzbeitrag thematisiert. Hierfür wurden sämtliche verfügbaren Ex-post-Studien in GTZ, BMZ und KfW (außer Schlußberichte) sowie einige ausgewählte Studien anderer Geber (Kontrollgruppe) metaevaluiert. Schaubild 1 stellt eine allgemeine Klassifikation der Berichte dar. Das „Strukturbild" der analysierten Studien zeigt, daß insgesamt ein deutlicher Qualitätsunterschied zwischen den von der Weltbank und den von deutschen Geberorganisationen durchgeführten Evaluationsstudien besteht.
Im einzelnen ist zu beobachten, daß

– den wenigsten Studien ein ausgearbeitetes Evaluationskonzept oder Untersuchungsdesign zugrunde liegt,
– Längsschnittuntersuchungen eine Ausnahme darstellen,
– die meisten Berichte auf eine Darstellung der verwendeten Methoden verzichten,
– das zugrundeliegende Auswahlverfahren kaum in einem Bericht angesprochen wird,
– selten differenziert wird, ob es sich um eine „echte" Ex-post Evaluation handelt oder um eine Evaluation laufender Projekte/Programme,

- selten Indikatoren für die Messung der Effekte von Programminterventionen aufgeführt werden (wenn überhaupt wird lediglich auf ökonomische Daten zurückgegriffen),
- auf nicht-intendierte Effekte, die die untersuchten Projekte/Programme hervorgebracht haben könnten, fast nie eingegangen wird und
- die Kausalitätsproblematik in den meisten Berichten nicht thematisiert wird.

Um die Defizite in der Wirkungsevaluation in der EZ abzubauen, sind dringend Veränderungen notwendig. Zum einen ist die Zahl von Wirkungsuntersuchungen deutlich zu erhöhen, zum anderen sind die methodischen Standards zu verbessern.

Evaluationen sollte nicht nur ein theoretisches Konzept oder zumindest ein konzeptioneller Rahmen zugrunde gelegt sein, der Hypothesen zuläßt, sondern es sollte auch ein Design verwendet werden, das eine Chance bietet, einen Beitrag zur Lösung der beiden Grundprobleme einer jeden Wirkungsevaluation zu leisten, nämlich möglichst alle relevanten Wirkungen erfassen und diese auf ihre Ursachenfaktoren rückführen zu können. Hierzu ist erforderlich, daß sektorspezifische Methoden und Instrumente entwickelt werden, die nicht nur gängigen Standards der empirischen Sozialforschung und den Standards of Evaluation entsprechen, sondern die auch kulturell akzeptiert sind.

Darüber hinaus muß die geberzentrierte Fokussierung der Wirkungsmessung aufgegeben werden. Hierzu ist nicht nur die Überwindung geberbezogener Programmevaluation notwendig, sondern auch die Zusammenarbeit mit einheimischen sozialwissenschaftlichen Forschungseinrichtungen und die Stärkung ihrer Evaluationskapazitäten.

Schaubild 1: Bewertung der analysierten Studien im Überblick

	Theoretische Konzeption	Untersuchungsdesign	Erhebungsmethoden	Breit angelegte Wirkungs-	Wirkungsindikatoren	Kausalitätsproblem
BMZ 1984	-	-	0	-	-	-
BMZ 1984	-	-	-	-	-	-
BMZ 1994	-	-	-	-	-	-
BMZ 1995a	-	-	0	-	-	0
BMZ 1995b	-	-	0	-	-	-
BMZ 1997	-	-	0	0	-	-
GTZ 1988	0	-	0	0	0	0
GTZ 1995	-	-	-	-	-	-
KfW 1994	-	-	0	-	0	-
KfW 1995	0	-	0	-	0	-
IOV 1994a	-	-	-	-	-	-
IOV 1994b	-	-	-	-	-	-
DEZA 1991/95	0	0	0	0	0	0
OED 1989	0	0	0	0	0	0
OED 1994a	0	0	0	0	0	0
OED 1994b	0	0	0	0	0	0

Legende:

Bewertungskriterien/Bewertung		0	0
Theoretische Konzeption für Wirkungsanalyse geeignet:	Ja	Ansatzweise	Nein
Untersuchungsdesign für Wirkungsanalyse geeignet:	Ja	Ansatzweise	Nein
Erhebungsmethoden, d. h. Multimethodenansatz und nicht nur 1 bis 2 Erhebungsmethoden:	Mulitmethodenansatz	Wenige, aber mehr als 2	Nur 1 bis 2
Breit angelegte Wirkungsanalyse, d. h. nicht nur Soll-Ist-Vergleich, sondern auch intendierte und nicht-intendierte Wirkungen erfaßt:	Ja	Ansatzweise	Nein
Wirkungsindikatorenmix, d. h. mehrere Indikatoren genutzt, z. B. ökon., soziale, kulturelle, ökolog.:	Mehrere	Wenige	nur ökonomische
Kausalitätsproblem angemessen behandelt:	Ja	Ansatzweise	Nein

Abkürzungen:
BMZ = Bundesministerium für wirtschaftliche Zusammenarbeit und Entwicklung
GTZ = Gesellschaft für Technische Zusammenarbeit
KfW = Kreditanstalt für Wiederaufbau
IOV = Operations Review Unit des niederländischen Außenministeriums
DEZA = Direktion für Entwicklung und Zusammenarbeit
OED = Operations Evaluation Department der Weltbank

Anmerkungen:
1 Evaluationen der EZ sind vor allem auf die Steuerung laufender Projekte gerichtet. Wirkungs- und Nachhaltigkeitsanalysen werden vernachlässigt.
2 Seit Gründung des Inspektionsreferats im BMZ (1972) werden nur 1–2 % aller laufenden Projekte evaluiert. Budgettitel der Evaluationsabteilung: 1,8 Mill. DM/Jahr + 5 Mill. aus anderen Titeln; d.h. zusammen 0.13 % des BMZ-Haushalts werden für die Evaluation der bilateralen EZ (5,4 Mrd., 1996) aufgewendet.

Literatur:
Agarwal, Jamuna P. / Dippl, Martin / Glismann, Hans H. (1984): Wirkungen der Entwicklungshilfe (Forschungsberichte des BMZ Nr. 50). Köln

Anschrift siehe Einleitung

Grenzenlose Gesellschaft – Grenzenloser Tourismus?

Organisation: Reinhard Bachleitner / Peter Schimany

Einleitung

REINHARD BACHLEITNER / PETER SCHIMANY

Der Tourismus zählt zu den auffallendsten Massenphänomenen in modernen Gesellschaften. Den Prognosen der World Tourism Organization zufolge wird zu Beginn des 21. Jahrhunderts der Tourismus die vermutlich weltweit größte Wirtschaftsbranche sein. Trotz dieses ökonomischen Potentials ist das sozialwissenschaftliche Analyseaufkommen zumindest im deutschsprachigen Raum äußerst bescheiden. Der Tourismus als gesellschaftsrelevante Thematik ist in der sozialwissenschaftlichen Forschung und Lehre kaum vertreten, da im Sinne puristischer Wertvorstellungen Muße- und Genußperspektiven, die natürlich mit dem Reisen zentral verbunden sind, im asketischen Betrieb der universitär verfassten Soziologie offensichtlich stören. Als Folge davon sind die Kultur-, vor allem aber die Sozialwissenschaften im betriebswirtschaftlich dominierten Wissenschaftssystem „Tourismus" immer noch marginal verankert.
Dabei erweist sich der Tourismus in geradezu idealtypischer Weise als ein grenzüberschreitendes und grenzziehendes Phänomen. So ist Reisen einerseits zwar grenzenlos geworden, indem Sozialgrenzen durchbrochen, Kulturgrenzen verlassen, Raumgrenzen überwunden und Zeitgrenzen überschritten werden. Andererseits ist im Zuge von „Reisen als Massenphänomen" und „Internationalisierung des Tourismus" die Frage nach den Grenzen und Begrenzungen auf individueller und gesellschaftlicher Ebene notwendig geworden. Belastungsgrenzen sowohl für Reisende und Bereiste als auch für die „Natur" – als das zentrale ökologische und ästhetische Gut des heutigen Tourismus – werden zunehmend angemahnt.
Die dadurch hervorgerufene Vielfalt an tourismuswissenschaftlichen Fragestellungen wurde selektiv von der Ad-hoc-Gruppe „Tourismussoziologie" primär aus kultur- und sozialwissenschaftlicher Perspektive diskutiert. Behandelt wurden spezifische (Rahmen)-Bedingungen und Folgen des Tourismus, wobei der Versuch unternommen wurde, eine sozialwissenschaftliche Klammer um den bisher dominanten „ökonomischen Kern" des Tourismus zu setzen. Dabei wurde deutlich, daß eine umfassende Bearbeitung die Grenzen der traditionellen Wissenschaftsdisziplinen überschreitet. Besondere Relevanz wurde daher auch der Erörterung zuteil, inwieweit kultur- und sozialwissenschaftliche

Konzepte zu einer differenzierten Beobachtung touristischer Entwicklungen beitragen, welches analytische Instrumentarium für eine theoretische Bestimmung des Tourismus fruchtbar gemacht werden kann und ob die Tourismusthematik disziplinspezifische Erklärungsansätze zu einer übergreifenden Tourismuswissenschaft zu integrieren vermag. Übereinstimmend wurde festgestellt, daß das Phänomen des Reisens aus unterschiedlichen Fachperspektiven gemeinsam zu problematisieren ist, um es in seiner facettenreichen Vielfalt und Widersprüchlichkeit tendenziell ganzheitlich beschreiben und erklären zu können.

Insofern hat es sich forschungsstrategisch als sinnvoll erwiesen, daß sich Kultur-, Wirtschafts- und Sozialwissenschaftler in der Ad-hoc-Gruppe zusammengefunden haben. Die gelieferten Einblicke in die einzelnen Fragestellungen und laufenden Forschungsprojekte zeigten sich dabei als so interessant und aktuell, daß die Vorträge in erweiterter Fassung als gesonderte Publikation Mitte des Jahres 1999 erscheinen werden.

Literatur:
Bachleitner, Reinhard / Schimany, Peter (Hrsg.) (1999): Grenzenlose Gesellschaft – Grenzenloser Tourismus? München (i.E.)

Prof. Dr. Reinhard Bachleitner, Universität Salzburg, Institut für Kultursoziologie, Rudolfskai 42, A-5020 Salzburg

Dr. Peter Schimany, Universität Passau, Lehrstuhl für Soziologie, Innstr. 51, D-94030 Passau

Tourismussoziologie zwischen Entgrenzung und Begrenzung
Eine Zwischenbilanz

PETER SCHIMANY

Vorbemerkungen
Der Tourismus als Massenphänomen ist ein Kennzeichen moderner Gesellschaften. Er ist Resultat fortschreitender gesellschaftlicher Entwicklung und Ausdruck modernen Lebensstils, der geprägt ist vom zunehmenden Bedürfnis nach persönlicher Entfaltung und individuellen Erlebnismöglichkeiten. Insofern kann der Tourismus aus der Perspektive westlicher Länder als Modernisierungsfolge interpretiert werden. Aufgrund seiner Expansion gilt der Tourismus als soziales Phänomen, das grenzüberschreitende

Prozesse auslöst, gesellschaftlichen Entwicklungen vorauseilt und soziokulturellen Wandel anstößt. Daher kann der Tourismus – zumal aus der Perspektive der weniger entwickelten Länder – auch als Modernisierungsfaktor verstanden werden.

Ausgangssituation
Trotz einer intensiveren Beschäftigung mit Tourismusfragen bereits Anfang der 1960er Jahre blieb die sozialwissenschaftliche Tourismusforschung in der Folgezeit marginal und atomisiert. Im Gegensatz zum Ausland ist in Deutschland eine Tourismussoziologie weder im universitären Bereich verankert, noch in außeruniversitären Forschungseinrichtungen vertreten. Tourismusforschung ist im Hoch- und Fachhochschulbereich vor allem eine Domäne der Ökonomie (insbesondere der Betriebswirtschaftslehre) und der Geographie. Als Folge der Randstellung existierte bis Mitte der 1990er Jahre auch kein sozialwissenschaftliches Publikationsorgan und kein personeller Zusammenschluß, wie dies bei anderen Disziplinen (z. B. der Volkskunde) schon seit einigen Jahren der Fall ist. Auf dieses Defizit hat die International Sociological Association allerdings reagiert, indem das Research Committee 50 „International Tourism" im Jahr 1994 institutionalisiert wurde. Vor diesem Hintergrund wurde zum 28. Kongreß der Deutschen Gesellschaft für Soziologie, der im Oktober 1996 in Dresden stattfand, zum ersten Mal eine Ad-hoc-Gruppe „Tourismussoziologie" von Peter Schimany (Universität Passau) und Heinz-Günter Vester (Universität Würzburg) beantragt und zusammen mit vier weiteren Referenten abgehalten. Die Durchführung der Ad-hoc-Gruppe verfolgte nicht zuletzt das Ziel, auf die vielfältige Relevanz der Tourismusthematik aufmerksam zu machen und die Entwicklung einer *scientific community* zu initiieren. Als zentrales Ergebnis von Dresden wurde beschlossen, die geknüpften Kontakte zu intensivieren und bereits in Gang gekommene Aktivitäten zu koordinieren und auszubauen.

Zwischenbilanz
In der Folge startete im März 1997 die Zeitschrift „Tourismus Journal" mit ihrer ersten Nummer. Das hauptverantwortlich von Karlheinz Wöhler (Universität Lüneburg) herausgegebene Periodikum versteht sich als Forum für tourismuswissenschaftliche Beiträge aus Forschung und Praxis. Erstmals liegt im deutschsprachigen Raum damit eine Zeitschrift vor, in der auch sozialwissenschaftliche und theoretisch orientierte Aufsätze Berücksichtigung finden. Mittlerweile geht die Zeitschrift in ihr drittes Jahr, und die Auslieferung des neunten Heftes steht bevor. Parallel dazu erschien Ende 1997 im Dumont-Verlag die Publikation „Voyage", Jahrbuch für Reise- und Tourismusforschung. Der federführend u.a. von Christoph Henning und Hans Jürgen Kagelmann herausgegebene Band ist als jährlich erscheinende Veröffentlichung konzipiert. Der Band enthält Artikel und Essays, die den Tourismus als soziales und kulturelles Phänomen behandeln und sich – wie erneut die Ausgabe von 1998 zeigt – auch an ein weiteres Publikum wenden. Die Zunahme an Forschungsaktivitäten belegt ferner, daß in den

Jahren 1997 und 1998 neben den beiden genannten Periodika zudem über zwanzig sozialwissenschaftlich orientierte Monographien zur Tourismusthematik erschienen sind, wobei vielleicht das im Insel-Verlag herausgebrachte Buch von Henning „Reiselust" aufgrund des umfassenden Ansatzes besondere Erwähnung verdient. Schließlich wurde im Juni 1997 in Salzburg eine Tagung veranstaltet. Der von Reinhard Bachleitner (Universität Salzburg) organisierte „1. Tourismusworkshop" brachte zwei Tage lang über vierzig Tourismuswissenschaftler unterschiedlicher Disziplinen aus Österreich und Deutschland zusammen. Der 1998 im Profil-Verlag erschienene und von Bachleitner/ Kagelmann/Keul publizierte Tagungsband enthält die dort gehaltenen rund zwanzig Vorträge. Um die Kontinuität wissenschaftlicher Diskussionen zu wahren, wurde in Salzburg – ungeachtet der Ende Januar 1998 in der Evangelischen Akademie Loccum veranstalteten Tagung „Auf dem Weg zu einer Theorie des Tourismus" (deren Ergebnisse mittlerweile in Buchform vorliegen) – folgende weitere Vorgehensweise besprochen: erneute Beantragung einer Ad-hoc-Gruppe beim nächsten Kongreß für Soziologie und abermalige Duchführung einer Tagung im Sommer 1999 in Salzburg.

Perspektiven

Die Beantragung der Ad-hoc-Gruppe „Tourismussoziologie" erfolgte mit der Intention, die Entwicklung einer sozialwissenschaftlichen *scientific community* nochmals weiter voranzutreiben – zumal in Freiburg die besondere Gelegenheit bestand, Wissenschaftler aus drei Länder erreichen zu können. Natürlich können einzelne Bereiche der Tourismussoziologie auch in bereits bestehenden Sektionen verhandelt werden. Will die Tourismussoziologie aber einer weiteren Fragmentierung vorbeugen und will sie sich aus der gegebenen Randstellung lösen, dann kann sie nicht ein einmaliges Teilangebot einer Sektion sein. Die Komplexität des Forschungsgegenstandes, aber auch der – zumal theoretisch – immer noch unzureichend elaborierte Forschungsstand erfordern vielmehr ein übergreifendes Diskussionsforum. Die Etablierung einer sozialwissenschaftlich orientierten Tourismuswissenschaft kann nur gelingen, wenn sie auf der Grundlage von Transparenz ein eigenes Forschungsprogramm formuliert, das die Vielfalt an innerwissenschaftlichen Zugängen bündelt und zugleich der Interdisziplinarität Rechnung trägt. Die Durchführung der Ad-hoc-Gruppe verstand sich daher auch nicht als Konkurrenzveranstaltung zum zweiten Teil der Sektion „Kultursoziologie", da sie zum einen inhaltlich über die dort behandelte Thematik des „Kulturtourismus" hinausreichte und zum anderen ein wissenschaftspolitisches Anliegen verfolgte: Zentrale Perspektive des sich formierenden Wissenschaftskreises ist die Beantragung einer Arbeitsgruppe auf dem (über-)nächsten Kongreß für Soziologie. Die Durchführung der Ad-hoc-Gruppe in Freiburg und die Veranstaltung in Salzburg 1999 dienen dabei als grundlegende Bausteine der Fortführung theoretisch-systematischer Analysen, einer kontinuierlichen Tagungsaktivität und der Konsolidierung einer *scientific community*. Insofern waren die Organisatoren von vornherein bemüht, nicht nur Vortragende aus

Deutschland, Österreich und der Schweiz zu gewinnen, sondern auch den Rahmen von zehn Referaten – bei gleichzeitiger thematischer Kanalisierung der Forschungsinteressen – auszuschöpfen. Als zentrales Ergebnis ist festzuhalten, daß zukünftig verstärkt darüber zu diskutieren ist, inwieweit der Forschungsgegenstand „Tourismus" über die Grenzen der Soziologie hinausreicht: Welche Form von Wissensproduktion (fachimmanent vs. interdisziplinär) und welches Organisationsprinzip (Disziplin vs. Thema) der Komplexität angemessen und für die Erkenntnisgewinnung zielführend ist.

Dr. Peter Schimany, Universität Passau, Lehrstuhl für Soziologie, Innstr. 51, D-94030 Passau

Grenzenlos braucht Grenzen
Ent- und Begrenzung im modernen Tourismus

WALTER KIEFL / URSULA KLÖRS

Grenzen schützen und beengen, und aus dieser Doppelfunktion resultiert das Bemühen um ihre Errichtung oder Überwindung bzw. Beseitigung. Verlieren Grenzen ihre Wirkung als Mobilitätsbarriere, kommt es häufig zu neuen Abgrenzungen.

Arten von Grenzen

Es gibt unterschiedliche Grenzen. Besonders wichtig erscheint die Unterteilung in territoriale Grenzen (die den Zugang von Individuen und Gruppen zu Gebieten regeln) und in sowohl äußerlich anerzogene als auch internalisierte Handlungsbeschränkungen, die sich auf erwünschte Verhaltensweisen oder Eigenschaften innerhalb eines soziokulturellen Milieus beziehen. Territoriale Grenzen gehören zu ortsgebundenen Einrichtungen und Zusammenschlüssen, die oft selbst wieder Grenzen aufweisen, die nur in der Ausübung definierter Funktionen bzw. von Trägern bestimmter sozialer Rollen überschritten werden dürfen. In der Regel enthalten territoriale Grenzen auch Festlegungen bezüglich einer Gruppenzugehörigkeit.

Auch wenn politisch-territoriale Grenzen fallen, bestehen kulturelle Grenzen weiter. Sie beinhalten Normen und Werte, die sich u. a. auf die Ausgestaltung interpersoneller und sozialer Beziehungen und auf die Definition sozialer Situationen beziehen. Da im Gegensatz zu den territorialen Barrieren bei den kulturellen Grenzen meist sowohl ein klarer Kodex als auch spezielle Sanktionsagenten fehlen, sind sie weniger sichtbar und können daher leichter überwunden bzw. verletzt, aber auch schwerer suspendiert werden.

Ent- und Begrenzungen im und durch den Tourismus

Touristische „Grenzenlosigkeit" läßt sich nicht allein territorial definieren. Was viele Touristen – vielleicht uneingestanden – mit einer Urlaubsreise assoziieren, ist oft weniger die Überwindung räumlicher Grenzen als die zeitweilige Überschreitung sozialer Barrieren und Handlungsbeschränkungen, die Befreiung von Alltagszwängen, Tabus und Routinen. Verreisen ist dann neben der Suche nach „Glück" auch Ventilsitte, d. h. ein institutionalisierter Ausweg für unstatthafte Bedürfnisse, die normalerweise im Interesse eines konfliktarmen Miteinanders unterdrückt werden müssen (Kiefl 1997). Obgleich im touristischen Selbstverständnis der Aspekt der Grenzüberwindung betont wird, lassen sich dort auch vielfältige verordnete und frei gewählte Ab- und Begrenzungen feststellen, z. B. nach Schicht, Alter, Lebensstil u. a. m. Charakteristisch ist aber auch die Distanzierung von Einheimischen, verursacht u. a. durch fehlende Sprachkenntnisse oder Unsicherheit.

Sowohl Grenzüberwindungsbedürfnisse als auch Abgrenzungswünsche lassen sich ökonomisch verwerten. Hohe Preise hat auch die Aufgabe, „Exklusivität", d. h. Abgrenzung zu Angehörigen niedrigerer Sozialschichten zu garantieren. Dies funktioniert – ebenfalls zum Vorteil der Branche – nur bedingt, besteht doch für die an sich Ausgeschlossenen die willkommene Chance, sich in der Anonymität der touristischen Subkultur (gegen Bezahlung) unangemessenes Sozialprestige zu erschleichen.

Jedes Normensystem einer Gruppe und damit auch jede Kultur enthält allgemeine Vorstellungen darüber, wie mit bestimmten Abweichungen und Abweichern zu verfahren sei, wobei ein mehr oder weniger großer zugestandener Spielraum besteht. Eine allzu rigorose Haltung gegenüber Normverletzungen ist wenig praktikabel, d. h., es besteht seitens der Zielgebiete die Notwendigkeit, ein gewisses Ausmaß an Abweichung zu tolerieren. Die Einstellung zum Tourismus und die Fremden zunächst gewährte Narrenfreiheit kann sich jedoch ändern, wenn sich für die Einheimischen spürbare Nachteile bemerkbar machen (Sester 1992).

Selbst für aufmerksame Fremde gibt es zahlreiche Möglichkeiten aufzufallen, und insbesondere Touristen, die kulturell weit entfernte Zielregionen aufsuchen befinden sich in der Position zumindest potentieller Abweicher. Bereitschaft zur Anpassung an örtliche Normen charakterisiert insbesondere Reisende zu Beginn einer touristischen Erschließung (Vorlaufer 1984) und nicht moderne „Massen"touristen. Dies hat weniger damit zu tun, daß es sich bei ersteren um besonders sensible Gäste handelt, als damit, daß Urlauber in der Pionierphase kaum Sicherheit, Bestätigung und Unterstützung durch die Kultur ihres Herkunftsmilieus erfahren. Hinzu kommt, daß zu Beginn einer touristischen Erschließung häufig Personen überrepräsentiert sind, denen eine Anpassung leichter fällt (z. B. aufgrund von Sprachkenntnissen) und/oder für die sich Anpassungsbemühungen unmittelbar auszahlen (z. B. Kaufleute).

Ghettoisierung als Ausweg

Die vielgeschmähten Touristenghettos und vor allem die Clubs kommen den Bedürfnissen der Zielgebiete, der Branche und der Reisenden entgegen. Sie erscheinen besonders sinnvoll bei Massenandrang und großer kultureller Distanz zwischen Gästen und Ansässigen, und sie ermöglichen den Fremden auch in ökonomisch unterentwickelten und puritanischen Gesellschaften nicht nur die Beibehaltung, sondern auch die Intensivierung (im Sinne der Ventilsitten) des gewohnten Konsumstandard und der liberalen Verhaltensnormen. Da mit den Einheimischen meist nur reduzierte und kontrollierte Kontakte auf der Ebene der Ferien- und Dienstleistungskultur stattfinden, sind Reisende und Bereiste weitgehend voreinander geschützt.

Ghettoisierung geht davon aus, daß sich räumliche Mobilität und Verhaltensfreizügigkeit weitgehend ausschließen. Sie bietet die Möglichkeit, durch Grenzziehung sowohl Anpassungsforderungen an Reisende als auch befürchtete destabilisierende Einflüsse auf Ansässige und ihre Lebensweise zu beschränken. Den Preis dafür haben allerdings einheimische Handwerker, Händler, Gastronomen und Dienstleister zu bezahlen, die die Grenzen zu ihren bisherigen Kunden nun kaum mehr überwinden können bzw. deren Kunden durch Daueranimation und bequeme *all-inclusive-* Angebote weniger motiviert sind, sich auf das Wagnis von Grenzüberschreitungen einzulassen.

Literatur:
Kiefl, Walter (1997): Wo Du nicht bist, dort ist das Glück. In: Tourismus-Journal 1/2: 207–224
Kiefl, Walter / Klörs, Ursula (1999): Beschränkt in die Welt und frei im Ghetto. Zum Dilemma grenzenlosen Reisens. In: Reinhard Bachleitner / Peter Schimany (Hrsg.): Grenzenlose Gesellschaft – grenzenloser Tourismus. München: 23–35
Sester, Gabi (1992): Die sozialen Auswirkungen des Tourismus auf das Leben der Bereisten. Berlin (unveröffentlichte Diplomarbeit)
Vorlaufer, Karl (1984): Ferntourismus und Dritte Welt. Frankfurt a.M.

Dr. Walter Kiefl, Schönstr. 26, D-81543 München

Ursula Klörs, Pragerstr. 4, D-80937 München

Sustainabilisierung des Tourismus – zur Logik einer postmodernen Wachstumsstrategie

KARLHEINZ WÖHLER

Daß der Tourismus als markante postmoderne Erscheinung eine nahezu alle Lebensbereiche durchdringende Kraft besitzt, ist für die westliche Soziologie eine feststehende Erkenntnis (vgl. Lash/Urry 1994: 252ff.), die sich allerdings in den deutschsprachigen Ländern noch nicht herumgesprochen hat. Unaufhörlich differenziert der Tourismus Räume nach Attraktionen, schafft sich permanent neue Märkte und erschließt für sich immer neue Räume. Zweifelsohne trägt er neben den modernen Medien maßgeblich zur fortschreitenden globalen kulturellen Homogenisierung bei (vgl. Featherstone 1995: 97ff.; Hughes 1998). Als postmoderne Form der Kolonialisation ruft er mitunter fundamentalistische Abwehr hervor, doch gemeinhin speisen die lokalen Eliten rund um den Globus „ihre" räumlichen und kulturellen Besonderheiten als Attraktionen in das Tourismusgeschäft ein. Mittels eines kapitalstockarmen Tourismus erhoffen sie sich Multiplikatoreffekte für andere Bereiche (vgl. Wahab 1997; Wallace/Pierce 1996). Die anhaltende Touristisierung von Räumen legitimiert sich wie eh und je (vgl. Wöhler 1997: 122ff.): Was der (westliche) Alltagsraum nicht mehr und/oder noch nicht besitzt, wird als im fremden Raum vorfindbar ausgelobt. Der Tourismus lebt von der Negation („schlechter") bestehender Alltagszusammenhänge und somit von (der Konstruktion von) positiven Wunschbildern der Ferne. Er instrumentalisiert wie auch immer geartete und subjektiv wahrgenommene negative Alltags-Realitätsbezüge und verheißt im Gegenzug Räume, in denen die Welt, wenn nicht gänzlich anders (positiver), so doch aber zumindest für eine Weile anders erlebt wird. Touristenbefragungen belegen dies immer wieder, und das heißt, daß die Fremde durch das Reisen ein wesentlicher Bestandteil des postmodernen Menschen geworden ist. Reisen bzw. der Tourismus globalisiert folglich strukturimmanent Räume: Zum einen wirkt Lokales in die Ferne, indem die Ferne die Lokal- bzw. Alltagswelt kontrastiert bzw. kontrastieren soll (Pullwirkung des fremden Raumes) und andererseits ist Fernes insofern lokal gegenwärtig, als es als positiv besetzte Gegenwelt zur Alltagswelt präsent ist bzw. präsent gemacht wird (Pushwirkung des Alltags).
Durch den Tourismus kommt es also zur Überschneidung von anwesenden und abwesenden Räumen (im Sinne des Giddensschen Globalisierungsverständnisses). Aus dieser Überschneidung bildet sich der Mechanismus einer „Aktion-Reaktions-Beziehung" heraus, durch den Raum- und Zeitdifferenzen insofern aufgehoben werden, als das, was zum Zeitpunkt X im Raum A geschieht, sofort Auswirkungen im Raum B hat

und umgekehrt (Beispiele: konjunkturelle Krisen, Terroranschläge, aber auch „schlechtes" Wetter und ein Ansteigen der Schneegrenzen). Aufgrund dieser ihm eigenen Charakteristika handelt sich der Tourismus Koordinationsprobleme ein. Bekanntlich werden diese Koordinationsprobleme durch Rationalisierung gelöst (vgl. Ritzer 1998). Die Rationalisierung konzentriert sich auf touristische Massengüter, deren Erstellung und Erbringung im Extremfall eines „McTourism" unabhängig sind von (a) räumlichen Bedingungen, (b) soziokulturellen Lebenszusammenhängen und (c) gegebenen Lokalökonomien. Diesem „flüchtigen Tourismus", der standortunabhängig ist, steht der „LocTourism" diametral gegenüber. Er ist standort- bzw. raumabhängig, und dies bedeutet im Gegensatz zum „McTourism", daß er aufgrund seiner hohen Raum-, Lokalökonomie- und Soziokulturabhängigkeit eine geringere organisatorische Gestaltbarkeit (kaum standardisierbar), eine geringere Produktivität und Wertschöpfung besitzt. Darüber hinaus ist ein „LocTourism" in bezug auf die Aktion-Reaktions-Beziehungen in hohem Maße anfällig, und infolgedessen kann er nur schwerlich sicherstellen, daß versprochene Gegenwelten verläßlich anzutreffen sind. Des weiteren kann dieser „gebundene Tourismus" nicht jene Kapazitäten vorhalten, die für die Masse der Gegenweltsuchenden notwendig wären. Demgegenüber stellt der industrialisierte Tourismus (gemeinhin als „Massentourismus" bezeichnet) für diese Koordinationsprobleme eine angemessene, effiziente Lösung dar.

Durch die fehlende Gebundenheit sind „flüchtige" (mcdonaldisierte) Tourismusprodukte raum- bzw. standortunabhängig alloziierbar. Als flüchtiger, wenig standorttreuer ökonomischer „Player" kann sich ein Tourismus globalisieren und x-beliebigen Räumen seinen Stempel aufdrücken. Ein „McTourism" ist nicht territorial fixiert (vgl. zur nicht-territorialen Fixierung Castells 1996: 376ff.), und er löst – wo er Platz greift – lokale Lebenszusammenhänge und Kulturen auf (vgl. Wöhler 1998): Was der touristisierte Raum an „authentischen" lokalen Kulturen vorhält, definiert sich nach den vorgängig ausgemachten Wunschbildern der potentiellen Touristen. Markt- bzw. vermarktungsfähige Imaginationen gestalten Räume um und legen ihnen (von weit herkommende) Bedeutungen auf, die speziell für den Touristen in Szene gesetzt werden. Diese Markt- statt Raumausrichtung bringt den Tourismus in Abhängigkeit von der Veränderlichkeit der Marktentwicklung. Je stärker diese Entwicklungsdynamik ausgeprägt ist, desto größer sind die Flexibilitäts- und Informationsanforderungen. Den Flexibilitätsanforderungen wird mit der touristischen Leistungserstellung von „Urlaubs-" bzw. „Freizeitlandschaften" entsprochen. Dies sind standardisierte Optionslandschaften, in denen sich ein Tourist sein Urlaubsprodukt selbst zusammenstellen kann. Standardprodukte lassen sich, weil kaum erklärungsbedürftig, bestens medial vermitteln und informativ präsentieren. Was der Markt verlangt, ist schließlich per Marktforschung zu ermitteln. Die Allokation der Leistungserbringung derartiger Tourismusprodukte erfolgt in Abhängigkeit von der Verfügbarkeit von technischem Know-how und finanziellen Mitteln.

Als Antwort auf den globalisierten Tourismus, der den empirischen Raum ökologisch und soziokulturell negiert und ihn dadurch belastet, wird im Verein mit den AGENDA 21-Erklärungen ein „sustainable tourism" im Sinne einer Re-Territorialisierung ins Spiel gebracht (vgl. Mowforth/Munt 1998: 295ff.). Da ein nachhaltiger Tourismus ein Gegenweltmodell darstellt – touristische Leistungserstellung im Einklang mit raumgebundenen sozialen, kulturellen, ökonomischen und ökologischen Ressourcen –, ist er touristisch legitimiert und vor allem für Kulturkapitalsuchende äußerst attraktiv („Öko" als „Ego-Positionsgut"). Bei der Sustainibilisierung des Tourismus geht es zum einen um die Sicherung des Tourismus, der die Umwelt als marktfähiges Produkt entwickelt (= Produktinnovation). Und zum anderen kann der Westen mit dieser Produktversion in der Dritten Welt „ethisch sauber" expandieren, d. h., der Westen legt dem Rest der Welt eine Entwicklungsstrategie auf, die (vermeintlich) im Einklang mit seinen lokalen Interessen ist. Einem „nachhaltigen Tourismus" kommt das Potential zu, durch seine Ressourcennähe auch die Allokation der touristischen Leistungserbringung zu determinieren und damit Räume zu gestalten – wie beim „flüchtigen Tourismus".

Literatur:
Castells, Manuel (1996): The Rise of the Network Society. Cambridge, Mass.
Featherstone, Mike (1995): Undoing Culture. Globalization, Postmodernism and Identity. London et al.
Hughes, George (1998): Tourism and the Semiological Realization of Space. In: Greg Ringer (Hrsg.): Destinations. Cultural Landscapes of Tourism. London: 17–32
Lash, Scott / Urry, John (1994): Economics of Signs and Space. London et al.
Mowforth, Martin / Munt, Ian (1998): Tourism and Sustainability. New Tourism in the Third World. London / New York
Ritzer, Georg (1998): The McDonaldization Thesis. London et al.
Wahab, Salah (1997): Sustainable Tourism in the Developing World. In: Salah Wahab / John J. Pigram (Hrsg.): Tourism, Development and Growth. London: 129–146
Wallace, George N. / Pierce, Susan M. (1996): An Evaluation of Ecotourism in Amazonas, Brazil. In: Annals of Tourism Research, Vol. 23: 843–873
Wöhler, Karlheinz (1997): Produktion kulturtouristischer Angebote. In: Thomas Heinze (Hrsg.): Reader: Strukturen und theoretische Konzepte zum Kulturtourismus. FernUniversität Hagen: 105–135
Wöhler, Karlheinz (1998): Imagekonstruktion fremder Räume. In: Voyage. Jahrbuch für Reise- und Tourismusforschung, 2. Jg.: 97–114

Prof. Dr. Karlheinz Wöhler, Universität Lüneburg, Fachbereich Kulturwissenschaften, Scharnhorststr. 1, D-21332 Lüneburg

Entgrenzung durch Mundialisierung? Dynamisierungsprozesse im massentouristischen Konsumsystem

UELI GYR

Die dem Referatstitel unterlegte These möchte auf neue (strukturelle) Veränderungen im massentouristischen Konsumsystem aufmerksam machen, Innovationen unter dem Aspekt einer sich mit ihnen ergebenden Angebotsmischung betrachten und einen Diskussionsanstoss (Gyr 1997) thematisch ausweiten. Ausgangspunkt bleiben der traditionelle Kanon (Sightseeing, Shopping, Souvenireinkauf oder Spezialitätenkonsum) und viele „Angleichungen" an das Gastland (landestypische Kleidungsstücke, einheimische Beherbergungsarten und Transportmittel) einerseits, massentouristische Verhaltensstile anderseits. Dabei werden Sehenswürdigkeiten, Ereignisse, Orte und Waren zu touristischen Zeichen und Symbolen modelliert, darunter Monumente, Naturereignisse, Erinnerungsstätten, Strassen, Viertel und Märkte sowie Menschen bei der Arbeit und in folkloristischen Auftritten – entscheidende „Botschaften" von Land und Leuten, Gesellschaft und Kultur (Gyr 1992). Von den Touristen werden sie über einfache Deutungsmuster dekodiert: Alltag und Fest, Stadt und Land, Arm und Reich, Ordnung und Chaos, Fortschritt und Rückständigkeit, Geschichte und Gegenwart, Schön und Hässlich sowie vor allem auch Gut und Böse dienen so als reduktionistische Kategorien für das Fremde.

Tourismuselemente dieser Sorte stützen nach wie vor das System, doch werden laufend neue Marktlücken aufbereitet, Innovationen auch anderer Art sind zunehmend gefragt. Der Buckingham-Palace und die Ceausescu-Residenz vermögen immer mehr Besucher anzuziehen, ähnlich wie die Armutsviertel in Rio, Harlem oder Manila. Der Kriegstourismus hat sich etabliert, mit Besichtigungen von historischen Schlachtfeldern und Gefängnissen, ebenso die „Gafferreisen" in aktuelle Kriegsgebiete. Spielerisch geht es vergleichsweise im Parkhotel du Sauvage in Interlaken zu und her, wo man nachts à la Sherlock Holmes fünf Morde aufzudecken hat und gefilmt wird.

Hier kündigen sich Abenteuer der „kleinen" Art aus einem grossen Segment an. Zu ihm gehören die vielen Freizeitparks wie Disneyland und Europapark bis hin zu Erlebniswelten im Stil des afrikanischen Sun City-Areals, wo ganze Gartenlandschaften und Erdbeben simuliert werden. „Ruhige" Erlebnisse verraten die beliebt gewordenen Lehrpfade, während die explizite Aufmachung „richtiger" Abenteuer aufregende Terrains neu erschliesst: Übernachten im Iglu bei minus 20 Grad oder Lamatrekking und Klippenspringen im Berner Oberländer „Adventureland" versprechen spass- und leistungsbezogene Urlaubserlebnisse.

Der Trend zum Abenteuer ist das eine, seine Inhalte das andere: Das Besondere verdichtet sich zunehmend im Nervenkitzel und härteren Leistungsproben: Rundfahrten durch Tschernobyl, Besteigungen von aktiven Vulkankratern, Bike-Touren in Nepal, Tarzanschwünge in der Ardèche, Training im Space-Simulator, Wingwalking auf Doppeldeckern, Autorennen mit Abbruchautos, Überlebenswochen mit minimaler Ausrüstung oder Marathontraining vor der Himalaya-Kulisse vermitteln touristische Adrenalinschübe, die den Urlaub an neuen Massstäben messen.

Solche Urlaubsmuster beschreiben Segmente mit Trendrollen, vermischen sich doch Aktivabenteuer und neue Erlebnisorientierung, hinter der das Prinzip „fun and action" immer neue Varianten produziert. Gerade hier stellt sich die Frage nach möglichen Entgrenzungen und verweist auf Dynamisierungsprozesse. Zwischen Erfahrungskonsum und Erlebniskonsum gilt es vermehrt zu unterscheiden. Der erste umfasst den Konsum traditioneller Elemente: Touristische Attraktionen funktionieren kraft ihrer symbolischen Substanz, sie werden als solche produziert und rezipiert. Im zweiten Fall dominieren Erlebnis und Erlebnisqualität, die häufig durch spielerisches Verhalten, Konsumwettbewerb oder Leistungsorientierung abgesichert sind.

Erfahrungs- und Erlebniskonsum vermischen sich als Teile eines Kulturprozesses, der tourismusgerechte Inszenierungen, Objektivationen, Werte und Symbole schafft. Sie finden sich in künstlichen Umwelten und neuen Erlebnisformen. Ob deren Aneignung realitätsgerecht oder nur über vorfabrizierte Bilder und Stereotypen verläuft, ist hier sekundär. Für die Frage nach der Authentizität (Cohen 1988) wird dieser Befund relevant: Der moderne Tourist sucht zwar unentwegt nach ihr, doch durchschaut er sie. Klassische Touristenattraktionen und neue Pseudo-Ereignisse und Simulationswelten begreift er in deren Künstlichkeit. Er sucht mehr den spielerischen Umgang mit ihnen, den Spass und besonders das Erlebnis in neu inszenierten Umwelten, so dass das „Echte" und Authentische an Gewicht verlieren.

Das Konsumsystem verzeichnet Erweiterung und Verlagerung. Die Produktion neuer Erlebnisformen und Erlebnisqualitäten schreitet voran, sie dynamisiert sich und mit ihr auch das Angebot: Es kommt zur Verlagerung vom Erfahrungskonsum zum Erlebniskonsum. Es macht Sinn, Knebels frühe Thesen (1960) im post-modernen Massentourismus zu überprüfen. Wenn es richtig ist, dass der Erlebniskonsum sich zunehmend durch Leistungsorientierung, Spielqualität, Actionlust und Agonalisierung auszeichnet, so bewirkt dies bei bisherigen Strukturen Bedeutungsabbau.

Umgekehrt entstehen neue Symbole als Ausdruck der touristischen Erlebnisgesellschaft. Hier von Entgrenzung zu sprechen, wird zwingend: Der gegenwärtige Erlebnistourismus wird in ein offenes System eingepasst und lässt Austauschbarkeiten zu. Dies scheint gerade für massenkulturell vermittelte Unterhaltung und Erlebnisformen zuzutreffen. Zwar haben die Freizeitparks einen geographischen Standort, doch sind sie (trotz ihrer Eigenarten) stets auch Teil einer mundialen Unterhaltungsindustrie – gleichsam ein Stück nivellierte Weltkultur, die sich angebotsmässig entgrenzt. Der Ort selber oder die Landschaft, vor der sich die Freizeitindustrie etabliert, werden zur Kulisse. Entgrenzung durch Mundialisierung spielt aber längst auch beim klassischen Touristenkonsum mit, nur weiss man darüber noch wenig. Hier könnten Analysen zur Rezeption von Sehenswürdigkeiten und besonders der Folklore weiterhelfen. Das Raffinierte touristischer Symbole ist ihre vielfältige Mischung: Sie enthält gleichzeitig lokale, regionale, nationale und universale Substanzen, fragt sich nur, wie diese dekodiert werden. Am Paradigma „Folklore" liesse sich einiges aufzeigen: Dieser Erlebnisbereich wird zwar stets national oder regional aufgeladen, doch das ist nicht alles: Indonesische Tempeltänze, alpines Steinstossen, afrikanische Märkte, norwegische Trachten, Samba-Rhythmen, Airport-art und Pizza werden über universale Erkennungszeichen auch als mundiale Botschaften aufgenommen.

Sie vermitteln, so betrachtet, stets ein Stück neuer Welterfahrung: Touristisch inszeniert, kommt diese im gefälligen Folklorekostüm daher, verweist auf Einzigartiges, verwischt aber gleichzeitig mögliche Grenzen in einem touristischen Universalsystem. Ethnologisch bleiben solche Entgrenzungen über Wahrnehmung und Aneignung moderner Touristenangebote aus der Sicht der Touristen qualitativ zu überprüfen. Vordringlich wäre die Dekodierung touristischer Botschaften und Symbole. Differenzierte Verfahren werden zeigen, ob deren Verarbeitung schichtgebunden verläuft und auch, ob global oder hierarchisch sortiert wird. Aus der globalen Nivellierung der Angebote darf nicht auf lineare Entschlüsselung geschlossen werden.

Literatur:

Cohen, Erik (1988): Authenticity and commoditization in Tourism. In: Annals of Tourism Research 15: 371–386

Gyr, Ueli (1992): Sightseeing, Shopping, Souvenirs und Spezialitäten. Symbole und Symbolkonsum in massentouristischer Sicht. In: Paul Michel (Hrsg.) Symbolik von Weg und Reise. Bern/Berlin/Frankfurt a.M. (Schriften zur Symbolforschung, 8): 223–239

Gyr, Ueli (1997): Altbewährt und neu vermischt. Symbolproduktion und Erlebniskonsum für Touristen von heute. In: Rolf Wilhelm Brednich / Heinz Schmitt (Hrsg.): Symbole. Zur Bedeutung der Zeichen in der Kultur. 30. Deutscher Volkskundekongress in Karlsruhe vom 25. bis 29. September 1995. Münster/New York/München/Berlin: 259–266

Knebel, Hans-Joachim (1960): Soziologische Strukturwandlungen im modernen Tourismus. Stuttgart

Prof. Dr. Ueli Gyr, Universität Zürich, Volkskundliches Seminar, Zeltweg 67, CH-8032 Zürich

Wandel der Frauenrolle durch Tourismus

BRIGITTE MOSER-WEITHMANN

Die zentrale Fragestellung der Studie lautete: Wie wirkt sich der europäische, konsumorientierte Massentourismus in einem muslimisch geprägten Land auf einheimische, im internationalen Dienstleistungssektor arbeitende Frauen aus? Als Aspekt wurde die Problematik der Berufstätigkeit von Frauen in einer patriarchalischen Gesellschaft ausgewählt, in der Geschlechtersegregation vorherrschend und die Stellung der Frau auf die Familie beschränkt ist.

1996 und 1997 erfolgten in Tunesien empirische Erhebungen in zwei neu etablierten Tourismuszonen (Tabarka i.N. und Douz i.S.) und in dem alteingesessenen Fremdenverkehrszentrum an der Ostküste (Sousse) mittels problemzentrierter Fragebogen. Quantitative Erhebungen und sich daraus ergebende qualitative Interviews wurden in den Hotels (230 Frauen) durchgeführt sowie offene Gespräche in den Familien und unstrukturierte Interviews in der Öffentlichkeit (rund 300 Personen). Ergänzt wurden diese Untersuchungsmethoden durch teilnehmende Beobachtung.

Während in Tunesien Industrialisierung und Landwirtschaft stagnieren, der Tertiärsektor überdimensional aufgebläht ist, erlebt der Tourismus eine rasante Entwicklung. Die Tourismusbranche gilt als expandierender und fast ausschließlicher Arbeitssektor. Bei den Tourismusgroßprojekten in Tabarka und Douz wurden nach Meinung vieler in- und ausländischer Kritiker die Umwelt- und Sozialverträglichkeit nicht reflektiert (Jäggi 1994: 42).

In Tunesien ist das Patriarchat und die Geschlechtersegregation – von der gehobenen Mittel- und Oberschicht abgesehen – trotz rechtlicher Gleichstellung der Frau (nach 1956) und Demokratisierung des Erziehungswesens zugunsten der Frauen weiterhin praevalent (Mahfoudh 1990: 169). Die Rolle der *idealen* Frau in Tunesien ist durch ihre Aufgaben im Haus definiert. Eine Tätigkeit im Dienstleistungssektor im allgemeinen und im europäisch-touristischen Umfeld im besonderen gilt für verheiratete oder unverheiratete Frauen als *ehrenrührig*. Trotzdem sehen viele Familien aus dem Hinterland den einzigen Ausweg aus der Armut darin, ihre Töchter als vielfach alleinige Erwerbstätige im Tourismus arbeiten zu lassen, und sind bereit, den *europäischen Kontext* billigend hinzunehmen.

In der Oase Douz, deren Bevölkerung zum großen Teil aus *Mherazig* – ehemaligen Nomaden – besteht, werden Dienstleistungen der Frauen außerhalb des Hauses strikt abgelehnt. Die zweite große ethnische Gruppe in den Oasen, die $Ma^c tûq$, Nachkommen der ehemaligen schwarzen Sklaven (^{c}abîd) der Nomaden, unterliegen diesen strengen Gesetzen nicht und zeichnen sich durch eine eher fortschrittliche Haltung aus (Louis 1979). 18 *Ma^{c}tûqfrauen* wurden in den Hotels interviewt, die *Mherazig*-Frauen in ihren Privaträumen. Das schulische Niveau der Frauen ist – gemessen an der ausgeübten Tätigkeit – relativ hoch, viele verfügen über eine Berufs- oder Zusatzausbildung wie Hotelfachschule, Datenverarbeitung u. ä. Während in Sousse der Anteil der verheirateten Frauen durch hohe Lebenshaltungskosten über 50 % liegt, beträgt er in Tabarka nur 16 % und in Douz 35 %.

Die Interviews in den Hotels förderten sehr ambivalente Sichtweisen und Emotionen zutage: einerseits die Genugtuung der Frauen über die gewonnene Eigenständigkeit, die Freude am Geldverdienen, an den Kontaktmöglichkeiten, an Informationen über und aus der westlichen Welt. Andererseits aber leiden sie am schlechten Ansehen (Negativ-Image) des Dienstleistungsgewerbes. Hinsichtlich der relativ schlechten Reputation der Tätigkeit im Tourismus für Frauen zeigte sich auch in Sousse als alteingesessenem Tourismusgebiet, daß langfristig keine Änderung durch einen gewissen Gewöhnungseffekt in der Öffentlichkeit erfolgte. Im Gegenteil: Die stärksten Klagen wurden dort erhoben. Durch den zwangsweisen Kontakt mit fremden Männern (vor allem der Animatricen) ist die „Ehre" (hurma) der Frauen antastbar, obwohl sie sehr auf ihren guten Ruf bedacht sind. Nicht selten denunzieren die eigenen Kollegen wider besseres Wissen die Frauen außerhalb des Hotels. Viele Frauen fühlen sich in ihrer Ehre gekränkt und haben darüber geklagt, daß für die Mehrheit der Männer Tätigkeiten außer Haus gleichbedeutend sind mit Freizügigkeit (durchaus im sexuellen Sinne) und dadurch der gewonnene Bewegungsfreiraum wieder eingeengt werde. Die Akzeptanz des Tourismus in der breiten Bevölkerung wird durch die freizügigen Verhaltensweisen der europäischen Reisenden nicht begünstigt. Und dies hat wiederum einen Bumerangeffekt auf die im Hotelgewerbe tätigen Frauen.

Die Haltung der meisten Frauen, die ihre Arbeit selbst und den Kontakt zu den Fremden weitgehend schätzen, ist der Interviewerin gegenüber sehr selbstbewußt. In der Familie und in der Öffentlichkeit aber herrscht die Tendenz vor, verstärkt auf die eigene Tradition, die eigenen Sitten und Moralvorstellungen zu achten und Imitation europäischer Verhaltensweisen für sich abzulehnen. Die Befragten fühlen sich als Pfeiler der Gesellschaft und der Tradition. Sie wollen in dieser Rolle von den Männern und der Gesellschaft ernst genommen werden und fordern für sich einen größeren Bewegungsspielraum. Sie sehen sich nicht im Widerspruch zu ihrer Religion, sondern klagen Rechte in der Realität ein, die durchaus mit dem Islam bzw. dem Koran in Einklang stehen und die durch die zivile Gesetzesnovelle von 1968 längst verbrieft sind (Taamallah 1990: 143). Vor allem die älteren und verheirateten Frauen empfinden es als entwürdigend, daß ihnen nicht das nötige Vertrauen entgegengebracht wird. Es zwingt sie geradezu, sich in der traditionellen Rolle zu behaupten.

Daß die traditionelle Frauenrolle sich verändert, zeigt die Tatsache, daß junge Frauen, auch aus den ländlichen Bereichen, heute im Gegensatz zu ihren Müttern über eine gute Schulausbildung verfügen und eine Berufstätigkeit ausüben können. Annähernd alle interviewten, unverheirateten Frauen haben sich ihre Arbeit durchaus gegen den Willen des Vaters selbst gesucht. In den wenigsten Fällen bedeutet diese Tätigkeit aber Eigenständigkeit der Frauen. Sie ernähren zum großen Teil die Familie, oftmals allein, in manchen Fällen können sie für ihre Aussteuer etwas ersparen. Die Rolle in der Familie als Mit- oder sogar Alleinverdienerin bedeutet indes nicht unbedingt einen besseren Status; in vielen Fällen haben Frauen sogar darunter zu leiden, daß der Vater oder Ehemann um seine Autorität fürchtet und deshalb besonders stringent reagiert. Seine Ehre ist von der Tugendhaftigkeit der Ehefrau und der Töchter abhängig und *muß* deshalb entsprechend behütet werden, da sie unter der sozialen Kontrolle der Gemeinschaft steht. Ein Wandel der herkömmlichen Frauenrolle in einer patriarchalisch-orientalischen Gesellschaft wird – in den traditionellen Familien – nur langfristig zu erreichen sein, da die Veränderung der Mentalität nicht von oben verordnet werden kann. Die Frauen selbst haben ihre Einstellungen und Verhaltensweisen verändert, was bei den Männern nur unwesentlich der Fall ist, da sie in diesem Kontext als die Verlierer angesehen werden. Es wird also an den Frauen selbst liegen, eine Veränderung zu ihren Gunsten durch Beharrlichkeit kontinuierlich herbeizuführen.

Wenn der Tourismus einen Wandel in der Rolle der Frau für sich beanspruchen kann, dann den, daß die Frauen sich – vielleicht auch durch die selbstbewußt auftretenden europäischen Frauen im positiven Sinne – gegen die Vorurteile durchzusetzen beginnen und sich der Stärke ihrer Person und ihrer Verantwortung in Familie und Gesellschaft bewußt geworden sind. Dies ist insofern bemerkenswert, als die Untersuchung ebenso ergeben hat, daß die Frauen im Gegensatz zu denjenigen jungen Männern im Tourismuskontext stehen, die in unkritischer Imitation die Werte der eigenen Traditionen und Kultur preisgeben.

Literatur:
Jäggi, Monika (1994): Tourismus und Ressourcennutzung in der südtunesischen Oase Douz. Ein sozialgeographischer Beitrag zur Umweltforschung. Bern
Jäggi, Monika / Stauffer, Beat (1990): Grün und integriert. Wie in Tunesien Naturlandschaften für Luxustourismus zerstört werden. Zürich
Louis, André (1979): Les Nomades d'hier et d'aujourd'hui dans le Sud tunesien. Aix-en Provence
Mahfoudh, Dorra (1990): Anciennes et nouvelles formes du travail à domicile, des femmes en Tunisie. In: Monique Gadant /Michèle Kasriel (Hrsg.): Femmes du Maghreb au présent. La dot, le travail, l'identité. CNRS Paris: 159–172

Taamallah, Malika (1990): Les femmes, les motivations du travail et l'insertion dans la vie active en Tunisie. In: Monique Gadant / Michèle Kasriel (Hrsg.): Femmes du Maghreb au présent. La dot, le travail, l'identité. CNRS Paris: 141–158

Dr. Brigitte Moser-Weithmann, Innstr. 54, D-94032 Passau

Begrenzt: Interkulturelle Beziehungen im Tourismus

ADELHEID SCHRUTKA-RECHTENSTAMM

„Die Eingeborenen in unserem authentischen Dorf sind ein wahres Geschichtsbuch und freuen sich auf den Austausch mit aufgeschlossenen Gästen." (Jedek-Reisen)

„Ein kleines Dorf mit gesunder Tradition und echter Gemütlichkeit hat für seine Gäste mehr als „Normales" zu bieten." (Dorfurlaub in Österreich)

Trotz der Vielfalt von Reisemöglichkeiten und Reisevarianten besitzen Reisende in der Regel spezifische gemeinsame Merkmale hinsichtlich ihrer Interaktionscharakteristik mit den Angehörigen der Gastgesellschaft. Touristische Beziehungen sind gekennzeichnet durch ihren kurzen Zeithorizont, ihre relative Freiheit von Verpflichtungen des Alltags und der Nähe zum touristischen Gastgeber. In diesem Sinne können Touristen als Fremde interpretiert werden, die in einem Verhältnis der physischen Nähe, aber kulturellen Ferne zur Gastgesellschaft stehen. Je nach Grad der ethnischen und kulturellen Distanz sind die Interaktionen durch soziale Distanz, Stereotypisierungen, fehlende Spontaneität und kommerzialisierte Freundlichkeit geprägt. Reisen bedeutet das Verlassen der gewohnten Umgebung und die Konfrontation mit dem Unvertrauten. Durch die Vereinheitlichung und Standardisierung des Fremdenverkehrsangebotes treffen die Reisenden allerdings auch auf vertrautes Ambiente. Der Tourismus löst scheinbar Grenzen zur Fremde auf, ist scheinbar grenzenlos. Urlaubsszenarien sind international identisch und wiedererkennbar. Andere Länder erscheinen nah und ohne spürbare Grenzen erreichbar. In der Hotellerie gibt es international vergleichbare Verhaltensnormen für Reisende und Bereiste, deren Einhaltung wechselseitig vorausgesetzt wird. Auch wenn das bereiste Land unbekannt ist, gilt die Fremdheitserfahrung nicht für die Erwartungen an die Umgangsformen der Bediensteten im Beherbergungsbetrieb. Die Kontaktformen sind formalisiert, standardisiert und professionalisiert.

Reisende und Bereiste haben ungleiche Ausgangspositionen: Der Freizeitsituation der einen Seite steht die Arbeitssituation der anderen Seite gegenüber. Dabei gilt es jedoch nicht nur psychische, sondern auch soziale und kulturelle Faktoren mit zu berücksichtigen. Für die Touristen findet die Begegnung im Urlaub statt, der eine besondere, gesellschaftlich hoch bewertete Stellung im Jahreslauf hat. Auf nichts wird – zumindest in Mitteleuropa – so ungern verzichtet, wie auf den alljährlichen Urlaub, gespart wird im, aber nicht am Urlaub.

Diese alljährliche Singularität und Außeralltäglichkeit des Ereignisses für die Touristen steht im Gegensatz zur Situation, in der sich die Gastgeber befinden: Für sie ist die Begegnung primär Arbeit bzw. Erwerbstätigkeit und prägt den Alltag in den Monaten der touristischen Saison. Dies bedeutet, daß auch die kommunikativen Voraussetzungen unterschiedlich sind. Für die Gastgeber gibt es eine Vielzahl von Gästezyklen innerhalb einer Saison, während die Begegnungen für die Touristen in einer besonderen Situation, im lang ersehnten Urlaub, stattfinden.

Dazu kommt, daß die Erwartungen an die Reise sowie das Erleben und die Begegnungen mit Menschen vor Ort von Sehnsüchten, Wünschen und Vorstellungen aus dem Arbeitsalltag und aus der eigenen Kultur getragen werden, und diese prägen den Blick auf die Fremde und die Erwartungen an den Urlaub. Dadurch wird die Verknüpfung der scheinbaren Gegenpole Freizeit und Berufsleben wiederum deutlich. Die Fremde wird über ihre Stereotype erfahren, über die Bilder, die sich schon vorher festgesetzt haben, sie wird selektiv standardisiert (Gyr 1988: 233), denn der Blick der Touristen ist geprägt durch die Ausschnitthaftigkeit des Gesehenen und das, was man sieht, soll möglichst „authentisch" sein.

Die Suche nach Erfahrungen aus „erster Hand" bedeutet einen wichtigen Motor bei der Entwicklung von touristischem Habitus. Der Urlaub ist im subjektiven Erleben jedes Einzelnen eine zutiefst persönliche und private Angelegenheit, die trotz der von außen wahrzunehmenden Konformität eine starke individuelle Komponente aufweist. Das Souvenir ist nicht nur authentisches Zeichen für das Erlebte am bewußten Ort, sondern bedeutet auch ein Stück persönlicher Erinnerung an die individuelle Gestimmtheit im Urlaubsambiente (Köstlin 1991). Ebenso liefert die Urlaubsfotografie einen unvergleichbaren „Beweis" für die Einmaligkeit des Erlebten, da die Vordergrundgestaltung, der Bildausschnitt oder die Erinnerungen der gleichen Sehenswürdigkeit einen jeweils unterschiedlichen Rahmen geben.

Das menschliche Bedürfnis nach Authentizität umfaßt ein breites Spektrum, man denke beispielsweise an die Bedeutung der Verdinglichung von Symbolen. In einer zunehmend säkularisierten Welt geraten andere Bereiche menschlicher Erfahrung auf der Suche nach „dem Echten" und schließlich auch dem „echten Selbst" ins Zentrum des Interesses. Die Suche nach Authentizität dient als wichtiger Schlüssel zum Verständnis der Moderne

(Berman 1988), vor allem die Freizeit ist zu einem bedeutenden Faktor für die Erfüllung der Wünsche nach authentischem Erleben und der Suche nach dem wahren Selbst geworden. Reisende haben bestimmte Vorstellungen von ihrem Urlaub und bringen stereotype Bilder von dem mit, was zu einem gelungenen Urlaub, in dem man sich wohl fühlt, gehört. Nicht nur der Blick auf die Fremde, auf die Sehenswürdigkeiten, ist im vorhinein festgelegt und ausschnitthaft, sondern auch die Vorstellungen von den Bereisten, von den Kontakten mit den Einheimischen sind genormt. Dabei spielen nicht nur Zuordnungen von regionalen Eigenschaften eine Rolle, sondern auch insgesamt die hohen Erwartungen an die im Tourismus Beschäftigten hinsichtlich der Qualität des Services. Gefühlen der Zufriedenheit und damit des Wohlbefindens der Touristen kommt besondere Bedeutung zu. Inszenierungen für das Publikum schließen mit ein, sich als Person mit eigenen Wahrnehmungen und Wünschen zurückzunehmen. Die Inszenierung von Gefühlen und ihre Kommerzialisierung treten in den Vordergrund (Schrutka-Rechtenstamm 1997).

Nicht alle Touristen streben nach dem Erleben des Echten in der fremden Kultur, wie auch das, was als echt gilt graduell in den verschiedensten Abstufungen zu beobachten ist. Insgesamt werden jedoch die Angebote, die ein Einsteigen in die fremde Kultur erlauben, einen Blick sozusagen hinter die Kulissen versprechen und die Grenzen zum Erleben der Fremde abbauen, häufiger. Was sich verändert hat, ist, daß es sich bei den Angeboten nicht mehr ausschließlich um folkloristische Darbietungen handelt. Ein neues Interesse gilt also dem Alltag, der Lebensweise der Bevölkerung des Reiselandes, wie Beispiele aus europäischen Nachbarländern belegen, wobei das Angebot mit den jeweiligen Stereotypen in Korrelation steht. Es handelt sich um Inszenierungen unter dem Deckmantel des Echten dessen sich die Reisenden aber durchaus auch bewußt sein können: In Frankreich ist ein traditionelles Essen mit den Gastgebern in der „authentischen und sehr persönlichen Art der Unterbringung im Chambre d'hôte" miteingeschlossen. In Italien kann man sich bei einer „typisch italienischen Familie" darüber informieren, welcher Fußballclub ihre Favorit ist, in welche Kirche sie gehen und welches Gemüse wann am besten schmeckt und in der dänischen Stadt Odense bringt ein Begegnungsprogramm Touristen und Einheimische mit ähnlichen beruflichen oder privaten Interessen zusammen.

Dieses Konglomerat aus gegenseitigen Erwartungen und Wünschen ließ eine spezifische Urlaubskultur entstehen, mit eigenen Regeln und Gesetzmäßigkeiten. Die Begrenzung des Erlebnisses liegt in der Ausschnitthaftigkeit des Blickes auf die fremde Kultur, der auf dem dem spezifischen Urlaubsblick begründet liegt. Und dieser setzt sich aus der sogenannten Urlaubsgestimmtheit, dem kulturellen Hintergrund der Reisenden und den Bildern und Stereotypen, die vom Anderen existieren, zusammen.

Literatur:
Berman, Marshall (1988): All That is Solid Melts Into Air. The Experience of Modernity. New York. (2.Aufl.)
Gyr, Ueli (1988): Touristenkultur und Reisealltag. Volkskundlicher Nachholbedarf in der Tourismusforschung. In: Zeitschrift für Volkskunde, Jg. 84: 224–239
Köstlin, Konrad (1991): Souvenir. Das kleine Geschenk als Gedächtnisstütze. In: Übriges. Kopflose Beiträge zu einer volkskundlichen Anatomie. Utz Jeggle zum 22. Juni 1991. Tübingen: 131–141
Schrutka-Rechtenstamm, Adelheid (1997): Gäste und Gastgeber: touristische Ritualisierungen diesseits und jenseits der Bezahlung. In: Tourismus Journal. Jg. 1, Heft 3/4: 467–481

Dr. Adelheid Schrutka-Rechtenstamm, Universität Bonn, Volkskundliches Seminar, Am Hofgarten 22, D-53113 Bonn

Die Grenzüberschreitung des deutschen Kulturtourismus: Beschreibungen des Fremden in fünf Jahrzehnten Merian-Heften

ULRIKE HESS-MEINING

Mit diesem Text soll ein Beitrag geleistet werden, die bisher vernachlässigte Informationsfülle von Reisezeitschriften als soziologische Quelle der Tourismussoziologie zu erschließen. Beispielhaft soll deren Bedeutung am Aspekt der Darstellung des Fremden in den Merianheften gezeigt werden.
1948 gegründet, beschränkte sich die Merianreihe bis 1954 ausschließlich auf deutsche bzw. ehemals deutsche Regionen. Die Merianhefte richten sich von Anfang an in ihrer Konzeption an gebildete, kultivierte, bürgerliche Leser. Die Leitfrage soll im folgenden daher sein: Welche Konsequenzen hat die Perspektive des Kulturreisenden für die Darstellung des Landes und seiner Bewohner, also des Fremden und insbesondere der Fremden?
Ein erster wesentlicher Aspekt des Umgangs mit dem Fremden ist die allmähliche Ausweitung des Themenspektrums ab Mitte der fünfziger Jahre auf Europa und schließlich seit den siebziger Jahren auf sämtliche Erdteile. 1963 gibt es mit „Marokko" das erste außereuropäische Heft, dem 1965 Libanon, 1966 Äthiopien, 1967 Tunesien und Luxor, Assuan, Abu Simbel, 1968 Israel und 1969 Südafrika folgen. Auffallend ist, daß es sich hier einerseits um außereuropäische Länder des Mittelmeerraums handelt, also Regionen, die mit der klassischen Antike verknüpft sind, andererseits um Länder, die

als christlich-europäisch vereinnahmt werden können. In den 60er Jahren zeigt sich an der auch außereuropäischen Themenwahl trotzdem bereits die zunehmende Bedeutung „fremder Länder" – und rein quantitativ ist ein Überhang deutschsprachiger Regionen offensichtlich schon nicht mehr einzuhalten: 1967 gab es bereits acht „ausländische" Themenhefte. Beide Trends verstärken sich in den 70er Jahren. Auffallend ist zugleich die enorme Ausweitung des geographischen Spektrums. 1970 wird mit New York erstmals eine Region der „Neuen Welt" gewürdigt, 1971 folgt Fernost mit „Ceylon" und erneut Amerika mit „Mexiko". Mit Titeln u.a. zu Kenia, Thailand, Kanada und Hongkong wird deutlich, daß nun alle Weltgegenden als interessante und angemessene „kulturelle" Sujets erscheinen. Diese Entdeckung der Welt für die Kulturreisenden setzt sich in den 80er Jahren in allen Aspekten fort. Für die 90er Jahre ist neben einer deutlich anderen Aufmachung, die immer stärker auf die konkreten Informationsbedürfnisse der Reisenden eingeht, ein durchgängiges Übergewicht ausländischer Reiseziele erreicht. In allen bisherigen Jahrgängen der 90er Jahre sind deutschsprachige Ziele die Ausnahme. Deutschland ist endgültig eine Weltregion unter vielen.

Diese Ausweitung der Perspektive kann ebenfalls an konkreten Beispielen der Darstellung von Fremden nachvollzogen werden. Die Beschreibung der nichtdeutschsprachigen Regionen Europas und deren Bewohner orientiert sich in den fünfziger und sechziger Jahren an den programmatischen Ausführungen im ersten Auslandsheft von 1954, das Paris zum Thema hat. Es „ [...] sollen künftig auch *Stadt- und Kulturlandschaften* des außerdeutschen Europa den Themenbereich erweitern." Dies soll im Sinne des geistigen Vorbilds Matthaeus Merians geschehen, der die „ [...] Landschaften und Städte in ihren *geistigen Zügen* fest[hielt]. Sein Name verhieß nach den Zerstörungen des Dreißigjährigen Krieges Besinnung auf die *unvergänglichen Werte* des Daseins." (Merian „Paris" 7. Jg. 1954, H. 5, 1. Umschlagseite innen, Hervorhebungen von mir, U. H.-M.) Wie geschieht nun die Erfassung der „geistigen Züge" der dargestellten Regionen? Den Kern bilden Artikel über architektonische oder bildnerische Kunstwerke, ergänzt um stimmungsvolle literarische Landschafts- oder Menschenschilderungen, häufig von namhaften Schriftstellern verfaßt. Also repräsentative historische Gebäude, Kunstwerke der bildenden, aber auch darstellenden Künste – und moderne Technik. Wenn Menschen auf dem Titel erscheinen, sind sie in Tracht oder in ähnlicher Weise typisiert und symbolisieren damit die Kultur des Landes (z. B. Schotte im Kilt mit Dudelsack).

Positiv ist zu vermerken, daß in den Auslandsheften immer Artikel von Autorinnen und Autoren des jeweiligen Landes enthalten sind. Eine Entscheidung, die viel dazu beitrug, daß auch in den 50er Jahren bereits Schilderungen jenseits von Klischees gelangen. Was – anders als bei den frühen Heften zu deutschen Regionen – nicht Thema ist, sind die Zerstörungen des Krieges, Problematisierung kritischer Haltungen der einheimischen Bevölkerung gegenüber Deutschen aufgrund des Nationalsozialismus bzw. der deutschen Besatzung (Artikel in den Merianheften Kreta von 1963 und von 1990). Auch aktuelle Politik ist – ganz im Gegensatz zu späteren Heften, insbesondere ab den 80er Jahren – nicht Gegenstand der Artikel der 50er und 60er Jahre. Betrachten wir die Themenbereiche dieses Zeitraums für die europäischen Regionen so können wir zusammenfassen, daß einerseits die Schilderung von Kultur und Landschaft, andererseits der traditionellen Kultur der Landesbewohner die wesentlichen Inhalte bilden. Schilderungen der sozialen Lage, aber auch vom alltäglichen Leben jenseits der Klischees fehlen oder werden lediglich angedeutet. So entstehen allein durch die Themenwahl ideelle und tatsächlich idealisierte Bilder der jeweiligen Region. Hinzu kommt, daß durch die Beschränkung auf klassische Kultur, Themen gymnasialer Bildung und teilweise auch auf moderne Technik eigentlich nichts „fremd" ist in Europa für den deutschen Kulturtouristen der damaligen Zeit.

In den 60er Jahren findet aber bereits die Ausweitung der Themengebiete auf außereuropäische Regionen statt. Nun geht es zweifellos um „fremde Fremde". Wiederum ist zu fragen, welche Konsequenzen die Perspektive des Kulturreisenden für die Darstellung des Landes und seiner Bewohner hat.

Ein interessantes Beispiel ist Ägypten. Der Klappentext im Heft „Luxor, Assuan, Abu Simbel" von 1967 verweist erneut auf die besondere Wertigkeit alter Kultur: „Das alte Theben, einst Mittelpunkt der ersten Hochkultur in der Welt, ist in und bei Luxor-Karnak noch anschauliche Gegenwart" (Merianheft Luxor, Assuan, Abu Simbel 1967, XX, H. 12, 1. Umschlagseite innen). Was bleibt neben der ausführliche Darstellung der antiken Hochkultur übrig für das Verständnis der zeitgenössischen Ägypter? Diese erscheinen hauptsächlich als Fellachen, für die exemplarisch die Überschrift eines Artikels steht: „Ihr Dasein hat sich kaum geändert". Die Verengung der Perspektive auf „Kultur" hat hier die Kehrseite des Unverständnisses für die Einheimischen, denen an anderer Stelle geradezu vorwurfsvoll Rückständigkeit und übermäßiger Kinderreichtum attestiert wird. Dies steigert sich noch, wenn in einer Schilderung von Reiseerlebnissen „Der Skarabäus" die ägyptische Hauptfigur als „Eine Mischung von Feigen und Oliven auf Plattfüßen, in eine blauweiß gestreifte Signalflagge gehüllt", (Unbehoven 1967, Der Skarabäus, in: Merian Luxor, Assuan, Abu Simbel, XX, H. 12, S. 74) beschrieben wird. Mit der Hochkultur ihrer Ahnen können die zeitgenössischen Ägypter nicht konkurrieren.

Diese Darstellungsweise des Jahres 1967 steht in deutlichem Kontrast zu den späteren Ägyptenheften. Im Heft von 1980 findet die Friedenspolitik Sadats ebenso Raum wie die sozialen Probleme der Millionenstadt Kairo. Im Ägyptenheft von 1993 begegnet den Lesern ein ägyptischer Nobelpreisträger, Nagib Machfus, der in einer Erzählung die Denk- und Lebensweise bürgerlicher ägyptischer Männer nahebringt. Die Einheimischen sind auch im übrigen Heft nicht auf Fellachenromantik reduziert: Es gibt z. B.

einen Artikel „High Noon in Sîwa. Eine Oase vor dem Umbruch", in der die Fellachen eben nicht als Traditionsträger ihrer Ahnen interpretiert werden und einen Text über Probleme mit dem wachsenden islamischen Fundamentalismus. Fazit: An außereuropäischen Beispielen wie Ägypten läßt sich erkennen, daß in den 60er Jahren ein deutlich anderer Umgang mit der Darstellung des Fremden gepflegt wurde als später. Was bereits bei der Analyse der europäischen Hefte der 50er und 60er Jahre deutlich wurde gilt in verstärktem Maß für fernere Regionen: Das Primat der Kultur führte zu Typisierung, Idealisierung und Folklorisierung der Einwohner und ging auf Kosten einer facettenreicheren, auch politischen bzw. sozialkritischen Darstellung. Während es jedoch schon früh (u. a. durch die Hinzuziehung einheimischer Autoren und Autorinnen) realitätsgerechte, informative Artikel über nahe europäische Ziele gab, wurde die Darstellung der und des Fremden, je entfernter die Ziele waren, umso problematischer.

Literatur:
Kagelmann, H. Jürgen (1993): Touristische Medien. In: Heinz Hahn / H. Jürgen Kagelmann (Hrsg.): Tourismuspsychologie und Tourismussoziologie. München: 469–478

Lauterbach, Burkhart (1989): Baedeker und andere Reiseführer. Eine Problemskizze. In: Zeitschrift für Volkskunde, 85, 1989: 206–234

Prahl, Hans-Werner (1991): Entwicklungsstadien des deutschen Tourismus seit 1945. In: Hasso Spode (Hrsg.): Zur Sonne, zur Freiheit! Beiträge zur Tourismusgeschichte. FU Berlin Institut für Tourismus, Berichte und Materialien Nr. 11. Berlin: 95–108

Dr. Ulrike Hess-Meining, Deutsches Jugendinstitut, Nockerstr. 2, D-81541 München

Flughäfen: Warteorte zu Grenzüberschreitungen von Raum, Zeit und Kultur

REINHARD BACHLEITNER

Flughäfen sind zwar die zentralen Orte der Entgrenzung im aktuellen Tourismusgeschehen, stehen jedoch am Rande tourismuswissenschaftlicher Frageperspektiven. Diese Ausgrenzung aus dem Forschungsraster ist in mehrfacher Hinsicht verwunderlich, da zahlreiche und bedeutsame Relevanzmerkmale für tourismussoziologische Forschungsfragen vorliegen:
So sind Flughäfen heute die dominanten Schalt- und Schnittstellen des modernen Massen(fern)tourismus; Flugverkehr im Tourismus nimmt kontinuierlich zu, während die Nutzung anderer Reiseverkehrsmittel tendenziell rückläufig ist.

Flughäfen sind jene Ereignisorte, an denen verschiedenste grenzüberschreitende Handlungs- und Wahrnehmungsprozesse eingeleitet werden: Kultur- und Sprachgrenzen werden dabei verlassen (bzw. neu betreten), Zeitgrenzen und Zonen werden durchbrochen, Raumgrenzen überschritten, Gewohntes wird ersetzt durch Neues und Fremdes. Kurz: die Entgrenzungen des Alltags finden auf mehreren Ebenen gleichzeitig statt und die Zeit verliert ihre Bindung an den Ort und all dies findet in rascher und meist ungewohnt beschleunigter Abfolge statt.

Flughäfen sind schließlich Erlebnisorte, die von einem Bündel spezifischer Emotionen umgeben werden: Flugängste sowie Gedanken an die Zerbrechlichkeit und Flüchtigkeit des Lebens tauchen kurzzeitig auf, Angst vor Konfrontation mit *dem* Fremden und *der* Fremdheit werden bewußter, Ängste vor Trennung und vor dem Verlust des Gewohnten stellen sich. Trivialerweise können auch positive Emotionen dominieren wie z. B. die oft zitierte Euphorie des Fliegens und Schwebens.

Flughäfen besitzen letztlich Symbolcharakter für unsere Non-Stop-Gesellschaft; sie sind die technisch realisierte Sensation des alten Traums vom Fliegen und Schweben und somit eine der entscheidenden Bedingungen für unsere Beschleunigungsgesellschaft.

Zielperspektiven und Analysedimensionen der Studie

Ausgehend von dieser Vielfalt an kultur- und tourismussoziologischen Aspekten sowie den angedeuteten weitgehend noch offenen Fragen haben wir eines der Paradoxa herausgegriffen: Das soziale Ereignisfeld „Wartezeit" an Flughäfen – im Fachjargon die *Einfindezeit* –, das sonst bei keiner Reiseform in dieser Art so massiv (bis zu 180 Minuten) auftritt steht im Analysemittelpunkt. Diese Einfindezeit soll in ihren sozialen Konturen beschrieben werden. Wie wird sie erlebt und womit wird sie ausgefüllt, wie

geht der einzelne mit dieser verordneten Wartezeit, in der zwei Zeit-Kulturen aufeinander treffen um, da der gewählten „Kultur der Beschleunigung" eine „Kultur der Langsamkeit" (Entschleunigung) vorgeordnet wird etc.
Aus der Vielfalt der Frageperspektiven wurden als Leitorientierung für die Analyse lediglich zwei Dimensionen innerhalb der Einfindezeit ausgewählt: Einmal soll dem sozial und emotional *Atmosphärischen* und zum anderen dem *Typischen* im Verhaltens- und Handlungsbereich nachgespürt werden.

1. Zum *Atmosphärischen*: Im Bereich des Atmosphärischen ging es 1) um Erfassung der *Atmosphäreart*, 2) um das *Atmosphärefeld* (positiv/negativ) und 3) um die möglichen *Atmosphäreträger*.
2. Zum *Typischen*: Im Bereich des „Typischen" interessierten: Die Gesprächswelten, die Gefühlswelten und die Gedankenwelten sowie die körperbezogenen und konsumbezogenen Handlungen der Wartenden; dabei wird die Gesamtverteilung, der Ablauf und die mögliche typische Rhythmik aufzuzeigen versucht.
3. *Methodologisches*: Untersuchungsdesign und Stichprobenaspekte: Die Studie versteht sich als explorative, hypothesenerkundende Untersuchung; insgesamt wurden 213 Flugpassagiere systematisch beobachtet; 200 davon stellten sich auch dem anschließenden Interview mit ca. 15 min. Dauer. Zeitraum der Datenerfassung war Dezember 1997 bis April 1998.

Empirische Teilergebnisse

Die Frage nach dem *Atmosphärischen* wurde über ein Polaritätsprofil mit insgesamt 8 Adjektivpaaren erfaßt und einer Faktorenanalyse unterzogen: Eine dreifaktorielle Lösung wurde dabei erhalten. Die Faktoren wurden folgendermaßen benannt:

1. Emotionaler Ausstrahlungsfaktor (Gefühlsfaktor)
2. Sozialer Ausstrahlungsfaktor (Sozialfaktor)
3. Ästhetischer Ausstrahlungsfaktor (Ästhetikfaktor)

Bezogen auf diese drei Atmosphärefaktoren ergeben sich folgende Trends:

1. Je energieloser sich die Person einstuft, desto negativer fällt der „Gefühlsfaktor" in der Atmosphärewahrnehmung aus.
2. Bezogen auf den „Sozialfaktor" zeigt sich: Je ruhiger die Person sich einstuft, desto ruhiger und organisierter wird auch der Ausstrahlungsfaktor „Soziales" empfunden.
3. Der „ästhetische Faktor" zeigt eine mittleren jedoch hoch signifikanten Zusammenhang mit Aktiviertheit: Je aktivierter die Person, desto kurzweiliger und moderner erscheint das Flughafenambiente.

Daraus wird insgesamt ersichtlich: Die erlebte und wahrgenommene Atmosphäre wird durch situative Befindlichkeiten und die Flugangst verändert. D. h. der einzelne konstruiert sich aufgrund seiner Gefühlslagen seine Wirklichkeit des Flughafens; liegen negative Befindlichkeiten vor, entsteht – durch eingeschränkte Wahrnehmung – ein tendenziell negativeres Bild.

Zum *Typischen*: Handlungen und Verhaltensweisen am Flughafen:
Umfassend beobachtet und abgefragt wurden die verschiedene Gedanken-, Gesprächs- und Gefühlswelten einerseits sowie die typischen Konsum- und Körperhandlungen bzw. Verhaltensweisen während der Einfindezeit andererseits.

- *Gedankenwelten (Kognitionen)*: Als UV wird hier nach der flugspezifischen Variable „Hinflug/Rückflug" ausgewertet. Dabei zeigt sich, daß wenn nach dem Zeitraster Vergangenheits-, Gegenwarts- und Zukunftsorientierung ausgewertet wird folgendes Bild: Die Gedanken beim bevorstehenden Rückflug hängen signifikant höher an der Vergangenheit, an dem Erlebten, an dem also was man verläßt, als die Gedankenwelten beim Wegflug, also das was man (endlich) verläßt. Kurz: Das Erlebte (Ereignisse der letzten Tage) wird in Relation von Hinflug – Rückflug unterschiedlich stark thematisiert.
- *Gesprächswelten (Kommunikation)*: Differenzieren wir wiederum nach „Hinflug/Rückflug" ergeben sich signifikante Unterschiede bei der Kommunikation der Wartenden: Die Orientierung am Zukünftigen ist beim bevorstehenden Hinflug höher ausgeprägt (Erwartungshaltung an das Fremde, Neue etc.) als beim bevorstehenden Rückflug. Das bedeutet aber nichts anderes, als daß die Zielhandlung des Flugs – sei es Urlaub oder Geschäftsreise – zum dominanten Thema wird.
- *Körperbezogene und konsumbezogene Handlungen*: Trotz der Vielzahl von körper- bzw. bewegungsorientierten Handlungen (sitzen, warten, stehen, essen, kommunizieren, konsumieren etc.) zeigt sich ein deutlicher Ermüdungseffekt insbesondere in den bewegungsorientierten sowie in den Sprechhandlungen.

Resümee
Die Studie liefert erste Einblicke in die Gestaltung der „Einfindezeit" und hier insbesondere in die Gedanken-, Gesprächs-, Gefühlswelten der Flugpassagiere. Dabei zeigt sich, daß die Flughafenwirklichkeit durch situative Befindlichkeiten und die daraus resultierenden Emotionen mit konstruiert wird.

Literatur:
Bachleitner, Reinhard / Schreuer, Mynda / Weichbold, Martin (1998): Flughäfen: Schnittstellen des Massentourismus (Atmosphärisches und Typisches). Salzburg

Prof. Dr. Reinhard Bachleitner, Institut für Kultursoziologie, Universität Salzburg, Rudolfskai 42, A-5020 Salzburg

International und historisch vergleichende Ansätze zur Transformationstheorie

Organisation: Willfried Spohn / Volker Kruse

Einleitung

WILLFRIED SPOHN / VOLKER KRUSE

Die durch den Zusammenbruch der sowjetkommunistischen Herrschaftsordnung in Gang gesetzten Transformationen der ostmittel- und osteuropäischen Gesellschaften wurden in der Soziologie nicht nur mit einer wachsenden empirischen Transformationsforschung, sondern auch mit verschiedenen Versuchen begleitet, die stattfindenden Transformationsprozesse auch theoretisch zu erklären. In der ersten Phase der Transformationsforschung – noch ganz unter dem Eindruck der beginnenden Umwälzungsprozesse stehend – dominierten dabei Versionen des klassischen, strukturtheoretisch orientierten, Modernisierungsparadigmas, die die beginnenden Transformationsprozesse vor allem als ökonomisch und politisch nachholende Modernisierungsprozesse in Richtung auf liberale Demokratie und Konkurrenzkapitalismus interpretierten. In der zweiten Phase der Transformationsforschung – nun vor dem Hintergrund der sehr unterschiedlichen und krisenhaft verlaufenden Transformationsprozesse – gewinnen stärker handlungstheoretisch orientierte Zugänge (etwa das „Neomodernisierungsparadigma") an Bedeutung, die vor allem die Akteursabhängigkeit und Kontingenz der Transformationsprozesse betonen. Entsprechend verstärkt sich die Forderung nach einer vergleichenden Transformationsforschung und einer auf dieser Grundlage zu entwickelnden Transformationstheorie.

In diesem Forschungskontext wurden in der Ad-hoc-Gruppe international und historisch vergleichende Ansätze zur Transformationtheorie unter folgenden Gesichtspunkte vorgestellt:

1. Der Vergleich sollte andere Weltregionen einschließen, in denen im gegenwärtigen Globalisierungskontext Modernisierungs- und Transformationsprozesse stattfinden und die deshalb prominente Vergleichsfälle und -modelle für Osteuropa in den vergleichenden Ansätzen zur Transformationstheorie darstellen.

2. Im Mittelpunkt sollten dabei – im Kontext der dominanten politik- und ökonomiezentrierten Ansätze – solche soziologischen Ansätze stehen, die die Rolle von Tradition und Kultur für die Strukturierung von Transformationsprozessen vergleichend thematisieren.
3. Der internationale und historische Vergleich sollte dabei auf die in der Transformationsforschung vorherrschende modernisierungstheoretische Debatte bezogen werden und namentlich die Möglichkeiten einer an Max Weber und Shmuel N. Eisenstadt orientierten, also Kultur und Institutionen inkorporierenden Transformationstheorie diskutieren.

Prof. Dr. Willfried Spohn, Freie Universität Berlin, Institut für Soziologie, Babelsbergerstr. 14–16, D-10715 Berlin

Dr. Volker Kruse, Bergstr. 14, D-33829 Bergholzhausen

„Rückkehr nach Europa" – zur kulturellen Codierung der Transformationsprozesse in Osteuropa

KLAUS MÜLLER

I. Der krisenhafte Verlauf des osteuropäischen Wandels zeigt, daß die gängigen wirtschaftlichen und politischen Indikatoren zu kurzlebig sind, um theoretisch tragfähige Aussagen zu machen. Mit dem Zusammenbruch der russischen und der Stagnation der zentraleuropäischen Reformen scheint die Stunde soziologischer Analysen gekommen, von denen ein angemesseneres Situationsverständnis zu erwarten wäre. Denn die soziologische Theorie war immer schon skeptisch, ob Marktzwänge zur Rekonstruktion sozialer Ordnungen hinreichen. Die Mobilisierung wirtschaftlicher und politischer Aktivitäten geschieht vielmehr innerhalb gesellschaftlicher Institutionensysteme, die in Zeiten drastischen sozialen Wandels zugleich erschüttert werden. Insofern hat man es einerseits mit Entstrukturierungen und dem Verlust gewohnter Handlungsorientierungen, Routinen und Werte zu tun: mit einer veränderten Definition der Situation aus Sicht der Akteure; andererseits geht es um die institutionelle Neuordnung von Gesellschaft, die komplexe Integrationsprobleme hervorruft (Müller 1998: 177–180).

II. Um dieser Konstellation gerecht zu werden, ist ein Ansatz erforderlich, der Institutionen nicht auf Bündel von Anreizen und Sanktionen verkürzt, der Akteure nicht auf nutzenmaximierende Individuen und Politik nicht auf die Herstellung funktionaler Voraussetzungen effizienter Märkte reduziert. Ohne neu zugeschnittene sozialintegrative Institutionen sind radikale Marktreformen aussichtslos. Letztlich geht es darum, Zustimmung für den Entwurf von Gesellschaftsordnungen zu mobilisieren, deren Zuschnitt nicht alternativlos aus Marktmodellen ableitbar, sondern im Licht spezifischer Traditionen und Wertentscheidungen zu sehen ist.

Shmuel Eisenstadts „Theorie der Codekonfiguration institutioneller Ordnungen" (Eisenstadt 1978) scheint mir aus mehreren Gründen hierfür geeignet. Zum ersten geht Eisenstadts Institutionenbegriff über die rationalistischen Konstruktionen hinaus, indem er auf die Ambivalenzen, Spannungen und Widersprüche abhebt, die Institutionensysteme kennzeichnen. Zum zweiten ist er handlungstheoretisch angelegt, indem er den Aufbau makrosozialer Ordnungen auf die Verteilung von Macht und von Kontrolle über Ressourcen zwischen konkurrierenden gesellschaftlichen Gruppen bezieht. Zum dritten verbindet er den organisatorischen Aspekt von Institutionen mit den symbolischen Traditionen, aus denen sie ihre Legitimation gewinnen. Der Zusammenhang institutioneller Ordnungen ist demnach nicht als funktionalistische Einheit zu begreifen, sondern als Kombination verschiedener kultureller, ethischer (religiöser) und sozialer Codes, mit denen gesellschaftliche Gruppen die im Verlauf von Modernisierungsprozessen unweigerlich auftretenden Spannungen, Krisen und Zusammenbrüche zu verarbeiten versuchen.

III. Der konkrete Sinn von Eisenstadts Begrifflichkeit erschließt sich, wenn man sie auf die Attraktion bezieht, die die Formel einer „Rückkehr nach Europa" auf die Politik und auf das Alltagsbewußtsein in den postkommunistischen Ländern ausübt. Denn die Codierung des Bruchs mit dem Kommunismus als „Europäisierung" besitzt eine eigene symbolische, institutionelle und politische Dynamik. Zwar scheint die objektive Problemlage in allen Ländern relativ einheitlich: Es geht um die Einführung rechtsstaatlicher Verhältnisse, die Institutionalisierung von Märkten, die Abgrenzung von ziviler Gesellschaft und Staat und um ein neu zu bestimmendes Verhältnis von Individualität und Gemeinschaft. Wie diese Probleme bearbeitet werden, variiert jedoch beträchtlich – was die Geschwindigkeit und Verfahren der Privatisierung, die Ausgestaltung der politischen Systeme, die Verteilung der Übergangskosten und – nicht zuletzt – die Suche nach einer postkommunistischen Identität angeht. Die hieraus resultierende Varietät von Transformationspfaden kann nicht auf einer eindimensionalen Skala der Liberalisierung abgetragen werden. Die tieferliegenden Konfliktlinien der Reformpolitik scheinen vielmehr in divergierenden Interpretationen des Codes der Europäisierung zu liegen, wobei vier solcher Interpretationen gegeneinander stehen.

1. Zunächst eroberte eine *nationalistische Variante*, die das Thema der „nationalen Wiedergeburt" wörtlich verstand, die politische Bühne. Sie erschöpfte sich nicht in nationalen Gesten der Selbstbehauptung gegenüber der Sowjetunion, sondern drohte die Zwischenkriegs-Tradition territorialer Konflikte und der Diskriminierung fortzusetzen.
2. Den Gegenpol zum Thema nationaler Wiedergeburt bildet der *abstrakte Internationalismus radikaler Reformpolitik*. Gestützt von den Internationalen Finanzorganisationen erhielt er seine reinste Ausprägung in der thatcheristisch geprägten Rhetorik von Vaclav Klaus. Über die Liberalisierung von Waren und Kapitalmärkten hinaus sieht diese Programmatik drastische Einschnitte in klassischen Feldern der Innenpolitik vor. So wird etwa die Ablösung der tradierten universalen Sozialversicherungssysteme durch private Lösungen nach chilenischem und argentinischem Vorbild diskutiert. Vorstellungen dieser Art sind aufgrund der eingangs erwähnten Naivität hinsichtlich der institutionellen Voraussetzungen einer solchen Politik gescheitert – nicht zuletzt in Tschechien selbst.
3. Die Mehrheit zentraleuropäischer Reformpolitiker versteht unter der „Rückkehr nach Europa" eine Konsolidierung der Demokratie nach dem Muster von Spaniens *Aufnahme in die Europäische Gemeinschaft*. Diese Perspektive reicht weit über wirtschaftliche Motive hinaus, indem das Beitrittsreglement klare Abgrenzungen sowohl zur national-autoritären Programmatik (etwa der Slowakischen Republik, Kroatiens und Rest-Jugoslawiens) als auch zum IWF-Kapitalismus zieht. Die Beitrittskriterien versehen die postkommunistischen Entwicklungen mit einer Art praktischer Teleologie, indem sie einerseits konsolidierte demokratische Institutionen, die Achtung von Minderheitsrechten und die Anschlußfähigkeit an das Rechtssystem der EU voraussetzen. Andererseits zielen sie gegenüber der liberalistischen Minimalformel der Armutsvermeidung auf ein Sozialstaatsverständnis, das die zentraleuropäischen Staaten vor einem Abstieg in eine Dritte-Welt-Situation bewahren soll.
4. Das kann man im Fall *Rußlands* nicht mehr mit Sicherheit sagen. Bereits die spätsowjetischen Reformversuche waren durch die historisch tiefsitzende Ambivalenz gegenüber dem Westen und damit gegenüber „Europa" blockiert. Es war eine kurzlebige Illusion, diesen Konflikt durch die „zweite russische Revolution" von 1991 gelöst zu sehen. Tatsächlich wurde die reklamierte „Einzigartigkeit" der russischen Situation in den zurückliegenden Jahren von nationalistischen wie kommunistischen Kräften benutzt, um Ressentiments gegenüber westlichen Reformzumutungen zu mobilisieren. Insbesondere die Osterweiterung der NATO wurde als Ausgrenzung aus Europa ausgelegt und hat so einen außen- wie innenpolitischen *backlash* gegen die europäisch orientierten Reformkräfte begünstigt. Innenpolitisch hat sich ein „patriotischer Konsens" herausgebildet, der zunehmend auf Distanz zum westlichen

Verständnis von Marktwirtschaft geht. Der Versuch, die tiefe Wertkrise der russischen Politik und Gesellschaft durch die Suche nach einer „Idee für Rußland" zu überwinden, zeigt, wie tief die institutionelle Desorganisation fortgeschritten ist.

IV. Das heißt: Nicht nur die verzögerten Beitrittsbemühungen der zentraleuropäischen Reformländer, auch die russischen Reformblockaden sind nicht zuletzt den unausgetragenen Widersprüchen des „Europäisierungscodes" geschuldet. Die *institutionelle Konkretisierung* dieses Codes wird nicht weniger als von den osteuropäischen Reformkräften von der politischen Konstellation innerhalb der EU abhängen: davon, welche Form der Kooperation und welches Ausmaß an Unterstützung sie den zentraleuropäischen Ländern praktisch anbietet und ob sie eine weitere Entfremdung zwischen Rußland und Europa verhindern kann.

Literatur:
Eisenstadt, Shmuel N. (1979): Tradition, Wandel und Modernität. Frankfurt a.M.
Müller, Klaus (Hrsg.) (1998): Postsozialistische Krisen. Opladen

Dr. Klaus Müller, Universität Jena, Institut für Soziologie, Otto-Schott-Str. 41, D-07743 Jena

Kann die spanische Transition Modell und Vorbild für die Transformationsprozesse in Osteuropa sein?

SUSANNE DITTBERNER

I. Die ersten Jahre des Postfranquismo wurden nicht zuletzt deshalb zum Paradigma des „Paktierten Übergangs" von einer autoritären in eine demokratische Gesellschaft, weil er ohne Blutvergießen stattgefunden hatte und den revolutionsmüden postkommunistischen Gesellschaften eine evolutionäre politische Neustrukturierung verhieß. Der spanische Übergang vollzog sich in drei Schüben: Das spätfranquistische Wirtschaftswunder (1) mündete in eine politische Krise, die eine institutionelle Erneuerung einleitete (2). Dabei wurden gesellschaftliche zugunsten politischer Reformen zurückgestellt, die das Fundament eines weiteren soziökonomischen Modernisierungsschubs bildeten (3). Die relativ kurze, institutionelle Übergangsphase oder eigentliche *Transition* – die letztlich den Idealtyp generierte – war nur ein Moment innerhalb eines langfristigen *Transformation*sprozesses.

1. Der spätfranquistische Versuch, unter Beibehaltung der Strukturen des autoritären Regimes die Wirtschaft zu modernisieren, zerschellte als ökonomisch verkürzter Traum einer Liberalisierung ohne Demokratisierung an seinen sozialpolitischen Folgen („Armutskapitalismus") und dem Widerstand einer sich radikalisierenden Zivilgesellschaft.
2. Innenpolitisch zeichneten sich schon ab 1969 die drei für den Postfranquismus relevanten Positionen ab: Der regimeloyale „Bunker" kollidierte mit der oppositionellen Forderung nach einem Systembruch, während Regime-Reformer auf jene evolutionäre politische Öffnung setzten, die dann am Runden Tisch als historischer Kompromiß des „Paktierten Übergangs" ausgehandelt wurde. Dabei war der tatsächliche Beginn der Transition mehrfach kontingent, insofern sie mit dem Tod des *caudillo* zusammenfiel und ferner an die demokratische Option des Königs und als „Revolution von oben" an die Entscheidungen der politischen Eliten und Protagonisten gebunden blieb.

In der ersten, mit der spektakulären Selbstauflösung des Parlaments beginnenden Phase der Transition, schloß sich eine Verwaltungselite mit den Bürgern kurz – nicht zuletzt via TV. Die politische Opposition vor allem der Linken, die noch von den Entscheidungen ausgeschlossen war, bereitete sich indes auf eine institutionelle Kooperation vor, die dann auch unmittelbar durch den „historischen Kompromiß" der Sozialpakte auf eine schwere Probe gestellt wurde. Auf der anderen Seite reaktivierte die Legalisierung der Kommunistischen Partei die Putschgelüste einer vornehmlich in der Armee präsenten Rechten, die 1981 in dem goyesken, letztlich vom König beendeten *pronunciamiento* kulminierten.

Nicht nur sozialpolitisches Appeasement und taktische Rücksichten gegenüber der Armee zeichnen die spanische Transition im Licht eines Konsenses, dessen andere Seite die Flucht vor der Vergangenheit darstellt – die Flucht in kollektive Amnesie und „paktiertes Vergessen" (Heywood 1996: 146). Franquistische Kader blieben in Machtpositionen, und die Opposition verzichtete auf Rache. Die sozialen und politischen Defizite der ersten Transitionsperiode kulminierten in der medial hochgespielten Ernüchterung des *desencanto*, auf kultureller Ebene im Null-Bock-Ethos des *pasotismo*. Doch letztlich appelliert die Beschwörung einer vermeintlichen (dagegen: Linz/Stepan 1996: 108) Politikverdrossenheit an ein output-orientiertes Politikverständnis, das einen kaum überwundenen obrigkeitsstaatlichen Autoritarismus mit übersteigerten Erwartungen an junge demokratische Institutionen (Tocqueville) vermengt.
3. Die sozioökonomischen Probleme, an denen der Spätfranquismus gescheitert war im Anschluß an die politische Transition auf einer neuen Ebene anzugreifen, blieb einer nach dem Godesberger Modell transformierten Sozialistischen Partei vorbehalten. Dem wirtschaftlichen „Durchwursteln" der ersten Transitionsphase folgte ab 1982

die sozialistische Regierungsperiode als ökonomisches Pendant der politischen Transformation. Als integrative *catch-all*-Partei (Kirchheimer) verkörperte die PSOE mit ihrer parlamentarischen Mehrheit die „nationale Notwendigkeit", unter dem Druck der Globalisierung und bei vorwegnehmendem Gehorsam gegenüber dem IWF eine wirtschaftliche Modernisierung nachzuholen, die gleichwohl mit sozialpolitischen Maßnahmen vereinbar sein sollte. Allerdings nahm man die vom Franquismo latent gehaltene hohe Arbeitslosigkeit als vorübergehenden Kostenfaktor in Kauf. Paradoxerweise drängten also (a) nicht die Konservativen auf wirtschaftliche Liberalisierung, sondern die Sozialisten; und dies (b), weil gerade das pragmatische Vorgehen eine utopische Komponente aufweise (Gonzalez) – verständlich vor dem Hintergrund des gescheiterten Experiments der Zweiten Republik; schließlich stützte (c) ein aktiver – und nicht zurückhaltender – Staat die ökonomische Konkurrenzfähigkeit bei Abfederung sozialer Härten.

Auf der anderen Seite führte eine zunehmende Desensibilisierung der Sozialisten auf genuin politischem Terrain und die ausstehende Auseinandersetzung mit der Vergangenheit zu einer Erstarrung der politischen Kultur und einem zweiten *desencanto*, dessen kulturelles Pedant die *movida* darstellt, die jedoch andererseits Energien für die Bewältigung der Zukunft bereitstellte (Dittberner 1998).

II. Der idealtypische Dreischritt des Spanischen Modells – Wirtschaftswunder, politische Transition und sozialkulturelle Transformation – kann auf Osteuropa nicht einfach übertragen werden. Doch birgt die Simultanität des wirtschaftlichen und politischen Nachholens, die den osteuropäischen Gesellschaften zugemutet wird, eine unvorsehbare Dynamik. Innenpolitische Öffnung, Liberalisierung und Medienfreiheit setzen die sozialen Systeme zunehmend Leistungs-Kriterien aus und damit einem neuen Komparativismus, der sich nicht mehr auf industriellen *out-put*, sondern auf die Lebensqualität bezieht.

Während die politische Transition in Spanien auf das franquistische „Wirtschaftswunder" aufbauen konnte, dessen sozialpolitische Versäumnisse zugleich ihre wesentliche Triebkraft waren, markiert das durch die Dritte Industrielle Revolution ausgelöste ökonomische und soziale Zurückbleiben Osteuropas gegenüber dem Westen jenen Bruch in einer letztlich seit dem 18. Jahrhundert durch einen Systemwettbewerb gekennzeichneten industriellen und kulturellen Entwicklung, der durch Gorbatschows Entspannungspolitik überbrückt werden sollte. Diese *détente* zeitigte in Osteuropa eine politische Dynamik, die vom Systemkollaps bis zum „Paktierten Übergang" am Runden Tisch nach spanischem Vorbild reichte; wobei man namentlich in Polen und Ungarn auf zivilgesellschaftliche Ressourcen – seien sie nun moralischer oder ökonomischer Natur – zurückgreifen konnte. In der SU indes begann man – im Gegensatz zu Spanien – die politische zugunsten der wirtschaftlichen Sphäre zu vernachlässigen, was nicht zuletzt eine Ethnisierung politischer Konflikte provozierte. Andererseits: Während

Armee und *Guardia Civil* die spanische Demokratisierung behinderten, tolerierte ein durch die Parallelstrukturen der Partei politisch eingebundenes Militär die osteuropäischen Transitionen. Und während die Politikverdrossenheit hier wie dort medial verstärkt ist, muß sich die politische Artikulation in Osteuropa überdies gegen die Identifikation mit der kommunistischen Mobilisierung behaupten, mit der sie jahrzehntelang legiert war. Andererseits wagt man sich abweichend vom Spanischen Modell schon jetzt an die Auseinandersetzung mit der eigenen Geschichte – wobei die untypischste aller osteuropäischen Transformationen, die der ehemaligen DDR, als Vorbild dient.

Literatur:
Dittberner, Susanne (1998): Konsens und Desillusion. In: Klaus Müller (Hrsg.): Postsozialistische Krisen. Opladen: 132–176
Linz, Juan J. / Stepan, Alfred (1996): Problems of Democratic Transition and Consolidation. Baltimore and London
Heywood, Paul (1996): The emergence of new party systems and transitions to democracy. Spain in comparative perspective. In: Geoffrey Pridham / Paul G. Lewis (Hrsg.): Stabilising Fragile Democracies. London und New York: 145–166

Dr. Susanne Dittberner, Großbeerenstr. 51, D-10965 Berlin

Von „sozialen Welten kleiner Betriebe". Probleme einer in kulturvergleichender Perspektive erfolgenden Erforschung kleiner und mittlerer Unternehmen (KMU) in Deutschland und Taiwan

UWE BARRELMEYER / HANSJÜRGEN DAHEIM / KAE-CHERNG YANG

Der Vortrag thematisiert in vergleichender Perspektive am Beispiel einschlägiger sozialwissenschaftlicher Untersuchungen über kleine und mittlere Unternehmen (KMU) in Deutschland und Taiwan die Bedeutung kultureller Strukturierungen ökonomischer Transformationsprozesse. Im Vordergrund steht die *soziale Organisation der innerbetrieblichen Beziehungen mittelständischer Eigentümerbetriebe* in West- und Ostdeutschland sowie in Taiwan.

Das Ausgangsproblem der Überlegungen liefert eine in pointierter Überspitzung formulierte Behauptung Hamiltons: Während in China Herrschaft und Kontrolle etwas Fremdes sei und Harmonie sowie aus relationaler Ordnung hervorgehende soziale Anpassung bestimmend seien, folge die ökonomische Organisationsbildung in westlichen Gesellschaften dem reziprozitätsfernen Prinzip kontrollierender Herrschaft. Ein Blick in die sozialwissenschaftliche Literatur lehrt indes, daß diese Charakterisierung der Organisationsbildung für den Bereich der *sozialen Organisation der innerbetrieblichen Beziehungen mittelständischer Eigentümerbetriebe* in Deutschland sachlich nicht ganz zutreffend ist. Vielmehr ist Kotthoff/Reindl folgend das Phänomen „reziproker Sozialbeziehungen" sehr wohl ein Charakteristikum der sozialen Organisation dieser Betriebe. Ihre Beobachtungen bringen Kotthoff/Reindl mit einer am Unternehmer orientierten Konstruktion von sieben Typen betrieblicher Sozialordnungen in eine theoretisch-begriffliche Ordnung (*primärer Gesichtspunkt* der Begriffskonstruktionen). Jeder einzelne Typus stellt überdies eine von den anderen Typen verschiedenartige Mischung von Beziehungsqualitäten dar (*sekundäre Gesichtspunkte* der Begriffskonstruktionen).

In Anknüpfung an Ausführungen Webers zur Logik historisch-sozialwissenschaftlicher Forschung lassen sich die von Kotthoff/Reindl konstruierten Typen betrieblicher Sozialordnungen als historisch dimensionierte Idealtypen interpretieren. Die idealtypische Begriffsbildung ist nun nicht nur ein probates Darstellungsmittel, sie dient ebenso als begriffliche Konstruktion zweiten Grades dazu, die sozialwissenschaftliche Erforschung der sozialen Organisation innerbetrieblicher Beziehungen von KMU im Sinne genauerer begrifflicher Durchdringung anzuleiten. Dem Interesse an Transformationsprozessen folgend, zeigt sich nun zum einen anhand der von Brussig u. a. entworfenen Typologie von Personaleinsatzmustern in ostdeutschen Kleinbetrieben, daß die von Kotthoff/ Reindl für Westdeutschland entwickelten Idealtypen betrieblicher Sozialordnung als probates Mittel zur theoretisch-begrifflichen Orientierung sozialwissenschaftlicher Forschungen zu den transformationsbedingten Spezifika der *sozialen Organisation innerbetrieblicher Beziehungen von KMU in den neuen Bundesländern* dienen können. Demgegenüber läßt zum anderen ein genauer Blick auf die in der wirtschaftssoziologischen Literatur herausgearbeiteten Prinzipien ökonomischer Organisationsbildung in Taiwan die begrifflich-konstruktiven Grenzen des von Kotthoff/Reindl idealtypisch konzipierten Konzepts der betrieblichen Sozialordnung erkennen. Die innerbetriebliche Sozialordnung in Taiwan ist stets durch auf „affektiver Reziprozität basierende personalisierte Beziehungsnetzwerke" („Quanxi-Solidarität") bestimmt. Die betriebliche Sozialordnung ist nicht als Herrschaftsbeziehung zu verstehen, sondern als ein „Qing haben-oder-nicht". Ein Chef mit „Qing" heißt, daß er sich um das Wohl der Arbeiter kümmert. Dies illustriert, daß die idealtypische Begriffsbildung von Kotthoff/Reindl die sozialwissenschaftliche Erforschung der sozialen Welt taiwanesischer KMU infolge ihrer logischen Orientierung am „Unternehmer" theoretisch-begrifflich nicht anzuleiten vermag. Es zeigt sich zudem, daß mit Hilfe indigenen Beobachtungsmaterials konstruierte, leistungsfähige Idealtypen betrieblicher Sozialordnungen taiwanesischer KMU demgegenüber konstruktiv den Gesichtspunkt „auf affektiver Reziprozität basierendes personalisiertes Beziehungsnetzwerk" zu akzentuieren hätten (*primärer*

Gesichtspunkt der Begriffskonstruktion). Logisch-konzeptionell derart konstruierte kulturkreisspezifische Idealtypen wären brauchbare Werkzeuge, um den angestrebten historisch-sozialwissenschaftlichen Darstellungen der sozialen Welten kleiner Betriebe in Taiwan eindeutige Ausdrucksmittel zu verschaffen sowie künftige empirische Forschungen theoretisch-begrifflich anzuleiten. Dazu wären allerdings die raumzeitlich spezifischen „Beziehungsqualitäten" für Taiwan empirisch genauer herauszuarbeiten, um so *sekundäre Gesichtspunkte* für die idealtypischen Konstruktionen betrieblicher Sozialordnungen in Taiwan zu gewinnen.

Was läßt sich abschließend über die Möglichkeiten einer an Webers integrativem Konzept historischer Sozialwissenschaft orientierten *Transformationstheorie* sagen? Hinsichtlich der Möglichkeiten einer an Webers integrativem Konzept historischer Sozialwissenschaft orientierten Transformationstheorie legen unsere Ausführungen folgende konzeptionelle Überlegung nahe: Da Weber mit Blick auf die ihn primär interessierende historisch-sozialwissenschaftliche Forschung erklärt, unter sozialwissenschaftlicher Theorie sei die Bildung klarer Begriffe zu verstehen, so hat eine an Weber orientierte und historisch wie kulturell gleichermaßen sensibilisierte Transformationstheorie ihre Theoriebildung im Sinne idealtypischer Begriffsbildung zu konzeptualisieren. Transformations-, Transitions- bzw. Modernisierungstheorien wären demnach als im Sinne Webers *idealtypische Entwicklungskonstruktionen* aufzufassen. Eine solche Konzeptualisierung würde einen differenzierten Umgang mit dem für den chinesischen Kulturraum zentralen Problem der begrenzten Reichweite westlicher Modernisierungstheorien erleichtern.

Literatur:
Brussitg, Martin u. a. (Hrsg.) (1997): Kleinbetriebe in den neuen Bundesländern. Opladen
Hamilton, Gary (1991): The organizational foundations of Western and Chinese commerce: A historical and comparative analysis. In: ders. (Hrsg.): Business networks and economic development in East and South-East Asia. Hong Kong: 48 – 65
Kotthoff, Hermann / Reindl, Josef (1990): Die soziale Welt kleiner Betriebe. Wirtschaften, Arbeiten und Leben im mittelständischen Industriebetrieb. Göttingen
Sombart, Werner / Weber, Max / Jaffé, Edgar (1904): Geleitwort. In: Archiv für Sozialwissenschaft und Sozialpolitik 19.1: I–VII
Weber, Max (1988): Die „Objektivität" sozialwissenschaftlicher und sozialpolitischer Erkenntnis (1904). In: ders.: Gesammelte Aufsätze zur Wissenschaftslehre. Tübingen: 146–214

Prof. Dr. Hansjürgen Daheim, Dr. Uwe Barrelmeyer, Kae-Cherng Yang, Universität Bielefeld, Fakultät für Soziologie, Postfach 10 01 31, D-33501 Bielefeld

Rußland zwischen Tradition und Moderne

RITA DITTRICH

Die gegenwärtige russische Gesellschaft erscheint uns im Westen als eine Gesellschaft voller Chaos und Widersprüche. Gelebte Grundmuster, jahrhundertealte Werte, die selbst durch die Revolution von 1917 nicht berührt worden sind, werden plötzlich in Frage gestellt. Der Übergang von einer Gesellschaftsformation in eine andere, der heute in Osteuropa stattfindet und diese Erscheinungen hervorgebracht hat, wird mit dem Begriff Transformation belegt und impliziert zugleich eine bestimmte Vorstellung von Modernisierung. Damit gemeint ist die Modernisierung der osteuropäischen Staaten nach westlichen Denkschemata – eine Sichtweise, die in mehrfacher Hinsicht folgenreich ist:

1. Modernisierung meint in der soziologischen Theorie noch immer Entwicklung nach westlichem Vorbild. Dabei gelten die alten Stereotype nach wie vor: Der Westen ist das Symbol für Fortschritt und Moderne, der Osten bedeutet Vergangenheit und Rückstand. Für die osteuropäischen Länder ist somit das Ziel von Gesellschaftsentwicklung weitgehend vorgegeben, nämlich eine Entwicklung nach dem Modell des Westens. In der Transformationstheorie wird als Formationswechsel die nachholende Modernisierung als Rückkehr zu westlichem Formen betrachtet.
2. Die gegenwärtigen Transformationstheorien identifizieren dabei hauptsächlich Veränderungen auf der Makroebene – Marktwirtschaft, Konkurrenzdemokratie, *civil society* – die Mikrofolgen bleiben außer Betracht.
3. Die beobachtbare Transformation der osteuropäischen Länder strebt demgegenüber eine Erneuerung der Gesellschaften unter Bewahrung der alten Strukturen an. In diesen Ländern geht es eben auch um die Existenz bzw. den Erhalt der kulturellen Systeme.
4. Neben den Informationsdefiziten über die Länder Osteuropas kommt bei der Umsetzung der Transformationstheorien erschwerend hinzu, daß von westlicher Seite die Eigenheiten und Besonderheiten dieser Länder kaum oder nur unzureichend betrachtet werden. Es scheint sogar so, daß man im Westen von einer Einheitlichkeit östlicher Lebensweise ausgeht.
5. Moralisch und ideologisch werden die jetzt stattfindenden gesellschaftlichen Prozesse als das ihnen bekannte Eindringen von außen, als etwas Fremdbestimmtes und von oben Eingeführtes angesehen.

Sehr oft wird in der Gegenwart die Frage gestellt, warum westliche Modelle modernisierungs- und transformationsheoretischer Couleur in Rußland nicht greifen. Welche Hindernisse hat die russische Gesellschaft „verinnerlicht", die den Übergang zur Privatwirtschaft, von zentralistischen zu dezentralen Strukturen erschweren? In der sowjetischen Periode wurde eine monopolistische Struktur geschaffen, deren Auflösung und Umwandlung in eine dezentrale Struktur kaum möglich ist. Die Vorstellung der Überleitung des Staatseigentums in privates Eigentum entsprach und entspricht nicht den traditionellen russischen/sowjetischen Wirtschafts- und Sozialverhältnissen. Der konkrete Weg einer Privatisierung in Rußland, die Herausbildung eines breiten Mittelstandes, erwartet man bis heute vergeblich. Nicht nur die starke Militarisierung der Wirtschaft ist ein Hemmnis dafür, sondern auch die fehlenden rechtlichen Rahmenbedingungen und die Herausbildung neuer, wiederum monopolistischer Machtzentren in der Wirtschaft. Begleitet wird dies von einer bestimmten emotionalen Vorstellung der Russen/Sowjetmenschen über die Funktion von Betrieben. Ein Betrieb war für sie nicht nur Arbeitgeber, sondern zugleich soziales und kulturelles Zentrum – Wohnungsgeber, Urlaubsbeschaffer, Kindergartenplatzbesorger. Diese Denkstrukturen sind über Gesetze, über Außeneinwirkungen nicht auflösbar. Die Übertragung von Verantwortung erfolgt bis hin zum Staat, und die staatliche Allverantwortlichkeit für alle Lebensbereiche wird auch heute noch erwartet und gefordert. Daraus resultiert zugleich eine hohe Identifikation mit dem Staat und den staatlichen Einrichtungen, die etwa im Alltagssprachgebrauch mit der Rede von „unserem Präsidenten" und „unserem Parlament" ihren Ausdruck findet.

Dieser kurze Problemaufriß macht, so glaube ich, deutlich, daß Ursachenforschung historische Determinanten einschließen muß. Welche historischen Erklärungsmuster lassen sich für die spezifischen Verlaufsformen finden, in denen Transformation in Rußland sich vollzieht? Zwei Aspekte der russischen Geschichte verdienen hier der besonderen Hervorhebung: erstens der russische Staats- und Gesellschaftsbegriff und zweitens der russische Nationalismus.

1. Der russische Staats- und Gesellschaftsbegriff
Zum einen kann man von einem hauswirtschaftlich geprägten Charakter der Staatswirtschaft sprechen und zum anderen ist die bäuerliche Bevölkerung, die das Gros der russischen Bevölkerung stellte, durch diese Subsistenzwirtschaft erzogen und vergemeinschaftet worden. Eine Besonderheit dieser lokalen Orientiertheit der Gesellschaft besteht darin, daß ihre Mitglieder einander kennen, und daß Kommunikation und Kontrolle eher emotionalen Charakter haben, was dadurch verstärkt wird, daß diese Gemeinschaft, das *Mir* bzw. die *obcina*[1], die Gleichheit aller Mitglieder garantiert und als geschlossene Gemeinschaft auftritt. Durch die Entdifferenzierung von sozialem Status – Gleichheit in Armut – wird eine Art Gemeinschaftspatriotismus genährt, der

sich ausschließlich auf die jeweilige Dorfgemeinschaft konzentriert und die Welt außerhalb dieser Gemeinschaft nicht wahrnimmt.[2] Das Instrument der formalen Vereinigung war der Zarismus (Bettelheim 1974: 183). Indem die Autokratie die „militärische Verteidigung" der Dorfgemeinschaft sicherte, stellte sich eine äußere Verbindung zwischen diesen lokalen Gemeinschaften her, die es dem Zarismus erlaubte, sie zu unterwerfen.[3] Die Ablehnung staatlicher Gängelei richtete sich nicht gegen den Zaren oder die Monarchie sondern gegen die Staatsverwaltung, die *cinovniki* (Staatsbeamte). Die Entstehung der Staatlichkeit entspricht der Vorstellung darüber, daß der Staat eine Vergrößerung der lokalen Gemeinschaft darstellt.

2. Nationalismus und russische Idee

Man kann annehmen, daß der russische Nationalismus in engem Zusammenhang mit der nationalen Identität und Bewahrung der Souveränität steht. Für das russische Nationalbewußtsein lassen sich aber Besonderheiten ausmachen, die für den Nationenbildungsprozeß in Rußland insgesamt bedeutungsvoll sind. Es wird unterschieden zwischen dem russischen Wort *rossiskoje* (rußländisch) im Zusammenhang mit Staat oder Reich (territorial) und dem russischen Wort *russkoje* (russisch) in Verbindung mit Ethnie.

Die Suche nach der nationalen Identität spielte seit Anfang des 19. Jahrhunderts eine große Rolle. Unter den russischen Intellektuellen wurde eine Auseinandersetzung geführt, ob die nationale Entwicklung Rußlands dem westlichen Weg oder aber einer eigenen Evolution folgten sollte. Sie erfuhren die Bezeichnung Westler bzw. Slawophile. Berdjajev übertrug diesen Gegensatz auf den russischen nationalen Charakter und hob als Grundzug hervor, daß eine Vereinigung und Verbindung von antinomischen, polaren Gegensätzen für Russen charakteristisch sei (Berdjajev 1990: 15). Einerseits zeigen die Russen in ihrer Geschichte über Jahrhunderte hinweg eine erstaunliche Passivität. Geduld und Konformität gegenüber despotischen Regimes wechselten sich in der russischen Geschichte ab. Andererseits zeichnete sich die russische „Mentalität" gerade durch die Leidenschaft aus, absolute Vollkommenheit zu erreichen. Der russische Mensch erkennt keine Mitte an.[4] Diese subjektive Interpretation von russischem Nationalismus erfährt eine Ergänzung durch die sogenannte russische Idee. Diese russische Idee kann als Idee des Kommunitarismus identifiziert werden, die der Gemeinschaft und Brüderlichkeit aller Menschen und Völker, die sich in der geistigen, einer metaphysischen Eigenheit des russischen Volkes manifestiert, und alle ökonomischen Formen dabei ausschließt. Die von mir hervorgehobenen historischen „Subjektivitäten" der Mikroebene lassen deutlich werden, daß nur über Kenntnis dieser eine Umgestaltung der russischen Gesellschaft möglich wird.

Anmerkungen:
1 Auf die Klärung der Begrifflichkeiten möchte ich an dieser Stelle verzichten und beide Bezeichnungen als Synonym für Gemeinde verwenden.
2 Ausführlich über den Zusammenhang von Mir und Obcnost zu lesen ist bei Goehrke (1964) und Bettelheim (1974).
3 An dieser Stelle hebt Bettelheim auch hervor, daß die Mehrzahl der Bauernaufstände gegen die Grundbesitzer und nicht gegen den Zaren gerichtet war. Bis zur imperialistischen Epoche erschien der Zar den Bauern als „Zuflucht" vor den Grundbesitzern. Waren sie in die Armee eingezogen worden, so glaubten die Bauern, nicht für Rußland zu kämpfen, sondern „für den Zaren" (Bettelheim 1974: 183).
4 Der Begriff der Mentalität wird hier, wissend um seine Sinnschwierigkeit ins Gespräch gebracht, um auf sujektive Momente des Nationalismusverständnisses (Dmitriev 1996: 284) aufmerksam zu machen.

Literatur:
Berdjajev, Nikolai A. (1990): Istoki smysl russkogo kommunizma. Moskva
Bettelheim, Charles (1974): Die Klassenkämpfe in der UdSSR. Bd. I 1917–1923. Berlin
Dmitriev, Aleksej et al. (1996): Nasilie rossiskij variant. Problemy teoreticeskoj sociologii. Sankt Petersburg
Goehrke, Carsten (1964): Die Theorie über die Entstehung und Entwicklung des „Mir". Wiesbaden

Dr. Rita Dittrich, Universität Bielefeld, Fakultät für Soziologie, Postfach 10 01 31, D-33501 Bielefeld

Transitionen postsozialistischer Gesellschaften: Verschüttete *Cleavages* oder atomisierte Interessen?

SUSANNE PICKEL / GERT PICKEL

Einleitung
Bei der Erklärung der Transition in Osteuropa kommen nicht selten historische Überlegungen mit strukturellen Erklärungsmustern der Transitionsrealität in Widerstreit. Betonen die einen historisch gewachsene Entwicklungen, die sich oft in festen oder verfestigten Mentalitäten der Bürger der neuen Demokratien äußern, so sehen die Anhänger alternativer Erklärungsansätze ökonomische Entwicklungen, die Etablierung neuer Institutionen und konkrete Einstellungsveränderungen als zentral für Unterschiede in

der Transition an (Merkel/Lauth 1998). Eine Variante, die beiden Überlegungssträngen gerecht werden könnte, scheint eine detailliertere Nutzung des Konzeptes der *Cleavages* (Rokkan 1969) zu sein. In diesen Ansätzen wurden verfestigte Strukturmuster für Kulturräume und Nationen aufgedeckt und in ihrer Relevanz für institutionelle Abbildungen und Wertmuster in der Bevölkerung nutzbar gemacht. Die Entstehung dieser *Cleavages* wurde in die historische Entwicklung der jeweiligen Nationen eingebettet, wobei grundlegende Kulturlinien oder Konfliktlinien in den Gesellschaften als Erklärungsfaktor für politisch-gesellschaftliche Entwicklungen verwendet werden. Da Erfolg und Mißerfolg von Transitionen in starkem Umfang von der Ausbildung einer demokratischen politischen Kultur und der Installation stabiler und in der Bevölkerung verankerter politischer Institutionen abhängen, können *Cleavages* einen Beitrag zur Erklärung des Transitionsfortschritts liefern. Sie bilden einen realitätsangemessenen Zusammenhang zwischen Struktur, Kultur und Institutionen ab, der langfristige Strukturen sichtbar macht, die sowohl für die individuelle politische Kultur als auch für institutionalisierte Parteiensysteme bestimmte Pfade vorgeben. Rokkan skizzierte für den Ausgang des 20. Jahrhunderts folgende *Cleavages*: Das *Cleavage* zwischen Kirche und Staat, Arbeiter und Kapital, Zentrum und Peripherie sowie Stadt und Land. In neuerer Zeit wurden neue Gegensatzpaare, wie Materialismus – Postmaterialismus (Ökologie) und Nationalisierern – Europäisierern, betont.

Cleavages in Osteuropa und deren Einfluß auf die Transition

Besonders deutlich werden institutionalisierte Gegensätze zwischen *Kirche und Staat* in Ländern wie Polen und Litauen, wobei mittlerweile weniger die Diskrepanz zwischen unterschiedlichen Konfessionen als die Differenz in Einstellungen und Verhalten zwischen kirchlich oder religiös orientierten Personen bedeutsam erscheint. Wahlprogramme verschiedener Parteien lassen erkennen, daß hier die jeweilige Klientel ihre Vertretung findet (z. B. MSZP und KDNP in Ungarn). Wenig überraschend ist die Existenz eines Gegensatzes zwischen *Arbeitern und Kapital*. Er tritt gerade in den postsozialistischen Ländern aufgrund der sozialen Ungleichheitssituationen deutlich zu Tage und kann auch über die Diskrepanz von subjektiv empfundener und objektiver Gewinner- und Verlierersituation als Konsequenz der Transitionen abgebildet werden. Hier müssen die sozialistischen Nachfolgeparteien trotz aller Einschränkungen als Repräsentanten der Arbeiter- und Verlierinteressen verstanden werden. Es lassen sich auch Anzeichen des *Zentrum-Peripherie*-Gegensatzes ausmachen, die an Überlegungen zur geoökonomischen Zentralität von Ländern (die positivere Entwicklungsbedingungen, insbesondere sozioökonomischer Natur, gewährleisten) anknüpfen. Der Gegensatz von *Stadt und Land* ist auf der Ebene der Einzelstaaten, aber auch länderübergreifend erkennbar (Ungarn, Polen usw.). Wird eine frühe Verstädterung als günstig für die Entwicklung gesehen, so beeinträchtigt eine späte Verstädterung eine positive Entwicklung genauso, wie eine späte Entfeudalisierung dieser Gebiete. So spiegelt z. B. der

„traditionelle" Gegensatz zwischen urbanen und ländlichen Parteien in Ungarn auch den Gegensatz zwischen liberalen, EU-orientierten und konservativen, nationalistischen Parteien wider. Zusätzlich ist in den neuen Demokratien der Gedanke des „nation building" zu berücksichtigen. Die teilweise Rückbesinnung auf die eigene nationale Identität nach der Phase der „sozialistischen Bruderschaft" setzt in der Bevölkerung, aber auch innerhalb der Parteiensysteme ein *Cleavage Nationalstaat versus Europa* (z. B. in Ungarn, Rußland, Polen zu beobachten) frei. Ziel der einen Gruppe ist dabei die Stärkung der eigenen nationalen Leistungen und die Erneuerung der verschütteten Identität, während die andere Interessengruppe möglichst rasch alle Leistungen zur Anpassung an die EU-Standards und EU-Gesetzgebung erbringen möchte, um sich einem neuen, offenbar von großem wirtschaftlichen Erfolg geprägten Staatenbund anzuschließen. Sowohl auf der Aggregatebene als auch auf der Individualebene ist besonders das *Zentrum-Peripherie-Cleavage* wichtig für die zeitliche Abfolge und den Zeitpunkt der Erreichung einer höheren Zahl an politischen und bürgerlichen Rechten. Staaten, die näher am „city-belt" bzw. an der EU liegen, haben eine höhere Zahl dieser Demokratiemerkmale früher erreicht als andere. Entgegen der Annahme, eher protestantisch geprägte Bevölkerungen seien progressiv oder Liberalisierungen gegenüber eher aufgeschlossen, sind es in Osteuropa meist Staaten mit überwiegend katholischen Bürgern, die einen höheren Demokratisierungsgrad aufweisen. Ein enger Zusammenhang ist zwischen dem *Arbeit- versus-Kapital-Cleavage* und der Demokratiezufriedenheit der Bürger festzustellen. Erwartungsgemäß sind diejenigen, die von der Transition bisher eher profitiert haben, mit der Demokratie wesentlich zufriedener als diejenigen, die durch die politische und wirtschaftliche Umgestaltung ihres Landes eher Einschränkungen und Verluste hinnehmen mußten. Auch der Gegensatz zwischen *Nationalisten und Europäisierern* wirkt sich auf die Demokratiezufriedenheit aus und belegt, daß eher offene, an der EU orientierte Menschen mit der Demokratie zufriedener sind als ihre Landsleute, die zunächst ihrer eigenen Nation zu Stärke und Ansehen verhelfen wollen.

Fazit
Offenbar sind *Cleavages* für die Erklärung von Transitionsprozessen wichtig und gehen über die akteurstheoretischen Modelle hinaus, weil sie historisch gewachsene Konstellationen in einer Weise berücksichtigen, welche die oft allgemeinen Feststellungen von vielen „Einzelfällen" mit der Feststellung regionaler Gemeinsamkeiten verbindet. Ohne daß die postulierte „Pfadabhängigkeit" generell abgelehnt wird, gilt es doch zu betonen, daß viele ähnliche Muster und Verläufe in den Transitionen der verschiedenen osteuropäischen Staaten aufzufinden sind. Diese müssen dabei nicht immer zum gleichen Zeitpunkt auftreten und einen gänzlich adäquaten Verlauf nehmen. Unterschiede sind oftmals mit der differenzierten Verteilung von *Cleavages* besser zu erklären als durch nicht präzisierte historisch-kulturelle Unterschiede. Entsprechend ist gerade der *Clea-*

vages-Ansatz gut für die Prognose zukünftiger Prozesse und Entwicklungen geeignet, weil sie eine langfristige Bindekraft besitzen. Dies zeigt sich auch für Osteuropa, wo Cleavage-Strukturen aufzufinden sind, die teilweise als verschüttet angesehen wurden, aber wo sich auch Linien entwickelt haben, welche die jüngere Geschichte der Länder in der sozialistischen Zeit repräsentieren. So deuten Kennzeichen sozialer Ungleichheit in Osteuropa darauf hin, daß in der sozialistischen Phase neue kulturelle Einflüsse gelegt wurden, die mit historisch gewachsenen Strukturen zusammenwirken. Atomisierte Interessen der einzelnen Bürger stehen diesen Überlegungen dabei nicht im Wege, sondern integrieren individuelle Lebensumstände in übergreifende Muster.

Literatur:
Merkel, Wolfgang / Lauth, Hans-Joachim (1998): Systemwechsel und Zivilgesellschaft: Welche Zivilgesellschaft braucht die Demokratie? Aus: Politik und Zeitgeschichte 6–7/98: 3–12
Pickel, Gert / Jacobs, Jörg / Pickel, Susanne (1997): Erscheinungsformen und Entwicklung von Demokratien im interkulturellen Vergleich. Bamberg
Pickel, Susanne (1997): Ungarn in Europa. Der Politische Dialog – ein Beitrag zur Stabilisierung der ungarischen Demokratie? Leverkusen
Rokkan, Stein (1969): Cross-national survey research: historical, analytical and substantive contexts. In: Stein Rokkan et al. (Hrsg.): Comparative Survey Analysis. Paris: 3–55

Dr. Susanne Pickel, Gert Pickel, Europa Universität Viadrina, Fakultät für Kulturwissenschaften, Postfach 776, D-15207 Frankfurt a.d.O.

Zur vergleichenden Soziologie der Intellektuellen in postsozialistischen Gesellschaften

HELMUT STEINER / PÀL TAMÀS

In den gesellschaftlichen Umgestaltungsprozessen Osteuropas spielten Intellektuelle vor und nach 1989 eine bestimmende Rolle. Doch weisen bei aller Gleichartigkeit staatssozialistischer Gesellschaften und des nach 1989 gemeinsamen Übergangs in einen bürgerlich-kapitalistischen Gesellschaftstyp die Vorgeschichte, der Verlauf und die konkreten Prägungen in den einzelnen Ländern z.T. markante Verschiedenheiten auf. Die sowjetisch-russischen, polnischen und ungarischen sowie DDR-/ostdeutschen Intellektuellen stehen dafür exemplarisch und wurden für ein vergleichendes Untersuchungsprojekt ausgewählt. Die Verschiedenheiten der politischen, Gesellschafts- und

Geistesgeschichte ihrer Länder spiegeln sich und prägen das konkret-historische Profil ihrer Intellektuellen. Man vergegenwärtige sich nur die wechselvollen geschichtlichen Prozesse Rußlands / der UdSSR, Polens, Ungarns sowie Deutschlands / der DDR / Ostdeutschlands, die den historischen Hintergrund, die konkrete Lebenswelt und das Wirkungsfeld ihrer intellektuellen Akteure bestimmen.

Die Untersuchung wird von Boris M. Firsow (Europa-Universität Stankt Petersburg), Helmut Steiner (Leibniz-Sozietät, Berlin), Pàl Tamàs (Institut für Soziologie der Ungarischen Akademie der Wissenschaften, Budapest – Leiter des Projekts) und Wlodzimierz Wesolowski (Institut für Philosophie und Soziologie der Polnischen Akademie der Wissenschaften, Warschau) durchgeführt.

Mehrstündige Gespräch-Interviews mit Intellektuellen (Ost-)Berlins, Budapests, Sankt Petersburgs und Warschaus sollen das gesellschaftspolitische Profil, das eigene Engagement vor, während und nach den gesellschaftlichen Umbruchprozessen von 1989/ 1990 sowie die Erwartungen bezüglich osteuropäischer Entwicklungsperspektiven, zivilisatorischer Menschheitsentwicklung und öffentlicher Rolle der Intellektuellen sichtbar machen. Es wurden aus den vier Ländern jeweils 30 Intellektuelle ausgewählt, die sich persönlich aktiv an diesen Umbruchprozessen öffentlich beteiligten, ohne professionelle Politiker geworden zu sein. Sie sollten sich besonders durch die Intellektuellen eigene Fähigkeit zum Beobachten, Analysieren und Projizieren gesellschaftlicher Entwicklungen auszeichnen. Deshalb sind Schriftsteller und Künstler sowie Sozialwissenschaftler – und in Ostdeutschland Theologen – in dem zusammengestellten Sample überrepräsentiert. Die Schriftsteller-Brüder Strugatzki aus St. Petersburg, der polnische Filmregisseur Andrzej Wajda, der ungarische Ökonom Janos Kornai und der inzwischen verstorbene sozialwissenschaftliche DDR-Dissident Rudolf Bahro seien als namhafte Vertreter dieses einbezogenen Intellektuellen-Typs hervorgehoben. Für Ostdeutschland seien ergänzend die Schriftstellerinnen Daniela Dahn und Helga Königsdorf, die Jugendforscher Walter Friedrich und Klaus Korn, der Mathematiker Walter Romberg und der Politikwissenschaftler Dieter Klein, die Theologen Heinrich Fink, Hans-Jürgen Misselwitz und Edelbert Richter genannt. Die besondere Spezifik der DDR- bzw. ostdeutschen Entwicklung gegenüber den anderen drei Ländern wird als zusätzliche Chance für die komparative Analyse von Gemeinsamkeiten und Unterschieden verstanden.

Über alle Gemeinsamkeiten und Verschiedenheiten zwischen den beteiligten Einzelpersönlichkeiten und Repräsentanten ihrer Länder hinsichtlich inhaltlicher Aussagen (Zeitpunkt des beginnenden Engagements für den gesellschaftlichen Umbruch, ursprüngliche und sich verändernde Zielvorstellungen, Konkretheit und Varianten osteuropäischer Entwicklungen u. a.) sind bereits jetzt im Stadium der noch laufenden Untersuchung markante Charakteristika in gesellschaftlichen Organisations- und Ausdrucksformen auffallend. Das betrifft z. B. die inneren Netzwerke der intellektuellpolitischen Kommunikation, die Beziehungen zu anderen Teilen der gesellschaftlichen Eliten, das Verhältnis von ideologischen und pragmatischen Interessen, die innere Strukturierung des beobachteten Personenkreises, die Konfiguration bestimmter „role sets" bezüglich partieller und universaler Erwartungen und Voraussagen sowie ihre Einstellungs- und Verhaltensänderungen vor, während und nach dem gesellschaftlichen Umbruch.

Bei allen nationalen und vor allem persönlichkeitsbedingten Unterschieden lassen sich schon jetzt bestimmte Grundmuster veränderten intellektuellen Denkens und Handelns innerhalb des letzten Jahrzehnts herauskristallisieren. Dazu gehören u. a.:

- eine Krise im gesellschaftlichen Selbstverständnis osteuropäischer Intellektueller (gegenüber ausgeprägtem und gewachsenen Selbstbewußtsein in den 80er Jahren)
- Erscheinungen der Entfremdung von Politik und öffentlichem Auftreten
- Wandel von früherer Schärfe zu moderaten Tonlagen öffentlichen Auftretens
- neue „Arbeitsteilung" zwischen Sozialkritikern und Sozialtechnologen sowie Wandlung in der Medienrolle von gesellschaftlichen „Propheten" zu emotionslosen „Kadis"

Damit verbindet sich die Erörterung von solch weitreichenden Fragen wie die über die spezifischen Charakteristika des sich in Osteuropa entwickelnden Kapitalismus, das „Ende der Epoche der Intellektuellen", der „Verlust der Utopie" u.ä., die im nächsten Jahr in einer Buchpublikation mit den Ergebnissen aus allen vier Ländern zusammenfassend dargestellt werden.

Dr. Helmut Steiner, Heinrich-Roller-Str. 28, D-10405 Berlin
Pàl Tamàs, Kiraly utea 18, HU-1061 Budapest

Krise der Arbeitsgesellschaft und bürgerliches Engagement in der Tätigkeitsgesellschaft

Organisation: Gerd Mutz

Einleitung

GERD MUTZ

In modernen Gesellschaften haben sich Arbeits- und Lebensgemeinschaften sozial und räumlich auseinander entwickelt. Erwerbsarbeiten werden über den Markt und „außerhalb des Hauses" durchgeführt, während andere Tätigkeiten nicht marktgängig sind und privat in Familien (Haus- und Erziehungsarbeit), im Freundeskreis und in anderen sozialen Netzwerken (in Vereinen, im freiwilligen Engagement, in der Selbsthilfe usw.) erbracht werden. Mit dieser Ausdifferenzierung setzten sich zugleich unterschiedliche Bewertungen gesellschaftlichen Arbeitens durch. Die marktförmige, sichtbare Erwerbsarbeit gilt als wertschöpfend und wird sozial anerkannt. Allen anderen Tätigkeiten außerhalb der Erwerbsarbeit wird eine geringere Bedeutung zugesprochen.
Eine neue Ära der Technisierung der Produktion (Digitalisierung), gesellschaftlicher Umbrüche (Individualisierung und sektoraler Wandel) und politischer Veränderungen (Liberalisierung) hat jedoch die Struktur moderner Erwerbsgesellschaften grundlegend verändert: In den meisten wirtschafts- und sozialwissenschaftlichen Debatten wird ein weiterer Rückgang der Nachfrage nach Arbeitskräften und ein gleichzeitiger Anstieg des Arbeitskräfteangebots prognostiziert. Es ist unübersehbar, daß Vollbeschäftigung nur eine kurze Phase der Entwicklung moderner Gesellschaften war und daß die auf Vollbeschäftigung aufbauenden Institutionen des Wohlfahrtsstaates ihre Aufgaben immer weniger erfüllen können. Es ist zweifelhaft, ob es der Erwerbsgesellschaft in diesem Stadium der gesellschaftlichen Entwicklung nochmals gelingt, die durchaus vorhandene gesellschaftliche Arbeit in bezahlte Normalarbeitsverhältnisse zu überführen und neue Arbeitsplätze zu schaffen.
Wenn diese Bedenken richtig sind, dann wurden die bisherigen Debatten um die „Krise der Arbeitsgesellschaft" zu eng geführt. Nicht bedacht wurde, daß diese „Krise" möglicherweise keine vorübergehende Erscheinung, sondern bereits das Ende der Erwerbsgesellschaft sein könnte. Dies wäre nicht gleichzeitig das Ende der Arbeitsgesellschaft. Es würde bedeuten, daß wir uns in Richtung einer Neuen Arbeitsgesellschaft bewegen,

in der der eingeschränkte Begriff von Arbeit aus der engen Perspektive der Erwerbsarbeit herausgelöst ist, aber daran festgehalten wird, daß wir jetzt und auch in absehbarer Zukunft in einer Gesellschaft leben werden, in der der arbeitende Mensch im Mittelpunkt des gesellschaftlichen Geschehens steht. Eine solche Perspektive würde den Weg freimachen, über den gesellschaftlichen Stellenwert von Arbeiten nachzudenken, die jenseits der Erwerbsarbeit (schon immer) durchgeführt wurden, und die für unser Gemeinwesen einen hohen Nutzen haben. Gemeint sind Tätigkeiten, die gesellschaftlich bedeutsam, aber im Rahmen der Erwerbsgesellschaft nicht bezahlbar sind – im Bereich dieser Arbeitsfelder spielt das Bürgerschaftliche Engagement eine zentrale Rolle.

PD Dr. Gerd Mutz, Münchener Projektgruppe für Sozialforschung, Interkulturelle Wirtschafts- und Arbeitssoziologie, Dachauer Str. 189, D-80637 München

„Neue Arbeitsgesellschaft" und Soziale Integration

HANNS-GEORG BROSE

In der Diskussion über die Zukunft der Arbeitsgesellschaft wird die These vom „Ende der Arbeit" (Rifkin) mitunter suggestiv mit der Forderung nach einer „gerechten" Verteilung der knapp gewordenen Erwerbsarbeit und der Institutionalisierung eines „Dritten Sektors" verknüpft. In diesem Sektor sollen sozial nützliche Tätigkeiten organisiert und durch ein Grundeinkommen finanziert werden.
Die Krise des wohlfahrtsstaatlich gerahmten Systems der Erwerbsarbeit:
- hohe strukturelle Arbeitslosigkeit,
- Erosion der durch Transferleistungen aus dem System der Erwerbsarbeit finanzierten sozialen Sicherungssysteme,
- wachsende soziale Ungleichheit,
- abnehmende Bindungskraft der auf der Erwerbsarbeit basierenden Profanethiken

sollen so durch alternative Formen der Arbeit – etwa Bürgerarbeit – „geheilt" werden. Gegen diese Krisendiagnose und ihre Verknüpfung mit einem Vorschlag zur Bewältigung der Krise sprechen empirisch und analytisch eine Reihe von Gründen.
Zwar ist unbestritten, daß sich das auf dem Normalarbeitsverhältnis und der Vollbeschäftigung aufbauende System der Erwerbsarbeit weiter strukturell verändert und in ein vielfältig segmentiertes, teilweise fragmentiertes System unterschiedlicher Beschäftigungsverhältnisse transformiert. Innerhalb dieses Transformationsprozesses scheinen

jedoch die Tendenzen zur Institutionalisierung neuer Formen der Erwerbsarbeit mindestens ebenso bedeutsam, wie die zweifelsohne spektakulären Auflösungserscheinungen des traditionellen Normalarbeitsverhältnisses. Und angesichts der ausgeprägten Erwerbsorientierung sowohl von weiblichen Beschäftigten als auch von Jugendlichen vermag die These von der abnehmenden normativen Bindewirkung von Erwerbsorientierungen nicht zu überzeugen. Deshalb scheint es plausibler, nicht von einem „Ende der Arbeitsgesellschaft" auszugehen, sondern sich den Konfigurationen zuzuwenden, die sich gegenwärtig zu entwickeln beginnen und für die die Formel einer „Neuen Arbeitsgesellschaft" angemessener erscheint. Das Ergebnis dieses Transformationsprozesses ist empirisch offen, ebenso wie die Frage, welche Mechanismen sozialer Integration nötig werden, sollten sich wohlfahrtsstaatliche Integrationsmechanismen im Zug der Transformation der Arbeitsgesellschaft weiter abschwächen. Hier nun ist allerdings Skepsis gegenüber dem propagierten Weg angebracht, aus der Not der Knappheit der Erwerbsarbeit die Tugend des Reichtums von Bürgerarbeit zu schaffen: Empirische Untersuchungen weisen darauf hin, daß im Bereich der ehrenamtlichen Tätigkeit und des bürgerschaftlichen Engagements häufig gerade diejenigen aktiv sind, die auch in das System der Erwerbsarbeit integriert sind. Die Integration bzw. Inklusion in die verschiedenen Tätigkeits- bzw. Arbeitsarten folgen also wohl kaum einer Logik der Substitution. Sie scheinen sich vielmehr jeweils eigensinnig, möglicherweise aber komplementär zu entwickeln. Deshalb sollten sie auch analytisch getrennt behandelt, nicht aber – wie es der Begriff der „Bürgerarbeit" suggeriert – kategorial wieder überblendet werden. Die Formen privater und individueller Wohlfahrtsproduktion scheinen sich von den traditionellen Milieus ihrer Entstehung, den historischen Erfahrungen der Arbeiterbewegung und den kulturellen Wurzeln der christlichen Religion tendenziell ebenso abzukoppeln, wie auch die Legitimation solidarischer Komponenten im wohlfahrtsstaatlichen Handeln auf der Basis veränderter Diskurse begründet werden muß (Bode/Brose 1998). Diese Formen sozialer Integration treten neben und nicht an die Stelle der Integrationswirkungen, die von der Organisation der Erwerbsarbeit in einer „Neuen Arbeitsgesellschaft" unbestreitbar weiterhin auch ausgehen. Die Analyse der Dynamik von integrativen und desintegrativen Wirkungen der Transformation von Beschäftigungsverhältnissen im Kontext neuer Formen der Organisation von Arbeit (Blutner/Brose/Holtgrewe 1999) ist allerdings eine der vordringlichsten Aufgaben auf der Forschungsagenda.

Literatur:
Bode, Ingo / Brose, Hanns-Georg (1998): The New Altruism. Patterns of private giving and the transformation of welfare solidarity, Paper presented to the RC 19, ISA-Conference Montreal. 25–31 July 1998

Blutner, Doris / Brose, Hanns-Georg / Holtgrewe, Ursula (1999): Die Transformation der Beschäftigungsverhältnisse bei der Deutschen Telekom AG, DFG-Abschlußbericht, Duisburg
Rifkin, Jeremy (1995): The End of Work. New York

Prof. Dr. Hanns-Georg Brose, Universität-Gesamthochschule Duisburg, Fachbereich 1, Soziologie, Lotharstraße 63, D-47048 Duisburg

Jobholder Value und Kontingenzmanagement

PETER GROSS

Die Gegenwart scheint sich in einer Zeit fundamentaler Veränderungen zu befinden. Im Zeichen der Globalisierung laufen die sich mit diesem Begriff verbindenden Prozesse verschärft ab. Diese dritte, wie man auch sagen könnte „restaurative" Moderne, lässt sich durch gesellschaftliche, politische, wirtschaftliche oder kulturelle Parameter beschreiben. Ihnen gemeinsam ist eine neuartige Ungewissheit und Unsicherheit der Zukunft. Diese rührt aus der zunehmenden Autonomisierung und Enttraditionalisierung des modernen Individuums und aus der gleichzeitigen Deregulierung der die überkommenen Gewissheiten kompensierenden Organisation.

Im Zuge der Enttraditionalisierung und der Individualisierungsprozesse, die auch eine Vervielfältigung der Lebenschancen und Lebensmöglichkeiten mit einschliessen, werden die biographischen und beruflichen Gewissheiten aufgelöst. Statt Vorgaben Aufgaben! Die Deregulierung der arbeitsrechtlichen, unternehmerischen und laufbahnbezogenen Festigkeiten erzwingt den Abschied von der „monogamen" (auf den Beruf und eine Vollzeitstelle zentrierten) Arbeit und setzt dem Zwang aus, sich in einer neuartigen Dynamik und unverhofften Konstellationen rasch zurechtzufinden. Im Unterschied zu den unternehmerischen Strategien, den Unternehmenswert durch eine kluge Diversifizierung von Geschäftsfeldern und durch deren simultane Entwicklung und Pflege gegen die Unvorhersehbarkeit der globalen Märkte abzusichern, ist eine entsprechende Redefinition von Beruf, Arbeit und Tätigkeit erst zaghaft andiskutiert – etwa mit den Begriffen Lebens- oder Arbeitsunternehmer. Obwohl faktisch sowohl im obersten Segment (Politiker, Manager, Unternehmer) als auch im untersten (McJobber) der Erwerbstätigen mehr oder weniger systematisch entsprechende Portfolio-Stratgien realisiert werden.

Insofern sich in modernen Erwerbsgesellschaften Arbeits- und Lebensgemeinschaften erneut, zum Beispiel über Out- und Telework, ineinander verzahnen, wird das autonome Individuum mehr und mehr auch zum Lebens- oder Ich-Unternehmer, der Erwerbstätigkeiten und Nichterwerbstätigkeiten flexibel handhaben und verbinden muss. Die neuerlich angeheizte Diskussion über Zivilgesellschaft und Bürgerarbeit, über den Dritten Sektor und Non-Profit-Organisationen, mag ein Bindeglied zwischen Erwerbsarbeit und Privatleben bilden. Einer grundlegenden Neuerfindung der Arbeit wird indessen durch die seit einigen Jahrzehnten repetierte Erhebung des Dritten Sektors zum Rettungsanker einer volatilen Erwerbswirtschaft wenig geholfen.

Diese hat sich vielmehr von der Ausbildung bis zur Erwerbstätigkeit, auf die Ungewissheiten der beruflichen und betrieblichen Zukünfte einzustellen und sich dieser durch Dispositive von flexiblen Tätigkeitskombinationen, die sich modulartig einsetzen lassen, zu stellen. Eine derartige „Reinvention of work" ist keineswegs eine Sache der „Turboarbeiter" eines „Turbokapitalismus". In allen lebenspraktischen Situationen, vom Kochen bis zum Reisen, werden intuitiv die entsprechenden Strategien verfolgt. Sie sind für den Erwerbsbereich ins Berechenbare zu bringen.

Selbstredend verlangt eine derartige Integration von Erwerbstätigkeiten im Sinne einer Arbeitsunternehmerschaft die Verzahnung mit nicht-erwerbswirtschaftlichen Aktivitäten (die diesen im übrigen immer vorausgehen und erst möglich machen). Dass die Lebensunternehmerschaft eine Neuerfindung des wohlfahrtsstaatlichen Fundaments braucht (ganz abgesehen vom Firmament), steht auch angesichts des Abbröckelns der Familienbande (durch die Verkleinerung der Familien und die daraus resultierende kollaterale Verengung) auf der Tagesordnung der Wohlfahrtspolitik und der privaten Lebensgemeinschaften, die sich im wesentlichen über Wahlverwandtschaften regenerieren. Die über die Autonomisierung der Individuen erfolgte neuartige Unberechenbarkeit und Ungewissheit der Zukunft erfordert Kontingenzmanagement, das Rechnen mit Unvorhergesehenem und das Sich-Rüsten dafür.

Literatur:

Gross, Peter (1996): Das Verschwinden der monogamen Arbeit. In: Hauswirtschaft und Wissenschaft, 44: 99–105

Gross, Peter (1997): Steigerung des Jobholder Value. In: Manager BILANZ, 24, 9: 22–30

Gross, Peter (1998): Jobholder-Value und Portfolio-Work. Die Neuerfindung der Arbeit. In: Thomas Geiser et al. (Hrsg.): Arbeit in der Schweiz des 20. Jahrhunderts. Bern/Stuttgart/Wien: 625–651

Gross, Peter (1999): Die Multioptionsgesellschaft. In: Armin Pongs (Hrsg.): In welcher Gesellschaft leben wir eigentlich? Gesellschaftskonzepte im Vergleich. Bd. 1: München 105–127

Prof. Dr. Peter Gross, Universität St. Gallen, Soziologisches Seminar, Tigerbergstr. 2, CH-9000 St. Gallen

Freiwilliges Engagement im Strukturwandel

ROLF HEINZE

Die Debatte um freiwilliges Engagement und Ehrenamt hat Mitte der 90er Jahre einen neuen Ton angeschlagen. Angesichts eines wachsenden Teils von Menschen, der dauerhaft oder zumindest mittelfristig von Normalarbeitsverhältnissen ausgeschlossen bleibt, stellt sich die Frage nach der Nutzung von Erwerbs- und Sozialzeit neu. Zugleich bekommt die Frage nach freiwilligem sozialen Engagement durch die amerikanische Strömung des Kommunitarismus eine zusätzliche Wendung. Der Begriff des bürgerschaftlichen Engagements bündelt Gemeinsinn, neue Gemeinschaftsformen, Verantwortung und themenbezogenes Engagement zu einer neuen Figur des Ehrenamts, das mit diesem Namen allerdings nicht mehr richtig beschrieben wäre. Während das invididualisierungstheoretische Leitbild vom Motivationswandel auf der Mikroebene ausgeht und das Leitbild vom bürgerschaftlichen Engagement die Funktionen des Engagements für ein aktives politisches Gemeinwesen zum Ausgangspunkt nimmt, taucht nun noch ein drittes Leitbild auf: das des „Sozialkapitals". Robert Putnam (1993) hatte in seinen Untersuchungen wirtschaftlich wie politisch erfolgreicher Regionen in Italien vor allem die Mitgliedschaften in Assoziationen und Vereinen als Säule des Erfolges herausgearbeitet. Eine gut entwickelte Infrastruktur horizontaler Beziehungen zwischen bürgerschaftlichen Organisationen und Vereinigungen, die sich selbst wiederum auf entsprechende republikanische Gesinnungen und Kompetenzen der Bürgerinnen und Bürger berufen kann, schafft demnach günstigere Voraussetzungen für wirtschaftliche Produktivität und politisch-administrative Effektivität. Die „Performanz" sowohl des ökonomischen als auch des politisch-administrativen Systems hängen danach vom „sozialen Kapital" ab, also von den regional ungleich verteilten horizontalen, freiwillig eingegangenen sozialen Beziehungen und Netzwerken der Bürgerinnen und Bürger jenseits familiärer Lebenszusammenhänge. In diesen horizontalen Netzwerken entstehen und reproduzieren sich intensive Kommunikations- und Austauschbeziehungen, in denen Vertrauen und damit die Bereitschaft wachsen kann, sich im öffentlichen Raum für das Wohl aller zu interessieren und einzusetzen.
Der sozio-ökonomische Wandel hat auch die Motivationsbasis für freiwilliges Engagement nachhaltig verändert. Dieser Effekt wird seit Längerem unter der Kategorie „neue Ehrenamtlichkeit" diskutiert. Dahinter verbirgt sich eine individualistischere Haltung zum Ehrenamt: Gemeinnützige Organisationen können viele Menschen nicht mehr voraussetzungslos in ihre Arbeit einbinden, weil die Interessenten eigene Ansprüche an Zeit und Dauer entwickeln und sich für Einzelprojekte mit konkreten Zielsetzungen und Themen einsetzen wollen. Auch die Bedeutung „biographischer Passungen" nimmt zu: Wichtiger als die Zugehörigkeit zu einem sozialen Milieu ist die Koppelung der

freiwilligen Tätigkeit an eigene Erfahrungen und Fähigkeiten. Dadurch wächst zugleich aber auch das Potential von Freiwilligen an, weil „neue Ehrenamtlichkeit" deutlich über das traditionelle Milieu und über die Mitgliedschaftsgrenzen von Sozialverbänden hinausgeht.

Als eine neuere Form des freiwilligen Engagements kann man das *thematische Engagement* bezeichnen, das sich durch Unregelmäßigkeit und einen schwachen Formalisierungsgrad auszeichnet. Dazu zählen Nachbarschaftshilfe oder Stadtteilinitiativen, aber auch die zeitlich befristete Mitarbeit in Projekten von Parteien, Stiftungen und Initiativen. Solche Tätigkeiten sind nicht in die regelförmige Bürokratie eines Verbandes eingebunden und werden auch nicht pauschal für eine Organisation zur Verfügung gestellt, sondern in bezug auf konkrete, häufig befristete, Projekte.

Es liegt nahe, daß der Wandel sozialer Milieus auch am Umfang freiwilligen Engagements nicht spurlos vorüber geht. Zu den allgemeinen Merkmalen bröckelnder Solidaritäten paßte es außerdem gut, wenn freiwilliges Engagement zusammenschrumpfen würde. Ganz so einfach ist es allerdings nicht. Neuere Auswertungen des Sozio-Ökonomischen Panels (SOEP) zeigen, daß über alle Altersgruppen und sozialen Merkmale hinweg freiwilliges Engagement in den letzten Jahren zugenommen hat. Zugleich ist allerdings die Zahl derjenigen zurückgegangen, die sich regelmäßig engagieren. Schon dieses oberflächliche Ergebnis erlaubt Interpretationen. Denn es liegt nahe, darin die empirische Bestätigung zentraler Aussagen zur „neuen Ehrenamtlichkeit" zu sehen. Demnach spiegelt sich in den Zahlen, daß sich viele Menschen stärker punktuell, themenbezogen und zeitlich begrenzt engagieren. Dieses Phänomen stellt alle Organisationen, die in Kernbereichen auf dauerhaftes Engagement angewiesen sind, vor neue Herausforderungen. Im Jahr 1994 war fast ein Drittel der westdeutschen Bevölkerung – das entspricht rund 16 Millionen Personen – freiwillig engagiert. Der Anteil Freiwilliger war damit im Vergleich zu 1985 um fünf Prozentpunkte höher. In Ostdeutschland spielt freiwilliges Engagement eine nicht so große Rolle, wenngleich auch hier 1994 fast ein Fünftel der Bevölkerung – knapp 2,5 Millionen Personen – eine freiwillige Tätigkeit ausübte.

Der auffälligste Wandel zwischen den Erhebungszeiträumen 1985 und 1994 hat sich bei der Regelmäßigkeit des Engagements vollzogen: Im Jahr 1985 gaben 15,4 Prozent der Befragten an, regelmäßig ehrenamtlich tätig zu sein; 8,5 Prozent waren sogar jede Woche aktiv. 1994 betrug der Anteil der regelmäßig Aktiven dagegen nur 14,9 Prozent und der Anteil der wöchentlich Aktiven noch 7,6 Prozent. Deutlich zugenommen hat dagegen die seltener ausgeübte freiwillige Tätigkeit, nämlich von 1985 rund 10 Prozent auf fast 15 Prozent im Jahre 1994.

Bestimmte Gruppen von Arbeitslosen – vor allem jüngere arbeitslose Akademiker – engagieren sich freiwillig in Projekten und Organisationen, um sich für den regulären Arbeitsmarkt weiterzuqualifizieren und in einer Art „Arbeitsprozeß zu bleiben". Daß derartige Tätigkeiten zugenommen haben, bestätigt die Auswertung der SOEP-Daten. Demnach ist das freiwillige Engagement von arbeitslos Gemeldeten in Westdeutschland von 16,5 Prozent im Jahr 1985 auf 28,6 Prozent in 1994 gestiegen, ein in diesem Umfang unerwartetes Ergebnis.

Wie lassen sich solche Daten bewerten, und welche Bedeutung hat der offensichtliche Strukturwandel freiwilligen Engagements für den sozialen Zusammenhalt? Einerseits wäre es falsch und irreführend, pauschal von einer Atomisierung der Gesellschaft zu sprechen. Neue, themenbezogene Formen des Engagements knüpfen sogar stärkere soziale Beziehungen als manche traditionellen Ehrenämter, die von Organisationen und Verbänden vereinnahmt werden. Andererseits tun sich eine Reihe von Problemen auf. Was geschieht langfristig mit den anstrengenden und nur dauerhaft zu leistenden freiwilligen Tätigkeiten? Orientiert sich das befristete Engagement allgemein an „modischen Qualitäten" bestimmter Sektoren? Sind die Voraussetzungen für eine Vielzahl von Engagementformen nicht dort am wenigsten gegeben, wo neue soziale Netze am dringendsten nötig wären, nämlich in Gebieten mit hoher Langzeitarbeitslosigkeit und sozialen Problemen? Wie wichtig sind neue Organisations- und Angebotsformen für die Entfaltung der Potentiale, und wer entwirft solche neuen Angebote?

Um Engagement zu stabilisieren, braucht es noch eine Reihe politischer Reformen. So könnten „Zeitspenden" an Organisationen auch steuerlich anerkannt, Phasen des freiwilligen Engagements stärker in der Sozialversicherung berücksichtigt werden. Von zentraler Bedeutung ist aber auch die Vermittlung in der Schule und anderen Bildungs- und Ausbildungsinstitutionen: Freiwilligkeit als Norm müßte gerade hier stärkeren Eingang finden. Denn für das „soziale Kapital" von Regionen und Gesellschaften ist dieser Sektor weiterhin entscheidend, hier wird „Vertrauen" gebildet, das die Voraussetzung für neue Solidaritäten auch außerhalb des Engagements schafft.

Literatur:
Evers, Adalbert / Olk, Thomas (Hrsg.) (1996): Wohlfahrtspluralismus. Opladen
Heinze, Rolf G. (1998): Die blockierte Gesellschaft. Opladen
Putnam, Robert D. (1993): Making Democracy Work: Civic Traditions in Modern Italy. Princeton

Prof. Dr. Rolf Heinze, Universität Bochum, Fakultät für Sozialwissenschaften, Lehrstuhl für Soziologie, Universitätsstr. 150, D-44801 Bochum

Bürgerschaftliches Engagement als Ersatzarbeitsmarkt?

ERNST KISTLER / SUSANNE SCHÄFER-WALKMANN / DORIT SING

Themen wie Subsistenzwirtschaft, Selbsthilfe, zivilgesellschaftliches Engagement und Ehrenamt erleben in letzter Zeit eine neue Konjunktur. Neu an diesen Debatten ist – was ihre nachhaltige Stabilisierung auf der wissenschaftlichen und politischen Agenda erwarten läßt – eine besonders enge Verknüpfung mit den ebenfalls wieder aufgelebten Diskussionen um das Ende der Erwerbsarbeit. Von erzkonservativen Zukunftskonzepten über neoliberale Denkspiele bis weit in Gewerkschaftskreise hinein werden Modelle wie „Tätigkeitsgesellschaft", „Bürgerarbeit" etc. diskutiert und teilweise in die Praxis umzusetzen versucht. Das ist eine verständliche Reaktion angesichts schwindender Hoffnungen etwa auf ein demographisch bedingtes Ende der Massenarbeitslosigkeit (vgl. Kistler 1998); dabei ist das wahre Ausmaß der Arbeitsmarktkrise, des „labor-market-slack" deutlich größer als gemeinhin wahrgenommen: Die Stille Reserve ist größer und arbeitsmarktnäher als häufig dargestellt, unfreiwillige Teilzeit breitet sich aus usw. (vgl. Kistler/Sing 1998).

Kennzeichnend für die Auseinandersetzung um einen sogenannten „Dritten Arbeitsmarkt" ist die eklatante Schmalbrüstigkeit und Einseitigkeit der empirischen Beweisführung: So interpretiert die Miegel-Kommission zyklische Phänomene und hausgemachte Probleme (z.B. 620,- DM Jobs) in geradezu naturgesetzliche Langfristtrends um (vgl. Senatsverwaltung 1998), während der neue Bericht an den Club of Rome die in der Einkommensverteilung und Reallohnentwicklung der Mehrheit der Bevölkerung angelegten ökonomischen Zwänge der Aufrechterhaltung/Ausweitung des Arbeitsangebotes ignoriert. Die steigende Prävalenz und Inzidenz von Arbeitslosigkeit wird in eine begrüßenswerte Arbeitsmarktdynamik umgedeutet. Über die Kunstfigur des „Arbeitskraftunternehmers" werden „Bastelbiographien" zum Leitbild erhoben, die Stammtischkarikatur des „glücklichen Arbeitslosen" feiert Einzug in die Wissenschaft. Auf der anderen Seite verkennen die Verfechter eines Ersatzarbeitsmarktes durch einen Ausbau gesellschaftlicher Arbeit, von Ehrenamt als Substitut für Erwerbsarbeit, die gruppenspezifisch völlig ungleich verteilten Reaktionsvoraussetzungen der Individuen (*functionings* und *capabilities* im Sinne von A. Sen). Die an sich fördernswerte Ehrenamtlichkeit, deren positive Effekte jenseits der Arbeitsmarktfrage unbestreitbar sind (Stichworte: Gesellschaftlicher Zusammenhalt, Sinnerfüllung), ist komplementär und nicht substitutiv zur Erwerbsarbeit. Einzeleffekte, die bisher nur an einem Indikator aus einer Datenbasis, dem SOEP festgemacht sind (vgl. Heinze/Keupp 1998, auch mit der Forderung nach multivariaten Analysen und weiterer Empirie) reichen als Handlungsgrundlage nicht aus. Eigene Untersuchungen verschiedener Datengrundlagen weisen darauf hin, daß die Bereitschaft zu und das Engagement im Ehrenamt zwar hoch, aber deutlich entlang sozioökonomischer Gradienten, v. a. dem Haushaltsnettoeinkommen je Verbrauchereinheit, verteilt sind (vgl. Sing/Hilpert 1998). Ohne Beachtung dieser Gegebenheiten würden Strategien des bürgerschaftlichen Engagements als Ersatz für Arbeitsplätze nicht bzw. nur bei sehr begrenzten Populationen realistisch sein. Alle „flächendeckenden" Überlegungen in dieser Richtung gehen wahrscheinlich an den Möglichkeiten weiter Teile der Bevölkerung vorbei – und überfordern tendenziell das Ehrenamt wie die besonders betroffenen Arbeitslosen. Mehr Forschung und mehr Realitätssinn tun not.

Wohlgemerkt, dies ist weder ein Plädoyer gegen das Ehrenamt noch gegen Modellprojekte zur Bürgerarbeit, die „Aktion 55+" in Sachsen oder Seniorengenossenschaften. Ersteres wäre unsinnig, auch wenn festgehalten werden muß, daß es über die tätsächlichen Wirkungen von Ehrenamt, Selbsthilfe etc. noch viele theoretische und empirische Unklarheiten gibt – trotz oder vielleicht auch wegen des politisch-verbalen Scheinkonsenses zum Thema. Solche Fragen reichen von der Tragfähigkeit des Ehrenamts im Sinne von „Übergangsarbeitsmärkten" über Verdrängungseffekte des „Dritten Sektors" gegenüber „normalen" Professionen bis hin zu den Effekten als Sozialkapital für die Stabilität und Funktionsfähigkeit von Gesellschaft und Demokratie im Sinne von R. Putnam. Zweiteres wäre unverantwortlich, da solche Modelle auch dann Sinn machen können, wenn sie keinen Arbeitsplatzersatz für Arbeitslose, dagegen aber die nötigen Gelegenheitsstrukturen für zivilgesellschaftliches Engagement anderer Gruppen schaffen. Sicherlich hat etwa Rolf Heinze in seinem Beitrag recht, wenn er es für möglich hält, daß die lockeren „ties" in der neuen Ehrenamtlichkeit besonders viel Sozialkapital generieren könnten. Ob allerdings die Brückenfunktion des Ehrenamtes zum „normalen", professionellen Arbeitsmarkt wirklich in quantitativ relevantem Maß funktioniert und gar die im Dritten Sektor erbrachten Angebote von einer neuen und besseren Qualität sind (vgl. den Beitrag von Neuendorff), das muß erst noch bewiesen werden.

Wir brauchen mehr Experimente in diesem Bereich, aber auch deren kritische Evaluierung. Dafür brauchen wir auch bessere Meßkonzepte und -methoden; ansonsten arbeiten „flockige" empirische Argumentationen z. B. von einer „Brasilianisierung der Arbeitswelt" weiter genau den Kräften in die Hände, die sich nichts sehnlicher als gerade das wünschen.

Literatur:

Heinze, Rolf / Keupp, Heiner (1998): Gesellschaftliche Bedeutung von Tätigkeiten außerhalb der Erwerbsarbeit. In: Kommission für Zukunftsfragen der Freistaaten Bayern und Sachsen: Anlageband 3. Bonn: 107–241

Kistler, Ernst (1998): Zwischen Szylla und Charybdis – Zukünfte der Erwerbsarbeit angesichts des demographischen Wandels. In: INIFES/ISF/SÖSTRA (Hrsg.): Erwerbsarbeit und Erwerbsbevölkerung im Wandel. Frankfurt/New York: 9–26

Kistler, Ernst / Sing, Dorit (1998): Mangelnde Integration von Arbeitsangebot und -nachfrage, Marginalisierung und Humankapitalentwicklung. Oder: Wie kann gestandenen Soziologen so etwas passieren? In: IfS/INIFES/ISF/SOFI (Hrsg.): Jahrbuch Sozialwissenschaftliche Technikberichterstattung. Sonderband „Beobachtungsfeld Arbeit". Berlin 1998: 129–164
Senatsverwaltung für Arbeit, Berufliche Bildung und Frauen (Hrsg.) (1998): Die Sackgassen der Zukunftskommission. Streitschrift wider die Kommission für Zukunftsfragen der Freistaaten Bayern und Sachsen. Berlin
Sing, Dorit / Hilpert, Markus (1999): Frauen zwischen Erwerbstätigkeit, Ehrenamt und Familienarbeit. In: Ernst Kistler / Heinz-Herbert Noll / Eckhard Priller (Hrsg.): Perspektiven gesellschaftlichen Zusammenhalts. Empirische Befunde, Praxiserfahrungen, Meßkonzepte. Berlin

Ernst Kistler, Susanne Schäfer-Walkmann, Dorit Sing, INIFES, Haldenweg 23, D-86391 Stadtbergen

Modernes bürgerschaftliches Engagement

HARTMUT NEUENDORFF

Die Debatte um die Entwicklung neuer Formen bürgerschaftlichen Engagements möchte ich in zwei Diskursfeldern verorten:

Erstens in der von Gerd Mutz dargestellten Triade der Arbeit: Erwerbsarbeit (gesellschaftsbezogen) – Eigenarbeit (personenbezogen) – bürgerschaftliches Engagement (gemeinschaftsbezogen). Im Zentrum der Debatte steht die Frage nach den sich gegenwärtig vollziehenden Transformationen in den gesellschaftlichen Formen von Arbeit im Zuge der Modernisierung der Industriegesellschaft (Stichworte: Krise der Arbeitsgesellschaft, von der Erwerbsgesellschaft zur Tätigkeitsgesellschaft etc.).
Ähnlich wie schon für den Individualisierungsprozeß wird argumentiert, daß der industriegesellschaftliche Modernisierungsprozeß zu einer Erosion der soziokulturellen Milieus führe, in denen Motivbildungen und Verpflichtungen sowie Deutungsmuster und Habitusformen erzeugt wurden, die Voraussetzung und Grundlage für bürgerschaftliches Engagement waren. Zwar schwindet nicht die Bereitschaft zu freiwilligem Engagement, aber die Motivbasis wandelt sich. An die Stelle von sozialer Verpflichtung zu bürgerschaftlichem Engagement in Form des traditionellen Ehrenamtes tritt die freie Wahl eines Engagement für interessante Aufgaben zu begrenzten, nach Möglichkeit frei wählbaren Zeiten.

Nicht mehr Gemeinsinn und Gemeinschaftsorientierung motiviert freiwilliges Engagement, sondern Zielsetzungen und Aktivitätswünsche, die der Erweiterung und Vervollkommnung des eigenen Ich dienen. Freiwilliges Engagement wird vorrangig als eine Möglichkeit individualisierter Biographiebastelei betrachtet und nicht als eine Form von Gemeinschaftlichkeit, in der das Ich den Reziprozitätsverpflichtungen seiner eigenen Existenzmöglichkeit nachkommt.

Das *zweite* Diskursfeld zur Thematisierung bürgerschaftlichen Engagements wird durch die Debatten um den Dritten Sektor und seine Non-Profit-Organisationen jenseits von Staat und Markt gebildet. Dieses Feld deckt sich nicht mit der Triade der Arbeit, weil einerseits die Tätigkeitsvollzüge in Staat und Markt in Form von Erwerbsarbeit (öffentlicher Dienst/profitorientierte Privatwirtschaft) ausgeführt werden und weil andererseits die Nicht-Profit-Orientierung des Dritten Sektors nicht mit der Sphäre von bürgerschaftlichem Engagement und Eigenarbeit (vorrangig in der Familie geleistet) zusammenfällt.

In den Organisationen des dritten Sektors finden wir vielfältige alte und neue Formen der Kombination von Erwerbsarbeit und bürgerschaftlichem Engagement. Deshalb bietet dieser Sektor ein interessantes Beobachtungsfeld für Veränderungen, die sich in den Formen traditionellen und neuen freiwilligen bürgerschaftlichen Engagements vollziehen.

Einige Muster der Verbindung von Erwerbsarbeit und bürgerschaftlichem Engagement haben wir (Andersen u. a. 1998) in einem Lehrforschungsprojekt der vier Ruhrgebietsuniversitäten untersucht. Es ging dabei um die Klärung der Möglichkeiten und Grenzen der Substitution staatlich finanzierter Erwerbsarbeit auf kommunaler Ebene durch bürgerschaftliches Engagement.

In der Darstellung einiger Ergebnisse der kleinen Untersuchung beschränke ich mich auf die drei Typen von Projekten bzw. Vereinen:

(a) Vereine als Träger öffentlicher Einrichtungen (etwa Schwimmbäder, Sportanlagen etc.): Das Hauptproblem der Vereine besteht in der Dauermobilisierung freiwilligen Engagements für das Betreiben der geretteten Einrichtung. Denn die zum Betrieb erforderlichen Routinearbeitsleistungen sind selten in sich selbst gratifizierend. Neue Attraktivität können übernommene Anlagen allerdings dann gewinnen, wenn die Übernahme mit neuartigen Angeboten, etwa im Gesundheits- und Sportbereich, verbunden wird. Wichtiger als mögliche Beschäftigungseffekte dürfte die Frage sein, ob die neuen Formen der Produktion öffentlicher Güter durch bürgerschaftliches Engagement (auch in Kombination mit Erwerbsarbeit) nicht zu einer neuen, besseren Qualität der Angebote und Dienstleistungen führen.

Unter diesem Gesichtspunkt scheinen die Vereine für Stadtteilentwicklungsprojekte (b) und die vereinsförmig organisierten Projekte der alternativen Kulturszene (c) besonders interessante Beispiele für einen neuen Typus von Dienstleistungsunternehmen darzustellen.

Die Mitgliederzahl dieser Vereine wird relativ klein gehalten, denn die Mitglieder des Vereins haben in erster Linie die Funktion, als Kontrollorgan nach innen gegenüber dem Vorstand und der Geschäftsführung zu fungieren und nach außen im öffentlichen Raum materielle und immaterielle Unterstützung (öffentliche Finanzmittel, Spenden, Thematisierung der Aufgaben etc.) für die Aktivitäten des Vereins zu mobilisieren.

Die Vereine sind in der Regel aus Initiativen und politischen Bewegungen hervorgegangen, die sich die Verbesserung der Lebensbedingungen und Erweiterung der Handlungsspielräume von benachteiligten Bevölkerungsgruppen zum Ziel gesetzt haben. Die dauerhafte Aktivierung der Betroffenen und deren Einbeziehung in Planung und Ausgestaltung der Projekte erfordert aber auf Seiten der Projektinitiatoren eine Kombination von Engagement für die Sache und Professionalität der Problembearbeitung, die in der Regel nur dann auf Dauer gesichert ist, wenn wichtige Akteure der Bewegung aus ihren Aktivitäten eine Vollerwerbstätigkeit machen. Funktionsnotwendig nimmt deshalb das bürgerschaftliche Engagement einiger Akteure die Form von Erwerbstätigkeit an, um die weitreichenden Ziele der Initiative überhaupt langfristig verwirklichen zu können.

Solche Initiativen entfalten oft aus ihrer eigener Dynamik heraus Aktivitäten, die dann wiederum zu weiteren Beschäftigungsmöglichkeiten – etwa für benachteiligte Personengruppen – führen (z. B. über Projekte zur Durchführung von Qualifizierungs- und Beschäftigungsmaßnahmen für Jugendliche ohne Lehrstelle, Arbeitslose etc.).

Literatur:
Andersen, Uwe / Neuendorff, Hartmut / Pankoke, Eckhart / Schatz, Heribert / Strohmeier, Klaus-Peter (1998): Erfahrungen und Potentiale eines verstärkten bürgerschaftlichen Engagements zur Entlastungen der Kommunen. Bochum

Prof. Dr. Hartmut Neuendorff, Universität Dortmund, Wirtschafts- und Sozialwissenschaftliche Fakultät, Lehrstuhl Soziologie – Arbeitssoziologie, Otto-Hahn-Str.4, D-44221 Dortmund

Bürgerarbeit und die Arbeit der Lebensführung

GÜNTER VOSS

Der Beitrag formuliert in drei Thesen ein Plädoyer dafür, gezielter als bisher Bürgerarbeit im Rahmen des praktischen Alltags zu beachten.

1. Bürgerarbeit und alltägliche Lebensführung

Das Thema Bürgerarbeit verweist indirekt darauf, daß es in der Gesellschaft verschiedenartige Formen von Tätigkeiten gibt (Erwerbstätigkeit, Hausarbeit, Familienarbeit, Eigenarbeit, politische Betätigung, Bildungsarbeit, Erholung usw.). D. h. die Gesellschaft beruht auf einem komplexen Geflecht inhaltlich und sozialorganisatorisch unterschiedlicher Handlungssphären. Für die Personen gilt etwas Ähnliches: Auch ihr Leben ist ein Zusammenhang verschiedener Tätigkeitsformen, die in unterschiedlichen Sozialbereichen praktiziert werden. Das Konzept der Alltäglichen Lebensführung macht genau das zum Thema (u. a. Voß 1991). In den Forschungen zum Thema Lebensführung hat sich immer wieder gezeigt, daß einzelne Tätigkeitsbereiche nur zu verstehen sind, wenn berücksichtigt wird, was Menschen sonst noch tun und wie sie ihre Aktivitäten in ein Gesamtsystem (= Lebensführung) integrieren.
Für das Thema Bürgerarbeit folgt daraus: Eine Tätigkeit im Rahmen von Bürgerarbeit kann ganz unterschiedliche Funktion und Wirkung haben, je nachdem wie die jeweilige Lebensführung aus sieht. Verrichtet z. B. eine Hausfrau mit Kindern Bürgerarbeit, ist das etwas ganz anderes, als wenn ein überarbeiteter Yuppie die gleiche Tätigkeit ausübt. Die Tätigkeit der Hausfrau in einer Sozialinitiative dient vielleicht v. a. dazu, dem Haushalt zu entfliehen – dem Yuppie geht es möglicherweise eher darum, langfristig für seine alte Mutter eine wohnungsnahe Pflege zu sichern, um nicht seine Karriere zu behindern. Abstrakt verweist dies auf verschiedene Interessen. Konkret ist das jedoch Ausdruck praktischer Probleme der Vermittlung von Tätigkeiten in der Lebensführung. Eine isolierte Betrachtung von Bürgerarbeit – so die These – kann diese Verflechtung nicht aufdecken.

2. Die Bürgerarbeit des Arbeitskraftunternehmers

Der derzeitige Strukturwandel der Arbeitswelt enthält als ein wichtiges Moment neue Formen der betrieblichen Steuerung von Arbeitskräften. Dabei wird in Absetzung von rigide tayloristischen Konzepten immer häufiger im Rahmen von Strategien „fremdorganisierter Selbstorganisation" (Pongratz/Voß 1997) auf erweiterte Autonomien gesetzt. Dies hat unterschiedliche Formen, gemeinsam ist jedoch ein wichtiger Punkt: Das komplizierte betriebliche Geschäft der Sicherung ausreichender Arbeitsleistung (das „Transformationsproblem") wird zunehmend in völlig neuer Qualität auf die Arbeitenden externalisiert.

Sollte sich diese Entwicklung verstärken, hätte das tiefgreifende gesellschaftliche Konsequenzen. Unter anderem könnte daraus ein Strukturwandel der sozialen Verfassung von Arbeitskraft in unserer Gesellschaft entstehen. Gegenüber dem bisher dominierenden Typus des „Arbeitnehmers" könnte jetzt eine Form von Arbeitskraft in den Vordergrund treten, die sich im betrieblichen Interesse weitgehend selber kontrolliert und ausbeutet, der „Arbeitskraftunternehmer" (Voß/Pongratz 1998). Dieser Typus wird zudem angesichts zunehmend prekärer Beschäftigungsverhältnisse mehr als alle Formen vorher gezwungen sein, seine Fähigkeiten kontinuierlich individuell auszu bauen, seine Arbeitskraft (betrieblich wie auf den Arbeitsmärkten) immer wieder neu aktiv zu ver markten und seine Lebensführung effizienzorientiert durchzuorganisieren. Für viele dieser neuen Arbeitskräfte wird schließlich typisch sein, daß sie häufig sich ändernde Kombinationen verschiedenster abhängiger und/oder selbständiger Teiltätigkeiten praktizieren – ergänzt um Qualifizierungen, straff geplante Erholungen, durchorganisierte Tätigkeiten in Haushalt und Familie usw. („Portfolioarbeit", Gross 1996).

Vor diesem Hintergrund bekommt die Frage nach der Stellung von Bürgerarbeit in der Lebensführung eine besondere Nuance. Es ist zu vermuten, daß nur für einen begrenzten Teil von Menschen Bürgerarbeit das sein wird, was man sich erhofft: nämlich eine selbstbestimmte, gesellschaftlich nützliche Aktivität im Rahmen gemeinschaftsbasierter Initiativen. Für viele neue Arbeitskräfte könnte Bürgerarbeit vielmehr – so die These – eine vorwiegend instrumentelle Aktivität sein: ein funktionaler Bestandteil des Alltags im Rahmen aufwendig rationalisierter Strategien der Produkion und Vermarktung ihrer Arbeitskraft.

Dies wird sehr verschieden aussehen. Auf der einen Seite werden sich z. B. „Erfolgsunternehmer" der eigenen Arbeitskraft finden, d. h. Gewinner des Wandels mit flexiblen Tätigkeitskombinationen auf hohem Qualifikationsniveau und hohen Einkommen. Diese Menschen müssen extrem hart arbeiten und dazu ihre Lebensführung extrem gut organisiert im Griff haben – die Turboarbeiter des Turbokapitalismus. Bürgerarbeit wird hier meist eher eine luxurierende Form ergänzender Aktivitäten im näheren Sozialumfeld sein. Am anderen Ende wird sich dagegen eine große und heterogene Gruppe von neuen Arbeitskraft-Tagelöhnern finden, also die Verlierer: Personen mit ständig wechselnder Teilzeitarbeit auf niedrigem Einkommensniveau und Kurzzeitverträgen; Menschen, die dauerhaft zwischen verschiedensten marginalen Erwerbsformen, Bildungsaktivitäten, Sozialmaßnahmen und Arbeitslosigkeit pendeln; Klein- und Scheinselbständige am Rande des Existenzminimums, aber mit permanenter Überlastung usw. Arbeitskraftunternehmer dieser elenden Sorte werden Bürgerarbeit aus ganz anderen Gründen im Rahmen ihrer Lebensführung betreiben als ihre Luxuskollegen, aber nicht weniger instrumentell: Hier geht es um Aktivitäten, die man etwa betreibt, weil man unterbeschäftigt ist und einer sinnvollen Aktivität nachgehen will, vielleicht auch, weil man einer drohenden sozialen Isolierung vorbeugen will, um auf billige Weise lebensnotwendige Güter und Dienstleistungen zu bekommen usw.

3. Eine politische Einschätzung

Es ist wichtig, realistisch einzuschätzen, in welchem Kontext das Thema Bürgerarbeit jetzt forciert wird. Es ist nicht davon auszugehen, daß uns ernsthaft die Arbeit ausgeht – es findet vielmehr ein Übergang statt zu einer zweiten Arbeitsgesellschaft mit neuen Formen der Organisation gesellschaftlicher Arbeit. Dabei wird Arbeitskraft auf weitgehend entgrenzten Märkten in historisch neuer Qualität sozial „freigesetzt". Der Arbeitskraftunternehmer ist der dazu passende Typus von Arbeitskraft, ja, er ist die idealtypische Subjektform für einen verstärkt zu sich kommenden Kapitalismus. Aber gerade angesichts dieser Entwicklung ist es dringlicher denn je, die Utopie einer nicht allein erwerbswirtschaftlichen Gesellschaftspraxis zu erhalten. Dieser Idee droht jedoch eine gefährliche ideologisch-politische Vereinnahmung von zwei Seiten. Einmal durch eine marktliberale Strategie der Arbeitsverbilligung, der Unterschichtung und des Sozialabbaus durch kostengünstige Eigenhilfe. Zum anderen durch einen naiv tätigkeitsgesellschaftlichen Mythos, der sich mitten im Übergang zum Turbokapitalismus verwirklichen soll.

Die Entwicklung sollte nüchtern als im Prinzip unaufhaltsam akzeptiert, ihre politische Gestaltung jedoch nachdrücklich gefordert werden. Dabei kann gefragt werden, wie in der immer voraussetzungvolleren Lebensführung konkreter Gruppen substantielle Anteile freier Aktivität *praktisch* verteidigt werden können – sozusagen eine Ökologie nicht- marktförmiger Tätigkeit im Alltag. Dies zielt also weniger auf eine abstrakte Relevanz von Bürgerarbeit für die Gesellschaft, sondern vielmehr darauf, daß konkrete Akteure in neuer Form nicht kapitalistische Tätigkeiten ganz praktisch brauchen, um arbeits- und lebensfähig zu sein. Wenn daraus dann ein wenig gesellschaftliche Umgestaltung und sozialer Widerstand ensteht, sollten wir uns freuen.

Literatur:
Groß, Peter (1996): Das Verschwinden der mongamen Arbeit. In: Hauswirtschaft und Wissenschaft, 44: 99–105
Pongratz, Hans J. / Voß, G. Günter (1997): Fremdorganisierte Selbstorganisation. In: Zeitschrift für Personalforschung 7: 30–53
Voß, G. Günter (1991): Lebensführung als Arbeit. Stuttgart: Enke
Voß, G. Günter / Pongratz, Hans J. (1998): Der Arbeitskraftunternehmer. Eine neue Grundform der Ware Arbeitskraft? In: KZfSS 50 (3): 131–158

Prof. Dr. Günter Voß, Technische Universität Chemnitz, Industrie- und Techniksoziologie, Reichenhainerstr. 41/III, D-09107 Chemnitz

Lebenslagen im Alter
Gesellschaftliche Bedingungen und Grenzen

Organisation: Gertrud M. Backes / Wolfgang Clemens

Einleitung

GERTRUD M. BACKES / WOLFGANG CLEMENS

Mit dem demographischen und altersstrukturellen Wandel gewinnt die Analyse sozialer Lagen der Altersbevölkerung zunehmend an Bedeutung. Die Verteilung von Lebenslagen älterer und alter Menschen sind Ausdruck sozialer Ungleichheit im Alter, die sich i. d. R. als Ergebnis von ungleich verteilten Lebensbedingungen über den gesamten Lebensverlauf im Alter „chronifiziert". Lebenslagen im Alter haben sich wie Lebenslagen in anderen Lebensphasen zunehmend ausdifferenziert, sie sind pluraler und vielgestaltiger geworden. Die spezifische Lebenslage von Teilgruppen älterer und alter Menschen läßt sich in einer Reihe von Dimensionen abbilden, unter denen das Haushaltseinkommen die zentrale Dimension darstellt, da es den Zugang zur Befriedigung unterschiedlicher Bedürfnisse und zu lebenslagerelevanten Ressourcen ermöglicht. Im Alter nimmt allerdings die Bedeutung v. a. immaterieller Dimensionen der Lebenslage (z. B. Gesundheit, soziale Beziehungen) deutlich zu. Lebenslagen im Alter entstehen und verändern sich durch wechselseitige Beeinflussung struktureller Bedingungen (z. B. Einkommen, Wohnbedingungen) und personaler Faktoren (z. B. Gesundheitszustand, Einsamkeitserlebnisse). Vor allem die strukturellen Bedingungen sind gesellschaftlich geprägt, diese werden sozial- und gesellschaftspolitisch beeinflußt. Gerade im Alter entstehen aus dem Wechselverhältnis struktureller Bedingungen und personaler Faktoren häufiger Defizitsituationen, die aus eigener Kraft nicht überwunden werden können und zur Entstehung „Sozialer Probleme" führen.
Die Bestimmung und Analyse von Dimensionen der Lebenslage hat im Grunde von einem erweiterten Lebenslagebegriff auszugehen, der neben objektiven gesellschaftlichen Bedingungen und Grenzen auch subjektive Elemente der Lebenslage sowie ihre Interdependenzen und Ausprägungen als subjektive Lebensführung umfaßt. Bewertungen, Orientierungen und Handlungsspielräume werden als Ausdruck der Lebenslage relevant. Zur Erklärung objektiver und subjektiver Lebensbedingungen im Alter müssen diese in einen lebenszeitlichen Verweisungszusammenhang gestellt werden, der sich erst

im soziohistorischen Kontext angemessen erschließen läßt. Aktuelle Lebensbedingungen und der weitere Lebensverlauf älterer und alter Menschen hängen einerseits von der derzeitigen Lebenslage ab, sie sind andererseits aber auch Resultat vorgängiger Lebensbedingungen und -chancen, individueller Entscheidungen, biographischer Erfahrungen und Handlungsressourcen. Die jeweiligen gesellschaftlichen, insbesondere ökonomischen, sozial- und arbeitsmarktpolitischen Lebensbedingungen älterer Kohorten bilden die Rahmung der Lebens- und Erwerbsbiographie, die verlängernd die Lebenslage im Ruhestand und Alter (mit)bestimmen.

In den Beiträgen der Ad-hoc-Gruppe werden gesellschaftliche Bedingungen und Grenzen von Lebenslagen im Alter, aber auch subjektive Handlungsmöglichkeiten und das Wechselverhältnis beider Ebenen thematisiert. Neben der Präsentation grundlegender Analysen werden in weiteren Vorträgen die Bedingungen einzelner gesellschaftlicher Teilbereiche für die Lebenslage im Alter bearbeitet.

Literatur:
Backes, Gertrud / Clemens, Wolfgang (1998): Lebensphase Alter. Weinheim/München
Naegele, Gerhard / Tews, Hans Peter (Hrsg.) (1993): Lebenslagen im Strukturwandel des Alters. Opladen

Prof. Dr. Gertrud M. Backes, Hochschule Vechta, Institut für interdisziplinäre Gerontologie, Driverstraße 22, D-49377 Vechta

PD Dr. Wolfgang Clemens, Freie Universität Berlin, Institut für Soziologie, Babelsberger Straße 14–16, D-10715 Berlin

Lebenslagen im Alter aus der Sicht der Schweiz

FRANÇOIS HÖPFLINGER

Wirtschaftliche Lage und Ungleichheit

Zwei Entwicklungen sind für die wirtschaftliche Lage heutiger Rentnergenerationen in der Schweiz entscheidend gewesen: Erstens konnten die SchweizerInnen früher und stärker als ihre europäischen Nachbarn vom Aufschwung und Wohlstand der Nachkriegsjahrzehnte profitieren. Die Produktionsstruktur und das Vermögen der Schweiz blieben – vom Krieg verschont – intakt, und die schweizerische Wirtschaft konnte rasch expandieren. Dadurch erlebte die Schweiz bis in die 90er Jahre eine Vollbeschäftigung.

Zweitens hat sich in der Schweiz – wenn auch im Vergleich zu anderen europäischen Ländern verspätet – ein diversifiziertes System der Altersvorsorge entwickelt, welches die wirtschaftliche Existenz alter Menschen absichert. Neben einer Altersrente gemäss Umlageprinzip hat die Schweiz – im Gegensatz zu Deutschland – auch eine obligatorische berufliche Vorsorge gemäss Kapitaldeckungsverfahren institutionalisiert. Dank dieser Diversifizierung auf Umlage- und Kapitaldeckungsverfahren ist die schweizerische Altersvorsorge gegenüber demographischen Entwicklungen besser abgesichert. Das Eintreten der ersten Wohlstandsgenerationen ins Rentenalter sowie der Ausbau der beruflichen Vorsorge haben das Armutsrisiko der RentnerInnen in den letzten Jahrzehnten deutlich reduziert (und seit den 90er Jahren ist das Armutsrisiko älterer Menschen geringer als dasjenige von Kindern).

Übergang in die nachberufliche Lebensphase
Aufgrund der jahrzehntelange Vollbeschäftigung setzte in der Schweiz der Trend zur Entberuflichung des höheren Lebensalters später und bis heute verzögert ein. Dies wird an zwei Sachverhalten deutlich:
Erstens ist der Anteil erwerbstätiger Männer im offiziellen Rentenalter (65 J. und älter) höher als in den Nachbarländern. Während 1994 in Deutschland nur 4,7 % der 65jährigen und älteren Männer noch erwerbstätig waren, waren dies in der Schweiz 18,5 %. Zweitens ist der Anteil vorzeitig pensionierter Männer in der Schweiz deutlich geringer als in Frankreich oder Deutschland. Der Trend zu Frühpensionierungen setzte in der Schweiz zudem deutlich später ein. Noch zu Beginn der 90er Jahre waren in der Schweiz erst 5,0 % der 55–59jährigen Männer nicht mehr erwerbstätig, gegenüber 21,4 % in Westdeutschland. Bei den 60–64jährigen Männer waren 1991 in der Schweiz 23,7 % nichtmehr erwerbstätig, verglichen mit 65,8 % in Westdeutschland. Erst die wirtschaftlichen Umstrukturierungen der letzten Jahre haben auch in der Schweiz zu mehr Frühpensionierungen geführt, aber die Erwerbsquoten älterer Arbeitskräfte sind weiterhin vergleichsweise hoch (und von den 55–64jährigen Männern waren 1997 noch 79 % erwerbstätig).

Lebensform und familiale Kontakte im Zeitvergleich
Ein auffallendes Merkmal der Haushaltssituation zuhause lebender älterer Menschen ist die klare Konzentration auf Kleinhaushalte mit ein bis zwei Personen. Der überwiegende Teil der AHV-RentnerInnen lebt entweder allein oder zu zweit, wobei die Schweizer RentnerInnen von einer hohen Wohnqualität profitieren können. So leben nur 1 % der zuhause lebenden Schweizer RentnerInnen in überbelegten Wohnungen. Während der letzten drei Jahrzehnte lassen sich – analog zu anderen europäischen Ländern – drei bedeutsame Entwicklungen festhalten:

Erstens hat sich der Anteil älterer Männer und Frauen klar erhöht, welche in einem Ein-Personen-Haushalt wohnen. Dies hat mit einer verbesserten wirtschaftlichen und sozialen Selbständigkeit sowie einer verstärkten Individualisierung älterer Menschen zu tun. *Zweitens* zeigt sich ein deutlicher Rückgang in Zahl und Anteil sogenannter „komplexer Haushaltsformen". Das Zusammenleben mit anderen verwandten Personen (z. B. mit Geschwistern) sowie mit nicht-verwandten Personen ist selten geworden. Das gleiche gilt auch für Mehr-Generationen-Haushalte. *Drittens* hat sich der Anteil von RentnerInnen erhöht, welche in einem Paarhaushalt leben. Darin widerspiegelt sich einerseits die hohe Ehefreudigkeit dieser Generationen. Andererseits trägt die höhere Lebenserwartung dazu bei, dass gemeinsames Zusammenleben heute länger dauert als früher. Im Vergleich zu Deutschland ist in der Schweiz speziell der Anteil betagter Witwen deutlich geringer. Darin widerspiegeln sich die unterschiedlichen Kohortenschicksale betagter deutscher und schweizerischer Frauen. Bei den jüngeren Altersgruppen sind auch Unterschiede des Heiratsverhaltens und der Lebenserwartung (SchweizerInnen leben etwas länger als Deutsche) bedeutsam. Im Gegensatz zu manchen Alltagsvorstellungen haben sich die Kontakte zwischen den Generationen (Grosseltern-Eltern-Kinder) in den letzten Jahrzehnten eher verstärkt als aufgelöst. Ein in Genf und im Zentralwallis durchgeführter Zeitvergleich 1979 bis 1994 zeigt, dass sich die familialen Kontakte – im Gegensatz zu dem, was oft behauptet wird – intensiviert haben. So sind heute etwa gemeinsame Ferien von Grosseltern und Enkelkindern häufiger als früher. Dies hängt sicherlich mit der besseren Gesundheit älterer Menschen zusammen, wodurch aktive Grosselternschaft überhaupt erst möglich wurde.

Zum gesundheitlichen und psychischen Befinden
Die Lebenserwartung der Schweizer Bevölkerung ist vergleichsweise hoch, und auch ältere Frauen und Männer zeigen in der Schweiz eine etwas höhere residuale Lebenserwartung als deutsche Frauen und Männer. Detailanalysen lassen erkennen, dass in der Schweiz nicht allein die allgemeine Lebenserwartung, sondern auch die behinderungsfreie Lebenserwartung hoch ist. Gesundheitliches und psychisches Wohlbefinden der älteren Menschen in der Schweiz bewegen sich auf einem recht hohen Niveau, und im Zeitvergleich 1979 bis 1994 werden signifikante Verbesserungen sowohl des gesundheitlichen als auch psychischen Befindens sichtbar.

Literatur:
Abelin, Theodor / Beer, Valerie / Gurtner, Felix (Hrsg.) (1998): Gesundheit der Betagten in der Schweiz. Ergebnisse der Schweizerischen Gesundheitsbefragung von 1992/93. Bern
Höpflinger, François (1994): Frauen im Alter – Alter der Frauen. Ein Forschungsdossier. Zürich (2. verbesserte Auflage 1997)

Höpflinger, François / Stuckelberger, Astrid (1999): Demographische Alterung und individuelles Altern. Ergebnisse aus dem Nationalen Forschungsprogramm „Alter/Vieillesses/ Anziani". Zürich

Lalive d'Epinay, Christian / Bickel, Jean-François / Maystre, Carole et al. (1997): Les personnes âgées à Genève 1979–1994. Santé, famille, réseaux d'aide et de soins. Cahiers de la Santé No. 8, Genève: Département de l'action sociale et de la santé

Leu, Robert E. / Burri, Stefan / Priester, Tom (1997): Lebensqualität und Armut in der Schweiz. Bern

Prof. Dr. François Höpflinger, Universität Zürich, Institut für Soziologie, Rämistr. 69, CH-8001 Zürich

Die Lebenslagen älterer Menschen im Spannungsfeld zwischen „Später Freiheit" und „Sozialer Disziplinierung"[1]

KLAUS R. SCHROETER

Alter(n) ist im Kontext der Modernisierung zu einem „gesellschaftlichen Problem" geworden (Backes 1997), doch noch immer fehlt der ordnende Blick in der Alter(n)ssoziologie, der mit einer hinreichenden theoretischen Einbettung des Alter(n)s den Fokus auf das gesamtgesellschaftliche Gefüge und deren soziale Implikationen eröffnet. An dieser Stelle soll das soziologische Augenmerk lediglich auf einige forschungsleitende Fragen zur spezifischen Figuration der Verflechtungen der Beziehungs- und Abhängigkeitsstrukturen im Alter gerichtet werden. Der Blick konzentriert sich auf die in einem engen Zusammenhang stehenden Individualisierungs- und Disziplinierungsmodelle, die hier unter altersstrukturellen und -relevanten Bezugspunkten zu facettieren sind.

Es zählt zu den Paradoxien der Modernisierung, daß Freisetzungen zugleich auch neue Verpflichtungen und Abhängigkeiten hervorrufen. Die müßten von der Alter(n)ssoziologie aufgespürt und im Rahmen soziologischer Theoriebildungen erklärt werden.

So bleibt zu fragen, inwieweit Freisetzungen im Alter (z. B. aus dem Erwerbsleben oder aus familiären Strukturen) in neue Kollektivitäten (z. B. Rentner/Pensionäre, Höchstbetagte, Multimorbide) führen, die hinwiederum neue kollektive Erwartungshaltungen (z. B. Sicherung und Finanzierung von Rente/Pensionen, Pflege, Interessenvertretung) evozieren und neue bzw. veränderte Abhängigkeiten mit unterschiedlichen Machtbalancen (z. B. in den Feldern von Politik, Gesundheits-/Altenhilfesystem, Familie usf.) hervorrufen.

Eine empirisch gestützte und theoretisch fundierte Alter(n)ssoziologie muß sich der Aufgabe stellen, stärker als bisher *Alter* als sozialfigurierendes Strukturierungselement herauszuarbeiten und die *Fabrikation des Altersstandes in einer nichtständischen Gesellschaft* aufzuzeigen. Der sich in diesem Zusammenhang stellende Erklärungsbedarf einer Alter(n)ssoziologie betrifft die *Wiedervergemeinschaftung* der freigesetzten oder individualisierten Älteren. Dabei wäre das Nebeneinander von Privilegien und Deprivationen im Alter offenzulegen und unter Zuhilfenahme der Lebenslage- und Lebensstilkonzepte entsprechend zu modellieren. Dabei ist zu überprüfen, inwieweit auch in der „späten Freiheit" (Rosenmayr 1983) Distinktionsbestrebungen gefördert und neue Aktivitäts- bzw. Produktivitätsverpflichtungen hervorgerufen werden.

- Dabei ist *erstens* zu klären, inwieweit gerontologische Konzeptionen nicht ihrerseits zur Verunsicherung Älterer beitragen, wenn durch wohlfeile Formulierungen wie Aktivität, Produktivität, Erfolg und Kompetenz Verhaltensmuster eingefordert werden, die zwar von einer sich mit dem Charme der Jugend schminkenden Gesamtgesellschaft getragen werden, möglicherweise aber nicht den Lebensorientierungen älterer Menschen entsprechen (Prahl/Schroeter 1996, Schroeter/Prahl 1999).
- *Zweitens* ist zu zeigen, inwieweit der soziale Verflechtungsprozeß in Form von Verkettungen von Handlungen eine „relative Autonomie" (Elias) gegenüber den Plänen und Absichten der älteren Menschen gewinnt und dadurch Macht über deren Verhalten und Denken ausübt.
- *Drittens* gilt es zu prüfen, inwieweit hier Erwartungshaltungen und verpflichtende Normen entwickelt werden, die sich anschicken, aus dem – begrifflich verklärenden Terminus – „Ruhestand" einen Lebensabschnitt der Aktivität und Produktivität zu formen. Dabei wäre gleichsam analytisch stärker aufzuspüren, wie gewissermaßen im Gewande wissenschaftlicher Wahrheit Definitionen von Gesundheit, Normalität, Anormalität aufgestellt und die Älteren dieser neuen sozial-verpflichtenden Rahmung ausgesetzt werden.
- Konkret ist daher *viertens* zu klären, in welchem Maße die sich an derartigen Konzepten orientierenden Altersexperten und -therapeuten samt der sie tragenden Institutionen die älteren Menschen dazu anleiten, ihr eigenes Verhalten zu reflektieren und den gerontologisch-geragogischen Leitvorstellungen entsprechend zu regulieren. Der kontextuelle Rahmen des Altenhilfesystems wäre unter dem spezifischen Fokus von „Drill und Dressur", von „Gelehrsamkeit und Fügsamkeit im Alter" näher zu konturieren und der Blick auf die ambivalente Figur von Optimierung und Domestizierung des Alter(n)s zu richten (Prahl/Schroeter 1996, Schroeter/Prahl 1999).

– Und *fünftens* wäre zu eruieren, in welchem Ausmaße die sich auf gerontologische Konzeptionen stützenden Interventionen Kollektivierungen (wie z.B. „neue Alte", „bildungs-, reise- und konsumfreudige", „sportlich-aktive", „gesundheitsbewußte", „sozial und politisch engagierte Ältere" usf.) begleiten oder gar hervorrufen.

Wenn man davon ausgeht, daß sich Formen instrumenteller Rationalität auch in die Lebensbereiche des höheren Alters eingeschlichen und verbreitet haben und dort verborgene Herrschaftsformen verschleiern, so müssen diese analytisch nachgezeichnet und aufgedeckt werden. Von einer polyzentrischen Disziplinargesellschaft (Foucault 1977) ausgehend, wäre von einer theoretischen Alter(n)ssoziologie zu zeigen, wie soziale Strukturen durch intersubjektive Handlungen im Alter verändert oder reproduziert werden. Die verschiedenen Disziplinierungsansätze (Elias, Foucault, Weber) haben nicht nur gezeigt, wie soziale Systeme und Strukturen den Menschen dominieren oder kontrollieren, Abhängigkeiten erzeugen, Körper disziplinieren und normalisieren und die „Lebenswelt kolonialisieren" (Habermas), sie haben auch den Blick dafür geschärft, daß Disziplin – die immer auch eine historisch spezifische Herrschafts- und Vergesellschaftungsform ist (Weber) und die nicht nur destruktive, sondern auch produktive Züge trägt (Foucault) – als habitualisierte Disposition (Bourdieu) selber zum dynamischen Faktor wird. Daran wäre auch alter(n)ssoziologisch anzuknüpfen, um sich zu vergegenwärtigen, daß Kontrolle und Disziplin eine Lebensweise darstellt, die sich nicht einzig auf das dumpfe Befolgen vorgegebener Muster, sondern auch auf die Organisation von Routinen und der Entwicklung von Ressourcen zur Selbstbestimmung bezieht. Da die Disziplin nicht einzig auf Verhinderung und Unterdrückung von Aktivitäten zielt, sondern auch dazu führt, daß bestimmte Aktivitäten und Lebensprojekte hervorgebracht werden, ist fernerhin zu klären, wie die Älteren – hier gewissermaßen als „Subjekte des Zwangs" – nützlich gemacht werden. In diesem Kontext stellt sich die Frage, ob und inwieweit Altersaktivitäten und nachberufliche Tätigkeiten utilitaristische Tauschbeziehungen darstellen.

Bewegt man sich auf dem Pfad der hier angeregten Fragestellungen, so ließe sich unter Rückgriff auf die interaktionistische und objektivistische Theoriekonzepte synthetisierenden Modelle von Bourdieu und Elias die gegenseitige Durchdringung und Transformation von Individual- und Sozialstruktur im Alter zur Synthese führen. Auf der Strukturebene ließen sich auf der Grundlage des mehrfach beschriebenen Strukturwandels des Alters (Tews) die Disziplinierungen und Selbstregulierungen (Elias) beleuchten, die den alten Menschen moderne Integrations- und/oder Segregationsformen abverlangen. Auf der Individualebene ließen sich die jeweiligen Kapitalien und Sanktionspotentiale der Älteren eruieren und modellhaft illustrieren, wenn dabei die jeweiligen Handlungsräume der Akteure abgesteckt, Tauschformen und Tauschmechanismen offengelegt, mögliche Konflikte und Allianzen diskutiert werden. Hier schlösse sich nun ein weiteres sich eröffnendes Feld an: eine nähere Betrachtung des sozialen Marktes des Alter(n)s, auf dem die älteren Menschen a) als Nachfrager und Konsumenten, b) aber auch als Anbieter spezifischer Ressourcen und Kompetenzen auftreten. Hier böte sich die Chance, die psychologischen Ressourcen- und Kompetenzmodelle mit dem erweiterten Kapitalmodell von Bourdieu zu konfrontieren, um dann im Rahmen allgemeiner tausch- und konflikttheoretischer Überlegungen Alter(n) als soziales Marktgeschehen zu diskutieren.

Anmerkung:
1 Eine erweiterte Fassung des Vortrags findet sich in dem von Gertrud M. Backes und Wolfgang Clemens editierten Sammelband „Lebenslagen im Alter – Gesellschaftliche Bedingungen und Grenzen" (Arbeitstitel), in dem die Beiträge aus der Ad-hoc-Gruppe „Lebenslagen im Alter" zusammengetragen sind. Der Sammelband wird in der zweiten Jahreshälfte 1999 bei Leske+Budrich in Opladen erscheinen.

Literatur:
Backes, Gertrud M. (1997): Alter(n) als „Gesellschaftliches Problem"? Opladen
Bourdieu, Pierre (1987): Die feinen Unterschiede. Frankfurt a. M.
Elias, Norbert (1979): Über den Prozeß der Zivilisation. Frankfurt a. M.
Foucault, Michel (1977): Überwachen und Strafen. Frankfurt a. M.
Prahl, Hans-Werner / Schroeter, Klaus R. (1996): Soziologie des Alterns. Paderborn
Rosenmayr, Leopold (1983): Die späte Freiheit. Darmstadt
Schroeter, Klaus R. / Prahl, Hans-Werner (1999): Soziologisches Grundwissen für Altenhilfeberufe. Weinheim/Basel

Dr. Klaus R. Schroeter, Universität Kiel, Institut für Soziologie, Olshausenstr. 40, D-24118 Kiel

Individuelle Ressourcen und individuelle Lebenskontexte als Prädikatoren sozialer Beteiligung im Alter

ALEKSEJ BUKOV

Ziel

Im Rahmen der vorliegenden Analyse soll anhand der Daten der Berliner Altersstudie (BASE) geprüft werden, ob die BASE-Teilnehmer hinsichtlich ihrer Profile der sozialen Beteiligung heterogen sind und ob diese Heterogenität mit Unterschieden in ihren Lebenskontexten und Ressourcenausstattung verbunden ist.

Begriffe und Operationalisierung

Individuen werden als soziale Akteure verstanden, die über verschiedene Ressourcen verfügen und mit ihrer sozialen Umwelt interagieren. Diese Interaktionen basieren auf gegenseitigem Ressourcenaustausch: einerseits beziehen Individuen die für ihr Leben notwendigen Ressourcen aus ihrer sozialen Umwelt, andererseits bringen sie ihre eigenen Ressourcen in diese Umwelt ein. Der erste Prozeß kann als *selbstgerichtetes* Teilen von (individuellen) Ressourcen, der zweite als *sozial gerichtetes* Teilen von individuellen Ressourcen bezeichnet werden. Das sozial gerichtete Teilen von individuellen Ressourcen ist der Inhalt sozialer Beteiligung.

Zur Operationalisierung des Begriffs der sozialen Beteiligung werden verschiedene Aktivitäten benutzt. Dabei wird eine Aktivität der Gruppe der sozialen Beteiligung zugeordnet, wenn der Inhalt dieser Aktivität das sozial gerichtete Teilen von individuellen Ressourcen ist (z. B. ehrenamtliche Tätigkeit, diverse Hilfeleistungen, Geldspenden usw.). Nach diesem Kriterium werden alle produktiven und politischen Aktivitäten als soziale Beteiligung klassifiziert. Ein weiteres Kriterium stellt der Kontext einer Aktivität dar: wurde diese Aktivität zusammen mit anderen ausgeübt oder allein. Im ersten Fall werden wenigstens individuelle Zeitressourcen geteilt. Nach diesem Kriterium werden alle Freizeitbetätigungen, die zusammen mit anderen ausgeführt wurden, als soziale Beteiligung betrachtet.

Individuelle Ressourcen werden alle als in der Person und ihrer Umgebung liegenden Bedingungen verstanden, die zur Bewältigung von verschiedenen Aufgaben beitragen können. Mit dem Ausdruck „in der Umgebung liegende Bedingungen" ist in dieser Definition der Begriff „Lebenskontext" impliziert.

Zwischen individuellen Ressourcen und Lebenskontexten bestehen permanente Wechselwirkungen: Einerseits resultieren Ressourcen aus Lebenskontexten, andererseits werden Lebenskontexte mittels Ressourcen erhalten oder verändert. Individuelle Ressourcen und Lebenskontexte können mittels folgender thematischer Bereiche operationalisiert werden: soziodemographische Merkmale, Haushaltssituation, sozioökonomische und kulturelle Ressourcen, Gesundheitszustand.

Daten und Methode
In meiner empirischen Analyse nutze ich Daten der BASE-Hauptuntersuchung (N=516; Mai 1990 – Juni 1993), die auf einer für West-Berlin repräsentativen und nach Alter und Geschlecht stratifizierten Stichprobe (sechs Altersgruppen von 70- bis 103jährigen mit je 43 Männern und Frauen) basiert. Die Teilnehmer wurden unter anderem zu folgenden Themen befragt: Haushaltssituation und Gesundheitszustand; sozio-ökonomische, sozio-demographische und kulturelle Merkmale; Teilnahme an verschiedenen Aktivitäten, z. B. Kultur, Sport, Reisen; Kontakte zu Kindern und Enkelkindern, verschiedene Formen ihrer praktischen und finanziellen Unterstützung; Partnerpflege; Mitgliedschaft in Vereinen, Verbänden; Erwerbsarbeit.

Um Profile der sozialen Beteiligung in den BASE-Daten zu identifizieren, wurde eine Clusteranalyse mit Variablen, die verschiedene soziale Aktivitäten präsentieren, durchgeführt. Um eine geeignete Clusterzahl zu ermitteln, wurde zuerst mit mehreren kleineren und zufällig gebildeten Stichproben eine hierarchische Clusteranalyse durchgeführt. Danach wurde das K-Means-iterative-Verfahren für die ganze Stichprobe angewendet. Anschließend wurde die Qualität der Clusterlösung mittels einer Diskriminanzanalyse geprüft. Die empirische Analyse habe ich mit einem Vergleich der gewonnenen Gruppen hinsichtlich ihrer Profile der sozialen Beteiligung sowie ihrer soziodemographischen Merkmale, ihrer Haushaltssituationen, ihres Gesundheitszustandes und der sozioökonomischen und kulturellen Ressourcen abgeschlossen.

Ergebnisse
Es wurden fünf Cluster extrahiert. Nach der Analyse der Verteilung von verschiedenen Formen der sozialen Beteiligung in und zwischen den Clustern habe ich sie wie folgt bezeichnet:

1. Allgemein Aktive (17 % der Population)
2. Auf Freunde orientierte Freizeitgenießer (32 %)
3. Familienorientierte Freizeitgenießer (28 %)
4. Passive (14 %)
5. Geldspender (9 %)

Die Verteilung von Formen der sozialen Beteiligung und von sozialdemographischen Merkmalen, sozioökonomischen und kulturellen Ressourcen sowie Charakteristika der Haushaltssituation und des Gesundheitszustandes sind in der folgenden Tabelle dargestellt:

Tabelle: Clusterbeschreibung (Angaben in %)

Merkmal	Gesamt	Allg. Aktive	Cluster Freizeit / Freunde	Freizeit / Familie	Passive	Geld- spender
Produktive Beteiligung						
Produktive außer Haus	191	39,5*	199	09,0*	143	157
Praktische Hilfe Kindern	218	63,5*	163	04,0*	126	198
Finanzielle Hilfe Kindern	275	52,4*	00,0*	167	00,0*	100,0*
Allgemeine Hilfe Enkeln	322	206	46,6*	310	267	342
Partnerpflege	32	07,9*	00,0*	06,4*	0	0
Politische Beteiligung						
Mitarbeit in polit. Org.-n	135	53,4*	06,9*	01,8*	67	76
Kollektive Beteiligung (Freizeitaktivitäten zusammen mit anderen)[1]						
Familiale kollektive	452	99,9*	00,0*	100,0*	00,0*	00,0*
Außerfamiliale kollektive	403	00,0*	100,0*	00,0*	00,0*	93,4*
Keine Aktivitäten/allein	145	00,1*	00,0*	00,0*	100,0*	66
Soziodemographische Merkmale						
Geschlecht (Männer)	261	53,5*	11,6*	294	254	157
Altersgruppe „Alte Alte" (85+)	203	10,1*	171	193	44,4*	191
Haushaltssituation						
In Institution	86	00,0*	112	01,8*	32,9*	00,0*
Mit Partner	261	51,7*	09,2*	44,8*	11,5*	00,8*
Sozioökonomische und kulturelle Ressourcen						
Letzte soziale Schicht						
Unterschicht	187	138	160	174	37,3*	139
Untere Mittelschicht	302	237	337	295	276	370
Mittlere Mittelschicht	316	311	303	344	264	364
Gehobene Mittelschicht	148	217	162	155	51	89
Obere Mittelschicht	47	09,7*	38	32	36	38
Gesundheitszustand						
Hörprobleme	193	215	11,3*	211	221	32,9*
Sehprobleme	259	194	219	35,2*	321	145
Demenz	139	05,1*	122	133	39,3*	01,1*
Mobilität (nur zu Hause)	142	72	188	99	23,8*	126

* signifikante Abweichung vom jeweiligen Wert der Gesamtverteilung (Std. Res. ≥ |2|)
χ^2-Test-Signifikanz bei allen Merkmalen < 0,001
[1] Zuordnung zu verschiedenen Gruppen erfolgte je nachdem, mit welchem Personenkreis die Befragten ihre Freizeit *überwiegend* verbracht haben

Wie man aus dieser Tabelle sehen kann, zeigen die „Allgemein Aktiven" das vielseitigste Repertoire und das höchste Niveau der sozialen Beteiligung. Sie befinden sich in den besten Lebenskontexten und besitzen die umfangreichsten – vor allem sozioökonomischen und kulturellen – Ressourcen. Die „Familienorientierten" und „Auf Freunde orientierten Freizeitgenießer" beteiligen sich meist an kollektiven Aktivitäten und leben in familien- bzw. freundeszentrierten Lebenssituationen. Die „Passiven" haben das niedrigste Niveau der sozialen Beteiligung. Sie befinden sich in den ungünstigsten Lebenskontexten (z. B. Institution) und verfügen über die wenigsten Ressourcen (z. B. Demenz, Mobilität).

Schlußfolgerung
Anhand der Daten der BASE-Hauptuntersuchung konnten unterschiedliche Profile der sozialen Beteiligung im hohen Alter identifiziert und beschrieben werden. Diese Profile sind mit verschiedenen individuellen Lebenskontexten und Ressourcenausstattungen verbunden. Vor allem weisen die Haushaltssituationen der Befragten die deutlichsten Differenzen auf. Die Merkmale „Institutionalisierung" und „Leben mit Partner" bündeln Unterschiede in der früheren und aktuellen sozialen Position wie auch im Gesundheitszustand.

Dipl.-Soz. Aleksej Bukov, Max-Planck-Institut für Bildungsforschung, Lentzeallee 94, D-14195 Berlin

Der Wandel des Versorgungssystems und seine Auswirkungen auf die Lebenslage alter Menschen

GERHARD BERGER

Die Altenhilfe entwickelt sich zu einem „3-Säulen-System" mit Polarisierungstendenz: Ambulante Dienste/Betreutes Wohnen – Pflegeheime. Die Polarisierung oder Spaltung der Versorgungslandschaft in „Wohnen" (häusliche Pflege in der Privatwohnung) einerseits und „Pflege bzw. Schwerstpflege" (stationäre Pflege in der Einrichtung) andererseits droht sich dabei weiter zu verschärfen.
Diese Entwicklung ist im Kern auf vier Ursachen zurückzuführen: (1.) Im SGB XI wurde der Vorrang ambulanter Pflege festgeschrieben – aber bisher nur zögerlich umgesetzt. (2.) Die Wohnungswirtschaft, die Versicherungswirtschaft und der Kapitalmarkt haben

das Betreute Wohnen entdeckt, bauen jedoch einseitig Angebote im unteren Qualitätssegment dieses Marktes aus. (3.) Pflegeheime bleiben daher als „letzte Station" weiter erforderlich. Dringend notwendige Modernisierungskonzepte für die Pflegeheime sind jedoch weitgehend blockiert. (4.) Die Konstruktion der Pflegeversicherung hat dazu geführt, daß die große Mehrheit der Leistungsberechtigten (ca. 80 %) sich nicht für Sache sondern für Geldleistungen entschieden hat, die zumeist an nichtprofessionelle Personen im unmittelbaren (zumeist familiären) Unterstützungsnetzwerk weitergereicht werden. Für diese Personen – zumeist Angehörige – dürfte also häufig trotz ihrer Überforderung in der Betreuung auf diese Weise der Anreiz erhöht worden sein, die Übersiedlung der betreuten Person in eine stationäre Einrichtung eher hinauszuzögern – zumal die Modernisierungsdefizite der stationären Einrichtungen hierfür zusätzlich genügend Argumente liefern.

Der beschriebene Polarisierungsprozeß führt zu (hier nicht näher ausführbaren) problematischen Effekten bezüglich der Lebenslage derjenigen alten Menschen, die auf Dienstleistungen aus diesem sich polarisierenden Versorgungssystem im Alternsprozeß (insbesondere unter Singularisierungsbedingungen) zunehmend angewiesen sind. Der skizzierte Polarisierungsprozeß birgt jedoch auch problematische Effekte bezüglich der Arbeitssituation der Mitarbeiter/innen insbesondere in Pflegeheimen und schafft Probleme für deren Träger.

Sollen diese schwerwiegenden Einschränkungen der Lebenslage der Bewohner/innen stationärer Einrichtungen in Zukunft vermieden werden, gibt es aus unserer Sicht nur einen Weg mit zwei Komponenten. Einerseits müssen ambulante Dienste wie auch Programme zur Wohnraumanpassung (auch Wohnberatung, Umzugsmanagement, Care Management u. a.) weiter ausgebaut werden, um Wohnen mit Pflege in der eigenen Häuslichkeit dann zu sichern, wenn zugleich ein stabiles Unterstützungsnetzwerk vorhanden ist (Schmidt 1998: 52 nennt dies die „infrastrukturelle Sicherung der privaten Häuslichkeit Betagter"). Andererseits müssen die Alten- und Pflegeheime erkennen, daß sie die Lebenslage ihrer Kund/innen nur dann verbessern und zugleich ihre eigene Zukunft nur dann sichern können, wenn sie sich in die Richtung des Servicehaus-Konzepts weiterentwickeln.

Denn Servicehäuser können eine Brücke zwischen „individuellem Wohnen" und „Heimwohnen" bilden und die Vorteile beider „Welten" miteinander verbinden. Die skizzierten strukturellen Fehlentwicklungen in der Versorgungslandschaft mit ihren problematischen Effekten auf die Lebenslage alter Menschen könnten dann weitgehend vermieden werden.

Auch Schmidt (1998: 51) geht davon aus, daß die „Dichotomie von ‚häuslicher Pflege in der Privatwohnung' und ‚stationärer Pflege in einer Einrichtung'" durch eine gezielte Verknüpfung beider „Welten" (mit Wohngarantie auch bei schwerster Pflege) aufzulösen ist. Auf diese Weise würde sich das derzeit in „Wohnen" einerseits und „Schwerstpflege" andererseits polarisierte „3-Säulen-System" mit seinen schwerwiegenden strukturellen Problemen in ein zukunftsträchtiges „2-Säulen-System" mit einer stark ausgebauten Servicehaus-Komponente weiterentwickeln.

Die derzeitige Blockade in der Modernisierung des Altenhilfesystems kommt nach unserer Analyse vor allem deswegen zustande, weil die stationären Einrichtungen einerseits zu wenig Möglichkeiten und andererseits mit wenigen Ausnahmen zu wenig Initiative hatten, sich auf diesen Modernisierungspfad „Servicehaus" zu begeben. Die zeigt aus meiner Sicht, daß wir in Deutschland auch diesbezüglich zum Nachteil der Betroffenen in einer Art strukturerhaltendem Erstarrungszustand sind, den andere Länder (z. B. Dänemark) längst überwunden haben.

Die Pflegeheime können sich jedoch zu Servicehäusern weiterentwickeln. Servicehäuser, inzwischen konzeptionell ausgereift und in der Praxis bewährt, tragen nach den vorliegenden Betriebserfahrungen[1] und unseren Forschungsergebnissen (Berger/Gerngroß 1996; Gerngroß/Berger/Müller 1993) entscheidend dazu bei, die entstandenen Strukturprobleme zu entschärfen. Sie lösen viele der oben skizzierten Probleme ihrer Klient/innen, einige Probleme ihrer Beschäftigten und auch das Problem der Zukunftsfähigkeit des traditionellen Pflegeheims innerhalb einer veränderten Versorgungslandschaft.

Denn über das Servicehaus-Konzept läßt sich jenes Leitbild weitgehend realisieren, das in der Fachdiskussion seit dem Ende der 70er Jahre vom „selbständigen Wohnen im Alter mit Wohngarantie auch bei schwerster Pflege" entwickelt und diskutiert, dessen Umsetzung in die Praxis aber bis heute weitgehend blockiert wurde. Die Aufhebung der bestehenden „Modernisierungs-Blockade" ist somit möglich und zugleich überfällig. Es ist an der Zeit, auch im stationären Sektor der Altenhilfe neue Wege zu gehen – und dies aufgrund einer fachlich begründeten und qualitätsorientierten Konzeption und nicht nur unter dem Druck der Pflegeversicherung.

Dem Schlachtruf „Öffnet die Altenheime!", den Hummel in den 70er Jahren erfolgreich vorgetragen hat, müßte daher heute die Aufforderung „Schließt die Pflegeheime!" folgen. „Schließt die Pflegeheime" oder modernisiert sie zumindest in Richtung Servicehaus.

Anmerkung:
1 Seit 1977 in Kiel (Servicehaus Mettenhof und die nachfolgenden Schwester-Einrichtungen; vgl. die Dokumentation „13 Jahre Servicehaus" (Kiel 1990) der Arbeiterwohlfahrt Kiel oder das Papier „Modell Servicehaus 2000" der AWO Kiel; Bundesministerium für Raumordnung, Bauwesen und Städtebau 1991: 93ff.) und seit 1992 im „Haus am Weinberg" in Stuttgart (vgl. etwa Gerngroß/Berger/Müller 1993 und Müller 1996).

Literatur:
Berger, Gerhard / Gerngroß, Gabriele (1996): Wohnen mit gesicherter Pflege im Servicehaus. Wissenschaftliche Begleitforschung des Modellprojekts Haus am Weinberg in Stuttgart. Bonn: Bundesministerium für Familie, Senioren, Frauen und Jugend
Gerngroß, Gabriele / Berger, Gerhard / Müller, Erwin (1993): Wohnen mit gesicherter Pflege. In: Altenheim Jg. 32, H. 2: 83–96
Gerngroß-Haas, Gabriele (1997a): Betreutes Wohnen. In: Axel Stemshornl (Hrsg.): Barrierefreies Bauen für Behinderte und Betagte. Leinfelden-Echterdingen: A. Koch, 4. Aufl. (in Vorbereitung)
Gerngroß-Haas, Gabriele (1997b): Die Richtung: Servicehaus. Betreutes Wohnen: Entwicklung Bewertungen, Perspektiven. In: Häusliche Pflege H. 4
Müller, Erwin (1996): Bewährungsprobe bestanden. In: Altenheim Jg. 35, H. 2: 94–99
Schmidt, Roland (1998): Nachfrageverschiebung, Versorgungsstrukturen und Pflegeheimentwicklung. In: HerbstRose (Hrsg.): Zukunft der Heime – Heime mit Zukunft? Stationäre Alteneinrichtungen im Umbruch. Hannover: 48–53

Dr. Gerhard Berger, Universität Kiel, Institut für Soziologie, D-24098 Kiel

Moderne Gemeindesoziologie
Ethnographische Zugänge zur sozialen Konstruktion von Grenzen

Organisation:
Kai Brauer / Sighard Neckel / Andreas Willisch

Einleitung

KAI BRAUER

Globalisierung und Mobilität sind Metaphern des ausgehenden Jahrtausends, welche den Sinn und die Realität bestehender Grenzen grundlegend in Frage stellen. Ob Entgrenzung zum Kennzeichen dieser Epoche wird oder zwangsläufig neue Grenzen entstehen, deren Strukturen aber erst erfaßt werden müssen, kann zum einen als theoretische Frage verstanden werden. Zum anderen muß sich empirisch zeigen lassen, welche alltags- und lebensweltliche Relevanz diese Prozesse haben. Während z. B. die gesellschaftliche Eingliederung der Migranten in die sozialstaatlichen Regime auf administrativem Wege geschieht und z. T. quantitativ meßbar ist, bleibt die Exploration der tatsächlich ablaufenden Integrations- oder Exklusionsprozesse in den Communities sowie deren Um- und Neubildung eine Aufgabe qualitativer Gemeindestudien. Für die Veranstaltung der Gruppe wurden daher zwei Aspekte in den Mittelpunkt gestellt: (1.) Konstruktion von Grenzen zwischen und in Gemeinden (Communitybildung) und (2.) die Folgen von Migrationsprozessen. Sowohl in der Untersuchung von vier Kleingemeinden (durch *Karl-Michael Brunner* und *Karin Hlavin-Schulze*) als auch die Kleingrenzdorfstudie (*Sonja Ebner, Christian Fleck, Klaus Jagoditsch, Winfried Moser* und *Dietmar Paier*) konnten soziale (Neu-)Konstruktionen von Grenzen durch die Ansiedlung von Migranten belegt werden. Welche Rolle dabei einerseits stereotype Deutungen (Moser: „sicheres Wissen") und anderseits unterschiedliche kommunale Arrangements (Brunner) spielen, ist durch den Vergleich besonders plastisch geworden. Daß für die „Einheimischen" verschiedene Möglichkeiten bestehen, neue Communitygrenzen zu konstruieren, erscheint im nachhinein logisch. Aber auch für die „Zuwanderer" ergeben sich sehr unterschiedliche Abgrenzungsmöglichkeiten. So konnte *Tsypylma Darieva* anhand Postsowjetischer Communities ein Beispiel für eine entstehende aspatial community vorstellen, deren Zusammenhalt nicht über direkte Nachbarschaft, sondern in diesem Fall über die gemeinsame Mediennutzung und -produktion hergestellt wird, welche die räumliche und ethnische Zerrissenheit der Community überbrückt. Die Persistenzen alter Systemgrenzen wurde von *Marie Pipo Búi* anhand des Auseinanderdriftens der beiden Vietnamesischen Communities verdeutlicht: die gemeinsame Herkunft aus einer Nation wirkt hier gerade nicht verbindend. Die Bedeutung (bzw. die Nachwirkung) einer Nationengrenze für die Lebens- und Alltagswelt der Betroffenen wurde von *Valentine Meunier* konkret in Alsleben und Gompertshausen untersucht. Auch hier löst sich mit dem Fall einer nationalen Grenze deren soziale Konstruktion nicht einfach auf, sondern wird transformiert und reproduziert. Jede der hier vorgestellten Studien belegt somit, daß Entgrenzungen eine Vielzahl von möglichen neuen Grenzziehungen evozieren, deren Existenz und Ausformung jedoch ohne ethnographische aufgeklärte Gemeindeforschungen kaum faßbar gewesen wäre.

Prof. Dr. Sighard Neckel, Universität-Gesamthochschule Siegen, Fachbereich 1, Soziologie, Adolf-Reichwein-Str. 2, D-57068 Siegen

„Die Russen" und die „Katholiken": Nachwirkungen der innerdeutschen Grenze in Alsleben (Bayern) und Gompertshausen (Thüringen)

VALENTINE MEUNIER

Die Grenze: Begriff und Vorstellungen

Juristisch existiert die innerdeutsche Grenze seit dem ersten Juli 1990 nicht mehr, d. h. bereits vor Inkrafttreten des Einigungsvertrages. Dennoch scheint es so, daß der Begriff „Grenze" noch immer vorhanden ist und daß die Grenze das Verhalten der Akteure in dem Raum noch immer beeinflußt. Wie Georg Simmel es festgestellt hat: „Die Grenze ist nicht eine räumliche Tatsache mit soziologischen Wirkungen, sondern eine soziologische Tatsache, die sich räumlich formt."
Zusammenfassend zeigt sich, daß die deutsche Vereinigung die Wahrnehmung der Grenze nicht abgeschafft hat, im Gegenteil: Der Zeitraum der deutschen Teilung, wie der seit der Vereinigung, haben die Konzeptionen der Grenze genährt. Die Grenzanlage, die sich aus der deutschen Teilung ergab, hatte eine bereits sozial empfundene Grenze materialisiert. Die Grenze nützt der Definition der kollektiven Identität des Dorfes, wie die Fülle der Aussagen, die die andere Seite thematisieren, bestätigt. Die Grenze ist eine

kulturelle Begrenzungslinie, was vielfältige Stereotype und Vorstellungen belegen, die die Akteure über die andere Seite verinnerlicht haben. Mittels genereller Bezeichnungen wie „die Katholiken" oder „die Russen", werden dementsprechend Arbeitsmodalitäten, Agrarstrukturen, die Art und Weise des Feierns und der Ernährung dekliniert, um die Unterschiede zwischen den beiden Gesellschaften zu erklären und demzufolge die Werte und Vorteile ihrer eigenen Gesellschaft zu betonen. Die verwendeten Beispiele, die diese Behauptungen stützen, ergeben sich unmittelbar aus der Erfahrung der letzten 50 Jahre sowie der Vereinigung.

Die Öffnung der Grenze erlaubt nämlich eine neue Formulierung eines Identitätsdiskurses, der nicht von objektiven Differenzierungskriterien abhängt, sondern sich aus einer subjektiven Erfahrung der Differenzierung entwickelt. Die Anwendung der Grenze als eine konfessionelle Demarkationslinie zeigt sich auch an dem Willen der Akteure, diese Grenze in ihrer langen Geschichte zu begreifen, bzw. diese durch ihr langzeitliches Bestehen zu rechtfertigen. Es ist dennoch möglich, daß diese Rhetorik der kulturellen und religiösen Identität durch die Vereinigung verstärkt wurde, denn der auf der Nationalidentität basierende Diskurs, der von beiden deutschen Staaten benutzt wurde, ist durch die Vereinigung obsolet geworden.

Eine differenzierte Umgestaltung des ökonomischen und sozialen Raumes
Der ökonomische Raum
Für Gompertshausen hat die Öffnung der Grenze sehr deutlich den Raum der wirtschaftlichen Beziehungen neu definiert. Der Vereinigungsprozeß und die geographische Lage, d. h. die Nähe zum Westen, ermöglichte den Einwohnern in Südthüringen mit einem Mal alltägliche Erfahrungen mit der für sie neuen Wirtschafts- und Sozialordnung. Die Thüringer konnten sich leichter an den westdeutschen Einwohnern sowie an den bayerischen Strukturen orientieren. Das Beispiel des neuen Gompertshausener Agrarbetriebes läßt tiefer blicken: Wenn es um Leistungen geht, scheinen die Unternehmer von Gompertshausen keinen Unterschied zwischen Ost und West zu machen. Auf beiden Seiten werden Kenntnisse, Kompetenzen und Geldmittel eingesetzt. Die Auswahl der Geschäftspartner wird nach Rentabilitätskriterien getroffen. Außerdem arbeiten heute, wie bereits erwähnt, 2/3 der Erwerbstätigen von Gompertshausen in Bayern. Die Proximität zu Bayern ermöglichte ihnen, eine Stelle zu finden, ohne dafür umziehen zu müssen. Schließlich beschränken die Gompertshausener ihre Beziehungen zu Bayern nicht nur auf den beruflichen Bereich, da die von ihnen frequentierten Einkaufsstädte fast ausschließlich in Bayern liegen, auch wenn sie entfernter sind als einige thüringische Städte. Das Einkaufsverhalten weist einerseits darauf hin, daß die Ostdeutschen immer noch der Überzeugung sind, bessere Qualität in „Westdeutschland" zu finden. Anderseits zeigt es vor allem eine wirkliche Veränderung der Alltagsroutine der thüringischen Bewohner.

Im Westen hat die Öffnung der Grenze und vielmehr noch die Währungsunion das ökonomische Umfeld der Region wie auch das des Dorfes Alsleben erweitert. 1990 wurden diese beiden Ereignisse noch als eine Entwicklungschance für die Region betrachtet, was zu einem Teil realistisch war und sich auch verwirklicht hat. Seit dieser Zeit akkumulierten bayerische Unternehmen einen bedeutenden Teil ihres Umsatzes in Thüringen, wie der einzige Fuhrunternehmer aus Alsleben, der bereits im Februar 1990 10 % seines Umsatzvolumens dort machte. Die Beziehungen der bayerischen zu den thüringischen Einwohnern beschränkten sich nicht allein auf einen potentiellen Markt. Die Kontakte zu den Thüringern sind auch bedingt durch die Nachfrage an Experten und qualifizierten Arbeitskräften. Dennoch ist der ökonomische Raum weniger als im Osten umgestaltet worden – zumindest was das Alltagsleben betrifft.

Seit der Öffnung der Grenze haben die beiden Regionen wieder Wirtschaftsbeziehungen geknüpft, und dadurch wurde auch der geographische Raum neu definiert. Im Vergleich zu 1945 ist aber eine Änderung in der Richtung der Kapitalflüsse zu erkennen: Heute gehen sie in einem größeren Maße von Ost nach West.

Der soziale Raum
Es wäre aber unvollständig und sogar fehlerhaft, die Beziehungen zwischen den Alslebenern und Gompertshausern als reine wirtschaftliche Verbindungen zu analysieren. Bereits am 9.12.1989, dem Tag der Grenzöffnung zwischen den beiden Dörfern, wurden persönliche Kontakte geknüpft, und dies läßt sich besonders bei Dorffesten und privaten Feiern in den jeweiligen Dörfern beobachten. Das gegenseitige Bekanntsein beruht oft auf einer zweiseitigen Beziehung: Auf beiden Seiten gab es Personen, die den anderen in der jeweilig eigenen Gesellschaft einführten und somit als Vermittler fungierten. Bemerkenswert ist ebenso, daß viel mehr Kontakte unter den Männern als unter den Frauen bestehen. Dies läßt sich in zweierlei Hinsicht erklären: Einerseits arbeiten die Frauen, sowohl in Thüringen als auch in Bayern, weniger als die Männer, und sie haben demzufolge weniger Gelegenheit, Kontakte zu knüpfen. Andererseits haben die Männer eine höhere öffentliche Soziabilität als die Frauen: Sie können in die Gastwirtschaft gehen, insbesondere zum Frühschoppen; die „Kneipe" ist in beiden Dörfern ein Ort männlicher Geselligkeit.

Wie für den ökonomischen Raum ist die Umgestaltung des sozialen Raumes für die Ostdeutschen von größerer Bedeutung als für die Westdeutschen. Einerseits bedeutete für die Ostdeutschen die sogenannte Wende eine doppelte Öffnung, dank der Abschaffung des Sperrgebietes. Andererseits fahren die Thüringer häufiger nach Bayern als umgekehrt.

Schlußbetrachtung

Die Grenze bildet nicht nur eine geographische Trennung zwischen den Dörfern, sondern ist allgegenwärtig in den Vorstellungen der bayerischen wie der thüringischen Akteure. Beide Gemeinschaften erheben Anspruch auf eine unterschiedliche Religionszugehörigkeit. Beide Faktoren, d. h. die Grenze und die Religionszugehörigkeit, wirken sich auf die relativ niedrige Intensität der Kontakte, insbesondere der formellen und institutionellen, aus. Kann man aufgrund dieser Faktoren dennoch behaupten, daß sich die Beziehungen zwischen den beiden Dörfern im Vergleich mit denen zu den Nachbargemeinden des jeweiligen eigenen Landes stark unterscheiden? Mehrere Elemente lassen mich diese Frage eher zu verneinen. Die Kontakte zwischen thüringischen bzw. bayerischen Gemeinden untereinander sind nicht vielfältiger und intensiver als die zwischen Gompertshausen und Alsleben. Der Rahmen der alltäglichen Soziabilität ist vor allem auf die Gemeindegrenzen beschränkt. Es scheint auch, daß jedes Ereignis, das vom Alltagsgeschehen der Akteure abweicht, diesseits und jenseits der Grenze bekannt wird. Dies, ungeachtet der eigenen lokalen Zugehörigkeit: Es gibt weder ein stärkeres Interesse noch ein regelrechtes Desinteresse für die Angelegenheiten der jeweiligen anderen Seite. Schließlich, jeder Einwohner des anderen Dorfes wird als Mitglied der anderen Dorfgesellschaft identifiziert. Sein Beruf, sein Familienstand, ja manchmal sogar seine Vorfahren sind bekannt. Anders gesagt: Jeder wird einem verwandschaftlichen und auch sozialen Umfeld zugeordnet.

Valentine Meunier, Centre Marc Bloch, Schiffbauerdamm 19, D-10117 Berlin

Flüchtlinge im Gemeindekontext – zur sozialen Konstruktion von Grenzen unter Bedingungen „verallgemeinerter Nähe und Sichtbarkeit"

KARL-MICHAEL BRUNNER

Gemeinden werden im Unterschied zu (groß)städtischen Strukturen und Bedingungen „verallgemeinerter Fremdheit" oft als Prototypen hochintegrierter, kompakter Vergemeinschaftsformen mit dichten sozialen Beziehungen, charakterisiert durch „verallgemeinerte Nähe und Sichtbarkeit" sowie klaren Grenzziehungen gesehen. Dieses Bild unterstellt eine Stabilität und Einheit, ohne ausreichend zu berücksichtigen, daß auch diese Sozialform vielfältigsten Wandlungsprozessen unterworfen ist, daß sie permanent

Identitätsarbeit leisten, Neudefinitionen von sozialen und geographischen Räumen, von Grenzen und Öffnungen vornehmen muß, um mit Zu-/Abwanderungen, mit politischen Umstrukturierungen und ökonomischen Veränderungen umgehen und potentiell desintegrativen Tendenzen entgegenwirken zu können.
Migrations- bzw. Flüchtlingsbewegungen stellen für Gemeinden besondere Herausforderungen dar, allerdings wurden Migrationsprozesse bisher vorrangig auf der Ebene von Nationalstaaten bzw. von städtischen Sozialräumen untersucht. Dieses Forschungsdefizit zu beheben, hat sich ein österreichisches Forschungsteam zum Ziel gesetzt. Konkret wurden vier Kleingemeinden in Österreich untersucht, die Flüchtlinge unterbringen. Dabei richtet sich das Interesse primär auf den Aufnahmekontext (d. h. auf den sozio-kulturellen Hintergrund und die Relevanzstrukturen der einheimischen Bevölkerung, die verfügbaren sozialen Strukturen, das Zusammenspiel verschiedenster Interessenlagen usw.) und auf dessen Einfluß auf die sich entwickelnden sozialen Beziehungen zwischen Einheimischen und Fremden (vgl. dazu Brunner/Jost/Lueger 1994; Brunner/Egger-Steiner/Hlavin-Schulze/Lueger 1998).
Die vergleichende Analyse der einzelnen Gemeinden zeigt, daß das Zusammenspiel zentraler gemeindestruktureller Faktoren (u. a. Identität der Gemeinde, politische und ökonomische Struktur, Kultur, sozialstrukturelle Beziehungsgeflechte) für die Akzeptanz der Flüchtlingsaufnahme durch die einheimische Bevölkerung von großer Bedeutung ist. Trotz verschieden ausgeprägter Bewältigungsstrategien zeigen sich einige durchgängig bedeutsame Faktoren im Umgang mit der Flüchtlingsaufnahme. Aufgrund des beschränkten Raums soll hier nur der Aspekt der Integration etwas genauer betrachtet werden: Daß Integration ein strukturelles Problem darstellt und Fremdheit als „sozialer Status" (Hahn) definiert ist, zeigt sich an der Einbindung der sog. „Zugereisten" (Eingeheiratete, aufgrund von Arbeitsmöglichkeiten zugezogene ÖsterreicherInnen) in das Gemeindeleben: Obwohl auch diese in vielerlei Hinsicht eine privilegiertere Position als Ausländer innehaben, wird deutlich, daß auch in diesem Falle eine dreißigjährige Gemeindezugehörigkeit oder auch die Übernahme von Gemeindefunktionen nicht ausreicht, um die Fremdheit zur Gemeinde vollständig zu überwinden. Für Ausländer stellt sich diese Situation verschärft dar. Die Möglichkeit zum Aufbau sozialer Beziehungen wird durch die Erwartungen der Interaktionspartner aneinander gesteuert. Bilder des „Anderen", negative und positive Zuschreibungen erhalten dabei eine handlungsleitende Funktion. Einheimische und Flüchtlinge interpretieren wechselseitig die Handlungsweisen vor einem jeweils unterschiedlichen kulturellen Kontext, was tendenziell Mißverständnisse produziert. Für Flüchtlinge ist es im Alltag äußerst schwierig, Kontakte zu knüpfen (z. B. aufgrund von kulturellen Distanzen, Sprachproblemen) und auch die Voraussetzungen für institutionalisierte Zugänge zur einheimischen Bevölkerung (über Vereine, Arbeit, Ausbildung, Nachbarschaft) sind gerade für Flüchtlinge kaum verfügbar. Generell wirkt die Beherbergung in Massenunterkünften hemmend auf die Entwicklung

sozialer Beziehungen zwischen Einheimischen und Flüchtlingen. Außerdem können Massenunterkünfte leichter Objekt für Kollektivzuschreibungen werden. Individualisierte Mietverhältnisse konstituieren persönliche Kontrolle und Verantwortung zwischen Vermietern und Flüchtlingen, entziehen sich öffentlicher Wahrnehmung. Aktive Integrationspolitik wird aber von den Gemeinden nicht betrieben: Dort, wo Separation – wie in einer Gemeinde – das Ziel ist, wird Integration nicht thematisiert. Dort, wo Überschneidungen der Lebensräume von Einheimischen und Flüchtlingen existieren, kann eine Form „stiller" Integration stattfinden, dort können sich immer wieder Flüchtlinge ansiedeln. Integration wird in den Gemeinden sehr spezifisch definiert: Integriert ist, wer sich mit Arbeit selbst erhält, in einer selbstfinanzierten Unterkunft wohnt und ein intaktes Familienleben vorweisen kann. Integration wird als Prozeß gesehen: Unabdingbare Voraussetzung ist der Wille, sich aus dem Versorgtenstatus herauszuarbeiten, die Demonstration von Fleiß, Tüchtigkeit und Anpassungsbereitschaft und der Wunsch, in der Gemeinde bleiben zu wollen. Die Aufnahme von (Schwarz-)Arbeit erweist sich zumeist als erste Stufe zur schrittweisen Erlangung eines Integrierten-Status. Arbeitsplatzmangel und teure Wohnungen lassen diese Integrationsanforderungen aber zu großen Hürden werden. Dazu kommt, daß von seiten der Gemeinden fast keine Voraussetzungen für Integration geschaffen werden, sondern Integration als „Bringschuld" der Flüchtlinge definiert und kein Handlungsbedarf seitens der Einheimischen gesehen wird. Allerdings werden Versuche der Flüchtlinge, ihre Integration durch Kontaktaufnahme zu erreichen, durch die Betonung kultureller Differenzen und grundlegender Fremdheit oftmals boykottiert. Integration erweist sich als ein langwieriger Prozeß. Sie wird meist mit Arbeit und unauffälliger Existenz gleichgesetzt, eine Integration im Sinne des Aufbaus sozialer Beziehungen, der Teilhabe am sozialen und kulturellen Leben der Gemeinde ist damit nicht verbunden. Die Politik einer passiven, unauffälligen Integration kann zwar mögliche Abwehrreaktionen seitens der einheimischen Bevölkerung minimieren und rudimentäre, vor allem über Arbeitsbeziehungen definierte Formen der Integration zulassen, Voraussetzungen für eine erweiterte Integration werden aber damit nicht geschaffen. Was in den Gemeinden unter Integration verstanden wird, ist keineswegs mit einer gleichberechtigten Teilhabe am gesellschaftlichen Leben der Gemeinde zu verwechseln, denn dazu gehört neben der Akzeptanz zumindest auch die kulturelle, politische und wirtschaftliche Partizipation. Dazu sind aber auch entsprechende gesellschaftliche Rahmenbedingungen notwendig. Eine Schlußfolgerung aus der skizzierten Studie ist, daß die Vielzahl an strukturellen Faktoren zu berücksichtigen wäre, die einen möglichen Aufnahme- und Integrationskontext kennzeichnen. Wichtig erscheint die Anknüpfung an die vorhandenen Interessenstrukturen der einheimischen Bevölkerung (Ökonomie, Moral, Kultur, Politik), um mögliche Nachteile für den Aufnahmekontext durch Vorteile auszugleichen. Der Aufbau dezentraler und persönlich vermittelter Strukturen zwischen Einheimischen und Flüchtlingen kann Verantwortlichkeiten und Kontrollmechanismen entstehen lassen, ohne die keine Vergesellschaftungsform auskommt, wenn sie mit Fremden konfrontiert wird und sich damit in ihren Strukturen potentiell gefährdet sieht. Zwar trifft für den Großteil der Flüchtlinge das Simmelsche Diktum vom Fremden als Wanderndem, „der heute kommt und morgen geht" zu. Ein kleiner Teil aber bleibt auch morgen. Damit für diesen Teil langsame Eingliederungsprozesse in die aufnehmende Gesellschaft möglich werden, ist die Kenntnis der Aufnahmekontexte unverzichtbar. Dazu soll diese auf Gemeindekontexte bezogene Studie einen Beitrag liefern.

Literatur:
Brunner, Karl-Michael / Jost, Gerhard / Lueger, Manfred (1994): Flüchtlingsunterbringung in einer Kleingemeinde. In: Soziale Welt, Heft 2
Brunner, Karl-Michael / Egger-Steiner, Michaela / Hlavin-Schulze, Karin / Lueger, Manfred (1998): Flüchtlingsintegration in Kleingemeinden. In: Österreichische Zeitschrift für Soziologie, Heft 1

Dr. Karl-Michael Brunner, Wirtschaftsuniversität Wien, Institut für Allgemeine Soziologie und Wirtschaftssoziologie, Augasse 2–6, A-1090 Wien

Making a community through the media?
Postsowjetische Zuwanderer in Berlin

TSYPYLMA DARIEVA

„Der Wasserfall im Viktoria-Park steht seit Jahren still. Für die Wiederinbetriebnahme bräuchte man 50.000 DM pro Jahr. Noch sind keine Spendengelder vorhanden. Warum nehmen wir ‚Russen' nicht diese Aktion in die Hand? Bereits 10 DM von 5.000 Spendern können die Reparaturkosten von 50.000 DM decken. Dabei könnten die Konsequenzen unvorstellbar wirkungsvoll sein: Alle deutschen Medien würden darüber berichten: Geschichten über die russische Mafia und illegale Geschäfte würden verschwinden, das Berliner Volk würde sich bei den russischen Mitbürgern bedanken. Das hieße, daß ‚Wir-Russen' nicht mehr ‚Gäste, Gnadenbrotempfänger oder Transitreisende' in den Augen der Deutschen sein würden, sondern ein fester Bestandteil der städtischen Gesellschaft. Falls eine russische Firma oder ein Verein sich bereit erklärt diese Aktion durchzuführen, sind wir, die Zeitung, natürlich auch dabei." (NBG 1997: 11)

Es handelt sich hier um ein neues soziales Phänomen – das „Russische Berlin der 90er Jahre", das sich seit dem Mauerfall durch die legalen Immigrationswege der Kontingentflüchtlinge jüdischer Herkunft sowie deutschstämmige Aussiedler, kanalisierte. Durch den Aufbau russischsprachiger Medien, die seit vier Jahren in Berlin boomen, erfuhr die Selbst- und Fremdwahrnehmung post-sowjetischer Migranten eine dynamische Entwicklung. Das zentrale gemeinsame Merkmal der russischsprachigen Zeitungen und TV-Programme besteht darin, daß sie sich einer Referenzgruppe, und zwar der postsowjetischen neuen Immigranten, zuordnen. Die Bedeutung der Immigrantenpresse für die Communityforschungen wurde bereits von der Chicagoer Schule hervorgehoben: „Reading some of these foreign papers is like looking through a keyhole into a lighted room" (Park 1929: 113). Allerdings ist die russischsprachige Diaspora in Berlin nicht auf der Ebene eines bestimmten Stadtteils konzipiert. Zur Zeit leben in Berlin ca. 60.000 post-sowjetische Immigranten (Kapphan1997: 124) verschiedener Ethnizitäten und regionaler Herkunft über die gesamte Stadt verstreut. Es entstand eine raumungebundene und selbstentworfene Gruppe, an der Menschen durch eine sub-kulturelle Zusammengehörigkeit partizipieren können. Solche Phänomene werden von der neuen Chicagoer Stadtforschung als „aspatial community" definiert (Spradley 1970).

Nach der Einreise werden russischsprachige Migranten in Berlin administrativ in zwei unterschiedliche ethnisch-konfessionelle Gruppe ausdifferenziert, wobei jede über ein „eigenes" kulturelles Integrationsangebot verfügt (Jüdische Gemeinde und deutsche Landsmannschaften). Die „mitgebrachten" ethnisch-kulturellen Praxen entsprechen jedoch nicht den vorhandenen kulturellen Normativen und Praktiken der Berliner „coethnics". Es handelt sich um ethnisch strukturell differenzierte Organisationen, die ihren Mitgliedern deutlich segregative Identifikationsangebote liefern. Dies bedeutet, daß nichtjüdische und nichtdeutsche Ehepartner überwiegend ausgeschlossen bleiben. In diesem Zusammenhang wird dies von den Betroffenen sogar als Integrationshindernis wahrgenommen. Auch der ökonomische Integrationsmechanismus, also der Zugang zum deutschen Arbeitsmarkt, bleibt prekär.

In dieser „orientierungslosen" Situation kommt dem Kommunikations- und Referenzgefüge, das hauptsächlich über Russisch kommuniziert, eine besondere Bedeutung zu. Die kulturelle Praxis der russischsprachigen Medien in Berlin schafft einen plastischen Interaktionsraum, der durch die gemeinsame Sprache gekennzeichnet ist. Wichtig ist, darauf hinzuweisen, daß diese Migrationsform einerseits ethnisch selektiv ist, und andererseits, daß die ethnische Zugehörigkeit sowjetischer Immigranten in erster Linie durch ein nominales Merkmal, d. h. durch die im Paß eingetragene Nationalität gekennzeichnet ist. Kulturell jedoch ordnen sich die Immigraten als russisch oder sowjetisch-russisch ein. Aus dieser Qualität bildet sich in der Emigrationssituation das sowjetisch-russische kulturelle Feld, wobei die Sprache den wichtigsten Anteil einnimmt. Die russische Sprache scheint der sinngebende Begriff und das zentrale Identifikationssymbol für den

Alltag post-sowjetischer Immigranten zu sein. *Lingua franca* – die russische Sprache als kulturelles Merkmal wird zuerst als eine soziale Ressource für die Lösung von Alltagsproblemen behandelt und nicht als ein Kennzeichen ethnischer Identität. Die aktiven Immigranten, beispielsweise Medienproduzenten, entdeckten in dieser Qualität eine Art erfolgreiche Formula für ihre Produkte. „Unsere Heimat ist die russische Sprache", das zentrale Motto der russischsprachigen Medien strahlt eine besondere Symbolkraft der Binnenintegration aus. Die internen sozialen Abgrenzungen zwischen russischen Juden und Russlanddeutschen scheinen unwichtig zu sein. Jenseits der ethnischen Sonderidentitäten beobachten wir Prozesse der Verschiebung und der bewußten Erweiterung der ethnischen Grenzen von innen. Interessant ist dabei, daß die symbolische Bedeutung der gemeinsamen Sprache mit der runden Zahl von 100.000 systematisch in öffentlichen Diskursen der russischen und deutschen Presse auftaucht. „Um die rund 100.000 Russen kämpfen drei russische Zeitungen und zwei Fernsehsender erbittert in der Stadt", „100.000 Russen kommen durch den Spreekanal", stellte die Berliner „Tageszeitung" fest. Dabei geht es darum, daß das unklare Bild der Neuankömmling durch das symbolische Zahlzeichen 100.000 in eine Gruppe gefaßt wurde. Auf dieser Stufe wird das Bild der „Wir"-Definition distinktiv so, daß diese Formulierung in wenigen Signalen einen Gruppenhorizont aufrufen kann. Sowohl nach innen als auch nach außen impliziert der Gruppenhorizont, daß der passive Konsument sich als Mitglied einer imaginären „community" betrachten kann, in dem kollektive Überzeugungen und Erwartungen mittels der Medien akzentuiert werden. Damit soll eine quantitative Kategorie ihre qualitative Änderung erleben. Nicht zuletzt aus pragmatischen Gründen versuchen die Produzenten eine ethnizitätsübergreifende Repräsentationsstrategie zu verfolgen. Der kleinste gemeinsame Nenner entfaltet sich auf dem breiten Boden der „russisch-sowjetischen Kultur", die als ein zentraler Identitätspunkt im Alltag wahrgenommen wird. In anderen Worten: ein Kommunikations- und Identifikationsraum, in dem ethnische Grenzmarkierungen sich aus der Perspektive von innen verwischen lassen. Die Schließung der Grenzen von außen bezieht sich auf das homogenisierende Wahrnehmungsmuster; Stichwort: „Russe, russische Sprache als Kulturgut, rätselhafte russische Seele". Die homogenisierende Ettiketierung als „Russe" wird allerdings von vielen Immigranten als Teilidentität (Oswald/Voronkov 1997: 31) akzeptiert und gleichzeitig von den Produzenten weiter reproduziert. „Eine russische Wäscherei bedeutet, daß saubere Wäsche nach Taigakräutern riecht. Ein russischer Arzt ist bereit, nachts zu seinen kleinen Patienten (nach alter russischen Tradition) zu eilen. Ihre Autos werden aus der russischen Autowerkstatt direkt zu Ihnen nach Hause gebracht." (EZ 1995: 36)

Die spezifische *Wir-Perspektive* spiegelt sich, kurz erwähnt, in den Interaktionsbeziehungen zwischen den Produzenten und Konsumenten wieder. Es handelt sich um die Herstellung der kollektiven Adresse, der „russischen community", die im Adaptationsprozeß als Nutzorientierung unter den Kunden sowohl jüdischer als auch russlanddeutscher Herkunft zirkuliert. Die kollektive Adresse, oder anders formuliert, die kollektive Adressierung wird als Moment des Vertrauens und der besonderen Geselligkeit artikuliert. Die Projektion der Gemeinschaftsidee und seine Verkörperung in materieller Form, also Zeitungs- und Fernsehberichte, inszenieren Akte der Wiederherstellung neuer Alltagsrituale mit regelmäßigem Ablauf. Diese kollektive Repräsentationsform konstruiert kulturelle Muster eines besonderen russischen Emigrantenlebensstils. Dieser Stil bezieht sich auf unterschiedliche ethnische Identitätssegmente, die im Sinne des sozialen Organisationsprinzips, als ein Bricolage (Selbstkreierung) bezeichnet werden kann. Lockere Formen ethnischer Netzwerkbildung bekommen im Kampf um fehlendes symbolisches Kapital neue Dimensionen und soziale Bedeutungen: Im Sinne „öffentlicher Repräsentationsstrategien" wird in diesem Falle ein Auftreten als „ethnisch" homogene Gruppe betrieben, um gleichsam anerkannt zu werden.

Literatur:
EZ (Europazentr), 1995, Nr. 36: 4
Kapphan, A. (1997): Russisches Gewerbe in Berlin. In: H. Häußermann / I. Oswald (Hrsg.): Zuwanderung und Stadtentwicklung, Leviathan, Sonderheft 17/1997. Opladen: 121–137
NBG (Novaja Berlinskaja Gaseta), 1997, Nr. 1: 2
Oswald, I. / Voronkov V. (Hrsg.) (1997): Post-sowjetische Ethnizitäten. Ethnische Gemeinden in St.Petersburg und Berlin/Potsdam. Berlin
Park, R. E. (1929): The Immigrant Press and its control. Westport
Spradley, J. (1970): You owe yourself a drunk. An ethnographie of urban nomads. Boston

Tsypylma Darieva, Institut für Europäische Ethnologie, Schiffbauerdamm 19, D-10117 Berlin

Von Boat People und Vertragsarbeitern zu Zigarettenhändlern Grenzen vietnamesischer Communities 1989–1998

MARIE PIPO BÚI

Die Regierungen von Nationalstaaten wie Deutschland stellen es oft so dar, als ob ihr Land von internationalen Fluten der Migration überschwemmt würde (Wilpert 1993: 80). Aber gerade die Migration ist ein Bereich, in dem Staaten noch über beträchtliche Macht und Legitimität verfügen, ihre national-gesellschaftlichen Grenzen zu behaupten (Sassen 1996: 169–170). Das Beispiel der Vietnamesen in Berlin zeigt, daß Nationalstaaten nicht nur die Grenze zwischen Staatsbürgern und Ausländern bestimmen (Soysal 1994), sondern auch stark an der Ziehung von Grenzen innerhalb von Migrantengruppen beteiligt sind. Die Konstruktion sozialer Grenzen unter Vietnamesen in Berlin läßt sich in zwei Situationen beobachten: der Mauerfall und das Klischee des illegalen Zigarettenhandels.

Die Vietnamesen, die in den späten 1970er und 1980er Jahren nach Westberlin kamen, waren zum größten Teil sogenannte *Boat People* aus dem südlichen Teil Vietnams. Sie wurden über die Westberliner Stadtteile verstreut, um eine Ghettoisierung zu vermeiden. In den Ostteil der Stadt kamen vietnamesische Fachkräfte und Vertragsarbeiter. Viele von ihnen stammten aus dem Norden Vietnams. Ihr Aufenthalt war zeitlich begrenzt, und sie wurden in Arbeiterwohnheimen am Rande der Stadt untergebracht. Mit der Mauer fiel 1989 eine physische Grenze zwischen Ost- und Westberlin, aber auch das Ordnungsprinzip, das die Anwesenheit der vietnamesischen Einwanderer in der geteilten Stadt erklärte. Wie die Deutschen reagierten die Vietnamesen zunächst euphorisch auf die neue Entwicklung. Das essentialistische Verständnis von Ethnizität, das in der Wendezeit in Forderungen wie „Wir sind ein Volk" aufkam, schuf eine Bereitschaft unter den Migranten, aufeinander zuzugehen. Vietnamesische „Mauerflüchtlinge", die den Weg aus der DDR oder Osteuropa nach Westberlin geschafft hatten, fanden Hilfe z. B. bei der Asylbeantragung und öfter sogar Ehepartner unter den ehemaligen *Boat People*.

Aber die Unterschiede waren nicht lange zu verbergen. Zum Beispiel wurde eine Frau wütend, als sie den nordvietnamesischen Akzent unter den Ankömmlingen hörte, und vor allem solche Wörter wie „Genosse". Sie stammt zwar ursprünglich aus dem Norden Vietnams, ist aber 1954 in den Süden geflüchtet. Die Differenzen in Akzent und Wortwahl riefen bei ihr schmerzhafte Erfahrungen des Bürgerkrieges wach. Die Vietnamesen begannen, die Reibungen zwischen dem Norden und dem Süden in Vietnam auf die Spannungen zwischen dem Osten und dem Westen Deutschlands zu übertragen. Heute benutzen sie die deutschen Begriffe „Ost" und „West", um ihre kollektiven Biographien voneinander abzugrenzen.

Die wieder errichtete Grenze zwischen Ost und West wird durch Vorurteile und Vorwürfe von Vietnamesen am Leben gehalten, aber auch Entscheidungen des deutschen Staates nach dem Mauerfall spielten dabei eine wesentliche Rolle. Erstens zog das Bundesamt für die Anerkennung ausländischer Flüchtlinge eine deutliche Grenze mit der Grundsatzentscheidung, daß Vietnamesen aus der DDR und den übrigen Ostblock-Ländern nicht asylberechtigt seien. Damit fielen sie in eine andere juristische Kategorie als die vor 1989 Geflüchteten. Zweitens wurde den ehemaligen Vertragsarbeitern der DDR 1993 ein Bleiberecht gewährt, mit der Begründung, die Vertragsarbeiter seien ein spezifisch ostdeutsches Problem (Sextro 1996: 227). Damit wurde dieser Teil der vietnamesischen Migranten in ein „Ossi"-Schema eingepaßt. Drittens wurde den von Massenentlassungen betroffenen Vertragsarbeitern lediglich die Erlaubnis erteilt, als fliegende Händler oder Selbständige zu arbeiten. Das brachte viele Vietnamesen auf die Straße, wo sie besonders sichtbar waren, im Gegensatz zu den Vietnamesen im Westteil, die als Arbeitnehmer im Stadtbild nicht auffielen. Die Gewerbegenehmigungen waren häufig auf das Beitrittsgebiet beschränkt. Solche Entscheidungen trennten Vietnamesen aus ehemaligen Ost und West physisch und juristisch voneinander.

Der zweite Fall der Grenzenlosigkeit wurde von Vietnamesen als negativ empfunden. Viele Vietnamesen, die keine Arbeit gefunden hatten, verkauften unverzollte Zigaretten auf der Straße. Die vom Bundesfinanzamt geführte Kampagne gegen den Schwarzhandel und die Berichterstattung darüber führten dazu, daß sich viele Vietnamesen herabgesetzt fühlten. Zum Beispiel, erzählte mir eine Studentin, die als Kind nach Westberlin geflüchtet war, empört, daß ein Deutscher sie für eine Zigarettenhändlerin gehalten hätte.

Aus diesem Gefühl der Beleidigung heraus verlangten Vietnamesen Erklärungen über die Ursachen und die polyethnische Zusammensetzung des Zigarettenhandels und eine „differenzierte" Betrachtung der Vietnamesen in Deutschland. Leiter der vietnamesischen Vereine im Osten und Westen kamen zusammen, um zu zeigen, daß nicht alle Vietnamesen Zigarettenhändler sind. Das Ergebnis war eine erhöhte Akzeptanz für die Gruppe der ehemaligen Vertragsarbeiter, die sich legal aufhielten und einer respektablen Erwerbsarbeit nachgingen. Andererseits mußten als Teil der Verteidigungsstrategie die weniger erfolgreichen Vietnamesen öffentlich verurteilt oder mindestens bemitleidet werden. Die jetzigen Zigarettenhändler sind dadurch, auch in vietnamesischen Kreisen, sozial extrem marginalisiert, abgesehen von ihrer juristischen Verfolgung.

Die öffentliche Diskussion über kriminelle Zigarettenhändler verschwand, nachdem die Berliner Polizei zwei vietnamesische Bandenchefs verhaftet hatten und erst recht, nachdem die deutsche und die vietnamesische Regierung angefangen hatten, einen Abschiebeplan für 40.000 vietnamesische Staatsangehörige in Deutschland – abgelehnte Asylbewerber, illegale Einwanderer und angebliche Straftäter – umzusetzen.

Daß die Vietnamesen in Berlin keine Community bilden, liegt zweifellos an ihren unterschiedlichen Biographien und Interessen. Es liegt auch an dem besonderen Ort Berlin, denn jeder weigert sich, sich als Gast bei den „anderen" Vietnamesen zu benehmen. Zuletzt aber sind die Trennungen Ost/West und kriminell/nicht-kriminell genauso auf staatliche Entscheidungen zurückzuführen.

Literatur:
Sassen, Saskia (1996): Migranten, Siedler, Flüchtlinge. Von der Massenauswanderung zur Festung Europa. Frankfurt a.M. (Übers. Irmgard Hölscher)
Sextro, Uli (1996): Gestern gebraucht – heute abgeschoben. Die innenpolitische Kontroverse um die Vertragsarbeitnehmer der ehemaligen DDR. Dresden
Soysal, Yasemin Nuhoglu (1994): Limits of Citizenship: Migrants and Postnational Membership in Europe. Chicago
Wilpert, Czarina (1993): The Ideological and Institutional Foundations of Racism in the Federal Republic of Germany. In: John Wrench / John Solomos (Hrsg.): Racism and Migration in Western Europe. Providence

Marie Pipo Búi, Gryphiusstr. 3, D-10245 Berlin

Die Rationalität der Xenophoben:
Eine Untersuchung über Entstehung und Tradierung kollektiver Wissensbestände in Kleingrenzdorf

WINFRIED MOSER

Wie bereits in der Überschrift angedeutet, ist das Hauptthema unserer Studie die Frage, wie in einer bestimmten Gruppe von Menschen Bilder, oder wie wir es genannt haben, Wissensbestände über Fremdgruppen entstehen und auf welche Weise sie sich verändern. Um diese Frage untersuchen zu können haben wir einen Ort in der südöstlichsten Ecke der Steiermark ausgesucht, anhand dessen wir den Eingangs erwähnten Prozess exemplarisch darstellen können.

Unser Untersuchungsgebiet, das wir als „Kleingrenzdorf" anonymisiert haben, dient diesem Zweck insofern, als es, was die Beziehungen zu verschiedenen Fremdgruppen sowohl in der Gegenwart als auch in der Vergangenheit betrifft, eine durchaus exponierte Stellung innehat. Die wichtigsten Auswahlkriterien waren, daß Kleingrenzdorf an drei Seiten an einen anderen Staat grenzt und daß diese nationalstaatliche Grenze und deren Durchlässigkeit sich im Laufe dieses Jahrhunderts mehrmals entscheidend verändert haben. Ausgehend von einer geschichtlichen Entwicklung, in der sich die Intensivität des Kontakts mit der Fremdgruppe innerhalb eines relativ kurzen Zeitraumes mehrmals stark änderte, konnten sich Wissensbestände über die Fremdgruppe erhalten, die zu einer früheren Zeit und damit in einer anderen Situation entstanden waren. Diese Wissensbestände haben nun aber mit den aktuellen empirischen Erfahrungen der Bewohner von Kleingrenzdorf nur mehr wenig zu tun, sie haben sich aber als solche so verfestigt, daß ihnen widersprechende empirische Tatbestände nur mehr wenig anhaben konnten. Trotzdem unterliegen ihre Inhalte einem prozeßhaften Wandel – dieser Wandel geht jedoch sehr langsam vor sich, und zwar ganz einfach deshalb, weil reale Erfahrungen mit Fremden natürlich verschiedenster Art sind. Würde sich dieses Wissen mit jeder neuen Erfahrung verändern, so käme das einem Zwang zu einer ständigen Umdefinition der Werthaltungen und Handlungsorientierungen der Eigengruppe gleich. Aus diesem Grund bilden sich verschiedenste Strategien heraus, mit Hilfe derer bestimmte Bestände dieses Wissens bewahrt werden können, obwohl sich die zugrundeliegenden empirischen Tatbestände ändern.

Ein geschichtliches Beispiel für die Beständigkeit von Wissen über Fremdgruppen ist der Begriff Kümmeltürk, der im 18. Jahrhundert Studenten in einer ostdeutschen Stadt bezeichnete, die nicht aus der Stadt selbst, sondern aus deren Umgebung kamen und die als Grundnahrungsmittel vornehmlich den dort in großen Mengen angebauten Kümmel von zu Hause mitbekamen. Dieser Begriff hat nun im Laufe der Zeit einen außergewöhnlichen Wandel durchgemacht bis hin zu der Wortbedeutung, die wir heute kennen: als abschätzige Bezeichnung für einen Menschen südosteuropäischer Herkunft. Was wir hier vor uns haben ist eine Strategie der Bewahrung eines bestimmten Wissensbestandes, des Wissensbestandes nämlich, daß die Anderen ärmer und lächerlicher als wir selbst sind. Was sich jedoch verändert hat, sind die Eigen- und die Fremdgruppe. Aus irgendwelchen Gründen hat sich die Eigengruppe jener, die diesen Begriff gebrauchen, ausgedehnt und die Fremdgruppe, auf die dieser Begriff angewendet wurde, hat sich verschoben.

Genau solche Wissensbestände und Strategien sollen auch in unserem Interviewmaterial ausfindig gemacht werden. Zu diesem Zweck wurden alle Textstellen ausgewählt, die folgende Kriterien erfüllen:

a) Wissen oder Meinungen über Fremde
b) Handlungen, die Fremde betreffen
c) tatsächliche Erfahrungen mit Fremden
d) Einstellungen, die Fremde betreffen

In jeder einzelnen Gruppe war darauf zu achten, ob sich Stellen finden, die es in den anderen nicht gibt. Finden sich Einstellungen, die keine Entsprechungen im Wissen oder in Erfahrungen finden, so kann man mit einiger Plausibilität von sicherem Wissen sprechen. Umso mehr ist dies der Fall, wenn Einstellungsaussagen keine Entsprechungen in Wissensaussagen oder Erfahrungen finden, und zwar deshalb, weil solche Einstellungen implizit ein bestimmtes Wissen beinhalten, das jedoch nicht formuliert ist und somit auch nicht argumentiert werden muß (womit gleichzeitig eine Bewahrungsstrategie für bestimmte Wissensbestände genannt ist).

Das folgende Beispiel soll diese Überlegungen verdeutlichen. Die Interviewperson hat eine hohe Funktionen in den örtlichen Niederlassungen des Gewerkschaftsbunds inne. Sie ist in zahllosen Vereinen engagiert und sitzt im Ausländerausschuß, einem Gremium, das über die staatliche Kontingentierung der Ausländerbeschäftigung hinaus entscheiden kann, ob, wieviele und welche Ausländer aus Nicht-EU-Ländern im Bezirk Kleingrenzdorf arbeiten dürfen.

> „(...) wenn z. B. ein Fleischhauerlehrling oder ein Bäckerlehrling benötigt wird, und der ist einfach nicht zu bekommen, dann soll man ruhig schauen, daß er von drüben kommt, aber es muß so das Umfeld auch stimmen. D. h., ich verlange, obwohl es nicht Pflicht ist, überall daß er trotzdem zu einer Bazillenausscheidungsuntersuchung geschickt wird, auch wenn das der Firma etwas kostet."

Das ist eines von mehreren Kriterien, die die Interviewperson anlegt, falls sie entscheiden muß, ob Ausländer genommen werden oder nicht. Um es zu formulieren, bedient sich die Interviewperson einer komplizierten Umschreibung, eines fiktiven Beispiels. Die Aussage jedoch ist völlig klar: Ausländer nur dann, wenn sie sauber sind. Diese Aussage beruht auf dem impliziten Wissen oder der Ahnung, daß Ausländer eben dreckig sind.

Diese Forderung entbehrt jeglicher empirischen Grundlage. Es gibt in diesem Interview – und auch in anderen – keine einzige Stelle, in der die Interviewperson eine Erfahrung oder Wissen formuliert, die mit obigen Textstelle auch nur annähernd übereinstimmt. Im Gegenteil: Wird von etwas Erlebtem gesprochen, das die Fremdgruppe betrifft, kehren sich die Kategorien Sauberkeit und Schmutz um. Eine Inhaberin eines Elektrogeschäfts gestand uns ihren Neid auf die schönen Autos, Traktoren und Häuser der Slowenen, die sie gesehen hatte, eine Slowenin wies uns darauf hin, wie dringend der Hauptplatz von Kleingrenzdorf renoviert werden müßte.

Empirisch verhält es sich also scheinbar umgekehrt, die Frage ist nur, wie sich das vereinen läßt. Wie kann man gleichzeitig seine Handlungen an einem Bestand sicheren Wissens orientieren, der besagt, Slowenen seien dreckig und der Meinung sein, sie fahren die schöneren Autos und wohnen in schöneren Häusern?

Der Interviewte, der von ausländischen Lehrlingen fordert, daß sie eine Bazillenausscheidungsprüfung machen, obwohl diese nicht vorgeschrieben ist, spricht dort nicht von einem Slowenen, obwohl einer gemeint ist, er spricht auch in all den anderen Fällen, in denen es um Schwarzarbeit, Pfusch und Betrug geht, nicht von Slowenen. Wenn er von einem Slowenen spricht, sieht die Sache gleich ganz anders aus:

„Ja, die Arbeitnehmer werden unter starken Druck kommen, weil die Ausländer hereinströmen werden (...) die Slowenen (...) und dann wird so mancher (...) unqualifizierter Einheimischer auf der Strecke bleiben, (...) weil nämlich gerade der Bezirk Kleingrenzdorf leider einen viel höheren Prozentsatz an nicht so Qualifizierten aufweist (...)"

Die einzige negative Bewertung, die hier direkt an die Adresse der Slowenen geht, ist das Eingeständnis, daß die Slowenen besser qualifiziert sind als die Bewohner von Kleingrenzdorf. Alle Negativbewertungen hingegen bekommen die „Ausländer" ab. Dieser Gegensatz zieht sich durch das ganze Interview. Der Interviewperson gelingt es, diese Wissensbestände in Einklang zu bringen, indem sie ein und dieselbe Gruppe in zwei fiktive Gruppen zerlegt. Der einen, näher spezifizierten Gruppe – den Slowenen – schreibt sie die positiven Eigenschaften zu und der anderen, deren Eingrenzung möglichst diffus gehalten ist – den Ausländern – die negativen.

Damit funktioniert die Tradierung sicherer Wissensbestände in Kleingrenzdorf ähnlich wie im Falle des Kümmeltürken: Der Inhalt dieses Begriffes hat sich erhalten, indem sich die angesprochene Fremdgruppe verschoben hat. Das gleiche passiert in Kleingrenzdorf: Man wechselt einfach die Fremdgruppe oder vielmehr: begibt sich auf eine andere Differenzierungsebene. Und genau darauf weist der Titel unserer Studie hin, das ist die Rationalität der Xenophoben, mittels derer ein obsolet gewordenes Fremdbild sich erhalten und schlüssig in widersprechende Bewertungen der Fremdgruppe einfügen kann.

Winfried Moser, Annenstr. 61, A-8020 Graz

Neue Medien in der sozialwissenschaftlichen Lehre

Organisation: Wolfgang Ludwig-Mayerhofer

Einleitung

WOLFGANG LUDWIG-MAYERHOFER

Neue Informationstechnologien – E-Mail, Internet oder FTP – gehören in vielen Universitäten inzwischen zum Alltag. Eine Realisierung ihres Potentials für Zwecke der Lehre steht jedoch erst in den Anfängen, insbesondere was die Umsetzung von Lehrinhalten in Programme angeht, die die Vorteile der neuen Medien (u. a. Einsatz von Multimedia, Interaktivität) möglichst umfassend nutzen. Veröffentlichungen und einschlägige Kongresse (z. B. die LEARNTEC in Karlsruhe) zeigen jedoch, daß hier ein wichtiges Innovationspotential liegt. Unter den wesentlichen Vorzügen des Lehrens und Lernens mit neuen Medien sei nur exemplarisch genannt: Das Lernen anhand entsprechender Programme kann *interaktiv* und damit auch *aktiver* sein als Lernen aus Büchern; es können neue Formen der *Visualisierung* gewinnbringend eingesetzt werden; mit *virtuellen Vorlesungen, Seminaren und Diskussionsrunden* lassen sich Lehrende und Lernende vernetzen.

Bundes- und Landesministerien reagieren bereits auf dieses Potential durch die Förderung einschlägiger Projekte, auch wenn die Sozial- und Geisteswissenschaften leider weit (oder manchmal völlig) hinter den Naturwissenschaften zurückstehen müssen. Auf der anderen Seite besteht noch erheblicher Bedarf, neue Lehr- und Lernformen zu evaluieren, Nebenfolgen zu erkennen oder die Einbettung in herkömmliche Lehr- und Lernformen zu überprüfen.

Die Auswahl der Präsentationen in der Ad-hoc-Gruppe habe ich bewußt auf *eine* Form des Lehrens mit neuen Medien beschränkt: Lehrprogramme, mit deren Hilfe Studierende der Soziologie sich am Computer-Einzelarbeitsplatz (also – noch? – nicht vernetzt) mehr (oder weniger) interaktiv mit relevanten Teilen des Lehrstoffs aus dem Grundstudium auseinandersetzen können. Der Zweck dieser Konzentration lag darin, den Entwicklern dieser Programme die Möglichkeit zum ausgiebigen Erfahrungsaustausch zu geben. Hauptzweck war aber natürlich, unter den anwesenden Soziologinnen und Soziologen Interesse für das Veranstaltungsthema zu wecken oder zu steigern. Nach den Teilnehmern der Veranstaltung zu urteilen, ist dieses Interesse unter einigen Spezialisten und vor allem unter jüngeren Soziologinnen und Soziologen durchaus da, aber allzu groß war der Andrang zu der Veranstaltung nicht. Liegt dies daran, daß die Lehre als solche allen gegenteiligen Beteuerungen zum Trotz immer noch ein Schattendasein führt? Oder liegt es möglicherweise gar an einer immer wieder behaupteten, aber eigentlich gar nicht belegten Scheu von SoziologInnen vor „der Technik"? Angesichts des erheblichen Aufwandes bei der Erstellung eines alle Möglichkeiten nutzenden Lehrprogramms (das elaborierte Statistik-Lehrprogramm „ActiveStats" von Paul Vellemann hat etwa 15 Personen-Jahre bei einem Kostenpunkt von 800.000 US-$ erfordert) fragt sich freilich auch, ob die Internationalisierung der Lehre möglicherweise die Entwicklung deutschsprachiger Programme obsolet werden lassen wird. Wenn man allerdings davon ausgeht, daß in den nächsten Dekaden noch überwiegend in deutscher Sprache unterrichtet wird, so würden sich Investitionen in solche Programme – die dann möglicherweise zwei- oder mehrsprachig gestaltet werden könnten – durchaus noch lohnen

Dr. Wolfgang Ludwig-Mayerhofer, Universität München, Institut für Soziologie, Konradstraße 6, D-80801 München

Multimedia in der soziologischen Grundausbildung

KLAUS-DIETER BOCK

Die folgenden Überlegungen sollen Möglichkeiten aufzeigen, wie Multimedia in der Vermittlung von soziologischem Grundwissen in grundständigen Studiengängen einsetzbar ist und zwar im Bereich „Grundzüge der Soziologie". Auf den ersten Blick ist dies hier im Unterschied etwa zur Methodenausbildung nicht vorteilhaft, bisher auch nicht üblich und daher begründungsbedürftig. Mit „Multimedia" sind interaktive, Daten verschiedener Medien verbindende Lernprogramme gemeint. Deren Entwicklung ist teuer, der Einsatz von Multimedia spart kein Personal; er muß daher etwas leisten können, was bisher nicht oder nicht mit vernünftigem Aufwand leistbar war. Gibt es Probleme, die sich mit Multimedia-Hilfe (besser) lösen lassen?
Ich beziehe ich mich auf den Diplomstudiengang Soziologie an der Universität Bielefeld:
Im Grundstudium werden die Grundlagen des Fachs vermittelt, im Hauptstudium wird dieses Grundwissen erweitert und zur „Vermittlung der Fähigkeit zur Analyse und Diagnose sozialer Tatbestände in ihren soziologischen Dimensionen" (StO) insbesondere

in den Praxisschwerpunkten angewendet. Diese auf den ersten Blick einleuchtende Aufteilung in Grund- und Hauptstudium erweist sich bei näherem Zusehen unter mehreren Gesichtspunkten als problematisch:
1. Die Vermittlung von Grundbegriffen und Theorien im Grundstudium bewegt sich vornehmlich auf theoriehistorisch/theoretischer Ebene. Ein Wissen, das letztlich instrumentell zur Problem-Beschreibung, -Analyse und -Bearbeitung verwendet werden soll, muß jedoch unter Anwendungsbezug gelernt werden, andernfalls mag es zwar vorhanden sein, ist aber nicht einsetzbar.
2. Ein nur unter theoretischen Gesichtspunkten ausgewähltes Wissen kennt keine „eingebauten Grenzen" als Grundlagenwissen. In der Zwischenprüfung geprüft werden Kenntnisse über einen Grundbegriff; in der Standardveranstaltung behandelt werden ca. dreißig Grundbegriffe, Lehrbücher behandeln bis über hundert. Wann können Studierende unter diesen Umständen überzeugt sein, hinreichend für das Hauptstudium gerüstet zu sein? Fehlende Möglichkeiten, Stand und Fortschritt des eigenen Wissens realistisch einzuschätzen, beeinträchtigen die Studienmotivation.
3. Ohne Anwendungsbezug ist es möglich, „Grundbegriffe", „Geschichte der Soziologie" und „Theorien" (und „Sozialstrukturanalyse") auf verschiedene zwei- bis vierstündige Veranstaltungen zu verteilen, und damit inhaltlich zu verselbständigen, was – unter Anwendungsbezug – zusammengehört.
4. Neben der Vorlesung kann im Grundstudium die vorherrschende Veranstaltungsform das (geisteswissenschaftliche) Seminar sein, in dem mit Texten und am Verständnis von Texten gearbeitet wird.
5. Die aktive Beteiligung der Studierenden besteht in einem Referat, im übrigen werden sie in eine Konsumentenhaltung gedrängt. Lektüre der Texte und Beteiligung an der Diskussion wird zu einer kontrafaktisch aufrechterhaltenen Rollenerwartung.
6. Es fehlt an institutionalisierten Anlässen für Gruppenarbeit, die Studiengangsstruktur im Grundstudium ist asozial.

Die ersten Überlegungen zu möglichen Veränderungen wurden im Blick auf ein vom Wissenschaftsministerium NRW aufgelegtes Programm „Einsatz neuer Medien in der Lehre" angestellt. Sie gingen vom fehlenden Anwendungsbezug aus, ließen aber die traditionellen Lehrveranstaltungen unberührt und zielten auf ein ergänzendes, sich an die individuellen NutzerInnen richtendes interaktives Lernprogramm, in dem über digitalisierte Filmsequenzen ein Surrogat für Ausschnitte aus der sozialen Wirklichkeit zur Beschreibung und Analyse mit Hilfe von Grundbegriffen angeboten werden sollte. Ein entsprechendes Projekt wurde beantragt, finanziert und realisiert. Es bildet den Ausgangspunkt für die folgenden Erfahrungen und Überlegungen:

1. Ein sich an individuelle Nutzer, etwa in einer Freistunde, richtendes interaktives Lernprogramm steht mit einem unvermeidlich erheblichen Umfang vor Motivationsproblemen: Bei einem solchem Zeitaufwand erwarten Studierende eine Belohnung in der üblichen Währung des Leistungsnachweises. Das hierbei erforderliche Anspruchsniveau kann ein Lernprogramm aber nicht erreichen.
2. Ein die Lehrveranstaltungen ergänzendes Lernprogramm mit den genannten Zielen muß nicht den ganzen einschlägigen Stoff vermitteln, aber es muß kontrollieren können, ob Kenntnisse zur Beschreibung und Analyse von sozialen Sachverhalten angemessen eingesetzt wurden. Und das ist mittels einer multiple-choice-Struktur letztlich nicht möglich: Es geht eben nicht um „richtig" oder „falsch". Ein Lehrender, ein Tutor ist damit ebenso unverzichtbar wie eine Gruppenlernsituation. Das Lernprogramm für den individuellen Nutzer erweist sich als Sackgasse.
3. Es bedarf angesichts der Überforderung der interaktiven Möglichkeiten eines Lernprogramms durch eine Wissensstruktur, die die eindeutige Alternative zwischen „richtig" und „falsch" nur am Rande kennt, einer anderen Form von Interaktivität: nämlich zwischen Programm – Nutzer – anderen NutzerInnen – verschiedenen Gruppen – Tutor. D. h. ein derartiges Programm kann nicht ergänzend für besonders Interessierte oder Fleißige angeboten werden, es gehört in eine Lehrveranstaltung. Unsere herkömmlichen Lehrveranstaltungen, zwei bis höchstens vierstündig und als Streukurs einmal pro Woche angeboten, eignen sich dafür aber erkennbar nicht. Es muß ein anderer Typ Lehrveranstaltung entwickelt werden mit arbeitsfähigen Gruppen als Basiseinheit der Veranstaltung, mit Verfügbarkeit größerer Zeitblöcke, mit medialer Infrastruktur (mit einem über neun Wochen laufenden Blockkurs liegen inzwischen positive Erfahrungen vor).
4. Bei jeder soziologischen Analyse findet sich ein Zwischenschritt mindestens implizit, in dem bezogen auf den zu analysierenden Sachverhalt das begrifflich-theoretische Instrumentarium in einem heuristischen Modell arrangiert wird, um sinnvolle Fragen zu generieren. Dieser Zwischenschritt kann in relativ einfachen Schritten bestehen (etwa in einer Ebenendifferenzierung) und dann bestimmte Fragen geradezu erzwingen: nach den jeweils unterschiedlichen Voraussetzungen und Folgen, nach Voraussetzungen von Übergängen, nach Interferenzen, unterschiedlichen Reichweiten. Dieser Zwischenschritt findet sich in dem Lernprogramm nicht – entsprechende Erfahrungen stammen aus dem Essaytraining für Studierende –, doch dürfte hier aus mehreren Gründen die Ebene zu sehen sein, auf der ein Lernprogramm grundsätzlich mehr leisten kann als ein Buch, ohne zugleich überfordert zu sein: Einerseits gibt es nur eine begrenzte Anzahl von Verfahrensschritten und begrenzt viele brauchbare Modelle, andererseits geht es doch darum, Kenntnisse zu verwenden, Arbeitsergebnisse zu überprüfen, erforderlichenfalls zu korrigieren. Auf dieser Ebene ist ein Dialog mit dem Programm möglich.

5. Ein interaktives Lernprogramm müßte dann aber neben der Vermittlung und Bearbeitung grundbegrifflich/theoretischer Kenntnisse und der Präsentation von Ausschnitten sozialer Wirklichkeit in digitalisierter und damit leichter zu bearbeitender Form noch ein anderes Aufgabenbündel übernehmen: Arbeitsergebnisse sowie darauf bezogene Rückmeldungen besser zugänglich zu machen. Das ist für eine in Kleingruppen organisierte Veranstaltung von entscheidender Bedeutung, andernfalls verselbständigen sich die Gruppen.

Fazit: Die Strukturprobleme des sozialwissenschaftlichen Grundstudiums lassen sich mit geschlossenen Lernprogrammen, die sich an einzelne Nutzer richten, nicht erfolgversprechend bearbeiten, da sie zwar Anwendungsbezug ermöglichen, aber auf angemessenem Niveau nicht interaktiv eingesetzt werden können. Dieses Niveau läßt sich erst in Verbindung mit einer Lehrveranstaltung erreichen, die den Charakter einer „Übung von Anwendungsbezug" hat und dafür in Arbeitsgruppen organisiert werden muß. Um zusätzliche Funktionen, z. B. Datenbank, erweiterte und in der Veranstaltung veränderbare, also relativ offene Lernprogramme (jede Veranstaltung erstellt ihr eigenes) könnten für solche „Übungen" mindestens hilfreich sein.

Beides: geeigneter Veranstaltungstyp wie geeigneter Programmtyp fehlen vorläufig.

Dr. Klaus-Dieter Bock, Universität Bielefeld, Fakultät für Soziologie,
Postfach 10 01 31, D-33501 Bielefeld

Ein interaktives Lehrprogramm für sozialwissenschaftliche Forschungsmethoden

TORSTEN SCHWARZKOPF

„SozlPro" (Arbeitstitel) ist ein Lernprogramm, das Methoden der empirischen Sozialforschung und deren Problematik mit Hilfe von Simulationen vermittelt. Derzeit ist nur ein Kapitel zur Stichprobenziehung (weitgehend) realisiert; mit wenigen Mausklicks können Stichproben mit verschiedenen Verfahren gezogen und die Auswirkungen verschiedener Eigenschaften von Grundgesamtheit und Stichprobenverfahren unmittelbar nachvollzogen werden.

1. Navigation

Navigationselemente sollen den Benutzer mit einem „Klick" zur gewünschten Seite bringen und ihm gleichzeitig seine Position im Programm anzeigen. Diesen Anforderungen wird am ehesten die Buchmetapher gerecht, die zudem ergonomisch vertraut ist. Deshalb besteht das Programm aus einzelnen Bildschirmseiten, die inhaltlich aufeinander aufbauen. Jede Seite enthält einen scrollbaren Erklärungstext und eine interaktive Grafik. Folgende Navigationselemente stehen zur Verfügung:

- Infozeile (Hierarchische Positionsangabe)
- Slider (Blättern, Browsen, lineare Positionsangabe)
- Zurück-Taste (zur zuletzt benutzen Seite)
- Inhaltsverzeichnis
- Index

2. Interaktive Grafik

Interaktive Grafiken sind das Kernstück des Programms. Sie kombinieren Grafik, Animation und Simulation mit interaktiven Eingabeelementen wie Buttons, Slider, etc. und visualisieren die Eingaben eines Benutzers unmittelbar. Dadurch hat der Benutzer die Möglichkeit, mit Lerninhalten zu „spielen" – sie/er kann Gelesenes ausprobieren, Erfahrungen sammeln und Zusammenhänge visualisieren.

Sie/Er kann z. B. mit einem Slider die Homogenität einer Population aus schwarzen und weißen Männchen regeln – dabei färbt sich die Population entsprechend um. Mit einem anderen Slider kann die Größe der Stichprobe eingestellt werden. Gleichzeitig wird die Veränderung des Standardfehlers angezeigt. Beim Klicken auf einen Button wird die Stichprobe gezogen und der Anteilswert schwarzer Männchen berechnet. So kann der Benutzer die Abhängigkeit des Standardfehlers von der Homogenität und Stichprobengröße unmittelbar erfahren.

Bisher wurden interaktive Grafiken zu den Grundlagen von Stichprobenziehung, Wahrscheinlichkeitstheorie und Stichprobenverfahren entwickelt. Dabei stehen neben dem Procedere der Verfahren vor allem der Schätzwertcharakter von Stichproben und Faktoren, die ihre Genauigkeit beeinflussen, im Vordergrund.

3. Realisation

Die Tools, mit denen man ein Lernprogramm entwickelt, verändern sich wegen der rasanten Entwicklung der Computertechnik inzwischen binnen Jahresfrist. Das bedeutet nicht nur dauerndes Neu- und Umlernen, sondern zuweilen auch das Umsatteln auf eine völlig neue Entwicklungsumgebung. Deshalb sollten Textinhalt, Struktur und Grafik so autonom sein, das sie vom Lernprogramm lediglich interpretiert und in ein vorher definiertes Interface umgesetzt werden. Dadurch lassen sich, sofern ein entsprechender

Interpreter vorliegt, die Inhalte schnell auf eine andere Entwicklungsumgebung übertragen. Interaktive Grafiken kann man durch ein „Baukastenprinzip" zum Teil aus dem Programm lösen, allerdings sind hier wegen ihrer Komplexität Grenzen gesetzt.

3.1. Design
Es wurde ein generelles Design für die Navigation entwickelt, das auf allen Bildschirmseiten gleich ist. Die Grundelemente für die interaktive Grafik (Männchen, Tabellen, Buttons, Slider, etc.) wurden entworfen und in einem Optimierungsprozess standardisiert.

3.2. Struktur und Textinhalt
Der Autor schreibt sein Projekt in einer einfachen Datenstruktursprache (ähnlich HTML). Die Struktur (Inhaltsverzeichnis) wird in einer Tabelle angelegt. Datenstruktur und Tabelle werden vom Programm einmalig gelesen und interpretiert. Dabei erzeugt es automatisch alle zur Navigation erforderlichen Elemente (Inhaltsverzeichnis, Index, Hyperlinks), formatiert die Texte und hinterlegt vom Autor markierte Schlüsselwörter mit einer direkten Verbindung zu einem Online-Glossar oder Lexikon. Anschließend erzeugt es alle Bildschirmseiten, Textfelder und Grafikbeschriftungen entsprechend der Inhalttabelle. Struktur und Texte sind beliebig nacheditierbar.

3.3. Interaktive Grafik
Alle interaktiven Grafiken wurden vorskizziert. In einem Optimierungsprozess wurden alle Eingabe- (Slider, Buttons, Handcursor, etc.), Effekt- (Animation, Sound, etc.) und Ergebniselemente (Einfärben von Männchen, Auflisten von Zahlen, etc.) so weit wie möglich vereinheitlicht. Ihre Funktionalität wurde objektorientiert programmiert. Jedes Objekt hat eine Schnittstelle, über die es mit anderen Objekten kommunizieren kann. So entsteht ein Baukasten aus verschiedenen Objekten. Zusammen mit den oben entwickelten Grafiken kann man aus diesen Modulen je nach Situation eine interaktive Grafik zusammenbauen. Ihre Eingabeelemente werden mit Objekten gekoppelt, die Aktionen des Benutzers (z. B. Verstellen des Sliders) verarbeiten und das Resultat (z. B. ein Zahlenwert) an Skripts zur Berechnung von Formeln weitergeben. Diese berechnen einen Endwert, den sie an ein Ergebnisobjekt weitergeben, das den Endwert visualisiert (z. B. Einfärben von Männchen).

4. Tools
Das Programm wurde auf Macintosh mit Director (Programmierung), Photoshop (Grafik) und BBEdit (Datenstruktur) entwickelt.

5. Systemvoraussetzungen
Das Programm läuft auf Macintosh- (ab 68030/25) und Windowsrechnern (ab 486/25) mit 8 MB RAM, 2xCD-ROM, 256 Farben und 14-Zoll Monitor (640 x 480 Auflösung).

6. Kontakt

Das Programm wurde am Arbeitsbereich von Jutta Allmendinger am Institut für Soziologie der LMU München entwickelt. Unter

http://www.lrz-muenchen.de/~ls_allmen/sozlhtm/intro.htm

finden sich ausführlichere Informationen.

Leitung: Prof. Dr. Jutta Allmendinger
Konzept, Design & Programmierung: Torsten Schwarzkopf
Fachliche Betreuung: Hannah Brückner, M.A., PD Dr. Wolfgang Ludwig-Mayerhofer

Dipl.-Biol. Torsten Schwarzkopf, Universität München, Institut für Soziologie, Konradstr. 6, D-80801 München

Nonprofit-Organisationen in entgrenzten Marktgesellschaften

Organisation: Ingo Bode

Einleitung

INGO BODE

Organisationen, die sich von ihren Strukturmerkmalen und gesellschaftlichen Verankerungen her weder dem Staatswesen noch der marktwirtschaftlichen Hemisphäre zuweisen lassen, sondern gemeinhin als Bausteine eines sog. Dritten Sektors begriffen werden, haben in der Soziologie bisher noch sehr wenig Beachtung gefunden. Die Debatte um die Besonderheiten der Nonprofitorganisationen wird anderswo geführt – vorwiegend in den Wirtschafts- und auch in den Politikwissenschaften. Sie hat gezeigt, daß diese Organisationen nicht nur besondere ökonomische Rationalitäten und politische Funktionslogiken aufweisen, sondern zugleich auf eine genuin spezifische Weise sozial und kulturell eingebettet sind. Allerdings blieb die Bestimmung einheitlicher Struktur- und Funktionsmerkmale in der bunten Vielfalt des intermediären Sektors insgesamt eine schwierige Übung.

Noch ehe diese Diskussion jedoch einer zufriedenstellenden Klärung zugeführt werden konnte, scheinen Nonprofitorganisationen heute ihrer Besonderheit zusehends ledig zu werden und weitgehend den Gesetzen des Marktes ausgeliefert zu sein. Vielfach ist zu beobachten, daß sich die Verbände der freien Wohlfahrts- und Jugendpflege, aber auch gemeinwirtschaftliche Betriebe, öffentlich subventionierte Träger sozialer Hilfe oder traditionelle Interessenvereinigungen von der „Wertegemeinschaft zum Dienstleistungsunternehmen" entwickeln. Sie treten in stärkere Abhängigkeiten zu „vermarktlichten" Umwelten ein, in denen auch staatliche Akteure harte Daten setzen. Es wird deshalb von einer Ökonomisierung der Nonprofitorganisationen gesprochen – ein Prozeß, der dadurch verschärft wird, daß ihnen auch ihre klassischen sozialmoralischen Milieubezüge auszugehen scheinen. Die Frage ist aber, ob in einer zunehmend lebendigen Zivilgesellschaft nicht auch Entwicklungsdynamiken entstehen können, die eigenen Gesetzen folgen und neue Grenzen gegenüber Markt und Staat ziehen. Dafür sprechen die vielen Neugründungen von Nonprofit-Aktivitäten und die Ausweitung des Sektors als Ganzem.

Wie also bewegen sich konkrete Akteure aus diesem Sektor heute in diesem *Spannungsfeld zwischen Vermarktlichung und sozialer Regeneration*? Wie passen sie sich den aktuellen Umweltentwicklungen an? Interessant ist nicht zuletzt, auf welchen Klaviaturen dabei jeweils gespielt wird und welche Ressourcen unter den gegenwärtigen gesellschaftlichen Bedingungen für eine Regeneration der Besonderheiten tatsächlich zur Verfügung stehen. Wird vielleicht am Ende das trojanische Pferd, das der Markt gewissermaßen über seine Grenze läßt, von innovativen Nonprofitunternehmen umgesattelt und am Ende noch zur Expansion der eigenen Domäne genutzt? Viele Fragen, auf die die Vorträge dieser Ad-hoc-Gruppe je eigene Antworten anbieten.

Dr. Ingo Bode, Universität-Gesamthochschule Duisburg, Fachbereich 1,
Fach Soziologie, D-47048 Duisburg

Das Ende der Schonzeit: Die „neue" Legitimationsempfindlichkeit von Wohlfahrtsverbänden[1]

SUSANNE ANGERHAUSEN

Wohlfahrtsverbände (WV) weisen in besonderem Maße eine Eigenschaft auf, die ich im folgenden als Legitimationsempfindlichkeit bezeichnen möchte. Organisationen sind um so legitimationsempfindlicher, je mehr ihre Ressourcenzufuhr – und damit der Organisationsbestand – auch von ihrer sozialen, politischen und moralischen Akzeptanz in den maßgeblichen Umwelten abhängt. Diese Legitimationsempfindlichkeit führt dazu, daß sie nicht nur auf strukturelle Umweltveränderungen reagieren müssen, sondern auch und in besonderem Maße auf Veränderungen auf einer symbolischen Ebene. Diesem zweiten Aspekt werden die folgenden Ausführungen nachgehen (vgl. ausführlicher Angerhausen 1998b).
WV können aus folgenden Gründen als besonders legitimationsempfindlich gekennzeichnet werden:

- Weil sie *erstens* personenbezogene soziale Dienstleistungen erbringen. Ergebnisse oder Methoden der Leistungserbringung sind dabei häufig politisch, fachlich oder moralisch umstritten und die Qualitätsbestimmung schwierig.
- Weil sie *zweitens* in hohem Maße öffentliche Mittel sowie Spenden erhalten und ihnen daher großes öffentliches Interesse entgegengebracht wird.

- Weil sie *drittens* Organisationen mit einer Mission sind, und daher Werte vertreten, die nicht von allen Umwelten gleichermaßen geteilt werden.
- Und schließlich, weil sie *viertens* vielfältigen Umwelten gegenüberstehen, die sehr unterschiedliche, z. T. widersprüchliche Anforderungen an die Organisation stellen.

Diese Eigenschaften können zu Organisationskonflikten führen. So können entweder die heterogenen Umweltanforderungen zueinander in Konflikt geraten oder aber verschiedene normative Vorstellungen über Organisationsziele, -verfahren oder -ergebnisse (vgl. Streeck 1987; Angerhausen 1998a). Bislang waren WV durch institutionalisierte Arrangements, in denen die Aufgabenteilung zwischen Kostenträgern, Regelungsinstanzen und Leistungsanbietern langfristig und stabil festgelegt war, sowie durch eine vergleichsweise kontinuierliche Ausdehnung der Sozialausgaben, vor der Virulenz dieser Konflikte und damit vor Ressourcenknappheit und Akzeptanzproblemen geschützt. Diese Arrangements scheinen nun brüchig zu werden (vgl. Heinze/Schmid/Strünck 1997).

Wie reagieren WV auf diese Entwicklung? Zunächst mit strukturellen Anpassungen, d. h. sie erschließen sich neue Geldquellen, entwickeln andere Managementstrukturen oder suchen sich neue Aufgaben. Damit können sie – zumindest symbolisch – bestimmten Anforderungen gerecht werden, z. B. an mehr Effizienz. Es gibt aber bei legitimationsempfindlichen Organisationen und somit bei WV eben auch Anforderungen an die moralische, politische oder soziale Angemessenheit ihres Handelns. Zwei mögliche Formen der Reaktion die eher diese symbolische Ebene betreffen, werden im folgenden vorgestellt: die Herausbildung eines multiplen Selbst am Beispiel der Volkssolidarität und ein Akt symbolischer Politik des Caritasverbandes.

Die Volkssolidarität – Herausbildung einer Multiple-Self Identität

Die Volkssolidarität (VS), ehemals Massenorganisation der DDR und heute Wohlfahrtsverband, muß heute ebenfalls die oben beschriebenen Organisationsprobleme von WV bewältigen. Darüber hinaus muß sie, will sie sich in dem neuen System etablieren – das heißt sowohl als sozialpolitischer Verhandlungspartner akzeptiert werden als auch ihre Mitgliedschaft integrieren – gleichzeitig einen Neubeginn starten und Traditionen pflegen, mit ihrer Vergangenheit brechen und Kontinuitäten aufweisen (vgl. Angerhausen 1998a). Dies erscheint zunächst unvereinbar. Die VS kann dieses Problem jedoch entschärfen, indem sie eine Multiple-Self Identität herausbildet (Wiesenthal 1990). Organisationen mit einer Multiple-Self Identität sind in der Lage, verschiedene und z. T. widersprüchliche Selbst-Interpretationen zu pflegen und zu tolerieren. Diese Selbstdeutungen werden dann je nach Bedarf von denselben Organisationseinheiten mobilisiert. Im Fall der VS läßt sich dieses Phänomen insbesondere auf der Führungsebene beobachten (vgl. Angerhausen 1998b). Sie hat damit nicht nur die Chance dieses Dilemma „auszuhalten", sondern kann es sogar in einen strategischen Vorteil ummünzen, weil sich die Bearbeitungen der widersprüchlichen Anforderungen möglicherweise gegenseitig unterstützen und so letztlich die Leistungen der Gesamtorganisation verbessern.

Der Caritasverband – Symbolische Politik
Als zweites Beispiel möchte ich die öffentlichkeitswirksame Publikation von Armutsberichten durch den katholischen Caritasverband (CV) vorstellen (vgl. Pabst 1996). Die Situation des CV Ende der 80er Jahre läßt sich durch folgende Schlagworte kennzeichnen: Organisationsexpansion, Professionalisierung, Wertewandel, Abschwächung von kirchlichen Bindungen. Infolge dieser Entwicklung litt der Verband nicht nur an seiner unzureichenden Öffentlichkeitswirksamkeit, sondern insbesondere auch an Problemen der innerverbandlichen Integration: Es hatten sich, grob vereinfacht, zwei Lager gebildet – Modernisierer und Traditionalisten, zwischen denen es zu Konflikten kam. Die Modernisierer forderten nicht zuletzt ein verstärktes armenpolitisches Engagement des Verbandes. Der CV konnte diese Forderungen weder umstandslos erfüllen – sonst hätte er Konflikte mit wichtigen Teilen sowohl seiner internen als auch seiner externen Umwelt riskiert – noch einfach ignorieren – weil dann zu befürchten gewesen wäre, daß er Mitgliedergruppen und einige der engagiertesten Mitarbeiter sowie darüber hinaus weiter an öffentlichem Ansehen verlieren würde. Es mußte also ein Weg gefunden werden, diese Anforderungen zumindest ein Stück weit zu bedienen. Nach langem Zögern gab der CV schließlich eine kleine Armutsstudie bei einem bekanntermaßen gemäßigten Forschungsinstitut in Auftrag.
Der hier beschriebene Akt symbolischer Politik ist – unabhängig von der Effektivität der Armutsberichte – aus zwei Gründen nicht allein als Täuschungsmanöver oder als Scheinpolitik zu kennzeichnen. Erstens waren auch Erwartungen an Symbolik vorhanden. Die „modernen" Mitarbeiter erreichten mit den Armutsberichten auch eine symbolische Anerkennung ihrer Professionalität. Zweitens kann symbolische Politik Folgewirkungen haben, die letztlich den dort formulierten Ansprüchen eher entspricht, als den dahinter verborgenen Absichten (vgl. Suchmann 1995). Dies ist auch bei dem CV zu beobachten. So spricht sich der neue Präsident des CV explizit für ein armenpolitisches Engagement des Verbandes aus.

Diskussion
Wohlfahrtsverbände, so läßt sich zusammenfassen, stehen aufgrund ihres spezifischen Aufgabenprofils sowie ihrer Organisationsstrukturen und infolge der politischen, ökonomischen und sozialen Veränderungen des letzten Jahrzehnts vor besonderen Herausforderungen. Ein zweiter Blick auf den Gegenstand läßt jedoch erahnen, daß sich gerade ihre Besonderheiten, nämlich die vielfältigen Umweltinteraktionen und die damit verbundenen Bezüge zu verschiedenen Normen und Werten als äußerst hilfreich erweisen, diese Herausforderungen zu bewältigen. Wenn sich die in diesem Beitrag

beschriebenen Tendenzen fortschreiben und die Schonzeit für WV und möglicherweise für andere Nonprofit-Organisationen wirklich zu Ende geht, werden sich die Besonderheiten dieses Organisationstyps möglicherweise sogar eher akzentuieren als an Bedeutung verlieren.

Anmerkungen:
1 Eine ausführlichere Fassung dieses Beitrages ist in dem Band „Nonprofit-Organisationen im Wandel: Das Ende der Besonderheiten oder Besonderheiten ohne Ende?", herausgegebenen vom Arbeitskreis Nonprofit-Organisationen (Frankfurt a. M. 1988), erschienen. Dort ist auch die zitierte Literatur aufgeführt.

Susanne Angerhausen, Universität Bremen, Zentrum für Sozialpolitik, Parkallee 39, D-28209 Bremen

Interessenvermittlung im Wandel
Wohlfahrtsverbände und Staat im Postkorporatismus

STEFAN PABST

Nonprofit-Organisationen (NPOs) agieren häufig nicht nur in der marktlichen, sondern auch in der politischen Sphäre, indem sie Interessen in das politische System hineinvermitteln. Von der Nonprofit-Forschung wird dieser Funktionsbereich jedoch vernachlässigt; dementsprechend sind Untersuchungen rar, worin das Besondere politischer NPOs gegenüber anderen Interessenverbänden liegen könnte. Dies gilt auch für die deutschen Wohlfahrtsverbände, obwohl sie neben ihrer herausragenden Stellung als Anbieter sozialer Dienstleistungen auch bedeutende Interessenverbände darstellen. Dieser Beitrag setzt an diesem Defizit an und untersucht am Beispiel dieser Verbände die Besonderheiten, die NPOs bei der Interessenvermittlung aufweisen können, und dabei insbesondere den Wandel der Staat-Verbände-Beziehungen in den vergangenen Jahren.

Spezifika der Interessenvermittlung durch NPOs im Sozialsektor
Verbände, die sich darauf beschränken, soziale Dienstleistungen bereitzustellen, sind selten. Die überwiegende Anzahl versucht auch, als Sozialanspruchsvereinigungen Interessen durchzusetzen – unabhängig davon, ob es sich um For- oder Nonprofit-Organisationen handelt. Das Charakteristikum von NPOs liegt eher darin, daß Interessen für

Dritte, wie nichtorganisierte Klientelgruppen, anwaltschaftlich wahrgenommen werden und dabei nicht eine egoistische Nutzenorientierung im Vordergrund steht, sondern die absichtsvolle Durchsetzung anderer Ziele wie die Verwirklichung von bestimmten Wertvorstellungen, die weder den Organisationen noch ihren Mitgliedern einen Vorteil bringt. Auch die Wohlfahrtsverbände weisen dieses Spezifikum auf, da sie den selbstgesetzten Anspruch erheben, anwaltschaftlich Interessen von benachteiligten Bevölkerungsgruppen zu vertreten.

Interessenvermittlung zwischen Anspruch und Realität in der Vergangenheit
Daß die Wohlfahrtsverbände für sich beanspruchen, sich von anderen Organisationen abzuheben, bedeutet allerdings nicht, daß sich dies im Verbandshandeln auch niederschlägt. In den 70er Jahren bildete sich zwar zwischen den Verbänden und dem politisch-administrativen System ein korporatistischer Kooperationszusammenhang heraus, der den Wohlfahrtsverbänden einen großen Einfluß auf die Formulierung und Implementation sozialstaatlicher Politik sicherte. Überprüft man jedoch die Inhalte der Forderungen in dieser Zeit, so zeigt sich im Kontrast zu den Programmaussagen, daß diese vorwiegend Klienten- oder Verbandsinteressen betreffen. Wenn sich die Verbände zu allgemeinpolitischen Fragen äußerten, geschah dies in der Regel entweder unter weitgehendem Ausschluß der Öffentlichkeit, oder sie verhielten sich sehr zurückhaltend. Die Ursache hierfür lag in strategischen Überlegungen der Wohlfahrtsverbände, auf politisch mißliebige Forderungen zu verzichten, um die Durchsetzung organisationsbezogener Bestandsinteressen nicht zu gefährden.

Umweltveränderungen
In den vergangenen Jahren haben sich Veränderungen ergeben, die für die Modi der Interessenvermittlung von großer Bedeutung waren. So nahm die innerverbandliche Kritik an dem geringen Einsatz für die Interessen Benachteiligter zu, und auch bei den Klienten und in der Öffentlichkeit verloren die Verbände zunehmend das auf ihren Besonderheiten beruhende Vertrauen. Auch die staatliche Politik gegenüber den Wohlfahrtsverbänden veränderte sich. Hinsichtlich der Dienstleistungsproduktion verbanden staatliche Akteure mit Wohlfahrtsverbänden immer mehr Nach- als Vorteile – wie Bürokratisierung und Ineffizienz. Um sich von den Verbänden unabhängiger zu machen, wurden sozialrechtliche Regelungen geändert, wodurch sich das korporatistische Arrangement auf der Leistungsseite auflöst und der Marktanteil der freien Wohlfahrtspflege zurückgeht. Aber auch im Bereich der Interessenvermittlung ist eine veränderte staatliche Politik zu beobachten: Der Staat versucht, den Wohlfahrtsverbänden den öffentlichen Status abzuerkennen und den politischen Entscheidungsprozeß gegenüber dem Verbändeeinfluß zu schließen. Damit löst sich das korporatistische Arrangement auch bei der Politikformulierung und -implementation auf, die exklusive Stellung der Wohlfahrtsverbände erodiert.

Die Reaktion der Wohlfahrtsverbände

Nachdem das korporatistische Verhältnis brüchig wurde, blieben die Wohlfahrtsverbände jedoch nicht untätig, sondern haben reagiert, indem sie vermehrt anwaltschaftlich Interessen wahrnehmen und das Repertoire an Strategien erweitern. Das prominenteste Thema ist die verstärkte Hinwendung zum Armutsproblem, zu dem alle Verbände aktiv geworden sind. Daneben wandten sie sich einer Vielzahl anderer anwaltschaftlicher Kampagnen und Aktionen zu, wie zu Landminenopfern, zu Kriegs- und Bürgerkriegsflüchtlingen oder zum Asylbewerberleistungsgesetz. Allerdings bestehen zwischen den Verbänden deutliche Unterschiede: Während der Paritätische auf vielen Gebieten anwaltschaftlich aktiv ist, konzentriert sich das DRK auf innenpolitisch unumstrittene und die konfessionellen Verbände auf familienpolitische Themen.

Hinsichtlich der Strategien, die verbandlichen Forderungen durchzusetzen, besteht der offensichtlichste Wandel darin, daß soziale Probleme und die Politik öffentlich skandalisiert werden. Darüber hinaus wird mit der Einwirkung auf Wählermeinungen gedroht – wie vom Paritätischen und der Arbeiterwohlfahrt vor den Bundestagswahlen 1994 bzw. 1998. Weiterhin wurde die innerverbandliche Diskussion um sozialpolitische Leitbilder verstärkt, auch um die Bereitschaft zu fördern, auf allen Ebenen der Verbände die politische Funktion wahrzunehmen. Auch wurde der Kreis der Bündnispartner erweitert: Bundestagsabgeordnete werden vermehrt gezielt angesprochen, die konfessionellen Verbände vermitteln ihre Positionen innerhalb ihrer Kirchenorganisationen, und die Zusammenarbeit mit den Gewerkschaften wird intensiviert. Schließlich wurde die Medienarbeit deutlich modernisiert. Auch bei den Strategien sind Unterschiede zwischen den Verbänden festzustellen: Während sich das DRK mit öffentlicher Kritik und Drohungen zurückhält, gehen die AWO, der Paritätische und die Diakonie weitaus offensiver vor.

Ursachen für diesen Wandel

Über eine Neuakzentuierung von Inhalten und Strategien wurde zwar seit Ende der 80er Jahre die Sozialanwaltsrolle verstärkt wahrgenommen. Dies ist jedoch keine Besonderheit von NPOs, da sich auch andere Interessenverbände anwaltschaftlich engagieren, wenn es indirekt den Mitglieder- oder organisationsbezogenen Interessen nutzt. Bei den Wohlfahrtsverbänden liegen nun zwei unterschiedliche Motive für die Neuausrichtung ihrer Politik vor. Zum einen ist die Stärkung der Advokatenrolle eine Reaktion der Verbandsspitzen auf die Umweltveränderungen. Sie hat die Funktion, unter Rückgriff auf die fachlichen und weltanschaulichen Ressourcen der Verbände organisatorische Eigeninteressen zu wahren, d. h. die Konflikte mit den innerverbandlichen Kritikern zu entschärfen, bei Öffentlichkeit und Klienten die Akzeptanz wiederherzustellen und den Bekanntheitsgrad der Organisation zu steigern. In dieser Hinsicht unterscheiden sie sich nicht von Forprofit-Organisationen.

Zum anderen ist die Neuausrichtung jedoch auch auf die wertgeleiteten Forderungen von Fachkräften und Vorständen der Verbände zurückzuführen. Da die Organisationsstrukturen diesen Akteursgruppen Mitspracherechte einräumen, können sie die Verbandspolitik mitbestimmen. Dies führt zum einen dazu, daß sich die Verbände anwaltschaftlich engagieren, auch wenn das nach eigener Einschätzung organisationspolitisch nicht opportun ist. Zum anderen führen die von Verband zu Verband unterschiedlichen weltanschaulichen Handlungsorientierungen und innerverbandlichen Einflußmöglichkeiten von Vorständen und Fachkräften zu einer großen thematischen Breite sowie zu einer großen Spannweite in der Intensität der Wahrnehmung von Interessen Dritter. Im Extremfall führt die Wahrnehmung der Advokatenrolle dazu, daß sich die Wettbewerbsposition gegenüber anderen Anbietern sozialer Leistungen verschlechtert. Und darin liegt das Charakteristikum der Wohlfahrtsverbände: Sie richten ihr Handeln in der politischen Sphäre nicht mehr uneingeschränkt an den Anforderungen des Dienstleistungsmarktes aus.

Stefan Pabst, Universität Bremen, Zentrum für Sozialpolitik, Parkallee 39, D-28209 Bremen

Entscheidende Momente: Nonprofit-Organisationen im Krankenversicherungswesen zwischen Markt und Solidarität

INGO BODE

In der wirtschafts- und sozialwissenschaftlichen Diskussion über die konstitutiven Spezifika von Organisationen des sog. Dritten Sektors findet sich immer wieder der Hinweis auf die besondere Solidarlogik, die das Verhältnis der Mitglieder untereinander oder aber die Beziehung zwischen Organisation und Gesellschaft kennzeichneten. Nun ist Solidarität ein schillernder Begriff, unter den man sehr unterschiedliche Beziehungs-, Koordinations- und Orientierungsmuster fassen kann (vgl. dazu Bode 1997: 51ff., Thome 1998). Für den Fall der Nonprofitorganisationen reicht es dabei nicht aus, Solidarität alleine als Kooperation zum gegenseitigen Vorteil zu begreifen. Es geht nicht allein um ökonomische Rationalitäten, sondern um *sozialen Sinn* in bezug auf die Kontextuierung und Ausgestaltung organisationaler Leistungen. Dieser Sinn bzw. diese Leistungen sind häufig auf Formen der Bedarfsorientierung ausgerichtet, d. h. sowohl die Mobilisierung als auch die Allokation von Ressourcen orientiert sich (partiell) an einem Solidarprinzip, das jenseits der Aggregation individueller Ressourcen zum Zwecke bestmöglicher Einzelrenditen angesiedelt ist und einer *wertrationalen Logik* folgt. Nonprofitorganisationen stellen mithin eine Institutionalisierung „erster Ordnung" dar: Es sind Impulse aus der „civil society" – und zwar sowohl demokratische als auch paternalistische -, die viele Organisationskarrieren im Dritten Sektor begründen (Evers 1993). Der dabei entstehende interne Koordinationsmechanismus beruht in vielerlei Hinsicht auf Vergemeinschaftungsprozessen, die über die Logik der ökonomischen Kooperation hinausgreifen. Es bestehen Grundkonsense über prinzipielle Mitgliederansprüche, und diesen wird auch dann *generell* Rechnung getragen, wenn die Leistungsfähigkeit einzelner Konstituenten unterdurchschnittlich ist. Interessanterweise haben gerade diese Prinzipien einen Prozeß unterfüttert, den man als „Institutionalisierung zweiter Ordnung" bezeichnen könnte, nämlich die Vergesellschaftung von Organisationsprogrammen, die dem Dritten Sektor entsprungen und in Institutionen des modernen Staatswesens überführt worden sind.

Dieses Phänomen tritt besonders in jenen Bereichen zutage, in denen es um Formen der sozialen Wohlfahrtsproduktion geht. Dazu zählen auch die Organisationen des *Krankenversicherungswesens*. Die gemeinnützigen Krankenkassen gehen historisch auf freiwillige Zusammenschlüsse von Personengruppen zurück, die sich kollektiv gegen soziale Risiken schützen wollten. Sie werden dann – im Zuge einer „Institutionalisierung zweiter Ordnung" – mehr und mehr zu einer Form der mittelbaren Staatsverwaltung, wobei die Selbstverwaltungsautonomie nach Kassentyp und nationalen Konfigurationen variiert. In bezug auf die regulative Idee dieser Organisationen ist es wesentlich, daß sich das in ihnen verkörperte Bedarfsprinzip im Zuge des Vergesellschaftungsprozesses sozialer Sicherung hin zu einem allgemeinen Solidarprinzip generalisiert. Im kontinentaleuropäischen Wohlfahrtsmodell wird dieses Prinzip nicht nur rechtlich und öffentlich protegiert, sondern in Teilen auch regulatorisch erzwungen.

Nachdem nun lange Zeit die Krankenkassen als vergleichsweise passive, von staatlichen Richtlinien abhängige Verwaltungsbürokratien begriffen werden konnten, steht ihre gemeinnützige „Sozialverfassung" im Zuge von Vermarktlichungs- bzw. Kommerzialisierungsprozessen im System der Wohlfahrtsproduktion unter Bewährungsdruck (Stegmüller 1996; Bode 1999: 197ff.). Die sukzessive Entstaatlichung der regulativen Mechanismen (sprich: Wettbewerb, z. T. auch mit privaten Anbietern) läßt gewissermaßen die „Institutionalisierung erster Ordnung" wieder aktuell werden, und es stellt sich die Frage nach dem „Schicksal" der klassischen regulativen Idee.

Die diesbezüglichen Entwicklungen im Terrain sind – wie eine erste explorative Feldstudie über Organisationen im deutschen und französischen Krankenversicherungswesen ergeben hat – recht uneinheitlich. Es wurden Strategien aus dem Bereich der gesetzlichen Kassen in der Bundesrepublik sowie aus dem Sektor der gemeinnützigen

Zusatzversicherung in Frankreich (nur diese befinden sich ähnlich wie ihre deutschen Pendants im Wettbewerb) verglichen. Es hat sich gezeigt, daß die Kassen in der neuen Rahmenordnung gewisse Optionen haben – es geht also zumindest streckenweise um diskretionäre *Entscheidungen*. Die deutschen Krankenkassen können hinter vorgehaltener Hand Risiken selegieren oder aber das Bedarfsprinzip via Qualitätsmanagement verteidigen. Die französischen Hilfskassen, die noch ungebundener sind als die deutschen Basiskassen, haben die Möglichkeit, Beiträge nach Risikostrukturen zu differenzieren (gemäß der Marktlogik) oder aber ihr „Solidaritätspotential" neu zu akzentuieren, indem sie etwa primärärztliche Versorgungsmodelle mitgestalten oder Hilfsprogramme für soziale Randgruppen aufbauen. Es werden also sehr unterschiedliche Wege der Bestandserhaltung beschritten (näheres dazu in Bode 1998).

Die in den einzelnen Reorganisationsmustern zum Tragen kommenden *Momente* sind zum einen die lokalen Strategien der einzelnen Kassen. Die verfolgten Strategien variieren je nach Ressourcenausstattung und Umweltkonstellation: Wesentlich sind projektförderliche Vernetzungen mit Leistungsanbietern und kreative Akteursallianzen vor Ort. Zum anderen – und das ist in bezug auf die gesellschaftliche Ebene der kritischere Punkt – sind die Kassen in beiden Ländern Teil eines eigenen Netzwerks, das koordinierte Politik im öffentlichen Raum betreibt. Die Verbände bemühen sich um die Gestaltung der institutionellen Ordnung, um die Eingrenzung bzw. die selektive Ausrichtung des Wettbewerbs. Gerade hier sind diskretionäre Strategien möglich, die auf eine Wiederaneignung des sozialen Sinns der solidarischen Krankenversicherung verweisen – aber eben auch andere. Was die Chancen der Wahrung von Nonprofitnormen anbelangt, so scheinen die lokalen Strategien für sich genommen kaum erfolgversprechend. Denn im Qualitäts- und Ideenwettbewerb drohen Kassen mit ungünstigen Voraussetzungen (schlechten Risiken) auf der Strecke zu bleiben, wenn die „Institutionalisierung zweiter Ordnung", wie sie durch staatliche Richtlinien wie einheitliche Leistungskataloge etc. begründet wurde, erodiert. Insofern wird die Auseinandersetzung im öffentlichen Raum zum *entscheidenden Moment* in der Frage, wieweit das Solidarprinzip erhalten bleibt. Andererseits aber sind es gerade die lokalen „Ideen", die politischen Strategien Reputation verschaffen und den sozialen Sinn solidarischer Prinzipien neu erfahrbar machen. Insofern ist es von zentraler Bedeutung, inwieweit über den Weg lokaler Initiativen die „zivilgesellschaftliche" Basis der Kassen zumindest dem Ansatz nach neu belebt wird. Und so gesehen ist die institutionelle Liberalisierung des Sektors nicht einfach nur ein unangenehmes Diktat der Ordnungspolitik, sondern vielleicht auch eine Chance zum Neuanfang.

Literatur:
Bode, Ingo (1997): Die Organisation der Solidarität. Normative Interessenorganisationen der französischen Linken als Auslaufmodell mit Zukunft. Opladen
Bode, Ingo (1998): Entscheidende Momente. Nonprofit-Organisationen im Krankenversicherungswesen zwischen Markt und Solidarität. In: Arbeitskreis Nonprofit-Organisationen (Hrsg.): Der Nonprofit-Organisationen im Wandel. Das Ende der Besonderheiten oder Besonderheiten ohne Ende? Frankfurt a. M.: 47–74
Bode, Ingo (1999): Solidarität im Vorsorgestaat. Der französische Weg sozialer Sicherung und Gesundheitsversorgung. Frankfurt / New York
Evers, Adalbert (1993): The Welfare Mix Approach. Understanding the Pluralisms of Welfare States. In: ders. / I. Svetlik (Hrsg.): Balancing Pluralism. New Welfare Mixes in Care for the Elderly. Aldershot: 4–31
Stegmüller, Klaus (1996): Wettbewerb im Gesundheitswesen. Hamburg
Thome, Helmut (1998): Soziologie und Solidarität: Theoretische Perspektiven für die empirische Forschung. In: Kurt Bayertz (Hrsg.): Solidarität. Begriff und Problem. Frankfurt: 217–262

Dr. Ingo Bode, Universität-Gesamthochschule Duisburg, Fachbereich 1,
Fach Soziologie, D-47048 Duisburg

Die Modernisierung der Nonprofit-Organisationen und die Auflösung ihrer Spezifika

THOMAS WEX

Nonprofit-Organisationen und der Nonprofit-Sektor

Der aus dem anglo-amerikanischen Raum entlehnte Begriff der „Nonprofit-Organisation" (NPO) zielt auf eine einheitliche Erfassung aller Organisationen, die weder zum Staat noch zur Erwerbswirtschaft („Markt") gerechnet werden können: Vereine, Verbände, Stiftungen, politische, kulturelle und karitative Organisationen etc. Die Diskussion um einen Nonprofit-Sektor oder Dritten Sektor dieser Organisationen nimmt seit den siebziger Jahren in den USA zu (Etzioni 1972; Levitt 1973) und wird seit Mitte der achtziger Jahre breit geführt (Powell 1987; Anheier/Seibel 1990). Ebenfalls seit Mitte der achtziger Jahre wird die Diskussion in Deutschland ausgehend von den Verwaltungswissenschaften in verschiedenen Disziplinen rezipiert und mittlerweile breit geführt (Zimmer 1996; Anheier u. a. 1997; Strachwitz 1998).

Modernisierung der Nonprofit-Organisationen

Ein zentrales Thema der Diskussion um Nonprofit-Organisationen sind aktuelle Wandlungsprozesse derselben, die auch unter dem Rubrum der „Modernisierung" der NPO diskutiert werden. Hierbei läßt sich insbesondere der Befund eines (verstärkten) Einzugs einer *erwerbswirtschaftlichen Logik*, von am „Markt"-Sektor orientierten Effektivitätsstandards oder Steuerungskonzepten in NPO konstatieren (Olk u. a. 1995: 26f.; Bauer/Grenzdörffer 1997: 40; Heinze u. a. 1997: 242). Welche Konsequenzen ergeben sich daraus? Lösen sich die Spezifika der NPO in einem Assimilationsprozeß an den erwerbswirtschaftlichen Sektor auf? Zunächst fällt auf, daß es Parallelen gibt zwischen den aktuellen Befunden zur Modernisierung von NPO und der soziologischen Modernisierungstheorie. Marx, Max Weber, Simmel bis hin zu Polanyi oder Habermas beschäftigten sich mit den Auswirkungen von sich ausbreitenden dominanten Logiken (Kapitalismus, Zweckrationalität und Bürokratie, Geldwirtschaft). Diese modernisierungstheoretischen Traditionen thematisieren zwar die Effizienzfortschritte von Kalkulation und Verwaltung, sehen jedoch auch deren Preis (vgl. Berger 1988). Eine soziologische Deutung der aktuellen Entwicklungen im Nonprofit-Bereich kann in dieser Tradition nur eine kritische sein. Sie hat den Preis zu benennen, der für Übergriffe von „Markt" und Staat entsteht.

Spezifika von Nonprofit-Organisationen

Die Vorstellung, daß eine erwerbswirtschaftliche Logik in andere gesellschaftliche Bereiche „eindringt", „übergreift" oder diese gar „kolonialisiert", hat zur Voraussetzung, daß diese Bereiche „anders" beschaffen sind bzw. anders funktionieren. Dies führt zur Frage nach den Spezifika von NPO.

Hierzu wurden eine Reihe von Vorschlägen gemacht, die Gemeinsamkeiten aufweisen. Genannt werden hier etwa die Freiwilligkeit, die Unabhängigkeit vom Staat oder Prinzipien demokratischer Selbstverwaltung (vgl. etwa Salamon/Anheier 1997; Horch 1992). Jedoch ergeben sich aus solchen Kriterienkatalogen eine Vielzahl von Problemen. Eine andere Möglichkeit besteht darin, gesellschaftliche Steuerungsformen zu unterscheiden (neuerdings etwa Evers/Olk 1996) oder im Konzept der „Intermediarität" die besondere Funktion des Nonprofit-Sektors zu bestimmen (Adalbert Evers; Rudolph Bauer).

In Anlehnung an eine polit-ökonomische Begrifflichkeit (Türk 1989: 143ff.) werden im folgenden drei „Logiken" der Sektoren unterschieden: Demnach herrscht im erwerbswirtschaftlichen Sektor eine *Verwertungslogik*, im Staatssektor eine *Herrschaftslogik* und im Nonprofit-Sektor eine *Kooperationslogik*. Diese Logiken können als Systemrationalitäten von Organisationssektoren konzeptualisiert werden. Zur Unterscheidung zwischen „Markt"-Sektor und Nonprofit-Sektor: Die Verwertungslogik des erwerbswirtschaftlichen Sektors beruht auf der Tauschwert-Orientierung, dem Primat der Kapitalverwertung, dem Geld als zentralem Kommunikations- und Steuerungsmedium, der

Marktkoordination, dem Erwerbsprinzip und dem Privateigentum an Vermögen. Rentabilität ist empirisch wie theoretisch das oberste Ziel. Die Verwertungslogik ist der Kern der Systemrationalität erwerbswirtschaftlicher Organisationen und des erwerbswirtschaftlichen Sektors. Der Nonprofit-Sektor beruht demgegenüber auf einer anderen Wirtschaftsweise mit einer Gebrauchswert-Orientierung und einer besonderen Form der Verfaßtheit von Arbeit, vor allem durch das Vorhandensein von Freiwilligenarbeit und dem Nebeneinander von Haupt- und Ehrenamtlichen. Es existiert kein zentrales Steuerungsmedium, Geld ist Mittel zum Zweck, nicht Selbstzweck. Ebenso existieren besondere Formen des Eigentums wie etwa von Gemeinschaftseigentum. Das zentrale Merkmal von NPO besteht darin, daß sich Menschen zusammenschließen um bestimmte Ziele zu verfolgen. Sie sind – zumindest im Kern – freiwillige Vereinigungen, Assoziationen. In allen Organisationen wird kooperiert, jedoch können qualitative Unterschiede von Formen der „Kooperation" benannt werden (vgl. Türk 1995: 287).

Auflösung der Nonprofit-Organisationen?
Das Problem gegenwärtiger Assimilationsprozesse besteht nicht darin, daß NPO verschwinden. Der Nonprofit-Sektor wird eher wachsen. Es besteht vielmehr darin, daß die Qualität der Spezifika angegriffen wird. Nicht was NPO alles tun ist entscheidend, sondern wie sie es tun.

Literatur:
Anheier, Helmut K. / Seibel, Wolfgang (Hrsg.) (1990): The Third Sector. Berlin/New York
Anheier, Helmut K. / Priller, Eckhard / Seibel, Wolfgang / Zimmer, Annette (Hrsg.) (1997): Der Dritte Sektor in Deutschland. Berlin
Bauer, Rudolph / Grenzdörffer, Klaus (1997): Jenseits der egoistischen Ökonomie und des methodologischen Individualismus. In: Leviathan, 25. Jg., Nr. 3: 338–361
Berger, Johannes (1988): Modernitätsbegriffe und Modernitätskritik in der Soziologie. In: Soziale Welt, 39. Jg., Nr. 2: 224–236
Etzioni, Amitai (1972): The Untapped Potential of the „Third Sector". In: Business and Society Review, 1. Jg., Nr. 1: 39–44
Evers, Adalbert / Olk, Thomas (1996): Wohlfahrtspluralismus – Analytische und normativ-politische Dimensionen eines Leitbegriffs. In: dies. (Hrsg.), Wohlfahrtspluralismus. Opladen: 9–60
Heinze, Rolf G. / Schmid, Josef / Strünck, Christoph (1997): Zur politischen Ökonomie der sozialen Dienstleistungsproduktion. In: Kölner Zeitschrift für Soziologie und Sozialpsychologie, 49. Jg., Nr. 2: 242–271
Horch, Heinz-Dieter (1992): Geld, Macht und Engagement in freiwilligen Vereinigungen. Berlin
Levitt, Theodore (1973): The Third Sector. New York

Olk, Thomas / Rauschenbach, Thomas / Sachße, Christoph (1995): Von der Wertgemeinschaft zum Dienstleistungsunternehmen. Oder: über die Schwierigkeit, Solidarität zu organisieren. Eine einführende Skizze. In: Thomas Rauschenbach u. a. (Hrsg.): Von der Wertgemeinschaft zum Dienstleistungsunternehmen. Frankfurt a.M.: 11–33
Powell, Walter W. (Hrsg.) (1987): The Nonprofit Sector. A Research Handbook. New Haven/London
Salamon, Lester M. / Anheier, Helmut K. (Hrsg.) (1997): Defining the Nonprofit Sector. Manchester
Strachwitz, Rupert Graf (Hrsg.) (1998): Dritter Sektor – Dritte Kraft. Stuttgart u. a.
Türk, Klaus (1989): Neuere Entwicklungen in der Organisationsforschung. Stuttgart
Türk, Klaus (1995): „Die Organisation der Welt". Herrschaft durch Organisation in der modernen Gesellschaft. Opladen
Wex, Thomas (1998): Die Modernisierung der Nonprofit-Organisationen und die Frage der Auflösung ihrer Spezifika. In: Arbeitskreis Nonprofit-Organisationen (Hrsg.): Nonprofit-Organisationen im Wandel. Ende der Besonderheiten oder Besonderheiten ohne Ende? Frankfurt a.M.: 251–277
Zimmer, Annette (1996): Vereine – Basiselemente der Demokratie. Eine Analyse aus der Dritte-Sektor-Perspektive. Opladen

Dr. Thomas Wex, Elisabethstr. 21, D-80796 München

Politik des Vergnügens
Zur Diskussion der Populärkultur in den Cultural Studies

Organisation: Udo Göttlich / Rainer Winter

Einleitung

UDO GÖTTLICH / RAINER WINTER

Populärkultur ist in Deutschland anscheinend noch immer eine problematische Kategorie. Auch wenn sich in den letzten Jahren soziologische Studien vermehrt diesem Thema annehmen, bemerkt man oftmals in der Begriffswahl Unklarheiten, die sich u. a. darin ausdrücken, daß der Begriff der Massenkultur zur Beschreibung des gleichen Sachverhalts gewählt wird. Dabei mangelt es nicht an Vorschlägen, neue Wege zu gehen und durch Anleihen und Anlehnungen an unterschiedliche Theorien der Alltags- und der Populärkultur dem Begriffsdilemma zu entgehen.
Die anglo-amerikanische Tradition der Cultural Studies zeichnet seit den 50er Jahren in strikter Abgrenzung vom Begriff der Massenkultur ein vorwiegend mit semiotischen und ethnographischen Methoden ausgerichteter Zugang zu Fragen und Problemen der Populärkultur aus. Die in diesem Kontext entstandenen Studien zu unterschiedlichen Formen der populären Unterhaltung und Vergnügen sind in einem gesellschafts- und kulturtheoretischen Kontext verankert, der u. a. durch die Beschäftigung mit Raymond Williams, der deutschen kultursoziologischen Tradition, Antonio Gramsci sowie der Analytik der Macht von Michel Foucault geprägt ist.
Im Zentrum der Analyse der Politik des Vergnügens steht die Frage, inwiefern das Vergnügen, das bei der Medienrezeption und -aneignung entsteht, auch widerständig sein kann und inwiefern sich gegenüber der Macht der Kulturindustrie oppositionelle Möglichkeiten und subversive Strategien entfalten können.
Vor diesem Hintergrund wurden in der Ad-hoc-Gruppensitzung zu den Cultural Studies einerseits aktuelle Studien zu populären Vergnügen diskutiert, andererseits aber auch die theoretische Analyse weitergeführt, indem unterschiedliche Erklärungsansätze kontrastiv analysiert wurden. Es ging nicht nur um eine soziologische Kritik der Leitkategorien und -begriffe: Populärkultur, Massenkultur, Unterhaltung und Vergnügen, sondern auch um eine Miteinbeziehung aktueller soziologischer Zeitdiagnosen (z. B. Erlebnisgesellschaft, Kulturgesellschaft u. a.) im Vergleich zu den Cultural Studies-

Konzepten. Darüber hinaus wurde untersucht, wie das Vergnügen zur persönlichen und kulturellen Identität beiträgt, wie es sich methodisch dingfest machen läßt und welche „Politik des Vergnügens" sich am Ende des 20. Jahrhunderts entfaltet.
Mit dieser Ad-hoc-Gruppe stellte der interdisziplinäre Arbeitskreis Cultural Studies zum zweiten Mal auf einem Kongreß für Soziologie seine Arbeit vor.

Dr. Udo Göttlich, Universität-Gesamthochschule Duisburg, Rhein-Ruhr-Institut für Sozialforschung, Heinrich-Lersch-Str. 15, D-47057 Duisburg

Dr. Rainer Winter, Technische Hochschule Aachen, Institut für Soziologie, D-52056 Aachen

Das Vergnügen der Aneignung: Lachen und Gelächter bei der Fernsehrezeption

RUTH AYASS

Der Begriff des „pleasure", des Vergnügens, spielt in den Cultural Studies für den Prozeß der aktiven und kreativen Aneignung eine enorme Rolle. Pleasure kann zwar im Text angelegt und durch ihn provoziert sein, da Vergnügen aber wesentlich eine Erfahrung des Zuschauers ist, kann es sich erst in der Rezeption selbst entfalten. Woran Vergnügen entsteht, ist mehrfach beschrieben worden – am Wiedererkennen von Genreregeln, Spiel mit Intertextualität, Entzücken am semiotischen Exzeß, an der Regelverletzung, am Regelbruch usf. Welches allerdings die kommunikativen Formen sind, in denen sich genau dieses Vergnügen manifestiert, woraus also Vergnügen besteht, ist bislang eher grob behandelt worden. Hier soll die Aufmerksamkeit daher einer Form des Ausdrucks von Vergnügen gelten, dem Lachen in der Fernsehrezeption. Wenn Lachen als eine Ausdrucksform von Vergnügen behandelt wird, dann gilt damit nicht zugleich, daß Lachen die einzige Form des Vergnügen sei, und „pleasure" sich nicht auch in zahllosen anderen kommunikativen Handlungen wie Antizipationen des Fortgangs einer filmischen Handlung, Produkte-Raten bei Werbung usf. manifestieren könne, die ihrerseits keineswegs mit Lachen einhergehen müssen. Doch ist auch Lachen nicht einfach mit Lust, und Weinen nicht zugleich mit Schmerz gleichzusetzen. Sowie verlegenes, gequältes oder gar verzweifeltes Lachen Ausdruck von Schmerz und Scham ist, ist Weinen nicht notwendig mit Schmerz und Trauer verbunden. „Die Gleichung Lachen-Lust mag noch einigermaßen aufgehen, die Gleichung Weinen-Schmerz ist sicher falsch", so Helmuth Plessner vor über 50 Jahren in seinem Essay „Lachen und Weinen" (1982: 378). In den Cultural Studies hingegen wird dem Lachen bislang zweierlei unterstellt: eine durchweg lustvolle Komponente einerseits und eine subversive, revolutionäre, die Ordnung umstürzende, zumindest aber distanzmarkierende Kraft andererseits.

Um die Formen und Funktionen des Lachens näher beschreiben zu können, wurden für diesen Beitrag Tonbandaufzeichnungen aus den Rezeptionssituationen mehrerer Familien herangezogen. Das Material entstammt dem DFG-Projekt „Über Fernsehen sprechen", dessen Analysen im kommenden Jahr publiziert werden (Bergmann/Holly/ Püschel, in Vorbereitung).

Das Auffällige an diesem Material ist, daß die Rezipienten nicht oder nur selten gemeinsam lachen. Dies widerspricht allen Befunden aus Ethnographie und Konversationsanalyse über die vergemeinschaftende Kraft des Lachens (Jefferson/Sacks/Schegloff 1987; Mulkay 1988). Das Material ist vielmehr durchzogen von Sequenzen, in denen die Rezipienten einzeln (und kurz) lachen. Es läßt sich am Material zeigen, daß diese kleinen „Lachinseln" in hohem Maße den situativen Anforderungen der Rezeptionssituation entsprechen. Bedenkt man, was Plessner über den Kontrollverlust des Lachenden im Lachen schrieb, wird deutlich, wie kontrolliert und diszipliniert diese kleinen Lacher sind. Die Lachinseln „antworten" einerseits auf den Fernseh-Text. Sie sind aber andererseits am Ko-Rezipienten orientiert. Sie sind kein Gelächter im üblichen Verständnis, sondern ein display of understanding: Den Ko-Rezipienten wird das eigene Verständnis des Fernsehtextes demonstriert. Diese laterale Adressierung – strukturell am Fernsehtext, interaktiv am Ko-Rezipienten – zeigt sich eben in der Struktur der Lacher selbst. Sie sind leise – stören also weder den Ko-Rezipienten noch den lachenden Rezipienten selbst erheblich bei der Rezeption. Sie sind kurz – und passen damit insofern ideal in die Rezeptionssituation hinein, als sie dem fortgesetzten flow des Fernsehtextes Rechnung tragen. Lachen beim Fernsehen ist eine kommunikative Aktivität, die in erster Linie kein einfacher Ausdruck von „pleasure" ist, sondern eine verständnissichernde Funktion hat. Im Lachen über den Fernsehtext bestätigt sich die Rezeptionsgemeinschaft als interpretative Gemeinschaft.

Lachen muß zudem nicht notwendig mit Signalisierung von Distanz einhergehen. Es hat in der Fernsehrezeption erst in zweiter Linie die Funktion, Distanz zum Fernsehtext herzustellen. Im Vordergrund steht die vergemeinschaftende Kraft der Rezipienten untereinander. Tatsächlich ist es eine Frage der sukzessiven Aushandlung unter den Rezipienten, ob ein Text konkordant oder diskordant gelesen wird, ob mit oder über oder sogar gegen den Text gelacht wird. Über und durch das Lachen und die lachend gesprochenen Äußerungen stellen die Rezipienten erst eine Distanz zum Fernsehtext her. Die Konversationsanalyse geht in ihren Studien von einer pauschalen Zweiteilung zwischen „laughing with" und „laughing at" aus (vgl. Glenn 1995). Und genau hier zeigt sich die Besonderheit des Lachens in der Fernsehrezeption. Was das Material auszeichnet, ist ein weniger gemeinsames als vielmehr ein sukzessiv hervorgebrachtes Lachen – und nicht eigentlich Lachen mit und auch nicht eigentlich ein Lachen über den Text ist, sondern eher „am" Text. Welcher Art das Vergnügen ist, wird in der Rezeption interaktiv ausgehandelt. In diesem Lachen versichern sich die Zuschauer ihrer gemeinsamen Interpretation und stellen eine gleichgesinnte Interpretation unter sich sicher. Seine soziale Kraft entfaltet das Lachen erst in der interaktiven Aneignung. Je mehr Rezipienten anwesend sind, desto stärker scheint die Distanzierungskraft des Lachens sich entfalten zu können. Es ist daher nicht ausgeschlossen, daß die Rezeption von Massenmedien über Lachen und Weinen ganz erheblich mit dem Grad der Öffentlichkeit in privaten Kontexten zusammenhängt.

Literatur:
Bergmann, Jörg / Holly, Werner / Püschel, Ulrich (Hrsg.): Wie wir uns Fernsehen sprechend aneignen. In Vorbereitung
Glenn, Phillip J. (1995): Laughing at and laughing with: Negotiation of participant alignments through conversational laughter. In: Paul ten Have / George Psathas (Hrsg.): Situated order. Lanham: 43–56.
Jefferson, Gail / Sacks, Harvey / Schegloff, Emanuel (1987): Notes on laughter in the pursuit of intimacy, in: Graham Button /John R.E. Lee (Hrsg.): Talk and social organisation. Clevedon: 152–205
Mulkay, Michael (1988): On humour. Its natur and its place in modern society. Cambridge

Dr. Ruth Ayaß, Universität Gießen, Institut für Soziologie, Karl-Glöckner-Str. 21 E, D-35394 Gießen

„Knowledge Oblige"
Genrewissen als Statussymbol und Share-Ware

URSULA GANZ-BLÄTTLER

Wenn wir davon ausgehen, dass das Informationszeitalter (auch: Wissenszeitalter oder Kommunikationszeitalter) jenseits des dem Begriff anhängenden Schlagwortpotentials wahrhaftig auf grundlegende gesellschaftliche Veränderungen verweist und strukturell wie funktional neue Bedingungen des menschlichen Zusammenlebens schafft, dann ist oder wäre zu folgern, dass Informationen (oder Wissensbestände) zu den wertvollsten und damit auch politisch bedeutsamsten Ressourcen des anbrechenden 21. Jahrhunderts gehören werden.

Zu klären bleibt dabei die Frage, wie denn „Information" und „Wissen" zusammenhängen und in welcher Weise solche immateriellen, auch „meritorischen" (Kiefer: 1996: 21), Güter über „Kommunikation" als Vermittlungsakt zwischen Subjekten, Kollektiven und Institutionen zirkulieren bzw. diffundieren. Zwei Strategien sind grundsätzlich denk- bzw. erwartbar: (a) Information / Wissen wird (mit-)geteilt und (b)Information / Wissen wird vorenthalten.

Aus der Kombination beider, in unterschiedlicher Weise selektiver, Taktiken ergeben sich zahlreiche Möglichkeiten für den potentiell am Diffusionsprozess beteiligten gesellschaftlichen Akteur, als sogenannte Gatekeeper/Agendasetter bzw. Informations-/Wissensbroker in Erscheinung zu treten – und zwar im Alltag aufgrund von bestimmten Alltagswissensbeständen (Common Sense) genauso wie auf unterschiedlichen, aufgrund bestimmter gesellschaftlicher Rollenerwartungen eingenommener Expertenniveaus.

Ich gehe dabei von folgendem Arbeitsmodell aus, das im Detail noch zu diskutieren wäre: Mediale Daten(-flüsse) stellen das Rohmaterial für unterschiedlich verwertbare (und entsprechend gefilterte bzw. selektionierte) *Information* dar. Informationen werden zu unterschiedlichen (z. B. Erklärungs-)Zwecken sachdienlich aufbereitet und in gespeicherter bzw. abrufbarer (auch: kontrollier- und verwaltbarer) Form zu *Wissen*. Selektioniertes Wissen wiederum kann über die praktische Anwendung zu (Sach- oder Fach-)*Kompetenz* führen, die dem Träger/der Trägerin Autorität und damit ein Stück weit (politische) Macht verleiht.

Im Fall medialer Alltagshandlungen, hier am Beispiel des regelmässigen Konsums von fiktionalen Medienerzählungen des Typus „Fernsehserie", lassen sich die kommunikativen Strategien der selektiven Informations- bzw. Wissensvermittlung sehr schön beobachten, sind doch auch hier „Experten" von „Nichtexperten" zu unterscheiden bzw. lassen sich unterschiedliche Selbstwahrnehmungen hinsichtlich von Wissensbeständen und deren Wert innerhalb bestimmter gesellschaftlicher Gruppen (hier: von Interpretationsgemeinschaften) nachweisen.

Als Quelle für die Beobachtung von Informationsvermittlungsvorgängen, sei es zur Etablierung oder auch zur Demonstration eigenen Serienwissens bzw. eigener Genrekompetenz, dienen aufgezeichnete (= reproduzierbare) Fan-Aktivitäten, verstanden als Anschlusshandlungen an Rezeptionsvorgänge, die in schriftlicher oder auch bildlicher Form in mediale Netzwerke eingespeist werden, entweder in Form von Beiträgen in regelmässig in Umlauf gebrachten sogenannten „Fanzines" und Newsletters, wie sie in den USA seit längerem in Gebrauch sind (dazu Jenkins 1992) oder dann, im Internet-Zeitalter, als sogenannte „Postings" zuhanden der mehr oder weniger öffentlichen Internet-Newsgroups (Usenet Groups), die sich im Fall von Fernsehprogrammen regelmässig um einzelne kultverdächtige Serien oder auch ganze Seriengenres (wie z. B. Soaps) formieren.

Dabei lassen sich – so die Hypothese – aufgrund verschiedener explorativer „Probebohrungen" zwei dominierende Formen von sogenanntem „Expertenverhalten" innerhalb der Fan-Netzwerke feststellen: Im einen Fall lädt der Informant bzw. die Informantin das stumm partizipierende (im Fachjargon der Usenet Groups: „lurkende") Publikum explizit dazu ein, eigene Meinungsäusserungen anzubringen und sich an der Diskussion zu beteiligen. Solches geschieht entweder über direkte Aufrufe („So, next?") oder auch über – den eigenen Wissensstand relativierende – Formulierungen wie etwa „I'd love to know other speculations" oder „I look forward to reading everyone's comments ...". Auf der anderen Seite wird das eigene Wissen verabsolutiert und als Wissens*vorsprung* deklariert, sei es über das Anführen von Begründungen, die nicht so leicht zu entkräften sind („Aber das ist so.") oder über die Infragestellung einer zuvor geäusserten Position („Das ist eine Unterstellung die unhaltbar ist, und in den Bereich der Mythen und Legenden verwiesen werden kann.").

Die beiden angeführten Positionen lassen sich, etwas vereinfacht, als „kooperativ" versus „kompetitiv" beschreiben und entsprechen zwei modellhaften Strategien einer Ressourcenverteilung, die entweder auf den Ausgleich von Unterschieden bedacht ist oder aber auf (zusätzliche, betonte) Distinktion im Sinne eines Vorteilserwerbs bzw. einer Vorteilssicherung. Noch zu klären bleibt, inwiefern solche Unterschiede im Kommunikationsverhalten institutionell bedingt sind (in Netzwerken etablieren sich aufgrund gruppendynamischer Prozesse bestimmte Verhaltensregeln, die sich vermutlich in einzelnen Usenet-Groups weniger rasch durchsetzen als in anderen, wo auf entsprechende Traditionen ausserhalb des Internets rekurriert werden kann) oder auch auf Geschlechtsunterschieden und damit verbundenen gesellschaftlichen Rollenerwartungen (gender) basieren.

Ausgehend vom Begriff der „Genrekompetenz" könnte abschliessend der Frage nachgegangen werden, inwiefern im medialen Alltagshandeln erworbene Kenntnisse um narrative Konventionen und Inventionen (John G. Cawelti) das Vergnügen an ebendiesen Konventionen und Inventionen steigern oder allenfalls mindern – auch und gerade im medialen Anschlusshandeln mit anderen Experten bzw. Nicht-Experten. Allerdings müsste hier der Begriff des „Vergnügens" zunächst hinterfragt und operationalisiert werden, denn aus scheinbaren Unmutsäusserungen („Es spricht für sich, dass die Verfasser solcher Pamphlete keine Ahnung haben, welche Stadien und Institutionen eine Serie bis zur Ausstrahlung durchlaufen") könnte ja, im kompetitiven Schema, sehr wohl die schiere (Streit-)Lust – und somit pures Kommunikationsvergnügen – sprechen.

Quellen
Little Voices, 1985 – 1987 (einzelne Ausgaben des Newsletter zur Serie Magnum, P.I.; von D. Romas, Wayne State University of Detroit, freundlicherweise zur Verfügung gestellt) alt.tv.x-files und de.alt.tv.akte-x (Usenet-Groups; ausgewählte Postings von 1996 – 1998)

Literatur:
Brown, Mary Ellen (1994): Soap Opera and Women's Talk. The Pleasure of Resistance. London u. a. (Communication and Human Values)
Cawelti, John G. (1976): Adventure, Mystery, and Romance. Formula Stories as Art and Popular Culture. Chicago/London
Höflich, Joachim R. (1995): Vom dispersen Publikum zu „elektronischen Gemeinschaften". Plädoyer für einen erweiterten kommunikationswissenschaftlichen Blickwinkel. In: Rundfunk und Fernsehen 43, 4: 518–537
Jenkins, Henry (1992): Textual Poachers. Television Fans and Participatory Culture. New York/ London
Kiefer, Marie Luise (1996): Unverzichtbar oder überflüssig? Öffentlich-rechtlicher Rundfunk in der Multimedia-Welt. In: Rundfunk und Fernsehen 44, 1: 7–26
Krotz, Friedrich (1995): Elektronisch mediatisierte Kommunikation. Überlegungen zur Konzeption einiger zukünftiger Forschungsfelder der Kommunikationswissenschaft. In: Rundfunk und Fernsehen 43, 4: 445–462
Lavery, David / Hague, Angela / Cartwright, Marla (Hrsg.) (1996): „Deny All Knowledge". Reading the X-Files. Syracuse
Melody, William (1994): Electronic Networks. Social Relations and the Changing Structure of Knowledge. In: D. Crowley / D. Mitchell (Hrsg.): Communication Theory Today. Cambridge/Oxford: 254–273
Newcomb, Horace M. (1985): Magnum. The Champagne of TV? In: Channels of Communication (Mai/Juni): 23–26
Vogelgesang, Waldemar (1997): Jugendliche Medienkompetenz. Cliquen und Szenen als Orte selbstbestimmten Medienhandelns. In: medien + erziehung 41, 1: 15–23
White, Mimi (1994): Women, Memory and Serial Melodrama. In: Screen 35, 4: 336–353
Winter, Rainer (1996): Der produktive Zuschauer. Zur Medienkompetenz von Horrorfans. In: medien praktisch 20, 2: 33–36

Dr. Ursula Ganz-Blättler, Universität Zürich, Seminar für Publizistik, Postfach 201, CH-8035 Zürich

Vergnügen an interaktiven Medien und seine Folgen für Individuum und Gesellschaft

FRIEDRICH KROTZ

Kommunikation mit interaktiver Software ist eine der wesentlichen Neuigkeiten, die die computervermittelte Kommunikation ermöglicht. Sie findet bisher vor allem im Bereich der Spiele statt. Ein charakteristisches Beispiel sind Simulationsspiele wie „Civilization", in denen der Nutzer immer an ein vorgegebenes Szenario mit festgelegten Handlungsmöglichkeiten gebunden ist, aber gleichwohl einmalige Spielverläufe realisieren kann. Eine damit verbundene Besonderheit der Kommunikation via Computer und insbesondere des Spielens liegt darin, daß der Nutzer nicht mehr nur auf das Verfolgen eines Geschehens, das ihm vorgeführt wird, beschränkt ist, sondern aktiv Rollen in komplexen Umgebungen übernehmen und das Geschehen gestalten kann und muß (Krotz 1998a). Computerspiele finden wie Rollenspiele in einer doppelten Distanz vom Alltag statt: Einmal ist diese Tätigkeit als Spielen herausgehoben, zum anderen findet sie in andersartigen, simulierten Welten statt. Sie ermöglicht neue und andersartige Erfahrungen und auch neue Formen der Präsentation des Ichs (Goffman 1997).
Darüber werden offline- und online-Spiele zu einer Grundlage andersartiger Sozialisationsprozesse, die vor allem Kinder und Jugendliche betreffen, über deren Computernutzung im folgenden berichtet werden soll.

Empirische Basis: eine europäische Studie
Dazu werden erste empirische Ergebnisse einer kulturvergleichend angelegten Studie herangezogen, die derzeit in elf europäischen Ländern (Dänemark, Deutschland, Finnland, Flandern, Frankreich, Großbritannien, Italien, Niederlande, Spanien, Schweden, Schweiz) sowie Israel zur Bedeutung der computervermittelten Kommunikation für Kinder und Jugendliche stattfindet (Krotz 1998b).
Ziel dieses Forschungsverbundes, den Sonia Livingstone und George Gaskell von der *London School of Economics* koordinieren, ist es, den Umgang von Kindern und Jugendlichen im Alter zwischen 6 und 17 Jahren mit audiovisuellen Medien kommunikationswissenschaftlich orientiert und kulturvergleichend zu untersuchen. Kern des europäischen Vergleichs ist eine repräsentative Untersuchung in jedem Land, zudem wurden qualitative Studien durchgeführt.

Einige Ergebnisse über Computer und Spielen
Nach dieser Untersuchung gibt es in der Hälfte aller Haushalte mit Kindern mindestens einen PC. In jedem zweiten Haushalt mit Kindern gibt es ferner einen gameboy, in jedem dritten eine Spielkonsole für das Fernsehgerät und in jedem vierten ein Tamagotchi. Dabei sind die Geschlechtsunterschiede beträchtlich: Der Computer wird von 87 % der

befragten Kinder zum Spielen verwendet. Immerhin 56 % nutzen das Gerät zum Schreiben, alle weiteren Verwendungsmöglichkeiten sind weit abgeschlagen. Jungen, die zu Hause über einen PC verfügen, spielen im Schnitt 50 Minuten pro Tag damit und verwenden ihn weitere 21 Minuten für etwas anderes. Mädchen mit PC zu Hause spielen 18 Minuten pro Tag und verbringen weitere 18 Minuten mit anderen Aktivitäten am Computer.

Folgerungen
Die neuen Medien sind für Kinder und Jugendliche nicht neuer als andere Medien wie Buch oder Fernsehen auch. Sie betten diese Medien in ihren Alltag ein wie alle anderen auch. Zumindest in der Phase der Kindheit und Jugend sind es vor allem die Computerspiele, die die Bedeutung dieses Gerätes ausmachen. Dieses Spielinteresse leitet in die Verwendung der digitalen Medien hinein, kann aber vermutlich nicht nur als vorübergehende Phase gesehen werden. Denn das Spielen ist bekanntlich eine zentrale Aktivität der Kinder, über die sie sich in die Gesellschaft hineinsozialisieren (Scheuerl 1975). Die Kompetenz, sich am Computer zu vergnügen, und der hohe Zeitaufwand dafür sichern eine hohe Bindung an das Gerät und seine Möglichkeiten, die die Kinder und Jugendlichen heute von den Erwachsenen deutlich unterscheidet.
Insgesamt läßt sich sagen, daß hier ein Abkoppelungsprozeß stattfindet, insofern die junge Generation in ihrer Sozialisation am Computer weitgehend unter sich bleibt. Das ist mit Medien häufig so. Wenn man davon ausgeht, daß die computervermittelte Kommunikation etwas Neues in Kultur und Gesellschaft, Alltag und Identität einbringt, dann ist diese Kluft zwischen den Generationen nicht belanglos.

Computerspielen, Kindheit und Sozialcharakter
Meyrowitz (1990) hat am Beispiel des Fernsehens herausgearbeitet, daß dieses Medium Sozialisation verändert. Seine Argumentation läuft darauf hinaus, daß Kinder dadurch sehr viel früher Zugang zu Wissen und Einsichten erwerben, die nicht für sie gedacht waren. In der Konsequenz verändern sich das Geschlechterverhältnis, das Verhältnis zu Autoritäten und weiteres.
Wenn dem so ist, dann treibt die computervermittelte Kommunikation diese Entwicklung weiter voran. Denn hier übernehmen die Nutzer nicht nur imaginäre Rollen, wie es beim Rezipieren der Fall ist, sondern müssen sie interaktiv ausgestalten. Dabei sind sie sehr viel stärker involviert, und ihre Erfahrungen haben vermutlich einen größeren und qualitativ anderen Stellenwert.
Insofern liegt es nahe zu vermuten, daß das Ergebnis des heutigen Sozialisationsprozesses, der kommunikativ konstituierte Sozialcharakter der Menschen, sich wesentlich von dem unterscheiden wird, was den Sozialcharakter der Erwachsenen heute ausmacht. Dies gilt auch, wenn man berücksichtigt, daß sich zugleich die an der Welt der physischen Gegenstände orientierten menschlichen Handlungsweisen vom Mecha-

nischen und materiell Bezogenen weg entwickeln, weil den virtuellen Gegenständen in der computervermittelten Kommunikation ganz andere Eigenschaften zukommen und letztlich dort nichts endgültig ist (Turkle 1998).

Literatur:
Goffman, Erving (1997): Wir alle spielen Theater. 6. Auflage. München
Krotz, Friedrich (1998a): Digitalisierte Medienkommunikation. Veränderungen interpersonaler und öffentlicher Kommunikation. In: Irene Neverla (Hrsg.): Das Netz-Medium. Opladen: 113–136
Krotz, Friedrich (1998b): Computervermittelte Kommunikation im Medienalltag von Kindern und Jugendlichen in Europa. In: Patrik Rössler (Hrsg.): Online Kommunikation. Opladen: 85–102
Meyrowitz, Joshua (1990): Die Fernsehgesellschaft, 2 Bd. Weinheim/Basel
Scheuerl, Hans (Hrsg.) (1973): Theorien des Spiels. Erweiterte und ergänzte Neuausgabe. Weinheim
Turkle, Sherry (1998): Leben im Netz. Identität in Zeiten des Internet. Reinbek

Dr. Friedrich Krotz, Universität Hamburg, Hans-Bredow-Institut, Heimhuderstraße 21, D-20148 Hamburg

Widerspenstige Praktiken – zum Verhältnis von Kultur und Macht in den Cultural Studies

RAINER WINTER

Stuart Hall stellte 1981 in einem synthetisierenden Artikel fest, daß die Cultural Studies im wesentlichen von zwei Paradigmen geprägt sind: vom Kulturalismus und vom Strukturalismus. Das bis heute wesentliche Ziel der Cultural Studies, die Untersuchung kultureller Praktiken und Institutionen im Kontext von gesellschaftlichen Machtverhältnissen unterschiedlicher Art, wurde in den 70er Jahren weitgehend durch ideologiekritische Analysen realisiert. Anschließend verschob sich das Interesse aber hin zu Antonio Gramscis Hegemonietheorie und zu Michel Foucaults Machtanalysen. Die Hegemonietheorie schuf die Voraussetzung, das Populäre als Ort sozialer Auseinandersetzungen zu bestimmen, an dem für und gegen die Kultur des Machtblocks in einer Gesellschaft gekämpft wird. Ergänzend ebneten Foucaults Arbeiten den Weg, um Kultur als diskursive Formation zu begreifen, und sensibilisierten den Blick dafür, wie

im Alltagsleben auf Machtverhältnisse reagiert wird, wie versucht wird, mit ihnen zurechtzukommen, ihnen zu entrinnen bzw. sie zu verändern. Foucault (1976) hat in seinen genealogischen Analysen gezeigt, daß die moderne Macht Widerstandspunkte in der Gesellschaft erfordert, um funktionieren und sich ausbreiten zu können. Darüber hinaus stellen Praktiken des Widerstandes jedoch auch immer eine Quelle für Unordnung, Veränderung und Verschiebung von Machtverhältnissen dar. Diese neuen Perspektiven, welche die Arbeiten von Foucault eröffnet haben, nehmen in der weiteren Entwicklung der Cultural Studies gegenüber der Hegemonietheorie von Gramsci zunächst eine untergeordnete Rolle ein, seit Ende der 80er Jahre treten sie aber immer mehr in den Vordergrund. Der Widerstand wird zur dritten wichtigen Kategorie neben Kultur und Macht (vgl. Winter 1997). Zudem zeigte Foucault, wenn auch eher am Rande, wie die Ausübung von Macht und der Widerstand gegen sie mit Lust verbunden sind. Innerhalb der Cultural Studies entwickelte sich nun die Vorstellung, daß der lustvolle Umgang mit Populärkultur eine produktive Form des Widerstandes sein kann. Bei dieser Konzeption spielten noch andere poststrukturalistische Überlegungen eine Rolle. Der späte Roland Barthes hatte sich nämlich von der Analyse der Mythen des Alltags dem Flottieren der Signifikanten und der damit verbundenen Lust am Text zugewandt. Er machte deutlich, wie der Körper bzw. das Begehren am Prozeß des Lesens beteiligt sind. Das Lesen mit dem Körper kann nun gerade eine der Fluchtlinien sein, die im Poststrukturalismus als Elemente einer Lebenskunst begriffen werden, die sich der Macht entgegenstellen. Wie Barthes in „Die Lust am Text" (1974) zeigt, kann es zu einem Verlust des sozial definierten Sinn für sich selbst, zu einer temporären Ent-Individualisierung und damit zu einem Ausbruch aus der hegemonialen Ideologie, die wesentlich für die Konstitution von Subjektivität ist, führen. Diese Neubewertung der sozial verankerten symbolischen Erfahrung hat, wie Fredric Jameson feststellt, dem affirmativen Vergnügen, das bis dahin in Analysen der Massenkultur im Zentrum stand, ein Vergnügen gegenübergestellt, das einen allegorischen Charakter hat. Es ist nicht nur für sich selbst, d. h. in seiner jeweiligen lokalen Realisierung, sinnvoll und wünschenswert, sondern gleichzeitig steht es auch für die Gestalt der Utopie und damit für eine Transformation gegebener kultureller und gesellschaftlicher Verhältnisse (Jameson 1983: 13).
Insbesondere John Fiske hat sich um eine genauere Bestimmung des populären Vergnügens bemüht. So befinden sich nach seiner Vorstellung populäre Vergnügen in einem widerspenstigen Verhältnis zur hegemonialen Ordnung, sie bedrohen diese und symbolisieren Unordnung sowie Widerstand. Fiske (1989: 50ff.) faßt unter populäre Vergnügen einerseits die affektive Energie, eigene Bedeutungen der sozialen Erfahrung zu produzieren, andererseits die Lust, der sozialen Disziplin, den Identitäts- und Normalitätszuweisungen der dominanten Kultur zu entgehen, ihr zu entrinnen oder sie symbolisch in Frage zu stellen. Außerdem beziehen populäre Vergnügen ihren Reiz aus

den sozialen Allianzen, die gleichgesinnte Subjekte in räumlich-zeitlich bestimmten Kontexten eingehen. In den alltäglichen Auseinandersetzungen in ungleichen Machtverhältnissen können durch verschiedene Taktiken im Sinne de Certeaus (1988) Fluchtlinien aufgetan und Freiräume geschaffen werden, und es kann zu einer Umverteilung von Macht kommen. In der Mikropolitik der Populärkultur liegt das produktive Vergnügen vor allem darin, Bedeutungen zu produzieren, die relevant und funktional sind und sich auf das eigene Alltagsleben in einer praktischen und direkten Weise beziehen. Im Zentrum der Analyse des Populären steht bei den Cultural Studies also eine kulturelle bzw. ästhetische Reflexivität (vgl. Lash 1996). Populärkultur ist der Prozeß der kulturellen Regulierung und Veränderung des Alltags, der von sozialen Subjekten und Gruppen selbst in die Hand genommen wird, indem sie sich die von der Kulturindustrie vorgegebenen Ressourcen gemäß eigener Interessen aneignen.

Literatur:
Barthes, Roland (1974): Die Lust am Text. Frankfurt a. M.
De Certeau, Michel (1988): Die Kunst des Handelns. Berlin
Fiske, John (1989): Understanding Popular Culture. London
Foucault, Michel (1976): Überwachen und Strafen. Frankfurt
Hall, Stuart (1981): Cultural Studies: Two Paradigms. In: Media, Culture and Society 2: 57–72
Jameson, Fredric (1983): Pleasure: A Political Issue. In: Formations of Pleasure, London: 1–13
Lash, Scott (1996): Reflexivität und ihre Doppelungen: Struktur, Ästhetik und Gemeinschaft. In: Ulrich Beck / Anthony Giddens / Scott Lash: Reflexive Modernisierung. Frankfurt: 195–286
Winter, Rainer (1997): Cultural Studies als kritische Medienanalyse. Vom „encoding/decoding"-Modell zur Diskursanalyse. In: Andreas Hepp / Rainer Winter (Hrsg.): Kultur – Medien – Macht. Cultural Studies und Medienanalyse. Opladen: 47–63

Dr. Rainer Winter, Technische Hochschule Aachen, Institut für Soziologie, D-52056 Aachen

Praxisrelevanz der Sozialwissenschaften

Organisation: Helmut Fehr / Clemens Kraetsch

Einleitung

HELMUT FEHR / CLEMENS KRAETSCH

Vor dem Hintergrund von gesellschaftlichen Entwicklungen der vergangenen Jahre hat das Verhältnis von Sozialwissenschaften und Praxis wieder eine neue Aktualität erlangt: Transformation und Globalisierung, strukturelle Arbeitslosigkeit und die Krise des Sozialstaates belegen dies. Die Debatte über den Praxisbezug ist dabei keine rein innerwissenschaftliche mehr, von seiten der Praxis wird z. T. massive Kritik an der Leistungsfähigkeit des Faches geäußert. Verschärfend in der Diskussion um die gesellschaftliche Rolle der Sozialwissenschaften kommen die Ergebnisse der Verwendungsforschung in den achtziger Jahren hinzu, die zeigten (Beck; Bonß; Ch. Lau u.a.), daß die Ergebnisse der Forschung wenig mit der Verwendung der Ergebnisse zu tun hat, die „Reichweite" des Praxiseinflusses von Sozialwissenschaften begrenzt ist. Hinzu kommt, daß die Erwartungen an die Problemlösungsfähigkeiten der Sozialwissenschaften in den 70er und 80er Jahren (Stichwort: Planungseuphorie) enttäuscht wurden.
Innerhalb der Sozialwissenschaften zeichnen sich jüngst auf diese Probleme hinsichtlich des Praxisbezugs unterschiedliche Reaktionen ab. Die Spannbreite der Themen reicht von selbstkritischen Bestandsaufnahmen über die Reichweite sozialwissenschaftlicher Interpretationen bis hin zu Krisendiskursen. Gemeinsam ist diesen teil-öffentlichen Meinungsbildungsprozessen, daß die Aufgaben der Soziologie als Schlüsselwissenschaft für die übrigen Sozialwissenschaften und die veränderten Kontexte für Kritik, Aufklärung und Gesellschaftsanalyse näher beleuchtet werden. Interdisziplinarität und Organisationsberatung bilden hierbei ebenso thematische Schwerpunkte wie Überlegungen zur „Zukunft der Arbeit", zu Problemen der Organisationsberatung und zu veränderten Perspektiven für Forschungsförderung.
Die Idee, eine Ad-hoc-Gruppe zur Praxisrelevanz der Sozialwissenschaften abzuhalten, ist im Kontext eines laufenden empirischen Forschungsprojektes entstanden, das am Sozialwissenschaftlichen Forschungszentrum/Institut für Soziologie der Universität Erlangen-Nürnberg durchgeführt wird (Projekt: „Institutionelle Differenzierung und Anwendungsbezüge der Sozialwissenschaften"). Anhand der exemplarischen Felder Arbeit, Industrie, Organisationswandel und Beratung wurden in einzelnen Beiträgen

Anwendungsbezüge sozialwissenschaftlicher Forschung behandelt (*Roland Springer**, *Petra Thinnes, Helmut Fehr*). Ergänzt wurden diese Beiträge durch Überlegungen von *Wolfgang Bonß**, die die Grenzen praxisorientierter Sozialforschung aus wissenschaftssoziologischer Sicht erörtern.

Anmerkung:
* Diese Beiträge lagen der Redaktion nicht vor.

PD Dr. Helmut Fehr, Universität Halle-Wittenberg, Institut für Soziologie, Emil-Abderhalden-Str. 7, D-06099 Halle/Saale

Clemens Kraetsch, Universität Erlangen-Nürnberg, Institut für Soziologie, Kochstr.4, D-91054 Erlangen

Soziologische Organisationsberatung – neue Wissenschaft-Praxis-Synergien?

PETRA THINNES

Der Begriff der soziologischen Organisationsberatung, mit dem Consultingaktivitäten von Soziologen bezeichnet werden, kann zunächst nur für die Praxisfähigkeit beratender Soziologen, nicht aber schon für ein spezifisch soziologisches Beratungswissen stehen. Das Know-How, mit dem Soziologen im Beratungsmarkt operieren, muß praktisch anschlußfähig, aber nicht zwangsläufig soziologischer Provenienz sein. Ein spezifisch soziologisches Beratungswissen kann allenfalls im Hinblick auf seine Genese, jedoch nicht im Sinne eines Transfer- und Anwendungsmonopols behauptet werden, weil inzwischen auch andere Beratungsprofessionen ihr Angebotsprofil *sozialwissenschaftlich* komplettieren. Eine angemessene Beschreibung und Profilierung soziologischer Beratung erfordert demnach die Identifikation ihrer soziologischen Komponenten, die insofern zugleich die Frage nach der Praxisrelevanz der Soziologie aufwirft, als damit deren Beiträge zur Unterstützung organisationaler Lern- und Veränderungsprozesse reflektiert werden (können). Umgekehrt können erste Überlegungen angestellt werden, wie die Soziologie von praktischer Beratung profitieren könnte, denn diese erschließt neue Erkenntnisquellen in dem begehrten Untersuchungsfeld der betrieblichen Organisationen.
Auch wenn die Soziologie keine Gestaltungswissenschaft ist, die konkrete Handlungsanleitungen bereitstellt, so können ihre beratenden Repräsentanten dennoch in nicht exklusiver, aber privilegierter Weise auf die wachsende Nachfrage nach sozialwissen-

schaftlich basiertem Gestaltungswissen reagieren. Ausgestattet mit Beobachtungs- und Analysekompetenz für komplexe Sozialsysteme, für die offenen und verdeckten mikropolitischen Spiele sowie für die nicht-intendierten Folgen des Handelns betrieblicher Akteure, sind soziologische Berater prädestiniert, Organisationen zu einem verbesserten Selbst-Verständnis und damit zur Selbst-Veränderung zu verhelfen. Ihre Wissens- und Deutungsangebote verlieren im Prozeß der praktischen Aneignung durch die interpretierenden betrieblichen Akteure ihre akademische Unschuld, aber sie verflüchtigen sich nicht völlig. In der Person eines professionell agierenden soziologischen Beraters bleibt trotz seiner realen Verwicklung in Beratungsprozesse die strukturelle Differenz zwischen wissenschaftlichen und praktischen Erkenntnisformen erhalten, die erforderlich ist, um einer Organisation durch Beratung erweiterte und andere Perspektiven zu eröffnen als die, die sie selbst schon kennt.

Ein Organisations- und Interventionsverständnis, das auf der Differenz und Autonomie beider Domänen aufbaut und zugleich deren selbstreflexive Öffnung ermöglicht, bietet der systemische Beratungsansatz. Beobachtung und Intervention richten sich auf „von den Personen abstrahierte Kommunikationsstrukturen, Sprachspiele, organisationsspezifische Semantiken, letztlich Spezialsprachen und ausdifferenzierte Kommunikationsmedien" (Willke 1992: 29). Die zu beratenden Organisationen werden als hochkomplexe, autopoietische Systeme gefaßt, die nach Luhmann (1988: 49) von ihrer Umwelt (zu der auch das Beratersystem gehört) nicht determiniert, sondern allenfalls zur Selbstanpassung angeregt werden. Beratung ist damit weniger die Macht der Steuerung als die Kunst der Irritation, die allerdings irritationstauglicher Fremd- bzw. Beraterperspektiven bedarf. Soziologische Berater können hierbei auf umfangreiche Analysen betrieblicher Rationalisierungsprozesse zurückgreifen und deren Ergebnisse der Organisation als kritisches Vergleichswissen zur Überprüfung ihrer Orientierungen und Operationen anbieten, was voraussetzt, daß die Forschungsergebnisse nicht hoffnungslos veraltet sind und somit eine stärkere Kooperation zwischen Forschung und Beratung begründet. Soziologisches Wissen wird Organisationen auch dort zugute kommen, wo Umfeldanalysen benötigt werden, um die eigenen Entscheidungen im Kontext veränderter (weltweiter) Wettbewerbsbedingungen thematisieren zu können. Aus der Globalisierungs- und Netzwerkforschung lassen sich Erkenntnisse ableiten, die bei der Unterstützung von Unternehmen im Aufbau kleinräumlicher, zwischenbetrieblicher wie globaler Kooperationen hilfreich sein können. Die Steuerungstheorie (Willke 1995) enthält zudem wichtige Anregungen zu den Möglichkeiten und Grenzen neuer Koordinationsformen, die sich im Zuge der Dezentralisierung und der weltweiten Unternehmensorganisation neben Hierarchie und Markt in verschiedenen Formen der Kontextsteuerung (Naujoks 1994) herausbilden. Statt sich an der „Produktion von Moden und Mythen des Managements" (Kieser 1996) zu beteiligen, könnten sich soziologische Berater mit derartigen Fundierungen im Segment skeptischer Nachfrage als kritische

Begleiter organisationaler Lernprozesse profilieren und den sich abzeichnenden Beratungs(teil-)markt, „auf dem erneute reflexive Bearbeitung der reflexiven Rationalisierung" angeboten wird (Faust 1998: 176), bedienen.
Von einem derartigen Selbstverständnis soziologischer Beratung bleibt das Verhältnis von Forschung und Beratung nicht unberührt. Nur wenn wissenschaftliche Erkenntnisformen gewahrt bleiben, kann die zu beratende Organisation von Wirklichkeitskonstruktionen profitieren, die nicht in selbstbezüglichen Systemoperationen generiert wurden und somit als alternative Deutungsmuster wahrgenommen und bearbeitet werden können (nicht müssen). Der Schutz der Wissenschaft, hier der Soziologie, vor einem selbstgefährdenden Übermaß praktischer Verwertung bildet sozusagen die Voraussetzung für beratungsrelevante Anschlüsse und Differenzen. Zu viel wissenschaftliche Selbstbezüglichkeit wiederum vergibt die Synergieeffekte, die sich aus einer gelungenen Verknüpfung – nicht der Verschmelzung – von Forschung und Beratung ergeben könnten. Im Falle der *Beratungsforschung*, die ein breites Untersuchungsspektrum von der Aufklärung gesellschaftlicher Funktionen von Beratung, über die Erkundung der Wirkung von Beratung in Organisationen bis hin zur Reflexion der Handlungskonstellationen in Beratungsprozessen abdecken könnte (Pongratz 1998: 258f.), bleibt die konventionelle Distanz von Forschungssubjekt und -objekt erhalten. Der *forschende Berater* dagegen jongliert zwischen den ökonomischen Abhängigkeiten einer Auftraggeber-Auftragnehmer-Beziehung und den Standards seiner „scientific community", deren Anerkennung er in der Verbreitung und im kritischen Diskurs seiner Beratungserfahrungen benötigt. Um Beratung als „Vehikel der Forschung" (Minssen 1998: 59) in der günstigen Situation einer vom Unternehmen selbst gewollten und finanzierten Kooperation und ihren zentralen Vorteil eines intensiven, synchronen (statt retrospektiven) Einblicks in das betriebliche Geschehen zu nutzen, bedarf es deshalb höchster wissenschaftlicher Disziplin. Die beratungsbezogenen Erkenntnisse müssen methodisch korrekt aufbereitet werden, wobei insbesondere der Einfluß der eigenen Intervention auf den Forschungsgegenstand zu beachten ist. Ein systemisches Organisations- und Beratungsverständnis, das die Differenz von Wissenschaft und Praxis akzeptiert, ohne die Möglichkeiten gegenseitiger Anregung auszuschließen, fördert nicht nur den produktiven Dialog zwischen Berater und Klient, sondern auch den Prozeß der „umgekehrten Irritation". Das Wissenschaftssystem würde durch eine für die Wirklichkeitskonstruktionen der betrieblichen Praxis offenen Beratung zu neuen Fragen und Forschungsthemen angeregt und könnte im Rücktransfer der hierzu gewonnenen Erkenntnisse den synergetischen Kreis schließen und die Praxis mit noch mehr Deutungskompetenz bereichern.

Literatur:

Faust, Michael (1998): Die Selbstverständlichkeit der Unternehmensberatung. In: Howaldt, Jürgen / Kopp, Ralf (Hrsg.): Sozialwissenschaftliche Organisationsberatung. Auf der Suche nach einem spezifischen Beratungsverständnis. Berlin: 147–181

Kieser, Alfred (1996): Moden und Mythen des Organisierens. In: Die Betriebswirtschaft 1: 21–39

Luhmann, Niklas (1988): Die Wirtschaft der Gesellschaft. Frankfurt a.M.

Minssen, Heiner (1998): Soziologie und Organisationsberatung – Notizen zu einem komplizierten Verhältnis. In: Jürgen Howaldt / Ralf Kopp (Hrsg.): Sozialwissenschaftliche Organisationsberatung. Auf der Suche nach einem spezifischen Beratungsverständnis. Berlin: 53–72

Naujoks, Henrik (1994): Konzernmanagement durch Kontextsteuerung – die Relevanz eines gesellschaftstheoretischen Steuerungskonzepts für betriebswirtschaftliche Anwendungen. In: Georg Schreyögg / Peter Conrad (Hrsg.): Managementforschung 4. Dramaturgie des Managements. Laterale Steuerung. Berlin/New York: 105–141

Pongratz, Hans J. (1998): Beratung als gemeinsames Anliegen von Praxissoziologen und Sozialforschern. In: Sozialwissenschaften und Berufspraxis 3: 253–266

Willke, Helmut (1992): Beobachtung, Bewertung und Steuerung von Organisationen in systemtheoretischer Sicht. In: Rudolf Wimmer (Hrsg.): Organisationsberatung. Neue Wege und Konzepte. Wiesbaden: 17–41

Willke, Helmut (1995): Systemtheorie III: Steuerungstheorie. Stuttgart/Jena

Dr. Petra Thinnes, Universität Bochum, Institut für Arbeitswissenschaft, Universitätsstr. 150, D-44780 Bochum

Kritik der systemischen Organisationsberatung

HELMUT FEHR

In meinem Beitrag beschäftige ich mich mit Problemstellungen, die zwischen Sozialwissenschaften und Beratungskonzepten angesiedelt sind. Aktuelle Veränderungen im Verhältnis von Organisationsberatung und Arbeit bilden hierbei einen Bezugspunkt; ein anderer ergibt sich aus der Frage nach der Praxisrelevanz von sozialwissenschaftlicher Beratung. Die Planungseuphorie der siebziger und achtziger Jahre in der Verwendungsforschung (z. B. „Humanisierung der Arbeit"-Programm) bietet hierfür ebenso Anhaltspunkte wie die gegenwärtige Konjunktur systemischer Beratung. Für eine kritische Auseinandersetzung sind die folgenden Feststellungen von Interesse:

1. Systemtheoretische Soziologen und Organisationsberater bedienen in der Beratungspraxis ihre Klienten häufig mit Wissensangeboten, die auf *unexplizierten* Annahmen beruhen: Holistische Konzepte ohne Bezug zu den Handlungserfahrungen von Subjekten und Akteursgruppen. Dementsprechend apodiktisch geraten auch Verweise auf die Idee einer emergenten Qualität systemischer Kontexte des Lebens und der Organisationen. Wo der Aufweis und die Begründung für Vorstellungen der Emergenz erforderlich sind, werden pauschale Slogans angeboten (Willke 1998: 30f.).
2. Die Modelle, Begriffe und Theorien aus den Naturwissenschaften und der allgemeinen Kybernetik werden hierbei *nicht gegenstandsadäquat* übertragen. Im Gegenteil: Es überwiegen Strategien des Konzepttransfers, wonach allgemeine Modelle nach Strukturanalogien hin bestimmt werden und unterschiedliche Moden eine Verbindung eingehen können: Autopoietische Systemvorstellungen, Annahmen aus der naturwissenschaftlich geprägten Chaostheorie und lerntheoretische Entwürfe der Kreativität (Flämig 1988). Die Bezugnahme auf soziale Sachverhalte und soziale Institutionen erscheint hierbei vage, kulturelle Kontextbedingungen für den organisatorischen und sozialen Wandel werden nur am Rand behandelt.
3. Die Vorstellung von Intervention ist *unterkomplex* wie globale historische Verweise und Beispiele für Einflußnahme und politische Steuerung zeigen (Willke 1994: 236ff.). Die Konjunktur systemtheoretischer Rhetorik führt stellenweise zu selbstläufigen Wortbildungen und Metaphern. Da trifft zum Beispiel das „Beratersystem" auf das „Anwendersystem" (Mingers), ist von Vermittlungsleistungen (intermediären Funktionen) die Rede, wo lediglich die Ebene abstrakter Theorie variiert wird. Und von der Analyse organisatorischer Lernprozesse und Intervention wird in Zusammenhängen ausgegangen, die nur aneinandergereihte theoretische Termini beinhalten: „Eine nicht weniger anspruchsvolle Variante der Destabilisierung von Strukturen besteht in der Aufhebung strukturfunktionaler Latenz durch das Herstellen von Bewußtsein über relevante Problemdimensionen (bei Bewußtseinslatenz) bzw. durch Kommunikation bislang blockierter Themen (bei Kommunikationslatenz). Mehr noch als die Unterstützung von Prozessen der Bewußtseinsbildung ist die Einbringung von Themen ein zentraler Bestandteil systemischer Interventionen" (Mingers 1996: 93).
4. Der Abstraktionsgrad von Begriffen wie systemische Komplexität oder „Kommunikation" und die geforderte Offenheit systemtheoretischer Modelle steht im Gegensatz zu dem teilweise dezisionistischen, teilweise pragmatischen Gebrauch von Begriffen und Wissensbeständen durch systemtheoretische Berater in der Praxis.
5. Von Rollenproblemen im Übergang von der Theorie zur Praxis wird weitgehend abgesehen, Konfliktdimensionen werden bis zur Unkenntlichkeit minimiert. So liegen die Kompetenzen des systemischen Beraters nach Ahlemeyer in einer anhaltend „lernbereiten" Persönlichkeit, die „allein" ihn befähigt, „konstruktiv" mit

unerwarteten Herausforderungen, „Pathologien" und „Provokationen" umzugehen. Diese angenommenen Persönlichkeitseigenschaften des systemischen Beraters sollen die „berufsspezifischen Schwächen" *und* Vorteile des Soziologen für die Beratungssituation ausgleichen bzw. nutzen (Ahlemeyer 1996: 86).

6. Die systemische Organisationsberatung ist so weitgehend auf funktionale Differenzierung ausgerichtet, daß gegenteilige Entwicklungstendenzen in Organisationen wie Entdifferenzierung ausgeblendet werden. Organisationsberater müssen aber, wie Studien zur Modernisierungs- und Organisationstheorie zeigen, die Möglichkeit von Entdifferenzierungstendenzen und -prozessen berücksichtigen (Rüschemeyer 1986: 168). Diese reichen von Anzeichen der „Regression" bis zu struktureller Entdifferenzierung (wie Desorganisation). Das gilt besonders für drei Anwendungsfelder, in denen sich neue organisatorische Entwicklungstendenzen abzeichnen, die praxisrelevante Wissens- und Beratungsangebote erfordern: (1.) Der Bereich freiwilliger Organisationen und informeller Institutionen, der einen Bedeutungszuwachs erfährt – Beratungen in freiwilligen Organisationen sind stärker auf Empathie und kommunikative Handlungskompetenzen der Berater angewiesen; (2.) die Organisations- und Unternehmensentwicklung in den post-kommunistischen Gesellschaften Osteuropas, in der gerade systemische Regelmäßigkeiten fehlen bzw. die Ausnahme bilden (Casadi/Bunce 1992; Wedel 1992); (3.) die Übergänge von transnationalen zu globalen Organsiationsformen, Institutionen und Unternehmen, für die Entdifferenzierungsprozesse typisch sind.

In allen drei angeführten Untersuchungsfeldern können zwei Grundannahmen der systemischen Organisationsberatung nicht herangezogen werden: die Maßstäbe funktionaler Differenzierung und der systemischen Selbstorganisation. Es fehlen nämlich die Anhaltspunkte für die Eigenlogik von Teilsystemen, von denen systemische Organisationsberater als selbstverständlich ausgehen. Freiwillige Organisationen, informelle Institutionen, Transformationsprozesse und Globalisierungstendenzen beinhalten Herausforderungen, die den angenommenen Selbstlauf funktionaler Differenzierung relativieren; und zwar so grundsätzlich, daß die Untersuchung stärker auf Entdifferenzierungstendenzen gerichtet werden müßte, ein systemtheoretisch vernachlässigter Analysegesichtspunkt.

Schlußbemerkungen

Überhöhte Erwartungen an die Umsetzbarkeit von Steuerungskonzepten waren nicht nur für das Programm „Humanisierung des Arbeitslebens" kennzeichnend. Euphorische Erwartungen an Konzepte der Selbststeuerung von Systemen zeigen, daß in der systemischen Organisationsberatung heute ein Interventionsoptimismus verbreitet ist, der Illusionen weckt. Die Vorstellungen systemischer Berater über Möglichkeiten der Intervention stehen im Gegensatz zu Erfahrungen von befragten Experten aus den (Sozial-)Wissenschaften und der Praxis. Ich beziehe mich mit dieser Feststellung auf ausgewählte Ergebnisse einer empirischen Befragung von (Sozial-)Wissenschaftlern und Praktikern, die im Rahmen eines vom Bundesministerium für Bildung, Wissenschaft, Forschung und Technologie geförderten Projektes am Sozialwissenschaftlichen Forschungszentrum/Institut für Soziologie der Universität Erlangen-Nürnberg 1996 bis 1998 durchgeführt wurde.

Literatur:
Ahlemeyer, Heinrich (1996): Systemische Organisationsberatung und Soziologie. In: Heine von Alemann / Annette Vogel (Hrsg): Soziologische Beratung. Opladen
Casadi, Maria / Bunce, Valerie (1992): A Systematic Analysis of a Non-System: Post-Communism in Eastern Europe. In: Sisyphus – Social Studies, Warszawa, Vol. 1, III
Flämig, Michael (1998): Naturwissenschaftliche Weltbilder in Managementtheorien. Frankfurt a. M.
Mingers, Susanne (1996): Systemische Organisationsberatung. Eine Konfrontation von Theorie und Praxis. Frankfurt a. M.
Rüschemeyer, Dietrich (1986): Power and the Division of Labour. Cambridge
Wedel, Janine R. (ed.) (1992): The Unplanned Society – Poland During and After Communism. New York
Willke, Helmut (1994): Systemtheorie II: Interventionstheorie. Suttgart
Willke, Helmut (1998): Systemisches Wissensmanagement. Stuttgart

PD Dr. Helmut Fehr, Universität Halle-Wittenberg, Institut für Soziologie, Emil-Abderhalden-Str. 7, D-06099 Halle/Saale

Professionelles Grenzgängertum: Ethnographie als Brücke zwischen fremden Welten

Organisation:
Roland Girtler / Anne Honer / Christoph Maeder

Einleitung

ROLAND GIRTLER / ANNE HONER / CHRISTOPH MAEDER

Was für die Ethnographie Betreibenden als professionelle Grenzgänger zum beruflichen Alltag gehört – das Konzept der eigenen Doppelidentität in Relation zu den untersuchten Feldern – das lässt sich in einer „Welt in Stücken" nach Geertz zunehmend auch auf der alltäglichen Handlungsebene von Menschen in ihren sozialen Kontexten beobachten und beschreiben. Sinnvoll bleiben für die Handelnden immer mehr nur noch fragmentarische Zonen des Milieus, der eigenen sozialen Gruppen oder Lebensstilgemeinschaften und dennoch verwebt sie das Band des Sozialen in die ihnen grossflächig fremde Welt der anderen.

Die ethnographische Rekonstruktion der Herstellung des Sozialen in den unterschiedlichsten Lebenswelten – und der damit mögliche Nachweis prinzipieller Gleichartigkeit von vergesellschaftenden Grundstrukturen unter den Kontextbedingungen der gegenseitigen Ignoranz oder gar der vollständigen Inkongruität von Deutungs- und Handlungsroutinen – leistet in diesem Sinn Brückenbauerdienste.

Unter dieser Generalbehauptung wurden in der Ad-hoc-Gruppe inhaltlich disperse Forschungsfelder in ihrem Eigensinn dargestellt und theoretisch sondiert. Dabei wurden einerseits die Grenzen thematisiert, die zwischen der Ethnographie und den ihren Gegenstand konstituierenden Subjekten in ihren Soziotopen liegen: Welche Konsequenzen es etwa zeitigt, wenn von den Feldmitgliedern der Status des Ethnographen als beruflicher Beobachter außer Kraft gesetzt wird, thematisiert *Peter Loos*; oder wenn bikulturell sozialisierte Akteure als Co-Interpreten fungieren sollen und Mißverständnisse evozieren (*Jo Reichertz* und *Norbert Schröer*); aber auch wenn der Schatten der „gemeinsamen" Geschichte das „Unsagbare" gesprächshemmend dominant werden läßt (*Margarete Kusenbach*).

Andererseits ist aber auch klar geworden, dass gerade unter modernen Bedingungen fast nur noch ethnographische Inventare in der Lage sind, vernünftige, das heisst auch ausserhalb der im ethnographischen Fokus stehenden Lebenswelt nachvollzieh- und verstehbare Berichte von Handlungs- und Interpretationslogiken zu sozialen Räumen zu liefern: Am Beispiel von schweizerischen Führungskräften in Japan an Geschäftsbesprechungen mit lokalem Personal belegte *Olaf Zorzi*, dass weniger interkulturelles Verstehen, als vielmehr einfache Machtstrukturen den gegenseitigen Umgang im Wirtschaftsleben der untersuchten Bankkultur anleiten. – Mit dem Nachweis lokal ausgeführter, aber durch technische Vermittlung global wirkender Mikrostrukturen der Handlung von Devisenspekulanten, stellte *Urs Brügger* die ethnographische Forschung in den Bedeutungskontext der Globalisierung. – Die temporäre Privatisierung des öffentlichen Raumes und die Konsquenzen für Ein- und Ausgeschlossene stellte *Beate Littig* am Beispiel einer Wiener Damensauna dar und zeigt die räumlichen Taktiken, sozialen Etikettierungen und symbolischen Inszenierungen, die Zonen von einzigartiger Vergemeinschaftung schaffen. *Ina Dietzsch* rekonstruierte anhand von privater deutsch-deutscher Korrespondenz wie Grenzen als kognitive Strukturen mit grosser sozialer Reichweite in schriftlich fixierten Formen erzeugt wurden. *Ella Scheibelhofers** Analyse der Interaktionsmuster von Insassinnen und Bediensteten unter dem Regime einer speziellen totalen Institution belegte einmal mehr die grundlegende Konstitution von Grenzen sozialer Zugehörigkeit durch spezifische Organisationformen. Überlegungen zur materiellen Symbolik eines Frauenmotorradclubs präsentierte abschließend *Helga Patscheider*.

Anmerkung:
* Dieser Beitrag lag der Redaktion nicht vor.

Prof. Dr. Roland Girtler, Universität Wien, Institut für Soziologie, Alserstr.33, A-1080 Wien

Dr. Anne Honer, Universität Konstanz, Fachgruppe Soziologie, Postfach 5560, D-78434 Konstanz

Dr. Christoph Maeder, HFS Ostschweiz, Abt. Forschung, Müller-Friedbergstr. 34, CH-9401 Rorschach

Grenzen ziehen, Grenzen überschreiten – vom Umgang von Migrantenjugendlichen mit den Ethnographen

PETER LOOS

„Wie haltet ihr es denn mit Blicken gegen Türken", lautete die Frage, die Jugendliche während einer unserer Feldaufenthalte an uns richteten[1]. Sie stellten sie, nachdem wir im Hinterzimmer eines ausschließlich von Migranten türkischer Herkunft besuchten Cafés schon längere Zeit miteinander gesprochen hatten. Mit „Blicken gegen Türken" meinten sie eine Form der Fremdenfeindlichkeit, die in Interaktionen habituell, durch einen bestimmten „Blick", zwar erfahrbar ist, die aber nicht kommuniziert wird und gerade wegen dieser Nichtansprechbarkeit für diese Jugendlichen ein Problem darstellt. Für uns kam diese plötzliche Markierung einer Grenze – hier die Jugendlichen als die „Fremden", dort die EthnographInnen als Mitglieder jener anderen Gruppe, die den „Fremden" ablehnend gegenüber steht – etwas überraschend, hatten wir doch angesichts des bis dahin erreichten Rapports nicht mehr damit gerechnet. Später stellte sich aber heraus, daß es sich bei dieser Frage keineswegs um einen moralisierenden Vorwurf gehandelt hatte, sondern tatsächlich um eine reine Informationsfrage: Die Jugendlichen wollten uns in einer Art Umkehrung des methodologisch vorgesehenen Verhältnisses zwischen Erforschten und EthnographInnen als Experten für dieses Phänomen befragen. Woher rührt nun diese amoralische Haltung bezüglich ethnisch markierter Grenzziehungen? Um dies zu erläutern, muß ich etwas weiter ausholen: In der Gruppendiskussion, die wir mit den Jugendlichen dann durchführten, wurde deutlich, daß sie über strukturell gleichartige biographische Erfahrungen verfügten. Zum einen waren sie teils in Deutschland und teils in der Türkei aufgewachsen und hatten sowohl hier als auch dort die Schule besucht. Zum anderen – und das ist in diesem Zusammenhang der zentrale Punkt – hatten sie zwei unterschiedliche Arten *kultureller Praxis* kennengelernt: die durch die Herkunftsfamilie tradierte auf der einen Seite und die durch die peers bzw. institutionell vermittelte auf der anderen. Durch die wechselseitigen, für die Jugendlichen auch schmerzhaft erfahrenen Relativierungen der Gültigkeit und Reichweite dieser Praxen, konnten diese Praxen sich habituell nicht verfestigen, bereits bestehende Habitualisierungen wurden aufgebrochen. Weder die durch die Herkunftsfamilie tradierte noch die institutionell oder durch die peers vermittelte Kultur ist so für die Jugendlichen zur fraglosen Praxis geworden. Stattdessen stellen sich ihnen „Kulturen" als *kognitive Systeme* von Regeln dar. Mit der Frage nach den „Blicken gegen Türken" wollten sie genaueres über eine dieser Regeln erfahren, um sich mit ihr arrangieren zu können. Allerdings lassen sich in diesem Modus der kognitiven Verarbeitung möglicherweise widersprüchliche Regeln über die Grenzen kultureller Systeme hinweg nicht ineinander vermitteln. Oder wie diese Jugendlichen bezüglich der für fast alle Gruppen zentralen Regelungen des Geschlechterverhältnisses es selbst ausdrückten: „Man kann die Mitte nicht finden". Wobei die Jugendlichen mit dieser Formulierung gleichzeitig den prekären Charakter ihrer Alltagspraxis zum Ausdruck brachten. Auch eine andere Gruppe von Jugendlichen stand vor dem Problem der Vermittlung differenter kultureller Praxen, bewältigte dies aber auf eine gänzlich verschiedene Weise. Diese Jugendlichen lernten wir in einem Café kennen, das als eines der wenigen in dem von uns untersuchten Berliner Bezirk sowohl von Deutschen als auch von Migranten unterschiedlichster Herkunft besucht wurde. Dementsprechend hatten wir zunächst Schwierigkeiten sie als Migranten türkischer Herkunft zu identifizieren, zumal einer von ihnen deutlich sichtbar ein Kruzifix um den Hals trug. Nach einem ersten Gespräch war dann zwar schnell klar, daß es sich um in Berlin geborene und aufgewachsene Jugendliche türkischer Herkunft handelte. Sie verwahrten sich allerdings zunächst gegen jegliche Art von Symboliken oder Interaktionspraktiken, die als Ausdruck ethnisch markierter Grenzziehungen hätten interpretiert werden können. So wurde den EthnographInnen vorgehalten, sie hätten soeben zwischen „wir" und „ihr" unterschieden. Ebenso vermieden sie es anfänglich, in unserer Gegenwart türkisch zu sprechen. Dies änderte sich aber im Lauf des etwa einjährigen Kontaktes. Sie sprachen untereinander mehr und mehr türkisch und referierten selbst mit einem dann häufiger gebrauchten „wir" auf Unterschiede in der ethnisch verstandenen kulturellen Praxis. Während die eingangs angeführte Gruppe gleich zu Beginn des Kontaktes mit den EthnographInnen über kulturelle Differenzen kommunizierte, fand sich bei dieser Gruppe zunächst eine Tabuisierung bzw. Ausblendung dieser Thematik, die im Verlauf des Kontaktes mit den EthnographInnen zwar verringert, aber nie wesentlich abgebaut wurde. So erfuhren wir zwar im Laufe der Zeit, daß einer von ihnen mit einer „Heiratsmigrantin" aus der Türkei verheiratet war und demnächst Vaterfreuden entgegensah. Mehr als diesen Hinweis bekamen wir aber nicht. Statt dessen erzählte er ausgiebig über die Praxis seiner Kontakte zu jungen Frauen deutscher Herkunft, zu seinen „Freundinnen", wie er sie bezeichnete. Diese Jugendlichen führten im wahrsten Sinne des Wortes ein „Doppelleben". Mit diesem Begriff ist nun ein dem der ersten Gruppe konträrer Umgang mit dem Problem differierender kultureller Praxen beschrieben. Sie werden handlungspraktisch einfach umgesetzt, sie werden „gelebt", ohne daß über sie in größerem Maße reflektiert werden würde. Diese Reflexion verbietet sich ja auch bei Strafe der relativen Handlungsunfähigkeit, wie bei der vorherigen Gruppe dargestellt, da auf der kognitiven Ebene die teilweise widersprüchlichen kulturellen Praxen eben nicht ineinander vermittelbar sind. Diese Vermeidung der Reflexion erklärt dann auch die Tabuisierung des Ansprechens möglicher kultureller Differenzen, ohne daß diese allerdings vollständig geleugnet werden (könnten). Dieser Umgang mit differierenden kulturellen Praxen im Modus des Doppellebens bleibt also ebenfalls prekär, weil am Horizont beständig die Notwendigkeit einer Reflexion aufscheint, wie sie sich dann auch im Kontakt mit den EthnographInnen abzeichnete.

Abschließend möchte ich noch einige methodologische Gedankengänge zur ethnographischen Methode zumindest skizzieren und hierzu in einer Art Metalog die anhand des empirischen Materials dargestellte Differenzierung zwischen *Handlungspraxis* und *Reflexion über die Handlungspraxis* als kognitivem System weiterlaufen lassen. Ich hoffe, es ist deutlich geworden, daß das Entscheidende für die soziale Existenz von „Kulturen" – oder andere Formen von „Lebenswelt", mit denen die Ethnographie sich befaßt – nicht die reflexiv verfügbaren kognitiven Systeme von Regeln sind, sondern die Handlungspraxis, die kulturelle Praxis wie ich es genannt habe. Und ich denke, an dieser Praxis sollte Ethnographie ansetzen, dort liegen ihre Stärken im Vergleich mit anderen Verfahren. Sie darf sich nicht auf das Erfassen kognitiver Systeme beschränken, denn diese stellen ja immer schon stillgestellte soziale Praxis dar und Ethnographie, so betrieben, würde zur Musealisierung sozialer Welten beitragen[2]. Ethnographie muß den Sinn gerade erst stattfindender sozialer Praxis explizieren, wie ich es hier am Beispiel des „Umgangs der Migrantenjugendlichen mit den EthnographInnen" versucht habe, also ihrer Verdinglichung durch Reflexion immer einen Schritt voraus sein. Und zu dieser gerade stattfindenden Praxis gehört dann unweigerlich auch die Praxis der ethnographischen Forschung selbst. Notwendig ist also nicht etwa eine Reflexivität in der Ethnographie, die sich im Sinne einer „narzißtischen Reflexivität" – wie Bourdieu sie bezeichnet hat (Bourdieu 1993) – ausschließlich mit solchen epistemologischen Fragen befaßt, die sich auf die EthnographIn als Subjekt beziehen, sondern eine Reflexivität, die im Sinne einer „wissenschaftlichen Reflexivität" nach den sozialen Bedingungen der Möglichkeit ethnographischer Forschung fragt, und die liegen meines Erachtens in der Auseinandersetzung mit einer gesellschaftlichen Praxis begründet, die Grenzziehungen zumindest förderlich ist. Ethnographische Forschung ist Teil dieser Praxis.

Anmerkungen

1 Die Feldforschung wurde im Rahmen eines Forschungsprojektes zu „Entwicklungs- und milieutypischen Kriminalisierungs- und Ausgrenzungserfahrungen in Gruppen Jugendlicher" an der FU Berlin durchgeführt.
2 Es geht also um „doing culture" bzw. um „doing ethnics", wie ich es hier nennen möchte (vgl. West/Zimmerman 1987).

Literatur:
Bourdieu, Pierre (1993): Narzißtische Reflexivität und wissenschaftliche Reflexivität. In: Eberhard Berg/Martin Fuchs (Hrsg.): Kultur, soziale Praxis, Text. Die Krise der ethnographischen Repräsentation. Frankfurt/M.: 365–374
West, Candace/Zimmerman, Don H. (1987): Doing Gender. In: Gender & Society 1: 125–151

Dr. Peter Loos, Freie Universität Berlin, IfS der Erziehung 8, Arnimallee 11, D-14195 Berlin

Annäherung an Grenzgänger zwischen den Kulturen – zur Arbeit mit türkischen Co-Interpreten in qualitativer Sozialforschung

JO REICHERTZ / NOBERT SCHRÖER

Die Kommunikation zwischen Deutschen und türkischen Migranten erfolgt vor dem Hintergrund zum Teil erheblich *divergierender kulturspezifischer Deutungsmuster*, so daß sich Mißverständnisse und sich daraus ergebende Konflikte kaum vermeiden lassen. Sehr bedeutsam werden solche Mißverständnisse im juristischen Kontext und hier vor allem in polizeilichen Ermittlungsverfahren. Wegen dieser theoretischen wie praktischen Relevanz haben wir in einem Forschungsprojekt, das vier Jahre von der VW-Stiftung gefördert wurde, u. a. auch das kommunikative Handeln von beschuldigten türkischen (durchweg fließend deutsch sprechenden) Migranten und deutschen Polizisten in Vernehmungen erfaßt und später mit überwiegend hermeneutischen Verfahren ausgewertet. Bei der Auswertung dieser Vernehmungstranskripte stießen wir bald auf eine unerwartete Schikane: Obwohl Beschuldigter und Vernehmungsbeamter sich ohne erkennbare Schwierigkeiten oder Stockungen der deutschen Sprache bedienten, „paßten" die einzelnen Gesprächsbeiträge bei genauer Betrachtung oft nicht zusammen. Für uns stellte sich das Problem, wie wir angemessen diese Form interkultureller Kommunikation verstehen können.

In dieser Situation haben wir nur die Möglichkeit gesehen, bei der Auswertung unserer Daten kulturvertraute Co-Interpreten zu Rate zu ziehen. Die Aufgabe eines Co-Interpreten besteht im Rahmen unserer Untersuchung darin, am Vernehmungseinzelfall die relevanten Deutungsmuster seiner Herkunftskultur in die der Rezeptorkultur zu übersetzen, damit die „einheimischen" Interpreten das Verteidigungsverhalten der türkischen Beschuldigten als sinnvoll nachvollziehen können. Allerdings lassen sich die verschiedenen kulturspezifischen Perspektiven nicht reibungslos ineinander überführen, da die inneren Kontexte der verschiedenen Kulturen nie im vollen Umfang kompatibel sind. Der Co-Interpret vermag lediglich analogisierend zu übersetzen. Von daher lassen sich die Kompetenzen, über die ein Co-Interpret im Rahmen unserer Untersuchung idealerweise verfügen sollte, wie folgt bestimmen:

a) Einem „Kulturdolmetscher" müssen die kulturspezifischen Deutungsrahmen, die er miteinander in Beziehung setzt, vertraut sein. Diese Vertrautheit muß jeweils Ausdruck eines Involviertseins in den praktischen Lebensvollzug der beiden Bezugsgemeinschaften sein.

b) Ein Co-Interpret muß fähig sein, die für die Untersuchung relevanten kulturspezifischen Deutungsrahmen in eine angemessen analogisiernde Beziehung zu setzen.

Die ersten Versuche, einen Co-Interpreten in die Auswertung einzubeziehen, haben dann aber schnell gezeigt, daß das Anforderungsprofil zu anspruchsvoll ist. Es ist in der Regel so, daß Co-Interpreten zwar über eine naturwüchsige Sozialisation in ihrer Herkunftskultur verfügen, aber mit dem praktischen Bewußtsein der Lebenspraxis, auf welche die analogisierende Übersetzung ausgerichtet sein soll, nicht vollständig vertraut sind, was für eine angemessene „Übersetzung" problematisch ist.

Zur Bewältigung dieses strukturellen Anverwandlungsproblems nehmen wir einen Übersetzungsdreischritt vor:

1. *Die Übersetzung des Co-Interpreten*: Die Aufgabe des Co-Interpreten besteht in der ersten Phase darin, sich intensiv mit dem Vernehmungstranskript auseinanderzusetzen und unter dem Aspekt des Verteidigungshandelns des türkischen Beschuldigten Lesarten zu bilden. Die Lesartenbildung ist bereits am Deutungsrahmen der Rezeptorkultur orientiert und stellt insofern die erste und für die weitere Untersuchung richtungsweisende Analogisierung der relevanten Deutungsrahmen dar.

2. *Das gemeinsame Interpretationsgespräch*: Die deutschen Interpreten erhalten in einem offenen Interviewgespräch die Gelegenheit, (vermeintliche) Inkonsistenzen, verbleibende Erklärungslücken und andere Irritationen festzustellen und den Co-Interpreten um weitergehende Übersetzungen zu bitten. Dadurch, daß der Co-Interpret über die Nachfragen der deutschen Interpreten gezwungen wird, seine Analogisierung der Verteidigungsperspektive des türkischen Beschuldigten zu überdenken, weitgehender zu erläutern und zu präzisieren, können Defizite der Übersetzung, die als Folge einer mangelnden Vertrautheit mit der Rezeptorkultur entstehen können, zumindest eingeschränkt werden.

3. *Hermeneutische Ausdeutung des gemeinsamen Interpretationsgesprächs*: Die hermeneutische Interpretation des transkribierten Gesprächstextes bietet dann die Möglichkeit zu einer abschließenden Festlegung der Analogisierung. Ziel einer Auslegung des Gesprächstextes ist es nun, die Lesarten mit Bezug auf den Dialog, in dem sie gebildet wurden, konturenscharf zu bestimmen.

In den zurückliegenden Jahren haben wir in unserer Arbeit mit den Co-Interpreten eine Menge über diese Art von Grenzgängern gelernt (aber auch über unsere Kultur). Die wesentliche Erkenntnis war wohl die, daß Co-Interpreten auf keinen Fall auf der Mauer oder auf dem Zaun sitzen, der die jeweiligen Kulturen voneinander trennen und von daher beurteilen können, welche Dinge sich in den jeweiligen Kulturen genau entsprechen. Die Co-Interpreten, mit denen wir zusammengearbeitet haben, lebten in und mit ihrer Migrantenkultur, und das taten sie wie alle jene, deren Sprachhandlungen sie übersetzen sollten. Sie lieferten deshalb keine Übersetzungen, sondern Wortmeldungen, die ihrerseits zu übersetzen waren. Entscheidend war allerdings, daß alle Co-Interpreten in und mit ihrer Übersetzungstätigkeit an ihrer eigenen sozialen und kulturellen Identität arbeiteten und diese gegenüber den übrigen Forschern darstellen wollten.

Das führt zu der (aus methodologischer Sicht entscheidenden) Frage, was denn die Mitarbeit von Co-Interpreten für die interkulturelle Forschungsarbeit bringt. Aus wissenssoziologischer Sicht möchten wir hierzu zwei Einsichten formulieren – eine grundsätzliche und eine spezielle:

a) Alle Verstehensleistungen, also auch alle Versuche, sich innerhalb einer Kultur mittels Sprache zu verständigen, sind das Arbeitsergebnis von sinn- und bedeutungskonstruierenden gesellschaftlichen Subjekten. Die jeweiligen Sprecher, als Hörer des von ihnen Gesagten, und auch die durch die Sprachhandlung adressierten Hörer erarbeiten sich vor dem Hintergrund vergangener gesellschaftlicher Handlungspraxis eine Deutung des Gesagten. Ein Austausch von Gedanken findet definitiv nicht statt, *allerdings ist das Gesagte auch kein bedeutungsloses Rauschen, dem der Hörer beliebige Bedeutung zuweisen kann.* Die Beliebigkeit der Bedeutungszuweisung scheitert – auch im Forschungsprozeß – nämlich an und in der fortlaufenden Interaktion.

b) Die Entscheidung für Co-Interpreten ist deshalb *nicht* Ausdruck des „realistischen Vorurteils", man könne durch deren forcierten Einsatz Schritt für Schritt die zwischen zwei Kulturen gerissene Verständigungskette schließen, sondern die Entscheidung für Co-Interpreten resultiert aus der wissenssoziologischen Einsicht, daß die Auseinandersetzung mit möglichst *informierten* und möglichst *hartnäckig* sich verteidigenden Lesarten vor allem zu der vielschichtigen und begründeten Differenzierung der eigenen Lesart führt. In der Interaktion mit den Co-Interpreten über seine Lesarten, *differenzieren* sich dann die eigenen Lesarten zum einen *aus*, zum anderen *bewähren* sie sich in ihnen. Co-Interpreten sind aus dieser Sicht durchaus mit „natürlichen" Daten zu vergleichen: Sie führen zwar nicht zur wirklichen Wirklichkeit des Untersuchten, allerdings können sie sich, gerade weil sie nicht von dem Forscher bereits aufbereitet und gedeutet sind, dem Wissenschaftler bei seinen Deutungsbemühungen energisch widersetzen, zugleich aber auch seine Deutungen festigen.

Weil dies so ist, ermöglichen uns die Grenzgänger keinen freien Blick auf eine andere Kultur, sondern sie sind mehr als Wetzstein zu begreifen, an dem Forscher ihre eigenen Vorstellungen schärfen.

Prof. Dr. Jo Reichertz, Dr. Norbert Schröer, Universität-Gesamthochschule Essen, Fachbereich 3, Kommunikationswissenschaft, Universitätsstraße 12, D-45117 Essen

Gaijin und Fremdsein in Japan: Ethnographie als professionelle Erfahrung einer modernen Normalität

OLAF ZORZI

Die besondere Situation des Fremden zeichnet sich nach Alfred Schütz (1972) dadurch aus, dass ihm die alltäglichen Kultur- und Zivilisationsmuster der Gruppe, der er sich nähert, keinen Schutz bieten, sondern stattdessen ein „Feld des Abenteuers" sind. Dieses Abenteuer sei in der Moderne laut Peter Gross (1997) zur Normalität geworden. Unter dem Aspekt einer zunehmenden „Individualisierung" sind sich in dieser alle einander fremd und die Daheimgebliebenen sind die eigentlich modernen Fremden. Die der ethnographischen Perspektive zugrundeliegende Leitdifferenz von fremd-vertraut scheint in hohem Masse mit dieser Zeitdiagnose zusammenzufallen, woraus sich nicht zuletzt die heutige Relevanz der modernen Ethnographie ableiten lässt, die sich seit Robert E. Parks Zeiten der *Chicago School of Sociology* den *natives* und kleinen Lebenswelten der eigenen Gesellschaft zuwendet (Honer 1993). Weshalb sollte man nun also nach Japan gehen um Ethnographie zu treiben? Nun, Japan ist nicht nur ein befremdlicher Ort. Es scheint aus okzidentaler Perspektive seit jeher das Vexierbild des absolut Fremdartigen und Nicht-Verständlichen zu sein (vgl. Benedict 1994; Geertz 1993: 115ff.). Als Europäer in Japan zu sein – aus japanischer Perspektive ein *gaijin* (japanisch: Fremder, Aussenseiter, aussenstehende Person) zu sein –, ist gewissermassen nichts anderes als ein weiteres „Abenteuer um die Ecke" (Bruckner & Finkielkraut 1981) in einer sich zunehmend globalisierenden Welt.

Fremde Welten

Japan ist wohl ein sehr befremdlicher, aus ethnographischer Perspektive gerade dadurch aber eben auch sehr *spannender* Ort. Vor dem Hintergrund, dass eines der methodischen Hauptprobleme der modernen Ethnographie darin besteht, eine solche Spannung überhaupt erst herzustellen, kommt einem Feldaufenthalt in Japan schon fast die Qualität der „Schummelei" zu – man fliegt einfach in die Fremde. Die Erfahrung des Dort-Seins ist im Zeitverlauf des Aufenthaltes allerdings sehr wechselhaft und reichte in meinem Fall von Ablehnung und Unsicherheit, über ein merkwürdiges Gefühl des „heimisch-Seins", bis hin zur retrospektiven Beschreibung eines Japans, das sich der Plattheit und der fehlenden Nuancen, Tiefen und Bedeutungen wegen deutlich als eine Beschreibung *meines* Japans ausweist – Phasen des Feldaufenthaltes, die Fragen zum Grenzgängertum aufwerfen: Inwiefern können Grenzen überschritten werden? Welche Grenzen gilt es zu überschreiten?

Grenzgänger
Was war geschehen zwischen der zynischen Ablehnung und dem irritierend anmutenden Wohlbefinden? Irgendwann zwischen dem ersten und zweiten Monat in Japan kam ich zum Schluss, dass mir meine Ablehnung und mein Zynismus nicht weiterhelfen würden – und zwar nicht so sehr in Bezug auf ein Verstehen „der Japaner" als in einer Art und Weise mit ihnen und den alltäglichen Umständen, in denen ich mich befand, kompetent umzugehen. Anstatt das beobachtete Fremde festzumachen und zu bestimmen, galt es dieses *als etwas Eigenständiges ernst zu nehmen*, das ich zwar nicht verstehen, aber mit dem ich umgehen konnte. Notwendigerweise bedeutete dies, meine eigenen Erwartungen zu hinterfragen, mir *diese* bewusst zu machen und über eine solche Klärung der *eigenen impliziten Aprioris* ein Gefühl für die bestehende Differenz bzw. für die Existenz einer Differenz zu bekommen. Wird hier von „Grenzgängertum" gesprochen, so wird mithin deutlich, dass es sich um die *eigenen* Grenzen bzw. kognitiven Begrenzungen des Ethnographen handelt, die es zu überschreiten gilt. Ich realisierte, dass ich das Fremde nicht verstehen konnte (nicht zuletzt weil es dieses in der implizit angenommenen Homogenität gar nicht gab bzw. gibt), aber dass ich dies auch nicht brauchte um erfolgreich durch meinen Tag in Tokyo zu kommen. Ich realisierte, dass mir die Mittel fehlten, um eine Brücke zu bauen, doch ich begriff auch, dass es, um eine Grenze tatsächlich zu überschreiten, sowohl des Innen als auch des Aussen *und* der Grenze ständig bedarf damit die Differenz und die Spannung, aus der die Beschreibung lebt, ermöglicht wird. Ich blieb zwar draussen – eben ein *gaijin* – aber was an der Grenze passierte, begann mich mehr und mehr zu interessieren.

Brücken
So formte sich die angelegte ethnographischen Fragestellung: nicht das Fremde an sich beschreiben, sondern *die Praxis des kompetenten Umgangs* damit. Dazu galt es das Fremde und das Eigene auf dieselbe analytische Ebene zu bringen, die Existenz sowohl des Fremden als auch des Eigenen und somit das Bestehen einer Differenz dazwischen kognitiv zu erfassen, deren *Existenz* zu erkennen. Das klingt ziemlich banal, doch in der Praxis des Dort-Seins ist es ein unnatürlicher, gefährlicher und verunsichernder Akt.

Dies belegen nicht zuletzt die gängig beobachtbaren Verhaltenstypen der „zynischen" auf der einen und der „japanisierten" Ausländer auf der anderen Seite, die gewissermassen Alternativen zu dieser wertfreien Anerkennung der Existenz eines Anderen, Fremden darstellen. Beide negieren oder akzeptieren, je nach Typus, das Fremde. Und in beiden Fällen wird gemeinhin behauptet, Japan würde „verstanden" werden. Doch „Verstehen" darf nicht mit Akzeptanz oder Ablehnung gleichgesetzt werden. Denn „Verstehen" in einem ethnographischen Sinne muss heissen, die Differenz eben gerade nicht einzuschmelzen, sondern sie *aufrechtzuerhalten*. Es ist diese Aufrechterhaltung, die den professionellen Grenzgänger im Unterschied zum Touristen oder Reisenden auszeichnet, wenn er versucht Brücken zu schlagen, indem er durch das Dort-Sein, die Teilnahme, das Eigene in die Fremde bringt und im Berichten das Fremde in die Heimat zu übersetzen versucht. In beiden Fällen muss die Differenz aufrechterhalten werden, damit sie wahrgenommen, beschrieben, gehandhabt, damit mit ihr umgegangen werden kann. Es ist dieser Aspekt der Handhabung kultureller Differenz, der die Ethnographie für Praxis jeglicher Art in einer zunehmend befremdlichen Moderne interessant macht – ein Interesse, das einem im Feld von den Praktikern entgegenschlägt und sich einerseits auf die Praktiken und Techniken der Ethnographie und andererseits auch auf ihre Fragestellungen und Berichte bezieht (programmatisch Geertz 1996). Dies in Japan zu erfahren, war durch die Intensität der Andersartigkeit ein bisschen geschummelt: Es war einfacher, weil irritierender, schmerzhafter und existenzieller in der Fremdheitserfahrung als wenn ich zuhause um eine Ecke gegangen wäre.

Literatur:
Benedict, Ruth (1994): The chrysanthemum and the sword: patterns of Japanese culture. Rutland/Vermont/Tokyo [49. printing; first print 1946]
Bruckner, P. / Finkielkraut A. (1981): Das Abenteuer gleich um die Ecke. München/Wien
Geertz, Clifford (1993): Die künstlichen Wilden: der Anthropologe als Schriftsteller. Frankfurt a. M. [Originalausgabe 1988]
Geertz, Clifford (1996): Welt in Stücken: Kultur und Politik am Ende des 20. Jahrhunderts. Wien
Gross, Peter (1997): Alle sind fremd: Leben in der Multioptionsgesellschaft. In: Helmut Neuhaus (Hrsg.): Leben mit Fremden: drei Vorträge: Atzelsberger Gespräche 1996. Erlangen: 45–54
Honer, Anne (1993): Lebensweltliche Ethnographie: ein explorativ-interpretativer Forschungsansatz am Beispiel von Heimwerker-Wissen. Wiesbaden
Schütz, Alfred (1972): Der Fremde: ein sozialpsychologischer Versuch. In: Alfred Schütz (Arvid Brodersen Hrsg.): Gesammelte Aufsätze, Bd.2: Studien zur soziologischen Theorie. Den Haag: 53–69

Olaf Zorzi (lic.oec.HSG), Universität St. Gallen, Soziologisches Seminar, Tigerbergstr. 2, CH-9000 St. Gallen

Marktorientierte Ethnographie: Dem Konsumenten auf der Spur
Grenzgänger untersuchen Grenzgänger

FRANK SISTENICH / CORNELIA ZANGER

Ausgangslage
Das Verhalten der Konsumenten am Markt wird zunehmend unübersichtlich in dem Sinne, daß diese, allen Marketing- und Marktforschungsbemühungen zum Trotz, sich nicht mehr an einen einheitlichen und eingeübten Konsumstil halten. Ehemals erfolgreiche Muster der Marktsegmentierung verlieren an Aussagekraft, da sich die Konsumenten nicht (mehr) segmentkonform verhalten bzw. orientieren, von einem sogenannten „hybriden" Konsumenten ist die Rede (vgl. Schmalen/Lang 1998, Schmalen 1994). Das bedeutet, geschlossene Segmente erscheinen kaum noch existent, der Konsument wird zum Grenzgänger zwischen einzelnen Kosumwelten, in denen er sich temporär zu Hause fühlt. Die „Gleichzeitigkeit des Ungleichzeitigen" hat auch den postmodernen Konsumenten erreicht, dieser gehört diversen Welt- und das heißt hier: Konsumgemeinschaften an und die Forscherfrage gilt den Unterschieden und Gemeinsamkeiten dieser sozialen Gemeinschaften. Die Zielgruppenforschung wendet sich notwendig kleineren Milieus, Gruppen oder Szenen zu, die Märkte fragmentieren sich zusehends bis hin zu einem sog. Prozeß des „customizing", der einzelnen Person, die ihre eigene Zielgruppe darstellt und beansprucht. Diese Entwicklung hat u. a. eine nachlassende Adäquanz klassischer Marktforschungsmethoden zur Konsequenz und führte zur voranschreitenden Etablierung qualitativ ausgerichteter Instrumente (vgl. Zanger/Baier/Sistenich 1999, Kepper 1996, Zanger/Sistenich 1996). Unter klassischen Methoden soll in diesem Zusammenhang die Dominanz eines quantitativ orientierten Marktforschungsdesigns verstanden werden. Um aber den Grenzgängen der Konsumenten auf die Spur zu kommen und deren Oszillieren zwischen den einzelnen Konsumwelten, zwischen Aldi und der Feinkostadresse, auf die Spur zu kommen, bedarf es der Ergänzung der etablierten Instrumente der Markt- und Konsumentenverhaltensforschung. Der Forscher selbst muß zunehmend zum Grenzgänger werden, um an den einzelnen Konsumwelten partizipieren und diese erforschen zu können.

Ethnographie im Marketing
Der Beitrag fokussiert strategische Implikationen für Anwendungsräume und Nutzungsmöglichkeiten einer marktorientierten Ethnographie. Diese müssen vor dem Hintergrund einer sich grundlegend wandelnden Ausrichtung der unternehmensseitigen Marketingaktivitäten gesehen werden. Stand noch in den 80er Jahren die Betonung einzelner Transaktionsprozesse im Vordergrund des Forschungsinteresses, richtet sich heute die Aufmerksamkeit auf die Gestaltung von langfristigen *Beziehungen* zwischen

dem Kunden und der Unternehmung (vgl. Schouten/McAlexander 1995: 57). Die Ethnographie scheint über ihren methodischen Ansatz einen geeigneten Zugang leisten zu können. Aktuelle Arbeiten der Konsumentenverhaltensforschung sind unter Verwendung der Ethnographie entstanden und fokussieren die Analyse von Marktstrukturen sowie das Entscheidungs-, Konsumenten- und Nachkaufverhalten der Nachfrager (vgl. Hill 1993: 59).

Erstes strategisches Ziel ist die Entwicklung eines umfassenden Verständnisses der vielzahlig existierenden, unausgesprochenen *Bedeutungsschichten*, die dem Konsum beigemessen werden. Im besonderen, wenn das Konsumerlebnis mit signifikanten, tiefverwurzelten soziokulturellen Einflüssen zusammenhängt und die Befriedigung der Konsumentenbedürfnisse nicht nur über kognitiv relevante Produktmerkmale erreicht werden kann. Für dieses Forschungsinteresse eignet sich die Methode der „thick description", mit deren Hilfe Überlegungen zu Modifikationen und Repositionierungen von Produkten und Dienstleistungen ableitbar sind. Es geht um die Identifikation von konsumentenseitigen Strategien, die ein Produkt mit zusätzlichen Bedeutungseinheiten verknüpfen. Durch die Methode der „thick description" kann u.a. der Einfluß von Marktunsicherheiten auf das Verhalten von Marktsegmenten beleuchtet und Produktpositionierungs- und Werbestrategien verbessert werden. In einer empirischen Untersuchung von Wildwasserfahrern wurde deutlich, worin die komplexe, nicht verbal dokumentierte Bedürfnisstruktur der Fahrer als „Freizeithelden" zu sehen ist. Die über die klassische Marktforschung identifizierten Anliegen der Befriedigung von Grundbedürfnissen wie z. B. Sicherheit, die Versorgung mit lebensnotwendigen Gütern und soziale Kontakte, wurden über die Ergebnisse der Ethnographieforschung in dem Sinne modifiziert, daß die eigentlichen Anliegen und Problembereiche im Wachstum der Persönlichkeit, in der Suche nach Grenzerlebnissen und im Bedürfnis nach einem tiefen Einklang mit dem Naturerleben gesehen werden. Daten, die über die klassische Fragebogenerhebung weder in geschlossener noch offener Frageform erhoben werden konnten (vgl. Arnould/Wallendorf 1994: 499).

Weiteres Potential der ethnographischen Methode kann darin gesehen werden, das Marketingmanagement mit anschaulichen Beispielen der generierten Bedeutungsschichten zu versorgen. Diese Art der Repräsentation, die ihren Ursprung in der Fotographie findet, wird als „thick transcription" umschrieben. Die Rolle des Ethnographen ist hierbei die Erfassung und Gegenüberstellung von Texten, die auf seiner Interpretation relevanter Bedeutungsschichten beruhen. Mit Hilfe der „thick transcription" wird es möglich, Konsumentenverhalten anschaulich darzustellen, um Produktlinien bzw. -erweiterungen zu entwickeln. Die Präsentation der Zusammenhänge erfolgt mit unterstützender Hilfe bspw. von Videoaufnahmen, die Verbraucherhandlungen aufzeigen und Teile der Zielgruppe in ihrem Verhalten darstellen.

Der Ethnograph kann zudem eine Hilfe sein, wenn das Forschungsinteresse auf ein langfristiges Verständnis des Zielmarktes hin ausgerichtet ist. Dies vor allem, wenn sich der Forscher zu einem Insider in einer speziellen Zielgruppe bzw. in einem Marktsegment entwickelt. In diesem Fall steht die Methode der „thick inscription" im Vordergrund des Forschungsinteresses, d. h. der Erfahrung des Forschers wird ein Vorrecht eingeräumt, um sich im besonderen speziellen, kleinteiligen Einheiten der Marktsegmente wie bspw. Subkulturen oder Immigrantenmärkten und deren Konsum oder Lebensstilgewohnheiten forschungspraktisch zu widmen. Die Methode der „thick inscription" kann dazu genutzt werden, um Strategien zur Besetzung von Marktnischen, die Insiderwissens bedürfen, zu identifizieren.

Literatur:
Arnould, E.J. / Wallendorf, M. (1994): Market-Oriented Ethnography: Interpretation Building and Marketing Strategy Formulation. In: Journal of Marketing Research, 31. Jg.: 484–504
Hill, R.P. (1993): A Primer for Ethnographic Research With a Faocus on Social Policy Issues Involving Consumer Behaviour. In: Advances in Consumer Research, 20. Jg.: 59–62
Kepper, G. (1996): Qualitative Marktforschung. Wiesbaden
Schmalen, H. (1994): Das hybride Kaufverhalten und seine Konsequenzen für den Handel. In: ZfB-Zeitschrift für Betriebswiertschaft, Heft 10: 1221–1240
Schmalen, H. / Lang, H. (1998): Hybrides Kaufverhalten und das Definitionskriterium des Mehrproduktfalls-Theoretische Grundlegung. Problematik und empirischer Lösungsansatz. In: Marketing-Zeitschrift für Forschung und Praxis, Heft 1: 5–13
Schouten, J.W. / McAlexander, J.H. (1995): Subcultures of Consumption: An Ethnography of the New Bikers". In: Journal of Consumer Research, 1995, Vol. 22: 43–61
Zanger, C. / Sistenich, F. (1996): Qualitative Marktforschung – Struktur, Methoden und Anwendungsraum des hermeneutischen Ansatzes. In: Wirtschaftswissenschaftliches Studium, Heft 7, Juli: 351–354
Zanger, C. / Baier, G. / Sistenich, F. (1999): Marktforschung. Wiesbaden

Prof. Dr. Cornelia Zanger, Frank Sistenich, Fakultät für Wirtschaftswissenschaften, Technische Universität Chemnitz, Reichenhainerstr. 39, D-09107 Chemnitz

Gemeinsame Nutzung und soziale Aneignung
Ethnographische Studien in einer Wiener Damensauna

BEATE LITTIG

Zur Methode

Die Studien über die sozialen Geschehnisse in einem öffentlichen Wiener Saunabad basieren auf der Interpretation von Daten, die mittels teilnehmender Beobachtung gewonnen wurden. Bei diesem ethnographischen Forschungsprozeß lassen sich drei Phasen unterscheiden (vgl. Flick 1995):

1. Die Phase der deskriptiven Beobachtung all dessen, was der BeobachterIn im Feld und am Feld bemerkenswert erscheint und auffällt.
2. Die Phase der fokussierten Beobachtung, in der die Beobachtung von konkreteren Fragestellungen und Hypothesen geleitet wird.
3. Die Phase der selektiven Beobachtung, bei der gezielt nach detaillierteren Informationen und Belegen für die Hypothesen und Typisierungen gesucht wird.

Praktisch bedeutete dies zunächst das Protokollieren all dessen, was mir bei den Saunabesuchen bedeutsam schien und in Erinnnerung geblieben war: Besonders auffällig bei dieser Sauna ist, daß sich dort regelmäßig am Donnerstagabend eine Gruppe von etwa 8–12 Frauen im Alter zwischen 45 und 75 Jahren trifft, die sich untereinander gut kennen und die Abläufe in der Sauna stark bestimmen. Bei den ersten Reflexionen über das Datenmaterial kristallisierten sich verschiedene gruppensoziologische Themen und Fragestellungen heraus, die für die Beschreibung der sozialen Struktur und der sozialen Prozesse in der Damensauna bedeutsam zu sein schienen. Dazu gehören Fragen: (1.) nach der sozialen Ungleichheit innerhalb der Gruppe, (2.) nach Differenz und Integration, (3.) nach den Außenverhältnissen der Gruppe und (4.) nach den Binnenverhältnissen der Gruppe. Die Gruppenmitgliedschaft resultiert in erster Linie aus den langen freundschaftlichen Beziehungen der Gruppenangehörigen. Darüber hinaus ist die Gruppe jedenfalls ansatzweise organisiert. Bestimmte Gruppenmitglieder haben spezielle Aufgaben oder sind für die funktionalen Abläufe in der Sauna zuständig. Bedeutsam für den Zusammenhalt der Gruppe ist auch der Umgang mit dem Badepersonal, dem gegenüber sich die Gruppe zwar in der Regel freundlich, bisweilen aber auch konfrontativ verhält. Personen, die nicht unmittelbar zu der Gruppe gehören, müssen sich den Vorgaben der Gruppe anpassen, wodurch ihre Handlungsfreiräume erheblich beschränkt werden. Die Dominanz der Gruppe in den Saunaräumen erschien mir zunehmend als „Inbesitznahme" der Saunaräumlichkeiten.

Überlegungen zum Prozeß der sozialen Aneignung

Aufgrund der vorliegenden Beobachtungen möchte ich hypothetisch vorschlagen, die sozialen Prozesse, die sich bei der Benutzung der Sauna durch die beschriebene Saunagruppe ereignen, als kollektive soziale Aneignung des halböffentlichen Raums Sauna zu deuten. Mit Heinrich Popitz lassen sich diese Prozesse der sozialen Aneignung auch als Prozesse der Machtbildung beschreiben (Popitz 1968). Mit der Betonung der sozialen Aneignung soll allerdings eine andere Fokussierung als bei Popitz vorgenommen werden, nämlich auf die sozialen Voraussetzungen für die gemeinsame Nutzung von Gütern. Popitz geht es bei seinen Überlegungen um die Fragen, wie wenige Macht über viele gewinnen, diese Macht akkumulieren und legitimieren. Prozesse der Machtbildung finden m. E. auch in der beschriebenen Sauna statt. Auch hier hat sich eine organisierte Gruppe im Laufe der Zeit gewisse Verfügungsrechte erworben, die ihr gegenüber Nicht-Mitgliedern Privilegien verschafft: das Belegen von Lieblingssitzplätzen, das Feiern von Festen usw. Auch im beschriebenen Fall werden die (Gewohnheits-)„Rechte" der Stammgäste nicht in Frage gestellt, ihre Vorherrschaft gleichsam anerkannt. Die beschriebene kollektive Inbesitznahme des halböffentlichen Raums Sauna stellt eine Quasi-Privatisierung dar, die eine maßgebliche Voraussetzung für die auf lange Sicht funktionierende gemeinsame Nutzung von bestimmten Gütern zu sein scheint.

Nachhaltige Entwicklung, gemeinsame Nutzung und soziale Aneignung

Die Frage nach den sozialen Voraussetzungen für die gemeinsame Nutzung von Gütern und die Analyse sozialer Aneignungsprozesse ist für die Diskussionen um eine nachhaltige Entwicklung (*sustainable development*) relevant (BUND/Misereor 1996; Brand 1997). In diesem Kontext werden im Mieten oder Ausleihen von Alltagsgegenständen (z. B. Autos, Heimwerker- und Freizeitgeräte) und in der Inanspruchnahme von Dienstleistungen große Einsparungsmöglichkeiten im Ressourcen- und Energieverbrauch gesehen. Die sozialwissenschaftlichen Erhebungen, die über gemeinschaftliche Nutzung oder über eigentumslosen Konsum vorliegen (z. B. Ministerium für Umwelt und Verkehr 1996), konzentrieren sich auf individuelle Motive, Nutzen und Vorteile gemeinschaftlicher Nutzung. Mit gemeinschaftlicher Nutzung ist zumeist eine zeitlich versetzte und nicht gleichzeitige Nutzung gemeint. Gruppenprozesse werden dabei kaum berücksichtigt ebenso die symbolischen und sozialen Funktionen des Erwerbs und Besitzes von Gütern sowie ihre Bedeutung für die Selbstinszenierung und Identitätsbildung. Daß aber gerade Gruppenprozesse eine große Rolle bei der gemeinschaftlichen Nutzung spielen können, macht die vorliegende Studie deutlich. Denn die beschriebenen Gruppenprozesse machen die gemeinsame Nutzung der Sauna zu einem sozialen Ereignis und gerade dieses macht die öffentliche Gemeinschaftssauna für die Besucherinnen attraktiv – so lautet meine erste These. Die zweite These lautet: Die beschriebene kollektive Inbesitznahme und Quasi-Privatisierung des gemeinsam genutzten Gutes Sauna kann als Ausdruck von Besitzstreben verstanden werden. Die beschriebene soziale Aneignung der Sauna bringt den Gruppenmitgliedern Nutzungsvorteile, da sie weitgehend über die Saunaräumlichkeiten verfügen können. Die Verfügungsgewalt über die Sauna geht im Sinne von H. Popitz mit einer sozialpsychologisch bedeutsamen Priviligierung der Gruppenmitglieder einher. Durch die Gruppenzugehörigkeit und die wechselseitige Anerkennung der Privilegien sowie der nach außen wirkenden „Suggestivkraft dieses Einverständnisses" wird das dominante Verhalten der Gruppe legitimiert. Vergemeinschaftung – in diesem Fall Mitglied der Saunagruppe zu sein – bringt also nicht nur Nutzungsvorteile, sondern auch soziale Vorteile.

Ausblick

Diese Thesen sind der Ausgangspunkt für die dritte Beobachtungsphase, in der es darum gehen wird, weitere Belege für die vorgetragenen Thesen zu finden. Zu diesem Zweck sollen die Beobachtungen auf andere Saunen ausgeweitet werden, um die dort stattfindenden Gruppenprozesse zu untersuchen und weitere Hinweise für Prozesse der sozialen Aneignung zu finden. Letztlich ist die Beobachtung dieser Prozesse nicht nur aus einer gruppensoziologischen Perpektive oder als lebensweltliche Ethnographie interessant, sondern sie können auch Hinweise für die Attraktivierung, aber auch zu den Grenzen und Hemmnissen gemeinsamer Nutzungsformen liefern.

Literatur:
Brand, Karl-Werner (Hg.) (1997): Nachhaltige Entwicklung. Eine Herausforderung an die Soziologie. Opladen
BUND/Misereor (Hg.) (1996): Zukunftsfähiges Deutschland. Ein Beitrag zu einer global nachhaltigen Entwicklung. Studie des Wuppertal-Instituts für Klima, Umwelt, Energie. Basel/Boston/Berlin
Flick, Uwe (1995): Qualitative Forschung. Theorien, Methoden, Anwendung in Psychologie und Sozialwissenschaften. Reinbek bei Hamburg
Honer, Anne (1993): Das Perspektivenproblem in der Sozialforschung. Bemerkungen zur lebensweltlichen Ethnographie. In: T. Jung / S. Müller-Dohm (Hrsg.): „Wirklichkeit" im Deutungsprozeß. Verstehen und Methoden in den Kultur- und Sozialwissenschaften. Frankfurt a. M.: 241–257
Ministerium für Umwelt und Verkehr Baden-Württemberg (Hg.) (1996): Nutzen statt besitzen – Mieten, Teilen, Leihen von Gütern – ein Zukunftsmodell. Stuttgart
Popitz, Heinrich (1968): Prozesse der Machtbildung. Tübingen

Beate Littig, Institut für Höhere Studien, Stumpergasse 56, A-1060 Wien

Alltägliches „Grenze denken" in ost-westdeutscher Briefkommunikation

INA DIETZSCH

Anhand persönlicher Briefe aus der Zeit von 1948 bis 1992 zwischen Ost- und Westdeutschen untersuche ich Briefwechsel als Kommunikationsform, frage nach den Besonderheiten im Kontext deutsch-deutscher Beziehungen nach 1945 und nach dem Beitrag des Schreibens persönlicher Briefe an der Entstehung einer hierarchischen Differenz zwischen Ost- und Westdeutschen. Das mir vorliegende Material besteht aus langjährigen Briefwechseln, es umfaßt sowohl Briefe zwischen Verwandten als auch zwischen ehemaligen Kriegskameraden oder Freundinnen und deren Familien.
Die Zeit nach dem II.Weltkrieg erforderte ein hohes Maß an individueller und kollektiver Orientierungsarbeit. Durch den Krieg waren alte Grenzen verändert und durch die Besatzungsmächte neue gezogen worden. Die Definition einer der nach dem II. Weltkrieg neu gezogenen Grenzen zu einer zwischen zwei politischen Systemen hatte nicht nur für die politische, sondern auch für die soziale und die kulturelle Entwicklung in Deutschland Konsequenzen. Denn damit wurde es notwendig, neu zu definieren, was das Eigene und das Fremde ist – nicht nur auf der Ebene nationaler und regionaler Identitäten, sondern auch und vor allem auf der Ebene des Alltags. Dies führte zu der widersprüchlichen Anforderung an das individuelle Handeln, sich einerseits als eine gemeinsame nationale Gemeinschaft zu verstehen und andererseits die Menschen und ihre Lebensbedingungen jenseits der Grenze als das Andere deuten zu müssen.
Das Aufrechterhalten von Briefwechseln war aufgrund der besonderen Strukturmerkmale von Briefkommunikation (Prinzip der Trennung, die es zu überwinden gilt; vermeintlicher Stellvertretercharakter für Begegnungen; Teil komplexer Austauschbeziehungen, eigene Wirklichkeitsebene, Überdeterminiertheit des schriftlich fixierten Textes), ein Mittel, diese neue Grenzziehungen vorstellbar und lebbar werden zu lassen, ohne die Vorstellung von *einer* Gemeinschaft aufgeben zu müssen.

Die imaginäre Gemeinschaft
In allen Fällen meines Materials[1] wurde eine familienähnliche Gemeinschaft imaginiert, die von der politischen Teilung betroffen ist und für die die Grenze, bzw. ihre Überwindung das zentrale Motiv der Kommunikation bildete.
Die Verpflichtung zur Versorgung, die „Überlebenshilfe", das gegenseitige Aneinander-Denken und das Informieren über den Gesundheitszustand aller Mitglieder, alles das erinnert an „den (...) Orientierungszusammenhang einer Familie, der weder auf biologische oder emotionale Bindungen noch auf ökonomische Zwänge zurückgeführt werden kann" (Keppler 1994: 14). Er wird in einem Interaktionsprozeß u. a. während

der gemeinsamen Familien-Mahlzeiten hergestellt, wo „sich ein formales Band kommunikativer Beziehungen zwischen den Angehörigen einer Familie aus(bildet), das meist stärker ist als die Vielzahl inhaltlicher Differenzen, die ihre Unterhaltungen oft genug prägen" (Keppler 1994: 10).
Ein sehr anschauliches Beispiel für die vorgestellte familiäre Gemeinschaft ist das Bild von der gemeinsamen Kaffeetafel. Erika Schneider aus Essen:

„Ich sag ja immer, wenn wir den Kaffee Weihnachten nicht am selben Tisch trinken können, so wollen wir doch wenigstens die gleiche Sorte trinken. Wir hüben und Sie drüben."[2]

Der Kaffeetisch ist die stärkste Metapher für die imaginierte Gemeinschaft und tritt in verschiedenen Briefwechseln, auch in Abwandlungen, auf. Wenn es nicht der gemeinsame Tisch ist, dann zumindest das vorgestellte gemeinsame Essen, Trinken oder Rauchen. Zwei weitere Formen verweisen auf die familienähnliche Gemeinschaft:
Erstens: es wurden Ereignisse aus dem Weltgeschehen und ihre Darstellung in den Medien in Ost und West diskutiert und man versuchte, sich gemeinsam eine Meinung zu bilden. Jeder Person in dieser Gemeinschaft kam dabei eine bestimmte Rolle zu, indem inhaltliche Zuständigkeiten und Expertenschaft für bestimmte Themen verteilt waren.
Zweitens: Reisen wurden gemeinsam erlebt, indem man auf der einen Seite Reiseberichte schrieb, die auf der anderen Seite von der ganzen Familie gelesen wurden. Die Reiseroute der anderen wurde dabei oft gemeinsam auf der Karte nachvollzogen.
In ihrem Verständnis haben die BriefpartnerInnen die Distanz zwischen Ost und West überbrückt, indem sie der politischen Teilung Deutschlands im Alltag eine familiäre Gemeinschaft von Ost- und Westdeutschen entgegensetzten.

Interpretation – die Herstellung einer hierarchischen Differenz
Verläßt man die imaginäre Vorstellungswirklichkeit der SchreiberInnen und hinterfragt ihre alltagsweltlichen Deutungen, so ist der Austausch von Briefen und Paketen mit der Motivation, die Teilung Deutschlands zu überwinden, als eine Alltagsmethode zu interpretieren, um mit den widersprüchlichen Anforderungen umzugehen, die die Entstehung einer neuen Grenzziehung an das individuelle Handeln stellte. Diese neue Grenze denken und leben zu können bedeutete, ehemals Vertrautes als fremd zu verstehen, Gleiche als Andere konstruieren zu müssen. Worum es hier also ganz offensichtlich neben der Herstellung von Gemeinschaft noch geht, ist die Konstruktion einer kulturellen Differenz zwischen Ost und West.
Betrachtet man die Themen genauer, über die sich innerhalb der familiären Gemeinschaft ausgetauscht wurde, dann werden auch die Praktiken des Differenzierens sichtbar. Es wurde erklärt, gestritten, berichtigt, verglichen, bewertet. Das Verständnis als eine familiäre Gemeinschaft bildete das Fundament, auf dessen Grundlage man sich über

die sich ausdifferenzierenden Lebensbedingungen austauschen, Vergleiche ziehen und Unterschiede feststellen konnte, ohne daß die Beziehung dadurch gefährdet worden wäre.

Je länger und intensiver die Briefe geschrieben wurden, um die Gemeinschaft „trotzdem aufrechtzuerhalten", desto selbstverständlicher wurde der Umgang mit der Trennung. Unter der Hand bildeten sich verschiedene Routinen aus, die die deutschdeutsche Grenze gegen die Wahrnehmung der Schreibenden zu einer „verarbeiteten" Alltäglichkeit werden ließen.

Am Beispiel des Schenkens, von dem die Briefwechsel begleitet wurden, möchte ich hier nur andeuten, wie stark die Beziehung zwischen den BriefpartnerInnen auf das nicht zu hinterfragende Fundament der familiären Gemeinschaft angewiesen war.

Eine Austauschbeziehung (wie der Austausch von Briefen oder Geschenken) kann in ihrer Struktur symmetrisch sein, wenn sich die zwischenzeitlichen Zustände der Asymmetrie zu gleichen Teilen auf beide Seiten verteilen (z. B. wenn Briefschuld abgetragen werden kann). Das setzt voraus, daß man auf beiden Seiten die gleiche „Auffassung von dem hat, was da vor sich geht" (Goffman). Die Analyse des mir vorliegenden Materials legt die Interpretation nahe, daß die Menschen in Ost und West aufgrund ihrer alltäglichen Verankerung in unterschiedliche Kontexte verschiedene Auffassungen von dem hatten, was da vor sich geht. Während man von der BRD in die DDR i. d. R. (dies gilt nicht für alle zu jeder Zeit), durch die Formel des Überflusses legitimiert, schenkte, wofür als Gegenleistung der Dank genügt, um die Schuld aufzuheben, fühlten sich die BriefpartnerInnen in der DDR mit Dank allein nicht ihrer Schuld enthoben und waren immer auf der Suche nach der äquivalenten Gegengabe. So wurde Magdalena Nessler von ihrem Onkel beispielsweise 1959 darüber belehrt, wie sie das Verhältnis von Geben und Nehmen verstehen solle:

„Eure Pralinen-Packung hat uns (...) mehr als überrascht. Wir danken Euch nochmals für Eure Aufmerksamkeit, aber Ihr wisst doch, daß wir hier solche Sachen in Massen haben können und – wie Ihr Euch denken könnt – in besserer Qualität und wahrscheinlich auch billiger (...).''

Doch sie ließ sich in ihrem Gefühl, den anderen etwas zu schulden, nicht beirren und schrieb 1960:

„Wenn ich nur auch gleich mal wüßte, auf was Ihr hoff(e)t! Aber für Onkel Kuno habe ich schon eine Idee (...)"[3]

Die mit solchem Mißverstehen einhergehende tendenziell ungleiche Positionierung innerhalb der Austauschbeziehung führte im Zeitverlauf und im Zusammenspiel mit verschiedenen anderen Faktoren von Asymmetrie dazu, daß die Beziehungen zwischen Ost und West allgemein als asymmetrisch gedeutet wurden. Das Schreiben über den Sinn und Unsinn von bestimmten Geschenken oder Gaben auf beiden Seiten ließ von der

DDR ein Bild entstehen, das im Vergleich zu den Möglichkeiten im Westen stärker mit der Notwendigkeit und dem Provisorium verbunden blieb und die Deutung der ewigen Nachkriegsgesellschaft nahelegte. Im Vergleich zu der sich in Westdeutschland entwickelnden Überflußgesellschaft wurde damit eine Hierarchie im Alltag der BriefpartnerInnen verankert, die wieder auf die Deutung der Personen und ihr Handeln zurückwirkte. Die Menschen in Ost- und Westdeutschland haben mit dem Aufrechterhalten ihrer Beziehungen einen Raum geschaffen, innerhalb dessen für sie eine Differenz zwischen Ostdeutschen und Westdeutschen im Sinne des Eigenen und Fremden erst vorstellbar wurde, wo politische und ökonomische Unterschiede der Systeme als Eigenschaften von Menschen bzw. Charakteristika ihres Handelns gedeutet werden konnten – und haben so zur Konstruktion einer kulturellen Grenze beigetragen.

Anmerkungen:
1 Dieser Text bezieht sich auf die Ergebnisse einer Auswertung von 6 Briefwechseln, insgesamt von mehreren Tausend Briefen
2 O/W 1; 19.11.63 (Quellenangabe nach dem Ordnungssystem meiner Sammlung von Briefen)
3 O/W7; 12.8.6

Literatur:
Goffmann, Erving (1989): Rahmen-Analyse. Frankfurt a. M. (2. Aufl.)
Keppler, Angela (1994): Tischgespräche: Über Formen kommunikativer Vergemeinschaftung am Beispiel der Konversation in Familien. Frankfurt a. M.

Ina Dietzsch, Universität Potsdam, Wirtschafts- und Sozialwissenschaftliche Fakultät, Lehrstuhl Frauenforschung, August-Bebel-Str. 89, D-14482 Potsdam

Der lange Schatten des Holocaust: Überlegungen zum Management kultureller Grenzen in der Feldforschung

MARGARETHE KUSENBACH

Es ist meistens der Fall, daß Ethnographie soziale und kulturelle Grenzen zwischen Individuen und Gruppen transzendiert. Es passiert auch öfter, daß sich die Kultur der Ethographin und die Kultur der Erforschten in Konflikt gegenüberstehen oder in der Vergangenheit gegenüberstanden. Selten jedoch gibt es eine derart unausweichliche Gegenüberstellung von Kulturen wie sie zwischen Deutschen und Juden besteht. Der dunkle Schatten, den der Holocaust in unserer Geschichte wirft, kann leicht durch die „Gnade der späten Geburt"-Rhetorik beiseite geschoben werden, solange es zu keiner direkten Konfrontation mit der Seite der Opfer kommt. Anders als in Deutschland sind jedoch Begegnungen mit Juden in Los Angeles an der Tagesordnung und stellen für mich, eine Deutsche, eine ungewohnte Herausforderung dar. In diesen Begegnungen müssen die „Fronten" irgendwie geklärt und, die „Sache" muß irgendwie hinter uns gebracht werden, bevor Kontakte vertieft werden können. In solchen Momenten geht es um das Management kultureller Grenzen und historischer Schuld. Hier besteht die Notwendigkeit einer „Ent-Schuldigung", die von beiden, Tätern und Opfern, gewollt und koordiniert werden muß.

Die Klärung eines solchen kulturellen Antagonismus ist insbesondere für die Ethnographin ein Muß. Sie will das Vertrauen der Erforschten gewinnen, ohne jedoch volle Reziprozität anbieten zu wollen oder zu können. Oft ist sie gerade an den emotionalen und persönlichen Sachverhalten interessiert, die solche Schuldverhältnisse umkreisen. Vor allem aber will sie sich jedoch selbst darüber klar werden, wie ihre persönliche Präsenz das Feld und ihre Arbeit insgesamt beeinflußt; und kollektive Mitgliedschaften wie „Deutsche" oder „Jüdin" schließt diese Präsenz nun einmal ein.

Ich arbeite seit über zwei Jahren zusammen mit zwei anderen Ethnographen der UCLA an einem Forschungsprojekt mit dem Titel „Perception of Disorder, Fear of Crime and Community Policing in Hollywood". Es geht darum, wie Menschen mit Verbrechen, Bedrohung und der Angst davor im Alltag leben, und welche Effekte diese Dinge auf Nachbarschaften haben. Oder ganz einfach gesagt darum, wie verschiedene Menschen heute in Hollywood ihren Alltag verbringen und ihre Umgebung verstehen. Wir haben uns fünf verschiedene Viertel in Hollywood zur näheren Betrachtung ausgesucht, die sich vor allem in den materiellen Ressourcen und in den kulturellen Lebensstilen ihrer Bewohnerinnen und Bewohner unterscheiden.

Mein Referat berichtete von einem dieser Viertel, in dem ich über zehn Monate gearbeitet und gewohnt habe. „Melrose" liegt in einer traditionell jüdischen Gegend. Neben einer Gruppe von länger ansässigen, (reformierten) jüdischen Familien gibt es mittlerweile auch eine junge, z. T. recht schrille Subkultur. Singles in den 20ern und 30ern, Studierende, Schauspieler, Musiker und andere, die vor allem auf den unteren Etagen der Unterhaltungsindustrie arbeiten. Seit etwa fünfzehn Jahren gibt es hier auch eine ständig wachsende Anzahl chassidischer orthodoxer Juden, die sich um die jüdischen Tempel und Schulen in der Umgebung herum angesiedelt haben. Daneben gibt es im Melrose-Viertel auch eine Gruppe kürzlich zugewanderter und zum Teil jüdischer Russen, die dem nahen Zentrum von „Little Moskow" zugeordnet werden können. Wegen der Nähe zu West Hollywood gibt es schließlich auch einen überdurchschnittlich hohen Prozentsatz an Schwulen und Lesben. Die Bewohnerinnen und Bewohner des Melrose-Viertels, obwohl sie radikal verschiedenen Lebensstilen angehören, haben gemeinsam, daß sie vorwiegend Weiße sind. Der Gesamtanteil der reformierten und orthodoxen Juden beträgt über 50 % in diesen Straßenblocks. Ich habe insgesamt rund vierzig Interviews mit meinen Nachbarn durchgeführt; zwanzig davon mit Jüdinnen und Juden verschiedenen Alters, verschiedener Herkunft und mit einem unterschiedlichen Verhältnis zu ihrem Judentum. An einem gewissen, recht frühen Zeitpunkt der Projektarbeit fiel mir auf, wie sehr mich die Bedeutung des Holocaust persönlich beschäftigte und ich begann darauf zu achten, in welchen Situation und auf welche Art ein kultureller Konflikt aufkam, obwohl dies nicht direkt ein Hauptthema der Studie war. Ein Teil der offiziellen, aufgenommenen Interviews behandelte die Herkunft und die Lebensgeschichte unserer Informanden. Hier kam das Gespräch gelegentlich auf den Holocaust, was nicht immer einfach war, vor allem, wenn es sich um „survivor"-Geschichten handelte. Ich konnte mich aber in diesen Momenten einigermaßen hinter der offiziellen Rolle der Ethnographin verbergen. Diese Geschichten waren ja nicht an mich persönlich gerichtet, sie hatten keinen direkten Gegenwarts- und Situationsbezug, sondern waren einfach ein Teil meiner Arbeit. Ich habe aber auch zahlreiche Situationen erlebt, in denen der kulturelle Konflikt zwischen mir und meinen jüdischen Befragten außerhalb der Interviewsituation aufkam und somit durchaus einen persönlichen Stellenwert erhielt. Im meinem Referat erfolgte an dieser Stelle die Darstellung und Interpretation verschiedener Beispiele, deren wichtigste Punkte ich hier zusammenfasse. Typischerweile waren Verweise auf den Holocaust indirekt, ohne daß die Judenvernichtung durch Deutsche und unsere jeweiligen „Seiten" direkt ausgesprochen wurde. Trotz ihrer Subtilität waren sie jedoch eindeutig und wurden von beiden Seiten unmißverständlich gedeutet. Typischerweise habe ich auf Holocaust-Verweise nicht direkt, sondern meistens mit Schweigen reagiert. Ich überließ es fast immer der Seite der Opfer, den persönlichen Bezug zum Holocaust, der durch den Kontext oder einen Kommentar angedeutet wurde, anzusprechen und in der konkreten Situation aufzulösen. Meine Informanden verneinten nicht, was geschehen war, „ent-schuldigten" mich aber persönlich mit Hilfe verschiedener rhetorischer Strategien, die mich von einer Mitverantwortung am Holocaust freisprachen oder die „Fronten" anderweitig verschoben (indem z. B. die eigene deutsche Herkunft betont wurde). Oft relativierten meine Informanden den Holocaust auch und wiesen darauf hin, daß so etwas auch woanders passiere. Oder sie schwächten das Geschehene ab und betonten, daß dies alles ja schon so lange her sei und daß man lieber in die Zukunft schauen solle. In fast allen Beispielen wurde deutlich, daß, wenn in unseren Gesprächen eine persönliche Beziehung zum Holocaust hergestellt wurde, meine Gesprächspartner die „Ent-Schuldigung" übernahmen. Ich konnte mich nicht von alleine, ohne ein solches Angebot, vom Holocaust distanzieren. Meistens habe ich dieses „Angebot" akzeptiert, ohne jedoch jegliche

Schuld von mir zu weisen. Interessanterweise nahmen meine Informanden ganz selbstverständlich die Autorität in Anspruch, als einzelner Jude oder einzelne Jüdin im Namen ihrer ganzen Kultur zu sprechen. Die Analyse der subtilen Beispiele zeigte deutlich, daß der Holocaust das dominante Interpretationsschema auf beiden Seiten darstellte. Dies ist jedoch auch eine interessante Gemeinsamkeit, die Juden und Deutsche verbindet. Es wurde deutlich, wie stark der Holocaust noch im kollektiven Gedächtnis der Juden und auch in meinem Gedächtnis verankert und handlungsbestimmend ist. Die Brizanz des gesamten Themas, sowie die Struktur der „Ent-Schuldigung" wurde auch an den Reaktionen deutlich, die auf meine Präsentation einer früheren Version dieses Referats in den USA folgten. Wann immer ich dieses Thema in Diskussionen oder Vorträgen anschneide, wird es als ein Signal für meine Schuldbereitschaft angesehen, die jüdische Anwesende dann kommentieren und mir von den Schultern nehmen.

Ich glaube, daß die hier angedeutete Struktur der „Ent-Schuldigung", die ich anderswo auch die „Entpersönlichung von Schuld" nannte, ein generelles Phänomen darstellt. Menschen versichern sich gegenseitig ständig, daß Konflikte zwischen ihren Kulturen bestehen – sie müssen aber hier und jetzt, zwischen einzelnen Individuen praktisch „eingeklammert" werden, um einen Kontakt erfolgreich weiterzuführen. Dies führt zu den interaktiven Strategien der „Ent-Schuldigung", denen besonders die Ethnographin in ihrer Arbeit systematisch und wiederholt begegnen kann. Ethographinnen bauen jedoch bei ihrer Arbeit im Feld auf Alltagserfahrungen und Alltagspraktiken auf. Wie Normalsterbliche handeln sie Schuldfragen aus und kümmern sich um ihr eigenes Image und die Gefühle der anderen. Sie zwingen sich selbst aber auch dazu, das Geschehene festzuhalten, Beobachtungen aufzuzeichnen und über die Effekte ihrer Arbeit zu reflektieren. Sie tun also mehr als Normalsterbliche, wenn sie mit konfligierenden Kulturen konfrontiert werden. Somit können sie zu „professionellen Grenzgängern" werden und erheblich zur Bewältigung kultureller Konflikte beitragen.

Dr. Margarethe Kusenbach, University of California, Los Angeles, Department of Sociology, 264 Haines Hall, USA Los Angeles CA 90095-1551.

Die „Motorradlhexen". Grenzen eines elitären Frauenmotorradclubs

HELGA PATSCHEIDER

Mein Text handelt von einem Club motorradfahrender Frauen, den „Motorradlhexen", und von den Grenzen dieses Vereines (ich beziehe mich dabei auf Girtler [1992]). Der Mensch will Würde und Vornehmheit haben und braucht eine gewisse Distanz, eine Abgrenzung von anderen in räumlicher, zeitlicher und sozialer Hinsicht, um dies zu erreichen. Der Mensch setzt seine Grenzen mittels von ihm kulturell geschaffener Symbole; Rituale sichern sie ab. Einem Symbol wird seine Bedeutung durch das Handeln der Akteure in der jeweiligen Situation zugeschrieben und somit sozial sichtbar gemacht. Symbole sind Kleidung, Frisur, Schmuck, Sprache, Gesten, Abzeichen und anderes mehr, wonach sich die soziale Stellung des einen und des anderen abzeichnet und die konkrete Situation von den Handelnden definiert wird. Der Mensch wird in seiner sozialen Welt erst dann akzeptiert, wenn er ihre Symbole, das heißt ihre Grenzen mit ihrer Bedeutung, kennt und sein Handeln daran passend orientieren kann, sonst werden ihm die Grenzen durch Sanktionen gezeigt. Das Überschreiten der Grenzen ist häufig von Ritualen begleitet, wodurch das Hinüberwechseln in eine neue Situation sozial sichtbar gemacht wird.

Die Aufnahme eines neuen Mitglieds beim Frauenmotorradclub „Motorradlhexen" geschah anfangs durch das bloße Erscheinen und das Einzahlen des Mitgliedsbeitrages. Nachdem der Club sein eigenes Existenzbewußtsein geschaffen hatte, reichte die alleinige Anwesenheit nicht mehr aus, um dazuzugehören. Es wurden feierlich gestaltete Beitrittserklärungen entworfen, die von den neuen Mitgliedern ausgefüllt und dem Vorstand gegeben werden. Mit dem Überschreiten der Grenze, der Schwelle, wird ein neuer Status erreicht, der dem Menschen neue Rechte und Pflichten einräumt, in die er mittels Rituale eingeführt wird, diese helfen beim Übertritt in die neue Welt und machen dem Neuling und den anderen die an ihn gestellten Erwartungen bewußt. Erscheint ein neues Mitglied beim Frauenmotorradclub, wird es von jedem Vorstandsmitglied persönlich über das Gebaren, die üblichen Abläufe der Clubtreffen, -ausfahrten und das Verhalten einzelner Mitglieder unterrichtet. Das Album wird dem neuen Mitglied zur Ansicht vorgelegt, in dem die Aktivitäten und Erfolge des Clubs mit Text und Fotos festgehalten werden. Das Mitglied wird in einem aufwendig gestalteten Mitgliederinnenverzeichnis erfaßt.

Die Grenzen der „Motorradlhexen" sind für Frauen, die sich für eine Mitgliedschaft in diesem Club interessieren, „lockere Grenzen": Das sind jene Grenzen, „die Menschen oder Menschengruppen brauchen, um ihre Individualität, ihre Kultur oder andere spezifische Interessen zu bewahren und zu sichern" (Girtler 1992: 22). Charakteristisch für „lockere" Grenzen ist, daß sie soziale Räume abzeichnen, in denen eine gemeinsame

Kultur, das heißt gemeinsame Regeln des Verhaltens und ein gemeinsames Wissen, entsteht. Sie vermögen auch einiges über den sozialen Rang eines Menschen auszusagen. Die Exklusivität des Frauenmotorradclubs zeigt sich insofern, daß dieser ausschließlich Frauen als ordentliche Mitglieder aufnimmt und bei Clubtreffen akzeptiert. Die Anwesenheit von Männern bei Treffen oder Veranstaltungen bedarf nach Diskussion einer Abstimmung. Zu bestimmten Anlässen und ausschließlich mit persönlicher Einladung ist es Männern möglich, sich innerhalb dieser Clubgrenzen zu begeben und an Clubveranstaltungen teilzuhaben.

Als erste Handlungen des Vereins wurde der Name des Clubs und das Emblem genau festgelegt. Mit ihnen identifizieren sich die Mitglieder und präsentieren sich den anderen MotorradfahrerInnen und der gesellschaftlichen Öffentlichkeit insgesamt. Die Funktionärinnen des Vereinsvorstandes nennen sich ihren Aufgaben gemäß Präsidentin, Vize-Hexe, Schrifthexe, Vize-Schrifthexe, Kassahexe und Vize-Kassahexe. Zur sozialen Sichtbarmachung ihrer Existenz, zur Abgrenzung von anderen und zur Identifikationshilfe ihrer Mitglieder legte sich der Club Symbole zu, wie Aufkleber, Anstecknadeln, Sweat-, T-Shirts, Halstuch, eine Fahne, Visitenkarten, Stempel und Briefpapier, versehen mit dem Clublogo. Damit rufen sie ihre Eigenständigkeit und ihr Verlangen nach Grenzen rituell in die Welt (vgl. Girtler 1992). Symbolisch und rituell wird durch das Tragen von einheitlicher Kleidung, den Uniformen, für alle sichtbar eine Grenze von einer Kultur zur anderen gezogen. Beim Frauenmotorradclub kann als Uniformierung das Tragen von Club-T-, -Sweat-Shirt und Halstuch in einheitlicher Farbe mit Clubemblem sowie Anstecknadel, bezeichnet werden. Bei gemeinsamen Ausfahrten oder bei der Teilnahme an anderen Motorradveranstaltungen wird das sichtbare Tragen der Clubzeichen unbedingt erwartet und von jener, die ein Shirt nicht angezogen hat, unaufgefordert ausführlich erklärt. Die spezielle Kleidung der Clubfrauen ist außerdem die Motorradkluft: Lederhose, -jacke und von mancher ein Ledergilet; das Tragen von Goretex-Kleidung wird von der Trägerin extra begründet. Die Motorräder der „Motorradlhexen" sind verschieden, an mindestens einer Stelle hat der Clubaufkleber mit dem Emblem gut sichtbar befestigt zu sein.

Das Schaffen weiterer Zeichen der sozialen Sichtbarmachung der Grenzziehung mittels Symbolen zwischen den Clubmitgliedern und anderen MotorradfahrerInnen wird diskutiert. Um die Sichtbarkeit der Gruppenzugehörigkeit vor allem während des Fahrens zu erhöhen, werden deutlichere Zeichen der Grenzziehung von den Clubmitgliedern gefordert. Das Tragen eines schwarzen Ledergilets über der Lederjacke mit weißer Aufschrift des Clubnamens am Rücken wird im Club verhandelt. Es existieren Mythen über das unerlaubte Tragen von „Colours". Das sind große Clubembleme am Rücken einer Jacke. Ein „Colour" wird dann unerlaubt getragen, wenn ein colourtragender Motorradclub in seinem „Revier", seinem „Hoheitsgebiet", das ist das Bundesland, wo der colourtragende Motorradclub seinen Sitz hat, es verbietet, daß Mitglieder eines anderen Clubs ein Colour tragen, sonst ist mit ernsthaften körperlichen Sanktionen, die zur Vertreibung aus dem Gebiet führen sollen, zu rechnen. Die diesbezüglich in der Motorradszene im Umlauf befindlichen furchtbaren Drohungen, versehen mit schreckeneinflößenden Beispielen, wirken auf Teile des Frauenmotorradclubs so stark, daß sie sich noch nicht entschließen konnten, deutlich für alle sichtbare Zeichen der Clubzugehörigkeit anzuschaffen. Das Tragen einer Tracht, einer Uniform und Emblemen ist nicht jeder oder jedem immer erlaubt. Es werden andere am Übertreten der Grenze gehindert, indem Mythen, Legenden und Sagen aufgebaut werden, welche die Grenzziehung unterstützen und drohend absichern (vgl. Girtler 1992).

Die Territorien der Clubtreffen der Motorradfrauen befinden sich an zwei getrennten Orten. Sie sind durchlässige Grenzen, die von einer Wächterin, der Besitzerin des Pubs im Südburgenland, und am anderen Ort des Treffens einem Wächter, dem Besitzer des Gasthofes im Raume Wiens, kontrolliert werden. Sie haben die Aufsicht über die Ungestörtheit der Zusammenkünfte der Mitglieder in ihren Extrazimmern übernommen und verteidigen diese vor allem gegenüber jugendlichen männlichen Gästen. Die Extrazimmer weisen sich durch die in Glasrahmen gefaßten Texte, Zeitungsausschnitte von Aktivitäten und Bildern, dem Emblem und einer Gründungsschrift des Clubs als die Räumlichkeiten der „Motorradlhexen" aus und sind an den Abenden der Treffen für sie reserviert. In den Räumen des Frauenmotorradclubs macht man einander symbolisch klar, daß man hier in bewußter Distanz zur gewöhnlichen, der motorradfahrenden männlichen, Welt lebt. Noble Exklusivität wird dort angestrebt, wo Menschen ihre eigene Kultur unberührt von außen pflegen wollen und daher Schranken aufstellen (vgl. Girtler 1992). Wie beim Club der „Motorradlhexen", wo Frauen unter sich sein, ihre eigene Motorradkultur pflegen, ihre eigenen Ideale verwirklichen und sich ungestört von motorradfahrenden und anderen Männern bewegen wollen. Grenzen, Schranken, Wächterinnen u. a. m. zeigen, daß hier eine andere Welt beginnt. Innerhalb dieser Grenzen leben Menschen, die eine besondere Qualität haben möchten über spezifische Rituale und Symbole, die sie gegenüber dem Fremden auszeichnen und mittels derer sie sich wiederum von anderen abgrenzen. Sie legen sich einen neuen Namen zu, tragen spezielle Kleidung, haben eigene Verhaltensnormen und einen eigenen Ehrenkodex.

„Grenzen sind nichts Unumstößliches, sie können sich in ihrer Qualität dauernd ändern," (Girtler 1992: 31) und auch überhaupt verschwinden, da Grenzen durch Symbole versinnbildlicht werden, wonach sich Menschen in ihrem Handeln durch Bedeutungszuschreibung orientieren, ändern sich mit der veränderten Zuschreibung der Bedeutung von Symbolen auch die Grenzen.

Literatur:
Girtler, Roland (1992): Schmuggler – Von Grenzen und ihren Überwindern. Linz 1992

Helga Patscheider, Budinskygasse 12/38, A-1190 Wien

Sonderveranstaltung zur Softwarepräsentation „Software für die Sozialwissenschaftliche Forschung"

Organisation: Markus Jenki

Analyse und Archivierung von Biographie- und Lebensverlaufsdaten mit dem Datenbanksystem „QBiQ"

SUSANN KLUGE / DIANE OPITZ

Im Sonderforschungsbereich 186 „Statuspassagen und Risikolagen im Lebensverlauf" der Universität Bremen, der seit 1988 von der DFG gefördert wird, werden in vielen Teilprojekten sowohl leitfadenstrukturierte biographische Interviews als auch standardisierte Lebensverlaufsdaten parallel innerhalb einer Studie erhoben (siehe Kelle/Kluge/ Sommer 1998; Erzberger 1998). Um beide Datenarten effektiv archivieren und für Sekundär- und Reanalysen zur Verfügung stellen zu können, hat der Bereich „Methoden und EDV" des Sfb 186 ein multifunktionales Datenbanksystem mit dem Namen „QBiQ" entwickelt (sprich wie im Englischen für cubic [,kju:bik]). Dieses Kürzel verdeutlicht bereits den Doppelcharakter des Datenbanksystems, mit dem sowohl qualitative („Q...") als auch quantitative („...Q") Daten gemeinsam archiviert und verwaltet werden können („„Bi" = zweifach, doppelt). So verfügt „QBiQ" zunächst über die üblichen Grundfunktionen, die gängige Textdatenbanksysteme wie WinMAX, ATLAS/ ti, NUD.IST oder The Ethnograph seit einigen Jahren für die vorbereitende Analyse verbaler Daten bieten (Kodierung des Datenmaterials, Erstellen verschiedener Arten von Textretrievals, Erstellen und Verwalten von Memos, Suche nach Begriffen etc.). Darüber hinaus können mit „QBiQ" jedoch auch sehr umfangreiche numerische Datensätze verwaltet werden, um qualitative und quantitative Daten für die Auswertungen miteinander zu verbinden. Außerdem kann die Panelstruktur der in den Sfb-Projekten erhobenen Datensätze in „QBiQ" abgebildet werden, so daß z.B. alle Äußerungen eines Befragten zu einem Thema über die Erhebungswellen hinweg – also auch wenn sie in verschiedenen Interviews enthalten sind – gemeinsam herausgefiltert werden können.

Da die Sfb-Projekte mit sehr unterschiedlichen Datenbanksystemen wie The Ethnograph, MAX.txt, NUD.IST oder WinMAX gearbeitet haben, ist es für die Archivierung und Weitergabe der Datensätze außerdem von entscheidender Bedeutung, daß die qualitativen Daten mit allen Informationen (also Kodes, Kodierungen, Memos, Variablen) in „QBiQ" importiert und für Sekundär- und Reanalysen auch in andere Formate exportiert werden können. Mit Hilfe entsprechender Schnittstellen wird dies seit langem bestehende Problem des Datenaustausches zwischen den verschiedenen Textdatenbanksystemen in „QBiQ" weitgehend gelöst, so daß man nun von den verschiedenen Formaten dieser Systeme relativ unabhängig ist.

Da im Kölner Zentralarchiv für Empirische Sozialforschung nur quantitative Datensätze archiviert werden, liegt die Archivierung qualitativer Daten gewöhnlich in der Verantwortung der einzelnen ForscherInnen. Neuere Untersuchungen zum Verbleib der Daten haben jedoch ergeben (siehe: Corti/Thompson 1998: 86), daß ca. zwei Drittel der WissenschaftlerInnen die Daten nach Abschluß ihrer Projekte bei sich zu Hause oder weiterhin im Büro lagern, wo sie für andere ForscherInnen nicht zugänglich sind und ihr Verbleib ungewiß ist. Um diesen Verlust wertvollen Datenmaterials zu verhindern, ist in Großbritannien bereits 1994 ein professionelles Archiv für qualitative Daten gegründet worden: das „Qualitative Data Archival Resource Centre" (QUALIDATA) der Universität von Essex (siehe Corti/Thompson 1998). Die MitarbeiterInnen dieses Archivs beraten WissenschaftlerInnen u. a. bei der Archivierung qualitativen Forschungsmaterials, bei der Dokumentation des Forschungsprozesses, bei der Sicherung des Datenschutzes sowie bei den Sekundär- und Reanalysen des archivierten Datenmaterials.

Die Archivierung und Weitergabe qualitativer Daten ist empfehlenswert, weil der Informationsgehalt und damit das Analysepotential qualitativer Daten oft so hoch ist, daß es vom Ursprungsprojekt kaum erschöpfend ausgewertet werden kann. Außerdem können veränderte Forschungsperspektiven und andere theoretische Ansätze oft zu wichtigen neuen Erkenntnissen führen. Für viele ForscherInnen ist es zudem von Vorteil, auf bereits erhobenes Datenmaterial zurückgreifen zu können, da die Erhebung qualitativer Daten in der Regel nicht nur sehr zeit- und arbeitsaufwendig, sondern auch sehr kostenintensiv ist. Die archivierten Daten ermöglichen weiterhin die Durchführung interessanter Vergleichsstudien, um z. B. regionale, schichtspezifische oder auch historische Unterschiede zu untersuchen. Außerdem ist die Archivierung für die Dokumentation des Forschungsprozesses und damit für die Überprüfbarkeit der Auswertungsergebnisse von zentraler Bedeutung. Deshalb wird in letzter Zeit verstärkt gefordert, daß die erhobenen Daten auch an Dritte herauszugeben sind, wenn diese „ein begründetes fachliches Interesse an ihrer Reanalyse nachweisen können" (Kaase 1998: 96; siehe auch DFG 1998: 12f).

Mit „QBiQ" können qualitative Daten jedoch nicht nur archiviert, sondern für weitere Analyseschritte aufbereitet werden. Das Datenbanksystem verfügt über die üblichen Grundfunktionen gängiger Textdatenbanksysteme wie Kodieren, Erstellen von Textretrievals und Anlegen von Memos. So funktioniert das Kodieren der Texte (mit Hilfe des *Kode-Managers*) wie üblich durch Markieren der Textpassagen und Anklicken oder Definieren des entsprechenden Kodeworts. Überschneidungen zwischen den kodierten Textpassagen sowie das Anlegen von hierarchischen Kodestrukturen sind möglich. Anschließend können mit dem *Explorer* verschiedene Bedingungen für Textretrievals festgelegt werden, um das Interviewmaterial für die Analyse von speziellen Fragestellungen aufzubereiten. Sollen nur die Textpassagen einer bestimmten Subgruppe herausgefiltert werden (*Erstellen selektiver Retrieval*), können diese Fälle über die Angabe der entsprechenden Variablenwerte selektiert werden. Der *Such-Manager* ermöglicht außerdem die Suche nach einzelnen Wörtern oder Wortkombinationen in allen oder auch einem Teil der Interviews. Mit der *Memo-Funktion* können sowohl zu einzelnen Textpassagen, zum gesamten Interviewtext als auch zu einzelnen Kodes Memos angelegt werden.

Über diese Grundfunktionen hinaus kann in „QBiQ" bei der *Definition der Variablen* zwischen einer Vielzahl von Variablentypen gewählt werden, die für die angemessene Archivierung der standardisiert erhobenen Daten erforderlich ist. So steht neben den gebräuchlichen Typen wie Text (string) und Aufzählungen (enum, num) eine große Auswahl an weiteren Arten zur Verfügung (Datumsangaben, arrays). Im Projekt-Manager können außerdem *Referenzen* der einzelnen Interviews zu anderen Texten angegeben werden, um die Panelstruktur einer Studie zu erfassen. So kann z. B. eine Verknüpfung zwischen der Befragung der Person X aus dem Jahre 1989 und der Befragung derselben Person aus dem Jahre 1995 angegeben werden. Es muß sich aber nicht unbedingt um identische Befragungspersonen handeln, sondern es können auch Referenzen *zwischen unterschiedlichen Personen* (z. B. Ehepartnern oder mehreren Familienmitgliedern, die alle befragt wurden) erstellt werden. Mittels entsprechender Schnittstellen (die zur Zeit noch programmiert werden) können schließlich nicht nur Interviewtexte mit ihren Kodierungen, Kodes und Memos aus anderen Textdatenbanksystemen importiert und in andere Systeme exportiert werden, auch die numerischen Daten können aus und in verschiedene Formate im- und exportiert werden.

„QBiQ" ist als Freeware über den Bereich „Methoden und EDV" des Sfb 186 bzw. den Programmierer Stephan Kuhagen (stk@informatik.uni-bremen.de) erhältlich.

Literatur:
Corti, Louise / Thompson, Paul (1998): Are You Sitting on Your Qualitative Data? Qualidata's Mission. In: Int. J. Social Research Methodology, Vol.1, No.1: 85–89
Erzberger, Christian (1998): Zahlen und Wörter. Die Verbindung quantitativer und qualitativer Daten und Methoden im Forschungsprozeß. Vol. 11 der Reihe „Status Passages and the Life Course". Weinheim
DFG (1998): Vorschläge zur Sicherung guter wissenschaftlicher Praxis. Empfehlungen der Kommission „Selbstkontrolle in der Wissenschaft". Denkschrift. Weinheim

Kaase, Max (1998): Datendokumentation und Datenzugang in bei sozialwissenschaftlichen Fachzeitschriften eingereichten Beiträgen. In: Soziologie, Heft 2: 95–96

Kelle, Udo / Kluge, Susann / Sommer, Thorsten (1998): Integration qualitativer und quantitativer Verfahren in der Lebenslaufforschung. In: Walter R. Heinz u. a. (Hrsg.): Was prägt Berufsbiographien? Lebenslaufdynamik und Institutionenpolitik. Beiträge zur Arbeitsmarkt- und Berufsforschung, Beitr. AB 215: 335–361

Dr. Susann Kluge, Dipl.-Soz.-Wiss. Diane Opitz, Universität Bremen, Sonderforschungsbereich 186, Bereich Methoden und EDV, Postfach 33 04 40, D-28334 Bremen

Anmerkung:
Der Beitrag von Rudi Schmiede über das GESINE-Projekt ist unter der Ad-hoc-Gruppe „Elektronische Information und Kommunikation in der Soziologie" in diesem Band abgedruckt.

Organisation der Veranstaltung: Markus Jenki, Schloßbergring 9, 79098 Freiburg

Soziologie als angewandte Aufklärung: weniger als erwartet, aber mehr als zu befürchten war
Die Entwicklung der Nachkriegssoziologie aus der Sicht der Gründerzeit

Organisation: Heinz Sahner

Einleitung

HEINZ SAHNER

Vor etwa fünfzig Jahren haben frühe Fachvertreter der ersten „Nachkriegsgeneration", wie wir sie hier kurz bezeichnen wollen, nach bewegten Zeiten ein universitäres Studium begonnen, das durchgängig zu Beginn sicher noch nicht als soziologisches bezeichnet werden konnte.
Es ist die Zeit der beginnenden Professionalisierung des Faches: Die „Kölner Zeitschrift für Soziologie" erscheint wieder seit 1948. Das erste Heft der „Sozialen Welt" erscheint 1949. Die Sozialforschungsstelle Dortmund wurde schon 1947 gegründet und die „Arbeitsgemeinschaft sozialwissenschaftlicher Institute (ASI)" im Jahre 1949.
Was war der Impetus zu diesem Aufbruch? Von welchen Hoffnungen und Erwartungen wurde er getragen? Wie wird die bisherige Entwicklung des Faches beurteilt und was erhofft man sich von der Zukunft? Wir haben heute noch die Möglichkeit, Zeitzeugen zu befragen. Daß dies geschehen kann, dafür danke ich den auf dem Podium versammelten Wissenschaftlern.
So unterschiedlichen Schulen man sie auch immer zurechnen mag, so hat sie nach meiner Einschätzung zu Beginn ihrer wissenschaftlichen Laufbahn doch ein Merkmal geeint, nämlich die Neigung zu einer empirisch orientierten Soziologie um so (ich wage es zu sagen) aufklärerisch tätig zu werden. Dies hatten sie mit bedeutenden Gründervätern der Nachkriegssoziologie gemein, z.B. mit Schelsky, König und Adorno – ja, und bei letzterem sogar besonders auffällig. Man lese nur einmal seinen 1952 erschienenen Beitrag, der in dem Band „Empirische Sozialforschung" erschienen ist und der 1951 auf einer Arbeitstagung gehalten wurde, auf der neben vielen prominenten Wissenschaftlern auch Herr von Friedeburg und Frau Noelle-Neumann teilgenommen haben.
Daß heute skeptische Fragen gegenüber der empirischen Sozialforschung wieder zahlreicher werden und man wieder zunehmend nach dem Nutzen, dem Erklärungswert und

der Diagnosefähigkeit fragt, hat sicher viele Ursachen, aber eine dürfte auch darin bestehen, daß die Ansprüche an eine modelltheoretische Fundierung, der sich eine empirische Verfahrensweise nur widerstrebend fügt, zugenommen haben. Die Forscher der ersten Generation drängte es, „zu den Sachen selbst" zu kommen. Theoretische Fundierung stand nicht im Vordergrund der Bemühungen. Die empirische Sozialforschung in der unmittelbaren Nachkriegszeit war weitgehend theorielos.

Aber eins scheint sicher: Diese Nachkriegsgeneration knüpfte weder eng an die Vorkriegssoziologie an, noch an dem, was von dieser unter dem Nationalsozialismus übrig geblieben war.

Prof. Dr. Heinz Sahner, Universität Halle-Wittenberg, Institut für Soziologie, D-06099 Halle/Saale

Gesprächsrunde

M. RAINER LEPSIUS

Nach dem Ende des Nationalsozialismus erwartete ich von der Soziologie die Überwindung traditioneller deutscher Denkstrukturen, eine „kognitive Befreiung": Das soziologische Erkenntnisprogramm richtet sich gegen die Ontologisierung von Kollektiven, die geschichtsphilosophische Konstruktion und Sinngebung von Entwicklungsprozessen und die hermeneutische Interpretation von undifferenzierten „Wesenheiten". Es verlangt die Trennung von Sein und Sollen und – daraus folgend – eine empirische Aussageprüfung, eine nominale Begriffsbildung und die Suche nach pluralen Strukturierungsprinzipien. Diese Erwartungen haben sich im wesentlichen erfüllt. Die in den 20er Jahren als „überholt" geltende Tradition Kants hat sich in der Wissenschaftslehre wieder durchgesetzt. Der Linkshegelianismus wurde in seiner neomarxistischen Form abgewehrt und der Rechtshegelianismus marginalisiert. Die Soziologie in Deutschland folgt einem empirischen und analytischen Wissenschaftsprogramm und ist heute international eingebunden. Es gibt eine Soziologie in Deutschland, aber keine „Deutsche Soziologie". Das entspricht meinen seinerzeitigen Erwartungen.

Das Objekt der Soziologie war die schon bis 1950 politisch und ökonomisch verfaßte Bundesrepublik, deren Sozialstruktur aber noch weitgehend unbekannt war. Dementsprechend waren die bevorzugten Forschungsfelder der Soziologie Untersuchungen zur sozialen Schichtung und zu Mobilitätsprozessen (auch im Hinblick auf die durch die

Heimatvertriebenen und Flüchtlinge veränderte Bevölkerungsstruktur), zur Reorganisation der Familie und zur Jugend sowie zu Arbeitsordnungen in den Industriebetrieben. Soziale Ungleichheit und Partizipationschancen im Zuge der neuen Gesetzgebung zur Betriebsverfassung und Mitbestimmung waren die politisch relevanten Themen. In den 50er und 60er Jahren galt die Selbstvergewisserung über die Gesellschaft der Bundesrepublik als soziologische Aufgabe: Auch durch die Kritik an der Gesellschaft der Bundesrepublik nach 1968 ist das Wissenschaftsprogramm der Soziologie nicht verändert worden. Neomarxistisch beeinflußte Fragestellungen – insbesondere Kapitalismus- und Imperialismuskritik – führten zunächst zu einer Belebung der Makroperspektive. Die dann folgende Kritik an den Sozialisationsprozessen, Rollen- und Interaktionsstrukturen sowie den Geschlechterverhältnis gaben den Mikroperspektiven Prominenz. Der große Entwicklungsschub erfolgte durch die Methodenentwicklung in der empirischen Sozialforschung. Dies hat den Charakter der Soziologie in den 80er Jahren weiter professionalisiert und entideologisiert. In der theoretischen Orientierung trat der Strukturfunktionalismus zurück, es entwickelten sich – national wie international – plurale theoretische Ansätze, von denen keiner die Wissenschaftsgestalt im ganzen dominiert. Dies gilt auch für die international diskutierten Theorien um Jürgen Habermas und Niklas Luhmann, den prominentesten deutschen Beiträgen zur Theoriediskussion. Als Gegenstandsbereich blieb die Gesellschaft der Bundesrepublik dominant. Was für den Anfang plausibel war, wurde über die Zeit eher provinziell. Die vergleichende Forschung, aber auch die intensive Beschäftigung mit anderen – auch außereuropäischen – Gesellschaften ist vernachlässigt worden. Die übermäßige Orientierung auf die deutsche Gesellschaft wirkt erkenntnishemmend. Selbst im Rahmen der deutschen Geschichte hat sich die Soziologie zu sehr auf die Bundesrepublik beschränkt. Weder die Gesellschaft unter dem Nationalsozialismus noch die im DDR-Regime hat ein breites Forschungsinteresse gefunden. Damit blieben die Einflüsse von politischer Ordnung, sozialer Organisation, ideologischer Wertorientierung und ökonomischer Produktivität soziologisch unteranalysiert. Dies ist bedauerlich, denn beide Herrschaftsformen bieten eine deutliche Varianz der Bedingungskonstellationen für vergleichende Analysen an. Die Chance, zwei im Vergleich zur Bundesrepublik radikal verschiedene Makroordnungen in der eigenen Geschichte und in der gleichen Sprache untersuchen zu können, ist nicht genutzt worden. Der Nationalsozialismus wurde der Geschichtswissenschaft, die kommunistischen Systeme der Politischen Wissenschaft überlassen mit der Folge, daß die Erforschung von sozialen Prozessen der Fügsamkeit, der Schrumpfung des Verhaltensrepertoires und der kognitiven Uniformierung vernachlässigt wurden. Zwischen der Darstellung der Herrschaftssysteme und -apparate einerseits und der moralisch problematisierten Verhaltensbeschreibung von Individuen andererseits fehlt eine analytische Vermittlung. Die Dichotomie zwischen der Makro- und Mikroebene ist auch theoretisch noch nicht überzeugend überwunden. Die Perspektivenverengung auf die

Gesellschaft der Bundesrepublik und die Nichtproblematisierung ihrer institutionellen Rahmenbedingungen sind nach meiner Auffassung die größten Mängel, die auch durch die jüngste Transformationsforschung nicht behoben wurden.

Prof. Dr. Dr. h.c. M. Rainer Lepsius, Universität Heidelberg, Institut für Soziologie, Sandgasse 9, D-69117 Heidelberg

Gesprächsrunde

HEINRICH POPITZ

Hier nur einige Bemerkungen über die Gründerphase der fünfziger Jahre. Für mich war dies die Zeit von der Promotion – in Philosophie – 1949 bis zur Habilitation – in Soziologie – 1957. Die frühesten Anfänge in den vierziger Jahren, von denen ich an meinen Studienuniversitäten Göttingen, Heidelberg und Basel kaum etwas bemerkt habe, lasse ich beiseite. Daß ich biographisch erzähle, bedarf wohl keiner besonderen Rechtfertigung. Es geht ja um den Vergleich von Erfahrungen. Also: Wie kam es zu den industriesoziologischen Untersuchungen in der Hüttenindustrie („Technik und Industriearbeit", „Das Gesellschaftsbild des Arbeiters")? Erstens aus persönlichen Erfahrungen, zweitens als Reaktion auf die Entfremdungstheorie des jungen Marx, die ich im Philosophiestudium kennengelernt und über die ich meine Dissertation geschrieben hatte, und drittens aus einer Serie von Zufällen.

Eigene Erfahrungen ergaben sich schon in der Kindheit, als ich häufig aus dem bürgerlichen Wohnviertel ausrückte und in einem Arbeiterviertel Abenteuer suchte und fand. Ein Solidaritätsgefühl entstand, das sich im Arbeitsdienst und in der Soldatenzeit festigte. Es waren nicht primär Lesefrüchte, die mich ins Ruhrgebiet führten.

Und dann doch auch Lesefrüchte. Das Marx-Studium brachte mir Wissen, Begriffe, offene Fragen und vor allem das Bedürfnis nach unmittelbaren, anschaulichen Konfrontationen.

Die Serie von Zufällen verkürze ich hier auf einen. Nach einiger Tätigkeit in der Sozialforschungsstelle Dortmund bekam ich von der Rockefeller-Stiftung 100 000 Mark für eine eigene Forschung mit frei gewähltem Thema. Von Anfang an war mein Freund Hans Paul Bahrdt mit von der Partie – wir hatten uns gleich zu Beginn des Studiums 1945 in Göttingen kennengelernt –, später kamen Ernst August Jüres und Hanno Kesting hinzu.

Manches, was mir damals partikular erschien, waren wohl Vorzeichen für viele, die etwa zur gleichen Zeit anfingen.
Zum ersten: Die Generation der Nachkriegs-Beginner waren wohl ausnahmslos keine „gelernten Soziologen". Woher auch, die Lehre entwickelte sich nur sehr langsam. Soziologische Forschungen sind wohl in den meisten Fällen ohne Erwartungen an ein akademisches Fach „Soziologie" entstanden. Es ist zwar übertrieben, aber nicht ganz falsch zu sagen: Daß es so etwas wie Soziologie gab, entdeckten wir erst, als wir sie betrieben.
Zwischen diesen Beginnern, *zum zweiten*, gab es zunächst aus unserer Sicht keine überregionalen Kontakte. Im Ruhrgebiet bestand lediglich eine freundliche, doch sporadische Verbindung zwischen den Dortmundern und der Pirker-Lutz-Braun-Gruppe des gewerkschaftlichen Forschungsinstituts in Köln.
Der Durchbruch, mindestens für uns Dortmunder, aber auch für andere, war eine Tagung in Hamburg im Juni 1955 unter dem Titel „Norddeutsches Soziologen-Nachwuchs-Treffen", unter der Federführung von Helmut Schelsky. Absicht war, wie es in der Einladung hieß, „den wissenschaftlichen Nachwuchs für Soziologie an den norddeutschen Hochschulen einander bekannt zu machen und zur gegenseitigen Aussprache zu führen". Beides hat die Tagung erreicht. Bahrdt und ich begegneten gleichaltrigen Soziologen jenseits des Ruhrgebiets. Wir hatten kaum etwas oder gar nichts voneinander gehört. Schelsky mußte übrigens auf der ersten Einladung, die er verschickte, sogar unsere Vornamen erfinden. Hauptredner waren Bolte, Kluth, Goldschmidt, von Ferber, Bahrdt und ich. Zuhörer u. a. Dahrendorf und Habermas. Zum ersten Mal erfuhren wir im unmittelbaren Kontakt, daß in deutschen Landen vielerorts vergleichbare Fragen und Forschungen entstanden waren, aus welchen Ruinen auch immer. Für manche Beteiligte war dies die deutsche Geburtsstunde von Soziologie.
Ich möchte an dieser Stelle Helmut Schelsky einen Kranz winden. Er hat vielen Jüngeren geholfen, in nächtelangen Diskussionen zuhörend und anregend.
1955 kam auch, unabhängig von der Hamburger Tagung, ein industriesoziologischer Gesprächskreis zustande, der sich dann mit einiger Regelmäßigkeit im Frankfurter Institut für Sozialforschung traf. Teilnehmer waren, außer einigen Einzelgängern, die sporadisch kamen, die Autoren der Frankfurter Betriebsklima-Untersuchung, die Kölner Gruppe und die Dortmunder. Wichtig war der Kontakt, sachlich kam nicht viel heraus, alle drei Gruppen hatten ihre Untersuchungen schon abgeschlossen. Immerhin: Es gab so etwas wie Geselligkeit. Simmel hätte seine Freude dran gehabt.
Keine gelernten Soziologen – wenig überlokale Verbindungen – und, *zum dritten*, eine lang anhaltende Blockierung der Diskussion unter den Älteren innerhalb des Faches. Mindestens auf den Kongressen hätte doch etwas los sein können. Ich war sehr enttäuscht, als der Vorstand der Gesellschaft, in den ich in absentia gewählt worden war, in Plessners Göttinger Wohnung zusammenkam, um die Berliner Tagung zu planen. Hier

müßten nun doch wohl die Streitfragen gestellt, die Konfrontationen vorbereitet werden. Aber es war lediglich von dem Erscheinungsbild der Soziologie in der Öffentlichkeit die Rede. Das Ganze schien mir abzuzielen auf eine viertägige Pressekonferenz in Permanenz. Später habe ich dann etwas milder geurteilt, schließlich sollte die Soziologie auch institutionell auf die Füße gestellt werden.

Zum Thema „Blockierung der Diskussion" noch eine Erinnerung. Es war Ende der 50er Jahre – das genaue Jahr weiß ich nicht mehr – als Stammer, der damalige Vorsitzende, den Versuch machte, die sterile Kontaktlosigkeit zwischen den Antipoden der Nachkriegs-Soziologie zu überwinden. Er lud sie in ein abgelegenes Hotel (bei Assmanshausen) zu einem Gespräch ein. Es war ein kleiner Kreis, zehn oder zwölf Teilnehmer, vor allem Adorno, Gehlen, Schelsky und René König, dazu als Jüngere in einer undefinierten Zeugenschaft Ralf Dahrendorf und ich. Debattanten waren vor allem Adorno und Gehlen, die sich rasch einig fanden in der Überzeugung, daß wir in der schlechtesten aller Welten lebten. René König schwieg. Die wirklich heiklen politischen Fragen wurden beiseite gelassen. Das Gespräch führte folglich auch zu nichts. So blieb es – abgesehen von einer späteren kurzen Notiz von Dahrendorf – das, was es damals sein sollte: geheim.

Sie konnten zueinander nicht kommen. – Über das politische Bewußtsein der „Randgeneration", der ich selbst angehörte, weiß ich erstaunlich wenig. Es wurde kaum darüber gesprochen, die engsten Freunde ausgenommen. Immerhin ergaben sich zwei Tendenzen von selbst: die gesellschaftskritische Attitüde im allgemeinen und die Überzeugung, daß es blinde Stellen im gesellschaftlichen Bewußtsein zu finden galt.

Besagt dies etwas zum Stichwort „angewandte Aufklärung", das dieser Diskussion vorgegeben ist? Gewiß hat soziologische Forschung und Reflexion oft aufklärend gewirkt. Doch Vorsicht. „Aufklärende" Soziologen sind als Adepten eines Faches, das selbst ein Kind der Aufklärung ist, nichts besonders Glorreiches. Sie rudern nur in dem Boot, in dem sie ohnehin sitzen. Und gelegentlich laufen sie auch nur aufklärend einem Aufklärungsbedarf hinterher, den sie selbst geschaffen haben. Das ließe sich langfädig ausspinnen – die Quintessenz bleibt die gleiche: Um Aufklärung, oder was er dafür hält, möge sich jeder nach bestem Vermögen sorgen und sich mit anderen verbinden – als Fach sollten wir darauf nicht pochen. Angesichts der unvermeidlich fortschreitenden Professionalisierung und Routinisierung des Faches sollten wir fortschreitend weniger vollmundig reden. Doch es könnte vielleicht ein Stück von dem bewahrt werden, was die Periode des Neubeginns auszeichnete und die Soziologie bei allen Defizienzen und Verdrießlichkeiten zu einer verlockenden Chance machte: die Offenheit.

Prof. Dr. Heinrich Popitz, Universität Freiburg, Institut für Soziologie, Rempartstr. 15, D-79085 Freiburg

Gesprächsrunde

LUDWIG VON FRIEDEBURG

Der Wiederbeginn der Soziologie im Nachkriegsdeutschland ist daran zu messen, was sie in der ersten deutschen Republik einmal war, bevor der nationalsozialistische Terror sie vertrieb. Die Kulturpolitik einer Reihe von Länderregierungen, vor allem in Preußen und Baden, verstand die Soziologie als eine Leitwissenschaft für die Entfaltung eines republikanischen Bewußtseins im Sinne von angewandter Aufklärung. Wegen der eminenten Beteiligung jüdischer Gelehrter traf diese Soziologie sogleich der Bannstrahl des neuen Regimes. Wiederum deswegen spielte in der späteren Nachkriegszeit mit dem Wiederaufleben der Notwendigkeit republikanisch-demokratischer Bildung die Rückkehr vertriebener Gelehrter in der Soziologie und in den politischen Wissenschaften eine bedeutendere Rolle als in den meisten anderen Wissenschaften. Am Anfang der 50er Jahre begannen sie, ungeachtet der Überzahl wiederbeamteter Mitläufer, die Richtung zu bestimmen, in der die Soziologie sich zu einem der Aufklärung verpflichteten Fach entwickelte. Daran hatten Angehörige der nächsten Generation, die nicht bei ihnen, die in der unmittelbaren Nachkriegszeit überhaupt nicht Soziologie als Fach hatten studieren können, großen Anteil. Sie wurden in der empirischen Sozialforschung, in der sie sich engagierten, zu Soziologen. Das Feld der Forschung bildete wegen des großen öffentlichen Interesses am Mitbestimmungskonflikt im Ruhrgebiet vornehmlich die Industriesoziologie. Einer von ihnen, Hans Paul Bahrdt, hat als Motiv dieser Generation das Bemühen bezeichnet, der von oben verordneten Demokratie Stabilität zu verleihen, die nicht nur klug erdachter politischer Institutionen bedurfte, sondern einer Basis in der Gesellschaftsstruktur. Dabei verband sie als Soziologen die gesellschaftstheoretische Überzeugung, daß soziale Tatsachen erst vollständig werden, wenn sie sich einem Begriff von Gesellschaft einordnen (Bahrdt 1982: 13). Die Gruppen, die im Ruhrgebiet gearbeitet hatten, fanden sich im Mai 1955 im Institut für Sozialforschung zu einem Erfahrungsaustausch zusammen, kooptierten weitere junge Soziologen und bildeten dann die erste Sektion der Deutschen Gesellschaft für Soziologie, nämlich die für Industriesoziologie, symbolisch für deren damaligen Stellenwert und auch für die wachsende Bedeutung ihrer Mitglieder in der Organisation der sich entwickelnden Soziologie. Denn zunächst waren die Jungen Außenseiter im akademischen Betrieb, was ihre Solidarität untereinander bestärkte ebenso wie die teilweise erbitterten Fehden unter den damaligen Ordinarien, die keineswegs nur, aber vornehmlich durch deren Biographie in der Zeit des Nationalsozialismus bestimmt waren. Das sollte nie wieder geschehen, war unsere Hoffnung. Wir verstanden gemeinsam unsere Forschung als Form der Auseinandersetzung mit einer restaurativen Gesellschaft (Lutz). Mitglieder dieser Gruppe bestimmten weitgehend die Ausbildung der nachfolgenden Soziologen mit und besetzten Ende der fünfziger, Anfang der sechziger Jahre ein Gutteil der neugeschaffenen oder freiwerdenden Lehrstühle. So kontrovers die Frage der Form des Studiums beurteilt wurde, insbesondere ob Diplomstudiengänge eingerichtet oder die Soziologie, abgesehen von der Nachwuchsausbildung für die Hochschulen, nur als Nebenfach anderer Studiengänge gelehrt werden sollte, so übereinstimmend war die gemeinsame Überzeugung, daß es nicht nur um Information, sondern um Aufklärung, nicht nur um Meinungsumfragen, sondern um empirische Forschung in gesellschaftstheoretischer Perspektive ging, um einen kritischen Begriff von Gesellschaft, um die Verknüpfung, nicht die Entgegensetzung qualitativer und quantitativer Forschung. Die gesellschaftliche Entwicklung jener Jahre unterstützte dabei zunehmend diese Auffassung von Soziologie und förderte deren Resonanz sowohl durch die Entfaltung der materiellen Randbedingungen, insbesondere der Vollbeschäftigung, wie durch eine heranwachsende kritische Generation von Studierenden in der politischen Auseinandersetzung mit hausgemachten und internationalen Problemen. Die Zeit wurde reif, mehr Demokratie zu wagen.

Literatur:
Bahrdt, Hans Paul (1982): Die Industriesoziologie – eine „spezielle" Soziologie?. In: Gerd Schmidt u.a. (Hrsg.): Materialien zur Industriesoziologie, Sonderheft 24 der Kölner Zeitschrift für Soziologie und Sozialpsychologie. Opladen: 11–15

Prof. Dr. Ludwig von Friedeburg, Universität Frankfurt, Institut für Sozialforschung, Senckenberganlage 26, D-60325 Frankfurt a.M.

Soziologie und Philosophie
Rückblick auf dreißig Jahre „Erkenntnis und Interesse"

Organisation: Stefan Müller-Doohm

Einleitung

STEFAN MÜLLER-DOOHM

Vor dreißig Jahren ist das Buch „Erkenntnis und Interesse" von Jürgen Habermas erschienen. Es hat damals nicht nur das Bewußtsein für die Differenz zwischen Praktischem und Technischem geschärft, sondern dazu beigetragen, daß in den Sozialwissenschaften Selbstklärungsprozesse über ihre epistemologischen Grundlagen stattgefunden haben. Heute stellt sich die Frage, ob sie bereits eine „vergessene Erfahrung der Reflexion" sind? Wenn heute allgemein von einer Orientierungskrise (Wolf Lepenies) der Soziologie die Rede ist, dann besteht eine der Ursachen darin, daß sie als Normalwissenschaft (Ralf Dahrendorf) der grundsätzlichen Frage einer erkenntnistheoretischen Begründung des Wie und Wozu aus dem Weg geht. Um diesem Defizit zu begegnen, dürfte ein interdisziplinärer Austausch zwischen Philosophie und Soziologie von großem Nutzen sein. Dafür enthält „Erkenntnis und Interesse" ein wiederzuentdeckendes Anregungspotential. Das gilt auch dafür, sich Rechenschaft über den Status sowohl gesellschaftstheoretischen Wissens als auch der Soziologie als Reflexionswissenschaft zu geben.

Die Rückschau von Jürgen Habermas auf sein Buch „Erkenntnis und Interesse" ist auf dem Freiburger Soziologiekongreß auf ein besonders großes Interesse gestoßen. Dieses Interesse der scientific communitiy ist Ausdruck der Tatsache, daß es keine vergleichbare Gesellschaftstheorie gibt, die international so einflußreich ist wie die „Theorie des kommunikativen Handelns". Das Buch zählt zu den meistzitierten Werken im Bereich der Sozialwissenschaften. Es besteht trotz aller Paradigmendivergenz Einigkeit darüber, daß die „Theorie des kommunikativen Handelns" schon jetzt als ein soziologischer Klassiker gelten darf. Dessen Bedeutung besteht darin, daß sein Autor hier die bislang in der europäischen Bewußtseinsphilosophie dominierende Perspektive der Zwecktätigkeit eines monadisch vorgestellten Handlungsobjekts aufgibt. Ihr stellt er eine Perspektive auf die fundamentale Bedeutung des Anderen und die Verständigung in der Alltagspraxis mit ihm an die Seite. So grenzt Habermas die Rationalitätsform der

Verständigungsorientierung von der der Instrumentalität ab und weist folgendes nach: Bei der Wechselseitigkeit unserer sozialen Beziehungen nehmen wir, über die Verfolgung spezifischer Ziele hinaus, ein Einverständnis in Anspruch, das auf die normative Grundlage der Gesellschaft Bezug nimmt und diese bestätigt oder problematisiert. Dieser Gedanke führt zur Entzauberung der Vernunft. Sie ist aus der Sicht von Habermas schlicht eine Fähigkeit sich aufeinander beziehender Individuen, die sie in den interpersonalen Prozessen der Handlungskoordinierung erwarben und als indirekte Unterstellung, sich wahr zu äußern, richtig zu verhalten und wahrhaftig darzustellen, zum Tragen bringen müssen. Angesichts des Stellenwerts der „Theorie des kommunikativen Handelns" war es erwünscht und sachlich gerechtfertigt, daß sich die Referate und Diskussionen nicht nur auf „Erkenntnis und Interesse" beschränkt haben, ein Buch, von dem sein Autor in sympathischer Selbstbescheidenheit sagt, die Fachdiskussion sei inzwischen darüber hinweggegangen. Dennoch, so hat sich gezeigt, ist „Erkenntnis und Interesse" auch heute für den Selbstklärungsprozeß des Status soziologischen Wissens von Bedeutung, weit über das Niveau der von Feuilletons angeheizten Debatte über die Krise der Soziologie hinausgehend.

Prof. Dr. Stefan Müller-Doohm, Universität Oldenburg, Institut für Soziologie und Sozialforschung, Postfach 25 03, D-26111 Oldenburg

Einführende Bemerkungen

Jürgen Habermas

Als mich Herr Müller-Doohm vom Vorhaben des heutigen Nachmittags unterrichtete, war ich nicht gerade begeistert. Ich verspüre keine große Neigung, Gegenstand einer nostalgischen Veranstaltung zu sein. Mit gemischten Gefühlen sah ich auch die Verpflichtung zur Lektüre eines Buches auf mich zukommen, das mir im Laufe der Jahrzehnte fremd geworden ist. Eine unangenehme Überraschung ist denn auch nicht ausgeblieben. Auf Seite 76 steht immer noch der Ausdruck „*herrschaftliche* Diskussion". 1969 hatte mich ein Spiegel-Reporter wegen der merkwürdigen Tranformation von „herrschaftsfrei" in „herrschaftlich" zur Rede gestellt; jetzt erst bemerke ich, daß der ominöse Druckfehler auch im 67. Tausend der Taschenbuchauflage von 1973 noch nicht getilgt ist. Das bewies mir immerhin, daß ich das Buch nie wieder als Leser in die Hand genommen hatte.

Die angenehme Überraschung war, einem Text zu begegnen, der nicht einmal schlecht komponiert und einigermassen schwungvoll geschrieben ist. Wenn Sie mir den Narzißmus nachsehen: Die Lektüre hat bei mir eine ähnliche Gefühlsreaktion ausgelöst wie in den 50er Jahren die von „Geschichte und Klassenbewußtsein" – ein leises Bedauern darüber, daß eine solche Gestalt der Argumentation der Vergangenheit angehört. Die Versöhnungsperspektive des Deutschen Idealismus, das Fichtesche Freiheitspathos, ein Begriff wie die Selbstkonstituierung der Gattung, das sind gewissermaßen vergilbte Seiten. Selbst an Stellen, wo mir der Inhalt einleuchtet, stört ein etwas vollmundiger Tenor, beispielsweise auf Seite 72: „Die Emanzipation von äußerer Naturgewalt verdankt eine Gesellschaft den Arbeitsprozessen, nämlich der Erzeugung technisch verwertbaren Wissens... ; die Emanzipation vom Zwang der inneren Natur gelingt im Maße der Ablösung gewalthabender Institutionen durch eine Organisation des gesellschaftlichen Verkehrs, die einzig (!) an herrschaftsfreie Kommunikation gebunden ist." Nach der Verabschiedung aller geschichtsphilosophischen Denkfiguren müssen wir das normative Selbstverständnis der Moderne gegen die Gebildeten unter seinen Verächtern mit anderen argumentativen Mitteln verteidigen – beispielsweise so, wie ich es in „Faktizität und Geltung" versucht habe. Nach wie vor halte ich die diskursive Verflüssigung einer politischen Herrschaft, die unter öffentlichen Legitimationszwängen steht, für eine Errungenschaft und ein fortbestehendes Ziel demokratisch organisierter Gesellschaften; aber die öffentlichen Diskurse selbst bedürfen der Institutionalisierung.

Aus dem Rückblick eines Autors, der natürlich geneigt ist, früher eingenommene Positionen eher als Stufen eines Lernprozesses zu betrachten, möchte ich drei Kommentare vortragen: (1.) zu den Gründen, warum ich mich von „Erkenntnis und Interesse" entfernt habe, (2.) zu Einsichten und Problemstellungen des Buches, die aktuell geblieben sind und (3.) zum Kontext der deutschen Nachkriegsphilosophie, in dem die Studie entstanden ist.

1. Lassen Sie mich zunächst eine Reihe von Revisionen erwähnen.[1]
a) Die Idee einer „Gattungsgeschichte", die einerseits durch einen Prozeß der Selbsterzeugung (in Formen der gesellschaftlich organisierten Arbeit) und andererseits durch einen Bildungsprozeß (in Formen des kommunikativen Handelns und seiner Unterdrückung) bestimmt ist, gehört noch zum Begriffshaushalt der Subjektphilosophie. Auch seinerzeit habe ich nicht etwa mit geschichtsphilosophischen Gesetzmäßigkeiten gerechnet; aber von mentalistischen Suggestionen hatte ich mich noch nicht ganz freigemacht. Das Operieren mit Ganzheiten – mit Subjekten im Großformat – stand freilich damals schon im Widerspruch zu der „gebrochenen Intersubjektivität" der sprachlichen Alltagspraxis, die ich ein Jahr zuvor, in einem Literaturbericht zur „Logik der Sozialwissenschaften" (1967), analysiert hatte.

b) So hätte ich sehen müssen, daß der Versuch, das Freudsche Neurosenmodell von der Pathogenese einzelner Individuen auf die Entstehung und Entwicklung gesellschaftlicher Institutionen zu übertragen, zum Scheitern verurteilt ist (S. 335: „Dieselben Konstellationen, die den Einzelnen in die Neurose treiben, bewegen die Gesellschaft zur Errichtung von Institutionen") (vgl. meine Kritik in: Habermas 1982a). Ich war damals auf den starken Institutionalismus, überhaupt auf die Sozialpsychologie von Arnold Gehlen (1956; 1957) negativ fixiert; auch deshalb habe ich mich zu einer abstrakt entgegengesetzten Theoriestrategie verleiten lassen.

c) Ferner leidet die Konzeption von „Erkenntnis und Interesse", wie ich im Nachwort von 1973 erklärt habe, an einer Konfusion von zwei verschiedenen Bedeutungen (des idealistischen Begriffs) von „Selbstreflexion". Man muß unterscheiden zwischen der kritischen Auflösung von Selbsttäuschungen, die das erlebende Subjekt auch in seinen Erkenntnisleistungen einschränkt und dem Explizitmachen jenes intuitiven Wissens, das unser normales Sprechen, Handeln und Erkennen erst möglich macht. Die Untersuchung der Bedingtheit eines zunächst naiv Gewußten verzweigt sich in verschiedene Richtungen. Die analytische Befreiung von selbsterzeugten Pseudogegenständlichkeiten verlangt offensichtlich ein anderes Vorgehen als die rationale Nachkonstruktion eines allgemeinen, aber impliziten Wissens, wie man eine Sprache spricht, eine Handlung ausführt oder ein Urteil fällt.

d) Aus diesen falschen Weichenstellungen erklärt sich, warum mir damals die Ideologiekritik als das Muster für eine kritische Gesellschaftstheorie vorgeschwebt hat. Diese Engführung ist mindestens in zwei Hinsichten unbefriedigend. Zum einen fehlt eine genauere Explikation des Maßstabs, an dem sich „falsches Bewußtsein" kritisieren läßt. Gewiß, ich habe mich an der von Hegel und Freud inspirierten Idee eines Zuwachses an Autonomie durch das Bewußtmachen verschwiegener subjektiver Anteile orientiert. Aber erst später habe ich versucht, diese Idee im Lichte kommunikationstheoretischer Überlegungen zu klären. Zum anderen haben die klassischen Formen der Ideologie in Gesellschaften unseres Typs ihre Bedeutung eingebüßt: Wie der Kapitalismus funktioniert und welche Verteilungsmuster er hervorbringt, liest man heute in fast jeder Tageszeitung. Beide Bedenken weisen in dieselbe Richtung: Ich stimme Foucault darin zu, daß sich jene Macht, die sich selbst nicht wahr haben will, in den Poren von Diskursen und alltäglichen Praktiken festsetzt. Die Mikroanalysen dieser Macht bedürfen freilich eines generalisierenden theoretischen Hintergrundes, der das „Systematische" an der Vielfalt systematisch verzerrter Kommunikationen begründet.

e) Schließlich bin ich mit der Theorie der Wissensformen, in die Anregungen meines sehr frühen Studiums der Schelerschen Wissenssoziologie eingegangen sind, in Schwierigkeiten geraten. Diese sind auch durch die wichtige, von Apel eingeführte (im „Nachwort" S. 382ff. erläuterte) Unterscheidung zwischen „Sinnkonstitution" und „Geltungsreflexion" nicht ganz zu beheben. Denn die Objektbereiche eines hoch ausdifferenzierten Wissenschaftssystems lassen sich nicht linear auf die lebensweltliche Konstitution von handlungsbezogenen Gegenstandsarten zurückführen. Hier, in Alltagspraxis und Alltagskommunikation beziehen wir uns in der Tat auf vorwissenschaftlich selegierte Ausschnitte der Realität, die durch Handlungsperspektiven geprägt sind. Was ich damals unter erkenntnistheoretischen Gesichtspunkten als die Konstitution von Gegenstandsbereichen analysiert habe, beschreibe ich heute unter sprachtheoretischen Gesichtspunkten als pragmatische „Weltunterstellungen". Die mit Handlungstypen verschränkten Perspektiven möglicher Erfahrung haben sich zur Unterstellung einer objektiven bzw. einer sozialen Welt sublimiert, die die kommunikativ Handelnden in ihrer täglichen Interpretationspraxis vornehmen, um sich gemeinsam auf Dinge und Ereignisse oder auf Personen und deren Interaktionen beziehen zu können.

f) „Erkenntnis und Interesse" habe ich nicht geschrieben, um die konventionelle sozialwissenschaftliche Forschung zu kritisieren, sondern um ein szientistisches Verständnis dieser Praxis abzuwehren, wonach andere, vor allem interpretierende und kritische Ansätze aus dem seriösen Wissenschaftsbetrieb verbannt werden sollten. Weil solche metatheoretischen Gefechte unergiebig bleiben, habe ich aber das Vorhaben, die kritische Gesellschaftstheorie in erster Linie methodologisch und erkenntnistheoretisch zu rechtfertigen, alsbald aufgegeben und mich den substantiellen Fragen einer „Theorie des kommunikativen Handelns" zugewendet. Das Programm einer als Gesellschaftstheorie durchgeführten Erkenntnis- oder Wissenschaftstheorie ist in anderer Weise von Luhmann aufgenommen worden. Unter der Prämisse der Geschlossenheit autopoetischer Systeme hat er den totalisierend-selbstreflexiven Anspruch der Gesellschaftstheorie erneuert, den ich aufgegeben habe. Mit der pluralistischen Anlage der „Theorie des kommunikativen Handelns" hat sich auch meine Vorstellung von der Arbeitsteilung zwischen Philosophie und Soziologie geändert.

2. Soviel zur *pars destruens*. Damit Sie sehen, warum es sich lohnen könnte, das Buch auch heute noch in systematischer Absicht zu lesen, gestatten Sie mir vier aufbauende Kommentare in der Reihenfolge der Kapitel zu Hegel und Marx, Peirce, Dilthey und Freud.

a) Wenn ich heute die ersten beiden Kapitel vor dem Hintergrund der von Pippin und Pinkard, Mc Dowell und Brandom neu entfachten Hegel-Diskussion lese, sehe ich mich in der Stoßrichtung meiner Argumentation bestätigt. Die Analyse des Doppelschritts der Hegelschen Kantkritik und der Marxschen Hegelkritik zielt in die richtige Richtung. Gewiß, ich habe Hegels phänomenologische Reflexion, die der Geist auf dem Wege über die Formationen des Bewußtseins, des Selbstbewußtseins und der Vernunft an sich selbst erfährt, von vornherein auf die kritische Selbstreflexion im Sinne der Freudschen Analyse zugespitzt. Tatsächlich sind aber Hegels Argumente für eine genetische Auffassung der subjektiven Bedingungen der Gültigkeit möglicher Erfahrungen, jedenfalls im Hinblick auf die Ontogenese, eher von Piaget aufgenommen worden. Wie dem auch sei, ich habe damals die genetische Epistemologie Hegels mit den realistischen Implikationen der Marxschen Theorie, nämlich mit der Prämisse einer naturgeschichtlichen Herkunft des Menschen und seiner soziokulturellen Lebensformen zusammenfügen wollen. In der aktuellen Hegel-Diskussion lasse ich mich von derselben Intention auch heute noch leiten.

b) In den Peirce-Kapiteln geht es zunächst um die Frage, wie sich Erfahrung im „Funktionskreis instrumentellen Handelns" konstituiert, wie sie sich mit Praktiken des Zurechtkommens oder des „coping" verschränkt. Der Pragmatismus wiederholt Hegels Kritik an der vermeintlichen Unmittelbarkeit der sinnlichen Gewißheit, d. h. am „Mythos des Gegebenen". Die Kritik, die sich gegen die empiristische Annahme einer Erfahrungsbasis von uninterpretierten Sinnesreizen oder Empfindungen richtet, wird heute in der einen oder anderen Version von Davidson, Putnam, Rorty und anderen vertreten. Nach Wittgenstein gehört es fast zum philosophischen *common sense*, daß der sinnliche Kontakt mit der Wirklichkeit performativ, durch die Teilnahme an Praktiken vermittelt ist. Ebenso aktuell ist auch das weitere Thema – der vom späten Peirce erneuerte Universalienrealismus. Heute verteidige ich wie damals die Differenz, die zwischen Lebenswelt und objektiver Welt besteht. Eine universalienrealistische Beschreibung paßt zur ontologischen Verfassung der objektiven Welt von beobachtbaren Dingen und Ereignissen, mit denen wir gleichsam von außen konfrontiert sind, nicht besser als eine nominalistische Beschreibung zum kategorialen Aufbau einer sprachlich strukturierten und gleichsam von innen, aus der Teilnehmerperspektive zugänglichen Lebenswelt.

c) In weiteren Kapiteln diskutiere ich Diltheys Modell von *Erleben, Ausdruck und Verstehen*, um die hermeneutische Dimension des verstehenden Zugangs zu dem symbolisch strukturierten Gegenstandsbereich der Geistes- und Sozialwissenschaften zu erklären. Dabei zehre ich unverändert von Einsichten der Gadamerschen Hermeneutik, die ich mir mit gewissen kritischen Vorbehalten zu eigen gemacht habe. Damals habe ich mir Strukturen der Lebenswelt und der kommunikativen Alltagspraxis klargemacht und, wie mir scheint, Einsichten gewonnen, die zur „Theorie des kommunikativen Handelns" und zur Sprachpragmatik überleiten. Unter anderem ist mir jene Reflexivität der Umgangssprache aufgegangen, die ich später anhand der Doppelstruktur der Sprechakte genauer untersucht habe. Ich habe die Sprache damals auch schon als Medium verstanden, das die Möglichkeit einer Individuierung durch Vergesellschaftung erklärt. Das war der Schlüssel zu einem Konzept der Ich-Identität, der für die Sozialisationstheorie wichtig geworden ist (Krappmann 1971).

d) Zu der kommunikationstheoretischen Deutung der Psychoanalyse stehe ich auch heute noch (Heim 1993). Die Kritiken an dieser Auffassung, sei es von methodologischer Seite (Grünbaum) oder vonseiten derer, die an einer orthodoxen Triebtheorie festhalten (Horn), haben mich ebensowenig überzeugt wie alternative Ansätze der Interpretation (beispielsweise derjenige von Lacan). Das zuerst von Alfred Lorenzer eingeführte Modell der Abspaltung von signifikanten Bedeutungen aus der öffentlichen Kommunikation führt zu einer brauchbaren Konzeptualisierung unbewußter Motive. Die Ableitung des Strukturmodells (von „Ich", „Es" und „Über-Ich") aus spezifischen Erfahrungen des analytischen Gesprächs zwischen Patient und Arzt hat mich zum Begriff der systematisch verzerrten Kommunikation geführt. Das dialogische Verständnis von Selbstreflexion – im Sinne einer kommunikativ begriffenen Aufklärung über unbewußte Motive – erlaubt auch eine soziologische Interpretation der Abwehrmechanismen: Diese setzen interpersonale Störungen der familialen Interaktion um in eine intrapsychische Störung der Kommunikation des Patienten mit sich selbst. Ich bedaure, daß ich meine „Überlegungen zur Kommunikationspathologie" (Habermas 1984) nicht in empirischen Untersuchungen habe überprüfen können.

3. Abschließen will ich mit einer Bemerkung zum Entstehungskontext von „Erkenntnis und Interesse". Die Konzeption der drei Erkenntnisinteressen verdankt sich bekanntlich einer Kooperation mit Karl-Otto Apel, den ich während meines Studiums in den frühen 50er Jahren kennengelernt hatte. Wir sind seinerzeit in Bonn akademisch in die Welt des Historismus eingeführt worden und haben uns den Heidegger von „Sein und Zeit" angeeignet. Das erwähne ich, um an eine vorvergangene Situation zu erinnern, die selbst die Älteren unter Ihnen kaum noch kennengelernt haben dürften.
Aber Sie erinnern sich an die Vergangenheit des sog. Positivismusstreits. Die Spannung zwischen *Kritischem Rationalismus* und *Kritischer Theorie*, die sich Anfang der 60er Jahre in der Polemik zwischen Popper und Adorno entlud, hat –zumal im Bewußtsein der deutschen Soziologie – einen anderen, gleichzeitig politisch und sachlich konnotierten Gegensatz verdeckt. Diese beiden aus der Emigration zurückkehrenden Richtungen der analytischen Wissenschafts- und der kritischen Gesellschaftstheorie begegneten ja zunächst einer Hermeneutik, die durch die Nazizeit ununterbrochen fortgeführt worden war. Diese Spannung rumorte um die Wende von den 50er zu den 60er Jahren in den Köpfen einer Generation, die wie Apel und ich nach dem Krieg ihr Studium unter dem ungebrochenen Einfluß von Dilthey, Husserl und Heidegger begonnen hatte – und diese Tradition in der Gegenwart kraftvoll fortgesetzt sah. Die durch Gadamer, Adorno und Popper bestimmte Konstellation erklärt jedenfalls die beiden Stoßrichtungen einer immanent ansetzenden Kritik an der Hermeneutik, wie Apel und ich sie vorgenommen haben.

Am deutlichsten hat sich Apel – schon damals, Ende der 50er Jahre – gegen die historistischen, heute würde man sagen: kontextualistischen Implikationen eines durch den späten Heidegger geprägten Verständnisses der philosophischen Hermenutik gewehrt. Gadamer war ja der Meinung, daß die hermeneutische Vergewisserung des lebendigen Kerns einer Tradition auf ein unproblematisch vorgegebenes, insofern „tragendes" Einverständnis angewiesen ist. Damit ist der gemeinsame Horizont des Selbst- und Weltverständnisses einer Sprachgemeinschaft gemeint, der der Interpret ebenso angehören muß wie der Autor des Textes, den dieser verstehen will. Weil der Interpret auf diese Weise ins Überlieferungsgeschehen eingerückt ist, besteht die Auslegung des Textes in der Anwendung eines präsumtiv überlegenen Wissens auf die gegenwärtige Situation. Der Versuch, Interpretationen an wissenschaftliche Aussagen zu assimilieren, erscheint deshalb als ein Mißverständnis. Den alten hermeneutischen Grundsatz, einen Autor besser zu verstehen, reduziert Gadamer darauf, ihn immer wieder anders zu verstehen. Demgegenüber beharrt Apel darauf, daß die Hermeneutik als eine wissenschaftliche Disziplin an Ziel und Maßstäben des Besserverstehens festhalten muß.

Im Hinblick auf die vernunftkritische Herausforderung, die ein hermeneutischer Kontextualismus darstellte, sieht man den metakritischen Sinn der Konzeption der Erkenntnisinteressen. In der erwähnten Konstellation lag es nahe, den Pluralismus der alsbald „inkommensurabel" genannten Traditionen und Weltansichten unter dem doppelten Aspekt der wissenschaftlichen Erkenntnis und der Aufklärung zu thematisieren. Aufklärung unterscheidet sich ja von Wissenschaft durch den reflexiven Bezug auf das erkennende Subjekt: sie „ist nicht primär Wissensfortschritt, sondern Naivitätsverlust" (Martens/Schnädelbach 1985: 32). Gegen einen antiszientistischen Gadamer konnten wir mit Popper das Zeugnis erfahrungswissenschaftlicher Lernprozesse anrufen: Gab es nicht trotz allem einen kumulativen Wissenszuwachs? Und gegen den traditionalistischen Gadamer konnte mit Adorno das ideologiekritische Argument ins Spiel gebracht werden: Setzte sich nicht zugleich mit der wirkungsgeschichtlichen Dominanz eines „tragenden" Einverständnisses auch eine faktische Gewalt von Siegern durch, die die Bedingungen für eine zwanglose Kommunikation gerade zerstört? Auf diesen beiden Argumentationslinien der Ideologie- und der Wissenschaftskritik haben wir dann Gadamers Universalitätsanspruch der Hermeneutik nach zwei Seiten hin begrenzt, ohne dem methodisch gehandhabten hermeneutischen Verstehen seinen legitimen Platz zu bestreiten. So ist die triadische Erkenntniskonzeption auch durch eine Metakritik der historischen Vernunft motiviert worden.

Anmerkung:
1 Zu den expliziten Bezugnahmen vgl. Habermas (1971): Einleitung zur Neuausgabe; Habermas (1973): Nachwort; Habermas (1982b): Vorwort zur Neuausgabe. Siehe auch die ausgezeichnete Einleitung des Herausgebers in: Bernstein (1985): 1–23; und MacCarthy (1989)

Literatur:
Bernstein, Richard J. (1985) (Hrsg.): Habermas and Modernity. Oxford
Gehlen, Arnold (1956): Urmensch und Spätkultur. Bonn
Gehlen, Arnold (1957): Die Seele im technischen Zeitalter. Hamburg
Habermas, Jürgen (1971): Theorie und Praxis. Frankfurt a. M.
Habermas, Jürgen (1973): Erkenntnis und Interesse. Frankfurt a. M.
Habermas, Jürgen (1982a): Alexander Mitscherlichs Sozialpsychologie; wieder abgedruckt in: ders. (1992): Texte und Kontexte. Frankfurt a. M.: 170–183
Habermas, Jürgen (1982b): Logik der Sozialwissenschaften. Frankfurt a. M.
Habermas, Jürgen (1984): Überlegungen zur Kommunikationspathologie. In: ders.: Vorstudien und Ergänzungen zur Theorie des kommunikativen Handelns. Frankfurt a. M.: 226–270
Heim, Robert (1993): Die Rationalität der Psychoanalyse. Basel
Krappmann, Lothar (1971): Soziologische Dimensionen der Identität. Stuttgart
MacCarthy, Thomas A. (1989): Kritik der Verständigungsverhältnisse. Frankfurt a. M.
Martens, Ekkehared / Schnädelbach, Herbert (1985): Philosophie. Hamburg

Prof. Dr. Jürgen Habermas, Ringstr. 8b, D-82319 Starnberg

Wie kritisches Denken zu rechtfertigen sei – eine vorläufige Skizze

STEFAN MÜLLER-DOOHM

In der Gesellschaftstheorie von Jürgen Habermas, die es sich zur Aufgabe gemacht hat, „die normativen Grundlagen der kritischen Gesellschaftstheorie tiefer zu legen" (Habermas 1990: 34), hat der Begriff der Kritik einen zentralen Stellenwert. Über diesen gibt er sich erstmals in „Erkenntnis und Interesse" (1968) im Kontext einer erkenntnistheoretischen Klärung Rechenschaft. Dort wird Kritik als Reflexionswissen, das neben technisch und hermeneutisch orientierten Wissensformen einen eigenen Erkenntnistypus darstellt, mit einem emanzipatorischen Interesse verknüpft, das dadurch praktisch wirksam wird, daß „kommunikatives Handeln als *kommunikatives* freigesetzt wird" (ebd.: 76 und 243ff.).

In der später entwickelten Diskurstheorie wird Kritik als Argumentationspraxis präzisiert, die darauf abzielt, mit den Mitteln der Begründung zu überzeugen. Solange sprachfähige Subjekte die Vernünftigkeit der Verständigung in der Rede in Anspruch nehmen, kann das Kritische als das Bessere plausibel gemacht werden. Diskurse sind das Verfahren der Kritik, die sich an der Aufdeckung von Strukturen systematisch verzerrter Kommunikation entzündet. Instanzen der Kritik sind grundsätzlich die jeweils Betroffenen, die sich durch Selbstreflexion bzw. durch Argumentationspraxis selbst überzeugen müssen, was sie akzeptieren oder verwerfen wollen. Für Entscheidungen, was die Kritik als das moralisch Richtige und normativ Gebotene zur Geltung bringt, gilt prinzipiell das Grundprinzip der diskursiven Einlösung auf der Grundlage eines von allen Betroffenen getragenen unparteiischen Begründungsverfahrens. Durch die formalpragmatische Rekonstruktion der Bedingungen möglicher Verständigung hat Habermas zugleich die Voraussetzungen für Kritik als Prüfung hypothetischer Geltungsgründe freigelegt.

Um eine Verknüpfung zwischen dieser Theorie genereller Kritisierbarkeit und dem Projekt einer kritischen Theorie der Gesellschaft herzustellen, bedarf es der Klärung von drei Fragen.

1. Auch wenn die Kritisierbarkeit etwas Essentielles des Verständigungsparadigmas ist, muß geklärt werden, wie das latente Regelwissen derart manifest werden kann, daß es für Zwecke rationaler Argumentation zur Anwendung kommt, die dann die Gestalt einer Kritik annimmt, die gehaltvoll genug ist, um sich des rationalen Gehalts sozialer Normen zu vergewissern. Und vergewissern heißt begründet zu urteilen, also in überzeugender Weise die Kritisierbarkeit in eine Reihe evidenter kritischer Stellungnahmen zu transformieren. Gerade weil „die Kommunikationsteilnehmer (...) die Freiheit des Nein-Sagen-Könnens (genießen) (Habermas 1996: 72), kann es dazu kommen, daß sie sich trotz fortdauernder interpersonaler Beziehungen verweigern, inhaltlich Stellung zu nehmen, sich also auf das permanente Ja des *juste milieu* beschränken, so daß Überzeugungen als denkmögliche Alternativen unausgesprochen bleiben, wofür ironische Distanz ebenso wie resignative Gleichgültigkeit oder Opportunismus ausschlaggebend sein können.
2. Darüber hinaus stellt sich unter soziologischer Perspektive das Problem der „internen Exklusion" (Offe 1969: 285): Wie gelingt es sozial unterprivilegierten Gruppen und sozial desintegrierten Milieus, trotz Marginalisierung und Depravierung, die Unerträglichkeit ihrer Situation permanenter Mißachtung der persönlichen Integrität in der Gesellschaft nicht nur wahrzunehmen, sondern in überzeugender Weise so zum Ausdruck zu bringen, daß sie in dezentrierter Perspektive nicht nur ihre eigenen Belange, sondern die der Allgemeinheit im Auge haben? Denn genau dies umschreibt die Erwartungen, mit denen das Diskursmodell rechnet. Daß nämlich die kritik- und

veränderungsbedürftigen Inhalte vom Leben erzeugt werden. Insofern setzt das Diskursmodell der Kritik etwas voraus, was nur das langfristige Ergebnis der Erfahrungen mit Diskurspraktiken sein kann.

3. Selbst wenn man dank der prinzipiellen Sprach- und Handlungskompetenz in alltäglichen Verständigungsprozessen über gute Argumente verfügt, wie sich die Konflikte in solidarischer und gerechter Weise lösen ließen, ist völlig unausgemacht, ob jenes wahr gemeinte, richtig dargestellte und aufrichtig vorgetragene Argument, wenn es als solches artikuliert, veröffentlicht und gewürdigt wurde, nicht trotzdem in dem globalen System omnipotenter Netzwerkkommunikation verhallt.

Reicht angesichts der drei Gefahren von Konformismus, Mißachtung und Indifferenz der Hinweis auf die advokatorische Funktion der Gesellschaftstheorie aus, die auf Bedingungen und Folgen der spezifischen Problemverarbeitung in der Gesellschaft, ihre Mechanismen der Inklusion und Exklusion durchaus manifest kritisch aufmerksam macht? Die in der Lebenswelt angelegten Verständigungspotentiale sind nicht nur durch die kolonialisierenden Wirkungsmechanismen des Geldes und der Macht gefährdet, sondern der von Habermas konstatierte Zynismus des Bewußtseins kann sich innerhalb von Lebenswelten zu einer Art blinden Identifikation mit dem Bestehenden steigern, so daß jenes in der älteren kritischen Theorie Horkheimers und Adornos innervierte „Grauen" als Normalität einer Alltagspraxis auch von den Betroffenen als *modus vivendi* gleichgültig registriert oder sogar affirmiert wird, mit dem Gestus des „Sich-Abfindens" mit den barbarischen Erscheinungen einer Welt, in der man nun mal zu leben gezwungen sei. Muß nicht, wenn der Wahrnehmung von tiefsitzenden Sozialpathologien das Sensorium fehlt, sie zum Gegenstand moralisch-praktischer Diskurse zu machen, die Soziologie in der kritischen Absicht der Reflexion als bestimmter Negation den Finger auf die Wunden legen, die es gibt?

So stellt sich für die soziologische Gegenwartsanalyse die Notwendigkeit einer Zusammenführung von unterschiedlichen Motiven kritischer Theorien: jener kritischen Theorie, die sich auf das „Interesse an der Aufhebung des gesellschaftlichen Unrechts" (Horkheimer 1968, II: 190) berufen hat und jener, die ein Prozeß des Bewußtmachens dieser Interessen durch Reflexion auf die technischen, praktischen und emanzipativen Erkenntnisziele in Gang gebracht hat. Ohne die Rekonstruktion der Bedingungen von Kritisierbarkeit und die Explikation der rationalen Form ihrer Möglichkeit als kommunikative Ethik wäre freilich jede Form von Kritik schlicht eine sinnlose Machination.

Literatur:
Habermas, Jürgen (1968): Erkenntnis und Interesse. Frankfurt a. M.
Habermas, Jürgen (1990): Strukturwandel der Öffentlichkeit. Frankfurt a. M.
Habermas, Jürgen (1996): Sprechakttheoretische Erläuterungen zum Begriff der kommunikativen Rationalität, in: Zeitschrift für philosophische Forschung, Bd. 20, 1/2
Offe, Claus (1996): Moderne Barbarei: Der Naturzustand im Kleinformat. In: Max Miller / Hans-Georg Soeffner (Hg.): Modernität und Barbarei. Frankfurt a. M.
Horkheimer, Max (1968): Kritische Theorie, Bd. II. Frankfurt a. M.

Prof. Dr. Stefan Müller-Doohm, Universität Oldenburg, Institut für Soziologie und Sozialforschung, Postfach 25 03, D-26111 Oldenburg

Sinn, Wert und Interesse

MICHAEL SUKALE

Weber und die Weber-Interpreten

Im Buch von Habermas „Erkenntnis und Interesse" klafft eine Lücke. Die materialen Untersuchungen Max Webers hätten berücksichtigt werden müssen. Aber Habermas hatte zu diesem Zeitpunkt nur die methodologischen Schriften voll durchgearbeitet und die Spätwerke noch nicht. Als hätte Habermas dies selbst geahnt, hat er in seinem Buch dies durch eine lange Weber-Interpretation wieder gutgemacht, die im Rahmen dieses Buches eher zu weitschweifig erscheint. Ich knüpfe an diese Lage an.
Bei dem Versuch, die gewaltigen Textmassen Webers zu reduzieren, spielen die Leitgedanken der Interpretation eine große Rolle. Das Spiel gewinnt, wer mit möglichst wenig Problemen und Begriffen die Hauptprobleme verständlich und ihren Zusammenhang einsichtig machen kann. Doch wie kommt man zu einer solchen Interpretation? Tenbruck hat in den siebziger Jahren dazu aufgerufen, den *ganzen* Weber in den Griff zu bekommen und gegen den damals regen Trend, nur Webers Methodenlehre zu rezipieren, die Behauptung aufgestellt, eigentlich seien die *religionssoziologischen Aufsätze* der Drehpunkt in Webers Werk. Danach veröffentlichte Schluchter seine Weber-Rekonstruktion. Nun war der *Rationalisierungsprozeß des Westens* die These, unter die Webers Arbeiten am besten unter einen Hut gebracht wurden und Tenbrucks These hatte Fleisch und Blut erhalten. Habermas hat diese Weber-Interpretation von Schluchter übernommen.

Die Rationalisierungsthese ist eine historische These. In einfachster Form lautet sie: Zweckrationales Verhalten hat sich im Lauf der Geschichte des Abendlandes verbreitet und intensiviert und dieser Prozess hat sich etwa ab der Renaissance enorm beschleunigt. Nimmt man die Rationalisierungsthese als Leitfaden der Interpretation für beide Hauptwerke, dann erscheint das zweckrationale Handeln als das Phänomen, das man erklären will, man macht es zum Explanandum. Hierbei fallen dann die wirtschaftlichen, religiösen, politischen und rechtlichen Aspekte dieser Entwicklung ins Untersuchungsgebiet und man erreicht eine ziemlich komplete Aufzählung der verschiedenen Weberschen „Soziologien". Die Weberinterpretation von Habermas zeigt deutlich dieses Profil.
Sowohl Werk als auch Person Max Webers haben aber auch eine dunkle Seite, aus denen die Probleme erst entspringen, die Weber zu meistern sucht. Da ist erstens der unaufhebbare Kampf des Menschen mit dem Menschen, da sind zweitens die unlösbaren Widersprüche und Ungereimtheiten letzter Werte, da ist drittens das Charisma ebenso wie der Liebesakosmismus und die Führerdemokratie mit Maschine, schließlich viertens auch noch ein erkenntnistheoretisches Chaos, das den Erkennenden umgibt.
Die neueste Revolution in der Weber-Literatur wurde von Hennis ausgelöst, der die Aufforderung Tenbrucks, den ganzen Weber in ein einheitliches Interpretationsschema zu zwingen, ernst nahm und behauptete, den Schlüssel in Webers Frage nach der *Entwicklung des Menschentums* gefunden zu haben. Schluchter soll daraufhin eine neue Ära der Weber-Interpretation ausgerufen haben.

Sinn
Ich behaupte nun, daß außer der Rationalisierungsthese in der Religionssoziologie ein weiterer Schlüssel für Webers Werk liegt, denn obwohl sich dort die Rationalisierungsthese als Gesamtschlüssel für Weber anbietet, meine ich, daß sie aus den erwähnten Gründen nicht lang genug greift und daher eine andere Frage als Mittelpunkt genommen werden kann, die Frage nämlich nach dem *Sinn des Lebens*.
Daß Weber die Frage nach dem Sinn des Lebens ein Leben lang immer wieder bewegt hat und nicht nur in den beiden späten Vorträgen, ist sowohl dem Problem als auch dem Wortlaut nach wohl belegt. Der wichtigste Beleg stammt aus der *Einleitung* Webers zur *Wirtschaftsethik der Weltreligionen*, in denen er davon spricht, daß es die Aufgabe der Intellektuellen gewesen sei, das „Weltgefüge in seiner Gesamtheit" zu einem sinnvollen „Kosmos" zu machen.
Wenn wir behaupten, den Sinn eines Dinges oder einer Sache zu kennen, behaupten wir auch, irgendwie die Ordnung des Dinges oder der Sache zu kennen, sei es die externe Ordnung, die das Ding oder die Sache zu anderen Dingen oder Sachen hat, sei es die interne Ordnung des Dinges oder der Sache selbst. Weber optiert an diesem Punkte dafür, daß die hinreichende Bedingung dafür, daß etwas einen Sinn hat, die Tatsache sein muß, daß dieses Etwas, dieses Ereignis, dieses Ding in einem Ziel-Mittel-Zusammenhang eingeordnet ist. Bei Weber ist das sinnvoll, was in einen Zeck-Mittel-Zusammenhang

gestellt werden kann. Die Frage nach dem Sinn des Lebens ist daher die Frage nach den letzten Zwecken und Mitteln, in die das Leben eingebettet ist. Sie ist unbeantwortbar, beziehungsweise ein jeder muß sie allein für sich beantworten.

Wert
Damit sind wir bei der Frage angelangt, was denn ein Wert ist, und haben auch schon die Antwort: Wenn Werte dasjenige sind, was menschliches Handeln sinnvoll macht, dann muß es etwas sein, das eine Mittel-Zweck-Ordnung begründet. Da Mittel ihren logischen Stellenwert von angezielten Zwecken erhalten, denn Mittel sind immer Mittel für etwas, müssen die Ziele oder Zwecke die Träger von Werten sein.

Ich habe Webers Werte, vor allem seine „letzten" Werte auf die dunkle, irrationale Seite seines Weltbildes geschoben und dafür Belege angeführt. Man könnte mir aber entgegenhalten, Weber habe selbst von Wert*rationalität* gesprochen, die Werte seien daher auf der hellen Seite der Weberschen Soziophilosophie anzuordnen.

Aber diese Passagen erhellen zweierlei. Erstens ist der Begriff der Wertrationalität in Webers Terminologie schon theoretisch eigentlich eine Fehlbenennung, wie er selbst zugibt, denn da der rein an Werten orientierte Handelnde sein Handeln in keinerlei Verhältnis zu anderem Handeln setzt – denn das heißt es ja, wenn er nur am Eigenwert der Handlung orientiert ist – ist es in sich „geschlossenes" Handeln und daher definitionsgemäß gar nicht „rational".

Doch dies genügt nicht. Die Antwort darauf, warum ich lebe, muß sich im Alltag in meiner Lebensführung niederschlagen und außerdem müssen sich Glaubensbeweise finden lassen. Zauberer, Priester und Propheten sind die verschiedenen Formen, wie der Sinn des Lebens umgesetzt und dessen Erfüllung als Heilsgut erhalten bleiben kann. Durch Magie gelingt es Zauberern, Gefahren zu bannen und Wünsche zu erfüllen: Der Regen kommt, der Krieg wird gewonnen usw., Priester regulieren durch Kult und Ritus den Lebensablauf und Propheten denken sich ganz neue Lebenentwürfe aus – oft auch neue Götter.

Vor allem Propheten brauchen das, was Weber das Charisma nennt. Sie wollen eine neue Botschaft verkünden und brauchen daher besondere Überzeugungskraft. Da auch sie nicht beweisen können, daß ihre Antwort die allein treffende ist, müssen sie dies Manko durch ihre persönliche Ausstrahlung wieder wett machen. Haben sie aber dies Charisma, dann kann ihnen manches gelingen: Sie können ihre Vorstellungen vom Sinn des Lebens in Werte umsetzen, die sie bei den Gläubigen fest durch Magie und Ritus verankern.

Macht
Damit komme ich zum letzten Punkt: Macht. Der Priester oder Prophet steht an der Nahtstelle von Sinn und Wert, es geht ihnen darum, aus der Ungewißheit des letzten Sinnes lebenspraktische Werte und Normen zu schaffen. Der Politiker steht an der Nahtstelle von Wert und Macht: Er soll die Lebenziele, die sich aus der beantworteten Sinnfrage

ergeben, in reale Wirklichkeiten umsetzen. Und weil dies Unternehmen ebenso gewagt ist, wie das Unternehmen des Priesters und Propheten, braucht er eben auch das Charisma, das schon ihnen hilft, um die Menschen von ihren Zielen zu überzeugen und sie dazu zu bringen, sie in die Tat umzusetzen.

Im Charisma liegt offenbar der Drehpunkt der Analyse für die Religions- und Herrschaftssoziologie. Aber Webers Begriff des Charisma ist in seiner Unbestimmtheit eher eine Restkategorie, die alles Irrationale auffängt und die unter anderem Revolutionen und Neuerungen in den Herrschaftsverhältnissen erklären soll.

Will man diese Thesen und Begriffe Webers auf seine Grundfrage zurückbeziehen, so läßt sich sagen, daß Weber Zeit seines Lebens mit drei Fragen in ganz vornehmlicher Weise zu tun gehabt hat. Erstens mit der Frage, was den Sinn einer Handlung ausmacht, das heißt, wie man sie verstehen kann. Die Antwort ist, daß die wahre oder vermutete Zweckrationalität den Sinn der Handlung spezifiziert. Zweitens beschäftigte ihn die Frage, was den Wert einer Handlung ausmacht, das heißt, warum man sie respektieren muß, und die Antwort hierauf lautet, daß Werte nur vertreten, aber nicht wirklich diskutiert werden können, daß sie in anderen Worten zur dunklen, nicht aufhellbaren Seite des Lebens und der Wissenschaft gehören. Drittens verfolgte Weber die Frage, wodurch ein Handelnder Macht gewinnt, das heißt warum man sich ihm fügt, und die Antwort hierauf ist, daß man hofft, der Mächtige würde die Ziel- bzw., Wertvorstellungen des einzelnen und der Gesellschaft im praktischen Leben umsetzen. Webers Schriften zur Wissenschaftslehre gehen der ersten Frage nach, Webers Religions- und Kultursoziologie beschäftigt sich mit der zweiten Frage und Webers Herrschaftssoziologie und seine politischen Schriften mit der dritten. Die beiden Vorträge über „Wissenschaft als Beruf" (1917) und „Politik als Beruf" (1919) sind die Nahtstellen: Sinn und Wert werden im ersten, Wert und Macht im zweiten Vortrag erörtert. Und es ist nicht von ungefähr, daß im ersten Vortrag der religiöse Prophet erscheint, und daß im zweiten der charismatische Führer sein Haupt erhebt: Beide Gestalten stehen auf der Grenze zwischen Sinn und Unsinn, Rationalität und Irrationalität, und gerade von ihnen her öffnet sich der Blick auf Webers ganzes Werk.

Michael Sukale, Universität Oldenburg, Institut für Philosophie, Ammerländer Heerstr. 114–118, D-26129 Oldenburg

Gibt es moralische Interessen?

ANKE THYEN

Das Theorieprojekt, in das „Erkenntnis und Interesse" eingebunden ist, gilt der gesellschaftstheoretischen Transformation der Lehre Kants vom *Faktum der reinen praktischen Vernunft* in dem Sinne, dieses Faktum noch einmal zu *begründen*. „Erkenntnis und Interesse" setzt dieses Vorhaben erkenntnisanthropologisch um, indem es zeigt, daß der gesellschaftlichen Lebenspraxis – und genauer der Logik eines Begriffs von Praxis überhaupt – normativ gehaltvolle praktische Erkenntnisinteressen innewohnen. Interessen könnten danach allein im Rückgriff auf das Wesen der praktischen Vernunft begründet werden, und eine „Begründung" liegt dann vor, wenn ein normativer Gehalt praktischer Erkenntnisinteressen als notwendige Implikation selbstreflexiver Theorien ausgewiesen werden kann. – Der Vortrag nimmt *zwei Punkte* davon auf:

1. Das *Verhältnis von theoretischer und praktischer Vernunft* und die Frage, welche Stellung der Primat der praktischen Vernunft in diesem Verhältnis einnimmt. – Die *These* ist, daß die Erneuerung der Lehre vom Primat der praktischen Vernunft eine Idee der Einheit der Vernunft impliziert, in deren Konsequenz nicht die „Begründung" praktischer Erkenntnisinteressen liegt, sondern eine nicht explizierte Theoriestelle.
2. Das *Verhältnis von Subjekt und Intersubjektivität* und die Frage, ob der zugrunde gelegte Begriff von Intersubjektivität tatsächlich das anvisierte Konzept praktischer Erkenntnisinteressen tragen kann. – Die *These* ist, daß die unterstellten Asymmetrien im Verhältnis von Subjekt – Intersubjektivität zu einer Begründung von Interessen führen, die die komplexe Verschränkung von erst- bzw. drittpersonalen Zuschreibungen von Interessen nicht angemessen erfassen kann.

1. Daß alles Interesse – nämlich in Ansehung des Endzwecks der Vernunft, der „Bestimmung des Menschen" (Kant) – zuletzt praktisch ist, bedeutet nicht, daß die *Interessen*, die sich mit dem praktischen Vernunftgebrauch verbinden, primär sind gegenüber den *Interessen* des theoretischen Vernunftgebrauchs. Es handelt sich vielmehr immer nur um *ein und dieselbe* Vernunft. Entgegen der Annahme in „Erkenntnis und Interesse" fallen praktische Erkenntnisinteressen *nicht* mit dem praktischen Vernunftgebrauch zusammen. Dies würde die Annahme einer Idee der Einheit der Vernunft *als* Einheit in der praktischen Vernunft bedeuten. Unter der Idee der Einheit der Vernunft läßt sich jedoch die *Frage*, wie reine Vernunft praktisch sein könne, als Frage *gar nicht mehr stellen*.

Das *praktische Interesse* der reinen Vernunft hat den *autonomen* Gebrauch von theoretischer und praktischer Vernunft zur Voraussetzung. Es bedarf in diesem speziellen Sinne gerade nicht des Primats des praktischen Vernunftgebrauchs zu seiner „Begründung", sondern der Pluralität von autonomen Weisen des Vernunftgebrauchs. Eine Begründung der paktischen Vernunft ist innerhalb der praktischen Vernunft nicht möglich, weil *im* praktischen Vernunftgebrauch seine Voraussetzungen nicht thematisiert werden können. Eine *Begründung* praktischer Erkenntnisinteressen im strengen Sinne bedarf der Einsichten der theoretischen Vernunft, die uns den Sinn der Rede von einem Faktum der Vernunft überhaupt erst verständlich macht.

2. Eine andere Opposition, die in „Erkenntnis und Interesse" analog zu „theoretische – praktische Vernunft" gedacht ist, ist die von *Subjekt und Intersubjektivität*. Die Analogie „Subjekt – theoretische Vernunft" bzw. „Intersubjektivität – praktische Vernunft" führt jedoch gerade zu keinem hinreichend komplexen Begriff von Intersubjektivität, der die Erneuerung der Lehre vom Faktum der praktischen Vernunft tragen könnte. In „Erkenntnis und Interesse" bleibt, obzwar in kritischer Absicht, die traditionelle Unterscheidung Subjekt – Intersubjektivität und damit die Überzeugung von der Unanalysierbarkeit und intersubjektiven Unzugänglichkeit von „Subjekt" erhalten. „Subjekt" kann unter diesen Voraussetzungen kein Gegenstand des praktischen Vernunftgebrauchs sein. Der Zusammenhang Subjekt – Intersubjektivität wird nicht eigentlich transformiert, sondern zugunsten der Frage nach der gesellschaftlichen Vermittlung des Subjekts aufgegeben. Die Kernfrage der Transformation läßt sich durch Einsichten in die gesellschaftliche Vermittlung jedoch nicht beantworten: *Wie* sind Subjekte *möglich*, die nur auf dem „Boden der Intersubjektivität" als Subjekte möglich sind?

Der Vorschlag zur Beantwortung dieser Frage geht von einem Grundbegriff aus, der die Verschränkung von Subjekt und Intersubjektivität nicht entwicklungstheoretisch, sondern begrifflich, und genauer logisch-semantisch, erläutert: *Inter-Subjekt*. Ein Inter-Subjekt ist ein Subjekt *inter* Subjekten; nur *inter* Subjekten ist ein Subjekt Subjekt; und nur als Subjekt ist es Inter-Subjekt. „Inter-Subjekt" macht – an der Verwendung des Ausdrucks „ich" als epistemisch-höherstufige Symmetrie der Zugänglichkeit und Nicht-Zugänglichkeit von „ich"-Gehalten entwickelt – überhaupt erst verständlich, weshalb Subjekte nur auf dem Boden der Intersubjektivität Subjekte sind. Der Begriff trägt die Konzeption eines normativ gehaltvollen Selbstverständnisses überhaupt von Personen und sucht zu erklären, *wie* Verständigungsorientierung von Intus-Subjekten *möglich* ist: Intus-Subjekte sind aus Gründen der Selbst-Erhaltung *als* Intus-Subjekte notwendig an der Aufrechterhaltung derjenigen Verhältnisse interessiert, in denen sie sein können, was sie sind: Intus-Subjekte.

Ihr Interesse gilt gelingender Intersubjektivität – traditionell ausgedrückt. Nur ist dieses Interesse begrifflich tiefer angelegt als dasjenige, welches das Modell „Individuierung durch Vergesellschaftung" nahelegt. Der Inter-Subjekt-Begriff macht Kants Formulierung „Achtung des Menschen als Zweck an sich selbst" auf eine neue

Weise begreifbar: Er enthält eine Moraltheorie, nach der moralische Interessen diejenigen und nur diejenigen Interessen sind, die Inter-Subjekte *als solche* und d. h. *Personen als solche* haben. So verstanden ist Verständigungsorientierung, gelingende Intersubjektivität ein normatives Konzept, indem es moralische Interessen an ein *höherstufiges Interesse an der Selbsterhaltung von Inter-Subjekten* rückbindet.

Dr. Anke Thyen, Adlerstr. 17, D-70806 Kornwestheim

Gesellschaftstheorie als Wissenschaftstheorie

ANDRÉ KIESERLING

1. Unsere Tradition kennt zwei Formulierungen für die gesellschaftliche Funktion der neuzeitlichen Wissenschaft: *Nutzen und Aufklärung.* Wo vom Nutzen der Wissenschaft die Rede war, standen eher andere Handlungsbereiche in der Gesellschaft vor Augen, die von außen her und nach Maßgabe ihrer eigenen Funktion auf die Wissenschaft zugreifen – so wie die Krankenbehandlung auf die Ergebnisse der Humanbiologie. Bei Aufklärung dagegen war an die Gesamtgesellschaft und damit an eine Art von Metaperspektive gedacht, die im Blick auf das Ganze und Allgemeine sämtliche Beschränkungen einzelner Handlungsbereiche zu transzendieren versprach. Auch Wissenschaft muß in dieser Perspektive mehr sein als ein bloßes „Teilsystem".

Noch bis weit ins achtzehnte Jahrhundert hinein konnte man ganz unbefangen davon ausgehen, daß die Dienstbarkeit der Wissenschaft für die verschiedenen gesellschaftlichen Interessen die Vollzugsform von Aufklärung selber sei. Dieser Einheitsidee lag jedoch ein noch unzureichendes Verständnis von gesellschaftlicher Differenzierung zugrunde. Sie zerfällt daher in dem Maße, in dem ein Teilsystem nach dem anderen in seiner Nichtidentität mit der Gesellschaft erkennbar wird. Heute begegnet der Versicherung, die Wissenschaft sei nützlich, wie durch eine Automatik die Frage: *Nützlich für wen?* Und wenn die Antwort auf diese Frage nicht mehr schlicht lauten kann: *Nützlich für alle,* dann liegt auf der Hand, daß auch eine noch so nützliche Wissenschaft zum gesellschaftlichen Problem werden kann. Auf diese Problemlage, die spätestens mit der militärischen Nutzung der Atomenergie unabweisbar geworden ist, reagiert das Buch über „Erkenntnis und Interesse", das Jürgen Habermas (1968) auf dem Höhepunkt der Studentenbewegung publizierte und auf das wir heute aus dem Abstand von drei Jahrzehnten zurückblicken.

Habermas will zeigen, daß die bloße Nützlichkeit der Wissenschaft nicht länger von sich aus deren Einheit mit Aufklärung garantiert. Vielmehr müssen die nützlichen Wissenschaften erst selber noch aufgeklärt werden. Und erst nachdem dies geschehen sei, könne man auf die Behauptung einer Einheit von Wissenschaft und Aufklärung zurückkommen.

Dieser Meinung kann man indessen nur so lange anhängen, wie man darauf verzichtet, die Gegenfrage zu stellen: *Aufklärung durch wen?* Das Problem besteht nämlich nicht allein darin, daß keines unter den anderen Teilsystemen der Gesellschaft beanspruchen kann, die Gesellschaft in der Gesellschaft zu repräsentieren. Es liegt also nicht nur in der funktionalen Spezifikation dieser anderen Teilsysteme. Es liegt vielmehr in der funktionalen Differenzierung des Gesellschaftssystems, und es betrifft in dieser Form auch das Wissenschaftssystem selbst. Dies kann man heute deutlicher formulieren.

2. Die Originalität von „Erkenntnis und Interesse" liegt *zum einen* darin, daß Habermas die Spannung von Nutzen und Aufklärung auf die geläufige Unterscheidung zwischen Naturwissenschaften, Geisteswissenschaften und Sozialwissenschaften überträgt. Demnach haben die Naturwissenschaften sich darauf festgelegt, nützlich zu sein: Sie produzieren ein genuin *technisches* Wissen für spezifische Abnehmer. Demgegenüber haben die Geistes- und mehr noch die Sozialwissenschaften das Erbe der Aufklärung angetreten. Das Wissen, das sie produzieren, hat primär *praktische* Funktionen. Es dient der Orientierung im Handeln, und in seinen besten Möglichkeiten kann es, wie Habermas an der Psychoanalyse erläutert, aus undurchschauten Abhängigkeiten und scheinbaren Sachzwängen emanzipieren.

In dieser unterschiedlichen Ausrichtung der Naturwissenschaften auf der einen und der Geistes-, speziell der Sozialwissenschaften, auf der anderen Seite liegt für Habermas das Potential interdisziplinärer Zusammenarbeit: Die Sozialwissenschaften haben das Zeug, die Naturwissenschaften über die Begrenztheit ihrer Nutzenperspektive aufzuklären. Sie können die praktischen Folgen, die der technische Fortschritt in der Gesellschaft auslöst, innerhalb der Wissenschaft selbst thematisieren und auf diese Weise vielleicht auch zu einer rechtzeitigen Kontrolle sowie zu einer maßvollen Dosierung dieser Folgen beitragen. Nun denken die Naturwissenschaften nicht im Traum daran, sich von den Sozialwissenschaften belehren zu lassen – worüber auch immer. Habermas führt solche Schwierigkeiten nicht nur auf interdisziplinären Schwerhörigkeiten als solche zurück. Er sieht den Grund vielmehr in der seinerzeit noch ganz unangefochtenen Vorherrschaft einer spätpositivistischen Erkenntnistheorie, die einen von allen gesellschaftlichen Bezügen gereinigten Begriff von Erkenntnis vertritt und eben deshalb kein Verhältnis zu der Spannung von Nutzen und Aufklärung gewinnen kann. Jede soziologische Aufklärung über den begrenzten Nutzen der Naturwissenschaften und über seine Ergänzungsbedürftigkeit um praktische Gesichtspunkte muß daher den Ehrgeiz haben, den Positivismus auf seinem eigenen Felde zu schlagen.

Das heißt: Sie muß sich als überlegene Theorie der Erkenntnis behaupten. Es ist denn auch kein Zufall, daß der Autor von „Erkenntnis und Interesse" primär mit Autoren wie Peirce oder Dilthey diskutiert: Habermas will zeigen, daß der Zusammenhang von Erkenntnis und gesellschaftlichem Interesse nicht nur in der objektivierenden Einstellung des Soziologen erkennbar ist, der die Wissenschaft gleichsam von außen beobachtet. Die gesellschaftliche Funktion der Wissenschaft ist der Frage nach der Möglichkeit wahrer Urteile nicht äußerlich. Sie muß daher auch in der reflexiven Einstellung der Erkenntnistheorie zugänglich sein. Es ist leicht zu erkennen, daß der Erfolg eines solchen Unternehmens die innerwissenschaftliche Resonanz der Soziologie sprunghaft verstärken würde: Von einer *soziologischen Theorie der Erkenntnis* könnte sich auch die Naturwissenschaft nicht einfach nur distanzieren.

3. Die fachsoziologische Kritik hat für die Kühnheit und Originalität dieser zweiten These wenig Verständnis aufgebracht. Sie hat sich stattdessen direkt an die Deutung der Wissenschaftstypologie gehalten. Ein typischer Einwand lautet, daß man nicht komplette Disziplinen als entweder nützlich oder aufklärerisch einstufen kann. Und in der Tat: Hat uns nicht auch die Physik des Blitzableiters aus undurchschauten Abhängigkeiten befreit? So berechtigt solche Fragen auch sein mögen, sie verkennen einen wichtigen Umstand: Habermas wollte die *Einheit von Wissenschaft und Aufklärung* erneuern. Die Diskussion der Wissenschaftstypologie dient ihm lediglich dazu, den Punkt zu klären, von dem aus ein solcher Anspruch eingelöst werden kann. Man kommt seiner Intention daher nur näher, wenn man technischen Nutzen und praktische Aufklärung als *alternative* Formulierungen für die *Einheit der Wissenschaft* begreift. Die Kritik an Habermas hätte sich mithin auf diese Alternative zu beziehen.

Dieser Forderung entspricht noch am ehesten die Kritik, die Beck und Bonß (1990) üben. Sie behaupten nicht einfach, daß Nutzen und Aufklärung sich in jeder Disziplin mischen. Sie behaupten vielmehr, daß beide Begriffe zu hoch angesetzt sind: Von ihnen aus gesehen kranken sowohl die nutzen- als auch die aufklärungsorientierten Vorstellungen von Wissenschaft daran, daß die Wissenschaft implizit als Zentrum und Spitze der Gesellschaft gedacht wird. Das wissenschaftliche Wissen soll folglich nicht nur ein *anderes*, sondern zugleich auch ein *besseres* Wissen sein. Nur unter dieser Prämisse könne man annehmen, daß eine nützliche Wissenschaft für die anderen Teilsysteme der Gesellschaft und eine aufklärerische Wissenschaft für die Gesellschaft im Ganzen ein *ungemischter* Segen ist. Sie empfehlen der Wissenschaft demgegenüber mehr Zurückhaltung und plädieren für ein in beiden Hinsichten revidiertes Selbstverständnis.

Dieser symmetrischen Kritik kann man auch systemtheoretisch nur zustimmen. Habermas hat Recht, wenn er der technischen Lesart von Wissenschaft vorwirft, daß sie die Nichtidentität der anderen Teilsysteme mit der Gesellschaft verkenne und darin so etwas wie die Selbstauslieferung an partikulare Interessen sieht. Aber Habermas hält an der Idee eines nicht partikularen Interesses fest und er traut der Wissenschaft zu, dieses Interesse zu spezifizieren. Die Wissenschaft darf sich nur darum nicht an anderen Teilsystemen orientieren, weil sie selbst mehr und anderes ist als ein bloßes Teilsystem. So entgeht ihm die Ausdifferenzierung und funktionale Spezifikation der Wissenschaft selbst. Sein Begriff der Wissenschaft bleibt auf „Menschheitsinteressen" (Apel) bezogen – und setzt so das Erbe der Aufklärung in einer allzu ideenkonservativen Manier fort. Kurz: Das technische und das praktische Verständnis von Wissenschaft konvergieren darin, daß sie das Wissenschaftssystem überschätzen. Beide sind außerstande, den Funktionsprimat dieses Systems im Hinblick auf andere Teilsysteme oder im Hinblick auf die Gesellschaft zu relativieren. Genau dies aber müßte man leisten, wollte man heute noch einmal auf jene Idee einer Einheit von Gesellschaftstheorie und Erkenntnistheorie zurückkommen wollte, mit der das Buch von Habermas nach wie vor überzeugt.

Literatur:
Beck, Ulrich / Bonß, Wolfgang (Hrsg.) (1990): Weder Sozialtechnologie noch Aufklärung? Frankfurt a.M.
Habermas, Jürgen (1968): Erkenntnis und Interesse. Frankfurt a.M.

André Kieserling, Universität München, Institut für Soziologie, Konradstr. 6, D-80801 München

Habermas und der Pragmatismus

CHARLES LARMORE

„Jeder Dialog", bemerkt Jürgen Habermas in „Erkenntnis und Interesse", „entfaltet sich auf der ... Grundlage reziproker Anerkennung von Subjekten, die einander unter der Kategorie der Ichheit identifizieren und sich zugleich in ihrer Nicht-Identität festhalten" (Habermas 1968: 177). In diesem Satz finden wir eine erste Formulierung des Begriffs des auf Verständigung ausgerichteten oder kommunikativen Handelns, womit Habermas eine neue Wendung des philosophischen Denken einführen will.
Von Natur her sind wir dialogische Wesen – so lautet die Grundthese seiner Philosophie. Die Beziehung zwischen Subjekt und Objekt, zwischen Geist und Welt läßt sich nicht, wie oft unterstellt, so verstehen, als ob es im Prinzip ein einziges, in seinen Erkenntnisleistungen der Welt gegenüberstehendes, Subjekt geben könnte, und die Pluralität von Subjekten etwas Sekundäres oder Zufälliges wäre. Im Gegenteil, diese Vielheit ist wesentlich. Unser Vermögen, Wahrheit zu verstehen und zu erreichen,

gründet sich auf die Art von Interaktion, in der wir Ansprüche voraussetzen oder erheben und nötigenfalls beurteilen und damit auf Einigung abzielen. Die Überwindung der „Subjekt-" oder „Bewußtseinsphilosophie", wofür Habermas plädiert, besteht darin, den Grundzug des Denkens eher im Gespräch als in der Erkenntnis selbst zu sehen.
Nun ist zu beachten, daß dieser frühe Hinweis auf den Begriff des verständigungsorientierten Handelns am Ende einer Auseinandersetzung mit Peirce auftaucht. Habermas hat in der Tat dem Pragmatismus, besonders in seiner Peirceschen Version, immer eine zentrale Rolle in seiner Ausarbeitung dieses Begriffs beigemessen. Alles Handeln, behauptet er, ist wenigstens in seiner Absicht rational, soweit der Handelnde voraussetzt, daß er in seinem Denken oder Tun begründet ist. Diese Gründe aber können, so hat Peirce gelehrt, nicht intuitiv erfaßt werden; sie bestehen nicht in den angeblichen Evidenzerlebnissen, wovon die epistemologische Tradition oft gesprochen hat. Im Gegenteil, alles Denken ist durch Zeichen vermittelt, und dieses Axiom hat nach Peirce zur Folge, daß Gründe einen wesentlich öffentlichen Charakter haben. Die Gründe seines Handelns erfaßt der Mensch nur in dem Maße, in dem er sich die Art und Weise vor Augen führt, worauf sich sein Handeln einem Anderen gegenüber, und sei es ihm selbst in der Rolle eines Anderen, rechtfertigen ließe. Daß die Rationalität in der Fähigkeit besteht, die Gründe seines Handelns argumentativ einzulösen – auf diese Lehre des Pragmatismus hat Habermas seine eigene Auffassung gebaut, nach der alles Handeln von Wesen her auf Verständigung mit anderen ausgerichtet ist. In meinem Vortrag bin ich auf seine Aneignung der pragmatistischen Tradition eingegangen, um besonders die Einwände in Betracht zu ziehen, die sich Habermas doch gezwungen sieht, gegen Peirce zu erheben. Hier kann ich nur einen dieser Einwände erwähnen.
Das Wesen des pragmatistischen Standpunktes hat Peirce in einer Neuformulierung des Empirismus gesehen: Unsere Erkenntnisansprüche erklären sich durch das, wozu sie dienen, und nicht durch das, woher sie kommen – d. h., nicht durch ihre angeblichen Wurzeln in der Sinneswahrnehmung. Habermas macht keinen Hehl aus seiner Sympathie für diese Absage an die Ursprungsphilosophie. Damit komme zum Licht, in welchem Maße unsere Erkenntnis auf ein Interesse an zweckrationalem Handeln fundiert ist. Und die zweckorientierte Bearbeitung der Erfahrung beruhe ihrerseits, dem diskursiven Rationalitätsbegriff nach, auf einem Interesse an Verständigung. Bei Peirce findet Habermas also die Materialien zu seiner Theorie des inneren Zusammenhangs zwischen „Erkenntnis und Interesse".
Habermas ist aber der Meinung, daß es Peirce nicht gelungen ist, konsequent an seiner eigenen Einsicht in die intersubjektive Bestimmung des Denkens festzuhalten. Peirce habe den Zwang, den die Realität unserem Denken stellt, nicht im Lichte des Forschungsprozesses selber, d. h., als die eventuelle Disproportionalität zwischen unseren jeweiligen Auffassungen und neuen Erfahrungen, sondern als das, was der Gesamtheit wahrer Aussagen entspricht, begreifen wollen. Er sei dem „Objektivismus" erlegen, der

die Erkenntnis als „eine vom erkennenden Subjekt ablösbare Beschreibung der Realität" begreift (Habermas 1968: 121). Nach Habermas gilt es im Gegenteil, den methodologischen Sinn von „Wahrheit" und „Wirklichkeit" aufrechtzuerhalten, anstatt diese Kategorien zu ontologisieren.

Mir scheint aber diese Kritik nicht gültig zu sein. Sie übersieht die wichtige Unterscheidung zwischen der Begründung einer Aussage und der Behauptung, die sie über die Welt macht. Was behauptet eine Aussage, wenn nicht, daß die Welt so ist, wie die Aussage sie beschreibt? Bei der Begründung einer Aussage richtet man freilich seinen Blick auf die Steuerung des Verhaltens und auf die Argumentation mit anderen. In dieser Hinsicht behält die intersubjektive Auffassung des Denkens ihr volles Recht. Aber der Zweck der Argumentation liegt darin, die Welt selbst besser zu verstehen als vorher. Zwar enthält Wahrheit in diesem Sinne kein Kriterium, nach dem man zwischen wahren und falschen Aussagen unterscheiden könnte. Habermas besteht mit Recht darauf, daß sich die Wahrheit einer Aussagen nicht durch ihre Entsprechung zur Wirklichkeit feststellen läßt. Aber der Korrespondenzbegriff ist nicht dazu bestimmt, ein Kriterium der Wahrheit anzubieten. Ihre Absicht ist es, zu erklären, worin das Wahrsein einer Aussage besteht.

Literatur:
Habermas, Jürgen (1968): Erkenntnis und Interesse. Frankfurt a. M.

Prof. Dr. Charles Larmore, 2101 Beechwood Avenue, USA Wilmette Illionois 60091

Soziologische Beratung

Organisation: Elisabeth M. Krekel / Jürgen Lehmann

Einleitung

ELISABETH M. KREKEL / JÜRGEN LEHMANN

Moderne Gesellschaften erzeugen einen zunehmenden Bedarf an Hilfe und Beratung, der nicht durch die etablierten Professionen wie z. B. Ärzte oder Rechtsanwälte abgedeckt werden kann. Zur Lösung von Alltagsproblemen werden vermittelnde Instanzen gesucht und neue Beratungsfelder erschlossen. Dies sind Beratungsfelder, in denen Anwendungsbezüge der Soziologie zur Geltung kommen. Organisations-, Medizin-, Politik-, Umwelt- oder Unternehmensberatung sind beispielsweise Felder, in denen SoziologInnen ihr Fachwissen umsetzen. Als eine Art „Wachstumsbranche" bieten beratende Berufe jungen SoziologInnen Chancen, nach dem Studium einen Berufseinstieg zu finden.

Mit der IX. Tagung für angewandte Soziologie, die im März 1996 in Köln stattfand, wurde die Auseinandersetzung um das Thema „Soziologische Beratung" im Berufsverband Deutscher Soziologen (BDS) angestoßen und wird seitdem im Rahmen des Verbandes in vielfacher Weise bearbeitet. Unter anderem

- ist das Thema Gegenstand der Diskussion in den Regionalgruppen des BDS,
- wurden in einem ersten Schritt Praxisfelder, Grundlagen und Qualifikationen soziologischer Beratung beschrieben und in verschiedenen Veröffentlichungen dargestellt (Beispiele siehe unten),
- wird im Rahmen einer Qualifizierungsinitiative die Vermittlung von beratenden Qualifikationen erprobt,
- gibt es eine Mailing-Liste, in der Themen soziologischer Beratung diskutiert werden können.

Ziel der Veranstaltung auf dem Kongreß für Soziologie war es, die Diskussion um die verschiedenen Aspekte soziologischer Beratung unter theoretischen wie praktischen Gesichtspunkten weiterzuführen und zu vertiefen.

Literatur (Beispiele für Veröffentlichungen zum Thema „Soziologische Beratung" im BDS):
Alemann, Heine von / Vogel, Annette (Hrsg.) (1996): Soziologische Beratung. Praxisfelder und
  Perspektiven. IX. Tagung für angewandte Soziologie. Opladen
Beywl, Wolfgang / Krekel, Elisabeth M. / Lehmann, Jürgen (1996): Grundlagen und Qualifi-
  kationen soziologischer Beratung. In: Sozialwissenschaften und Berufspraxis, 2/96: 172–175
Eiben, Jürgen / Krekel, Elisabeth M. / Saurwein, Karl-Heinz (1996): Soziologische Beratung
  im Alltag: Einleitende Bemerkungen. In: Sozialwissenschaften und Berufspraxis 3/96:
  223–241
Lehmann, Jürgen (1997): Ansprüche an eine solide Beraterqualifizierung für Soziologen.
  Hoffnungen, Erwartungen und Erfahrungen eines Praktikers. In: Sozialwissenschaften und
  Berufspraxis 1/97: 65–76
Pongratz, Hans J. (1998): Beratung als gemeinsames Anliegen von Praxissoziologen und
  Sozialforschern. In: Sozialwissenschaften und Berufspraxis 3/98: 253–26

*Dr. Elisabeth M. Krekel, Bundesinstitut für Berufsbildung, Friesdorfer Str. 151–153,
D-53175 Bonn*

*Dipl.-Soz. Jürgen Lehmann, Training Beratung Moderation, Rosenstr. 66,
D-82024 Taufkirchen*

System- und Subjektperspektive in der Beratung
Soziologische Reflexionen zu einem Trainings- und Beratungsprojekt in der betrieblichen Ausbildung

HANS J. PONGRATZ

Mit einiger Verzögerung finden die Themen Organisationsentwicklung und Organisationsberatung nun auch in der Soziologie breitere Resonanz (siehe die Tagungsbände von Alemann/Vogel 1996 und Howaldt/Kopp 1998). Auf die Frage, ob die Soziologie charakteristische Sichtweisen für Beratungsprozesse, eventuell sogar eine spezifisch soziologische Beratungsmethodik anzubieten habe, wird häufig auf die soziologische Systemtheorie und daran anknüpfende systemische Beratungsansätze verwiesen. Als Ergänzung und im Kontrast dazu möchte ich auf zwei andere Forschungstraditionen der Soziologie aufmerksam machen: industriesoziologische Konzeptionen betrieblicher Herrschaftsstrukturen und subjektorientierte Analysen der Handlungssysteme von

Personen. Im Sinne theoretisch inspirierter Praxisreflexionen gründe ich diese Argumentation auf Erfahrungen als selbständiger Kommunikationstrainer, insbesondere in einem zweijährigen Qualifizierungs- und Beratungsprojekt „Methoden- und Sozialkompetenz für Ausbilder" (siehe Pongratz 1998).

Differenzierungen in den Berater-Klienten-Beziehungen
Der Berater erlebt das Klientensystem vor allem in Interaktionen mit einer Vielzahl betrieblicher Akteure. Deren Handlungen erscheinen in hohem Maße durch ihre Positionen innerhalb der Organisation und damit durch hierarchische, funktionale und fachliche Differenzierungen beeinflußt. Zusätzlich lassen sich – je nach ihrer Stellung zum Beratungsauftrag – in typisierender Weise drei Grundpositionen auf Klientenseite unterscheiden. (1.) Einige wenige Akteure treten als Auftraggeber gegenüber dem Berater auf. (2.) Als Beratungs-Arbeiter bezeichne ich jene Personen, die als Zielgruppe der Beratung die eigentliche Arbeit der Veränderung vollbringen sollen (als Beteiligte) oder deren Arbeit sich als Ergebnis der Beratung ändern soll (als Betroffene). (3.) Schließlich befinden sich im Randbereich des Beratungsprojekts (wenig involvierte) interessierte Beobachter.

Typischerweise werden Beratungsaufträge auf der Ebene von Vorgesetzten vergeben, wobei als Beratungs-Arbeiter untergeordnete Mitarbeiterebenen vorgesehen sind. Wenn sich Hierarchie und Auftragsverhältnis in dieser Weise decken, dann wird sich – so die These – die innerbetriebliche Herrschaftsstruktur in der Interaktionsstruktur zwischen Berater und Beratungs-Arbeitern widerspiegeln. Als Folge der Auftraggeber-Berater-Allianz werden die zwischen Auftraggebern und Beratungs-Arbeitern etablierten Machtbeziehungen auch für das Verhältnis von Berater und Beratungs-Arbeitern relevant: Aus der Sicht der Beratungs-Arbeiter handelt der Berater in gewisser Weise als Stellvertreter der Auftraggeber.

Das Kooperationsproblem in der Organisationsberatung
Arbeitshandeln konstituiert sich in zwei eigenlogischen Zusammenhängen: im Kommunikationssystem der Organisation und im Handlungssystem der Person. Dem Berater stellt sich damit nicht nur die Aufgabe der Koppelung von Berater- und Klientensystem, sondern auch von organisationalen und personalen Handlungssystemen. Mit dem Anspruch der Veränderung von Arbeitshandlungen ist Beratung auf die Kooperation der arbeitenden Akteure angewiesen. Aufgrund der oben skizzierten Interaktionsstrukturen ist die Wahrscheinlichkeit hoch, daß Beratungs-Arbeiter den Beratungsauftrag als Herrschaftsinstrument deuten. Der Berater steht dann vor der Aufgabe, Kooperationsaktivitäten von seiten der Beratungs-Arbeiter zu fördern und den Widerstand in Grenzen zu halten.

Zur Sicherung von Kooperation kommen in den diversen Beratungskonzepten verschiedene Strategien zur Anwendung: Autorität (Durchsetzungsfähigkeit des Managements), Motivation (partielle Mitgestaltungsmöglichkeiten), Partizipation (systematisch verbesserte Beteiligungschancen) und Neutralität (Verständnis und Engagement für alle Seiten). Wie die empirischen Studien von Mingers (1996) und Iding (1998) exemplarisch zeigen, finden sich selbst (im Rahmen systemischer Beratungsansätze) am Neutralitätspostulat orientierte Berater in betriebliche Machtbeziehungen und mikropolitische Spiele verwickelt. Auch vor dem Hintergrund praktischer Erfahrungen erscheint es mir sinnvoller, von der Unvermeidbarkeit der Verwicklung des Beraters in innerbetriebliche Machtdynamiken auszugehen.

Die Verhandlungsstrategie zur Bewältigung des Kooperationsproblems
Als alternative Strategie schlage ich eine Art „transparentes Doppelspiel" des Beraters vor: Einerseits vertritt er seine Loyalitätsbindung an den Auftraggeber offen gegenüber den Beratungs-Arbeitern; andererseits macht er zugleich deutlich, daß er auf ihre Kooperationsbereitschaft angewiesen und bereit ist, über die Bedingungen dafür zu verhandeln. Die Verhandlungsstrategie erfordert es gewissermaßen, zusätzlich zum Rahmenauftrag mit dem Auftraggeber konkretisierende Kernaufträge in Form mehr oder weniger expliziter Arrangements mit den beteiligten Beratungs-Arbeitern auszuhandeln. In retrospektiver Betrachtung meines Qualifizierungsprojekts für Ausbilder haben sich im Sinne einer Verhandlungsstrategie vor allem vier Handlungsgrundsätze bewährt: dynamischer Realismus, Ressourcenorientierung, reflexive Verantwortung und Konsensprinzip (siehe ausführlicher Pongratz 1998).
Mit der Verhandlungsstrategie schaltet sich der Berater aktiv in die Koppelung zwischen organisationalen und personalen Handlungssystemen ein. Dabei sind die personalen Handlungssysteme besonders schwierig zu handhaben. Denn der Berater hat es mit nur einer Organisation, aber darin mit vielen Personen zu tun, auf die er nicht alle in gleicher Weise und Intensität eingehen kann. Allerdings lassen sich typische personale Handlungsmuster erschließen, die bei relevanten betrieblichen Akteuren in charakteristischer Weise wirksam sind. Die Koppelungsaufgabe wird dadurch erleichtert, daß Person und Organisation bereits Anpassungsmodi entwickelt haben, die gegenseitige Interventionen in gewissem Umfang zulassen.

Perspektiven einer Soziologie der Beratung
Die Bedeutung einer soziologischen Perspektive in der Organisationsberatung scheint mir weniger in einem spezifischen Instrumentarium zu liegen, als in einem charakteristischen Blick auf den Beratungsprozeß (vgl. Bollinger 1998). Ich habe in diesem Beitrag mit Blick auf eine soziologisch reflektierte Beratungspraxis für eine Ergänzung der vorherrschenden Systemperspektive durch herrschaftskritische Überlegungen und eine konsequente Subjektperspektive argumentiert. Eine solche Subjektorientierung ist nicht

nur aus Gründen der Beratungseffizienz geboten, sondern auch als Konsequenz einer Beratungsethik: Indem Beratung Handlungsmuster in Organisationen verändert, greift sie zugleich in den Lebenszusammenhang der Organisationsmitglieder ein.

Literatur:
Alemann, Heine von / Vogel, Annette (Hrsg.) (1996): Soziologische Beratung. Opladen
Bollinger, Heinrich (1998): Die Arbeitssituation in den Mittelpunkt stellen. In: Jürgen Howaldt/ Ralf Kopp (Hrsg.) (1998): Sozialwissenschaftliche Organisationsberatung. Berlin: 41–52
Howaldt, Jürgen / Kopp, Ralf (Hrsg.) (1998): Sozialwissenschaftliche Organisationsberatung. Berlin: 41–52
Iding, Hermann (1998): Macht und Organisationsberatung. Dissertation (eingereicht an der TU Chemnitz)
Mingers, Susanne (1996): Systemische Organisationsberatung. Frankfurt a. M.
Pongratz, Hans J. (1998): Eigendynamik und Steuerung in Trainingsprojekten. In: Grundlagen der Weiterbildung, 9: 150–152

Dr. Hans J. Pongratz, Institut für sozialwissenschaftliche Information und Forschung e.V., Dachauer Str. 189, D-80637 München

Praxisfelder soziologischer Beratung: Ergebnisse einer empirischen Studie

ANNETTE VOGEL

Einführung
In den 80er und 90er Jahren sind viele Publikationen zur Arbeit von SoziologInnen in Beratungsberufen entstanden; insbesondere Mitte der 90er Jahre gibt es einen regelrechten Boom der soziologischen Beratungsliteratur. Erstmalig wird dabei versucht, allgemeine Elemente von Beratung herauszuarbeiten. Gleichzeitig wird die Frage nach einem soziologischen Beratungsverständnis und genuin soziologischen Qualifikationen für den Beratungsberuf gestellt. Meine Studie hatte das Ziel, zu untersuchen, in welchen Beratungsfeldern SoziologInnen tätig sind, und welche Gemeinsamkeiten und Unterschiede die Arbeit in den Beratungsfeldern aufweist.
Dabei definiere ich eine soziale Situation als Beratung, wenn mindestens zwei Personen zusammenkommen, von denen sich eine beraten lassen will und die andere beraten soll oder will; Grund des Zusammenkommens ist ein (bestehendes oder potentielles)

Problem, das mit Hilfe von Kommunikation gelöst werden soll. Die Beratungsbeziehung ist freiwillig und zeitlich befristet. Der Berater oder die Beraterin hat eine externe Position. Es liegen Asymmetrie hinsichtlich der Strukturierung von Kommunikation und Einfluß sowie Kompetenzdifferenz bei der Definition bzw. Diagnose von Problemen und ihrer Lösung sowie bei der Anwendung professioneller Standards vor (vgl. Alemann 1996; Eiben/Krekel/Saurwein 1996; Kessel 1996). Daran anschließend ist soziologische Beratung eine Beratung, die von SoziologInnen ausgeübt wird (Beywl/Krekel/Lehmann 1996). In der Literatur ergibt sich folgendes Bild ihrer Kennzeichen (vgl. Beywl/Krekel/ Lehmann 1997; Dewe 1996; Eiben/Krekel/Saurwein 1996; zusammenfassend Krekel/ Ohly/Vogel 1998): Soziologische Beratung wird konzipiert als Beratung mit Aufklärungsfunktion. Ziel ist die Verbesserung sozialer Systeme und ihrer Umweltbeziehungen. SoziologInnen gehen von der Autonomie des Klientensystems aus; Beratung soll nicht heilen, sondern den Blick schärfen und Handlungsalternativen aufzeigen. Dadurch ermöglicht sie Innovationen und ungewöhnliche Konfliktlösungen. Ihre Stärke besteht darin, Probleme in größere gesellschaftliche bzw. organisatorische Zusammenhänge einbetten zu können. Im Beratungsprozeß, der immer auch mit der Anwendung von Methoden der empirischen Sozialforschung verbunden ist, wird der Fokus auf Wahrnehmungs- und Kommunikationsprozesse sowie auf Normen und ihre Anwendung gelegt. Soziologische Beratung geht davon aus, daß soziale Wirklichkeit konstruiert ist. Einen Schwerpunkt findet sie in der Organisations- und Institutionenberatung sowie teilweise auch in der Politikberatung.

Empirischer Teil
Auskunft über die Praxisfelder soziologischer Beratung gibt die Datenbank des Berufsverbands Deutscher Soziologen (BDS), die Organisation der außeruniversitär arbeitenden SoziologInnen in Deutschland. Von 521 Mitgliedern arbeiten 63 in Beratungsberufen. Dabei ergibt sich folgende Aufteilung (mit Doppelnennungen, da häufig Beratungsfelder miteinander verbunden werden):
24 Personen arbeiten in der Organisationsberatung oder -entwicklung, 17 in der Unternehmensberatung. Jeweils sechs Mitglieder sind in der Berufs-, Bildungs- und Studienberatung, in der Beratung für Weiterbildung, Stipendien und Promotion sowie in Projektberatung, -planung und -management tätig. Jeweils fünf Personen üben EDV-Beratung sowie Beratung im Gesundheitsbereich aus. Im Bereich Therapie, psychologische Beratung und Supervision arbeiten drei Personen, ebenso wie in Umweltberatung und Politikberatung. Jeweils eine Person arbeitet in den Feldern PR-Beratung, Beratung im Sozialbereich, Technikberatung und Beratung für Verkehrssicherheit. Kombiniert werden die Beratungsfelder Organisationsberatung mit Unternehmensberatung, Supervision, Therapie, EDV-Beratung, Beratung im Gesundheitswesen, PR-Beratung, Projektmanagement und Politikberatung; Berufs- und Studienberatung mit psychologischer Beratung.

Um einen Einblick in die Beratungstätigkeit von SoziologInnen zu erhalten, wurden mit insgesamt 27 SoziologInnen, die sich selbst als BeraterIn bezeichneten, etwa einstündige Leitfadeninterviews durchgeführt. Nach einer vorläufigen Auswertung des Materials ergeben sich folgende Tendenzen:
Soziologische Beratung läßt sich im Angestelltenverhältnis, in der Freiberuflichkeit und im eigenen Unternehmen (d. h. mit eigenen Angestellten) durchführen. Alle befragten Personen (mit einer Ausnahme) hatten sich zum Zeitpunkt der Befragung so etabliert, daß sie von der Beratung leben können. Die angestellten BeraterInnen berichten über eine gesicherte und als ausreichend empfundene finanzielle Lage, sowohl für sich selbst als auch für die Beratungsstellen, in denen sie arbeiteten. Die befragten Freiberufler und Unternehmer legten großen Wert auf ihre berufliche Autonomie, die es ihnen ermögliche, auch Aufträge abzulehnen, wenn sie ihren ethischen Grundsätzen widersprachen, nicht ihren fachlichen Kompetenzen entsprachen oder keine Aussicht auf Erfolg boten. Freiberufler und Unternehmer berichteten über eine schwierige Anfangsphase (etwa drei Jahre), in der sie ein recht geringes Einkommen hatten.
Soziologische Beratung findet sowohl in klientenzentrierten als auch in institutionenzentrierten Beratungsfeldern statt, wobei die institutionenzentrierten Formen, vor allem in der Organisations- und Unternehmensberatung, überwiegen. Viele der befragten klientenzentriert arbeitenden BeraterInnen haben therapeutische Zusatzausbildungen oder Fortbildungen besucht, wobei sie sich nach eigenen Aussagen in wesentlichen Aspekten von ihren Psychologen- und Pädagogenkollegen unterscheiden, bspw. Probleme stärker in einem gesellschaftlichen als in einem individuellen Zusammenhang sehen. Ihr Beratungsverständnis ist eher informations- als personenorientiert. Arbeiten BeraterInnen institutionenzentriert, stehen als Zusatzqualifikationen Wirtschaftskenntnisse im Vordergrund, außerdem Präsentations- und Moderationstechniken sowie Techniken der Gruppenarbeit und Gruppenleitung.
Soziologisches Wissen wird aus allen Teilbereichen der Soziologie genutzt, entsprechend dem Beratungsbereich, in dem man arbeitet. Als auf Beratungssituationen übertragbare soziologische Theorie wurde vor allem die Systemtheorie genannt. Die meisten Befragten konnten die Methoden der empirischen Sozialforschung anwenden, und das im Studium gewonnene Wissen sowie durchgeführte empirische Studien wurden als sehr hilfreich empfunden. Wurden SoziologInnen als BeraterInnen eingestellt, gab jedoch weniger ihr Studienfach den Ausschlag als vielmehr persönliche Kontakte, Referenzen, zusätzliche Berufsausbildungen oder neben dem Studium durchgeführte Projekte und Nebenjobs.

Fazit

Die Ausrichtung auf einen beratenden Beruf eröffnet SoziologInnen neue Formen der Berufsausübung in Zeiten des Stellenabbaus an den Universitäten und im öffentlichen Dienst. Sie finden auf diese Weise Arbeit in Unternehmen und haben die Möglichkeit, sich als SoziologIn selbständig zu machen. Die insgesamt erfolgreich arbeitenden BeraterInnen meiner Studie zeigen, daß es auch die nötige Nachfrage gibt – vor allem im Bereich Unternehmens- und Organisationsberatung.

Literatur:
Alemann, Heine von (1996): Einige allgemeine Bemerkungen zur Soziologie der soziologischen Beratung. In: Heine von Alemann / Annette Vogel (Hrsg.): Soziologische Beratung. Praxisfelder und Perspektiven. IX. Tagung für Angewandte Soziologie. Opladen: 16–26
Beywl, Wolfgang / Krekel, Elisabeth M. / Lehmann, Jürgen (1996): Grundlagen und Qualifikationen soziologischer Beratung. In: Sozialwissenschaften und Berufspraxis (SuB) 19 (3): 267–270
Dewe, Bernd (1996): Beratende Rekonstruktion. Zu einer Theorie unmittelbarer Kommunikation zwischen Soziologen und Praktikern. In: Heinrich von Alemann / Annette Vogel (Hrsg.): Soziologische Beratung. Praxisfelder und Perspektiven. IX. Tagung für Angewandte Soziologie. Opladen: 38–55
Eiben, Jürgen / Krekel, Elisabeth M. / Saurwein, Karl-Heinz (1996): Soziologische Beratung im Alltag. Einleitende Bemerkungen. In: SuB 19(3): 223–241
Kessel, Louis van (1996): Prozeßbegleitende Führungsberatung. In: Organisationsberatung – Supervision – Clinical Management (OSC) 2/1996: 113–128
Krekel, Elisabeth M. / Ohly, Renate / Vogel, Annette (1998): Soziologische Beratung im Berufsverband Deutscher Soziologen – aus der Sicht der Köln-Bonner Regionalgruppe. In: Sozialwissenschaften und Berufspraxis (SuB) 21 (3): 267–274

Annette Vogel, Volksgartenstr. 36, D-50677 Köln

Vermittlung soziologischer Beratungsqualifikation: Praxisnahe Qualifizierung und Einstieg in freiberufliche Beratungstätigkeit als Soziologe – eine BDS-Initiative

STEFFEN JOAS

„Grenzenlose Gesellschaft?" – die Frage als Titel des Soziologenkongresses kann ich nur als verwunderte Nachfrage auf eine etwas naive Überzeugung begreifen, daß es so etwas wie grenzenlose Gesellschaft gäbe. Abgesehen von prinzipiellen Gedanken zu diesem Thema, war mir klar, daß meine Möglichkeiten als Soziologe im Beruf sehr begrenzt sein würden. Das Thema der IX. Tagung für angewandte Soziologie des Berufsverbandes Deutscher Soziologen (BDS) „Soziologische Beratung" bot hier eine gedankliche wie pragmatische Erweiterung des Horizontes.
Auf dieser Tagung entstand ein Kontakt, aus dem im Sommer 1997 die Idee jener Beraterqualifizierung erwuchs, die hier vorgestellt wird. Im Herbst 1997 erfolgte eine Ausschreibung im Organ des Berufsverbandes Deutscher Soziologen „Sozialwissenschaften und Berufspraxis". Das Interesse war immerhin so groß, daß eine arbeitsfähige Gruppe gebildet werden konnte. Zentrale Ziele heißen:

- Die Weiterbildung examinierter Soziologen im Bereich der Beratung und Entwicklung von Organisationen und deren Personal.
- Die Entwicklung eines Konzeptes zur Weiterbildung von Soziologen in den genannten Bereichen.

Die Organisation
Die Beraterqualifizierung im BDS hat folgendes Personal:

- drei Seniors, das sind in ihren Berufen erfahrene Personen: zwei freiberufliche Berater und Trainer – Jürgen Lehmann und Dr. Ekkehard Nau – sowie einen Spezialisten für Evaluation – Dr. Wolfgang Beywl, Geschäftsführer der Arbeitsstelle für Evaluation an der Universität zu Köln
- drei Juniors: Soziologen mit teilweise erster Berufserfahrung; Marc Herbermann, Joachim Koch und ich selbst, Steffen M. Joas

Wir haben das Projekt von Juli 1998 bis Dezember 1999 angesetzt. Innerhalb dieser Zeit haben sich die Teilnehmer durch eine Vereinbarung zum gemeinsamen Arbeiten und Lernen verpflichtet. Damit gibt es einen grundlegenden Rahmen, in dem die Beraterqualifizierung im BDS selbstorganisierende Kräfte entwickeln und nutzen kann. Weitere wertvolle Unterstützung hat die Beraterqualifizierung bisher vom Berufsverband Deutscher Soziologen erhalten, innerhalb dessen sie sich als Mitgliederinitiative organisiert hat.

Aufbau der Qualifizierung

Lernarchitektur: Die Lernarchitektur beschreibt Inhalte und Lernformen, durch die wir die oben genannten, zentralen Ziele der Beraterqualifizierung verfolgen. Im folgenden sind den Lernformen die Inhalte zugeordnet.

- *Workshops*: Die Juniors erarbeiten hier Kenntnisse und Fähigkeiten für die kommende Berufstätigkeit. Dazu gehören Themen wie: Kommunikation, Moderation, Evaluation oder auch Projektmanagement. Die verantwortliche Mitgestaltung der Workshops wie auch deren Vorbereitung gehört mit zu den Methoden und Inhalten des Lernens.
- *Coaching*: Klarheit über die eigene Persönlichkeit sowie die eigene Werteordnung ist eine unverzichtbare Grundlage für erfolgreiches professionelles Handeln. In der zweiten Hälfte der Beraterqualifizierung wird eine Dienstleistungsidee erarbeitet und der Übergang in den Markt begleitet.
- *Praxisbegleitung*: In einer projektbezogenen Arbeit ist es möglich, vielfältige Lernformen zu erproben, die es dem Junior ermöglichen, zu vorhandenen Aufgaben selbst praxisrelevante Fragen zu stellen und diese mit Hilfe des Seniors reflektierend und zielorientiert zu beantworten. Die besondere Stärke dieser Lernform liegt in der Heranführung der Juniors an eine selbständige Problemlösung im Rahmen einer klar umrissenen Beratungs- oder Entwicklungsaufgabe.
- *Eigenarbeit*: Individuelle Ausgestaltung und Reflexion der Lerninhalte macht eine Feinanpassung der Projektergebnisse möglich. In diesem Rahmen können auch weitere Arbeitsprojekte – innerhalb wie außerhalb der Beraterqualifizierung – durchgeführt werden.

Projektsteuerung: In einer je eigenständigen Senior-Gruppe und Junior-Gruppe überprüfen wir unsere Erwartungen, unsere expliziten Ziele und erreichten Erfolge. Durch eine an der Funktion der Teilnehmer im Projekt orientierte Aufteilung der Gruppen in Seniors und Juniors wird eine höhere Homogenität der Interessenlagen erreicht und die gestaltende Anpassung der Prozesse an die Ziele der Teilnehmer wie auch die Erfolgskontrolle im Verlaufe des Projektes optimiert.

Die Projektsteuerung ist jedoch nicht nur Notwendigkeit für die Realisierung der Beraterqualifizierung, sondern auch selbst ein zentrales Lernfeld. Ohne eine reflektierte Erfahrung über Aufbau und Steuerung von Projekten und Organisationen wäre die Beraterqualifizierung unvollständig. Diese Lernfunktion ist mehr als nur eine Ergänzung der Lerngruppen – sie ist vollgültige und reale Umsetzung von Aufgaben des Projektmanagements mit der Möglichkeit einer das Lernen unterstützenden Reflexionsphase.

Partizipation

Der Erfolg unserer Beraterqualifizierung im BDS wächst mit der Partizipation anderer Personen und Gruppen. Das Stichwort heißt: Synergien nutzen! Themen, die eine Zusammenarbeit mit der Beraterqualifizierung im BDS möglich machen, sind etwa:

- Qualifizierung für SoziologInnen, die außerhalb von Universität und Forschung arbeiten wollen – etwa in den Bereichen Organisations- und Personalentwicklung
- Entwicklung eines Ausbildungsprogrammes für die Qualifizierung von SoziologInnen und die Ausbildung der AusbilderInnen
- Klärung und pragmatische Entwicklung eines professionellen Berufsbildes der SoziologIn in der Beratung – also eine Antwort auf die Frage: Wie kann Professionalität von SoziologInnen in einem außeruniversitären Beruf gestaltet sein?
- Aufbau eines eigenen Netzwerkes soziologischer BeraterInnen sowie Erweiterung oder Verknüpfung schon bestehender Netzwerke

Eine solche Zusammenarbeit kann unterschiedliche Formen annehmen, etwa:

- Gedankenaustausch, Diskussionsrunde
- Info-Veranstaltungen für Dritte für eine gemeinsame Zielgruppe
- Kooperation oder Entwicklung eines neuen, gemeinsamen Projektes hin auf ein gemeinsames Ziel

Eine solche Zusammenarbeit kann und soll über die Grenzen des BDS hinausgehen. Deshalb sind wir auch im Internet präsent. Unter der Adresse

http://members.aol.com/adviceme/startseite.de

können die aktuellsten Informationen zur Beraterqualifzierung im BDS abgerufen und Kontakt zu den Teilnehmern aufgenommen werden.

Steffen Joas, Haußmannstr. 200, D-70188 Stuttgart

Diskussion

PROTOKOLL: ANNETTE VOGEL

Vorstellung der DiskutantInnen
Reinhard Stockmann, Professor für Soziologie an der Universität des Saarlandes in Saarbrücken, arbeitet neben seiner Tätigkeit an der Universität als Politikberater. Er führt Projekte auf dem Gebiet der Umweltberatung durch und berät Entwicklungshilfeorganisationen (z. B. die Gesellschaft für Technische Zusammenarbeit) und Länder aus der Dritten Welt. Ein Haupttätigkeitsfeld besteht in der Evaluation von Projekten der Entwicklungszusammenarbeit (etwa berufliche Bildung in China) unter dem Aspekt ihrer Nachhaltigkeit. Ihn interessiert vor allem die Frage: Welche Wirkungen haben Programme? Aus einer Analyse dieser Wirkungen leitet er Empfehlungen ab. Den soziologischen Kern seiner Arbeit sieht *Stockmann* in der expliziten Anwendung soziologischer Theorien und Arbeitsweisen (Organisations- und Diffusionsforschung, Methoden der Evaluation etc.). Der Gegenstand seiner Arbeit (Gesellschaften, Organisationen, Individuen und ihre Interaktionen) ist ebenso soziologischer Natur wie die Frage nach der Veränderbarkeit der sich dort abspielenden Prozesse. Soziologisch ist auch das Beratungsziel, das darin besteht, Informationen für Steuerungsprozesse bereitzustellen und steuerungsrelevante Modelle zu erarbeiten. Im übrigen, so *Stockmann*, existiere soziologische Beratung in dem Augenblick, in dem man sie als eine solche ausübe.

Barbara Schiffers, angehende Organisationsberaterin, arbeitete neunzehn Jahre in der Verwaltung, bevor sie zum Soziologiestudium kam. Dieses finanzierte sie größtenteils durch Studentenjobs in der Verwaltung von Unternehmen. Dort erlebte sie, daß in vielen Firmen Bedarf nach neuen oder verbesserten Organisationskonzepten besteht, die gerade von soziologischer (Organisations-)Beratung angeboten werden könnten. Seit Abschluß ihres Studiums hat *Schiffers* damit begonnen, sich als freiberufliche Organisationsberaterin auf dem Markt zu etablieren. Der Erfolg einer großangelegten Faltblattkampagne (Mailingaktion) bleibt noch abzuwarten. Ihr Aufgabengebiet wird die Erstellung von Konzepten zur Verbesserung von Organisationen sein; Adressaten sind Unternehmen im Medienbereich im Köln-Düsseldorfer Raum. *Schiffers* konstatiert, daß in vielen Unternehmen zwar Bedarf an soziologischer (Organisations-)Beratung besteht und daß diese auch gerne in Anspruch genommen würden, daß die Unternehmen aber oft vor dem Preis zurückschreckten. Gerade im Medienbereich werde besonders knapp kalkuliert.

Hans J. Pongratz organisierte nach seiner Promotion im Fach Soziologie in den letzten sieben Jahren Kommunikations- bzw. Teamtrainings, bevor er vor kurzem wieder in die Forschung zurückkehrte, um seine Beratungstätigkeit soziologisch zu reflektieren und

sich an der Schnittstelle zwischen soziologischer Theorie und Beratung zu habilitieren. Auch weiterhin möchte er sich an der Schnittstelle zwischen einer wissenschaftlicher Tätigkeit und einer Beratertätigkeit bewegen. Bei der Doppelbelastung Berater bzw. Trainer und Wissenschaftler sieht er allerdings einen Rollenkonflikt. Für ihn liefert die Soziologie Reflexionswissen und Reflexionstechniken für die Beratungstätigkeit.
Annelies Debrunner, Soziologin aus Weinfelden (Schweiz), vertritt durch ihre Anwesenheit die Schweizer Organisation SAP (Soziologie in der außeruniversitären Praxis). Als Freiberuflerin verbindet sie Wissenschaft und Beratung. Nach einer langjährigen Tätigkeit als Grundschullehrerin gibt *Debrunner* heute Kurse in Deutsch als Fremdsprache für ausländische Arbeitslose, denen sie neben Sprachkenntnissen auch Einblicke in die Schweizer Kultur (im Vergleich zur eigenen Kultur) und Reflexionswissen über ihren Standort in beruflicher und persönlicher Hinsicht vermittelt. Außerdem führt die promovierte Soziologin qualitative Forschungsprojekte durch.
Ihre Arbeit sei, so *Debrunner*, sehr stark von einem „soziologischen Blick" geprägt, der sich immer wieder gegen die psychologischen und betriebswirtschaftlichen Elemente ihres Wissens durchsetzt. Allerdings stellt sie sich (und dem Publikum) die Frage, weshalb SoziologInnen, wenn sie so stolz auf ihr soziologisches Wissen sind und ihre besonderen Qualifikationen so präzise benennen können, nicht selbstbewußter auftreten, sondern ihre gesellschaftliche Position immer wieder hinterfragen. Auch in ihren Forschungsprojekten untersucht sie, inwieweit SoziologInnen ihre Arbeitsbereiche dynamisch gestalten, indem sie z. B. die gegebenen Strukturen in Bewegung bringen. Widerspricht Soziologie also einer „statischen" Arbeit?
Jürgen Lehmann, Organisations- und Unternehmensberater aus Taufkirchen bei München, studierte Soziologie und Psychologie. Seine Aufgabengebiete sind Coaching, Beratung und Training. So unterstützt er als Coach Manager in bezug auf Probleme bei Rollenunklarheiten; er berät Geschäftsführungen, Personalleiter und andere Führungspersonen bei der strategischen Ausrichtung und operativen Planung ihrer Maßnahmen und trainiert Manager, insbesondere aus der Wirtschaft, für die methodischen und sozialen Anforderungen ihrer Arbeit. Dabei hat er sich spezialisiert auf Manager, die im Ausland arbeiten werden. Seine Trainings sind eher methoden- als inhaltsorientiert; er vermittelt daher nicht in erster Linie soziologisches Wissen. Jedes Training ist auf die Bedürfnisse des Auftraggebers zugeschnitten.
Was ist dennoch soziologisch an seiner Arbeit? *Lehmann* bemerkt, daß er als Soziologe eine andere Wahrnehmung hat und andere Fragen stellt als BeraterInnen, die bspw. aus der Betriebswirtschaft oder aus der Psychologie kommen. Sein Fokus liegt auf dem Organisationsgefüge mit seinen Hierarchien, Rollen und Kommunikationsstrukturen und seinen Umweltbeziehungen, während er PsychologInnen meist als BeraterInnen erlebt hat, die bei Problemen die Ursachen eher in den handelnden Personen begründet sehen (Fokus auf individuellen Verletzungen, Gefühlen). Außerdem definiert *Lehmann*

seinen Beratungsauftrag anders als seine nicht-soziologischen KollegInnen. So gestaltet er den Beratungsauftrag offen (d. h. für alle Beteiligten transparent) und versucht seine Klienten im Prozeß der Problemdefinition dazu zu bringen, auch die Interessen anderer Beteiligter mit zu berücksichtigen. Die Problemerforschung – falls möglich und finanziert (eher selten) – erfolgt mit Hilfe von empirischen Analysen, bei denen sich *Lehmann* soziologischer Methoden bedient und alle Beteiligten zum Problem befragt. Ebenso wie *Debrunner* konstatiert *Lehmann* einen „soziologischen Blick". Sein Fazit: „SoziologInnen gucken anders." Wollen sie erfolgreich beraten, müssen sie allerdings lernen – so seine eigene Erfahrung – ihre (soziologische) Ausdrucksweise an das Sprachsystem der Industrie anzupassen.

Fragen und Kommentare aus dem Publikum
Nachdem sich die DiskutantInnen vorgestellt hatten, ging es in der anschließenden Diskussion mit dem Publikum zunächst um den soziologischen Blick. Es wurde die Frage gestellt, ob man überhaupt von soziologischer Beratung (mit entsprechend eigenen Charakteristika) sprechen könne oder ob es nicht eher um Beratung durch SoziologInnen gehe.
Nach Auffassung von *Hans J. Pongratz* gibt es nur einige wenige soziologische Gebiete (Marktforschung, Methodenberatung), in denen soziologische Verfahren unmittelbar in Beratungskontexten umgesetzt werden können. *Reinhard Stockmann* sah den soziologischen Blick in seiner Tätigkeit verwirklicht, weil er einen originär soziologischen Gegenstand mit einem spezifisch soziologischen theoretischen und methodischen Instrumentarium bearbeite. Deshalb werde er von seinen Auftraggebern auch angesprochen, weil genau diese soziologische Kompetenz nachgefragt werde.
Die nachfolgende Diskussion drehte sich im wesentlichen um Fragen der Berufsqualifizierung. Das überwiegend junge Publikum wollte wissen, welche Qualifikationen eine Person erwerben muß, die BeraterIn werden möchte. Damit war unter anderem auch die Vermutung verbunden, daß es eine Art Geheimwissen gebe, das erfahrene BeraterInnen nur unter bestimmten Bedingungen weitergäben.
Jürgen Lehmann, Hans J. Pongratz und *Reinhard Stockmann* betonten die Notwendigkeit, schon während des Studiums damit anzufangen, das für den Beratungsberuf erforderliche Wissen zu erwerben. Dies könne mittels Praktika und einschlägigen Studentenjobs geschehen, aber auch eine praxisorientierte Diplomarbeit erleichtere den Einstieg in die Beratung. *Stockmann* fügte hinzu, daß gute Abschlüsse wichtig seien; diese zeigten, daß man gesichertes Fachwissen besitze. Sowohl *Lehmann* als auch *Pongratz* betonten aufgrund ihrer Erfahrungen als Trainer und Berater den Wert von Kommunikationstrainings und des Erwerbs von Techniken der Gruppenarbeit (sowohl Moderation als auch Leitung von Gruppen) als beraterisches „Handwerkszeug". Auch Marketingkenntnisse seien von Vorteil. *Lehmann* hob den Wert einer guten Präsentation hervor, bei der die Person des Beraters im Vordergrund stehe – allein das Persönliche

bleibe dem Auftraggeber im Gedächtnis und könne den Bewerber aus der Masse ähnlich qualifizierter KonkurrentInnen hervorheben. Während *Lehmann* empfahl, eine Ausbildung als Berater zu absolvieren, stellte *Pongratz* den Nutzen der üblichen Ausbildungsangebote für Berater, vor allem wenn sie nicht berufsbegleitend angelegt sind, in Frage. Außerdem ging er auf die Schwierigkeiten beim Einstieg in den Beratungsberuf ein. Am schwersten sei es, allein in der Beratung Fuß zu fassen. Es sei daher hilfreich, sich Initiativen anderer anzuschließen. Dabei sprach er – stellvertretend für andere – die Qualifizierungsinitiative des Berufsverbands Deutscher Soziologen (BDS) an. Man dürfe auch nicht vergessen, daß die ersten drei Jahre in der Freiberuflichkeit von finanziellen und anderen Schwierigkeiten geprägt seien. Auch *Annelies Debrunner* wies auf die Notwendigkeit eines persönlichen Netzwerks hin. Allerdings dürfe nicht übersehen werden, daß der Aufbau eines solchen Netzwerks sehr zeitaufwendig sei.

Überdies sei es für den beratenden Soziologen hilfreich, sein soziologisches Wissen als Reflexionswissen zu nutzen. Im Gegensatz zu einschlägigen Behauptungen mache Reflexionswissen nicht handlungsunfähig. *Reinhard Stockmann* hob das „gebrochene Selbstbewußtsein" der SoziologInnen noch klarer ins Blickfeld und betonte den Wert der eigenen Präsentation. Diese sei bei vielen SoziologInnen noch nicht überzeugend genug. Um sich als Berater erfolgreich präsentieren zu können, müsse man zeigen, daß man das Wissen habe, über das die Konkurrenz auf dem Beratungsmarkt auch verfüge (z. B. Wirtschaftskenntnisse), könne aber darüber hinaus Spezialkenntnisse präsentieren, die die Konkurrenz nicht habe, besonders auf dem Gebiet der Methoden (zum Beispiel, wie in seinem Fall, die Technik der Evaluation).

Eine weitere Frage aus dem Publikum betraf den Status einer Promotion im Beratungsgeschäft. *Reinhard Stockmann* antwortete darauf, er habe aus seiner eigenen Erfahrung gelernt, daß BeraterInnen mit Titel von den Auftraggebern ernster genommen würden – ein Titel symbolisiere immer Fachkenntnis (auch wenn das real nicht immer so sein müsse). Dem widersprach *Jürgen Lehmann*. Wenn die Auftraggeber Akademiker seien – so seine Erfahrung – sei es wichtig, daß man über einen akademischen Abschluß verfüge, die Promotion sei dann nicht erforderlich. *Stockmann* räumte ein, daß Titel in den verschiedenen Praxisbereichen und bei den verschiedenen Klientelen unterschiedliches Gewicht hätten. Er selbst habe etliche Aufträge nur deshalb erhalten, weil er eine Promotion vorweisen könne bzw. weil er inzwischen Professor sei.

Einen weiteren Aspekt von Selbständigkeit griff die folgende Frage auf: Wie könne eine Person, die gerade ihr Universitätsstudium absolviert habe, die vielleicht von den Eltern in der letzten Zeit ihres Studiums finanziert worden sei, sich – praktisch ohne finanzielle Rücklagen – selbständig machen. In diesem Zusammenhang warnte *Jürgen Lehmann* davor, sich sozusagen „aus der Not" selbständig zu machen, weil man keine feste Anstellung finde. Neben finanziellen Unsicherheiten sei in dieser Situation die Abhängigkeit von den Interessen der Auftraggeber am größten, und gerade die Unabhängigkeit des Beraters entspreche seiner soziologischen Ethik und sei auch ausschlaggebend für spätere Berufserfolge. Zur Akquisition von Aufträgen sei es hilfreich, zunächst einen Prospekt über sich selbst zu schreiben, dadurch werde man sich gleichzeitig seiner Stärken und Schwächen bewußt. Groß angelegte Aktionen, z. B. Mailings oder Prospektversand, nutzten nur dann, wenn man einige Zeit später die AdressatInnen anrufe und sich ihnen dadurch in Erinnerung bringe. Weniger kostspielig sei der Weg über Beziehungen und Netzwerke; auch eine Marktrecherche, in der man Zielgruppen ermitteln könne, habe gute Erfolgsaussichten.

Hans J. Pongratz machte BerufsanfängerInnen Hoffnung, indem er von seinem eigenen Weg in die Beratung erzählte. Kontakte ergäben sich oft zufällig in Netzwerken. Auch wenn sich Kontakte zur beruflichen Zusammenarbeit im Trainings- und Beratungsfeld seiner Erfahrung nach kaum systematisch herstellen lassen, so können ständige Initiativen, verbunden mit Hartnäckigkeit und Flexibilität, durchaus erfolgreich sein.

Reinhard Stockmann riet, sich ein Beratungsfeld zu suchen, in dem die Konkurrenz nicht so groß sei, und für diesen Bereich spezifische Qualifikationen zu erwerben (und vor allem zu präsentieren!). Schon mit Praktika könnten erste Akquisitionen verbunden werden. Außerdem sei der Start in die Beratung nicht mit großen Investitionen in eine Infrastruktur verbunden; für den Anfang genüge ein Raum, ein Schreibtisch und ein PC.

Fazit der OrganisatorInnen

Zusammenfassend kann festgehalten werden, daß die soziologische Beratung ein wichtiger Aspekt im Kontext der Beratungsangebote ist. Immer mehr SoziologInnen versuchen sich auf diesem Gebiet selbständig zu machen und eine professionelle Beratung anzubieten. Damit wächst gleichzeitig auch, wie die Diskussion in der Ad-hoc-Gruppe erneut gezeigt hat, die Unsicherheit darüber, welche Qualifikationen hierbei notwendig sind und über welche spezifischen Kompetenzen beratende SoziologInnen aufgrund ihres Studiums verfügen. Wichtig schient es zu sein, diese Qualifikationen und Kompetenzen zu bündeln und auch in das Lernangebot an den Universitäten zu integrieren, um den angehenden SoziologInnen das Beratungsfeld näher zu bringen.

Annette Vogel, Volksgartenstr. 36, D-50677 Köln

Theoretische und methodologische Fragen der vergleichenden Geschlechterforschung in Europa: Arbeitsmarkt und Wohlfahrtsstaat im Wandel

Organisation: Birgit Pfau-Effinger / Mechthild Veil

Einleitung

BIRGIT PFAU-EFFINGER / MECHTHILD VEIL

In der Formulierung politischer Zielsetzungen auf der europäischen Ebene wird zunehmend die Bedeutung der Geschlechterbeziehungen für den Verlauf des ökonomischen und sozialen Wandels anerkannt, und es werden verstärkt Forschungszusammenhänge und Zusammenschlüsse von Forscherinnen und Forschern gefördert, die sich mit Aspekten der Geschlechter-Ungleichheit auf der europäischen Ebene befassen.

Die Forschung über internationale Differenzen in Formen und Ausmaß der sozialen Ungleichheit in den Geschlechterbeziehungen entwickelt sich zunehmend auch im bundesdeutschen Kontext zu einem eigenständigen Forschungsgebiet. Für die Strukturierung der sozialen Ungleichheit in den Geschlechterbeziehungen ist dabei vor allem die Entwicklung des Arbeitsmarktes und der wohlfahrtsstaatlichen Politiken von Bedeutung, darüber hinaus auch kulturelle Leitbilder zur geschlechtlichen Arbeitsteilung und zur Familie (Pfau-Effinger 1996; Veil 1996).

Die komparative Forschung zum Zusammenhang von Arbeitsmarkt, Wohlfahrtsstaat und Geschlecht weist allerdings bislang noch gewisse Defizite auf. So herrschen auf der theoretischen Ebene oft noch unikausale und strukturalistische Erklärungsansätze für internationale Differenzen vor, die der Vielfalt möglicher Ausprägungen im Geschlechterverhältnis nicht gerecht werden und in denen die Fähigkeiten von Frauen zum Handeln vernachlässigt werden. Auf der methodologischen Ebene wird vielfach die Frage nicht hinreichend reflektiert, wie die vergleichende Forschung den jeweiligen gesellschaftlichen Kontext in einer angemessenen Weise berücksichtigen kann.

Die Sitzung der Ad-hoc-Gruppe sollte einen Überblick über den Stand der Theorieentwicklung geben. Weiter ging es darum, die theoretischen und methodologischen Defizite der komparativen, europäisch ausgerichteten Geschlechterforschung und der entsprechenden Theoriebildung zu diskutieren und nach Ansätzen zu suchen, um den wissenschaftlichen Diskurs weiterzuentwickeln. Die Veranstaltung knüpfte an die

Arbeiten in einem schon bestehenden Netzwerk „Arbeitsmarkt, Wohlfahrtsstaat und Geschlecht in Europa" an, zu dem sich bundesdeutsche Forscherinnen und Forscher zusammengeschlossen haben, die zu dem Themengebiet arbeiten.

PD Dr. Birgit Pfau-Effinger, Universität Bremen, Fachbereich Sozialwissenschaften, Postfach 33 04 40, D-28334 Bremen

Dr. Mechthild Veil, Büro für Sozialpolitik und Geschlechterforschung in Europa, Kasseler Str. 1a, D-60486 Frankfurt a. M.

Der Beitrag vergleichender Sozialpolitikforschung zur Weiterentwicklung feministischer Theorien

MECHTHILD VEIL

Feministische Forschung in der Bundesrepublik hat sich erst relativ spät mit vergleichenden Untersuchungen zu Wohlfahrtsstaaten und Geschlechterbeziehungen beschäftigt. Komparative Studien führen zu erweiterten und grundsätzlichen Fragestellungen und fördern auch ein „ranking" der Sozialsysteme sowie ein „ranking" konkurrierender Theorien. Welche Theorie ist die beste, um die Tranformationsprozesse in unterschiedlichen Wohlfahrtsstaaten zu erfassen? Gesucht werden Theorien, die für Ländervergleiche taugen, d. h. Theorien, die eine holistische Perspektive auf gesamtgesellschaftliche Prozesse ermöglichen.
Die wissenschaftliche Aufmerksamkeit liegt gegenwärtig auf qualitativen Studien und auf der Weiterentwicklung der Theorienbildung.
Welchen Stellenwert nehmen feministische Konzepte unter den diskutierten konkurrierenden Theorien ein, und wie beeinflussen sie die mainstream-Forschung? Ich argumentiere im folgenden aus der deutschen Forschungsperspektive und gehe davon aus, daß auch feministische Theorien angesichts der Umstrukturierung der Wohlfahrtsstaaten revisionsbedürftig sind. Das soll gezeigt werden am Konzept des Zweigeteilten Sozialstaates, an der Hausarbeitsdebatte und am Patriarchatsbegriff.

Der zweigeteilte Sozialstaat – der keynesianische Wohlfahrtsstaat in feministischen Theorien
Feministische Theoriebildung steht dem keynesianischen Wohlfahrtsstaat von Anfang an sehr kritisch gegenüber. Sie hat den bundesdeutschen Sozialstaat als einen Versicherungsstaat kritisiert, mit einer Trennung zwischen sozialen Rechten aus der Erwerbs-

arbeit und sozialen Rechten aufgrund von Bedürftigkeit. Diese Zweiteilung des Sozialstaates gibt es in dieser Schärfe in anderen europäischen Ländern nicht. Sie gilt als die Hauptursache für die Diskriminierung von Frauen im Sozialstaat. Das Konzept des zweigeteilten Sozialstaats ist sehr erfolgreich in der Analyse der androzentrischen, normativen Grundlage sozialpolitischen Handelns. Die geschlechtsspezifischen Züge dieser Zweiteilung wurden auch in der internationalen Sozialpolitikforschung herausgestellt: Hilary Rose spricht von der „sexual division of welfare" und Fraser/Gordon sprechen von einem „two channel system".

Der Erkenntniswert der Hausarbeitsdebatte für vergleichende Forschung
Mit der in der bundesdeutschen feministischen Diskussion bedeutsamen Hausarbeitsdebatte konnte erstmalig aufgezeigt werden, daß Familienarbeit auch soziologisch als Arbeit zu fassen ist und als solche Eingang in die Theorienbildung finden muß. Drei Entwicklungsrichtungen schälen sich heraus. Erstens, der indirekte Einfluß der Hausarbeitsdebatte auf Theorien zur Neubewertung von Arbeit, die die sozialdemokratische Verengung des Arbeitsbegriffs auf Erwerbsarbeit aufbrechen und neue Perspektiven eröffnen, so u. a. in den Zukunftszenarien wie z. B. die Zukunftskommission der Friedrich-Ebert-Stiftung (1998). Erstaunlich ist, daß diese Theorien sich nicht auf die Hausarbeitsdebatten beziehen, was zeigt, wie wenig diese die „allgemeine" Theorienbildung und Wissensproduktion in den Sozialwissenschaften beeinflussen konnten. Zweitens führte die feministische Kritik an der theoretischen Engführung von Arbeit als Erwerbsarbeit zu Theorien der Fürsorge (care-Debatte). Theoretikerinnen der Fürsorgeethik plädieren für ein Bedürftigkeitsmodell als normative Grundlage von Sozialleistungen (Fraser 1994; Tronto 1996). Die politische Akteursebene verschiebt sich in diesen Theorien vom Staat (als policy agency) zu den Gesellschaftsmitgliedern, die in Aushandlungsprozessen die Bedürfnisse immer wieder neu definieren. Drittens: Die Hausarbeitsdebatte führte zu dem Begriff der „Doppelbelastung", was meiner Meinung nach als politischer Kampfbegriff in der Frauenbewegung eine nützliche Funktion hatte, als theoretischer Begriff jedoch für vergleichende Forschung nicht trägt. Der Begriff „Doppelbelastung" verwischt, daß Erwerbsarbeit und Familienarbeit zwei verschiedene Formen der Vergesellschaftung von Arbeit sind, denen unterschiedliche Rationalitäten zu Grunde liegen, die nicht einfach verglichen werden können.

Patriarchatsbegriff
Mit dem Patriarchatsbegriff soll die Beziehung zwischen Geschlechterhierarchie und Kapitalismus theoretisch geklärt werden. An Hand vieler Beispiele konnte gezeigt werden, wie die Verknüpfung von Kapitalinteressen und Frauenunterdrückung zu einer ungleichen Verteilung sozialer Ressourcen zwischen Männern und Frauen führt. Frauen erschienen in diesen Ansätzen als diskriminierte. Die Matrix der Frauendiskriminierung wurde zum festen Bestandteil des patriarchalen Staates.

Viele Feministinnen kritisieren heute den Patriarchatsbegriff. Duncan z. B. sieht in dem Patriarchatsbegriff ein vorgefertigtes Interpretationsmuster, das handelnde Individuen vernachlässige. Skocpol kritisiert entschieden das Konzept des patriarchalen Wohlfahrtsstaates als ein schematisches Herangehen, das keinen Platz für handelnde politische Akteure und für Veränderungen läßt, da den Analysen die Annahme der Frauendiskriminierung immer schon vorgeschaltet ist. Skocpol plädiert dafür, den Patriarchatsbegriff als analytische Kategorie aufzugeben (Skocpol 1992). Kulawik hingegen weist darauf hin, daß Skocpol mit ihrer Ablehnung des Patriarchatsbegriffs eine politische Leerstelle hinterlasse. Ohne diesen Begriff würde sie über keinen herrschaftskritischen Maßstab zur Beurteilung einzelner Strategien und Policies mehr verfügen (Kulawik 1997: 298). Meiner Meinung nach hat der Patriarchatsbegriff, ebenso wie der Begriff der „Doppelbelastung" eine politisch mobilisierende Funktion, ist jedoch als analytischer Begriff zu unscharf und zu statisch, um z.b. den Veränderungsdruck der Globalisierung auf die Sozialstaaten und auf die Geschlechterregime aufzeigen zu können. Er sollte für vergleichende Analysen der Wohlfahrtsstaaten aufgegeben werden.

Resümee

Das theoretische Konzept des zweigeteilten Sozialstaats ist in der komparativen Forschung sehr erfolgreich. Mit ihm kann gezeigt werden, daß der keynesianische Wohlfahrtsstaat auch ökonomisch mit der Diskriminierung von Frauen verknüpft ist. – Demgegenüber sind Schlüsselbegriffe wie die Haushaltsdebatte theoretisch weiterhin nur interessant zur Neubewertung und Neudefinition des sozialdemokratisch verengten Arbeitsbegriffs auf Erwerbsarbeit. Auch der Patriarchatsbegriff sollte überdacht werden. Mein Vorschlag ist, ihn stärker zu operationalisieren und ihn für die Analyse der Geschlechterbeziehungen in nicht über den Markt oder den Staat vermittelten gesellschaftlichen Beziehungen zu reduzieren. Einen endgültigen Verzicht auf den Patriarchatsbegriff lehne ich ab, da dies bedeuten würde, daß feministische Forschung keinen herrschaftskritischen Maßstab zur Beurteilung einzelner Politikstrategien mehr hat.

Literatur:
Fraser, Nancy (1994): Widerspenstige Praktiken. Macht, Diskurs, Geschlecht. Frankfurt a. M.
Kulawik, Teresa (1997): Jenseits des – androzentrischen – Wohlfahrtsstaates? Theorien und Entwicklungen im internationalen Vergleich. In: Eva Kreisky / Birgit Sauer (Hrsg.): Geschlechterverhältnisse im Kontext politischer Transformation. Opladen/Wiesbaden: 293–310
Tronto, Joan (1996): Politics of Care: Fürsorge und Wohlfahrt. In: Transit. Europäische Revue, H. 12: 142–153
Skocpol, Theda (1992): Protecting Soldiers and Mothers. The Political Origins of Social Policy in the United States. Cambridge, Mass.

Dr. Mechthild Veil, Anschrift siehe Einleitungstext

Theoretical and methodological issues on comparative gender research within the life course perspective

SONJA DROBNIČ

Over the past three decades, evolution and developments within the life course perspective have been one of the most important achievements of social sciences. Conceptual issues in life course research currently provide an accepted set of background assumptions that guide and provide common ground for research on a great number of issues across virtually all of the social sciences. The life course perspective is characterized by theoretical and methodological pluralism as well as cross-disciplinary approach. In spite of the diversity of theoretical approaches, the life course perspective shares the interest in the ever-changing temporal organization of the life course, especially the timing and sequencing of events associated with various life domains, such as transition to adulthood (educational history), family and work events. Another common theoretical ground is the recognition that the life course evolves at the intersection of personal biography and social history. And finally, it is becoming increasingly recognized that gender relations are at a core of life course perspective. Gender is a fundamental structural parameter that shapes the life course of individuals both in a direct and indirect way by highly gendered institutional regulations.

However, these insights are considerably easier to appreciate than to operationalize, and the actual practice of life course research has lagged behind the conceptual advances. This is, at least partly, because the designs that are most appropriate for life course study – such as long-term longitudinal individual-level studies, cohort-sequential designs, prospective panel designs, relational dynamic data (e. g. life histories of household members) – are very resource-intensive methods. Nevertheless, longitudinal data and advanced methods for a dynamic analysis are a necessary precondition for high quality empirical research in this area.

Performing cross-national comparisons adds to the complexity of the theoretical and methodological issues discussed above. In distinguishing different types of cross-national research, I employ Melvin Kohn's classification in which (a) nation is the object of study, (b) nation is the context of study, (c) nation is the unit of analysis, and (d) studies that transnational in character. I contend that research on gender issues within the life course perspective can best be studied in a comparative framework in which nation is context. The primary interest in this framework is not to study specific countries for their own sakes or to compare in detail particular institutions in various countries. Instead, one is primarily interested in testing the generality of findings and interpretations about how certain social institutions operate, how they structure life courses, and how much impact they have on gendering across the life courses of individuals.

As an example, I examine how the employment behavior of married women in (West) Germany and Poland is affected by the characteristics of their households, such as the number and ages of children, and educational level as well as social origin of their husbands. Also, the question concerning the degree of marriage homogamy and changes in women's employment patterns across marriage cohorts are addressed.

Theoretically, this study is embedded in the New Household Economics approach. A core feature of this model is that spouses tend to specialize within the marriage because specialization is the most efficient productive strategy and it maximizes the utility for the household as a whole. The economic theory of the family predicts that specialization of a husband and a wife towards either market or unpaid household work will follow the principle of comparative or relative efficiency. It does not per se assign the housework to women since differences in efficiency are not determined by biological differences. The person who has more marketable skills, higher productivity and higher earnings capacity will specialize in paid work; the partner's main responsibility will be the maintenance of the home and childrearing.

The objective of this cross-national comparison is to test this theory in two different economic and welfare systems. The economic approach to the family is based on assumptions of utility maximization, stable preferences, and equilibrium in the markets. However, former socialist economies that were based on a central planning system denied market regulations in the sphere of labor. Employment in former socialist countries was defined as a state-guaranteed social right and not as an outcome of market forces. Therefore, a question emerges: To what extent can the basic assumptions of the economic theories of the family be applied to economies under non-market regulations? Are there discernable differences in employment behavior of women in Germany and Poland? Analysis for Germany is based on data for 1289 married couples, drawn from the German Socioeconomic Panel. For Poland, data on 2888 couples were drawn from the Polish Family and Fertility Survey. Event history analysis was used to analyze transition rates between employment and non-employment statuses.

In both countries, spouses show strong homogamous tendencies in terms of education (Poland) or career resources of first jobs (Germany). Within the marital union, however, employment patterns of husbands and wives split into different directions with regard to moves between paid and unpaid work. The moves between labor market and household work are clearly gender specific and this is particularly manifested in Germany. Results show that generally there has been less variation in women's employment over the life course in Poland than in Germany. Nevertheless, one also can find discernable patterns over the life course when the employment of Polish women is examined. Not only women's own attributes but also family characteristics play a distinctive role in shaping their entry into and exit out of the labor market.

In both countries, women's own resources are important; the higher the educational level, the higher the participation rate. The impact of husbands is present but weak in Poland. In contrast, the effects of husbands are very strong in Germany. The higher the occupational position of the husband, the stronger the impact on their wives to leave and stay out of the labor market, even when women have substantial own resources at their disposal. Children have an impact on their mothers' employment patterns in both countries but the effects differ in different national contexts. In Germany, preschool children have a strong inhibiting effect on their mothers' employment. When children reach school age, married women increasingly tend to re-enter the labor market. This trend has been particularly noticeable for part-time jobs, and has also gained in importance for full-time jobs in the 1980s.

In Poland, the inhibiting effect of young children is weaker than in Germany. In addition, strong effects of older children are evident; they increase the exit rates out of employment and inhibit the exit rates. There are several possible explanations for this partly unexpected employment behavior in the post-childrearing period in the life course: the composition effect, the ease of financial pressure on the family when children grow older, the need to assist younger generations in childrearing due to the pattern of early family formation and housing shortage, and the deteriorating health situation of women. Also, trends across marriage cohorts in Poland show a distinctive pattern which differs from developments in Western European countries. Since the mid-1970s, moves out of employment have become more and more common among married Polish women, holding individual and household characteristics constant. At the same time, the (re)entry rate has not increased. This implies that over the last two decades before the economic transition, married women's employment propensity was actually declining. This dynamic empirical study demonstrates the prevalence of gendered life course pathways across various economic and welfare systems. However, concrete patterns and trends over time differ in various national contexts.

Dr. Sonja Drobnič, Universität Bremen, Institut für empirische und angewandte Soziologie, Postfach 33 04 40, D-28334 Bremen

Tod, Medizin, Gesellschaft

Organisation: Ursula Streckeisen / Klaus Feldmann

Einleitung

URSULA STRECKEISEN / KLAUS FELDMANN

Die Medizin ist heilende Praxis und forschende Wissenschaft zugleich. Bereits Talcott Parsons hat festgehalten, dass die moderne Medizin – wie der „Professional Complex" überhaupt – die zweifache Funktion der Wissensgenerierung und Wissensanwendung erfüllt. Auch dem Tod kommt in der Medizin eine Zweifachbedeutung zu. Während in den medizinischen Grundlagenwissenschaften (Wissensgenerierung) dem Tod ein instrumenteller Status (Foucault) verliehen und auf dem Weg der Forschung an der Leiche heilungsrelevantes Wissen erzeugt wird, stellt der Tod im Bereich der Therapie (Wissensanwendung) eine Gefahr dar, die gebannt sein will.

Die medizinische Entwicklung der letzten Jahrzehnte setzt die immer schon prekäre Einheit von forschender Wissenschaft und heilender Praxis erhöhten Spannungen aus. Die medizinischen Grundlagenwissenschaften differenzieren sich aus und entwickeln eine Eigendynamik, die kulturelle Deutungsprobleme entstehen lässt und einen Bedarf nach neuen gesellschaftlichen Regelungen erzeugt. Zwei Problemkomplexe rund um Leben und Tod machen dies besonders deutlich:

a) Wissenschaftlich-technische Entwicklungen lassen den individuellen Tod, der für die moderne Medizin immer schon einer Vielfalt von „Toden" (Herz, Hirn etc.) gleichkam, der Möglichkeit nach auch in der klinischen Praxis zu einem Prozess werden, in dem die medizinischen Akteure dem Sterbenden nach und nach die Unterstützung entziehen. Damit stellt sich das handlungstheoretische Problem, zwischen Akten des Vollziehens und solchen des Unterlassens zu unterscheiden (aktive bzw. passive Euthanasie), und es drängt sich die Frage auf, wie gesellschaftliche Aushandlungsprozesse bezüglich des technisch steuerbaren Lebensendes aussehen und ablaufen.

b) Der Fortschritt der chirurgisierten Medizin hat die in der medizinischen Anatomie immer schon angelegte Trennung von körperlichem Innen und Aussen soweit vorangetrieben, dass heute einzelne Organe „verpflanzt" werden können. Diese Entwicklung personalisiert den instrumentellen Status des Todes: Während herkömmliche Untersuchungen an Leichen einen „abstrakten" gesellschaftlichen Gewinn bringen

(Mehrwissen), ermöglicht im Falle der Transplantationsmedizin der individuelle Todesfall den „konkreten" Gewinn des Überlebens einer Person. Es fragt sich, wie dieser „Kurzschluss" von Todeseintritt und Lebenserhaltung soziologisch erfasst werden kann. Die nachfolgenden Beiträge thematisieren aus verschiedenen Perspektiven Probleme der Transplantationsmedizin, der Euthanasie und des Medizinsystems als Ganzem. Sie werden durch einen Beitrag zur medizinischen Forschung am toten Körper eingeführt.

Dr. Ursula Streckeisen, Universität Bern, Institut für Soziologie, Lerchenweg 36, CH-3014 Bern

Prof. Dr. Klaus Feldmann, Universität Hannover, Institut für Psychologie und Soziologie, Bismarkstr. 2, D-30173 Hannover

Der Triumph der Wissenschaft über den Tod – zum medizinischen Blick ins Innere von Körper und Zelle

URSULA STRECKEISEN

Die Medizinsoziologie hat bis anhin vor allem das therapeutisch-klinische Segment der Medizin untersucht; das Segment der medizinischen Wissenschaft blieb gänzlich am Rande. Auch von seiten der Wissenschaftssoziologie wurde diese Lücke nicht gefüllt. Eine Ausnahme bildet die Sondernummer von „Science, Technology, and Human Values" zum Thema „Constructivist Perspectives on Medical Work: Medical Practices and Science and Technology Studies" (Vol. 20 Nr. 4, Herbst 1995) . Für die Untersuchungen über den Tod gilt das Gesagte noch in ausgeprägterer Weise. Soziologische Arbeiten zum Tod in der Medizin konzentrieren sich bis heute auf den klinischen Bereich (Sterben im Krankenhaus, im Hospiz, im Heim). Abgesehen von gelegentlichen Ausführungen zum Anatomiekurs als Initiationsritus für Medizinstudierende hat nur Renée Fox (1979) bisher die Untersuchung am Körper des Verstorbenen zum Forschungsthema gemacht.

Dem Tod im Kontext der medizinischen Wissenschaft gilt hier die Aufmerksamkeit. Es interessieren die professionellen Aufgaben und Strategien der beruflichen Akteure, die handwerklich bzw. medizintechnisch am autoptischen Untersuchungsprozess („Autopsie") beteiligt sind. Die Autopsie umfasst die Leichensektion, die daran anschliessende mikroskopiebezogene Laborarbeit und – bei „interessanten Fällen" – elekronenmikroskopische Tätigkeiten. Vor dem Hintergrund einer mikrosoziologisch-explorativen Feldstudie an einem universitären Pathologieinstitut wird hier die These vertreten, dass der Tod im sequenziellen Ablauf des autoptischen Untersuchungsprozesses eine Auflösung erfährt: Was die Leichenöffner bedroht, taucht bei den Angestellten im Labor nur in abgeschwächer Form wieder auf und ist bei der medizinisch-technischen Assistentin am Elektronenmikroskop überhaupt nicht mehr zu finden. Alle von ihnen indessen arbeiten jeweils an der Autopsie ein und desselben Verstorbenen.

Die autoptische Untersuchung zwischen chirurgisierter und laboratorisierter Medizin
Am Anfang des autoptischen Untersuchungsprozesses steht das Ganze der Leiche (chirurgische Aufgaben). Danach wird in immer kleineren Einheiten nach der lokalisierbaren Todesursache gesucht, zuerst im Organ, dann im Gewebe, und endlich im Inneren der Zelle. Je weiter der Untersuchungsprozess fortschreitet, desto künstlicher ist auch das interessierende Objekt, denn immer mehr wird dieses an die Untersuchungsbedingungen des Forschers angepasst: Während im Kontext der Sektion der „natürliche" Körper und seine Organe betrachtet werden, wird in der Elektronenmikroskopie die Photographie des Schattenbildes eines Ultradünnschnittes analysiert. Das Kleiner- und Künstlicherwerden ist von einem Verbildlichungsprozess begleitet. Immer mehr präsentiert sich das Objekt dem Forscher als ein Bild, das ohne Volumen bleibt und nur noch Formen und Farben zeigt (vgl. Foucaults „Flächenblick", 1963/1988).
Innerhalb des Übergangs von der chirurgisierten zur laboratorisierten Arbeit kommt dem Vorgang der „Fixation" besondere Bedeutung zu: Ddurch das Einwirkenlassen einer chemischen Lösung wird der Verwesungprozess des Gewebes gestoppt, womit die autoptische Arbeit vom natürlichen organischen Zersetzungsvorgang unabhängig gemacht wird. Zwischen den Aufgaben und Bewältigungsformen der Berufsakteure, die ausschliesslich vor dieser Fixation engagiert sind, und jenen, die erst danach in Aktion treten, besteht ein Kontrast, auf den im folgenden eingegangen werden soll.

Das Detail zieht an, und die Schönheit vertreibt Gefühle
Die an der Leiche arbeitenden Präparatoren haben mit massiven Bedrohungen zu kämpfen. Die Trennung von Innerem und Äusserem, die sie am toten Körper vornehmen, setzt ihre Fähigkeit der Belastungsprobe aus, zwischen Ich und Nicht-Ich zu unterscheiden. Ein zweites wichtiges Problem sind die Schuldgefühle: Wer die Haut aufschneidet und den Körper öffnet, dringt ins „letzte Reservat" (Goffmann) eines Menschen vor und durchbricht damit ein gesellschaftliches Verbot. Das dritte Problem von Präparatoren besteht in Orientierungsschwierigkeiten vor allem bezüglich der Frage, was „tot" und was „lebendig" ist.

Im Vordergrund der Strategien, mithilfe derer die Leichenarbeiter routinemässig ihren Berufsalltag bewältigen, steht ein Vorgang der „Isolierung" (vgl. Freud 1926/1982: 263ff.). Darunter wird hier ein beobachtbarer äusserer Vorgang mit inneren Folgen verstanden, der sich dann abspielt, wenn der Akteur seine räumlich-visuelle Aufmerksamkeit aufs kleine Detail im Gewebe einschränkt, obgleich dies von der Arbeitsaufgabe her nicht erforderlich ist. In enger Verbindung mit der Isolierung steht die Orientierung der Präparatoren an der Wissenschaft und Medizintechnik (Übernahme medizinischer Fachausdrücke und Wissensbestände). Wie die übermässige Konzentration aufs Detail entlastet auch die Wissenschaftsorientierung von bedrohlichen Affekten, die die Öffnung der Leiche begleiten.

Die medizinisch-technischen Angestellten im untersuchten Feld sehen nicht in ihrem Arbeitsgegenstand, sondern im räumlich-lokalen und im institutionellen Arbeitskontext ein Problem. Dies gilt vor allem für die Laborantinnen. Sie würden – vereinfacht gesagt – die Arbeit in einem „normalen" Labor vorziehen. Ihre Hauptstrategie im Umgang mit diesem Problem besteht darin, sich von ihrer Umgebung abzuwenden, indem sie sich durch die erzeugten Bilder (Schnittpräparate) faszinieren zu lassen. In Anlehnung an die Kunstauffassung, die Edgar Allan Poe in der Erzählung „Das ovale Porträt" beschreibt, lässt sich die Präparateherstellung der Laborantin als „Tötungsvorgang" betrachten, in dem die ehemals lebendigen Zellen in einem Bild „fixiert" werden, das ästhetisch anregt. „Dann gibt es nur noch Schönheit! Gefühle kommen gar nicht mehr auf. Man denkt nicht daran, dass es einmal Tote waren", sagt eine Laborantin vom Betrachten ihres Arbeitsprodukts unter dem Mikroskop. Im Falle der medizinisch-technischen Assistentin am Elektronenmikroskop nimmt die Faszination sogar Flow-Charakter an, führt also zu einer Versunkenheit, die alles Umgebende vergessen lässt.

Der Laborkontext übernimmt die Gefahrbannung
Wer am Lichtmikroskop tätig ist, vor allem aber wer am Elektronenmikroskop arbeitet, braucht nicht mehr zu „isolieren", sondern kann sich auf das Untersuchungsobjekt normal „konzentrieren" (Freud a. a. O.). Der Grund dafür liegt darin – dies die These –, dass die Bekämpfung von Identitätsängsten, Schuldgefühlen und Orientierungsproblemen, die die Präparatoren während des Sezierens leisten müssen, im Labor gleichsam vom laboratorisierten Forschungskontext übernommen wird. Im Gegensatz zum Präparator braucht sich die Laborantin nicht von einer übergrossen Leichenhöhle abzuwenden und den Blick zwecks Angstreduktion auf ein kleines Pünktchen zu richten. Dieses Problem löst das Mikroskop, indem es den Blick der Laborantin kanalisiert und dieser ein aus seinem Kontext herausgelöstes, „isoliertes" Detail in vergrösserter Form so vorführt, dass das gleichzeitiges Betrachten einer potentiell gefährlichen Umgebung arbeitstechnisch ausgeschlossen bleibt.

In Anlehnung an Lepenies (1989) lässt sich abschliessend festhalten, dass der laboratorisierte Teil des autoptischen Untersuchungsprozesses in seinem zweckmässigen Ablauf die implizite Funktion miterfüllt, jenes Unbehagen der professionellen Akteure gar nicht erst entstehen zu lassen, das im Kontext einer Autopsie erwartet werden muss und im chirurgisiertern Teil derselben auch seine Wirkung entfaltet. Die Laboratorisierung bringt die Gefahren zum Verschwinden, sie „tötet den Tod und die Sterblichkeit" und verwandelt angstbesetzte Affekte in ästhetische Faszination. Darin mag ein gewisser „Triumph" liegen.

Literatur:
Foucault, Michel (1963/1988): Die Geburt der Klinik. Eine Archäologie des ärztlichen Blicks. Frankfurt/M.
Fox, Renée (1989): The Sociology of Medicine: A Participant Observer's View. Englewood Cliffs,N.J.
Freud, Sigmund (1926/1982): Hemmung, Symptom, Angst. In: ders.: Studienausgabe Bd. VI, Hysterie und Angst. Frankfurt/M.: 227–310
Lepenies, Wolf (1989): Angst und Wissenschaft. In: ders., Gefährliche Wahlverwandtschaften. Essays zur Wissenschaftsgeschichte. Stuttgart: 39–60
Streckeisen, Ursula (1994): Doing Death: Expertenpraktik in den Kontexten von Lebenserhaltung, Verlust und Wissenschaft. In: Ronald Hitzler et al. (Hrsg.): Expertenwissen. Die institutionalisierte Kompetenz zur Konstruktion von Wirklichkeit. Opladen: 232–46

Dr. Ursula Streckeisen, Universität Bern, Institut für Soziologie, Lerchenweg 36, CH-3014 Bern

Das geschenkte Leben: Anmerkungen zum Diskurs um Hirntoddefinition und Organtransplantation

STEFANIE GRÄFE

1968 veröffentliche das Ad-hoc-Komitee der Harvard Medical School eine Erklärung, in der das „irreversible Koma" erstmalig zu einem neuen Kriterium für den menschlichen Tod erklärt wurde. Diese Erklärung markiert den historischen Übergang von der „Herztod"- zur „Hirntoddefinition" und ist die Vorläuferin der aktuellen Begründungen für die Definition des Hirntodes als Todeskriterium, so auch für das 1997 verabschiedete bundesdeutsche Transplantationsgesetz.

Von BefürworterInnen des Hirntodkonzeptes wird der ärztlich diagnostizierte Hirntod als Zeichen des vollständigen Todes des Menschen gewertet (vgl. z. B. Angstwurm 1995). Hintergrund dafür ist die Überzeugung, ausschließlich das Gehirn sei zuständig für die Produktion von Bewußtsein und für die Integration des Organismus. Der Ausfall beider Funktionen legitimiert in den Augen der BefürworterInnen des Hirntodkonzeptes die Feststellung des Todes. Darüber hinaus wird auf die in Verbindung mit der Transplantationsmedizin erreichte Maximierung von Lebensqualität der OrganempfängerInnen verwiesen. Das Hirntodkonzept dient in diesem Zusammenhang auch der „Plausibilisierung" der Transplantationsmedizin (vgl. z. B. Siep 1997). Implizit werden in Argumentationen von BefürworterInnen des Hirntodkonzeptes dem Begriff „Leben" die Merkmale selbständig, selbstbestimmt, interaktiv, geistig, bewußt und zentral gesteuert zugeordnet. Darüber hinaus wird die Qualität des Lebens in Verbindung zu seiner Dauer gesetzt, indem davon ausgegangen wird, daß die durch die Organtransplantation mögliche Lebensverlängerung positiv zu bewerten ist.

Die bekannteste Kritik am Hirntodkonzept hat der Philosoph Hans Jonas 1968 formuliert. In Erwiderung auf die Erklärung von Harvard bezeichnete er die Gleichsetzung von Hirntod mit dem Tod des Menschen als „pragmatische Umdefinierung des Todes". Der noch lebendige, sterbende Leib sollte aus der Sicht von Jonas nicht nur vor dem Zugriff einer utilitaristisch motivierten Rationalität geschützt werden, sondern ist quasi heilig. So spricht Jonas von der „Sakrosanktheit der Person" (1985: 235). Aus philosophischer Sicht kritisieren z. B. Johannes Meran und Sebastian Poliwoda die „Verunmöglichung des letzten Lebensvollzuges" (1995: 70). Sie gehen davon aus, daß das Sterben prozeßhaft verläuft, so daß bereits die Rede vom „Todeszeitpunkt" falsch sei. Die Explantation als Intervention in den Körper wird in dieser Perspektive zum künstlichen Eingriff in einen natürlichen Prozeß. Andere KritikerInnen gehen davon aus, daß der hirntote Koma-Patient noch lebt und daß dieses Leben für andere sinnlich-intuitiv erfahrbar sei. Die Annahme vom Gehirn als „Steuerungszentrale" ersetze die Ganzheit des Leibes durch die Konstruktion eines „Ganzheitsorgans" (Kurthen/Linke 1995: 264). In diesen Argumentationen erscheint Sterben als Teil des Lebensprozesses und das Leben selber als zu schützendes Gut. Ihm – dem Leben – werden die Qualitäten prozeßhaft, fließend (im Sinne von nicht meßbar), ganzheitlich und schutzbedürftig zugeordnet.

Zusammengefaßt: Die zentrale Kontroverse in der Debatte um den Hirntod verläuft entlang der Frage, ob der Hirntod der Tod des Menschen ist. Dabei werden explizit oder implizit auch Aussagen über das Leben gemacht. Es fällt auf, daß die Beteiligten – die ich hier gezwungenermaßen sehr vereinfachend in zwei „Lager" eingeordnet habe – den Begriff „Leben" qualitativ besetzen, ihm also bestimmte Gütekriterien zuordnen. Die KritikerInnen des Hirntodkonzeptes gehen davon aus, daß das Sterben als Teil des Lebensprozesses – und damit also auch das Leben – vor dem Zugriff der rationalen

Verwertung geschützt werden müsse. Die BefürworterInnen von Transplantationsmedizin und Hirntodkonzept legitimieren ihre Argumentation ähnlich: Ihr Anliegen ist es, mehr Menschen in den Genuß von Lebensverlängerung durch Organimplantation kommen zu lassen. Gemeinsam ist beiden Seiten, daß sie qualitative Aussagen über das Leben – oder genauer gesagt, das „gute Leben" – treffen und antreten, dieses gute Leben entweder zu schützen oder zu verlängern, seine Qualität zu sichern bzw. zu bewahren.

Daß die Orientierung auf das „gute Leben" keinen ontologischen Gehalt hat, hat Michel Foucault nachgewiesen. Er hat aufgezeigt, daß in der Mitte des 18. Jahrhunderts ein bestimmter Machttypus entsteht, dem es nicht mehr in erster Linie um die Vernichtung des Feindes geht. Zentrales Element dieser neuen Macht ist vielmehr der Zugriff auf das Leben. Foucault nennt das „die Macht, leben zu machen und sterben zu lassen" (1993) oder Bio-Macht. Das Projekt der Bio-Macht ist es, die Lebensfunktionen von „individuellem" und „kollektiven" Körper mit dem Ziel optimaler Produktivität und optimaler Kontrolle zu steigern.

Nach Foucault wird im Zuge dieses Bestrebens, das Leben zu optimieren, der Tod ins Allerprivateste verdrängt und ist gleichzeitig allgegenwärtige Bedrohung, ist er doch das Ende des Lebens und damit zugleich die Grenze der Macht. In der Transplantationsmedizin wird der Tod eines Individuums zur Bedingung für das Überleben eines anderen Individuums und somit direkt Teil der Produktion von „Gesundheit" als Lebensverlängerung. Hier dehnt die Macht die Grenze weiter aus, indem sie mittels Hirntodkonzept den gerade gestorbenen Leib, der sich eigentlich schon jenseits der Machtgrenze befindet, in ihren Wirkungskreis – die Gesundheit der Allgemeinheit – rückbindet. Anders formuliert: Mit dem Hirntodkonzept wendet sich die Bio-Macht im Rahmen des „leben machen" dem Tod zu und vereinnahmt ihn. Der Tod als „Skandal der Moderne" (Baumann 1993: 7) wird auf diese Weise eingeordnet in den Prozeß der Erhaltung und Produktion von Leben. Das Hirntodkonzept als Voraussetzung für die Organentnahme eröffnet die Möglichkeit, dem Tod Sinn zu geben – jemand anders kann weiterleben, weil ich sterbe. Diese Sinnhaftigkeit dient möglicherweise zur Rehabilitierung des Skandal des Todes. So stellt sich der Prozeß der Ausdehung der Grenze der Bio-Macht dar als Erweiterung der Möglichkeiten, Lebensqualität zu produzieren. Aus dieser Perspektive wäre zu vermuten, daß die Bio-Macht in eine neue Phase eingetreten ist, in eine Phase, in der sie sich dem Tod zuwendet, ihn vereinnahmt und humanisiert. Eine Debatte, in der darum gerungen wird, welches die „wahren" Merkmale des guten Lebens und des humanisierten Todes sind, wäre dann in diese neue Etappe der Bio-Macht einzuordnen.

Literatur:
Ach, Johann S. / Quante, Michael (Hrsg.) (1997): Hirntod und Organverpflanzung. Ethische, medizinische psychologische und rechtliche Aspekte der Transplantationsmedizin. Stuttgart
Angstwurm, Heinz (1995): Der vollständige und endgültige Hirnausfall (Hirntod) als sicheres Todeszeichen des Menschen. In: Johannes Hoff / Jürgen in der Schmitten (Hrsg.) (1995): Wann ist der Mensch tot? Organverpflanzung und „Hirntod"-Kriterium. Reinbek: 41–50
Baumann, Zygmunt (1993): Biologie und das Projekt der Moderne. In: Mittelweg 36, 4/93: 3–12
Foucault, Michel (1993): Leben machen und sterben lassen. Zur Genealogie des Rassismus. In: Lettre International 62/93: 62–67
Hoff, Johannes / in der Schmitten, Jürgen (Hrsg.) (1995): Wann ist der Mensch tot? Organverpflanzung und „Hirntod"-Kriterium. Reinbek bei Hamburg
Jonas, Hans (1985): Technik, Medizin und Ethik. Zur Praxis des Prinzips Verantwortung. Frankfurt a. M.
Kurthen, Martin / Linke, Detlef B. (1995): Nekrose des Hirns oder der Funktionen? Justitias Schwert und die Ganzheit. In: Johannes Hoff / Jürgen in der Schmitten (Hrsg.): 255–269
Meran, Johannes-Gobertus / Poliwoda, Sebastian (1995): Leben und sterben lassen. Anthropologie und Pragmatik des Hirntodes. In: Johannes Hoff / Jürgen in der Schmitten (Hrsg.): 68–81
Siep, Ludwig (1997): Einleitung zu: Johann S. Ach,/ Michael Quante (Hrsg.) (1997): Hirntod und Organverpflanzung. Ethische, medizinische psychologische und rechtliche Aspekte der Transplantationsmedizin. Stuttgart: 11–20

Stefanie Gräfe, Fischers Allee 9, D-22763 Hamburg

Soziales und psychisches Sterben – ein Problem auch für das Medizinsystem

KLAUS FELDMANN

Wirtschaft, Medizin, Massenmedien und Sport sind florierende Institutionen der Moderne. Ihre Erfolge stehen außer Frage. Doch hier geht es um das Sterben. Nach der Christianisierung des Sterbens erfolgte die *Medikalisierung*. Sie ist strukturähnlich. Der Arzt ersetzte den Priester. Das medizinisch-technische System strebt ein Sterbemonopol an. Tod (postmortales Leben und Sterben) und Trauer sind weitgehend eine *Privatangelegenheit* geworden, doch das (prämortale physische) Sterben der meisten findet in *Organisationen* statt, hauptsächlich im Krankenhaus. Statt der heiligen Messe und den Sakramenten gibt es die Krankenhausrituale. Die Intensivstation ist

das Allerheiligste, in dem Himmel und Hölle vereint sind. Die Sakramente dürfen nur vom Arzt/Priester gespendet werden, z. B. Morphium oder andere schmerzlindernde oder euphorisierende Medikamente. Wer selbst Hand an sich legt, wird als uneinsichtiger Kranker stigmatisiert, weil er nicht gemäß den professionellen Regeln stirbt. Nur das Sterben, das von Ärzten gestaltet wird, gilt als „natürlich" und „gut".
Das medizinisch-technische System hat sich Geburt und Sterben einverleibt, hält die Menschen also unter Kontrolle: Gesundheit und möglichst langes Leben sind anerkannte Ziele. Doch durch die sozialtechnische Verlängerung des Sterbens werden die hehren Ziele Gesundheit, Wohlbefinden, Familie, soziale Partizipation, sozialer Erfolg und Kulturakkumulation in den Hintergrund gedrängt, es geht häufig nur mehr um die nackte Lebenslänge und die Ökonomie der Organisation, also zwei meßbare Größen. Das langwierige Sterben im Krankenhaus ist nicht nur ein wichtiges wirtschaftliches Ereignis, sondern es dient der Legitimation einer rechtlich verankerten sozialen Konstruktion: der Vortäuschung des *natürlichen* Sterbens. Harvey (1997) nennt dies „impression management of death".
Eine Differenzierung des Sterbebegriffs ermöglicht eine Beleuchtung der medizinisch dekorierten Szenerie. Der in der westlichen Kultur tradierte Dualismus von *Körper* und *Seele* hat sich auch im Bewußtsein der gebildeten Industriemenschen und in Teilen der modernen Wissenschaften erhalten. Soziologisch von besonderem Interesse ist der dritte Teil des Menschen (*homo triplex*), der soziale, und das *soziale Sterben*, das in modernen Gesellschaften zunehmend an Bedeutung gewinnt (Feldmann 1997, 1998).

Formen des Lebens und Sterbens in modernen Gesellschaften		
physisches	*psychisches* *L e b e n*	*soziales*
Gesundheit Jugend Lebensdauer	Ich-Stärke Selbstverwirklichung Zufriedenheit	Status Leistung Eigentum
Krankheit Alter Schmerz	Identitätserosion Bewußtseinsverlust Verzweiflung	soz. Abstieg Rollenverlust Marginalisierung
physisches	*psychisches* *S t e r b e n*	*soziales*

Soziales Leben und Sterben ist definiert durch die soziale Anerkennung in den zentralen Lebenskontexten. Durch das Herausreißen von Sterbenden aus diesen Kontexten ergibt sich – aus der Sicht der „Lebenswelt" – meist eine Deformation des sozialen und psychischen Sterbens, die durch die professionelle Reduktion auf die physische Dimension verdeckt wird. Das psychische Sterben wird häufig von der betroffenen Person nicht mehr gestaltet, es wird enteignet, da sie entweder nicht mehr die Verarbeitungskapazität besitzt oder ganz in der Patientenrolle aufgeht, also Teile ihrer psychischen Existenz zusätzlich zur sozialen „opfert".

Von den führenden Vertretern des medizinisch-technischen Systems wird nur das physische Sterben offiziell als Handlungsgrundlage anerkannt – eine reduktionistische Strategie. Soziales und psychisches Sterben werden in die Planungs- und Handlungsstrukturen des medizinisch-technischen Systems nicht einbezogen bzw. professionell und bürokratisch instrumentalisiert. Eine aktive und integrative Gestaltung des physischen, sozialen und psychischen Sterbens ist im Rahmen des vorherrschenden medizinischen Modells nicht vorgesehen.

Das Sterben im Krankenhaus ist auch als rites de passage im Sinne von van Gennep interpretierbar, ein Übergang von der privaten Sphäre in die öffentliche, der durch den staatlich kontrollierten Bestattungsritus abgeschlossen wird. In der Sterbe- und in der Totenphase werden die meisten Individuen einer strengen Ritualisierung unterworfen und kollektiviert.

Durch den sozialen Wandel (Massenmedien, neue Technologien, zunehmende Bildung der Bevölkerung, ökonomische Probleme des Gesundheitssystems, Individualisierung etc.) ergeben sich freilich ungeplante Veränderungen des Sterbebereichs, die vom medizinisch-technischen System reaktiv und defensiv verarbeitet werden. Es entsteht zunehmend Widerstand und Unzufriedenheit vor allem in der planenden Antizipation der terminalen Phase. Der soziale Druck auf das medizinisch-technische System wird zunehmen. Vor allem wird die Double-bind-Ideologie „Kontrolliere dich selbst!" versus „Vertraue den Professionellen!" in Kombination mit der Verlängerung des Sterbens immer häufiger zu Reaktanz führen. Für privilegierte Minderheiten wird ein Markt der alternativen Problemlösungen entstehen: aktive Sterbehilfe (z. B. niederländisches Modell oder „Schwarzmarktformen"), Hospiz, Selbstmedikation, Subkulturbildung, Suizidvarianten. Falls die These vom Übergangsritus korrekt ist, und dieser in der Krankenhausform in Zukunft weiterhin als erhaltenswert angesehen wird, wird der Staat (vermittelt über das medizinisch-technische System) allerdings auf einer Mainstream-Lösung beharren, die ja auch beträchtliche ökonomische Vorteile für Ärzte und die Medizinindustrie bringt. Selbstbestimmte Soziale-Kontext-Orientierung und kreative Gestaltung des physischen, sozialen und psychischen Sterbens stößt ja nicht nur im medizinisch-technischen System sondern auch in Politik und Recht und bei religiösen Organisationen auf Widerstand.

Literatur:
Feldmann, Klaus (1997): Sterben und Tod. Sozialwissenschaftliche Theorien und Forschungsergebnisse. Opladen
Feldmann, Klaus: Physisches und soziales Sterben. In: Ulrich Becker / Klaus Feldmann / Friedrich Johannsen (Hrsg.) (1998): Sterben und Tod in Europa. Neukirchen: 94–107
Gennep, Arnold van (1986): Übergangsriten. Frankfurt a.M.
Harvey, Janet (1997): The technological regulation of death; with reference to the technological regulation of birth. In: Sociology 31: 719–735

Prof. Dr. Klaus Feldmann, Universität Hannover, Institut für Psychologie und Soziologie, Bismarkstr. 2, D-30173 Hannover

Wenn Ärzte (auf Verlangen) töten
Mögliche Folgen der Aufgabe eines gesellschaftlichen Tabus

MARKUS ZIMMERMANN-ACKLIN

Hans Jonas warnte 1989 in einem ZEIT-Interview vor der Aufhebung des ärztlichen Tötungstabus. Er folgte darin Christoph Wilhelm Hufeland, der bereits im Jahre 1836 in seinem „Handbuch der Medizin» die Befürchtung äußerte, infolge der Aufgabe des Tötungstabus werde der Arzt zum „gefährlichsten Mann im Staat". Etwas moderater formuliert findet sich diese These auch bei Daniel Callahan oder Henk ten Have wieder (Callahan 1993; ten Have 1998).
Ich stimme dieser These weitgehend zu. Anscheinend droht die Bewegung zur Abschaffung des ärztlichen Tötungstabus mit ihrem Einsatz zugunsten der Legalisierung der Tötung auf Verlangen, das Gegenteil von dem zu bewirken, was sie ursprünglich beabsichtigt hatte: Statt die Macht der Medizin zugunsten der Autonomie der Patienten abzuschwächen, scheint die öffentliche Billigung der aktiven Euthanasie zu bewirken, daß Ärztinnen und Ärzte noch mehr Macht über Leben und Tod ihrer Patienten gewinnen (ten Have 1998: 77; Zimmermann-Acklin 1997).

Zur niederländischen Praxis der ärztlichen Tötung auf Verlangen
Bis 1991 hatten bereits die Hälfte aller holländischen Ärzte mindestens einmal und unter Berufung auf die im Notstandsrecht erwähnte „force majeure" (nlStGB Art. 40) aktive Euthanasie praktiziert. Zwei empirische Studien zur Praxis der medizinischen Entscheidungen am Lebensende geben die Situation in den Jahren 1990 und 1995 detailliert

wieder (van der Maas et al. 1992/1996). 1990 wurde in 2300 Fällen, 1995 in 3200 Situationen eine Tötung auf Verlangen durchgeführt, in 400 resp. 400 Fällen ein begleiteter Suizid und in 1.000 resp. 1.000 Situationen eine Tötung ohne Kenntnis des aktuellen Patientenwillens. Insgesamt wurden die niederländischen Ärzte im Jahr 1995 von ca. 10.000 Patienten ausdrücklich und wiederholt um eine Tötung gebeten. – Ich möchte nur kurz auf einige problematische Entwicklungen in der niederländischen Euthanasiepraxis hinweisen (Zimmermann-Acklin 1998):
Zunächst ist die Gleichbehandlung von psychisch und körperlich Leidenden zu erwähnen, die zu einer Praxis der ärztlichen Tötung auf Verlangen auch bei Psychiatriepatienten geführt hat. Weiterhin die Tatsache, daß die Tötung ohne ausdrückliches Verlangen häufig, und dabei nicht selten bei entscheidungsfähigen Patienten praktiziert wurde, weiterhin die Tötung von schwerstbehinderten Säuglingen und schließlich die von den Ärzten sehr mäßig eingehaltene Meldepraxis.

Ethische Überlegungen
Solange in den Niederlanden 1000 Menschen im Jahr ohne genaue Kenntnis ihres Willens von Ärzten getötet werden, bleibt diese Praxis, allen Erklärungsversuchen zum Trotz (Pijnenborg 1993), Stein des Anstoßes. Die Größenordnung der jährlich von Ärzten abgewiesenen Tötungswünsche verstärken diese Bedenken: Im Grunde wiederholt sich hier der ärztliche Paternalismus, der auch von anderen Entscheidungen am Krankenbett her gut bekannt ist; insoweit es allerdings um die Entscheidung zur Tötung eines Patienten geht, erreicht diese ärztliche Entscheidungs- und Handlungsbefugnis eine neue Qualität. Sicherlich ist auch bei ärztlichen Entscheidungen zu einem Therapieverzicht mit wahrscheinlicher Todesfolge die Macht der Ärzte über ihre Patienten sehr groß, doch wird ihnen mit der Möglichkeit, ein Leben außerhalb der Terminalphase beenden zu können, eine weitaus größere Machtbefugnis in die Hände gelegt. Ein Hinweis auf die unterschiedlichen Mißbrauchsmöglichkeiten belegt diese Tatsache unmittelbar. Die Qualität dieser größeren ärztlichen Verfügungsgewalt über Leben und Tod ihrer Patienten läßt sich besonders daran ablesen, daß entscheidungsunfähige Menschen – neben Komatösen auch schwerst behinderte Säuglinge – in die Tötungspraxis mit einbezogen werden. Aus ärztlicher Sicht ist das in einem gewissen Sinne auch nachzuvollziehen, denn: Ist erst einmal die Möglichkeit gegeben und die Praxis anerkannt, daß Menschen aufgrund ihrer miserablen Situation getötet werden, warum sollten die Ärzte dann einem Menschen diesen Ausweg verweigern, bloß weil er oder sie sich noch nicht bzw. nicht mehr äußern kann? Die Praxis der *freiwilligen* aktiven Euthanasie ist offensichtlich nur um den Preis einer Inkaufnahme der *nicht-freiwilligen* aktiven Sterbehilfe zu haben (Beemer 1994).
Der Einbezug psychisch Kranker in die ärztliche Tötungspraxis gibt Anlaß zu einer weiteren Bemerkung. Inwiefern ist ein unter starken Depressionen leidender Patient in der Lage, eine freie Entscheidung über Leben und Tod zu fällen – und, vorausgesetzt

einmal die niederländische Praxis, psychisches und physisches Leiden in diesem Handlungsfeld nicht unterschiedlich zu qualifizieren: Wie groß ist der Einfluß der Ärztinnen und Ärzte auf einen derart weitreichenden Entscheid zu veranschlagen? Wo endet die Suizidprävention und wo beginnt die verständige Suizidberatung in der Psychiatrie? Ein weiterer Aspekt besteht in dem Hinweis auf die mangelnde Einhaltung der ärztlichen Meldepflicht. Ein großer Teil der Fälle von aktiver Euthanasie (ca. 60 %) geschieht nach wie vor im unkontrollierbaren Privatbereich zwischen Arzt und Patient. Wie kann eine einigermaßen zufriedenstellende Kontrolle erreicht werden?

Schließlich bleibt der Hinweis auf Ausweitungstendenzen oder -gefahren zu formulieren: Welche eingebauten staatlichen Sicherheitsmaßnahmen können gewährleisten, daß eine Ausweitung der ärztlichen Praxis der Tötung auf Verlangen auf ursprünglich nicht anvisierte Gesellschaftsgruppen verhindert werden kann? Ich denke hier insbesondere an suizidgefährdete psychisch Kranke, behinderte Säuglinge, Komatöse und Alzheimer-Kranke, darüber hinaus und mit einem Seitenblick auf ein Versicherungssystem wie in den USA aber auch auf alle wirtschaftlich schlecht gestellten alten Menschen, die ihrer Familie eine zu starke finanzielle und emotionale Belastung ersparen wollen und darum um ihre Tötung bitten.

Aktive Euthanasie wird gesellschaftlich vielmehr immer dann zum Thema, hierin folge ich den historischen Beobachtungen Ezekiel Emanuels, wenn ein Streit über den Stellenwert der ärztlichen Autorität in der Gesellschaft entsteht, wenn wirtschaftliche Rezession und Akzeptanz sozialdarwinistischer Rechtfertigungen in der Sozialpolitik zusammentreffen und wenn schließlich Schmerzbehandlung und Behandlungsabbruch zu gängigen medizinischen Entscheidungen werden (Emanuel 1994).

Literatur:
Beemer, Theo (1994): Zur neueren Euthanasie-Debatte in den Niederlanden. Genf 1994
Callahan, Daniel (1993): The Troubled Dream of Life. Living With Mortality. New York
Emanuel, Ezekiel J. (1994): The History of Euthanasia Debates in the United States and Britain. In: Annals of Internal Medicine 121: 793–802
Pijnenborg, Loes et al. (1993): Life Termination Acts Without Explicit Request of the Patient. In: Lancet 341: 1196–1199
ten Have, Henk A. M. J (1998): Das holländische Beispiel der aktiven Sterbehilfe. In: Franz Josef Illhard / Hermann Wolfgang Heiss / Martin Dornberg (Hrsg.): Sterbehilfe – Handeln oder Unterlassen? Stuttgart/ New York: 77–81
van der Maas, Paul J. et al. (1992): Euthanasia and other Medical Decisions Concerning the End of Life. An Investigation Performed Upon Request of the Commission of Inquiry into Medical Practice Concerning Euthanasia. In: Health Policy 22: 1–262
van der Maas, Paul J. et al. (1996): Euthanasia, Physician-Assisted Suicide, and other Medical Practices Involving the End of Life in the Netherlands, 1990–1995. In: New England Journal of Medicine 335; 1699–1705

Zimmermann-Acklin, Markus (1997): Euthanasie. Eine theologisch-ethische Untersuchung. Freiburg i.Br./ Freiburg i.Ue.

Zimmermann-Acklin, Markus (1998): Das niederländische Modell – ein richtungsweisendes Konzept? In: Adrian Holderegger (Hrsg.) (1998): Der medizinisch assistierte Tod. Zur Sterbehilfe aus medizinischer, ethischer, juristischer und theologischer Sicht. Freiburg i.Br./ Freiburg i.Ue.

Dr. Markus Zimmermann-Acklin, Universität Fribourg, Moraltheologisches Institut, Rue St-Michel 6, CH-1700 Fribourg

Volkszählung 2001

Organisation: Heinz Sahner / Erwin K. Scheuch

Einleitung

HEINZ SAHNER

Im Jahre 2001 soll innerhalb der EU-Staaten ein gemeinschaftliches Programm zur Volks- und Wohnungszählung realisiert werden. Über die Notwendigkeit aktueller Daten für Wissenschaft und Verwaltung müssen wir uns an dieser Stelle nicht ein weiteres Mal vergewissern. Das ist schon in der Vergangenheit zur Genüge geschehen. Seit der Diskussion, die im Zusammenhang mit der letzten Volkszählung geführt wurde, hat aber ein weiterer Gesichtspunkt an Bedeutung gewonnen. Im Grundgesetz ist an verschiedener Stelle das Erfordernis der „Einheitlichkeit der Lebensverhältnisse" postuliert worden. Seit der Wiedervereinigung kommt dieser Forderung jedoch eine besondere Bedeutung zu. Schon um dem Erfordernis des Grundgesetzes in diesem Punkte entsprechen zu können, bedarf es dafür hinreichend genauer und detaillierter Daten.

Nun hat aber die letzte Bundesregierung sich schon im Jahr 1996 gegen eine Primärerhebung im traditionellen Sinne einer „Volkszählung" ausgesprochen. Ausschlaggebend dafür waren die Widerstände, die im Vollzug der Volkszählung 1987 aufgetreten waren. Als weiteres Argument wird das der Kosten aufgeführt. Beide Gründe sind nicht überzeugend.

Statt der traditionellen Volkszählung wird nun eine Registerauswertung favorisiert. Dabei wird u. a. auf die Erfolge, die mit dieser Verfahrensweise in Skandinavien und auch in den Niederlanden erzielt wurden, verwiesen. Diese Erfolge gibt es zweifellos. Darüber darf aber nicht vergessen werden, daß diese Register weitaus informativer sind oder daß die Registerauswertung durch die Existenz z. B. einer Personenkennziffer erleichtert werden. Ein Sachverhalt, der bei uns undenkbar ist.

In der Vorbereitung der „Volkszählung 2001", in der man es bisher vermieden hat, die Wissenschaft einzubeziehen, wurden verschiedene Modelle einer Registerauswertung entwickelt. Diskutiert wird ein „schlankes" Bundesmodell und ein anspruchsvolleres „Ländermodell", das die Integration von Primär- und Registerdaten vorsieht und das langfristig durchaus attraktiv sein kann, aber kaum bis zum Jahre 2001 umsetzbar sein dürfte.

Die Registerauswertung muß aber vor allen Dingen daraufhin überprüft werden, ob sie den formalen Bedingungen genügt, denen „Volkszählungsdaten" entsprechen müssen, damit sie wissenschaftlich fruchtbar gemacht werden können und damit sie den Anforderungen des Verwaltungshandelns entsprechen. Stichwörter sind hier: Genauigkeit, tiefe Gliederung, Analysierbarkeit von kleinen Subpopulationen (Randgruppen) und Verknüpfbarkeit der Variablen.

Bei der Diskussion um die Alternative traditionelle Volkszählung versus Registerauswertung sind diese wichtigen Bedingungen zu berücksichtigen.

In diese Diskussion ist seitens der Bundesregierung und auch seitens des Statistischen Bundesamtes die Wissenschaft nicht ausreichend (wenn denn überhaupt!) einbezogen worden. Die Arbeitsgemeinschaft Sozialwissenschaftlicher Institute (ASI) hat auf die Notwendigkeit hingewiesen, sich in diese Diskussion einzuschalten (vgl. z. B. Wolfgang Sodeur, Soziale Welt,1998/3: 309–312). Auch die Beiträge der Ad-hoc-Gruppe dienen diesem Ziel.

Prof. Dr. Heinz Sahner, Arbeitsgemeinschaft Sozialwissenschaftlicher Institute (ASI), Lennéstr. 30, 53113 Bonn

Prof. Dr. Erwin K. Scheuch, Köllner Gesellschaft für Sozialforschung e.V., Liliencronstr.6, D-50931 Köln

Der Datenbedarf aus Sicht der Verwaltung

DIETER GUST

Die letzte Volkszählung war im Jahr 1987. Sie kam mit 4jähriger Verzögerung, weil es heftige politische Auseinandersetzungen im Vorfeld gab: Es war die Angst geschürt worden, daß der Staat die Volkszählung auch dafür nutzt, den Bürger auszuspähen und ein Überwachungsinstrument zu schaffen. Daß man mit dieser Angstmache Erfolg hatte, lag m.E. auch daran, daß weite Teile der Bevölkerung noch wenig mit der EDV in Berührung gekommen waren.

Heute ist das anders. Die EDV hat in unser tägliches Leben Einzug gehalten. Sie hat den Nimbus des Fremden und Unheimlichen verloren. Deshalb sind die Akzeptanzprobleme wohl eher vorgeschoben. Die Kostengründe stehen im Vordergrund. Die Kosten einer Volkszählung in der Bundesrepublik Deutschland werden auf ca. 2 Mrd. DM geschätzt. Diese Zahl würde sich jedoch sehr schnell relativieren, wenn man die

Kosten für den Aufwand dagegen rechnet, der dadurch entsteht, daß man die benötigten aktuellen Daten nicht zur Verfügung hat. Sie müssen durch komplizierte und aufwendige Rechenverfahren theoretisch ermittelt werden.
Als Plädoyer für eine Volkszählung soll an einzelnen konkreten Beispielen gezeigt werden, welche Vorteile eine Volkszählung hat, und welche Probleme bei der Fortschreibung von Daten entstehen.

Beispiel 1: Der Kampf um Köpfe
Eine der wichtigsten Einnahmequellen der Kommunen sind die Zuweisungen aus dem kommunalen Finanzausgleich. Das sind je nach Gemeindegröße zwischen 1.200 und 1.700 DM pro Einwohner im Jahr. Da wundert es nicht, daß um jeden Einwohner gefeilscht wird. Natürlich wird in allen Kommunen das Einwohnermeldegesetz strikt beachtet. Halbjährlich veröffentlicht das Statistische Landesamt die Bevölkerungsdaten. Sie werden jährlich abgeglichen, wie man uns sagt. Und doch – welch Wunder – haben einige Städte durch die Volkszählung von 1987 erheblich an Einwohnern verloren.
In der Stadt Tübingen waren dies 4.822 Personen, 6,3 % der Bevölkerung. Dem Kämmerer fehlten von heute auf morgen ca. 8 Mio. DM. Die Stadt Tübingen ist kein Einzelfall. Der Abgleich der Daten durch das Statistische Landesamt hat offensichtlich nicht funktioniert. Die Fehler scheinen mit der Zeit anzuwachsen. Eine besondere Gefahr für die analytische Arbeit liegt darin, daß sich diese Abweichungen im größeren Raum nivellieren. Schon auf der Kreisebene sind sie manchmal nicht mehr zu erkennen. Diese Abweichungen haben nicht nur die beschriebenen finanziellen Auswirkungen auf die Kommunen, sondern natürlich auch Auswirkungen auf die Bauleitplanung. Man führt den Bedarfsnachweis für Wohnbauflächen auf der Grundlage der Bevölkerungszahl.

Beispiel 2: Wie eine ganze Kleinstadt statistisch verschwindet!
Die vielleicht schwerwiegendsten Abweichungen gegenüber der Fortschreibung tauchten bei den Gebäude- und Wohnungszahlen auf. Sage und schreibe 14.400 Wohnungen – 5,7 % des Gesamtbestands – gingen allein in der Region Neckar-Alb verloren. Das sind mehr Wohnungen als die viertgrößte Stadt der Region, nämlich Balingen, überhaupt an Wohnungen hat. Bei einer Belegungsdichte von 2,5 Personen/Wohnung bedeutet dies, daß durch die Volkszählung Wohnraum für 36.000 Personen verloren gegangen ist. Alles natürlich nur rein statistisch auf dem Papier, aber in der Tat war man in der Wohnungsbaupolitik von den höheren Zahlen ausgegangen. Den sozialen Wohnungsbau hatte man ja schon fast völlig eingestellt und nicht zuletzt die Ergebnisse der Volkszählung läuteten eine Wende in der Wohnungsbaupolitik ein.

Nicht nur für den Wohnungsmarkt und die Wohnungsversorgung, und damit für die
Bauleitplanung und die Bauwirtschaft waren die Ergebnisse der Wohnungszählung von
Bedeutung. Auch die Energiewirtschaft konnte die Zahlen sehr gut verwenden. Nur über
eine solche Vollerhebung bekommt man exakte Daten zur Art der Heizung der Wohnung und zur Ausstattung mit sanitären Einrichtungen und Kochmöglichkeiten. Diese
Daten sind sehr hilfreich bei der Erarbeitung von örtlichen Energieversorgungskonzepten und Sanierungsprogrammen. Leider verlieren auch sie relativ rasch die Aktualität,
da in Wohnungen und Gebäuden ständig Renovierungsarbeiten durchgeführt werden,
die nicht meldepflichtig sind und deshalb nur über eine neue Vollerhebung aktualisiert
werden können.

Beispiel 3: Vom Stau zum Verkehrschaos – die Dynamik der Pendlerzahlen
Den größten Nutzen für unsere planerische Arbeit haben wir aus den Pendlerzahlen der
Volkszählungen von 1970 und 1987 gezogen. 127.000 Pendler über Gemeindegrenzen
in der Region Neckar-Alb, das sind 66.000 PKW, die eine Autoschlange von 250 km
bilden – jeden Morgen in die Städte hinein und abends zurück. 1970 waren es nur 68.000
Pendler.
Die Veränderungen sind beeindruckend. Man hatte zwar schon festgestellt, daß der Verkehr zugenommen hatte. Aber man hatte nicht damit gerechnet, daß sich die Pendlerzahlen fast verdoppeln würden. Da die Zahlen gemeindeweise vorlagen, konnten die
Pendlerströme im Detail analysiert werden. Der besondere Wert ergab sich aus der Tatsache, daß die Zahlen wirklich vollzählig vorlagen, es gab keine unbekannten Restgrößen, die Zielorte waren konkret benannt, und man hatte die Angaben zur Art des
benutzten Verkehrsmittels sowie den Zeitaufwand.
Diese Pendlerdaten sind nicht nur eine wichtige Grundlage für die Verkehrsplanung,
sondern auch für die Planung zur zukünftigen Siedlungsstruktur. Die Verdoppelung der
Pendlerzahlen zwischen 1970 und 1987 zeigt uns, daß Siedlungs- und Verkehrsentwicklung unbedingt wieder stärker miteinander verknüpft werden müssen. Dazu brauchen wir verläßliche Informationsgrundlagen.
Zusammenfassend sind 3 Dinge festzuhalten: Die Kostenfrage für eine Vollerhebung
sollte m. E. noch einmal gründlich diskutiert werden. Aus der praktischen planerischen
Tätigkeit heraus muß man feststellen, daß immense Summen für die theoretische Ermittlung von Daten in sog. Modellen (ÖPNV-Nachfrage-Modelle, Pendler-Modelle etc.) und
die Fortschreibung von Statistiken ausgegeben werden. Bundesweit kommt dort sicher
mehr Geld zusammen, als man für eine Volkszählung benötigte.
Die Akzeptanzfrage stellt sich für eine Vollerhebung heute bestimmt anders als vor der
Volkszählung 1987. Es waren damals Teile der SPD und die Partei der Grünen, die sich
vehement gegen die Volkszählung einsetzten. Vor Ort war festzustellen, daß es gerade
Vertreter dieser Parteien waren, die sich auf die Volkszählungsergebnisse stürzten, weil

sie doch wichtige Informationen über solche Themenbereiche enthielten, die von diesen Parteien schwerpunktmäßig besetzt werden, so z. B. Wohnungsbau, rationelle Energieversorgung, öffentlicher Personennahverkehr. Auch hat man erkannt, daß die Gefahren einer Volkszählung gering sind im Vergleich zu den Gefahren aus der Zusammenführung von Datenbanken. Zudem hat der amtliche Datenschutz Vertrauen geschaffen. Wenn als Ersatz für eine Vollerhebung ein Abgleich von fortgeschriebenen Daten aus bestehenden Registern stattfinden soll, dann kann dies nur akzeptiert werden, wenn dabei zweifelsfrei verläßliche Daten herauskommen. Stichproben sind deshalb unumgänglich. Vor diesem Hintergrund erscheint das Ländermodell geeigneter zu sein, als das Bundesmodell.

Dr. Dieter Gust, Regionalverband Neckar-Alb, Bahnhofstr. 1, D-72116 Mössingen

Das Bundesmodell

HANS GERD SIEDT

In Deutschland besteht weitgehend Konsens, daß ein herkömmlicher Zähler-Zensus nicht mehr realisierbar ist und durch den Einstieg in die Registerstatistik abgelöst werden soll (s. auch BT-Drucksache 13/11168 vom 23. Juni 1998). Die Zielsetzung, in der Bevölkerungsstatistik grundlegende primärstatistische Erhebungen zugunsten der sekundärstatistischen Nutzung vorhandener Verwaltungsregister einzuschränken und langfristig dennoch die verfassungsrechtlich begründete Aufgabe der amtlichen Statistik zur Informationsversorgung aller politischen, wirtschaftlichen, gesellschaftlichen und wissenschaftlichen Bedarfsträger zu gewährleisten, bildete bei der Entwicklung des Bundesmodells den Spannungsbogen der zu leistenden Arbeit. Ausgangspunkt war der wichtigste Bedarf an Zensusinformationen, und zwar: (a) die Feststellung neuer amtlichen Einwohnerzahlen für Bund, Länder und Gemeinden; (b) die Schaffung einer neuen Basis für die Bevölkerungsfortschreibung und damit auch für Hochrechnungen von Stichprobenergebnissen; (c) die Bereitstellung einer Auswahlgrundlage für Stichprobenerhebungen. Auch die Bundesregierung sah die Notwendigkeit einer erneuten Bestandsaufnahme der Bevölkerung.

Das Bundesmodell stellt Ergebnisse aus verschiedenen Quellen zusammen, verknüpft diese Quellen aber nicht. Es besteht aus drei Modulen:

1. einem bevölkerungsstatistischen Modul, das die aus den Melderegistern gewonnenen demographischen Grunddaten auswertet;
2. einem erwerbsstatistischen Modul, das Daten über die abhängig Beschäftigten (einschließlich Beamte, Richter, Soldaten), über das Pendlerverhalten der sozialversicherungspflichtig Beschäftigten (ohne Verkehrsmittel, ohne Zeitaufwand) sowie über Arbeitslose aus den Registern der Bundesanstalt für Arbeit verwendet und
3. einem ergänzenden Modul (Mikrozensus) mit Merkmalen zur Erwerbstätigkeit (einschließlich Selbständige und mithelfende Familienangehörige), zur Bildung und zum Wohnen, die auch im Haushaltszusammenhang ausgewertet werden können.

Der demographische Kern des Bundesmodells umfaßt alle zu einem bestimmten Stichtag im Geltungsbereich des Zensusgesetzes gemeldeten Personen an jedem ihrer Wohnorte. Aus den Melderegistern werden neben regionalen Variablen (Gemeinde, Straße, Hausnummer) folgende Erhebungsmerkmale abgerufen: Alter, Geschlecht, Familienstand, Staatsangehörigkeiten, Geburtsort, -land, alleinige Wohnung bzw. Haupt- oder Nebenwohnung und – sofern dem Anliegen der Kirchen Rechnung getragen wird – Religionszugehörigkeit. Hinzu kommen Hilfsmerkmale, die dem Zweck der Plausibilitätsprüfung und dem Zweck der Prüfung auf mehrfaches Vorhandensein von Personen dienen. Diese zentral durchgeführte Mehrfachfall-Prüfung schließt im allgemeinen aus, daß eine Person mehrere Datensätze für eine alleinige oder Hauptwohnung haben kann. Noch unentdeckte „Karteileichen" können daher nur Personen sein, die ohne Abmeldung ins Ausland gezogen sind (oder Personen, die an zwei Orten gemeldet waren, dann verstorben sind und nur an einem Ort im Register gelöscht wurden) und die sich ansonsten aus dem aktiven sozial eingebundenen Leben in Deutschland verabschiedet haben – also bspw. auch keine Lohnsteuerkarte, keine Sozialhilfe u. ä. benötigen. Wie viele derartige Fälle es in Deutschland gibt, ist zur Zeit nicht bekannt.

Der *haushaltsstatistische* Teil des Bundesmodells wird für 2001 über den Mikrozensus bereitgestellt, da aus den Melderegisterdaten zur Zeit generierbare Haushaltszusammenhänge dem Anspruch der amtlichen Statistik nicht genügen. Der *erwerbsstatistische* Teil des Bundesmodells geht davon aus, daß sich Angaben für knapp 92 % aller Erwerbstätigen bis zur Gemeindeebene ermitteln lassen. Dabei werden Einzeldatensätze aus verschiedenen vorhandenen Dateien genutzt. Es erfolgt keine Verknüpfung der Dateien mit den Melderegisterdaten. Informationen zu den Selbständigen und den mithelfenden Familienangehörigen werden ebenso wie weitere Informationen zu erwerbs- und bildungsstatistischen Merkmalen aus dem Mikrozensus gewonnen. Dies gilt auch für die wohnungsstatistischen Merkmale. Ihre Erhebung soll von 2002 auf 2001 vorverlegt werden. Im Mikrozensus können die zuvor genannten Merkmalsblöcke nicht nur für sich, sondern auch miteinander verknüpft und im haushaltsstatistischen Zusammenhang dargestellt werden. Die Regionalisierbarkeit ist eingeschränkt; lediglich einige Eckzahlen können bis zur Regierungsbezirksebene bzw. für sehr große Städte ausgewiesen werden.

Der Methodenwechsel zu einem registergestützten Zensus hat erhebliche Konsequenzen für das System der Statistik in Deutschland:

1. Durch den Methodenwechsel sind Informationsverluste gegenüber einem herkömmlichen Zensus zunächst unvermeidbar; viele Informationen werden nicht mehr oder nicht mehr mit vergleichbarer Qualität und Genauigkeit bereitgestellt werden können. Im Sinne der Politikberatung ist der Gesetzgeber darauf hinzuweisen. Ebenso ist darauf hinzuweisen, daß

2. ein Methodenwechsel für einen Zensus im Jahr 2001 lediglich eingeleitet und – auch unter günstigen Rahmenbedingungen – frühestens zum übernächsten Zensus (2010/2020) abgeschlossen werden kann.

Für einen solchen Methodenwechsel sind die rechtlichen und organisatorischen Voraussetzungen zu schaffen, die eine Nutzung der vorhandenen Quellen im Sinne eines Zensus erst ermöglichen. Außerdem sind umfangreiche und langwierige methodische Untersuchungen und Weiterentwicklungen (z. B. zu personenbezogenen Verknüpfungen und Haushaltegenerierungen) erforderlich. Schließlich ist zu prüfen, mit welchen Maßnahmen die Register besser auf die Funktion, Datengrundlage für die amtliche Statistik zu bilden, ausgerichtet werden können.

Das Bundesmodell sieht bis zum Zensus im Jahre 2001 keine Möglichkeit, das gesamte System bisheriger Zensen neu zu organisieren und konzentriert sich auf den bevölkerungsstatistischen Kern des Zensus, also auf den Teil des Zensus, der *erstens* die amtliche Einwohnerzahl für Bund, Länder und Gemeinden liefert und damit den horizontalen und vertikalen Finanzausgleich auf eine neue Grundlage stellt; *zweitens* kleinräumige (unterhalb der Gemeindeebene bis zur Blockseite) demographische Strukturdaten bereitstellt; *drittens* der Bevölkerungsfortschreibung eine neue Basis gibt und *viertens* der die Grundlage für bevölkerungs- und wohnungsstatistische Auswahlpläne legt. Über die Nutzung der Melderegister können damit die wichtigsten Zensusmerkmale aktuell und qualitativ hochwertig bereitgestellt werden. Nach erstmaliger Implementierung des Verfahrens wird ein Zensus auch in kürzeren Zeitabständen als bisher möglich sein.

Die Einführung des Bundesmodells erfolgt methodisch kontrolliert. Testerhebungen im Vorfeld des Zensus – auch zur Qualität der Melderegister – sind ebenso vorgesehen wie statistisch-methodische Begleituntersuchungen zum Zensus selbst. Die Kosten des Bundesmodells werden auf 35 Mill. DM geschätzt, einschließlich Testerhebungen. Das Bundesmodell wird mittelfristig Erweiterungen benötigen, z. B. in Richtung der Bereitstellung kleinräumiger Haushaltszahlen. Wir schlagen hierzu vor, bei einer Entscheidung für das Bundesmodell Regelungen für entsprechende methodische Untersuchungen in das zu schaffende Zensusgesetz aufzunehmen.

*Hans Gerd Siedt, Statistisches Bundesamt, Gustav-Stresemann-Ring 11,
D-65180 Wiesbaden*

Der „Zensus" in den Niederlanden: eine Integration von Register- und Stichprobendaten

MATTHIEU VLIEGEN

Vorwort

In den Niederlanden wurde in 1991 das Volkszählungsgesetz vom Parlament aufgehoben. Die Nutzung von damals bereits zur Verfügung stehenden Datenbeständen als Alternative für eine Volkszählung bildete einen wichtigen Grund für diese parlamentarische Entscheidung (Vliegen 1994). Da die Anzahl der zur Verfügung stehenden Datenbestände seither nur noch zugenommen hat, wird zur Zeit ein Projekt durchgeführt, worin eine Reihe von verschiedenen Datenbeständen aus Registern und Stichprobenerhebungen kombiniert wird mit dem Ziel, ein integriertes statistisches System von demographischen und sozio-ökonomischen Daten zu generieren. Mit Hilfe dieses Systems können dann auch die von den internationalen Organisationen beantragten Zensusdaten hergestellt werden (Van der Laan 1997). Die Entwicklung dieses Systems paßt zur Strategie des Statistischen Zentralamtes (CBS), den statistischen Prozeß einschneidend zu innovieren. Kennzeichnend für diese Strategie ist eine Beschleunigung im Einsatz der modernen Informationstechnologie bei der Datenbesorgung und Datenverarbeitung sowie die Weiterentwicklung von statistischen Systemen, worin Daten aus verschiedenen Quellen aufeinander abgestimmt und integriert sind (Van Bochove 1996).

Wichtigste Register

1. *Die gesetzlich geregelten Bevölkerungsregister der niederländischen Gemeinden.*
Insgesamt bilden diese Register gleichsam die nationale Buchhaltung der Bevölkerung. Im Rahmen der einheitlichen Automatisierung dieser Register führen sie seit Oktober 1994 für jede einzelne Person eine persönliche Liste. Diese Liste – sowie vorher die persönliche Karte – wird bei der Geburt oder der ersten Einwanderung ausgestellt. Sie begleitet jede Person während des ganzen Lebens. Die gesetzliche

Regelung bezieht sich unter anderem auf Inhalt, Einrichtung und Instandhaltung jedes einzelnen Bevölkerungsregisters sowie auf Austausch von Registerdaten zwischen Gemeinden und auf Datenlieferung aus den Registern an Abnehmer dieser Daten wie z. B. dem CBS. Die statistischen Daten, die auf Grund dieser jährlichen Zählungen aus diesen Registern aufbereitet werden, betreffen unter anderem Geschlecht, Alter, Familienstand, Nationalität, Geburtsland sowie Anzahl, Zusammensetzung und Größe der Familien.

2. *Die Verwaltungsregister der mit der Durchführung der Gesetzgebung auf dem Gebiet der Arbeitnehmerversicherungen beauftragten öffentlichen Einrichtungen.*
Diese Gesetzgebung bezieht sich auf alle Arbeitnehmer und auf alle Personen, die Anspruch haben auf Leistungen infolge Arbeitslosigkeit oder Invalidität. Die Aufbereitung von statistischen Daten aus diesen Registern bezieht sich auf die Anzahl der angeschlossenen Arbeitnehmer sowie auf die Höhe ihrer Löhne bzw. Gehälter und auf die Anzahl der Personen, die infolge Arbeitslosigkeit oder Invalidität eine Leistung beanspruchen sowie die diesbezüglichen Beträge pro Leistung.

3. *Das vom CBS in Zusammenarbeit mit den Gemeinden aufgebaute Register von Wohnungen und Wohngebäuden* (z. B. Altersheime) – da es im Gegensatz zu den gesetzlich geregelten Bevölkerungsregistern bis jetzt an jeglicher Regelung hinsichtlich kommunaler Gebäuderegister fehlt. Dieses Register hat die Adresse (Straße, Hausnummer, Postleitzahl) als Grundlage.

Genutzte Stichprobenerhebungen

1. *Die von der Europäischen Union vorgeschriebene Arbeitskräftezählung bei den Haushalten, die das ganze Jahr hindurch kontinuierlich durchgeführt wird.*
Dazu werden jeden Monat Haushalte auf ungefähr 10 000 Adressen besucht. Die teilweise sehr detaillierten statistischen Daten geben Aufschluß über eine Menge sozioökonomischer Merkmale der Bevölkerung und der Berufsbevölkerung.

2. *Eine Erhebung bezüglich der Arbeitsstellen und Löhne der Arbeitnehmer bei den Betrieben.*
Diese Erhebung findet jährlich bei ungefähr eins auf drei Betrieben statt und sie umfaßt z. Zt. etwa 40 % der Arbeitnehmer. Die statistischen Daten beziehen sich unter anderem auf die Anzahl der Arbeitsstellen, die Dauer der Arbeitszeit und die Höhe des Arbeitsentgeltes der Arbeitnehmer.

3. *Eine integrierte Stichprobenerhebung bei den Haushalten bezüglich unterschiedlicher Aspekte der Lebensumstände der Bevölkerung*:
Im Rahmen dieser integrierten Stichprobenerhebung werden unter anderen vierjährlich bei ungefähr 0,5 % der 15jährigen oder älteren Bevölkerung Daten über ihre Wohnsituation und Merkmale ihrer Wohnungen besorgt.

4. *Eine Stichprobe – circa eine auf drei Personen – aus dem Personenregister* (ein Duplikat der kommunalen Bevölkerungsregister) *und den Einkommensregistern der Steuerbehörde.* Mittels der persönlichen Identifikationsnummer werden die Daten über Löhne, Renten, steuerpflichtiges Einkommen usw. aus den diesbezüglichen Registern entnommen und miteinander verknüpft.

Integration der Daten

Die Integration von Register- und Stichprobendaten mittels Verknüpfung von Einzeldaten wird nicht nur wegen des internationalen Zensusprogramms durchgeführt, sondern an erster Stelle um qualitativ bessere statistische Daten zu erzielen. Für diese Verknüpfung werden zwei Identifikatoren verwendet. Der erste Identifikator betrifft die „SoFi"-Nummer, mit deren Hilfe die Einzeldaten aus den Registern verknüpft werden. Diese Nummer wird jedem Bürger bei seiner Geburt oder Einwanderung von der Gemeinde gesetzlich zugewiesen und in den kommunalen Bevölkerungsregistern aufgenommen. Außerdem muß sie in jedem Register mit administrativen Daten über Sozialversicherungen („So") oder mit fiskalischen Daten („Fi") geführt werden. Der zweite Identifikator ist die Postleitzahl mit der Hausnummer der Adresse in Kombination mit Geschlecht und Geburtsdatum. Mit dieser Kombination findet die Verknüpfung der Einzeldaten der Stichproben mit den schon verknüpften Einzeldaten der Register statt. Die Integration von Register- und Stichprobendaten in einer mit Hilfe von Verknüpfungen gestalteten einzelnen Datei hat den Vorteil, daß es keine Differenzen mehr in bezug auf ähnliche Gesamtzahlen gibt, die aus unterschiedlichen Quellen stammen. Außerdem kann eine Qualitätsverbesserung der Ergebnisse erzielt werden, da wichtige Hochrechnungsmerkmale eines anderen statistischen Gebietes einbezogen werden können.

Die Möglichkeit, Einzeldaten miteinander zu verknüpfen, ist in dem neuen Statistikgesetz von 1996 festgelegt worden. Außerdem hat das CBS im Rahmen des Datenschutzgesetzes regelmäßig Kontakt mit der sogenannten Registrationskammer, die die Ausführung dieses Gesetzes beaufsichtigt.

Schlußbemerkung

Die hier präsentierte Integration von Register- und Stichprobendaten zeigt, daß eine Rückkehr zu einer konventionellen Volkszählung in den Niederlanden sehr unwahrscheinlich ist. Im Gegenteil, das jetzige Integrationsprojekt wird zu einer jährlichen „sozial-statistischen Datei" führen, die als eine permanente virtuelle Volkszählung gekennzeichnet werden kann. Damit kommt eine Alternative zu der traditionellen Volkszählung zur Entwicklung, die einen größeren Bereich an statistischen Daten umfaßt, aktuelle und qualitativ bessere Daten liefert, und häufiger und mit weit geringeren Aufbereitungskosten durchgeführt werden kann.

Literatur:
Bochove, C.A. van (1996): From Assembly Line to Electronic Highway Junction: A Twin-track Transformation of the Statistical Process. In: Netherlands Official Statistics 11. Jg. (Summer 1996): 5–36
Laan, P. van der (1997): Census based on Integration of Administrative Data and Survey Data: The Dutch Experience. In: Census Belgica 2001: Deux journées d'étude sur l'exploitation et l'avenir de recensement en Belgique. Actes volume 2. Louvain: 94–107
Vliegen, J.M. (1994): Nutzung von Verwaltungsregistern für die Statistik – Beispiel Niederlande. In: Verband Deutscher Städtestatistiker: Jahresbericht 1994, Tagungsbericht der Statistischen Woche 1994 in Wien. Stadt Stuttgart: 69–76

Matthieu Vliegen, Centraal Bureau voor de Statistiek, Postbus 4000, NL-2270 Jm Vorburg

Wahrnehmung und Beurteilung von Technik: Das Beispiel Gentechnik

Organisation: Michael M. Zwick

Einleitung

MICHAEL M. ZWICK

Als Querschnittstechnologie erfaßt GT nahezu die gesamte Gesellschaft. Ob in den Köpfen von Wissenschaftlern, als Medienereignis, in den Reagenzgläsern molekularbiologischer Labors, in der Wahrnehmung und in der Phantasie der Laienbevölkerung oder im Kalkül von Politikern und Unternehmern – ihre schiere Existenz und die „phantastische" Vielfalt möglicher Anwendungen sind es, die die Welt verändern, und zwar nicht bloß in biologischer Hinsicht. Sie weckt Hoffnungen, regt Phantasien an, ruft Bedenken und Ängste hervor und rückt alles Lebendige, bisher als natürlich oder gottgegeben Unterstellte in das Licht menschlicher Gestaltbarkeit. Auf diesem Wege schafft sie einerseits enorme Handlungsoptionen, andererseits Orientierungsunsicherheit, Legitimationsdefizite, Entscheidungs- und Begründungszwänge. GT berührt das religiöse, ethische und moralische Empfinden. Sie verändert Welt- und Naturbilder durch die erkennbare Tendenz, vormals „natürliche" Phänomene genetisch zu deuten. An der GT entzündet sich jedoch nicht nur ein Streit um gesellschaftliche Gestaltungs- und Deutungsmacht, mit den wachsenden Gestaltungs-, Gebrauchs- und Mißbrauchspotentialen ihrer Anwendungen steigt der Bedarf an sozialphilosophischer und ethischer Reflexion, an politischer Regulation und Kontrolle. Die von Unternehmer- und Expertenseite oftmals favorisierte Strategie, die GT-Debatte auf einen rationalen Risikodiskurs einzuschränken, erweist sich angesichts der semantischen Breite, mit der das Themenfeld in der Öffentlichkeit diskutiert wird, als zu eng. Jüngste Studien zur Technikakzeptanz haben gezeigt, daß die Bevölkerung keineswegs technikfeindlich ist, aber große Vertrauenslücken gegenüber Industrie und Politik erkennbar sind und bedeutend größere Beteiligungschancen und -rechte eingefordert werden. Für die „schleichende" Einführung von Groß- und Risikotechnik ohne Bürgerbeteiligung gibt es hierzulande praktisch keine Legitimation mehr. Dies begründet die besondere Relevanz von Forschung zur Wahrnehmung und Bewertung der GT aus der Sicht der Öffentlichkeit.

Die nachfolgenden Beiträge sind Teilprojekte des zwischen 1996 und 1998 vom Bundesministerium für Bildung, Wissenschaft, Forschung und Technologie geförderten Forschungsverbunds »Chancen und Risiken der Gentechnik aus der Sicht der Öffentlichkeit". *Jürgen Hampel* beschäftigt sich mit der Frage, ob sich für die Bundesrepublik im europäischen Maßstab spezielle Einstellungs- und Bewertungsmuster der GT nachweisen lassen. Gibt es in puncto GT Anhaltspunkte für die oftmals unterstellte besondere Technikfeindlichkeit der deutschen Öffentlichkeit? *Uwe Pfenning* diskutiert die methodische Frage der Validität und Reliabilität von Einstellungsmessungen am Beispiel der GT, wobei anhand von Paneldaten auch Prozesse der Einstellungsbildung untersucht werden. *Michael Zwick* geht in seinem Beitrag der Frage nach, als was GT wahrgenommen wird und welcher Ressourcen sich Menschen bedienen, um Orientierungssicherheit und Urteilsvermögen zu erlangen. *Gerhard Keck* bearbeitet anhand einer Spezialstichprobe die Frage, welche Bedeutung der Schule bei den Prozessen der Einstellungsbildung im Falle der GT zukommt. *Ortwin Renn* wendet sich in seinem theoretischen Fazit der GT unter modernisierungstheoretischen Gesichtspunkten zu: Geht es dabei um eine Technik „an sich" oder nimmt sie symbolischen und Stellvertretercharakter an, für tieferliegende Probleme und für ein Unbehagen der Öffentlichkeit über Art und Zielrichtung der gesellschaftlichen Modernisierung?

Dr. Michael M. Zwick, Akademie für Technikfolgenabschätzung in Baden-Württemberg, Industriestr. 5, D-70565 Stuttgart

Gentechnik und Öffentlichkeit: Der Blick über die Grenzen

JÜRGEN HAMPEL

Einleitung
Die sehr scharf und kontrovers geführte Debatte um die Einführung der Gentechnik in Deutschland ist wie auch andere Technikdebatten auf einen deutschen Sonderweg im Umgang mit neuen Technologien zurückgeführt worden, bei dem eine emotionalisierte Öffentlichkeit einseitig nur die Risiken akzentuiert. Im Rahmen dieses Beitrags wird anhand von Daten des Eurobarometers 46.1 vom Oktober und November 1995, einer Repräsentativbefragung, bei der insgesamt 16.246 Personen in allen Mitgliedsstaaten

der EU zu ihrer Einstellung zur Gentechnik befragt wurden, die Einstellung der deutschen Öffentlichkeit zur Gentechnik in einem europäischen Kontext diskutiert, um diese These zu überprüfen.

Die Konzeption und Auswertung dieser im Herbst 1996 durchgeführten Befragung lag in den Händen einer Forschergruppe, der Wissenschaftler aus Dänemark, Deutschland, Finnland, Frankreich, Großbritannien, Italien, den Niederlanden, Norwegen, Österreich, Polen, Schweden, der Schweiz, den USA und Kanada angehören (vgl. Durant/ Bauer/Gaskell 1998).

Die Bewertung der Gentechnik

Betrachtet man die Bewertung der Gentechnik, bestätigt sich auf den ersten Blick das Bild einer besonders starken Ablehnung der Gentechnik in Deutschland. (vgl. Biotechnology and the European Public Concerted Action Group 1997: 848). In der Tat kann gezeigt werden, daß positive Erwartungen in bezug auf die Gentechnik in Deutschland seltener genannt werden als in den meisten anderen europäischen Ländern. Noch geringer ist der Optimismus in bezug auf die Gentechnik nur noch in Griechenland und Österreich, wobei der geringe Anteil in Griechenland, der Verbesserungen erwartet, nicht zuletzt darauf zurückzuführen ist, daß sich hier fast die Hälfte der Befragten außerstande sieht, ein Urteil abzugeben. Die Vorstellung, daß die Skepsis der Deutschen gegenüber der Biotechnologie/Gentechnik vor allem auf eine Überbetonung negativer Entwicklungen zurückzuführen sei, kann allerdings nicht bestätigt werden. Im Gegenteil, wider Erwarten gehört Deutschland nicht zu den pessimistischsten Ländern. Zwar erwarten rund 23 % der Befragten in Deutschland, daß Biotechnologie/Gentechnik ihr Leben negativ verändern, höher als in Deutschland ist dieser Anteil aber in den Niederlanden und Großbritannien, in Dänemark und vor allem in Österreich. Besonders selten werden negative Erwartungen dagegen in den Ländern Südeuropas, in Frankreich, Belgien und Irland geäußert.

Dieses Muster einer nicht von Angst, sondern von Skepsis geprägten deutschen Öffentlichkeit zeigt sich auch, wenn wir auf die Ebene einzelner Anwendungen gehen. Für sechs Anwendungen wurde gefragt, ob sie nützlich, riskant, moralisch akzeptabel sind und ob sie unterstützt werden sollen. Bei den beiden Urteilsdimensionen Risiko und Nutzen finden wir in Deutschland unterdurchschnittliche Werte. Es gibt aber nur einen deutlichen Unterschied zwischen Deutschland und den anderen europäischen Staaten. Mit wenigen Ausnahmen sind in Deutschland moralische Probleme der Gentechnik stärker präsent als in den anderen europäischen Staaten.

Betrachten wir, welche dieser Urteilsdimensionen für die Bewertung der Gentechnik besonders bedeutsam sind, kommen wir zu dem überraschenden Ergebnis, daß die beiden wichtigsten Prädiktoren der Unterstützung die moralische Akzeptabilität und der wahrgenommene Nutzen sind. Dagegen bleibt die Risikowahrnehmung ohne statistischen Einfluß auf die Bewertung der Gentechnik. Dieses Ergebnisse kann darauf zurückgeführt werden, daß auch Befürworter der Gentechnik bzw. einzelner gentechnischer Anwendungen die Gentechnik als Risikotechnologie sehen, sie aber trotzdem unterstützen (siehe auch Hampel/Renn 1998: 17).

Die soziale Einbindung der Gentechnik – Vertrauen und Kontrolle
Wenn wir uns soziologisch mit Technik beschäftigen, können wir uns nicht auf das technische Artefakt oder die technische Methode beschränken, es ist auch erforderlich, die soziale Einbettung der Technik, v. a. Regulierung und Kontrolle, mit einzubeziehen. Betrachten wir das Vertrauen in Institutionen, finden wir in Deutschland das gleiche Bild wie in den anderen europäischen Staaten. Europäer vertrauen NGOs, nicht Regierungen und auch nicht der Wissenschaft. Dabei gibt es in Europa keine nennenswerten Unterschiede.
Es gibt einen erheblichen Bedarf nach Kontrolle und Regulierung. Nicht nur die existierenden Regulierungen und Gesetze, sondern auch die institutionellen Kontrollen werden als unzureichend angesehen. Erhebliches Mißtrauen schlägt auch den Wissenschaftlern selbst entgegen.
Gerade diejenigen Institutionen, die für den Umgang mit Gentechnik verantwortlich sind, genießen besonders wenig Vertrauen. Vor dem Hintergrund dieser Vertrauenslücke ist es nicht überraschend, daß die Forderung nach einer Einbeziehung der Öffentlichkeit bei Entscheidungen um die Gentechnik in Europa eine breite Unterstützung findet.

Fazit
Das verbreitete Bild einer technikkritischen, einseitig die Risiken moderner technologischer Entwicklungen akzentuierenden deutschen Öffentlichkeit hat sich nicht als zutreffend erwiesen. Die Risikowahrnehmung spielt in Deutschland eine geringere Rolle als im europäischen Durchschnitt. Die Situation in Deutschland ist dadurch gekennzeichnet, daß seltener als in anderen europäischen Ländern geglaubt wird, daß Gentechnik wirklich nützlich ist. Auf der anderen Seite werden die ethischen Probleme der Gentechnik stärker thematisiert als in den meisten anderen Länder Europas mit der Ausnahme Österreichs.
Insgesamt trifft aber für ganz Europa zu, daß die soziale Einbindung der Gentechnik auf erhebliche Vorbehalte trifft. Weder gilt die rechtliche Regulierung als ausreichend, noch genießen die Regulierungsinstitutionen Vertrauen. Vor diesem Hintergrund ist es nicht überraschend, daß in allen Mitgliedsstaaten der EU eine stärkere Involvierung der Öffentlichkeit, durch partizipative Verfahren, aber auch durch die Wahrung der Konsumentensouveränität durch die Einführung einer Kennzeichnungspflicht für gentechnisch veränderte Lebensmittel, gefordert wird. Vieles spricht dafür, daß der Eindruck, einer nicht kontrollierbaren systemischen Rationalisierung der Lebenswelt ausgeliefert zu sein, eine der wesentlichen Ursachen für die Widerstände der Öffentlichkeit ist.

Literatur:
Biotechnology and the European Public Concerted Action Group (1997): Europe ambivalent on Biotechnology. In: Nature, Vol. 387, 26. Juni 1997: 848–848
Durant, John / Bauer, Martin W. / Gaskell, George (Hrsg.) (1998): Biotechnology in the Public Sphere. A European Sourcebook. London
Hampel, Jürgen / Renn, Ortwin (Hrsg.) (1998): Kurzfassung der Ergebnisse des Verbundprojekts „Chancen und Risiken der Gentechnik aus der Sicht der Öffentlichkeit". Stuttgart

Dr. Jürgen Hampel, Akademie für Technikfolgenabschätzung in Baden-Württemberg, Industriestr. 5, D-70565 Stuttgart

Einstellungen zur Gentechnik

UWE PFENNING

1. Die Gentechnik als soziales Phänomen

Die soziologische Einstellungsforschung hat zum Ziel für gesellschafts- oder sozialrelevante Phänomene Determinanten der individuellen Einstellungsbildung zu finden, zu erklären und zu interpretieren (vgl. Eagly/Chaiken 1993). Wann jedoch ist ein Phänomen gesellschafts- oder sozialrelevant? Folgende Definitionsmöglichkeiten bieten sich hierfür an:

a) eine umfassende Wahrnehmung des Phänomens in der Bevölkerung und dessen kognitive Repräsentation, die letztlich zu einer Einstellungsgenerierung führt
b) eine weitreichende antizipierte Folgenerwartung im Hinblick auf die Kumulation von sozio-kulturellen, ökonomischen, ökologischen und politischen Auswirkungen
c) eine Alltagspräsenz von Produkten, Anwendungen und Folgen, die mit dem jeweiligen Phänomen verbunden sind und die zu einer „Erfahrungsbezogenheit" als Einstellungsbasis führen können

Für eine soziologische Einstellungsforschung ist deshalb zunächst zu untersuchen, ob kognitive Rahmenbedingungen wie Bekanntheit, Informiertheit und Wissen als Basis für eine Einstellungsbildung in der Bevölkerung verbreitet sind, welche Folgen erwartet werden und welche Alltagspräsenz anzutreffen ist.

2. Die kognitiven Rahmenbedingungen einer Einstellungsbildung zur Gentechnik

Für die Gentechnik finden sich im Zeitvergleich (ungeachtet methodischer Probleme bei vergleichenden Fragestellungen) von frühen sozialwissenschaftlichen Studien der Bundesforschungsanstalt für Ernährung (BFE, Folkers 1992) und von aktuellen Studien eine Zunahme der Bekanntheit einzelner gentechnischer Anwendungen von ca. 30 % in den Jahren 1990/91 auf über 70 % in den Jahren 1997/98.

Die Messung von Wissen (z. B. subjektives und objektives Wissen) zur Gentechnik ist ein eigenes Thema. Aktuelle Umfragen indizieren ein eher bescheidenes, subjektiv wahrgenommenes Wissen zur Gentechnik. Etwa 60–70 % der befragten Personen stufen ihr Wissen über die Gentechnik als eher gering ein. Ein Zeitvergleich mit Daten der Eurobarometer (EB) 1993 und 1996 belegt, daß auch für hinlänglich gemessenes objektives Wissen eine abnehmende Tendenz zu konstatieren ist.

Die Anteile unentschiedener oder meinungsloser Personen für eine bilanzierende Bewertung der Gentechnik variieren um ca. 20–25 %, bei der Bewertung einzelner Anwendungen vermindern sich diese Anteile auf ca. 10–15 %. Bei der Folgenbewertung von Risiken/Chancen, Moral/Ethik, Ökonomie/Ökologie finden sich abermals geringere Anteile von Meinungslosigkeit oder „chronischen Nichtwissen".

Als Fazit ist festzuhalten, daß für die Gentechnik eine umfassende Wahrnehmung und die Bereitschaft zur Bewertung gegeben ist. Die Gentechnik ist ein soziales Phänomen.

3. Objektbezüge der Gentechnik: Die 3er-Bande

Drei Themenbereiche dominieren die Äußerungen von Befragten zu kognitiven Assoziationen über die Gentechnik: Manipulation/Klonierung, Einsatz bei Lebensmittel sowie medizinische Anwendungen.

4.1. Die Gentechnik im Vergleich mit anderen „Neuen Technologien"

Ein Vergleich mit einigen anderen neuen Technologien (Solar-, Computer-, Raumfahrt- und Medientechnik) findet sich in den EB-Studien. Die Gentechnik erweist sich hierbei als diejenige Technik mit der niedrigsten Zustimmungs- und der höchsten Ablehnungsquote. Sie ist eine umstrittene Technik im öffentlichen Diskurs.

4.2. Bilanzierende und anwendungsbezogene Einstellungen

Eine bilanzierende Bewertung der Gentechnik führt zu hohen Anteilen ambivalenter Einstellungen im Sinne einer Bewertung als „gleichermaßen gut und schlecht" (ca. 40–45 %). Der Anteil von unentschiedenen und meinungslosen Personen beträgt 10–15 %, insgesamt nehmen nur wenige Personen eine eindeutig wertende Position als „gut" oder „schlecht" ein. Die Prozentanteile polarisierter Bewertungen bewegen sich auf annähernd gleichem Niveau.

Bei anwendungsbezogenen Einstellungen wird die „grüne Gentechnik" deutlich abgelehnt und die „rote Gentechnik" eher befürwortet. Somatische Gentherapie gegen Zellerkrankungen und Impfstoffproduktionen zählen zu den akzeptierten Anwendungen. Die Beurteilung verschiedener Anwendungen innerhalb eines Anwendungsbereiches ist relativ konsistent. Hingegen werden Genmanipulationen an Nutztieren und der Einsatz der Gentechnik zur Nahrungsmittelproduktion deutlich abgelehnt. Der Anteil ambivalenter Einstellungen ist bei Anwendungen mit konkretem Objektbezug wesentlich geringer als bei einer bilanzierenden Bewertung.

4.3. Einstellungen im Zeitverlauf
Für vier Studien (EB 1991, 1993, 1996 und CTA-Studie 1997) lassen sich bei hinreichend ähnlichen Fragestellungen Zeitreihen in Form aggregierter Prozentwerte zur Beurteilung der Gentechnik generieren. Für eine bilanzierende Bewertung finden sich steigende Anteile ambivalenter und negativer Einstellungen. Für die „rote Gentechnik" sind steigende Anteile ambivalenter und sinkende Anteile negativer Beurteilungen vorzufinden. Für die „grüne Gentechnik" sieht es hingegen „schwarz" aus, da hier exorbitante Rückgänge von ohnehin niedrigen Zustimmungsquoten bei deutlich steigenden Ablehnungsquoten zu beobachten sind. Die Akzeptanzquote sinkt auf unter 8 %. Die Anwendungen der Gentechnik bei Nutztieren und in der Lebensmittelproduktion polarisiert die Meinungen in der Bevölkerung.

4.4. Individueller Einstellungswandel
Die Analyse von Einstellungen zur Gentechnik auf individueller Ebene (vgl. Urban/ Pfenning/Allhoff 1998) belegt die Tendenz des aggregierten Einstellungswandels. Der Anteil von Personen, die ihre Einstellungen ändern, beträgt in einer regionalen Panelstudie (n=300) ca. 46 %. Die Zielkategorie des Meinungswechsels ist eine ambivalente Bewertung. Im Vergleich der Zielkategorien „Ablehnung" versus „Akzeptanz" finden sich höhere Anteile für einen Meinungswechsel zu bejahenden Positionen gegenüber der Gentechnik.

5. Fazite und Defizite
Das zunehmende Interesse bei zugleich geringem subjektivem Wissen signalisiert, daß der Einstellungsprozeß gegenüber der Gentechnik nicht abgeschlossen ist, sondern sich im öffentlichen Diskurs dynamisch gestaltet. Die zunehmende thematische Diffusion der Gentechnik und die zunehmende Verfügbarkeit von Gen-Produkten im Alltag (Foodsektor) führen zu einer erhöhten ambivalenten Bewertung der Gentechnik insgesamt. Die Einstellungen sind jedoch anwendungsdifferenziert.

Literatur:
Eagly, A. / Chaiken, S. (1993): The Psychology of Attitudes. New York
Folkers, D. (1992): Verbraucherbefragung zur Gen- und Biotechnologie im Ernährungsbereich. Bundesforschungsanstalt für Ernährung. Karlsruhe
Urban, D. / Pfenning, U. / Allhoff, J. (1998): Bewertende Einstellungen zur Gentechnik: ihre Form, ihre Inhalte und ihre Dynamik. SISS-Reihe des Instituts für Sozialwissenschaften der Universität Stuttgart. No. 1/1998. Universität Stuttgart

Dr. Uwe Pfenning, Universität Stuttgart, Institut für Sozialforschung, Keplerstr. 17/K2, D-70174 Stuttgart

Technical risks oder social hazards? Empirische Befunde zur Kritik der Gentechnik in der deutschen Öffentlichkeit

MICHAEL M. ZWICK

Auch wenn der allgemeine Kenntnisstand über Gentechnik, ihre Grundlagen, Methoden und Anwendungsfelder in der Öffentlichkeit nicht allzu hoch ist, ist die weit überwiegende Mehrheit der qualitativ oder quantitativ Befragten bereit, eine Einschätzung der „Gentechnik" vorzunehmen und Werturteile auszusprechen. Dabei erweisen sich die Wahrnehmung und Bewertung dieser Technik in der Bevölkerung als erstaunlich differenziert. Worauf fußen also letztendlich Wahrnehmung, Orientierung und Werturteile? Diese Frage kann anhand von qualitativem Leitfadenmaterial (N = 48) und des Biotech-Survey der »Akademie für Technikfolgenabschätzung in Baden-Württemberg", einer bundesweiten Repräsentativbefragung von 1.501 Personen, beantwortet werden. Die Bürger verbinden hierzulande je spezifische Hoffnungen, Ängste und Erwartungen mit einzelnen Anwendungsfeldern (vgl. Zwick 1997). Insgesamt dominiert keine feindliche, aber eine deutlich skeptische Haltung gegenüber der Gentechnik. Das liegt vor allem daran, daß das vorherrschende Bild der Gentechnik in der Öffentlichkeit durch pränatale humangenetische und landwirtschaftliche bzw. ernährungsspezifische Anwendungen dominiert wird. Diese beiden Anwendungsgebiete evozieren besonders kritische Urteile – auch hierin stimmen die qualitativen und quantitativen Befunde überein: Die durch Gentechnik eröffneten Möglichkeiten des pränatalen Designens, Klonens und Manipulierens von Lebewesen rufen bei fast allen Befragten starke Ablehnung hervor, vor allem dann, wenn es um die Manipulation des Menschen selbst geht. Aber auch für eine gentechnisch-industrielle Produktion und Manipulation von Lebensmitteln gibt es in der deutschen Öffentlichkeit praktisch keine Akzeptanz: Lebensmittel haben nicht nur gesund, sondern auch *natürlich* zu sein. Das ist der Haupttenor der Befragten. Es gibt aber auch Anwendungsgebiete, die ambivalent oder positiv gesehen werden: Vor allem mit gentechnisch-pharmazeutischen und medizintechnologischen Innovationen – etwa bei der Krebs- oder AIDS-Bekämpfung – verbinden viele Befragte große Erwartungen. Hoffnungen, die allerdings derzeit enttäuscht werden. Abgesehen davon, daß diese beiden freundlich bewerteten Anwendungsfelder in der öffentlichen Gentechnikwahrnehmung aber eine eher untergeordnete Rolle spielen, resultiert aus der hohen Erwartungshaltung der Bürger ein Dilemma: Die Protagonisten der Gentechnik – Wissenschaftler und Industrielle – sehen sich auf der einen Seite mit vagen Ängsten, ethischen und moralischen Bedenken konfrontiert, denen sie auf professioneller, das heißt technologischer Ebene nicht entgegentreten können. Auf der anderen Seite müssen sie die konkreten und dringlichen Erwartungen in puncto Medizintherapie beim gegenwärtigen Stand der Technik größtenteils enttäuschen. Die umgekehrte Situation – vage Erwartungen bei konkreten Einwänden gegen technische Risiken – erschiene in der Tat behaglicher, weil technisch lösbar. Doch technische Risiken spielen bei der öffentlichen Wahrnehmung der Gentechnik – wie auch die rational-bilanzierende Abwägung von „Kosten-" und Nutzenpotentialen – eine eher untergeordnete Rolle.

Dieser Umstand ist leicht zu erklären: *Zum einen* dadurch, daß potentiell quantifizierbare oder gar monetarisierbare Nutzenerwartungen oder -potentiale mit qualitativen Ängsten, moralischen Befürchtungen und Mißbrauchsbedenken logisch inkompatibel sind. Solche Bilanzen werden – auch das haben die Interviews klargemacht – stets „qualitativ" aufgelöst: Zumeist schlagen lebensweltlich fundierte Argumente durch, und zwar vor allem deshalb, weil sich hier die Menschen besonders sicher fühlen. Lebensweltliche Faktoren werden in einem lebenslangen Prozeß durch abertausendfache Erfahrungen, Situationsdeutungen, -bewertungen, durch fortwährendes Entscheiden, Handeln und Lernen biographisch aufgeschichtet. Sie gerinnen zu einem Kernbestandteil von Persönlichkeit und können Intuitionen und Argumente hervorbringen, bezüglich derer sich die Menschen besonders sicher sind. Dies gilt auch für die Wahrnehmung und Beurteilung der Gentechnik. *Zum anderen* wurde bei den Datenanalysen deutlich, daß die Öffentlichkeit Unzulänglichkeiten der Risikoexpertise und -kommunikation moniert. Kaum sind Risikogutachten veröffentlicht, die die Risiken der Gentechnik als nicht existent beschreiben, treten Gegenexperten auf den Plan und sprechen von unabschätzbar hohen Risikopotentialen. Die Bürgerinnen und Bürger nehmen diese binär codierte Risikokommunikation wahr und fühlen sich verunsichert. Dieses Expertendilemma führt dazu, daß sich viele Befragte mangels zuverlässiger Informationen lebensweltlicher Voreinstellungen bedienen und ihre eigenen, biographisch bewährten Wertmaßstäbe zur Beurteilung der Gentechnik heranziehen.

Mit diesem Bedeutungsverlust des wissenschaftlichen Risikokonzeptes treten „social hazards" in den Vordergrund, die mit Gen*technik*, ihren Methoden und Risiken selbst kaum etwas zu tun haben, sondern vor allem auf ihre symbolischen, gesellschaftlichen und politischen Gehalte fokussiert sind: Ob bei landwirtschaftlichen Applikationen oder der pränatalen Humangenetik, in der Meinung der Öffentlichkeit dominiert vor allem ein Gefahrenaspekt: der des *unverantworlichen, mißbräuchlichen Einsatzes der Gentechnik*, sei es durch Kriminelle, durch Politiker oder Industrielle, bis hin zu einer Art generellen Mißbrauchsverdachts durch die Menschheit an sich. Die Szenarien reichen von sozialer Selektion, abnehmender Toleranz gegenüber behinderten Menschen, einer Zunahme von Eugenik und Abtreibungen, dem Klonen, Manipulieren und Designen von Lebewesen bis zum Eindruck einer generalisierten Funktionalisierung von Natur, Mensch und Tier entsprechend ökonomischen Erfordernissen. An der Gentechnikkritik manifestieren sich also ein stückweit Gesellschafts- und Kulturkritik sowie ein Unbehagen an einer Modernisierung, die vielen Menschen aus den Fugen zu geraten droht. Die öffentlichen Ressentiments gegen die Gentechnik zielen aber nicht nur auf die allgemeine Verfassung der Gegenwartsgesellschaft, sondern speziell auch auf die kritische Wahrnehmung der politischen und ökonomischen Systeme, ihre Leistung bei der Regulierung und Kontrolle großtechnischer Projekte, ihre Glaubwürdigkeit und ihre Verantwortungsfähigkeit.

Für die Akzeptabilität der Gentechnik reicht die Minimierung ihres *technischen* Risikos und die Optimierung ihrer Beherrschbarkeit alleine nicht aus. Die Öffentlichkeit erwartet neben Umwelt- und Sozialverträglichkeit von Technik auch, daß diese ethisch unbedenklich ist, daß die Meinungen, Ängste und Bedenken der Menschen ernst genommen und die Einführung neuer Großtechnik auf breiterer Basis als bisher politisch legitimiert wird. Das Datenmaterial zeigt eine erstaunlich hohe Partizipationsbereitschaft der Öffentlichkeit, die weit verbreitete Forderung nach Erweiterung von Beteiligungschancen und -rechten sowie den Willen, sich bei innovativen sachbezogenen Kommunikations- und Schlichtungsverfahren auch zu beteiligen (Zwick 1998).

Literatur:
Zwick, Michael M. (1997): Wertorientierungen und Technikeinstellungen im Prozeß gesellschaftlicher Modernisierung. Das Beispiel der Gentechnik. Abschlußbericht. Arbeitsbericht Nr. 106 der Akademie für Technikfolgenabschätzung in Baden-Württemberg, Stuttgart
Zwick, Michael M. (1998): Wahrnehmung und Bewertung von Technik in Baden-Württemberg. Eine Präsentationsbroschüre der Akademie für Technikfolgenabschätzung in Baden-Württemberg, Stuttgart

Dr. Michael M. Zwick, Akademie für Technikfolgenabschätzung in Baden-Württemberg, Industriestr. 5, D-70565 Stuttgart

Wahrnehmung der Gentechnik aus der Sicht von Schülerinnen und Schülern

GERHARD KECK

Die Akademie für Technikfolgenabschätzung ist der Frage, ob sich in der deutschen Bevölkerung ein sozial und kognitiv gefestigtes Einstellungsmuster zur Gentechnik identifizieren läßt, nachgegangen und hat den Forschungsverbund „Chancen und Risiken der Gentechnik aus der Sicht der Öffentlichkeit" ins Leben gerufen. Der Forschungsverbund ist vom Bundesministerium für Bildung, Wissenschaft, Forschung und Technologie gefördert worden. An der Schnittstelle unterschiedlicher sozialwissenschaftlicher Ansätze haben wir die Einstellungen, Wertorientierungen und Kommunikationsmuster zum Thema „Gentechnik und Öffentlichkeitsarbeit" untersucht. Die in diesem Beitrag beschriebene Studie ist ein Teilprojekt in diesem Forschungsverbund und beschäftigt sich mit dem Bereich „Schule". Es wird untersucht, wie im Schulsystem Einstellungen ursächlich entstehen und von welchen Faktoren sie beeinflußt werden.
Warum ist die Einstellungsmessung zur Gentechnik in diesem Bereich notwendig? Die Gründe sind vielschichtig. Einen zentralen Bedeutungsaspekt von Schule unterstreicht die folgende These: Schule als die entscheidende sekundäre Sozialisationsinstanz übt Einfluß aus in einem Lebensabschnitt, der gleichbedeutend ist mit den „formative years" (Inglehart 1979: 297), von der Jugend bis zum zwanzigsten Lebensjahr. Hierin werden – glaubt man der Sozialisationshypothese von Inglehart – grundlegende soziale und politische Werthaltungen verinnerlicht. Die Beeinflussungen in späteren Lebensabschnitten prägen einen Menschen bei weitem nicht so stark wie die in den „formative years" (Generationeneffekt). Demzufolge untersuchen wir mit den Schülerinnen und Schülern Gesellschaftsmitglieder, die gerade eine nachhaltige Weichenstellung erfahren. Die quantitative Untersuchung der Einstellung zur Gentechnik bei 410 Jugendlichen, durchgeführt in Oberstufenklassen des Gymnasiums sowie in Berufsschulklassen in der Region Stuttgart/Neckar-Alb, hat gezeigt, daß diese der Gentechnik nicht fundamental feindlich gegenüber stehen. Allerdings kann man auch nicht von einer positiven Gentechnikaufnahme bei den Jugendlichen sprechen. Der überwiegende Teil der in meiner Studie Befragten steht der Gentechnik ambivalent gegenüber und nimmt diese Technologie als januskōpfig wahr.
In den meisten Fällen konnten hochsignifikante Unterschiede zwischen Mädchen und Jungen feststellt werden. Es ist allerdings plausibel, daß diese geschlechtsspezifischen Unterschiede in den jeweils unterschiedlichen Einstellungen zur Technik im allgemeinen begründet liegen. Sinnfragen der Technik durchlaufen bei Mädchen selektive Filter in einer anderen Richtung als bei Jungen und werden demnach anders bewertet (vgl. Schimpf-Hunnius/Hunnius 1990: 183ff.). Statistische Prüfungen deuten allerdings

darauf hin, daß die inhaltlichen Zusammenhänge zwischen „Geschlecht" und den verschiedenen Variablen der (Gen-)Technikeinstellung in den meisten Fällen eher gering ausfallen. Insgesamt hat „Geschlecht" nur einen kleinen Einfluß auf die Gentechnik-Einstellung.

Des weiteren befindet sich meine Studie im Einklang mit der mehrfach empirisch bestätigten Hypothese, wonach differenzierte Bewertungsmuster bei unterschiedlichen gentechnischen Anwendungen vorherrschen (vgl. Hampel et al. 1997). Folgerichtig erfahren bestimmte Anwendungsfelder wie z. B. Gentechnik in der Landwirtschaft und Ernährung eine breite ablehnende Haltung, wohingegen andere Bereiche wie z. B. Medizin oder Pharmazie positiv von den SchülerInnen bewertet werden. Die Befürchtung eines Mißbrauchs der Gentechnik wird von den Befragten nicht explizit geäußert. Wir müssen allerdings davon ausgehen, daß solche Befürchtungen in den häufig gefallenen Nennungen „Manipulation", „Klonen" oder „Züchtung" latent vorhanden sind. Die SchülerInnen nehmen ihre naturwissenschaftlichen und nicht-naturwissenschaftlichen LehrerInnen unterschiedlich wahr. Den Einstellungen der LehrerInnen aus den Fachgebieten Religion, Ethik und Deutsch werden von ihren SchülerInnen in bezug auf die Gentechnik die Attribute „risikoreich" und „gefährlich" zugeschrieben, während der Biologie-, Chemie- oder Physiklehrer mit den eher positiv besetzten Attributen „modern" und „wissenschaftlich" assoziert werden.

Einflüsse durch die FachlehrerInnen bleiben weitgehend aus. Das haben sowohl Überprüfungen, die auf wahrgenommenen Änderungen der Gentechnikeinstellung bei SchülerInnen basieren, als auch objektive Einstellungsindikatoren gezeigt. Damit bleibt es (in der Logik dieser statistischen Interpretation) relativ unbedeutend, ob die LehrerInnen nun positiv oder negativ über Gentechnik berichten.

Wider viele Erwartungen können Unterschiede in der Bewertung der Gentechnik weder auf objektiv abgefragtes Gentechnikwissen noch auf per Selbsteinschätzung erfragtes, subjektives Gentechnikwissen direkt zurückgeführt werden. Dies korrespondiert mit den Erkenntnissen einer europäischen Forschungsgruppe (Biotechnology and the European Public Concerted Aktion Group 1997), die zeigen konnte, daß eine Vertiefung von naturwissenschaftlich-technischem Gentechnikwissen bei den Betroffenen zwar zu dezidierteren Urteilen führt, nicht jedoch zu einer Veränderung der Gentechnikeinstellung. Auch Interesse für die Themen der Gentechnik bilden nach den Ergebnissen dieser Studie keine Basis für bestimmte Ausprägungen der Einstellung zur Gentechnik. Nicht einmal das wahrgenommene Risiko(-management) vermag die Bewertung von Gentechnik entscheidend zu beeinflussen. Von den Schülern werden auch keine volkswirtschaftlichen Kosten-Nutzen-Rechnungen zugrunde gelegt (Beispiel „Arbeitsplätze").

Nach den Erkenntnissen dieser Studie sind „moralische Erwägungen" eine zentrale Einflußgröße zur Vorhersage von Gentechnikeinstellung. Aus der Sicht der befragten Schülerinnen und Schüler bedeutet dies: Die affektive wie kognitive Beurteilung von Gentechnik ist in erster Linie eine ethisch-moralische Angelegenheit. Das legt den Schluß nahe, daß individuelle moralische (Vor-)Einstellungen gegenüber der Gentechnik darüber entscheiden, welche Informationen zu Gentechnik überhaupt verarbeitet werden (selektive Wahrnehmung). Dagegen kann die Hypothese verworfen werden, daß Informationen und die gezielte schulische Vermittlung von Gentechnikwissen die Einstellung zur Gentechnik verändern werden.

Die Invarianz der Einstellung gegenüber der schulischen Vermittlung führt vorschnell zu Fehlinterpretationen. Die Schule kann die Entwicklung moralischer Urteilsfähigkeit gefördert haben, ohne daß sich dies direkt auf die Einstellung zur Gentechnik ausgewirkt hat. Aus diesem Grunde erscheint es mir wichtig, das Themenfeld „Gentechnik" weiterhin im Unterricht zu behandeln. Erstens erlaubt die wahrgenommene Glaubwürdigkeit von Lehrerinnen und Lehrern der naturwissenschaftlichen Bereiche eine kompetente Wissensvermittlung über Gentechnik in Biologie und Chemie. Zweitens unterstreicht die Verbindung zwischen Gentechnik und Moral die Relevanz des Themas für geisteswissenschaftliche Fächer. Die Komposition beider Aspekte ist ein eindeutiges Votum für eine fächerübergreifende Behandlung des Themas „Gentechnik" in der Schule.

Literatur:
Biotechnology and the European Public Concerted Action Group (1997): Europe ambivalent on biotechnology, Nature 387, 26 June: 845–847
Hampel, J. / Keck, G. / Peters, H.P. / Pfenning, U. / Renn, O. / Ruhrmann, G. / Schenk, M. / Schütz, H. / Sonje, D. / Stegat, B. / Urban, D. / Wiedemann, P.M. / Zwick, M.M. (1997): Einstellungen zur Gentechnik. Tabellenband zum Biotech-Survey des Forschungsverbunds „Chancen und Risiken der Gentechnik aus der Sicht der Öffentlichkeit". Arbeitsbericht Nr. 87 der Akademie für Technikfolgenabschätzung in Baden-Württemberg. Stuttgart
Inglehart, R. (1979): Wertwandel in den westlichen Gesellschaften: Politische Konsequenzen von materialistischen und postmaterialistischen Prioritäten. In: H. Klages / P. Kmieciak (Hrsg.): Wertwandel und gesellschaftlicher Wandel. Frankfurt a. Main.: 279–316
Schimpf-Hunnius, S. / Hunnius, G. (1990): Technik-Akzeptanz: Geschlechtsspezifische Reaktionsmuster. In: E. Kistler / D. Jaufmann (Hrsg.): Mensch – Gesellschaft – Technik. Orientierungspunkte in der Technikakzeptanzdebatte. Opladen: 183–193

Gerhard Keck, Akademie für Technikfolgenabschätzung in Baden-Württemberg, Industriestr. 5, D-70565 Stuttgart

Zur Aktualität René Königs – 50 Jahre „Soziologie heute"

Organisation: Hans J. Hummell / Heine von Alemann

Einleitung

HEINE VON ALEMANN

René König war eine der prägenden Figuren in der deutschen Soziologie der Nachkriegszeit, der von Köln aus in rastloser Aktivität eine problembezogene empirische Sozialforschung förderte, die Profession prägende Lehr- und Handbücher herausgab und die wichtige „Kölner Zeitschrift für Soziologie und Sozialpsychologie" steuerte, als Vorsitzender der „International Sociological Association" eine Einbindung der deutschsprachigen in die internationale Soziologie betrieb und der u. a. in der Familien- und Gemeindeforschung wichtige Themenfelder bearbeitete. Diese Aktivitäten sind in den letzten Jahren in den Hintergrund getreten und entsprechend ist die Bedeutung Königs für die Entwicklung der Profession vielen kaum noch bekannt.

1949 erschien René Königs Schrift „Soziologie heute" in dem kleinen Regio Verlag, Zürich. Das Buch wurde in mehrere Spachen übersetzt und erzielte zur damaligen Zeit eine große Aufmerksamkeit. Später wurden Teile daraus in verschiedene Aufsatzsammlungen Königs aufgenommen.

Das Buch enthält eine Programmatik der soziologischen Sichtweise René Königs, der kurz nach dem Erscheinen den Ruf auf den Lehrstuhl für Soziologie in Köln annahm und der von Köln aus an der Wiederbegründung der Soziologie in Westdeutschland aktiv mitwirkte.

Die Veranstaltung soll einen Rückblick und einen Ausblick zugleich darbieten. Es geht historisch um die Ausgangslage der Soziologie unmittelbar nach dem Zweiten Weltkrieg, wie sie sich von der neutralen Schweiz aus darbot. Die Rekonstruktion der Programmatik Königs wirft ein Schlaglicht auf die weitere Entwicklung der Soziologie ab den 50er Jahren. Ferner soll geprüft werden, wie zukunftsfähig dieses Konzept der Soziologie auch weiterhin sein kann. Die von König konzeptualisierte Soziologie kann als prägend für die Soziologie-Entwicklung in Westdeutschland angesehen werden. Sein Programm einer problemorientierten empirischen Sozialforschung, die nicht zuletzt gesellschaftliche Krisenlagen reflektiert und der soziologischen Aufklärung verpflichtet ist, hat sich

zum Mainstream breiter Strömungen des Faches entwickelt. Darüber sind die Person und das Werk Königs eher in den Hintergrund getreten, so daß es sich bei ihm um einen wieder neu zu entdeckenden Autor handelt.
Die Ad-hoc-Gruppe ist aus Diskussionen innerhalb der „René-König-Gesellschaft" hervorgegangen, und sie steht im Zusammenhang mit der Veröffentlichung einer 20bändigen Ausgabe von Schriften René Königs, deren erste Bände zum Kongreß vorgelegt wurden.

Dr. Heine von Alemann, Universität Köln, Forschungsinstitut für Soziologie, Lindenburger Allee 15, D-50931 Köln

Prof. Dr. Hans J. Hummell, Universität-Gesamthochschule Duisburg, Fachbereich 1, Soziologie, Postfach 10 16 29, D-47015 Duisburg

Ist René Königs „Soziologie heute" von gestern?

PETER ATTESLANDER

Die Frage, ob „Soziologie heute", ein Buch, das vor fünfzig Jahren erschienen ist, von gestern sei, beantworte ich wie folgt: Mag die Entwicklung der Soziologie einige der Ansichten und Feststellungen René Königs überholt erscheinen lassen, ist doch sein Anspruch an den Soziologen aktueller denn je. Dies empfinde ich für seine Aussagen in drei Themenbereichen in besonderer Weise:

1. Die Bedeutung des Interkulturellen
2. Die Beschleunigung des sozialen Wandels
3. Soziologie als moralische Veranstaltung

Zum ersten: Heutige Karrieren in der Soziologie sind ohne internationalen Austausch und Erfahrungen kaum denkbar. Die Internationalität vieler Forschungsprojekte und wachsender Daten- und Methodenaustausch sind unübersehbar. Es ist weitgehend René König zu verdanken, dass sich nach dem Kriege die verstreuten Soziologen zusammenfanden. Allerdings sind Organisationsformen entstanden, die heute unübersichtlich und in ihrer Wirkung schwer nachvollziehbar geworden sind.
René König, selbst in vielen Kulturen zu Hause, hat die oft vernachlässigte Bedeutung interkultureller Aspekte seit „Soziologie heute" in allen seinen späteren Rechenschaftsberichten über sein Leben betont und selber stets angestrebt.

Ich wage die These, dass die heutige Internationalität der Soziologie nur selten dem Anspruch interkultureller Analyse gerecht wird. Insbesondere wenn es um Aufgaben der Soziologie in der sogenannten Entwicklungshilfe geht. Seit dem Beitrag von Emilio Willems für die erste Festschrift zu René Königs 60. Geburtstag hat sich kaum Wesentliches verändert: Die Ratlosigkeit von Entwicklungspolitikern im Umgang mit Soziologen ist heute ebenso gross, wie die der Soziologen selbst – dies angesichts wachsender Probleme globalen Ausmasses (Willems 1966: 251ff.).

Zum zweiten: Für König steht im Zentrum der modernen Soziologie die Auseinandersetzung mit dem sozialen Wandel. Sie ist folglich als dynamische Soziologie zu verstehen: „Diese Einstellung bewährt sich sowohl gesellschaftlichen „Vollgebilden" gegenüber, wie auch in der Analyse einzelner Teilprozesse" (König 1949: 120). Deshalb fordert er eine Erweiterung des Systems soziologischer Grundbegriffe und postuliert Soziologie grundsätzlich als offenes System. Wie er damals die Produktionsverhältnisse und ihre technologische Weiterentwicklung analysierte und Veränderungen des Mittelstandes in den Industriestaaten beschrieb, mag zwar überholt sein, seine Methodologie indessen eignet sich nach wie vor für heutige Problemlagen. Schon damals wies er eindringlich auf die Beschleunigung der Prozesse und die rhythmischen Verschiebungen von Anpassungsvorgängen hin. Ferner verweist er auf wirtschaftlich-technologische Ströme, die grundsätzlich kulturelle Verspätungserscheinungen zur Folge haben, mithin Strategien zur Überwindung zerstörerischer anomischer Verhältnisse verlangen.

Die „Verflüssigungen" von Gesellschaften, die retardierende Wirkung der wirtschaftlich-technologischen Entwicklung auf Institutionen wie die Familie, waren schon damals Grund für Besorgnis. Nicht der soziale Wandel an sich präge heutige Gesellschaften und rufe Anomie in vielseitigster Form hervor, sondern dessen grundsätzliche Beschleunigung und Unterschiedlichkeit in der Wirkung auf Teile der Gesamtgesellschaften: Für König wesentlich war die Möglichkeit der Aneignung von Kultur. Soziales Lernen ist Aneignung von Kultur, und diese setzt Dauer voraus. Durch übermässige Beschleunigung – und dies genau versteht König unter Anpassungsdruck – kommt die Zeit für soziales Lernen abhanden.

Die Soziologie müsste nach ihm Hand bieten für eine „Gesamtrevision" unseres kulturellen Inventars, unserer Vorstellungen und allgemein sozial-moralischen Leitideen auf dem Hintergrund der „Gegenwartswirklichkeit". Freilich wird das von ihm beschriebene, schon damals akute soziale Malaise nie ganz verschwinden: „Denn es gibt ein Unbehagen, das unzertrennlich mit aller Kultur verbunden ist, so war diese im Wesentlichen immer Kontrolle, Hemmung der Triebe und Form" (König 1949: 114).

Zum dritten: Alles soziologische Bemühen, mithin der Einsatz aller verfügbaren Methoden, also das ganze Tun, steht „im Dienste sehr präziser sozial-moralischer Leitideen, die mit den Worten „Freiheit" und „Menschenwürde" umschrieben sind" (König 1949: 122).

Freilich hat René König Ideologiekritik als eine Aufgabe der Soziologie unter anderen verstanden – nicht zu vergessen, dass er in Zürich Kollege von Hans Barth war und dessen Werk „Wahrheit und Ideologie" (Barth 1945) sehr wohl kannte – aber zumindest kann ich seinen Texten in „Soziologie heute" keine Einladung entnehmen, Ideologiekritik als das Essentielle der Soziologie zu sehen. Kritik an Ideologien ja, Ideologiekritik alleine jedoch nein.

Zu seinen Zielen, wie bereits angetönt, gehörte die Herstellung eines „Inventars" der Gesellschaft: „Zu diesem Zwecke werden alle verfügbaren Methoden eingesetzt, also: methodologischer Pluralismus. Allerdings erfolgt die Analyse nicht um der Analyse willen, die Beschreibung und Typologie nicht um der Beschreibung und Typologie willen. Man darf überhaupt nicht ängstlich sein, dass die Soziologie vor der Fülle positiver Arbeit ihr Leitziel aus den Augen verlieren könnte" (König 1949: 122).

Kann die heutige Soziologie den Anforderungen, die ihr obliegen, gerecht werden? Was wäre dazu notwendig? Eine Antwort sehe ich in seiner kritischen Auseinandersetzung mit Marx: „Aber mit der Entwicklung der gesellschaftlichen Wirklichkeit in ganz neue Dimensionen hinein, muss sich die Soziologie als Gegenwartswissenschaft dazu bequemen, die alten Erkenntnissmodelle aufzugeben. Allerdings fiel und fällt ihr dies nicht ganz leicht, da die kanonisierten Erkenntnisschemata und Begriffe die Neigung zeigen, weiter zu leben, wenn die ihnen entsprechenden Wirklichkeiten schon längst verschwunden sind" (König 1949: 87).

Soziale Akzeptanz und Sozialverträglichkeit sind Begriffe, die meines Erachtens in Königs Schrifttum nicht vorkommen. Für ihn sind dies anzustrebende Grundbedingungen. Soziologie war zu Zeiten Königs eine der führenden intellektuellen Veranstaltungen, die über das Feuilleton und über die Medien ein öffentlichkeitswirksames „Agenda-Setting" betrieben. Seine Forderung, bei aller Spezialisierung das Gesamtgesellschaftliche im Auge zu behalten, ist höchst aktuell. Eine Soziologie, die in triviale Einzelfragen zerfällt, verrät ihre Orientierungsfunktion und leistet darüber hinaus einer theorielosen Verwertung von Einzelergebnissen Vorschub. Entscheidend bleibt, wie ganz zu Beginn erwähnt, bei allem soziologischen Bemühen die allgemeine Leitidee, die Integrität des Menschen als sozial-kulturelle Persönlichkeit zu schützen.

Das Buch „Soziologie heute" ist auch nach 50 Jahren lesenswert, auch um die zahlreichen Warnungen zu erkennen, die uns davor schützen könnten, dass wir als heutige Soziologen die gesellschaftliche Wirklichkeit nicht gänzlich aus den Augen verlieren. Schliesslich hat sich im Sinne Königs die Soziologie an der Frage zu messen, nicht was sie dem Soziologen, sondern was Soziologie dem Menschen bringe.

Literatur:
Atteslander, Peter (1992): Einer der von aussen kommt. Festvortrag zum 85. Geburtstag René Königs. In: Heine von Aleman / Gerhard Kunz (Hrsg.): René König. Gesamtverzeichnis der Schriften in der Spiegelung von Freunden, Schülern, Kollegen. Opladen: 170–180
Atteslander, Peter (1998): Soziologische Orientierungen – Verantwortung und Ohnmacht der Sozialwissenschaft. In: Karl Martin Bolte / Friedhelm Neidhardt (Hrsg.): Soziologie als Beruf. Erinnerungen westdeutscher Hochschulprofessoren der Nachkriegsgeneration, Soziale Welt, Sonderband 11. Baden-Baden: 131–149
Barth, Hans (1945): Wahrheit und Ideologie. Zürich
König, René (1949): Soziologie heute. Zürich
Willems, Emilio (1966): Rollen-Zuweisung und Zusammenarbeit in Projekten der Entwicklungshilfe. In: Alphons Silbermann (Hg.): Militanter Humanismus. Von den Aufgaben der modernen Soziologie. Frankfurt a.M.: 253ff.

Prof. em. Dr. Peter Atteslander, Bellevueweg 29, CH-2562 Port

Moralität und die Möglichkeit einer objektiven Soziologie

GÜNTHER LÜSCHEN

René König (1937) hat nicht nur erklärt, die Soziologie sei eine Moralwissenschaft, wobei er sich besonders auf Durkheim bezog; über diesen hinaus argumentiert er, dass durch die Analyse der Moral eine objektive Soziologie ermöglicht würde. Dabei hat er außerdem bemerkt, daß nicht die subjektiv-existentialistische sondern die objektive Soziologie die größeren Probleme habe. Man kann vermuten, daß er sich dabei weniger auf den Erkenntnisprozeß einer empirischen Soziologie bezog, sondern das Problem der empirischen Begründung in der Analyse der Moral sah. Zudem galt damals wie heute, daß die soziologische Moralwissenschaft kaum entwickelt ist, obwohl Autoren wie Simmel, Habermas und Luhmann das Thema begriffsanalytisch und phänomenologisch behandelt haben. König hätte sich sowohl von einer phänomenologisch argumentierenden Position als letztlich ontologisch als auch von einer biologischen Determiniertheit wegen deren unzureichender Erklärung sozialen Verhaltens, wie das auch bei Durkheim nachzulesen ist, abgesetzt. Er hätte die Verfolgung einer effizienten Ursache der Moral wie in der Soziobiologie (Wilson 1991) nur in Grenzen akzeptiert.

Die empirischen Arbeiten Kohlbergs in der Nachfolge Piagets stehen dagegen der Auffassung Königs nahe. Er hätte den von Kant ausgehenden empirisch-analytischen Ansatz gänzlich mit vollzogen. Überraschen muß an dieser Stelle, daß er, zumal in Köln an gleicher Stelle wirkend, Max Scheler so wenig in seinen Arbeiten berücksichtigt hat. Die Position Max Schelers, der in der Kritik des kantischen Formalismus in der Ethik eine materiale Wertethik betont (1916), hätte für René König und die Soziologie eine erkenntnistheoretische Begründung für einen letztlich empirisch orientierten Ansatz bedeutet. Zu ihm ebenso wie zu Dewey und der Position des Pragmatismus (Selznick 1992), zum „humanistischen Koeffezienten" wie bei Znaniecki (1952) oder (trotz seiner sonst engen und oft betonten Bindung) zu Georges Gurvitch (1947) hat er sich im Zusammenhang mit dem Problem der Moral nicht geäußert; doch sind hier enge Beziehungen zu vermuten. Dagegen sind historisch frühere Diskussionen des Moralischen, von Vico abgesehen, vergleichsweise unerheblich, denn die Trennung des Moralischen von der Vernunft wie bei den Schottischen Moralisten bis hin zu J. S. Mill hätte genau die Möglichkeit einer objektiven Soziologie als Moralwissenschaft vereitelt.

Unabhängig von einer durchweg impliziten Erkenntnislehre des Moralischen in der Soziologie hat König im Anschluß an Durkheim einen praktisch-strategischen Ansatz vorgeschlagen, nämlich über das Studium der Gruppe als dem „Strukturgesetz der Gesellschaft schlechthin" (1937: 257) das Problem der Moral zu verfolgen. Das ist bei ihm in einer kleineren Arbeit zur Arbeitsmoral zu erkennen; es ist die grundlegende Erkenntnis seiner Analyse der „Gemeinde" (1958), der man in Verkennung genau dieses auf das Moralische in sozialer Beziehung aufbauende Gebilde vorgeworfen hat, den ökologisch-materiellen Sachbezug einer Gemeinde zu übersehen (Linde 1972).

Eine objektive Soziologie wird also Moral empirisch-analytisch verfolgen müssen, um sich auch dadurch von der philosophischen Ethik abzusetzen und das Thema Moral als in erster Linie soziologisch zu reklamieren. Was das für die objektive Soziologie bedeutet, ist nach dem Stand des Wissens kaum angemessen diskutiert und analysiert worden.

Zunächst ist festzustellen, daß die Begründung oder der analytische Ausgang von moralischen Prinzipien keine Verletzung der Wertfreiheit in der Soziologie darstellt. Moral ist eine objektive Gegebenheit, die mit subjektiv und individuell verfolgten Interessen nichts zu tun hat. Scheler hat solche Prinzipien in christlichen Ideen verfolgt, wobei er in neuerer Zeit in Jacques Ellul eine an protestantische Ethik angelehnte Nachfolge gefunden hat. Eine allgemein wertorientierte Position ist sicherlich in den Arbeiten von Talcott Parsons zu finden; doch bleibt gerade bei ihm die Beziehung von Wert und Moral weitgehend ungeklärt. Er spricht in einer frühen Arbeit von „ultimate values" (1935), läßt aber nicht erkennen, ob er damit das Moralische anspricht. Vielmehr deutet gerade diese Arbeit die epistemologischen Grenzen von Parsons für das Thema Moral an, wenn er meint, daß er den „Verdacht" der Teleologie gegenüber der Soziologie auszuräumen gedenke, um im Gegenteil für die Soziologie von Kausalität und Bedingungen, nicht von Zielen auszugehen. Die strenge Teilung von Erklären und Verstehen, von Kausalität und Teleologie ist gerade für das Thema Moral in der Soziologie kaum angemessen. Moral ist Ziel, Inhalt und Ursache sozialen Handelns, wenn man in diesen epistemologischen Dimensionen das Thema verfolgen will. Damit ist nicht gesagt, daß Moral empirisch zumindest aus heuristischen Gründen nicht in s-r-Modellen verfolgt werden kann und sollte. Eine Arbeit von H.J. Hummell diskutiert das Thema genau von solchem Ansatz aus (1991). Aber Moral ist gerade nicht individualistisch zu verstehen, sie ist nicht Privatsache, sondern sie ist als kollektive Gegebenheit vorhanden sowie Anfang und Ergebnis sozialer Interaktion und sozialer Prozesse. Hierauf ist kausales Denken schwer anzuwenden; andererseits verfällt systemisch-phänomenologische Analyse allzu leicht ontologischer Argumentation.

Gunnar Myrdal hat neben dem methodologischen Hinweis auf die Gruppe bei Durkheim und König für die objektive Soziologie einen anderen Weg gewiesen und die empirische Erarbeitung von Wertprämissen als Voraussetzung gesellschaftlicher Analyse in je einzelner Gesellschaft bzw. (für den vorliegenden Gegenstand) moralischer Systeme betont (1965). In den deutschen Sozialwissenschaften ist dem die Position der Fries-Schule und Gerhard Weissers verwandt.

Die bisher weitgehend offene Lösung der empirisch-analytischen Analyse des Moralischen wird bei Verfahren der Beobachtung in kleineren sozialen Einheiten ebenso wie bei der Verwendung makro-soziologischer Umfragen anfangen müssen; sie wird aber im Sinne der hyletischen Steigerung über den statement-approach in der Theorie hinausgehen müssen und ihre Methodologie in Ansätzen wie der Strukturtheorie Stegmüllers (1980) oder der Synergetik bei Haken (1977) finden.

Literatur:
Durkheim, Emile (1893): De la division du travail sociale. Paris
Durkheim, Emile (1995): Über Deutschland. Konstanz
Gurvitch, George (1948): Morale Théorique et Science des Mœurs. Leurs possibilités - leurs conditions. Paris
Haken, Hermann (1977): Synergetics. Berlin
Hummell, Hans J. (1991): Moralische Institutionen und die Ordnung des Handelns in der Gesellschaft. In: Hartmut Esser/K. Troitzsch (Hrsg.): Neuere Ansätze und Überlegungen zur soziologischen Theoriebildung. Bonn: 79–110
König, René (1998): Schriften. Bd. 3. Opladen. Nachwort von H.J. Hummell: 309–23
König, René (1975 orig. 1937): Kritik der historisch-existentialistischen Soziologie. Ein Beitrag zur Begründung einer objektiven Soziologie. München
König, René (1958): Die Gemeinde. Reinbek

Kohlberg, Lawrence (1981 und 1984): Essays in Moral Development. I and II. New York
Linde, Hans (1972): Sachdominanz in Sozialstrukturen. Tübingen
Lüschen, Günther (Hrsg.) (1998): Das Moralische in der Soziologie. Opladen
Lukes, Steven (1972): Emile Durkheim. New York
Myrdal, Gunnar (1965): Das Wertproblem in der Sozialwissenschaft. Hannover
Parsons, Talcott (1935): Ultimate values. In: Int.J.Ethics 45: 282–316
Piaget, Jean (1983 orig.1934): Das Moralische Urteil beim Kinde. Stuttgart
Scheler, Max (1916): Der Formalismus in der Ethik und die materiale Wertethik. Zitiert nach der 6.Auflage 1980. Bern
Selznick, Philipp (1992): The Moral Commonwealth. Berkeley, CA
Simmel, Georg (1892/93): Einleitung in die Moralwissenschaft. Berlin
Stegmüller, Wolfgang (1980): The Structuralist View of Theories. New York
Wilson, James Q. (1993): The Moral Sense. New York
Znaniecki, Florian (1952): Cultural Sciences. Urbana, IL

Prof. Dr. Günther Lüschen, Deptartment of Sociology, University of Alabama, 1633 Sunset Drive, USA Birmingham AL 35294

Die Mittelklassen in René Königs Gegenwartswissenschaft

HANSJÜRGEN DAHEIM

Aus meiner Sicht enthält „Soziologie heute" eine der Gegenwartsanalysen, die vor 50 Jahren von Sozialwissenschaftlern publiziert worden sind. König hat in Auseinandersetzung mit „Soziologie als historischer Wirklichkeitswissenschaften" und angelehnt an Durkheim Soziologie als „Gegenwartswissenschaft" begründet: als eine an der gesellschaftlichen Praxis wie an den sozialmoralischen Leitideen von Freiheit und Menschenwürde orientierte dynamische Soziologie mit differentieller und funktionaler Betrachtungsweise (König 1949: 38, 111, 120ff.; die folgenden Seitenzahlen beziehen sich auf König 1949). Auf dieser „neuen" Soziologie baut seine Gegenwartsanalyse als Untersuchung der Sozialstruktur auf. Die „Verschlingung von Theorie und Praxis" (43) rekonstruierend, zeichnet König an den Klassikern die Entwicklung der Soziologie auf dem Hintergrund der Gesellschaftsentwicklung in Frankreich, England und Deutschland nach. Marx' Analyse der Klassengesellschaft akzeptiert er (bei Ablehnung der revolutionär-utopischen Aussagen) als „Zeitwissenschaft" (51). Um auf die Höhe der „neuen Gegenwart" (38) des fortgeschrittenen Industriesystems zu kommen, beschreibt er den seitherigen „Strukturwandel des kapitalistischen Systems" und, anhand von statistischen Daten aus europäischen Industrieländern und den USA, den „Wandel der Klassenproblematik". Daraus zieht er Konsequenzen für die neue soziologische Problemstellung und die Begrifflichkeit ihrer Analyse: Die Probleme der Sozialstruktur sind „jenseits der Klassenfragen wie vor allem jenseits der Dichotomie von Bourgeoisie und Proletariat" (87) zu suchen.

Die Gegenwartsanalyse richtet sich also wesentlich auf die Mittelklassen oder den Mittelstand, während sowohl die Unternehmer wie auch die Arbeiterschaft im Hintergrund bleiben: Die „Großbourgeoisie" ist „schon stark unter Kontrolle", das Proletariat wandelt sich durch gewerkschaftliche Interessenvertretung, Sozialpolitik, höhere Löhne und berufliche Bildung zu einer Industriearbeiterschaft mit neuer Mentalität. „Mittelstand" bezeichnet die Kleinindustriellen, aber auch Rentiers, Freiberufler, Beamte und Landwirte (alter Mittelstand), ferner die Angestellten und die neuen Selbständigen (neuer Mittelstand). „Mentalität" ist, im Anschluß an Geiger, der zentrale Begriff zu seiner Charakterisierung: „Die eigentliche Problematik der mittelständischen Existenz liegt ... ganz und gar in der Mentalität" (71). Problematisch ist die „zünftlerische Mentalität": eine gegenüber der Entwicklung „verspätete" Orientierung verbunden mit „Ressentiment".

König beschreibt die Entwicklungstendenzen des alten und des neuen Mittelstandes ausführlich. Die Haupttendenzen zusammengefaßt: Die kleinen Gewerbetreibenden in Industrie, Handwerk und Dienstleistung überleben trotz starker Fluktuation wegen ihrer Funktion in der Wirtschaft. Groß- und Kleinbetriebe bestehen arbeitsteilig nebeneinander; die kleinen haben Chancen, wenn sie sich anpassen, wobei ihnen die Technik, aber auch Verbandsbildung und Politik helfen. Existenzgefährdungen liegen vor allem in der Kombination von effektiver Interessenorganisation mit zünftlerischer Mentalität und beruflicher Fehlanpassung. Der neue Mittelstand bildet sich im Zuge der modernen Wirtschaftsentwicklung. Durch Verwissenschaftlichung, Ausbau der Staatsaufgaben und Bürokratisierung entstehen in privaten und öffentlichen Organisationen zahlenmäßig große Gruppierungen von Angestellten. Charakteristisch sind Aufstiegsstreben und interne Schichtung: Einige untere Gruppierungen sind durch die Büromechanisierung abstiegsgefährdet – die Angestelltenfrage ist offener als die Arbeiterfrage. Neue Selbständige entstehen durch die Einführung neuer Techniken und neuer langlebiger Konsumgüter: Sie installieren, warten, reparieren und produzieren. Dazu kommen neue, produktionsnahe Dienstleistungen.

Die Analyse zeigt, daß die Mittelklassen, der zur Zeit von Marx fluide Teil der Gesellschaft, nicht aufgerieben wurden, daß vielmehr Veränderungen in den Produktionsverhältnissen und in der Technik eingetreten sind, die es ihnen ermöglichten, sich zu transformieren, wirtschaftliche Funktionen dauerhaft zu behaupten und sich als stabiles Element der Sozialstruktur zu etablieren. König bezieht sich hier auf Marbachs

„Gesetz von der existentiellen Konstanz des Mittelstandes" (1942). Es wird deutlich, daß Risiken und Chancen aus den technischen und wirtschaftlichen Entwicklungen entstehen und daß es von der Mentalität abhängt, ob die Chancen genutzt werden: „Anpassung" auf der Handlungsebene.

Die Mittelklassen stehen für den Übergang von der Klassengesellschaft zur fortgeschrittenen Industriegesellschaft, diese charakterisiert durch das „Gesetz von der wachsenden Differenzierung" (Aron 1948): „An die Stelle des alten Schemas der sozialen Klassen setzen wir das Bild einer in zahllose Kreise und Teilgruppen, sowohl in horizontaler wie in vertikaler Richtung, sich zergliedernden Gesellschaft ..." (70). Es wird deutlich, daß jetzt nicht mehr der Klassenkampf problematisch ist, sondern die „gegenseitige Anpassung der verschiedenen Schichten, Klassen und Berufskreise" (69), und zwar im Rahmen staatlicher wie intermediärer Systeme sozialer und wirtschaftlicher „Planung" (88/89,94). Planung geht letztlich hervor „aus der sozialmoralischen Leitidee, dass die Gesellschaft zur Abwehr nicht nur äusserer, sondern vor allem innerer Erfahrungen zusammenzustehen hat" (91). Der neue Staat mit seinen Systemen wirtschaftlicher Regulierung und sozialer Sicherung bildet in der fortgeschrittenen Industriegesellschaft den Rahmen, in dem „Wirtschaft und Technik" den Wandel antreiben. Auf die wirtschaftlich-technischen Entwicklungen reagieren die anderen gesellschaftlichen Bereiche zeitlich verschoben: „So wie die Dinge heute stehen, wandeln sich Wirtschaft und Technik wesentlich schneller als Familie und Recht" (97). König verweist auf Ogburns Vorstellung vom Cultural Lag. „Anpassung" meint auf dieser Ebene, der der Sozialstruktur, die Synchronisierung von Bereichen und Bewegungen durch „institutionelle Zeitraffung im Sinne der stückweisen sozialen Planung" (100). König betont ausdrücklich: „Nicht Wirtschaft und Technik als solche sind schuld an der gegenwärtigen Gesellschaftskrise ..., sondern die Zurückgebliebenheit der Kultur" (101). Zur Überwindung der Krise kommt es darauf an, daß sich die Akteure illusionslos auf den Standpunkt der Gegenwart stellen: statt Strukturen von gestern zum Maßstab für die Verhältnisse von heute zu machen („Kulturkritik", König 1965: 85), muß die Gegenwart in ihrer Eigengesetzlichkeit als Bedingung des Handelns akzeptiert werden.

Heute in einer wiederum „neuen" Gegenwart, im Übergang von der fortgeschrittenen Industriegesellschaft zu einer globalisierten kapitalistischen Wirtschaftsgesellschaft, dürfte Königs Analyse so überholt sein wie Marx' Zeitwissenschaft vor 50 Jahren, was nicht heißt, daß nicht viele Aussagen weiterhin gültig wären. Vor allem zwei Bruchlinien scheinen die neue Gegenwart anzuzeigen: Die Demontage der „Planungssysteme" und die Destabilisierung der Mittelklassen. Beides sind komplexe Phänomene, die auf Trends in Marx' krisentheoretisch begründeter Langzeitprognose des Kapitalismus verweisen: weltweite Konkurrenz, zunehmende Konzentration, ungebremster technischer Fortschritt, wiederkehrende Massenarbeitslosigkeit, zunehmende Verteilungsungleichheit. Gegenwartsanalytisch fragt es sich vor allem, welches Gewicht Politik und Kultur in der Verflechtung mit Wirtschaft und Technik heute haben. Gegenwartssoziologisch fragt es sich, wo angesichts der Bedeutung von Wirtschaft und Technik die Verbindung soziologischer Begriffe mit ökonomisch-politischen nötig wird.

Literatur:
Aron, Raymond (1948): Le grand schisme. Paris
Geiger, Theodor (1967,1932): Die soziale Schichtung des deutschen Volkes. Stuttgart
König, René (1949): Soziologie heute. Zürich
König, René (1965): Die Gesellschaft von heute zwischen gestern und morgen. In: ders. (Hrsg.): Soziologische Orientierungen. Köln/Berlin: 79–91
Marbach, Fritz (1942): Theorie des Mittelstandes. Bern
Ogburn, William F. (1966,1922): Social Change. New York

Prof. Dr. Hansjürgen Daheim, Universität Bielefeld, Fakultät für Soziologie, Postfach 10 01 31, D-33501 Bielefeld

Die Konzepte ‚Gegenwart' und ‚Wirklichkeit' in René Königs „Soziologie heute"
Programm der Soziologie und der ‚rationale Humanismus'

HEINE VON ALEMANN

Zum Soziologen wird König mit Abschluß seiner Habilitationsschrift und dem Habilitationsverfahren 1938 in der schweizerischen Emigration. Der Studiengang Königs in Deutschland weist nur recht wenige Elemente der Soziologie auf. Es sind konkrete und am eigenen Leibe erfahrene Kulturkontakte und Kulturkonflikte, die den Weg zur Soziologie vorzeichnen. Im weltoffenen Zürich entfaltet König eine aktive Tätigkeit als Soziologe: Als deren Abschluß kann die 1949 veröffentlichte Programmschrift „Soziologie heute" gelten, die in mehrere Sprachen übersetzt wurde und König eine internationale Bekanntheit eintrug.

Gegenwart ist für König in der „Soziologie heute" ein wesentlicher Bezugspunkt seiner Konzeption der Soziologie. Dabei ist immer wieder von Problemlagen die Rede: So von „Gegenwartsaufgaben und Gegenwartsnöte(n)" (König 1949: 14; alle weiteren Seitenzahlen beziehen sich auf diese Quelle), von der „Gegenwartslage" (18, 20) von „Einsicht in die Krisenlage der Gegenwart" (19) von „Gegenwartsproblemen" (20) und von

„drängenden Lebensnöte(n) der Gegenwart" (20). Gegenwart ist nicht nur ephemerer Durchgangspunkt zwischen Vergangenheit und Zukunft, sondern wird zu einer Metapher des Wirklichkeitsbezugs.
Zentralbegriff für diesen Bezug ist der Ausdruck der „geschichtlich-gesellschaftlichen Wirklichkeit" (9ff., 107), den König bei Dilthey findet. Mit dieser Vorstellung geht König aber auch über Dilthey hinaus und wendet sich von diesem ab. Wirklichkeit wird als eine sich wandelnde aufgefaßt. Wirklichkeit ist an soziales Handeln gebunden; es sind mithin Wirkkräfte, die nur theoretisch erfaßt werden können. Die Gegenwart ist das Vorgegebene, die durch theoretische Durchdringung erfahrbar gemacht werden muß. Die Verknüpfung von Gegenwart und Wirklichkeit mittels theoretischer Reflexion läßt sich an dem folgenden Schlüsselsatz ablesen: „Und von der Gegenwart aus besehen könnte man geradezu sagen, daß allein die Tatsache der vollzogenen und abgeschlossenen Erkenntnis die Wirklichkeit verändert, denn mit dem so erreichten Bewußtsein über eine bestimmte Lage wandelt sich langsam aber unaufhaltbar die allgemeine Orientierung des Lebens und damit schließlich das Leben selber" (12).
Insbesondere mit marxistischen Strömungen finden Auseinandersetzungen statt. Dabei taucht das Thema der Revolution auf und die Frage, inwieweit gesellschaftliche Veränderungen der Revolutionierung bedürfen. König geht in sehr entschiedener Weise mit der Endzeitlehre des Marxismus um, vor allem deshalb, weil die Revolution Gewalt benötigt, um die soziale Umwälzung zu erreichen und daher eine Rechtfertigung der Gewalt erforderlich wird.
An die Stelle der Revolution tritt der soziale Wandel, der prozeßhaft verstanden wird. In der modernen Gesellschaft ergeben sich gravierende Probleme aus unterschiedlichen Zeitbezügen und verschiedenen Tempi der Entwicklung in gesellschaftlichen Teilbereichen. Es ergeben sich innerhalb von Gesellschaften schwerwiegende Disparitäten, die komplexe Anpassungsprozesse nach sich ziehen.
Ein wichtiger Prozeß bei der Entstehung derartiger Disparitäten sind Zeitverschiebungen und kulturelle Verspätungen. König formuliert hier die allgemeine These, wobei er von einem „allgemeine(n) Gesetz der soziologischen Erkenntnistheorie" spricht, „das man als das „Überleben von Meinungen" bezeichnet, nachdem „die ihnen entsprechenden Wirklichkeiten schon längst verschwunden sind" (51).
Neben die Begriffe „Gegenwart" und „Wirklichkeit" tritt die Vorstellung von „sozialmoralischen Leitideen" (23, 38, 69, 78, 91, 98f., 110f., 122). Dabei wird auch die Differenzierung moderner Gesellschaften thematisiert, die als unausweichlicher Prozeß moderner Gesellschaften bedeutsam wird: „Auf Grund dieser Differenzierung stehen wir heute nicht nur vor einem ausgesprochenen Pluralismus der Geschichts- und Gesellschaftskräfte, sondern es stoßen auch immer mehr soziale Teilkreise mit völlig verschiedenen Lebensidealen und sozial-moralischen Leitideen, mit völlig verschiedenen Beschäftigungsarten und Ablaufsrhythmen des Daseins zusammen" (110).

Gesellschaften sind dadurch tiefgreifend gefährdet und durchlaufen Krisen, die nur durch Prozesse der sozialen Rekonstruktion überwunden werden können. Soziologie, Sozialpolitik und Sozialpädagogik sind für König auf einem Kontinuum angesiedelt. Der Soziologie fällt die Rolle zu, die theoretischen Grundlagen für Sozialaufklärung zu liefern, während Sozialpolitik und Sozialpädagogik durch stärkere Anwendungsbezüge gekennzeichnet sind.

Das wichtige Thema der Krise wird in folgendem Zitat deutlich: „Soziologie wird zur Gegenwartswissenschaft vor allem als ‚Krisenwissenschaft', wobei die Krise vor allem in der Wirtschaftsgesellschaft zum Ausbruch" kommt „und mit ihrer wachsenden Verschärfung schließlich die Substanz des Menschen bedroht" (21).

Soziale Planung wird zur Überwindung der Krise erforderlich; sie wird nicht durch die Soziologie selbst verwirklicht, sondern durch Sozialpädagogik umgesetzt: „... gemeinsames Handeln kann immer nur durch Einmischung mehr oder weniger bewußter Absichten, stückweiser sozialer Planung und besonderer Institutionen erreicht werden, die bestimmten sozial-moralischen Leitideen gehorchen. Daraus resultiert auch die überragende Bedeutung der Sozialpädagogik für die zukünftige Steuerung der Gesellschaft" (112).

Das Büchlein „Soziologie heute" durchzieht ein Thema, das bislang nur wenig Aufmerksamkeit gefunden hat. Es kann in der Vorstellung eines „rationalen Humanismus" auf den Begriff gebracht werden, der für König an „Freiheit und Menschenwürde" (122) geknüpft ist. Dieser „konkrete und rationale Humanismus" wird bereits früh in der „Soziologie heute" eingeführt (30); ihm kommt die Aufgabe zu, mit den metaphysischen Vorstellungen und den endzeitlichen Vorstellungen des Marxismus aufzuräumen. Der rationale Humanismus wird als Aufgabe der Zukunft umschrieben, als „die soziale Selbstdomestikation der Menschheit als Kooperation menschlicher Einzelpersonen in einer freien Gesellschaft" (123). Die immer komplexer werdende Gesellschaft der Gegenwart ist auf Selbstaufklärung zwingend angewiesen; das Medium dieser Selbstaufklärung ist die Soziologie.

Die Programmatik der Soziologie Königs kann mit folgendem Zitat verdeutlicht werden: „Der beste Weg, auf dem sich dies Ziel mit unseren heutigen wissenschaftlichen Mitteln verwirklichen läßt, ist der Aufbau eines möglichst umfassenden Inventars der lebenden Gesellschaften im Sinne gegenwartswissenschaftlicher Forschung. Zu diesem Zwecke werden alle verfügbaren Methoden eingesetzt, also: methodologischer Pluralismus" (122f.). Und schließlich heißt es: „Die Soziologie entspringt nicht nur aus dem Willen einer bestimmten Gegenwart, sie wirkt auch im Sinne der Zukunftsgestaltung auf diese zurück. An ihr ist es, die Mittel dazu bereitzustellen; an uns ist es, diese Zukunft wirklich zu wollen" (123).

Königs Analyse von Gegenwart und Wirklichkeit mündet also nicht in Empirismus oder Positivismus, sondern sie mündet in eine durch Wertvorstellungen geprägte Soziologie, die „sozial-moralische Leitideen" zum Ausgangspunkt der Analyse macht, die soziale Planung und sozialpädagogisch orientiertes Handeln propagiert und als deren Leitmotiv ein „rationaler Humanismus" gelten kann, der durch die Wertvorstellungen von Freiheit und Menschenwürde geprägt ist. Die Soziologie wird so selbst zum Teil der Gesellschaft, innerhalb derer sie eine Funktion der kritischen Selbstaufklärung übernimmt.

Literatur:
König, René (1949): Soziologie heute. Zürich

Dr. Heine von Alemann, Universität Köln, Forschungsinstitut für Soziologie, Lindenburger Allee 15, D-50931 Köln

RAHMENPROGRAMM

Praxisprogramme in sozialwissenschaftlichen Studiengängen

Organisation: Dieter Grühn

Im Rahmenprogramm des Freiburger Kongresses für Soziologie fand eine gemeinsame Veranstaltung des Ausschusses für Lehre der Deutschen Gesellschaft für Soziologie (DGS) und des Ausschusses für Professionalisierungsfragen des Berufsverbandes Deutscher Soziologen (BDS) statt. Der Titel der Veranstaltung lautete: „Praxisprogramme in sozialwissenschaftlichen Studiengängen".

Vorrangiges Ziel der Veranstaltung war es, eine weitere Vernetzung von Praxisprogrammen in sozial- und geisteswissenschaftlichen Studiengängen zu erreichen. In der Veranstaltung wurde die derzeitige hochschulpolitische Debatte über eine stärkere Praxisorientierung der Geistes- und Sozialwissenschaften aufgenommen und die Umsetzung dieser Debatte in Überlegungen an die von einigen Universitäten (z. B. Augsburg, Bayreuth, Berlin usw.) bereits eingeführten „Career Center" sowie die Bemühungen, berufsqualifizierende Zusatzelemente in neuartigen sozialwissenschaftlichen Studiengängen (Bachelor/Master-Studiengänge) zu verankern. Über derartige Praxisprogramme und die Aktivitäten des BDS zur Vernetzung der Programme berichtete Dieter Grühn auch auf dem Forum Lehre (vgl. den Beitrag im diesem Band).

Die Vorträge aus dieser gemeinsamen Veranstaltung sind, ergänzt um zahlreiche weitere Beiträge als bds-paper 2/1999 inzwischen veröffentlicht worden:
Dieter Grühn (Hrsg.), Mit Praxisprogrammen das Berufsziel erreichen.

Das Buch gliedert sich in drei große Abteilungen:

1. Berufsverbleib von Hochschulabsolventen – Aktuelle Entwicklungen bei Sozial- und Geisteswissenschaftlern

Die Beiträge enthalten neben Ergebnissen aus aktuellen Verbleibsstudien einen Beitrag über „Existenzgründungen – eine Alternative für Freuen aus den Sozial- und Geisteswissenschaften", eine HIS-Sonderauswertung über „Das Potential für Selbständigkeit bei Hochschulabsolventen sowie Ergebnisse von Personalverantwortlichen in der deutschen Wirtschaft zu Einsatzmöglichkeiten von Geistes- und Sozialwissenschaftlern.

2. Vom Arbeitsmarktprogramm zum Career Center
Neben einer Darstellung der Aufgaben eine Career Centers finden sich Beiträge über Absolventenvereinigungen und Gründerseminare als weitere Aufgabengebiete für ein Career Center.

3. Studiengänge
Hier finden sich Beiträge, die sich mit der Frage beschäftigen, ob berufsqualifizierende Zusatzelemente wichtige Bausteine in neuen Bachelor- Studiengängen sein könnten oder sollten.

Der Band ist über den Berufverband Deutscher Soziologen zu beziehen.

Dr. Dieter Grühn, Freie Universität Berlin, Zentraleinrichtung Studienberatung und psychologische Beratung, Patschkauer Weg 38, D-14195 Berlin

FOREN
DOKTORANDENFORUM

Grenzenlos promovieren?

Organisation:
Johann-Georg Greiner / Bernd Neumeister / Andreas Lösch

Einleitung

JOHANN-GEORG GREINER / BERND NEUMEISTER / ANDREAS LÖSCH

Die eigentümliche „Zwischenlage", in der sich der wissenschaftliche Nachwuchs während seiner Promotionszeit befindet, war das Thema des DoktorandInnen-Forums. Diese wurde auch auf dem Freiburger Soziologie-Kongreß offensichtlich. Wie erwartet, waren die Noch-nicht-Promovierten unter den Vortragenden deutlich unterrepräsentiert. Unter den Kongreß-Besuchern stellten sie dagegen die Mehrheit dar, die nicht zuletzt durch ihre Teilnahmegebühren den Kongreß finanzierte.

Die nicht-doktorale „Wortmeldung" scheint von Wissenschaftsverbänden, wie auch vom Kongreß für Soziologie nicht als wichtig erachtet zu werden, obwohl am Ende der Promotionszeit dieselbe als Eintrittskarte in die Welt der professionellen Wissenschaft gilt. Die Dissertationsarbeit ist eine – wenn überhaupt – nur in potentia vergütete Leistung. Die „selbstgenügsame" Leistung kann nur durch eine „Schwerstarbeit" vom Promovierenden „an sich selbst" vollbracht werden. Die „Arbeit an sich" ist umfassend, denn sie setzt die Kompetenz voraus, gleichzeitig heterogene und oft widersprüchliche Strategien zu verfolgen. Die Chancen und Risiken dieser Arbeitsform wurden von den ReferentInnen problematisiert und analysiert. Abverlangt werden dem wissenschaftlichen Nachwuchs zum einen praktische Erwerbungen im Sinne einer „betrieblichen" Homogenisierung, die das Aushalten widersprüchlicher Zugänge zur eigenen Persönlichkeit voraussetzen. Zum andern haben sich die Promovierenden „wissenschaftlich" zu identifizieren. Gefordert wird die Begrenzung des theoretischen Blicks durch die Zuordnung zu einer soziologischen Teildisziplin. Zugleich wird eine Entgrenzung desselben Blicks entsprechend der ubiquitären *En-vogue*-Forderung nach Interdisziplinarität verlangt. Noch dazu hat der Promovierende beim Forschen pragmatisch vorzugehen. „Gesellschaftliche Relevanz" wird zum Maßstab der Forschungsförderung.

Diese gleichzeitigen Begrenzungen und Entgrenzungen waren die zentralen Themen der Diskussion mit dem Publikum: Kann denn die Forderung nach einer gesellschaftlichen Relevanz der Forschung eine praktikable Begrenzungsstrategie sein? Wenn ja – wer soll dann die Kriterien des Pragmatismus festlegen? Eine „pragmatische" Orientierung an aktueller Medienberichterstattung z. B. wurde in Frage gestellt. Denn folgen nicht gerade die Medien „Moden", die letztlich von einer sich entgrenzenden und immer neue Forschungsobjekte kreierenden Soziologie vorgegeben werden?

Um den Promovierenden eine Möglichkeit zu bieten, aus ihrer „Zwischenlage" herauszutreten, wurde die Bildung themenspezifischer Netzwerke angeboten. An der Vernetzungsaktion nahmen die Hälfte der BesucherInnen teil. Den VeranstalterInnen eines zukünftigen PromovendInnen-Forums ist zu empfehlen, eine Art Kontakt-Café für die gesamte Dauer des Soziologie-Kongresses einzurichten. Ein auf eine Abendveranstaltung begrenztes Forum ist nur bedingt für eine nachhaltige Vernetzung unter den Promovierenden geeignet. Als Chance für ein temporäres Heraustreten aus unserer Zwischenlage halten wir DoktorandInnen-Foren jedoch für durchaus geeignet.

Johann-Georg Greiner, Bernd Neumeister, Andreas Lösch, Universität Freiburg, Institut für Soziologie, Rempartstr. 15, D-79085 Freiburg

Promovieren als permanente Grenzerfahrung

ARND BADER

Die Frage, die über dem Promovierenden-Forum schwebte, ob es so etwas wie „*grenzenloses* Promovieren" gibt, muß ich auf der Basis meiner bisherigen, nur *begrenzten* Erfahrungen verneinen. Ich empfinde das Promovieren eher als eine permanente *Grenzerfahrung*, die ich als erfahrener Ausdauersportler noch am ehesten mit einem Ultralangsteckenlauf oder einem Triathlon über die Langdistanz vergleichen könnte, den man zwar gut vorbereitet, aber unter miserablen Bedingungen absolvieren muß. Zu beidem gehört eine Überdosis Eigeninitiative, Selbstüberwindung und Leidensfähigkeit. Das Promovieren ist ein Entscheidung, die verlangt, andere Optionen des Berufs- und Lebensweges *auszugrenzen*. Sich in diesem Rahmen für eine Disziplin zu entscheiden, ist ein weiterer Moment der *Abgrenzung*. Als Promovierender in der Disziplin Soziologie sitzt man nicht nur meistens in den *Grenzen* eines Raumes, sondern auch in den Grenzen eines Faches, das sich durch seinen Gegenstand, auch durch seine Methoden, aber vor allem durch seine Sprache vom Rest der Welt *abzugrenzen* scheint. In diesem Sinne ist man auch mehr oder weniger in diesen Fachgrenzen gefangen, insbesondere dann, wenn man einem interdisziplinären Denken aufgeschlossen ist und das auch für eine Promotion nicht ausschließen möchte.

Ich halte interdisziplinäres Denken für sehr wichtig und habe aus diesem Grund ein Thema gewählt, das sich neben der Soziologie auch an den Erkenntnissen der Sozialpsychologie sowie der Sport- und der Gesundheitswissenschaft orientiert, was sicherlich ein Grund dafür ist, daß ich das Promovieren im Fach Soziologie als eine permanente *Grenzerfahrung* empfinde.

Diese disziplinäre *Grenzerfahrung* wird komplettiert durch die *Grenzen*, die die Soziologie in ihren Mauern aufgebaut hat, die u. a. in der Aufsplittung in Sektionen und Arbeitsgruppen an Soziologentagen sehr massiv deutlich wird, bei deren Vielzahl man irgendwann das ungute Gefühl bekommt, daß die Mitglieder der einzelnen Sektionen und Arbeitsgruppen gar nicht mehr wissen, was in anderen Bereichen vor sich geht und sich eigentlich auch gar nicht mehr dafür interessieren, was aus pragmatischen Gründen vielleicht auch ganz sinnvoll erscheint, da man sich selbst als Soziologe schließlich nicht mit allem und jedem auseinandersetzen kann und Komplexität nun mal *Grenzziehungen* verlangt, um überhaupt denk- und handlungsfähig zu sein. Nur gibt es da, trotz gegenteiliger Stimmen m. E. immer noch, die sehr massive interne Differenzierung in unterschiedliche Paradigmen. Ob man nun, je nach Perspektive, von einem normativen oder interpretativen, einem systemtheoretischen oder handlungstheoretischen, einem sozialisationstheoretischen oder was weiß ich für einem Paradigma sprechen möchte, es bleibt für mich das Fazit, daß mit einem Paradigma die *Grenzen* nicht nur sehr hoch gezogen werden, sondern auch Intoleranz gefördert wird, da der Glaube an ein Paradigma mehr oder weniger dazu führt, daß die Ungläubigen als inkompetent oder „Nicht-Erleuchtete" betrachtet werden, deren Forschung belanglos erscheint. Ein weiterer Wunsch wäre es daher, schon in der Promotion nicht nur interdisziplinär, sondern auch interparadigmatisch arbeiten zu können. Für mich bedeutet das konkret, daß Forschung immer vor einem pragmatischen Hintergrund geschehen sollte, d. h., daß sie nicht Selbstzweck ist oder darauf beschränkt sein sollte, die meisten intellektuellen Klimmzüge im Elfenbeinturm der universitären Wissenschaft zu machen, sondern daß man sich stets fragen sollte, welchen pragmatischen Nutzen meine Arbeit hat. Also: Dienen die Erkenntnisse meiner Arbeit auch dem praktischen Leben bzw. helfen sie ein soziales Problem zu lösen oder auf soziale Mißstände aufmerksam zu machen? Ich sage das in dem Bewußtsein, daß das für unterschiedliche Menschen etwas ganz unterschiedliches bedeuten kann. Aber daß Soziologie pragmatisch sein muß, zumindest für jemanden, der noch studiert oder promoviert und noch nicht fest in einer Institution oder Organisation etabliert ist, wird jeder schnell merken, wenn er nach dem Studium einen Job sucht und diesen nicht in den *Sinngrenzen* des akademischen Mittel- oder Überbaus findet. Der Arbeitsmarkt konfrontiert Soziologen ganz massiv mit *Grenzen,* die schnell existentiell werden können. Und es scheint so zu sein, daß die Soziologie es bis jetzt nicht flächendeckend geschafft hat, andere gesellschaftliche Gruppen davon zu überzeugen, daß die, die dieses Fach studiert haben, eine Leistung erbringen können, die angemessen und dauerhaft bezahlt werden sollte. Von den Leuten, mit denen ich studiert habe, ist die Mehrzahl arbeitslos oder in einem Job untergekommen, der relativ wenig mit dem zu tun hat, was sie studiert haben. Ich kenne Leute mit hervorragenden Abschlußnoten, die über 100 Bewerbungen geschrieben haben, von denen die meisten, wenn überhaupt, mit dem üblichen Beileidsschreiben zurückgekommen sind. Zu Vorstellungsgesprächen oder Eignungstests wurden die meisten selten bis nie eingeladen. Da wird die Option zu promovieren nicht zu einer Alternative, sondern zur einzigen Möglichkeit als Soziologe die Konfrontation mit dem Arbeitsmarkt noch etwas aufzuschieben. Der eine oder die andere findet dabei sogar eine Promotionsstelle, aber deren Rahmenbedingungen sind oft so schlecht gestaltet, daß sie eine vernünftige Lebensplanung nicht ermöglichen, da man nach Ablauf einer Frist von 3 Monaten bis maximal 5 Jahren nicht nur häufig mit der Promotion in den Seilen hängt, sondern sich auch die Chancen auf dem Arbeitsmarkt durch einen Doktortitel nicht unbedingt verbessert haben. Der SPIEGEL machte in gewohnt polemisierender Art und Weise mit seiner Titelgeschichte „Dr. Arbeitslos" vom 18. Oktober 1993 schon vor Jahren darauf aufmerksam, daß eine Promotion auch zur Überqualifikation führen kann und in einem ZEIT-Artikel vom 19. April 1996 wurde für den akademische Mittelbau gefordert, daß er auch mehr Sicherheit brauche, wenn er im universitären Bereich bleiben will, da die überholte und verkrustete Personalstruktur dem wissenschaftlichen Nachwuchs alle Risiken aufbürde und eine überalterte Professorenschaft konserviere, die auf ihrem Beamtenstatus teilweise den Blick für die Realitäten verloren haben. Was u. a. auch bedeutet, daß sie einen akademischen Nachwuchs ohne Bezug auf den Arbeitsmarkt bzw. die Stellensituation im Hochschulbereich ausbilden.

Die Rigidität von Disziplinen und Paradigmen, die existentiellen Konsequenzen *begrenzter* Mittel und geeigneter Promotionsstellen sind sehr massive *Grenzerfahrungen,* die einem das Promovieren erschweren und die *begrenzten* Zukunftsaussichten, die damit verbunden zu sein scheinen, können einen schnell zum Aufgeben motivieren, wenn sich eine geeignete Alternative bietet und man sich zunehmend fragen muß, ob sich der ganze Aufwand überhaupt lohnt.

Zu promovieren bleibt trotz permanenter *Grenzerfahrung* eine freie Entscheidung, deren Konsequenzen jeder, der sich darauf einläßt, selber tragen muß. Ein Netzwerk von Promovierenden ist sicherlich ein wichtiger Schritt, um sich auszutauschen und Unterstützungspotentiale zu fördern. Ein Netzwerk allein wird allerdings nichts an der Situation im Hochschulbereich und auf dem außeruniversitären Arbeitsmarkt ändern. Hier bietet sich aber zumindest die Möglichkeit, in der Soziologie Pragmatismus einzufordern und mit seiner eigenen Forschung zu praktizieren. Denn wenn man sich selbst als Teil der Soziologie sieht, dann sollte man daran mitarbeiten, deren Erscheinungsbild über die Grenzen dieser Disziplin hinaus zu verbessern und das heißt für mich, ihren pragmatischen Nutzen ganz klar herauszustellen.

Arnd Bader, Hindenburgstr. 30, D-42853 Remscheid

Grenzenlose Verwund(er)ung? – Zu Vorbildern und Vorstellungen von DissertantInnen

GERLINDE MAUERER

Die Erfahrungen aus dem Dipl.-Diss.-Forum, einer Veranstaltungsreihe, in der Frauen ihre wissenschaftlichen Abschlußarbeiten in der Frauen*hetz* in Wien vorgestellt haben, zeigten eine „fächerübergreifende Problemstellung" für Frauen: Nicht nur die Betreuung vielseitig orientierter Arbeiten gestaltete sich schwierig, auch die Anerkennung an den jeweiligen Instituten ließ zu wünschen übrig. Dies beschränkt sich keineswegs auf Frauen oder das soziologische Institut im speziellen.

Dennoch weist die Situation von Frauen an der Universität eine Tatsache auf, die sie von der schlechten Betreuungssituation männlicher Dissertanten unterscheiden läßt: mangelnde Vorbilder. Der *Karriereverlauf* „Matura-Magistra-Mama" ist nach wie vor häufiger zu beobachten als der Beginn einer wissenschaftlichen Laufbahn von Frauen, verbunden mit einer Eingebundenheit in die jeweiligen Institute und mit entsprechender Förderung von frauenspezifischer und feministischer Forschung und Lehre, – mittlerweile auch in die *Kompromißvariante* „Gender Studies" umbenannt.

Zumeist sind weibliche Lehrende mittels Gastverträgen und Lektoraten an der Universität vertreten, was die Betreuungssituation zusätzlich erschwert bis verunmöglicht. Die Lehrer-Schüler-Dualität, die eine „Kronprinzenthronfolge" an der Universität ermöglichte und weiter ermöglicht, ist durch den universitären Frauenförderungsplan zunächst kaum beeinträchtigt worden (vgl. Mauerer/Zehentner 1996). Einsparungen haben die geförderte Aufnahme von Frauen zum „richtigen Zeitpunkt" verhindert. Wo nicht aufgenommen wird, kann auch nicht *wirklich* – mit Auswirkungen – gefördert werden.

Auch die Soziologie als Gesellschaftswissenschaft spiegelt ein gesellschaftliches Mißverhältnis wider, welches Frauen als Reproduzentinnen männlicher Lehre und Forschung aufweist.

Feministische Forschung und Lehre werden zumeist als Zusatzarbeit gewertet, keineswegs jedoch als Zusatzqualifikation oder eigenständiger Wissenschaftsbereich. Für *klassische Karriereverläufe* ist feministische Wissenschaft nicht vonnöten, sie war es auch zu Zeiten sogenannter gefüllter „Frauentöpfe" nicht. Für viele Institute stellte die staatliche Förderung von Frauen eine zusätzliche Einnahmequelle dar, die gerne angenommen wurde, bis die Gelder gekürzt oder gar gestrichen wurden. Universitätsangestellte sind aus den geförderten Frauen zumeist nicht geworden, vielmehr qualifizierte Frauen mit nicht remunerierten Lehraufträgen, welchen die „Ehre der Lehre" zuteil wurde, nicht aber die finanzielle Honorierung ihrer Arbeit.

Fächerübergreifende Wissenschaftlichkeit und (auch) interdisziplinäre Lehrmethoden (Gruppendynamik in der Seminarsituation, die Veränderung der LehrerInnen-StudentInnen-Dualität, ein veränderter universitärer Rahmen, der den *außeruniversitären Raum* miteinbezieht) wurden vermehrt von lehrenden Frauen angewandt, deren Fülle an Ausbildungen und Qualifikationen jedoch keinen angemessenen Platz finden konnte. Zu unkonventionell waren und sind die meisten Biographien von Frauen. – Vom späteren Start des Studiums angefangen, über *Brüche* in der Biographie durch geleistete Versorgungsarbeit (u. a. Mutterschaft), über nicht angestellte Honorartätigkeiten, die nicht als Vorqualifikationen anerkannt werden, über Nebenerwerbsarbeit und quälende Selbstzweifel, die mit einer für Frauen nach wie vor außergewöhnlichen wissenschaftlichen Karriere verbunden sind, bis hin zu Existenzängsten die Altersversorgung betreffend, reichen die Besonderheiten und/oder auch Ähnlichkeiten (zur malestream-Biographie) von Wissenschafterinnen.

Die Universität als einer der Schauplätze von Wissenschaft und Forschung neigt dazu, die dem Wißtrieb verhaftete Töchter in ihrem Denken und Tun den lernenden und lehrenden Söhnen anzugleichen. Der Ort, an dem Wissenschaft und Lehre sich „abspielt", findet sich in Abbildern der Vorstellungswelt und repräsentativen ProtagonistInnen wieder. Die „höheren Weihen" zu empfangen ist für Frauen reizvoll, zumeist ist dies jedoch mit einem Abspaltungsprozeß verbunden. Frauen müssen Persönlichkeitsanteile abspalten, um sich in Vorbildern spiegeln zu können, die an ihrer Teilnahme im universitären Gefüge zudem kein großes Interesse haben. Die wenigen „Stellplätze" sind hart erkämpft. Frauen finden weniger ihre tatsächliche Vorstellung vor im Wissenschaftsbetrieb, als ihre „Verstellung", durch männliche Kollegen.

Nach wie vor ist die Idee eine weibliche Hülle, die männlicher Reproduktion dient in einem Setting, das Väter und Söhne zueinander finden läßt, ohne sich des weiblichen Ausschlusses bewußt zu werden. Darauf beruht ihre Vertrautheit. Ihr kollegiales Verhalten. Ihre Seilschaften, aus denen Frauen wie zufällig ausgeschlossen sind. Zumeist hat keiner an sie gedacht. Ohne dies *zu wollen*. Denn Universitätsangehörige sind wie fast alle „modernen" Männer für Gleichberechtigung und die Beteiligung von Frauen

in allen Lebenslagen. Wenn sie darüber reden. Entscheidungen über Einstellungen und Anstallungen werden seltsamerweise völlig anders getroffen, als dieses – rhetorisch vermittelte – empathische Verständnis erwarten ließe.
Verwunderung und Verwundung entstehen und verbleiben, bleiben als Restprodukte eines Vorganges, der von allgemeiner Gleichheit ausgehend Frauen und Männer mit dem kleinen Unterschied gleichstellen will. In diesem Prozeß können Frauen nur zu kurz kommen, da sie die Vorbedingung für ein Allgemeines abgeben.
Daher kann Frauenförderung als alleinige Maßnahme nicht die Aufnahme von Frauen im Wissenschaftsbetrieb bedeuten. Feministische Lehre und Forschung als zu beachtender Bestandteil in Lehre und Forschung, und nicht als Neben- oder Zusatzqualifikation (oder gar Abqualifizierung) von Frauen muß einen Stellenwert erhalten, der sich in Zahlen widerspiegelt: auf den Konten von Wissenschafterinnen ebenso wie bei der Anzahl von Frauen im Wissenschaftsbetrieb.

Literatur:
Mauerer, Gerlinde / Zehetner, Bettina (1996): Von Putzmännern und Rektorinnen. Der Frauenförderungsplan gefährdet die traditionelle Uni-Thronfolge. Mehr Frauen sollen per Verordnung in gehobene Positionen vorrücken. profil EXTRA Nr.1, September 1996

Gerlinde Mauerer, Patzmanitengasse 25/15, A-1020 Wien

Von Zwergen und Riesen

BARBARA OSSEGE

Der Titel leitet sich aus dem Aphorismus ab: „Ein Zwerg, der auf den Schultern eines Riesen steht, sieht weiter als der Riese selbst." Geklaut ist dies aus dem „Leitfaden durch das Labyrinth der Gelehrsamkeit" von Robert K. Merton, erschienen 1965 unter dem Titel „Auf den Schultern von Riesen". Merton ließ sich durch einen Satz von Issac Newton inspirieren, der gesagt haben soll: „Wenn ich weiter gesehen habe, so deshalb, weil ich auf den Schultern von Riesen stehe." (Merton 1983: 19)
Beweise ich mich hiermit nicht schon als *guter Zwerg*, wenn ich die Stützen meiner Gedankenspur offenlege? Ich zeige jedenfalls Gelehrigkeit, eine Tugend, die unter anderem im Umgang mit der science community ein höfliches Gebot ist. Ja, selbst Sir Newton outete sich als Zwerg, wenngleich dieser Wissenschaftler des 17./18. Jahrhunderts als Riese in die Wissenschaftsgeschichte eingegangen ist. In der Beschreibung

seiner Erkenntniskarriere ist keine Respektlosigkeit, keine Vermessenheit, keine
Überheblichkeit zu hören, sondern der bescheidene Ton eines Gelehrten; ja das klischierte Bild jenes Wissenschaftlers taucht auf, der weder größenwahnsinnig noch überheblich ist, sondern, der sich vor den Autoritäten seines Fachs verbeugt (wenn sie auch
namenlos bleiben), da ihr Forschen seine Erkenntnis vorantrieb. Er erweist sich als guter
Schüler seines Lehrers (Professor für Mathematik in Cambridge), dessen Position er
übernehmen durfte. Welche Dissertierende – ich wage es kaum auszusprechen – erträumt
sich dies nicht mal ganz heimlich? – Das Gleichnis von Zwerg & Riese ist so passend
wie unpassend. Passend, weil die Dissertation der Eroberung von Schulterstücken
gleichkommt. Das heißt: Werden redlich die Größen des spezifischen Fachs *erörtert*,
die Thesen der Dissertation erkenntnisgeleitet aufbereitet, dann ist dieses – doch auch
ehrgeizige – Projekt zu bewältigen. Ernsthaftigkeit, ja mehr oder weniger Verbissenheit
ist vonnöten, um aufzusteigen, aber in jedem Fall sieht eben der Zwerg dann weiter.
Dieser Vergleich assoziiert einen geradlinigen Weg. Was für eine Illusion! – nimmt doch
schon Merton das Bild des Labyrinths auf. Newton hatte es leichter, sich als Wissenschaftler zu positionieren in einer Zeit – so wird erzählt – als die Erkenntnisproduktion
noch übersichtlich war. Die gegenwärtige Wissenschaftslandschaft hingegen ist in
Bewegung. Die Ausdehnung der Grenzen der Soziologie durch die Vermehrung von
speziellen Soziologien, die Soziologisierung von Nachbarfächern, der Ruf nach Interdisziplinarität ... diesem Fach kann eine multiple Persönlichkeit nachgesagt werden. Die
auftretende Fülle von Splitterbereichen kann als Professionalisierung gedeutet werden.
Zu fragen ist aber auch, ob eine Makroeinschätzung der Gesellschaft noch greift, ob
Soziologie sich nicht in Detailanalysen verstrickt, ja vielleicht ihren Gegenstand aus den
Augen verliert. Allein das Angebot dieses Kongresses läßt WissenschaftlerInnen gleich
TV-KonsumentInnen von einem zum nächsten Programm zappen, wenn auch nicht so
bequem. Aber eines läßt sich bestätigen: Das mit der Grenzenlosigkeit stimmt.
Hiermit komme ich zu einem ganz pragmatischen Problem: Jede Dissertierende gerät
in den Strudel der Überforderungen und muß – mit schlechtem Gewissen kämpfend –
eines erlernen: willkürlich Grenzen zu ziehen. Dies beginnt schon bei der Literaturrecherche: Das Labyrinth eröffnet sich, die Gewißheit nimmt zu, nie den kompletten
Überblick zu erhalten. Bitter ist die Wahrheit, wenn sie heißt: Ich kann nicht alles
wissen. Aber genau hier steckt ein Dilemma: Mit der Dissertation soll Wissensreichtum bewiesen werden. Somit wird sich an Kriterien intellektueller Arbeit geklammert,
die da heißen: Objektivität, Verstand und Geist. Aber wie Evelyn Fox Keller kritisiert:
„Wissenschaft ist nicht eine reine Verstandestätigkeit (...) und sie ist nicht so unpersönlich, wie wir denken: Wissenschaft ist eine zutiefst persönliche und zugleich soziale
Tätigkeit" (Keller 1986: 14). Neben dem pragmatischen Problem, das mit mehr oder
weniger ernsthaftem Studium der Dinge in den Griff zu kriegen ist, eröffnet sich fast
unmerklich ein Paradoxon, das sich erst auflöst, wenn der *Titel* in Empfang genommen

wird. Damit gebe ich Dierk Spreen vollkommen Recht, wenn er von „Fälschung" spricht, denn von welchem Ort aus ist die Dissertierende berechtigt zu reden? Die Position der Lernenden, die eine mehr oder minder stark vorgezeichnete Leiter zu erklimmen hatte, ist überwunden: Das studentische Zwergentum ist abgeworfen. Zwar ist die Dissertation ein logischer Schritt, aber er führt in einen *Zwischenbereich*. Es wird nicht, wie mit der Diplomarbeit, die die Lernbereitschaft im Studium beweist, etwas abgeschlossen. Mit der Dissertation wird die Tür zu einem *inneren Raum* der Wissenschaft aufgestoßen, obgleich schon aus diesem Raum heraus geredet/geschrieben werden soll. Dies bedeutet: Die Dissertierende bewegt sich innerhalb eines Prozesses, in dem sie sich als Fälscherin vorkommen muß. Mit ihrer Rede beweist sie, daß sie des Titels würdig ist, der die Rede erst legitimiert. Es ist also ohne Titel diese Rede abzufassen, als wäre der Titel schon gegeben. Verstummen kann die Folge sein, denn dies ist die emotionale Seite innerhalb des intellektuellen Prozesses, die eigentlich keine Aufmerksamkeit erhalten soll, lenkt sie nur vom Arbeiten ab.

Es gilt nicht allein, die Beweisführung anzutreten, daß mit Erkenntnis umgegangen werden kann, sondern auch, sich auf der unteren Riege des Zwergentums einzufinden und sich als gelehrige Schülerin den wissenschaftlichen Kriterien unterzuordnen. Jedes überhebliche Gefühl, vielleicht schon eine bißchen riesig zu sein, ist dahin, vielmehr lasten alle Riesen auf den Schultern der Dissertierenden.

Und eines ist noch zu beachten: „Der Zugang zum Wissen wird also mit einem Verlust des Genießens bezahlt – das Genießen ist in seiner Blödsinnigkeit nur aufgrund eines Nicht-Wissens möglich." (Zizek 1991: 17) Dies zeigt sich allzu oft bei wissenschaftlichen Texten, die so gar nicht genußreich zu lesen sind. Aber mit der Aufnahme der Wissenschaftssprache stellt sich gerade auch die Dissertierende in den Zusammenhang der Geschichte dieser Sprache und ihrer Zwänge und ergreift das einfachste Instrument, um wissenschaftliche Identität zu demonstrieren.

Zu dissertieren bedeutet somit, die Bereitschaft zur Verausgabung zu haben, um vereinnahmt zu werden. Letztendlich ist dies ein durch und durch einsamer Prozeß, der auszuhalten, durchzusitzen ist, weil Belohnung winkt. Bloß: Alma Mater bietet keinen sichern Schoßplatz mehr an.

Literatur:
Keller, Evelyn Fox (1986): Liebe, Macht und Erkenntnis. Männliche oder weibliche Wissenschaft? München/Wien
Merton, K. Robert (1965): Auf den Schultern von Riesen. Ein Leitfaden durch das Labyrinth der Gelehrsamkeit. Frankfurt a. M.
Zizek, Slavoj (1991): Liebe Dein Symptom wie Dich selbst! Jacques Lacans Psychoanalyse und die Medien. Berlin

Barbara Ossege, Chorinerstr. 36, D-10435 Berlin

Arbeit am Lebenslauf

DOMINIK SCHRAGE

Die vielfältigen objektivierenden und subjektivierenden Effekte der Konstellation „Doktorand im akademischen Raum" lassen sich vielleicht am besten an der „Arbeit am Lebenslauf" aufzeigen: Bereits die Anträge auf Promotionsförderung konfrontieren die Doktorandin mit der Forderung, die Mannigfaltigkeit der (studentischen) Aktivitäten als Aktivposten nach virtuellen und wechselnden Kriterien zu gruppieren, auf ein Arbeitsthema zu beziehen und „sich" *zu promoten*.

Je nach Art der Institution, bei der eine Förderung beantragt wird oder an die eine Bewerbung um eine Stelle gerichtet wird, müssen dem zur Verfügung stehenden Informationsmaterial mögliche Aufnahmekriterien entnommen werden. Es kann sich dabei um Kriterien handeln, die gesellschaftspolitisches Engagement, die Forschungsziele sowie bevorzugte Forschungsrichtungen betreffen, oder aber auch um Charaktereigenschaften, die vorausgesetzt werden. Da die z. B. von Stiftungen versandten Informationsheftchen sich oftmals in Gemeinplätzen und Floskeln ergehen, liegt es nahe, sich im weiteren Freundes- und Bekanntenkreis zu informieren, um so eine ganze Bandbreite von abschreckenden, ermutigenden und z. T. sogar hilfreichen Auskünften einzuholen. Die so gesammelte Mannigfaltigkeit von Informationen verschiedenster Güte muß nun mit Hilfe interpretativer Verfahren zu einem Gesamtbild zusammengefügt werden, aus dem dann mögliche Richtlinien für eine erfolgversprechende Bewerbung abgeleitet werden können. Die solchermaßen erschlossenen Kriterien dienen im weiteren behelfsmäßig als objektive: Sie strukturieren die Formulierung des Lebenslaufs.

Das heißt, daß sie zunächst überhaupt die Aufmerksamkeit auf verschüttetes Wissen um über Jahre zurückliegende Aktivitäten lenken, die Durchsicht alter Ordner anleiten und Formulierungshilfen anbieten. Der wissenschaftliche Teil der Biographie gestaltet sich dank der informativen Studienbuchseiten als scheinbar einfacherer Teil der Arbeit, schwieriger wird es schon, der Ansammlung von besuchten Lehrveranstaltungen einen gewissermaßen teleologischen Drive zu verleihen: Das Promotionsprojekt sollte schließlich als Zielrichtung eines vektorialen Drangs thematischer Art bereits zu Beginn des Studiums eine latente Präsenz aufweisen, die methodischen Übungen in gewisser Konsequenz auf das Jetzt hindeuten. Eine Herausforderung an das hermeneutische Gespür! Weit komplizierter stellt sich der, je nach Institution unterschiedlichen Kriterien unterworfene, gesellschaftspolitisch-engagierte oder in einigen Fällen auch charakterologische Teil der Biographie dar. Hier gilt denn auch: Nicht jeder kann sich – eine gewisse Redlichkeit vorausgesetzt – bei jeder Stiftung bewerben. Es wäre zweifellos überdehnte

Interpretationskunst, die Teilnahme an Hausbesetzungen bei der Adenauerstiftung als Tätigkeit im Immobilienbereich auszugeben. Allerdings bleiben uns definitorische Grenzen hier versagt, handelt es sich doch um eine letztlich ethische Frage. Das am Ende einer solchen, mit Hilfe eines Methodenmixes aus Hermeneutik, Feldforschung und Interviews, Hegelscher Philosophie und Archivarbeit bewältigten Leistung ist, so könnte kritisch eingewandt werden, eine fingierte Biographie: Ein Konstrukt. Nicht erst die neueren Arbeiten der Biographieforschung, auch bereits große Werke der Literatur unseres Jahrhunderts und nicht zuletzt die Phänomenologie haben allerdings die mit dem Begriff der Erinnerung verbundene Dialektik von Präsenz und Absenz aufgezeigt. Sie entlarven die Naivität der Annahme, eine Biographie, die mehr als für sich sinnlose Daten enthielte, könne Ansprüche auf Objektivität oder gar Authentizität stellen.

Ganz im Gegenteil stellen die im Verlauf der Bewerbungsphase erworbenen Kenntnisse und Fertigkeiten wichtige Schlüsselqualifikationen für das Agieren im akademischen Raum dar – unbeeinflußt vom Ergebnis der Bemühungen. Als vom Verfahren der Entscheidungsfindung zugleich Betroffene und ihm Außenstehende sollten die Doktorandin und der Doktorand in der z. T. mehrere Monate andauernden Wartezeit und ebenso nach Erhalt von abschlägigen Bescheiden das Wissen um die Arbitrarität bürokratischer Vorgänge durchaus gezielt motivationsstabilisierend einsetzen. Vor allem ist von der Kafkalektüre dringend abzuraten.

Wichtig ist es, in dieser Phase die durch die Konstruiertheit des Lebenslaufs bedingte Nichtidentität des Alltags-Ich mit der gleichnamigen Bewerberperson im Auge zu behalten. Ist die Bewerbung erfolglos, so kann dies in mangelndem Interesse am oder überhaupt fehlendem Verständnis für das Projekt seitens der Entscheider, in einer fehlerhaften Kriterienanalyse oder auch in der ungeschickten Umsetzung bei der Biographieerstellung durch den Doktoranden selbst begründet sein. Auch wenn der übliche letzte Satz in der Absage „viel Erfolg für die weitere Zukunft" wünscht, so ist dies keinesfalls persönlich zu nehmen.

Frustrationstoleranz, Wartevermögen und nicht zuletzt ein pragmatischer Einsatz von Persönlichkeitsspaltung und Autosuggestion als Selbsttechniken, dies sind die wichtigsten Kompetenzen, die im Verlauf der Bewerbungsphase erworben werden. Die prekäre Offenheit der Situation nach dem ersten Hochschulabschluß in finanzieller, planerischer und orientierungsmäßiger Hinsicht schafft dergestalt die äußeren Begrenzungen für eine flaschenhalsförmige, hochintensive Sozialisationsphase: In vergleichsweise extrem kurzer Zeit verschränken sich das Ende der studentischen Adoleszenz und die Initiation in den Vorhof des akademischen Raumes. Manifestieren sich die Konflikte der ausklingenden studentischen Adoleszenz in Legitimationsproblemen der akademischen Karriere, so machen sich die Gesetzmäßigkeiten des akademischen Raums in der Erfordernis zur Arbeit am Lebenslauf geltend. Die von finanzieller Perspektivlosigkeit, thematischer Diffusität und fachlicher wie persönlicher Isolation eng begrenzte Phase des Exposéverfassens und Bewerbens stellt so etwas wie das caudinische Joch zwischen zwei Lebensabschnitten dar. In ihrem Verlauf entsteht eine neuartige Weise der Selbstthematisierung: Neben der Arbeit an der Dissertation wird die mit der Arbeit am Lebenslauf eingeübte „Arbeit an sich" zu einem komplementären Element des Sich-Bewegens im akademischen Raum. Das Fingieren der Legende einer namensgleichen wiewohl nichtidentischen Person nimmt allerdings in der Bewerbungsphase erst seinen Anfang. Die Bewegungen der akademischen Person im akademischen Raum vollziehen sich von nun an in der Form einer linearen Biographie: Jede Publikation, jeder Vortrag ist immer auch eine Zeile im Lebenslauf, wird zum Einsatz in der nächsten Runde. In der Folge der Zeilen manifestiert sich der Fluß der Zeit im homogenen Medium des Lebenslaufes. Ein Wort allerdings sollte noch verloren werden über die Beziehung der beiden namensgleichen Personen zueinander: Sind beide – solange Lebenslauf und Lebensweise in einem spannungsreichen, aber aufeinander beziehbaren Verhältnis stehen oder stehen sollen – aufeinander angewiesen, so wird doch diese Beziehung niemals die eines bloßen Austauschs von Leistungen bleiben. Die identifikatorische Brisanz dieser Beziehung auf Dauer zu stellen, dies vermag – aus meiner Sicht – nur eine ironische Haltung beider Personen zueinander. Es bedarf einer Ironie, die nicht in Zynismus kippt, gleichwohl aber befähigt, paradoxalen Fragen gegenüber gelassen zu bleiben, ohne ihre Relevanz zu verkennen. Und die sich, das ist wohl das wichtigste, dem Zynismus der akademischen Realität nicht angleicht.

Dominik Schrage, Bautzener Str. 13, D-10829 Berlin

Über einige Schwierigkeiten, einen Titel zu finden

DIERK SPREEN

Erstens: Zunächst ist ein Titel das, was über der fertiggestellten Arbeit oder auf dem Buchcover steht. Der Titel besteht aus Wörtern, die ihren Platz am Rand des Textes haben. Im Text hat dieselbe Serie von Wörtern einen ganz anderen Wert. Der Topos des Titels ist der Rand. Ohne diese Randständigkeit bildet eine Serie von Wörtern keinen Titel. Das bedeutet keineswegs, daß der Titel unwichtig wäre – ganz im Gegenteil: Mit dem Schreiben beginne ich erst, wenn ich einen Titel gefunden habe. Insofern also regiert der Titel nicht nur über einen zu lesenden, sondern bereits auch über einen zu schreibenden Text. Der Titel übt Diskursmacht aus. Eine Macht allerdings, die sich verbirgt, hinter Rändern versteckt, die nicht im Zentrum steht.

Zweitens: Der Hinweis auf eine Machtproblematik verweist auf eine weitere Bedeutung des Titels, auf den „Doktorgrad". Das Tragen dieses Titels gibt dem Diskurs dessen, der ihn trägt, einen juridischen Status, nämlich eine „universitäre oder verlegerische Legitimität" (Derrida 1980: 17). Dieser Status beinhaltet u. a. das Recht, im Raum des wahren Wissens zu sprechen, das Recht kritisiert zu werden und das Recht der Deutschen Gesellschaft für Soziologie beizutreten.

Der Titel ist das offene Geheimnis jeder diskursiven Formation. Zygmunt Bauman irrt deshalb, wenn er meint, für die Soziologie gäbe es derartiges nicht. „Der soziologische Diskurs", schreibt Bauman, „ist keine Formation – denn er hat nicht die Autorität, seine eigenen Grenzen zu ziehen, die Schranken um ein ‚Inneres' herum zu errichten, von dem aus gültige oder relevante Aussagen gemacht werden können" (Bauman 1995: 104). Um eine diskursive Formation zu kennzeichnen, ist es allerdings gar nicht nötig, ein Zentrum auszumachen, von dem aus regiert wird. Die Idee, die Baumans These zugrunde liegt, gründet auf einer reichlich veralteten Vorstellung von Macht. Macht wirkt nicht primär vom „Zentrum" her, sondern aus der Zerstreuung heraus. Ihr Ort ist der Rand – und an diesem Ort steht auch der Titel.

Drittens: Insofern sie mit dem Titel in Verbindung steht, ist diese Macht also gewissermaßen *illegal*. „Ein Titel", so sagt Jacques Derrida, „bleibt (…) auf sehr eigenartige Weise der Sprache wie dem Diskurs fremd; er führt in sie ein anormales Funktionieren der Referenz und eine Gewalt, eine Illegalität ein, die ihrerseits Recht und Gesetz stiftet" (Derrida 1980: 18). Ein Titel ist immer auch eine Fälschung, eine Art Falschgeld. Falschgeld ist eine nicht staatlich autorisierte Pressung von Wertzeichen; aber auch die gültige Währung ist *gemacht*. Der Titel einer wissenschaftlichen Arbeit betitelt eigentlich nur mich: „Ich bin das und das und das und das bin ich und besage ich." Nur darf der Titel, um einer zu sein, das nicht sagen. Er kennzeichnet einen heiligen, objektiven und wahren Text, der in das Archiv des Wissens aufgenommen wird. Im alten Französischen heißen die Mönche, die ein Archiv führen und bewachen „Titrier" – Titelkonservierer. Das Wort hat aber noch eine zweite, neuere Bedeutung. Demnach „heißt Titrier ein Titelfälscher, ein Fabrikant von Falschtiteln oder von Falschgeld" (Derrida 1980: 20). Halten wir also fest:

Erstens, ohne Titel kein Text. Der Titel regiert über den Text. Diesen zu schreiben, bedeutet, Macht auszuüben. *Zweitens*, ohne Text kein Titel. Der Titel, der befähigt, im Machtraum des Wissens autorisiert zu sprechen, wird in erster Linie durch das Anfertigen eines Textes (der Doktorarbeit) erworben. Zusammengenommen ergibt sich damit ein Paradoxon, weil der Titel den Text und dieser wiederum den Titel voraussetzt. *Drittens*, der Titel regiert den Diskurs vom Rand her. Die Ordnung des Wissens ist nicht

auf ein Zentrum ausgerichtet, sondern ihre Legitimität gründet auf verborgener Fälschung. Auch das ergibt eine Verstrickung, nämlich die, daß das Wissen unerreichbar ist. Man kommt nie an. In der Regel weiß man das aber nicht. Bedenkt man diese paradoxalen und labyrinthischen Verschlingungen, welche den Weg zum autorisierten Wissen markieren, dann ist es eigentlich ein großes Wunder, daß überhaupt Dissertationen geschrieben werden. Wie ist es also möglich, daß ein übertitelter Text fertiggestellt wird? Heinz von Foerster weist darauf hin, daß gerade Paradoxa die Basis von verantwortbaren Entscheidungen sind: „Nur die Fragen, die prinzipiell unentscheidbar sind, können wir entscheiden" (Foerster 1993: 73). Er entwickelt aus dieser These eine Ethik des Erfindens. Auf unser Problem angewandt, ergibt sich damit erneut die Feststellung, daß eine wissenschaftliche Arbeit, die ja neue Erkenntnisse bieten soll, eine Erfindung und keine Entdeckung objektiver Weltverhältnisse ist. Derrida spricht daher von „Fälschung". Aber nun tritt gerade dieser Erfindungsreichtum in der Ordnung des Wissens nicht hervor. Vielmehr wird uns die Freiheit der Wahl und die Last der Verantwortung von einer Institution abgenommen. Die Akademie verspricht Entlastung: „Mit viel Genialität und Einfallsreichtum wurden Mechanismen ersonnen, mit denen man diese furchtbare Last vermeiden könnte. Der hierarchische Aufbau vieler Institutionen hat eine Lokalisierung der Verantwortung unmöglich gemacht. Jedermann in einem solchen System kann sagen: ‚Mir wurde gesagt, X zu tun.'" (Foerster 1993: 74) Mit anderen Worten – erwünscht ist das endlose Abschreiben. Fertig aber wird man damit jedenfalls nicht. Also hatte Arnold Gehlen unrecht. Jeder übertitelte Text muß, soll er nicht nur einen Ausschnitt aus der Reproduktion des ewig Gleichen darstellen, der Institution abgerungen werden. Die Institution entlastet nicht.
Leichter wird die Titelsuche dann, wenn die wissenschaftliche Arbeit etwas „deobjektiviert" werden würde: Weg von Totalitäts- und Perfektionsansprüchen, hin zum Entwurf und zum Essay. Ein Titel sollte nicht für eine vermeintlich unangreifbare Wahrheit verliehen werden, sondern für ein verantwortbares Projekt. Vielleicht können dann auch wieder Arbeiten entstehen, die bei Verlagen eine Chance haben, weil sie gelesen werden wollen, weil ihre Titel die Öffentlichkeit zur Lektüre und zur Diskussion aufrufen und nicht länger nur als Vermerke einer wissenschaftlichen Biographie fungieren, welche die Ängste und Probleme nicht vermerkt. Daß das auch eine Veränderung der Machtordnung des akademischen Wissens und eine Überschreitung der Grenzen der Soziologie beinhaltet, liegt wohl auf der Hand.

Literatur:
Bauman, Zygmunt (1995): Ansichten der Postmoderne. Hamburg/Berlin (Argument)
Derrida, Jacques (1980): Titel (noch zu bestimmen). Titre (à préciser). In: Friedrich A. Kittler (Hrsg.): Austreibung des Geistes aus den Geisteswissenschaften. Programme des Poststrukturalismus. Paderborn/München/Wien/Zürich (Schöningh): 15–37
Foerster, Heinz von (1993): KybernEthik. Berlin (Merve)

Dierk Spreen, Zillestr. 67, D-10585 Berlin

Interdisziplinarität – Überschreitung von Kanonität?

STEFANIE WENNER

Nachdem die Mittel der Universitäten in Zeiten absoluten Sparzwangs sehr begrenzt sind, und dieser dazu geführt hat, daß die Hege und Pflege des wissenschaftlichen Nachwuchses nur noch in eingeschränktem Maße auf der finanziellen Basis der Universitäten erfolgen kann, boomen die Graduiertenkollegs. Was aber ist ein Graduiertenkolleg? Die Deutsche Forschungsgemeinschaft finanziert auf Antrag mehrerer Professorinnen und Professoren solche Kollegs zu bestimmten fächerübergreifenden Themen. Ist die Förderungswürdigkeit der Thematik einmal von der DFG anerkannt, werden zwischen 12 und 16 DoktorandInnen ausgewählt, deren Projekte zu dem jeweiligen Oberthema passen. Die Idee beruht auf der Erkenntnis, daß jahrelanges *Lonesome-writer-*Dasein nicht unbedingt einem effizienten Arbeiten im Sinne einer Fertigstellung der Promotion gleichkommt. Es wird davon ausgegangen, daß es der Sache dienlich sei, wenn ein regelmäßiger Austausch mit anderen Doktorandinnen und Doktoranden gewährleistet wird. Außerdem werden Forschungsreisen auch in das Ausland großzügig gefördert, sofern sie in direktem Zusammenhang mit der Doktorarbeit stehen. Die Universität, an der ein solches Kolleg ansässig ist, gewährt zumeist auch aus ihren Kassen noch Sachmittelkosten, so daß davon ausgegangen werden kann, daß eine gute Bücher- und Computerversorgung gegeben ist. Eine gute Idee, so finde ich, eine luxuriöse Arbeitssituation zudem in Zeiten gekürzter Bildungsmittel. Grundlegend für diese Arbeitsform ist die vielbeschworene Interdisziplinarität. Schon in den 70er und 80er Jahren war die Interdisziplinarität das Zauberwort der Diskussionen in den Naturwissenschaften. Während in den Geistes- und Sozialwissenschaften immer noch (und wie man auch heute noch an den Sektionen in der Soziologie beobachten kann), die Spezialisierung betrieben wird, die in die Gründung immer zahlreicherer Institute mündet, hat man in den Naturwissenschaften schon damals erkannt, daß nur in der Überschreitung des Fächerkanons Neues entstehen kann. Während also in den Geistes- und Sozialwissenschaften immer weiter Grenzziehungen vollzogen wurden, hat man in den Naturwissenschaften längstens begonnen, diese niederzureißen, um produktiver und kreativer arbeiten zu können. Nun, da die finanzielle Situation an den Universitäten zu einem Abbau des akademischen Mittelbaus geführt hat, hat das Zauberwort Interdisziplinarität einen anderen Beigeschmack bekommen. Im Vordergrund steht die Finanzierbarkeit des wissenschaftlichen Nachwuchses als solchem. Durch die Dominanz der Graduiertenkollegs als Promotionsform steht nunmehr weniger die Einbindung in ein bestimmtes Institut und seine Struktur auf dem Programm der DoktorandInnen, sondern das interdisziplinäre Arbeiten. Netzwerkbildung ist gefragt, und diese steht ja auch hier in Freiburg im Vordergrund. Im Zeitalter der Kommunikation hat die Netzmetaphorik eine erstaunliche Karriere hinter sich gebracht. „Ebenso wie die Netzwerke des telegraphischen Raums sich durch den wirklichen Raum spannen, über Kontinente, Ozeane und über Staatsgrenzen hinweg, ebenso spannt das Gedankenbild des ‚Netzwerkes' sich durch die Diskurse, vermag es, fast mühelos, die so sorgsam befestigten Grenzzonen der Disziplinen zu überschreiten." (Burckhardt 1997: 293)

So gesehen ist die zentrale Metaphorik unseres Zeitalters den Artefakten geschuldet, hat sich in einer symptomatischen Nachträglichkeit das Netz auch in den akademischen Raum hinein verlagert.

Das hat positive Effekte, wie zum Beispiel den, daß man feststellen kann, wie ein Thema, das sich zunächst so anhört als habe es nichts mit dem eigenen Thema zu tun, sich plötzlich als „verwandt im Geiste" herausstellt. Außerdem ist es natürlich immer gut, nicht nur mit dem Bildschirm in einer Art stummen und vielleicht auch narzißtisch gestörtem Dialog zu stehen, sondern regelmäßig die eigene Arbeit einem aus PromovendInnen und ProfessorInnen gemischten Forum vorzustellen. Im negativen Fall allerdings gerät so eine Colloquiumssitzung zu einem stehenden Gefecht zwischen ProfessorInnen, die ihre jeweilige theoretische Grundüberzeugung verteidigen, ohne noch auf das vorgestellte Projekt einzugehen. Solche kontraproduktiven Ausfälle beruhen wohl zum Teil darauf, daß man, aus der Not eine Tugend machend, eine neue Form der Nachwuchsförderung aufgegriffen hat, ohne sich im einzelnen darüber Gedanken zu machen, was eigentlich Interdisziplinarität in den Geisteswissenschaften praktisch bedeuten kann. Letztlich muß jede/r einzelne trotz aller propagierter Interdisziplinarität natürlich in ihrer jeweiligen Disziplin das Promotionsverfahren durchlaufen. Vollkommen ungeklärt bleibt also einerseits die inhaltliche Verknüpfung zwischen den unterschiedlichen Disziplinen, die einfache Vergabe eines Namens reicht hierfür natürlich nicht aus. Andererseits ist es ein Problem auch der Form: Wenn interdisziplinär, also fächergrenzüberschreitend gearbeitet werden soll, letztlich aber Fächergrenzen für das Gelingen oder Mißlingen einer Arbeit entscheidend sind. Gemeinsame Veranstaltungen können zu einem Hemmschuh werden, wenn sie verpflichtend sind und notorisch rein gar nichts mit dem eigenen Thema zu tun haben. Wenn zum Beispiel eine Dozentin aus den USA teuer eingeflogen wird, die nicht einmal weiß zu welchem Thema das Graduiertenkolleg läuft, und nach drei Blockveranstaltungen selbst diejenigen, die aus demselben Fachbereich stammen wie die Dozentin, sagen, das habe ja nun gar nichts gebracht. Interdisziplinarität kann wohl nicht darin bestehen, daß man sich mal eine fachfremde Veranstaltung ansieht, um hinterher zu denken, „thank god it's friday", gut, daß es vorbei ist, es zu den Akten legt und dann wieder an die Arbeit geht. Dazu ist auch der Druck zu groß, denn schneller studieren, schneller promovieren lautet die Devise. Wenn man dann zeitökonomisch effizient zum Doktortitel kommt, erscheinen dennoch die beruflichen Perspektiven, die für Absolventen von Graduiertenkollegs bestehen, als äußerst fragwürdig. So wurde zum Beispiel im Februar vergangenen Jahres eine Veranstaltung mit dem Titel „Geisteswissenschaften als Beruf" von am Kolleg beteiligten Professorinnen initiiert. Dort stand aber nicht, wie man vielleicht hätte erwarten können, die Lage der Universitäten zur Debatte. Vielmehr berichteten einige Professoren von ihren ehemaligen Doktoranden, die inzwischen erfolgreiche Manager beispielsweise bei Adidas sind. Die Strategie, durch eine Doktorarbeit in den Geisteswissenschaften in das gehobene Management großer Industriekonzerne aufsteigen zu können, stieß allerdings bei den Anwesenden auf wenig Begeisterung. Genau hier aber muß man die Frage anschließen, welchen Mehrwert ein Promovieren im Graduiertenkolleg über diesen Lebensabschnitt hinaus bringt, wenn die Abwicklung der Geistes- und Sozialwissenschaften weiter fortschreitet. Im Kontext der Naturwissenschaften ist bekannt, daß ein Graduiertenkolleg die letzte finanzielle Rettung für DoktorandInnen ist, die es sonst nirgendwo zu etwas gebracht haben. Es erscheint als bezeichnend, daß in den Geisteswissenschaften genau diese Institution als Eliteschmiede gehandelt wird. Forschung in den Geisteswissenschaften nämlich gilt in unserer Gesellschaft nach wie vor als Luxus.

Literatur:
Burckhardt, Martin (1997): Metamorphosen von Raum und Zeit. Eine Geschichte der Wahrnehmung. Frankfurt a.M.

Stefanie Wenner, Kollwitzstr. 62, D-10435 Berlin

FORUM FÜR LEHRE

Studium der Soziologie zwischen „Elfenbeinturm" und entgrenzender Globalisierung

Organisation: Karl-Siegbert Rehberg / Matthias Riedel / Claudia Honegger / Paul Kellermann

Einleitung

MATTHIAS RIEDEL

Ausgehend von einem Diskussionspapier der Freiburger Fachschaft Soziologie zur Frage des „Einsamkeitsbedarfes" von Studium und Forschung, gerichtet an *Karl-Siegbert Rehberg* (Vorsitzender des DGS-Ausschusses für Lehre), ist dieses „Forum für Lehre" Ergebnis einer erstmals gelungenen „Koproduktion der beiden lehrbeteiligten universitären Statusgruppen": Fanden durch *Karl-Siegbert Rehberg* Dozierenden-Perspektiven Eingang in die Veranstaltungsvorbereitung; so steuerte *Matthias Riedel*, als Vertreter der Fachschaft Soziologie und des AStA der Albert-Ludwigs-Universität, Standpunkte Freiburger Studierender bei.

Der Trinationalität, der kongressausrichtenden soziologischen Gesellschaften wurde durch entsprechende Besetzung des Podiums mit schweizerischen, österreichischen und deutschen Teilnehmer/innen (je ein/e Professor/in, ein/e Student/in pro Land) Rechnung getragen. Neben den beiden oben genannten Initiatoren des Forums, nahmen *Paul Kellermann* (Professor, Universiät Klagenfurt) und *Silvia Stupäck* (Soziologie Fachrichtungsvertretung und Mitglied der Hochschülerschaft Wien) Platz für die österreichische Soziologie, die Schweiz war vertreten durch *Claudia Honnegger* (ehemalige Vorsitzende der SGS, Professorin, Universität Bern) und *Michael Gemperle* (Fachgruppe Soziologie und Mitglied der Studentischen Körperschaft Basel).

Aus der Welt abseits des Katheders waren eingeladen: *Christian Geier*, ein in der FAZ Soziologie-Kritik betreibender Wissenschaftsjournalist, und *Dieter Grühn* vom Berufsverband Deutscher SoziologInnen (BDS).

Von den oben genannten TeilnehmerInnen an der Diskussion liegen von *Matthias Gemperle*, *Dieter Grühn* und von *Paul Kellermann* schriftliche Statements vor, die im Anschluß abgedruckt sind.

Matthias Riedel leitete das Forum mit einer exemplarischen Nennung aktuell anstehender Strukturentwicklungen im Bereich (soziologischer) Lehre in den drei repräsentierten Ländern ein. Erwähnung fanden u. a. die Einführung international kompatibler Bachelor-Studiengänge in Deutschland und die in Österreich vorgesehene Neugestaltung aller Studienpläne bis 2002.

In seiner Funktion als Moderator eröffnete *Karl-Siegbert Rehberg* anschließend das Podiumsgespräch, indem er, bezugnehmend auf die Diskussionen im Vorfeld der Veranstaltung, die „Thesen" der Fachschaft Soziologie in ihren Eckpunkten vorstellte: Als Ausgangsbasis dieses „Positionspapieres" diente ein 1983 von Odo Marquard veröffentlichter Text, der gezielt den affektbesetzten Begriff des Elfenbeinturms wiederaufgreift, um provokativ mit Wilhelm von Humbold auf das Junktim von Einsamkeit und Denk(Lehr-)freiheit hinzuweisen. In Abweichung von den Mainstream-Debatten um Hochschulfinanzierung und die beschworenen Identitätskrisen der traditionellen Universität werde hier die Frage nach den Möglichkeitsbedingungen von Einsamkeit an der modernen Massenuniversität aufgeworfen.

Prof. Dr. Karl-Siegbert Rehberg, Institut für Soziologie, TU Dresden, Bergstr. 53, D-01062 Dresden

Matthias Riedel, Günterstalstr. 39, D-79102 Freiburg

Studienerwerbstätigkeit: ein Schlüssel zu verstärktem Praxisbezug

MICHAEL GEMPERLE

Die soziologische Lehre steht heute vor neuen Herausforderungen. Neben der obligaten selbst-bewussten Reflexion über Form und Inhalt des vermittelten Wissens wird von ihr verlangt, dass sie diese Erkenntnis mit einer späteren Berufspraxis in Beziehung zu setzen vermag. Dies scheint, angesichts des heterogenen Berufsfeldes von SoziologInnen und der problematischen Arbeitsmarktsituation, heute dringlicher denn je. Nicht überraschend stellt Frank Welz (1995: 22-23) fest, dass spezifisch sozialwissenschaftliches Wissen ausserhalb des Forschungssektors eine relativ geringe Anwendung findet. Die Veränderung der Lehrgestalt der Soziologie könnte dieser Diskrepanz zwischen Ausbildung und späterer Berufstätigkeit entgegenwirken. Ein Ausgangspunkt dafür ist die während des Studiums praktizierte Erwerbstätigkeit.

Studienerwerbstätigkeit spielt eine immer grössere Bedeutung. Anlässlich einer Untersuchung unter Schweizer Studierenden wurde festgestellt, dass 78 % erwerbstätig sind, davon 55 % regelmässig (Diem 1997: 36-37). Gerade in Studiengängen mit einer nur ungenau definierten beruflichen Zukunft tendieren Studierende dazu, sich durch eine Beschäftigung neben der Ausbildung einerseits eine zusätzliche Qualifikationen zu erwerben, andererseits persönliche und institutionelle Kontakte zu knüpfen. Positiv wirkt sich Studienerwerbstätigkeit meist auch auf das Studium selbst aus. Man erhält Anregungen und studiert in der Regel zielgerichteter. Allerdings erzeugt gemäss Diem eine mehr als 30%ige Beschäftigung verstärkt negative Folgen für das Studium (ebd.: 6): Veranstaltungen können nicht besucht oder nur mangelhaft vorbereitet werden und die Studiendauer verlängert sich. In den sozialwissenschaftlichen Studiengängen der Schweiz arbeitet gut ein Drittel (34 %) der Studierenden mehr als 30 % (ebd.: 42). Die Soziologie als Disziplin, die nicht verhüllt, sondern „ent-hüllt" (cf. Bourdieu et al. 1971: 15), sollte sich dieser Tatsache bewusst sein und diese gewinnbringend umzusetzen versuchen.

Aus diesem Grund wird hier vorgeschlagen, Studienerwerbstätigkeit vermehrt in die soziologische Ausbildung zu integrieren. Diese Erwerbsarbeit hat in einem inhaltlichen Zusammenhang zum Studium zu stehen – dies ist heute bereits für die Hälfte (47 %) der Werkstudierenden ein Faktum (Diem 1997: 38). Ihre Anerkennung soll sie aufgrund einer wissenschaftliche Reflexion über die gemachten Erfahrungen erhalten. Als Beispiele studienrelevanter Erwerbstätigkeiten seien hier methodenvertiefende Berufspraktika, projektorientierte Arbeiten für die öffentliche Verwaltung oder Betätigungen im Sinne der Tourainschen Aktionssoziologie (cf. Touraine 1978: 183-312) erwähnt.

Mit dem Einbezug erwerbsrelevanter Tätigkeiten in das Soziologiestudium wird zum einen die Lebenssituation einer Vielzahl von Werkstudierenden entlastet, zum anderen der wichtige Erwerb von Anwendungserfahrung soziologischer Kenntnisse und Fähigkeiten massgeblich erleichtert. Darüber hinaus dürfte sich die Institutionalisierung der Verbindung zwischen Lehre und Praxis auch auf die Ausstrahlung der universitären Institute auswirken. Die bereits während der Ausbildung erfolgte Umsetzung soziologischen Wissens kann so einen beschäftigungswirksamen Effekt auf die AbgängerInnen ausüben und damit zu einem neuen Selbstverständnis des Faches beitragen.

Literatur:
Bourdieu, Pierre / Passeron, Jean-Claude (1971): Die Illusion der Chancengleichheit. Untersuchungen zur Soziologie des Bildungswesens am Beispiel Frankreichs (dt. Übersetzung). Stuttgart

Diem, Markus (1997): Soziale Lage der Studierenden. Eine Repräsentativuntersuchung bei Studentinnen und Studenten der Schweizer Hochschulen 1995. Bern
Touraine, Alain (1978): La voix et le regard. Sociologie des mouvements sociaux. Paris
Welz, Frank (1995): „Wo sind sie geblieben?" Freiburger SoziologInnen in Studium und Beruf. Eine empirische Untersuchung über die Abschlussjahrgänge 1980 bis 1989. Pfaffenweiler

Michael Gemperle, Reichensteinerstr. 37, CH-4053 Basel

Praxisprogramme in sozialwissenschaftlichen Studiengängen

DIETER GRÜHN

Umfragen unter Absolventen sozialwissenschaftlicher Studiengänge zeigen ein ambivalentes Bild: Auf der einen Seite zeigen sie, dass allen Unkenrufen zum Trotz auch für die Sozialwissenschaftler die Lage auf dem Arbeitsmarkt besser ist als ihr Ruf. Auch für sie gilt mithin, dass Höherqualifikation vor Arbeitslosigkeit schützt: Während 1995 nahezu ein Viertel aller berufsfähigen und berufswilligen Personen ohne Ausbildung von Arbeitslosigkeit betroffen waren, betrug diese Quote bei den Personen mit einer betrieblichen Ausbildung nur etwa 8 % und bei den AbsolventInnen von Universitäten sogar nur 4,3 % (Grühn/Dorenburg 1998: 402). Dies gilt in etwa auch für die Absolventen sozial- und geisteswissenschaftlicher Studiengänge, deren fachspezifische Arbeitslosenquote mit 4,5 % hiervon nur geringfügig abweicht (Konegen-Grenier 1997: 21).

Auf der anderen Seite verändert sich der Berufseinmündungsprozeß dahingehend, dass „Normalarbeitsverhältnisse" an Bedeutung verlieren und sogenannte „Rotationsarbeitsmärkte" zunehmend an ihre Stelle treten. Vor allem in der Berufseinstiegsphase prägen Verträge für kurze und mittelfristige Zeiträume zu finanziell reduzierten Bedingungen (ANBA 8/1997) sowie die Zunahme freiberuflicher Existenz und von Selbständigkeit das Bild: Untersuchungen unter jüngeren Absolventenjahrgängen von Geistes- und SozialwissenschaftlerInnen zeigen, daß inzwischen etwa ein Drittel dieser Personen in derartigen Positionen verbleibt. Darüber hinaus ist die Beschäftigung von Sozial- und GeisteswissenschaftlerInnen in früher als fachfern bezeichneten Beschäftigungs- und Tätigkeitsbereichen, u. a. in der Wirtschaft, heute der „tendenzielle Normalfall".

All das führt zu einem Anwachsen der Anforderungen an die regionale wie berufliche Mobilität und Flexibilität sowie zu einem Bedeutungsgewinn fachübergreifender Fähigkeiten, Fertigkeiten und Kenntnisse. Diese bereits Anfang der 80er Jahre belegte Tendenz (Grühn 1984) nimmt also deutlich zu.

Die Verbleibstudien wie auch Befragungen unter Studierenden zeigen ein Weiteres: Diese sogenannten fachübergreifenden Schlüsselqualifikationen wie Organisieren, Planen, Beraten, Verhandeln, Entscheiden, Teamfähigkeit usw. werden im universitären Studium nicht in dem Maße vermittelt, wie es in der beruflichen Praxis und zum Übergang von der Hochschule in den Beruf nötig wäre, und - und das scheint mir neu - die Studierenden, kaum dagegen die Lehrenden, sind sensibilisiert hierfür.

Als Reaktion darauf etablieren sich seit einigen Jahren, zunächst an den sozial- und geisteswissenschaftlichen Fakultäten der Universitäten, immer mehr Programme, die diese Lücke füllen und den Studierenden beim Übergang von der Hochschule in den Beruf behilflich sind. Sie bieten ein unterschiedliches Mix von Zusatzqualifizierungen an: Trainings im Bereich Rhetorik/Vortragstechnik, Präsentation/Visualisierung, Gesprächsführung, Projektplanung usw.; Unterstützung bei der Findung von Praktikumsstellen (da Praktika der Erkenntnis von Verbleibsuntersuchungen zufolge eine ganz besondere Bedeutung beim Erwerb von extrafunktionalen Qualifikationen und von Berufskontakten zukommen; Rössle 1995); sowie Arbeitsmarkt- und Berufsinformationsveranstaltungen. In einigen der Arbeitsmarktprogramme werden auch komplexe Kursprogramme angeboten. So bietet das Projekt BerufsOrientierung (BeO) der Freien Universität Berlin eine studienbegleitende zweisemestrige Zusatzqualifizierung für Sozial -und Geisteswissenschaftler an, die aus vier Bausteinen besteht: 1. Veranstaltungen in den Bereichen Betriebswirtschaftslehre, Informations- und Kommunikationstechniken und Wirtschaftsfremdsprachen, 2. Trainings- (s. o.), 3. Berufsinformationsveranstaltungen sowie 4. einem Praktikum. Die Kosten für diese Zusatzqualifizierung wird anteilig von den Studierenden getragen, ihre Kostenbeteiligung beträgt 500 DM pro TeilnehmerIn. Die bisherige Evaluation der laufenden Programme ergab eine hohe Zufriedenheit bei den Teilnehmern und es gibt erste Hinweise aus vergleichenden Verbleibsuntersuchungen, daß die Teilnahme an einem solchen Kursprogramm positive Effekte auf den Berufseinmündungsprozeß hat (Konegen-Grenier 1998).

Inzwischen haben die ersten Universitäten in Deutschland diese neue Herausforderung erkannt und bauen die Programme zu Career Centern aus. In der Regel werden dabei – so u. a. die Planung an der Freien Universität Berlin – zusätzliche Aufgaben hinzugenommen: z. B. Gründungsberatung, alumni-Arbeit oder Absolventenbetreuung und Durchführung von Verbleibsuntersuchungen (Grühn 1999).

Literatur:
Grühn, Dieter (1984): Sozialwissenschaftler in der Grauzone des Arbeitsmarktes. Bielefeld
Grühn, Dieter / Dorenburg, Christiane (1998): Raus aus dem Elfenbeinturm. Von der Uni in den Beruf. In: Kruse: Handbuch Studieren. Von der Einschreibung bis zum Examen. campus concret, Band 32
Grühn (Hrsg.) (1999): Mit Praxisprogrammen das Berufsziel erreichen. Berlin (im Erscheinen)
Konegen-Grenier, Christiane (1998): Mit Kant und Kafka in die Wirtschaft. Integrationsprogramme für Geisteswissenschaftler: Befragung der Beteiligten Unternehmen und Absolventen
Konegen-Grenier, Christiane (1997): Berufschancen für Geisteswissenschaftler, Beiträge zur Gesellschafts- und Bildungspolitik, Institut der Deutschen Wirtschaft
Rössle, Tim (1995): Berufseinmündung und Berufsverbleib Berliner PolitologInnen. Eine empirische Untersuchung über AbsolventInnen der Jahre 1987 bis 1992. Frankfurt a.M.

Dr. Dieter Grühn, Freie Universität Berlin, Zentraleinrichtung Studienberatung und psychologische Beratung, Papschkauerweg 38, D-14195 Berlin

Zur Lage soziologischer Lehre in Österreich am Ende des 20. Jahrhunderts

PAUL KELLERMANN

1. Da Soziologie als Wissenschaft zur Erkenntnis gesellschaftlicher Verfassungen und Veränderungen in Österreich zu keiner Zeit populär war oder breitenwirksam Konjunktur hatte – anders als etwa in Deutschland (Kellermann 1993) –, ist auch die Lehre der Soziologie am Ende des 20. Jahrhunderts nur beschränkt an Österreichs Universitäten als eigenständiges Studienfach vertreten. Lediglich an den alten klassischen Universitäten in Wien und Graz sowie an den Regionsuniversitäten in Salzburg und Linz kann Soziologie in Form einer Fachrichtung studiert werden. Das bedeutet, daß soziologische Lehre an den übrigen acht wissenschaftlichen bzw. technischen und sechs künstlerischen Universitäten bestenfalls als Nebenfach bzw. in besonderen Studienplänen kombiniert mit anderen Fächern geboten wird. Überdies ist das soziologische Hauptfachstudium nach zwei Studienrichtungen gespalten: In eine eher kulturwissenschaftlich orientierte, die auf eine Initiative von Studierenden hin 1971 in Wien ihren Anfang nahm und später in Graz und Salzburg übernommen wurde, sowie in ein rechts- und wirtschaftswissenschaftlich ausgerichtetes Studium, das ab 1966 in Wien und Linz

aufgenommen werden konnte (Pohoryles / Kellermann 1988). Dementsprechend ist auch die Zahl der Soziologie-Studien vergleichsweise gering: Während im Wintersemester 1997/98 etwa 30.000 betriebswirtschaftliche und 11.000 psychologische Studien belegt wurden, gab es in soziologischen Studien rund 3.000 Inskriptionen[1]. An Studienabschlüssen in beiden soziologischen Studienrichtungen weist die Statistik für das Studienjahr 1996/97 genau 109 (Österreichisches Statistisches Zentralamt 1999: 246f.) und an erwerbslos gemeldeten Soziologen und Soziologinnen für März 1999 immerhin 55 Personen (Arbeitsmarktservice Österreich 1999) aus.

Ein die bisherige Studientradition radikal veränderndes Gesetz, das die Umstellung der Studien zwischen 1997 und 2002 auf geringere Zeiten (sowohl nach Semesteranzahl als auch nach Semesterwochenstunden) und konzentriert auf ein Fach (wobei bis dahin in der Regel zwei Studienrichtungen zu kombinieren waren) normiert sowie seine noch radikalere Novellierung 1999, die im Interesse der Studienzeitverkürzung das Bakkalaureatsstudium einführt, geben auch der soziologischen Lehre völlig neue Bedingungen vor. Zu erwarten und teilweise an den neu entworfenen Studienplänen bereits ablesbar ist: Soziologie kann zweifach weiter beschränkt studiert werden – zum einen in verschlankter Form in Linz und Wien, wobei der Entfall der bisherigen Kombinationspflicht mit einer zweiten Studienrichtung eben auch das Soziologiestudium als zweite Studienrichtung in Graz, Salzburg und Wien nicht mehr möglich macht. Das dürfte einen Rückgang der Anzahl von Soziologie-Studierenden zur Folge haben. Zum zweiten sehen sich andere Studienrichtungen aufgrund der zeitlichen Restriktionen veranlaßt, Soziologie aus ihren Studienplänen zu streichen. Dies betrifft vor allem jene Universitätsinstitute für Soziologie, die bisher soziologische Lehre lediglich in Form eines Servicefachs – beispielsweise für die Studienrichtungen Pädagogik und Betriebswirtschaftslehre – betrieben hatten.

2. Betrachtet man nur die objektiv (also von Wollen und Wissen der einzelnen unabhängig) wachsende Bedeutung von Wissenschaft allgemein und Sozialwissenschaft speziell für die Entwicklung gesellschaftlicher Verhältnisse in Wirtschaft, Kultur, Politik und Sozialem, so ist die Einschränkung der Befassung mit Soziologie im Rahmen wissenschaftlicher Studien als ziemlich verhängnisvoll zu bezeichnen: Noch mehr als schon bisher gerät das Verständnis für gesellschaftliche Zusammenhänge zugunsten verengter Perspektiven auf Teilprozesse ins Hintertreffen. Der ohnehin schon zu konstatierende autistische Individualismus wird noch weniger als bisher durch die soziologische Lehre in Frage gestellt werden, obwohl doch gerade die unter dem Stichwort Globalisierung bezeichneten gesellschaftlichen Veränderungen ein umfassenderes Verständnis erforderten. Diese Situation ist einigermaßen absurd, aber soziologisch verständlich: Zu einer Zeit, in der sowohl demokratietheoretisch als auch nach den Erkenntnissen zeitgemäßer Organisationsentwicklung Wissen über gesellschaftliche Verhältnisse und Veränderungen so wichtig wie wohl nie zuvor, hat sich auch die

soziologische Lehre gesetzlich dem vordergründigen Denken des aktuellen Zeitgeistes anzupassen, also sich nach Kriterien von partikulärer Verwertbarkeit im Sinne einer „Employability" zu richten.

3. In dieser Situation empfiehlt sich, das soziologische Studienangebot zu differenzieren:
– An den vier bisherigen Studienorten die beiden soziologischen Studienrichtungen so konturiert auf ihre jeweiligen Spezialitäten auszurichten wie nur möglich und dabei – etwa durch obligatorische Praktika – einen engen Bezug von Studium und Anwendung der Soziologie zu suchen. Nach dem novellierten Studiengesetz von 1999 wäre es möglich, ein Grundstudium von sechs Semestern mit dem Bakkalaureatsabschluß anzubieten und ein darauf abgestimmtes zweisemestriges Magisterstudium, dem ein Jahr an praktischer einschlägiger Tätigkeit (mit entsprechender schriftlicher Aufarbeitung) vorauszugehen hat. Das daran ansetzende viersemestrige Doktoratsstudium kann erst nach erneuter und neben einschlägiger, nunmehr professioneller Tätigkeit begonnen werden, wobei es eindeutig auf Forschung ausgerichtet ist.
– An jenen Studienorten, an denen Soziologie nur sekundär studiert werden kann, darf wohl nicht darauf verzichtet werden, soziologische Lehre als sogenanntes Servicefach in Bakkalaureats- und Magisterstudiengängen zur Verfügung zu stellen. Doch die Identität soziologischer Lehre müßte postgradual in eigenen Studien gesucht werden, die nach der gegebenen gesetzlichen Lage als Doktorats- oder Aufbaustudien in Form von Universitätslehrgängen angeboten werden. Der Fokus müßte wieder in einem Forschungsstudium liegen, wobei die jeweiligen Tätigkeiten der Studierenden die soziologisch bedeutsamen Themen und Probleme der forschenden Vertiefung vorgeben. – Es ist selbstverständlich, daß für solche weiterführenden Studien andere didaktische Formen und offenere Organisationsweisen angewendet werden müßten als für die vorhergehenden. Beispielsweise ist in einem solchen Modell die ansonsten häufig vergeblich beschworene Interdisziplinarität aufgrund der erst später in das persönliche Studium aufgenommenen soziologischen Komponente gar nicht zu vermeiden. Ansprüche auf Bildungsurlaube ließen sich für überregionale Studienaufenthalte nutzen, wobei Partnerschaften mit ausländischen Soziologieinstituten bzw. -departments zu realen und virtuellen „joint studies" ausgebaut werden könnten. Aber auch hier käme es darauf an, das professionelle Profil zu einer Art Marke zu entwickeln, wobei eine beschränkte Anzahl an Teilnehmern und Teilnehmerinnen nicht als Handikap hinzunehmen, sondern als Exklusivität anzustreben wäre. Angesichts des sicheren Wissens, daß Soziologie objektiv (s. o.) an Bedeutung noch gewinnt, sollte die Profession gegenüber dem aktuellen Zeitgeist individualistischer Provenienz und Dominanz nicht resignieren, sondern sich gezielt an jene Personen als interessierte Studierende wenden, die aufgrund ihrer Alltagstätigkeiten in größeren, transnationalen Organisationen und Unternehmen ihre Kompetenzdefizite an

angemessenem soziologischen Wissen und stimmigem Verhalten in umfassenderen kulturellen, politischen, sozialen und wirtschaftlichen Interaktionssystemen bereits erfahren konnten.

Anmerkungen:
1 Die Statistik weist hier Studieninskriptionen, nicht Personen aus; vgl. Österreichisches Statistisches Zentralamt 1999

Literatur:
Arbeitsmarktservice Österreich (1999): Vorgemerkte arbeitslose Akademiker/innen, Sonderauswertung März 1999. Wien: 20 f.
Kellermann, Paul (1993): Konjunkturen und Szenen. Über die Abhängigkeit der Soziologie vom herrschenden Geist; in: A. Neusel / U. Teichler / H. Winkler (Hrsg.): Hochschule, Staat, Politik. Frankfurt a. M./New York
Österreichisches Statistisches Zentralamt (Hrsg.) (1999): Österreichische Hochschulstatistik, Studienjahr 1997/98. Wien: 131f.
Pohoryles, Ronald / Kellermann, Paul (1988): Zur Lehre der Soziologie in Österreich – Divergenzen und ihre Ergebnisse. In: J. Langer (Hrsg.) (1988): Geschichte der österreichischen Soziologie. Wien

Univ. Prof. Dr. Paul Kellermann, Universität Klagenfurt, Institut für Soziologie, Universitätsstr. 65–67, A-9020 Klagenfurt

FORUM

Zur Begründung der Nachkriegssoziologie in Deutschland: Kontinuität oder Bruch?

Organisation: Peter-Ulrich Merz-Benz

Einleitung

PETER-ULRICH MERZ-BENZ

Wir hätten es eigentlich wissen müssen – wir hätten wissen müssen, dass die von uns als Titel einer geplanten Sektionssitzung gestellte Frage: „Amerikanisierung der deutschsprachigen Soziologie nach 1945?" zwangsläufig eine weitere Frage provozieren würde: die Frage nach einer allfälligen Fortführung von Tendenzen des soziologischen Arbeitens aus der Zeit in Deutschland von vor 1945; ja wir hätten wissen müssen, dass die von uns zuerst gestellte Frage die zweite implizit enthält. Tatsächlich meldeten sich Zeitzeugen, Kollegen, die die Wiedereinrichtung der Soziologie nach 1945 als Studenten oder Assistenten miterlebt hatten und die uns anboten, ihre Sicht der damaligen Ereignisse vorzutragen. Einer der Zeitzeugen, Herbert Kötter, regte an, eine Podiums-Veranstaltung zu dieser Thematik durchzuführen, und dank des Entgegenkommens der Veranstalter dieses Kongresses vermochte diese Idee auch umgesetzt zu werden. Nun hätte alles seinen Verlauf nehmen können, wenn – ja wenn uns nicht vor kurzer Zeit die krankheitsbedingte Absage von Herbert Kötter erreicht hätte; und mit Herbert Kötter zog sich auch Theodor Dams von dieser Veranstaltung zurück. Was danach folgte, war eine hektische Zeit des Anknüpfens neuer Kontakte: Etliche Kollegen wären gerne gekommen, sahen sich indes aufgrund anderweitiger Verpflichtungen dazu nicht in der Lage. Andere zeigten sich wohl interessiert, um bezüglich der Teilnahme an einer Podiums-Diskussion dann doch Bedenken zu äussern. Und wieder andere zeigten sich sehr interessiert, sagten zu – und einige Tage später wieder ab, uns nichtsdestotrotz daraufhin wertvolle Sachunterlagen zur Verfügung stellend.
Umso mehr danke ich daher *Rainer Mackensen*, der seine Teilnahme an diesem Forum bereits zu Anfang zugesagt hatte, um diese Zusage „ganz selbstverständlich" aufrechtzuerhalten; und umso mehr danke ich *Lars Clausen*, den wir sehr kurzfristig um seine Teilnahme gebeten haben und dessen Antwort in einem schlichten „ja" bestand. (Lars

Clausen hielt seinen Vortrag indes *ad hoc* und ohne ausgearbeitete Textvorlage, weshalb er sich nicht in der Lage sah, in der gegebenen Zeit einen schriftlichen Beitrag zu verfassen.) Und mein Dank geht schliesslich an *Michael Fahlbusch*, der sich gleichfalls sehr kurzfristig bereit erklärt hat, an dieser Veranstaltung mitzuwirken – mit einem Referat, basierend auf seinen Ausführungen vom Deutschen Historikertag. Mir – als Nicht-Deutschem– ist bei der Vorbereitung dieser Veranstaltung einmal mehr unmittelbar bewusst geworden, welch komplexe Befindlichkeiten sich in Deutschland mit dem Datum 1945 und der Zeit davor verbinden. Aber Befindlichkeiten bedeuten keine Klarheit, und so müssen wir uns zwangsläufig, im Versuch, uns ein Bild der damaligen Ereignisse zu machen, an die Fakten halten. Und Fakten sollen hier heute vorgestellt und diskutiert werden. Aber als Soziologen wissen wir, dass Fakten nicht für sich sprechen, sondern in ihrer Auswahl und Zusammenstellung immer auch persönliche Überzeugungen, Gesinnungen, mit einem Wort: Werthaltungen verkörpert sind. Und auch über dieses die Fakten Konstituierende werden wir wohl sprechen, im Versuch, es offenzulegen, es einer kritischen Thematisierung zugänglich zu machen – nicht im Bestreben, über es zu urteilen oder gar zu richten. Worum es geht, ist ein wenig „Soziologie als Beruf".

PD Dr. Peter-Ulrich Merz-Benz, Universität Zürich, Soziologisches Institut, Rämistr. 69, CH-8001 Zürich

Einführungs-Referat

CARSTEN KLINGEMANN

Die Nationalsozialisten und „das Ende der Soziologie"
Bis in die jüngste Zeit wird die Auffassung vertreten, es habe keine Soziologie während der nationalsozialistischen Diktatur gegeben. Und folgerichtig wird für die Entwicklung der Nachkriegssoziologie die These von der Stunde Null vertreten. Diese Position hat bekanntlich René König als fachgeschichtliches Dogma 1958 in der Einleitung zu dem von ihm herausgegebenen und in vielen Auflagen verbreiteten Fischer Lexikon „Soziologie" verkündet. Dort heißt es, die Soziologie sei 1933 „brutal zu einem völligen Stillstand gebracht" worden. Den in der Zwischenzeit erschienenen Abhandlungen, die

dieser Auffassung widersprechen (vgl. die Hinweise bei Klingemann 1996), wird heute eine differenziertere Argumentation entgegengehalten, allerdings mit dem Ziel, Königs Stillstandsthese zu retten. Uta Gerhardt will explizit „Königs Argument unterstreichen, daß Soziologen, die sich einem Terrorregime wie jenem des Nationalsozialismus irgendwie beugten oder einordneten, offenkundig nicht mehr für sich beanspruchen können, als Vertreter der Wissenschaft Soziologie heute ernstgenommen zu werden" (Gerhardt 1998: 5). Weiter heißt es, „daß unter dem Namen unserer Wissenschaft in einem diktatorischen Regime eine nicht mehr als Wissenschaft anzusehende Lehre irgendwelcher Art betrieben werden konnte" (Gerhardt 1998: 7f.). Ähnlich geht auch Kurt Lenk vor: „Vereinfacht gesagt wäre der Dienstantritt der deutschen Soziologie ab 1933 als die Vertreibung der Gesellschaftstheorie durch eine rassistisch unterbaute Volkskunde zu umschreiben" (Lenk 1998: 474f.). Er konzediert zwar die Existenz einer „funktionalisierten Praxiswissenschaft", aber die „Mutation zu einer reinen Sozialtechnologie, die sich zur Legitimierung der Anforderungen des NS-Regimes hergab, sprengt m. E. die minimalen Kriterien einer Soziologie als einer theoretisch reflektierten Wissenschaft" (Lenk 1998: 475). Demgegenüber soll gezeigt werden, daß die Frage nach dem Wissenschaftscharakter der nach 1933 praktizierten Soziologie und Sozialforschung mit der Formel „sozialdarwinistische Pseudowissenschaft" (Gerhardt 1998: 6) nicht hinreichend erfaßt ist (vgl. Klingemann 1998).

„Stunde Null" und Nachkriegssoziologie
So wurden zum Beispiel Ludwig Neundörfer und sein „Soziographisches Institut an der Universität Frankfurt a. M." in der Weimarer Republik und in der Bundesrepublik Deutschland, aber gerade auch während der NS-Herrschaft wegen der wissenschaftlichen Fundierung seiner soziologischen Politikberatung geschätzt (vgl. Klingemann 1996: 87-102). Erst recht kann für die personelle Kontinuität von der Reichssoziologie zur Nachkriegssoziologie, repräsentiert durch etwa 120 Fachvertreter, die sowohl vor wie nach 1945 tätig waren oder ausgebildet wurden, wohl kaum die Annahme ihrer wundersamen Spontan-Mutation am 8. Mai 1945 von Blut-und-Boden-Mystikern hin zu Fachwissenschaftlern eine befriedigende Erklärung sein. Deswegen wird hier die These vertreten, daß der Hauptgrund für diese nicht nur quantitativ beachtliche Kontinuität in der bereits vor 1945 erworbenen fachwissenschaftlichen Qualifikation der Nachkriegssoziologen zu suchen ist. Denn die Planungsinstitutionen und Administrationen des nationalsozialistischen Regimes benötigten sozialwissenschaftliches Expertenwissen, lehnten aber weltanschauliche Legitimationssoziologen, die es auch reichlich gab, ab. Die Notwendigkeit, empirisch arbeiten zu müssen, um eine moderne Soziologie betreiben zu können, haben zum Beispiel Wilhelm Brepohl, Walter Christaller, Gunther Ipsen, Richard Korherr, Hans Linde, Elisabeth Pfeil, Karl Heinz Pfeffer und Eduard Willeke erkannt und praktiziert, bevor sie nach 1945 an die „Sozialforschungsstelle" in

Dortmund kamen. Es gab keine Stunde Null in der Soziologie. Die Soziologie in Westdeutschland ist nicht allein von den wenigen zurückgekehrten Emigranten und der unbelasteten Nachkriegsgeneration aufgebaut worden. Empirische Tatsachenforschung kann nicht nur demokratischen Zielsetzungen dienen, sie wird auch von Politikern und Planungsinstitutionen totalitärer Regime geschätzt. Die Geschichte der Soziologie im Dritten Reich und in der Nachkriegszeit sollte deshalb in dem Bewußtsein aufgearbeitet werden, daß Sozialforschung nur als Wissenschaft gefährlich werden kann, als legitimatorische Weltanschauungslehre ist sie zumindest im Dritten Reich entbehrlich gewesen. Ihre Rolle in der Nachkriegszeit ist bereits unter verschiedenen Gesichtspunkten beschrieben worden. Das Verhältnis von Reichssoziologie und Nachkriegssoziologie unter dem Gesichtspunkt ihres gemeinsamen Wissenschaftscharakters ist jedoch noch nicht aufgearbeitet.

Literatur:
Gerhardt, Uta (1998): Gab es Soziologie im Dritten Reich? In: Soziologie. Mitteilungsblatt der Deutschen Gesellschaft für Soziologie, H. 1: 5-8
Klingemann, Carsten (1996): Soziologie im Dritten Reich. Baden-Baden
Klingemann, Carsten (1998): Über die Notwendigkeit weiterer Selbstaufklärung: Soziologie im Dritten Reich. In: Soziologie. Mitteilungsblatt der Deutschen Gesellschaft für Soziologie, H. 2: 61-72
Lenk, Kurt (1998): Nationalsozialismus, Reichssoziologie und Verwandtes. In: Soziologische Revue, 21. Jg., H. 4: 469-477

Prof. Dr. Carsten Klingemann, Universität Osnabrück, Fachbereich Sozialwissenschaften, Postfach 4469, D-49069 Osnabrück

Ergänzende Bemerkungen zum Einführungsreferat von Carsten Klingmann

MICHAEL FAHLBUSCH

Der Historikertag hat in der Öffentlichkeit enormen Widerhall gefunden. Der Grund dafür war die noch bis vor kurzem gängige Auffassung, dass es im NS-Regime weder „schlüssige Vorstellungen vom Wesen der Wissenschaft" gegeben habe, noch die „Lenkung bestimmter seriöser Wissenschaftszweige" gelungen sei. Neugründungen von Sonderforschungseinrichtungen seien im NS von vornherein unmöglich gewesen, weil solche Bemühungen zwischen den miteinander im Konkurrenzkampf befindlichen Machtzentren des Regimes zerrieben worden wären (Schwabe 1989: 297). Heinz Boberach nannte den Leiter des Forschungsverbundes der Ostforscher, die in der Nord- und Ostdeutschen Forschungsgemeinschaft zusammengeschlossen waren, den Archivdirektor Albert Brackmann, einen verfolgten Konservativen, den die Nazis 1936 entlassen hätten (Boberach 1997: 17). In die gleiche Richtung zielte Wolfgang Mommsens Statement auf dem Historikertag, dass es sich bei Brackmann um einen guten Nationalkonservativen gehandelt habe, der nichts mit den Nazis zu tun gehabt hätte. Diese Auffassungen sind heute nicht mehr aufrechtzuerhalten. Sie entsprechen nicht einmal dem Kern des heutigen Forschungsstandes. Bereits vor zehn Jahren hätte man sich darüber informieren können, wie umfangreich kulturwissenschaftliche Forschung im Dritten Reich gefördert wurde, und dass der Gründungsvater der Ostforschung, Albert Brackmann, zu seinem 70. Geburtstag mit dem Adlerschild für seine verdienstvolle Arbeit im NS ausgezeichnet wurde; u. a. auch dafür, dass er als Archivdirektor der preußischen Staatsarchive jüdischen, polnischen und russischen Historikern den Zugang zu den Archiven verwehrte. Darüber hinaus war Brackmann Initiator des berüchtigten Ostprogramms der Archivverwaltung, das während des Zweiten Weltkrieges als „Archivschutz" zu einem ungeahnten Aderlaß osteuropäischer Archive führte. Angesichts der Tatsache, dass die „volksdeutschen" Wissenschaftler zwischen 1933 und 1945 Funktionen wahrnahmen wie Zensur, Kontrolle der Vergabe öffentlicher Mittel, nachrichtendienstliche Tätigkeiten und landeskundliche Expertisen, Erstellung kartographischer Grundlagen oder Denkschriften, um Himmlers „Siedlungs"- und „Vernichtungspolitik" zu unterstützen, kann man kaum von einer Nichtbeteiligung sprechen. Der Vorsitzende des deutschen Historikerverbandes Johannes Fried gestand in seiner vielbeachteten Rede während der Eröffnung des vergangenen Historikertages den unangenehmen Sachverhalt ein, dass die Geschichtswissenschaft „über die NS-Vergangenheit ihrer führenden Repräsentanten" geschwiegen und mit „geschönten Biographien" 50 Jahre lang gelebt hätte (FR v. 12.9.1998). Verbirgt sich hinter diesem Eingeständnis aber nicht eher die Unfähigkeit einer inzwischen überalterten historischen Disziplin, sich nicht mit den schwarzen Schafen, den NS-Verbrechern in den eigenen Reihen oder den Tathelfern auseinander setzen zu können? Warum diese Flucht nach vorne zu einem Zeitpunkt, wo die neueren Forschungen einer Reihe von jüngeren Historikern und Wissenschaftsgeschichtlern alte Legenden bloßzulegen drohten? „Wie soll ein Schüler, der Karriere machen will, seine Lehrer belasten?" entschuldigte Fried das Dilemma seiner Generation, weswegen er weitsichtig zur „Selbstprüfung der eigenen Disziplin" aufrief (*Der Spiegel* 39/1998: 102).

Was bringt es aber, nachdem die Geschichte von der Verflechtung zwischen Wissenschaft und Macht im Nationalsozialismus längst von solchen Wissenschaftlern aufgearbeitet worden ist, die nicht zum Mainstream der bundesrepublikanischen

Zeitgeschichtsforschung gehören, zu einer Selbstprüfung der eigenen Disziplin aufzufordern? Es stellt sich doch nach wie vor die Frage, ob die Historiker und Soziologen der Söhne- und Enkelgeneration bereit sind, sich in gebührender Distanz mit den Tätern und den dienstbaren Geistern ihrer eigenen Zunft auseinanderzusetzen oder ob sie nicht eher – mit der Absicht zur abschirmenden Defensive – auf diese Forschungen scheinbar offen reagieren, um der Auseinandersetzung mit dem eigenen moralischen und forschungspolitischen Versagen zu entgehen. „Selbstprüfung" im Sinne kritischer Aufarbeitung hätte doch wohl bedeuten müssen, ohne Ansehen der Person und Amtsstellung für Aufklärung zu sorgen, bevor der Skandal ruchbar war. Tatsächlich genoß die Sektionssitzung „Deutsche Historiker im Nationalsozialismus" auf dem Frankfurter Historikertag ein so großes Echo in der Öffentlichkeit, dass der Eindruck sich verfestigen konnte, dass sich die Historiker ihrer Vergangenheit und der ihrer akademischen Lehrer gestellt hätten. Wie ernst Winfried Schulze den Kommentar meinte, dass „das Bild der Geschichtswissenschaft während des Nationalsozialismus' (…) einer Revision" unterzogen werden müsse (*FR* v. 12.9., *NZZ* v. 12.9. 1998), ist aber noch nicht geklärt. Es stellt sich die Frage, ob wir nun endlich davon ausgehen können, dass das „Kartell des Schweigens" wirklich ausgespielt hat und ob wir uns nun der normalen Forschung ohne viel Aufhebens zuwenden können? Können wir nun endlich frei von bisherigen Einschränkungen die Sachverhalte in den Archiven verifizieren?

Es wäre der Vorwurf zu prüfen, inwieweit sich völkische Wissenschaftler als Tatgehilfen des Nationalsozialismus zu profilieren suchten. Weitere Forschungen müßten prüfen, ob hinter der Staatsbürokratie im NS-Staat und der SS ein Apparat von deutschen Archivaren und Kultur- und Sozialwissenschaftler stand, der im großen Stil Anleitung zum Kulturgutraub gab und Statistiken, Bevölkerungsanalysen und ethnographische Karten anfertigte, um wissenschaftliche Beihilfe zum Völkermord zu leisten. Es geht nicht mehr nur um die Aufklärung von Schuld und Tatbeihilfe, sondern vielmehr darum, das forschungspolitische Versäumnis einer Generation bundesrepublikanischer Zeit- und Wissenschaftsgeschichtsforscher abzuarbeiten. Ob der sich jetzt abzeichnende Weg der richtige ist, darf bezweifelt werden.

Die Resultate des Historiker- und des Soziologentages beförderten bereits vor Ort eine eher zwiespältige Reaktion, so dass mit einer Fortführung kritischer Forschungen nicht ohne weiteres zu rechnen ist: Ein Teil der Kommentatoren warf den Referenten vor, sie erzeugen gegenüber den Hauptvertretern der „Zunft" eine Art „Sippenhaft". Fraglos ist diesen Ewiggestrigen nicht bewusst, dass es hier im Grunde nicht um moralische Schuldzuweisung an einzelne Wissenschaftler geht, sondern vielmehr um die Erforschung von Wissenssystemen im Nationalsozialismus, die aufgearbeitet werden müssen, weil sie zuvor aus einschlägigen Gründen nicht Gegenstand der Forschung waren. Die *Frankfurter Rundschau* warf den beschwichtigenden Kommentatoren der Sektionssit-

zung zu Recht vor, ihre Sprache sei die „Sprache der Vorstandspressekonferenz eines x-beliebigen deutschen Konzerns, der sich mit Millionenforderungen von ehemaligen Zwangsarbeitern konfrontiert sieht" (*FR* v. 15.9. 1998: 10).
Zweifelsohne tut es not, dass sich auch diese Disziplin jetzt ihrer bisher tabuisierten Vergangenheit stellt, wofür etwa Hans Mommsen oder Wolfgang Schieder plädierten. Mommsen verwehrte sich dagegen, den beschönigenden Begriff der „Affinität" in der Disziplingeschichte angesichts der vorgetragenen Ergebnisse zu verwenden: Er fragte ohne Scheuklappen, wie es dazu kommen konnte, dass nach dem Krieg Leute „an die Spitze des Faches geraten" seien, die einst die gewachsenen Bevölkerungsstrukturen Europas „als veränderbar betrachtet" hätten (*FAZ* v. 14.9.1998). Es bleibt vorläufig noch ungeklärt, ob die NS-Wissenschaft weiterhin als unwissenschaftlich bezeichnet werden kann, wenn man voraussetzt, dass in der bundesdeutschen Nachkriegsgeschichte angesehene Wissenschaftler zu den Promotoren der wissenschaftlichen Politikberatung des NS-Regimes zählten.

Literatur:
Boberach, Heinz (1997): Angehörige des Reichsarchivs als Opfer der Verfolgung durch das NS-Regime. In: Mitteilungen aus dem Bundesarchiv, Heft 2: 17–19
Fahlbusch, Michael (1999): Wissenschaft im Dienst der nationalsozialistischen Politik. Die Volksdeutschen Forschungsgemeinschaften von 1931-1945. Baden-Baden
Schwabe, Klaus (1989): Deutsche Hochschullehrer und Hitlers Krieg (1936-1940). In: Martin Broszat / ders. (Hrsg.): Die deutschen Eliten und der Weg in den Zweiten Weltkrieg. München: 291–333

Michael Fahlbusch, Falkensteiner Str. 18, CH-4053 Basel

Zur Begründung der Nachkriegssoziologie – Kontinuität oder Bruch?

RAINER MACKENSEN

Die heutige Veranstaltung ist ein Experiment, das der Soziologie gut ansteht. Es besteht darin, Historiographie und Zeitzeugenschaft miteinander zu konfrontieren. Daß aus einer Kombination beider so etwas wie eine authentische Rekonstruktion der Geschichte nicht entstehen kann, wissen Soziologen: Sie gehen mit Biographien und Lebenslaufdaten um und erfahren, daß weder das eine noch das andere die Lebenswirklichkeit einer Person wiederzugeben vermag. Was der eine in isolierten Daten zu fassen sucht, ist für den anderen eigenes Leben.

Historiker, Zeitzeugen und Fachgenossen reden nicht von demselben, wenn sie die Vergangenheit eines Faches behandeln. In einem Colloquium im Jahr 1997 ging es um die Verstrickung der Bevölkerungswissenschaft in die Politiken der Nationalsozialisten. Die Erfahrung, daß wir der Vergangenheit nicht beikommen, wenn wir sie mit unserem jetzigen Verständnis unseres Faches angehen, ist für mich sehr wichtig geworden. Biographische Erinnerungen können dazu Sichtweisen beitragen, die aus anderer Sicht nicht zu gewinnen sind. Eine Diskussion wie diese ist nicht in der Lage, die in ihrem Titel aufgeworfene Frage zu beantworten. Wir können allenfalls Streiflichter und „Akzente" setzen.

Die Geschichte der Soziologie kann weder aus der Sicht gegenwärtiger Soziologie, noch aber durch die Registrierung der Attribute gewonnen werden, welche sich Personen, die sich jeweils als Soziologen betätigten, wechselweise zugeschrieben haben. Vielmehr wird es dazu notwendig sein, ihre Schriften zu analysieren, um daraus zu erfahren, was sie zu ihrer Zeit als Soziologie verstanden haben.

Vor allem sollte man für jene Zeit nicht davon ausgehen, daß das, was damals als Soziologie galt, einverständlich oder theoretisch begründet verfügbar gewesen sei. Die „Soziologie" (1955) von Gehlen und Schelsky war ein Reader; sie war sicherlich nicht maßgebend. Wenn man sie auf ihren Inhalt hin prüft, wird man den Versuch erkennen, neu anzusetzen. Das wird man auch den „Reichssoziologen" – die Bezeichnung Klingemanns, die ich für problematisch halte, trifft wohl keinen so eindeutig wie Karl Heinz Pfeffer – zugestehen müssen.

Ich vertrete daher die These, daß es sich bei der Entwicklung der westdeutschen Nachkriegssoziologie um einen Bruch mit der Vergangenheit, nicht um deren Kontinuität, handelt. Allerdings, will man etwas tiefer schürfen, dann wird man um eine Inhaltsanalyse nicht herumkommen. Zweifellos wird man in den Grundpositionen bei einzelnen auch Relikte früherer Überzeugungen oder Sichtweisen nachweisen können. Diese Aufgabe ist etwas differenzierter und reizvoll; aber sie kann nicht hier und nicht nebenher bewältigt werden.

Eine zweite Frage stellt sich allerdings, wenn man die Wirkungschancen einschätzt; da wird bei etlichen – z.B. bei Pfeffer – kein signifikanter Wert zu erwarten sein; anders bei Gehlen. Die Wirkungsgeschichte wäre am ehesten durch eine Verfolgung der Zitationen zu rekonstruieren.

Ich begründe meine These damit, daß zwar der Streit der Schulen – Frankfurt, Köln, Hamburg/Dortmund; oder: Adorno, König, Schelsky – eine große, wohl auch prägende Rolle in der Diskussion der Jahre vor und um 1960 gespielt hat, daß „die Soziologie in Westdeutschland" sich aber erst mit dem „Positivismusstreit" – ab 1961 in Tübingen – und mit dem Import der amerikanischen Soziologie – ab Dahrendorfs „Homo Sociologicus" (1958) – zu etablieren begann. Der Streit der Schulen setzte sich zwar auch in diesen Debatten fort, aber erst dann auf einem diskutablen theoretischen und methodologischen Niveau.

Von Parsons, Mead und anderen Theoretikern, von methodologischen Problemen war vor diesen Diskussionen (von Nebenerscheinungen abgesehen) überhaupt keine Rede. Das Bild der Soziologie, das wir heute haben, hat sich erst aus ihnen entwickeln können; von Kontinuität kann – auch wenn es personelle Kontinuitäten gab – gar nicht gesprochen werden. Selbst die Bemühungen von König um eine gründlicher fundierte „empirische Soziologie" hatte eher methodische als methodologische Anliegen und Konsequenzen. Es ging um die Fertigkeiten, nicht um die Sinnzusammenhänge zwischen Methodologie und Theorie einerseits und empirischer Forschung andererseits. Auch das Plädoyer von Adorno gegen einen „theorielosen Empirismus" (1958) wurde nicht als methodologische Aufforderung, sondern als Beitrag zu der Auseinandersetzung zwischen Frankfurt und Köln begriffen.

Ebenso auf der theoretischen Ebene. Erst die Rückkehr der ersten Fulbright-Stipendiaten erschloß der Diskussion die Theorie-Entwicklung. Diese hatte bei Parsons 1937 eingesetzt; davon erfuhren wir bis 1960 nichts.

Meine erste Vorlesung zur Einführung in die Soziologie bei Peter Blau in Chicago begann 1961 (sinngemäß) mit den Worten: „Es gibt zwei Arten der Soziologie: die von Parsons und die von Homans – vielleicht werden daraus einmal drei: mit Dahrendorf."

1960 kam Schelsky nach Münster und übernahm die Leitung der Sozialforschungsstelle. Er richtete einen soziologischen Studiengang in Münster ein und verpflichtete die Assistentenschar aus Dormund, die Lehre durchzuführen. Das war für uns die Chance, uns wirklich mit den Traditionen der Soziologie auseinanderzusetzen. Ich wählte jedes Semester eine andere Bindestrich-Soziologie als Lehraufgabe, um mich in deren Literatur einzuarbeiten. – Schelsky machte die - davor interdisziplinär-sozialwissenschaftlich und anwendungsorientiert ausgerichtete – Sozialforschungsstelle zu einem „Soziologischen Institut" und die „Soziale Welt" zu einer soziologischen Zeitschrift. Die personellen „Kontinuitäten" baute er vollständig und konsequent ab. Das bedeutet auch: Vor Schelsky war „Soziologie" in Dortmund kein Programm, allenfalls ein Gemeinplatz. Historiker, Psychologen, Juristen, Statistiker brauchten nicht auf Soziologie zurückzugreifen. Die anderen wählten aus ihrer Lektüre, was sie beeindruckte; es wurde viel gelesen – die Bibliothek war hervorragend. Es gab einen Austausch, aber keinen Theoriestreit. Man suchte sich zu ergänzen; dominante Perspektiven gab es nicht. Beobachtung war der Königsweg, und die theoretischen Folgerungen führten nicht sehr weit.

Aus heutiger Sicht beginnt also die „westdeutsche Soziologie" ernsthaft erst „um 1960". Es stellt sich dann aber die Frage: Was war die „westdeutsche Soziologie" vor 1960? Diese Frage ist weit weniger leicht zu beantworten. Vermutlich ist es fair, (mit Dahrendorf, 1988) zu argumentieren, daß wir damals weder an den personellen noch an den grundsätzlichen Auseinandersetzungen interessiert waren, sondern an der „sozialen Wirklichkeit". Wir waren neugierig und wissensdurstig; dabei hatten wir als Ziel nicht die Etablierung der Soziologie (was freilich die Zielsetzung zumindest von König und Schelsky war – und daher auch deren Konkurrenz begründete), sondern den „Aufbau der westdeutschen Gesellschaft", für den wir zunächst eine Kenntnis der Lebensbedingungen erwerben zu müssen meinten. Empirische Soziologie war für uns ein Abenteuer; die Grenzen der Fachdisziplinen dagegen waren uns gleichgültig.

Da war aber doch die „personelle Kontinuität". Wir haben diese nicht als solche wahrgenommen, auch wenn wir von den früheren Einstellungen und Tätigkeiten der „Lehrer" oder Vorgesetzten etwas ahnten; das interessierte uns nicht. Und natürlich wurde das von den betreffenden „Kontinuitätsträgern" auch nicht herausgestellt und betont, sondern verschwiegen. Wir hatten andere Prioritäten als danach zu graben.

Es gab auch damals eine Art „political correctness" – die des Eintretens für den Aufbau einer demokratischen Gesellschaft in Deutschland. Ein Zurück gab es nicht; auch keine Diskussion darüber. Das mag aus heutiger Sicht oberflächlich erscheinen.

Die Wandlung von Personen, die das Jahr 1945 bereits als Erwachsene erlebten, war freilich ein allgemein beobachtetes und diskutiertes Phänomen. Die „Wandlung" mancher Personen - auch im engsten Erfahrungsbereich – gab uns Probleme auf, mit denen ich bis heute nicht fertig geworden bin. Aber die Selbstdarstellung dieser Personen - und also auch die von ihnen vertretene „Soziologie" – ließ die „Kontinuitäten" nicht mehr erkennen. Auch personelle Kontinuität ist kein Beleg für inhaltliche Kontinuität.

Damit ist die heutige Frage nicht ausreichend beantwortet. Erst heute wären wir in der Lage, in eine inhaltliche Prüfung einzutreten. Das sollten wir auch tun. Wir haben es, denke ich, noch nicht wirklich begonnen. Haben wir damals Konzepte gelernt und übernommen, sogar weitergegeben, die „Kontinuität" bedeuteten? Das ist die Frage, mit der z. B. ich mich gegenwärtig auseinandersetzen will.

Literatur:
Adorno, Theodor (1972): Zur gegenwärtigen Stellung der empirischen Sozialforschung. Wieder in: Gesammelte Schriften VIII. Frankfurt a. M.
Adorno, Theodor (1964): Soziologie und empirische Forschung. Wieder in: Adorno, Theodor u. a. (Hrsg.) (1969): Der Positivismusstreit in der deutschen Soziologie. Neuwied: 81-101
Dahrendorf, Ralf (1958, 19644): Homo Sociologicus – Ein Versuch zur Geschichte, Bedeutung und Kritik der Kategorie der sozialen Rolle. Köln (Zuerst in: KZfSS 10, (1958), Heft 2+3)
Dahrendorf, Ralf (1988): Soziologie und Nationalsozialismus. In: Hoffmann-Nowotny, H.J. (Hrsg.): Kultur und Gesellschaft. Gemeinsamer Kongreß ... Zürich (1988). Beiträge des Forschungskomitees, Sektionen und Ad-hoc-Gruppen. Zürich: 669-675
Gehlen, Arnold / Schelsky, Helmut (Hrsg.) (1955): Soziologie – Ein Lehr- und Handbuch zur modernen Gesellschaftskunde. Düsseldorf
Mackensen, Rainer (Hrsg.) (1998): Bevölkerungsfragen auf Abwegen der Wissenschaften – Zur Geschichte der Bevölkerungswissenschaft in Deutschland. Dokumentation des 1. Colloquiums zur Geschichte der Bevölkerungswissenschaft in Deutschland im 20. Jahrhundert mit Nachträgen. Opladen
Parsons, Talcott (1937): The Structure of Social Action. New York

Prof. em. Dr. Rainer Mackensen, Regensburger Str. 20, D-14612 Falkensee

POLITISCHES FORUM

Die Arbeit und ihre Zukunft

Organisation: Hans O. Hemmer

Einleitung

HANS O. HEMMER

Dem Thema „Die Arbeit und ihre Zukunft" war die Podiumsdiskussion am 16. September 1998, 19 Uhr, im Audimax gewidmet.
Die vom Diskussionsleiter Hans O. Hemmer (Chefredakteur Gewerkschaftliche Monatshefte) als „Thema Nummer eins unserer Zeit" charakterisierte Problemstellung wurde zunächst lebhaft auf dem Podium diskutiert von: *Ingrid Kurz-Scherf* (Bielefeld); *Barbara Riedmüller* (Berlin); *Karl Otto Hondrich* (Frankfurt a. M.); *Scott Lash* (London); *Richard Münch* (Bamberg) sowie *Stephan Rebmann* (DGB Freiburg):
Bei der Erhebung des „Befundes" ging man allgemein von einem „Abschied von der Vollbeschäftigung" aus, es war die Rede von einer zu erwartenden dauerhaften Arbeitslosigkeit zwischen 5 und 12 Prozent als „Normalität". Bei der Diagnose lautete ein Stichwort: „Informationsgesellschaft"; wobei auf eine charakteristische deutsche Inflexibilität im Umgang mit nicht kontrollierbaren Entwicklungen hingewiesen wurde. Bei den „Therapien" wurde auf ein internationales Sozialstaatsarrangement verwiesen, das aber gleichzeitig als „hochkorporatistisches Modell" kritisiert wurde.
In der anschließenden Publikumsdiskussion wurden insbesondere die Spannung zwischen globalen Entwicklungen des Arbeitsmarktes sowie ihren Folgen und deren konkreten Auswirkungen auf einzelne Arbeitnehmer thematisiert.
Die Statements von *Richard Münch* und *Barbara Riedmüller* sind im Anschluß abgedruckt.

Hans O. Hemmer, Gewerkschaftliche Monatshefte, Hans-Böckler-Str. 39,
D-40476 Düsseldorf

Erwerbsarbeit in der globalen Moderne – sinkende oder steigende Bedeutung für die soziale Integration?

RICHARD MÜNCH

Das Problem der Arbeitslosigkeit in den europäischen Wohlfahrtsstaaten an der Wende zum 21. Jahrhundert ist außerordentlich vielschichtig. Ein kurzes Statement kann sich nur einen einzigen Aspekt unter vielen anderen herausgreifen. Einen sicherlich wesentlichen Aspekt beleuchtet die Frage, ob die Erwerbsarbeit in der globalen Moderne sinkende oder steigende Bedeutung für die soziale Integration haben wird. Ich will in wenigen Schritten aus der Sicht einer an Emile Durkheims Studie zur Arbeitsteilung anknüpfenden Gesellschaftstheorie nachweisen, daß der Erwerbsarbeit keine sinkende, sondern sogar eine steigende Bedeutung zukommt und daß es jenseits der Erwerbsarbeit keine Lösung des Integrationsproblems in der globalen Moderne gibt.

1. Die Teilhabe an der Erwerbsarbeit ist erst in den modernen Industriegesellschaften zum zentralen Medium der sozialen Integration geworden. Das hat einen einfachen Grund: Alle vormodernen Gesellschaften konnten ihre soziale Integration auf Formen der Solidarität jenseits von Erwerbsarbeit stützen. In einfachen Stammesgesellschaften war die Blutsverwandtschaft das zentrale Medium der sozialen Integration, in traditionalen Ständegesellschaften wurde soziale Integration durch Standessolidarität und Herrschaft gewährleistet.

2. In den modernen Industriegesellschaften sind diese Medien der sozialen Integration nicht ganz verschwunden, aber durch das ins Zentrum rückende Medium der freien Erwerbsarbeit ergänzt worden. Durch die freie Erwerbsarbeit ist es für jeden erwerbsfähigen Erwachsenen möglich geworden, selbst Status und Anerkennung in der Gesellschaft nach eigener Leistung zu erwerben und sich von familialen und ständischen Fesseln zu befreien. Die Inklusion in die Gesellschaft wurde dadurch erweitert, aber zugleich von der Leistung des einzelnen für die Gesellschaft abhängig gemacht. Dieser Akt der Befreiung von traditionalen Fesseln hat die Konkurrenz um knappe Ressourcen erheblich verschärft. An diesem Punkt ist an Durkheims Erklärung der Arbeitsteilung zu erinnern: Bevölkerungsvermehrung und erweiterte Möglichkeiten des Angebots an Gütern und Leistungen sowie die Erweiterung von Transport und Kommunikation lassen die Distanzen zwischen den Menschen schrumpfen und verschärfen den Kampf um knappe Ressourcen. Der einzige Ausweg aus diesem tödlichen Kampf ist die zunehmende Spezialisierung und Arbeitsteilung bei gleichzeitiger Vermehrung und Differenzierung des Angebots von Gütern und Dienstleistungen. Dies ist ein sich selbst vorantreibender Prozeß, weil er selbst immer wieder seine eigenen Voraussetzungen erzeugt: Angebotserweiterungen. Die

Vergesellschaftung der Menschen wird auf diesen Weg *nicht* gebracht, weil die Menschen glücklicher werden – das Leben wird härter –, sondern weil sie sonst überhaupt nicht überleben könnten. Die Arbeitsteilung münzt den tödlichen Kampf in einen friedlichen Wettbewerb und in eine wachsende Kooperation in der Produktion und im Austausch von Gütern und Dienstleistungen um.

3. Die Härte des Konkurrenzkampfes auf enger gewordenem Raum ist bislang durch zwei traditionale Formen der Solidarität gemildert worden: Die Solidarität der Kleinfamilie hat mit ihrer traditionellen Arbeitsteilung zwischen den Ehepartnern einen Teil der Bevölkerung von diesem Konkurrenzkampf ausgenommen. Der Nationalstaat hat durch die Verknüpfung von territorialer Herrschaft und nationaler Solidarität ein Wohlfahrtssystem errichten können, das den Lebensstandard auch bei *noch nicht* möglicher oder bei *nicht mehr* möglicher Erwerbsarbeit (Bildung, Ausbildung, Fehlqualifikation, konjunkturelle Einbrüche, Strukturbrüche, Krankheit, Invalidität, Alter, Pflegebedürftigkeit) auf relativ hohem Niveau abgesichert hat. Die Basis dafür war zweifellos das stetige wirtschaftliche Wachstum mit zunehmender Produktivität bei gleichzeitiger Steigerung des Absatzes von Gütern und Dienstleistungen, eine ausgeprägte, historisch gewachsene nationale Solidarität, national konzentrierte Wertschöpfungsketten und ein starker, zur Umverteilung fähiger Staat. Familiale und nationale Solidarität sind Reste des Partikularismus in einer Welt, die zunehmend die Handlungsspielräume der Menschen über alle Grenzen hinweg erweitert.

4. Der europäische Binnenmarkt, der wachsende Weltmarkt und die sich erweiternden und verdichtenden globalen Kapital-, Waren-, Dienstleistungs-, Verkehrs-, Wanderungs- und Kommunikationsströme greifen weit über die partikulare Solidarität von Familien und Nationalstaaten hinaus. Solange noch krampfhaft an ihnen festgehalten wird, macht sich der Gegensatz von Binnen- und Außenmoral verschärft bemerkbar: Solidarität gegenüber dem Eigenen, Egoismus gegenüber dem Fremden. Die Protektion des Eigenen gegenüber dem Fremden zeigt sich in allen politischen Schattierungen: in der nationalistischen Abwehr von Zuwanderung, in der wohlfahrtsstaatlichen Abwehr von „Sozialdumping" und in der umweltschützerischen Abwehr von „Umweltdumping".

5. Wenn wir Durkheims Argument ernst nehmen, dann gibt es keinen Ausweg aus dieser sich zunehmend verschärfenden Konfliktlage jenseits der Erwerbsarbeit und ihrer zunehmenden Spezialisierung mit internationaler Arbeitsteilung, Vermehrung und Differenzierung der Waren- und Dienstleistungsströme. Für soziale Integration jenseits der Erwerbsarbeit fehlen schlicht die dafür notwendigen Ressourcen von vormodernen Formen der Solidarität: Familie, nationale Solidarität, nationale Wertschöpfungsketten und ein starker, zu Umverteilung fähiger Staat. Daraus folgt, daß Versuche, das Problem der hohen Arbeitslosigkeit in den europäischen Wohlfahrtsstaaten durch die noch weitere Entkopplung von Erwerbsarbeit und sozialer

Integration („glückliche Arbeitslose") in den Griff zu bekommen, zum Scheitern verurteilt sind. Sie sind an erodierende Formen vormoderner partikularistischer Solidarität gebunden und verschärfen sogar den Gegensatz zwischen Binnen- und Außenmoral. In diesem Sinne fängt die Moderne im globalen Zeitalter erst richtig an.

Prof. Dr. Richard Münch, Universität Bamberg, Lehrstuhl Soziologie II, Feldkirchenstr. 21, D-96045 Bamberg

Integration durch Grundsicherung

BARBARA RIEDMÜLLER

Die Zukunft der Arbeit kann nur im Kontext der arbeitsmarkt- und sozialpolitischen Instrumente, die sie gestalten, bewertet werden. Wir wissen, daß die Arbeitsproduktivität in den westlichen Industrieländern gestiegen ist, daß die exportorientierten Unternehmen ihre Gewinne enorm steigern konnten, daß der Reichtum zugenommen hat. Es ist daher nicht zwangsläufig, daß die einen über Arbeit und Einkommen verfügen und die anderen erwerbslos und potentiell arm sind. Viel wird davon abhängen, wie der Zugang und der Ausstieg aus dem Arbeitsmarkt künftig geregelt ist. Dabei geht es um die Verteilung der Arbeit durch neue Arbeitszeitregelungen sowie die Herabsetzung der Lebensarbeitszeit. Ein- und Ausstiege aus dem Arbeitsmarkt, etwa bei Unterbrechung durch Familienarbeit oder durch Aus- und Weiterbildung dürfen durch die Sozialpolitik nicht länger diskriminiert werden. Durch Teilzeitarbeit müssen angemessene Leistungsansprüche im Alter erreichbar sein. Eine Reform der sozialen Sicherung muß diesen veränderten Arbeitsmarktbedingungen folgen, das heißt ihre Finanzierung bedarf zusätzlicher Steuermittel, auch weil damit eine gerechtere Kostenverteilung erreicht wird als durch Beitragsfinanzierung, die ohnehin diese Aufgaben nicht mehr bewältigen kann. Die private Vorsorge wird künftig einen wichtigen Beitrag leisten. Durch die Einführung einer Grundsicherung könnte das Armutsrisiko vermieden werden. Eine solche Verteilung von Chancen und Risiken durch eine Mischung beitragsfinanzierter, privater und steuerfinanzierter Vorsorgeleistungen könnte angesichts bestehender machtpolitischer Strukturen und organisierter Interessen durchsetzbar sein, wenn der Vorteil für alle erkennbar wäre. Denn im Augenblick werden die Risiken des Arbeitsmarktes entlang traditioneller Muster sozialer Ausgrenzung abgewälzt. Frauen, Ausländer und niedrigqualifizierte Beschäftigte sind die Träger flexibler Beschäftigungsformen und billiger Dienstleistungsjobs. Wie wenig die westlichen Industriegesellschaften bereit sind, das Integrationsmuster der Arbeits- und Leistungsethik zu verlassen, zeigen die Bemühungen der „Workfare"-Programme. Daher ist die Utopie, daß weniger Menschen arbeiten und viele Nützliches tun, für diese Ordnungen nicht akzeptierbar, es sei denn, entlang der Tradition geschlechtsspezifischer Arbeitsteilung. Es gibt daher keinen logischen Grund dafür, daß Max Webers „Projekt der Rationalisierung" beendet sein sollte.

Prof. Dr. Barbara Riedmüller, Freie Universität Berlin, Fachbereich Politische Wissenschaft, Ihnestr. 21, D-14195 Berlin

VERZEICHNIS DER AUTORINNEN UND AUTOREN

Adelmann, Ralf	117	Fuchs-Heinritz, Werner	32
Alberoni, Francesco	252	Ganz-Blättler, Ursula	392
Angerhausen, Susanne	375	Gebhardt, Winfried	190, 191
Atteslander, Peter	532	Gemperle, Michael	565
Ayaß, Ruth	389	Genosko, Joachim	147
Bach, Maurizio	215, 216	Gerhards, Jürgen	150, 159
Bachleitner, Reinhard	273, 296	Girtler, Roland	408
Backes, Gertrud M.	334	Göttlich, Udo	388
Bader, Arnd	548	Gräfe, Stefanie	497
Barrelmeyer, Uwe	306	Greiner, Johann-Georg	547
Behr, Manfred	120	Gross, Peter	321
Berger, Gerhard	345	Grühn, Dieter	567
Bernart, Yvonne	39	Gust, Dieter	508
Blättel-Mink, Birgit	79	Gyr, Ueli	283
Bock, Klaus-Dieter	367	Habermas, Jürgen	448
Bode, Ingo	374, 381	Haferkamp, Heinrich	51
Brauer, Kai	349	Hahn, Kornelia	247
Bräuninger, Thomas	220	Hampel, Jürgen	519
Brose, Hans-Georg	319	Hanses, Andreas	103
Brunner, Karl-Michael	353	Heinze, Rolf	323
Bukov, Aleksej	342	Hemmer, Hans O.	584
Burkart, Günter	247	Hess-Meining, Ulrike	292
Chaland, Karine	43	Hillmann, Karl-Heinz	24
Clemens, Wolfgang	334	Hitzler, Ronald	194
Daheim, Hansjürgen	306, 538	Hofbauer, Johanna	15
Darieva, Tsypylma	356	Holtgrewe, Ursula	12
Dietzsch, Ina	425	Honer, Anne	408
Dittberner, Susanne	303	Höpflinger, François	335
Dittrich, Rita	309	Hornbostel, Stefan	60
Drobnič, Sonja	490	Immerfall, Stefan	55, 136, 227
Ebertz, Michael N.	209	Joas, Steffen	478
Emge, Martinus	25	Jürgens, Ulrich	140
Fahlbusch, Michael	576	Kalberg, Stephen	162
Faßler, Manfred	126	Keck, Gerhard	528
Fehr, Helmut	400, 404	Kellermann, Paul	569
Feldmann, Klaus	493, 500	Kiefl, Walter	277
Frank, Susanne	203	Kieserling, André	464
Frerichs, Petra	6	Kistler, Ernst	326
Fröhlich, Gerhard	100	Klein, Gabriele	94
Fuchs, Gerhard	133, 134	Klingemann, Carsten	575
Fuchs, Dieter	153	Klörs, Ursula	277

Kluge, Susann	435	Müller, Klaus	300
Knöbl, Wolfgang	51	Müller-Doohm, Stefan	447, 455
Knoblauch, Hubert Alfons	97	Münch, Richard	151, 585
Kohli, Martin	231, 232	Mutz, Gerd	318
Korte, Hermann	30	Nagler, Brigitte	18
Kotthoff, Hermann	9	Nedelmann, Birgitta	217
Kraetsch, Clemens	400	Neuendorff, Hartmut	328
Krause, Jürgen	178	Neumeister, Bernd	547
Krauss, Gerhard	133, 134	Nogala, Detlef	66
Kreissl, Reinhard	76	Ohlemacher, Thomas	73
Krekel, Elisabeth M.	470	Ohly, Peter	171
Krotz, Friedrich	395	Opitz, Diane	435
Kruse, Volker	299	Ossege, Barbara	553
Kuhlmann, Stefan	266	Pabst, Stefan	378
Künemund, Harald	240	Pastner, Ulli	15
Kurt, Ronald	110, 115	Patscheider, Helge	432
Kusenbach, Margarethe	70, 428	Pfadenhauer, Michaela	106, 190, 197
Larmore, Charles	467	Pfau-Effinger, Birgit	486
Legnaro, Aldo	64	Pfenning, Uwe	522
Lehmann, Jürgen	470	Pickel, Gerd	312
Leisering, Lutz	238	Pickel, Susanne	312
Lepsius, M. Rainer	440	Pipo Búi, Marie	360
Liebl, Franz	211	Plé, Bernhard	46
Littig, Beate	422	Pongratz, Hans J.	471
Loos, Peter	410	Popitz, Heinrich	442
Lösch, Andreas	547	Pörksen, Uwe	120
Ludwig-Mayerhofer, Wolfgang	366	Rehfeld, Dieter	144
Lüschen, Günther	535	Reichertz, Jo	413
Lüscher, Kurt	243	Riedel, Matthias	564
Mackensen, Rainer	580	Riedmüller, Barbara	587
Maeder, Christoph	408	Riege, Udo	184
Massing, Otwin	28	Roller, Edeltraud	156
Mauerer, Gerlinde	551	Rosenthal, Gabriele	235
Merz-Benz, Peter-Ulrich	573	Roth, Silke	203
Meunier, Valentine	350	Rucht, Dieter	159
Meuser, Michael	93	Saalmann, Gernot	110, 111
Meyer, Wolfgang	258, 260	Sahner, Heinz	439, 507
Mikl-Horke, Gertraude	36, 57	Schäfer-Walkmann, Susanne	326
Milanés, Alexander	61	Schimany, Peter	273, 274
Moser-Weithmann, Brigitte	286	Schimmer, Ralf	181
Moser, Winfried	362	Schinzel, Britta	129
Motel, Andreas	240	Schmiede, Rudi	166, 174, 187
Müller, Hans-Peter	52	Schrage, Dominik	556

Schröer, Norbert	413	Zimmermann-Acklin, Markus	503
Schroeter, Klaus R.	338	Zingerle, Arnold	200
Schrutka-Rechtenstamm, Adelheid	289	Zorzi, Olaf	416
Schwarzkopf, Thomas	370	Zwick, Michael M.	518, 525
Senghaas-Knobloch, Eva	18		
Siedt, Hans Gerd	511		
Sing, Dorit	326		
Sistenich, Frank	205, 419		
Spohn, Willfried	299		
Spreen, Dierk	558		
Stauff, Markus	117		
Steiner, Helmut	315		
Sterbling, Anton	253		
Stockmann, Reinhard	258, 268		
Streckeisen, Ursula	493, 494		
Sukale, Michael	458		
Szydlik, Marc	231, 232		
Tamàs, Pàl	315		
Teichert, Volker	88, 89		
Thinnes, Petra	401		
Thyen, Anke	462		
Varro, Gabrielle	248		
Veil, Mechthild	486, 487		
Vliegen, Mattieu	515		
Vogel, Annette	474, 481		
vom Lehn, Dirk	123		
von Friedeburg, Ludwig	445		
von Alemann, Heine	166, 168, 187, 531, 541		
Voß, Günter	331		
Voswinkel, Stephan	1, 2		
Wagner, Gerhard	49		
Wagner, Gabriele	21		
Weinert, Rainer	224		
Weitman, Sasha	256		
Wenner, Stefanie	561		
Wex, Thomas	384		
Widmer, Thomas	263		
Winter, Rainer	388, 397		
Wöhler, Karlheinz	280		
Wolf, Hans-Georg	133, 134		
Yang, Kae-Cherng	306		
Zanger, Cornelia	205, 419		

AKTUELL BEI CENTAURUS

Bähr, Angelika
Bausteine einer „postmodernen" Kriminologie

Hamburger Studien zur Kriminologie, Band 24, 1999, 136 Seiten, br.,
ISBN 3-8255-0217-1, 49,80 DM

von Busse, Mark-Christian
Faszination und Desillusionierung.
Stalinismusbilder von sympathisierenden und abtrünnigen Intelektuellen

Freiburger Arbeiten zur Soziologie der Diktatur, Band 6, 1999, 622 Seiten, br.,
ISBN 3-8255-0271-6, ca. 80,- DM

Legnaro, Aldo / Aengenheister, Astrid
Schuld und Strafe
Das soziale Geschlecht von Angeklagten und die
Aburteilung von Tötungsdelikten

Hamburger Studien zur Kriminologie, Band 25, 1999, 216 Seiten, br.,
ISBN 3-8255-0224-4, 59,80 DM

Luedtke, Jens
Lebensführung in der Arbeitslosigkeit
Differentielle Problemlagen und Bewältigungsmuster

Soziale Probleme - Studien und Materialien, Band 2, 1998, 296 Seiten, br.,
ISBN 3-8255-0190-6, 59,80 DM

de Marinis, Pablo
Überwachen und Ausschließen
Machtinterventionen in urbanen Räumen der Kontrollgesellschaft

Beiträge zur rechtssoziologischen Forschung, Band 13, 1999, 280 Seiten, br.,
ISBN 3-8255-0268-6, ca. 70,- DM

Neuenhaus-Luciano, Petra
Individualisierung und Transgression
Die Spur Batailles im Werk Foucaults

Schnittpunkt*Zivilisationsprozeß, Band 25, 1999, 220 Seiten, br.,
ISBN 3-8255-0239-2, ca. 50,- DM

Rasztar, Matthias
Transformation und Berufsmobilität
Eine empirische Analyse beruflicher Wechselprozesse mit Daten der
„Berufsverlaufsstudie Ost" in dem Zeitraum von 1985 bis 1994

Bremer soziologische Texte, Band 7, 1999, 248 Seiten, br.,
ISBN 3-8255-0243-0, ca. 60,- DM

Schmeling, Anke
Nicht Wieder Gut Zu machen
Die bundesdeutsche Entschädigung psychischer Folgeschäden
von NS-Verfolgten

Studien und Materialien zum Rechtsextremismus, Band 6, 1999, 284 Seiten, br.,
ISBN 3-8255-0267-8, ca. 60,- DM

Stalb, Heidrun
Modelle zur Erklärung ehelicher Machtverhältnisse

Soziologische Studien, Band 13, 1999, 136 Seiten, br.,
ISBN 3-89085-859-7, ca. 40,- DM

Weihrich, Margit
Kursbestimmungen
Eine qualitative Paneluntersuchung der alltäglichen Lebensführung im
ostdeutschen Transformationsprozeß

Forum: Zukunft der Gesellschaft, Band 3, 1998, 524 Seiten, br.,
ISBN 3-8255-0210-4, 39,80 DM

Wonneberger, Eva / Marten, Susanne
„Eigenes Geld - Eigenes Glück?"
Risiken und Chancen der beruflichen Selbständigkeit für Frauen

Aktuelle Frauenforschung, Band 23, 1999, 108 Seiten, Abb., br.,
ISBN 3-8255-0280-5, ca. 30,- DM

AKTUELL BEI CENTAURUS